工商管理经典译丛 BUSINESS ADMINISTRATION CLASSICS

SUPPLY CHAIN MANAGEMENT

SEVENTH EDITION

供应链管理

第7版

[美] 苏尼尔·乔普拉（Sunil Chopra） 著

杨依依 译

中国人民大学出版社

·北京·

工商管理经典译丛

出版说明

随着中国改革开放的深入发展，中国经济高速增长，为中国企业带来了勃勃生机，也为中国管理人才提供了成长和一显身手的广阔天地。时代呼唤能够在国际市场上搏击的中国企业家，时代呼唤谙熟国际市场规则的职业经理人。中国的工商管理教育事业也迎来了快速发展的良机。中国人民大学出版社正是为了适应这样一种时代的需要，从1997年开始就组织策划“工商管理经典译丛”，这是国内第一套与国际管理教育全面接轨的引进版工商管理类丛书，该套丛书凝聚着100多位管理学专家学者的心血，一经推出，立即受到了国内管理学界和企业界读者们的一致好评和普遍欢迎，并持续畅销数年。全国人民代表大会常务委员会副委员长、国家自然科学基金会管理科学部主任成思危先生，以及全国MBA教育指导委员会的专家们，都对这套丛书给予了很高的评价，认为这套译丛为中国工商管理教育事业做了开创性的工作，为国内管理专业教学首次系统地引进了优秀的范本，并为广大管理专业教师提高教材甄选和编写水平发挥了很大的作用。其中《人力资源管理》（第六版）获第十二届“中国图书奖”；《管理学》（第四版）获全国优秀畅销书奖。

进入21世纪后，随着经济全球化和信息化的发展，国际MBA教育在课程体系上进行了重大的改革，从20世纪80年代以行为科学为基础，注重营销管理、运营管理、财务管理到战略管理等方面的研究，到开始重视沟通、创业、公共关系和商业伦理等人文类内容，并且增加了基于网络的电子商务、技术管理、业务流程重组和统计学等技术类内容。另外，管理教育的国际化趋势也越来越明显，主要表现在师资的国际化、生源的国际化和教材的国际化方面。近年来，随着我国MBA和工商管理教育事业的快速发展，国内管理类引进版图书的品种越来越多，出版和更新的周期也在明显加快。为此，我们这套“工商管理经典译丛”也适时更新版本，增加新的内容，同时还将陆续推出新的系列和配套参考书，以顺应国际管理教育发展的大趋势。

本译丛选入的书目，都是世界著名的权威出版机构畅销全球的工商管理图书，被世界各国和地区的著名大学商学院和管理学院所普遍选用，是国际工商管理教育界最具影响力的教学用书。本丛书的作者，皆为管理学界享有盛誉的著名教授，他们的这些著作，经过了世界各地数千所大学和管理学院教学实践的检验，被证明是论述精辟、视野开阔、资料丰富、通俗易懂，又具有生动性、启发性和可操作性的经典之作。本译丛的译者，大多是国内各著名大学的优秀中青年学术骨干，他们不仅在长期的教学研究和社会实践中积累了丰富的经验，而且具有较高的翻译水平。

本丛书的引进和运作过程，从市场调研与选题策划、每本书的推荐与论证、对译者翻译水平的考察与甄选、翻译规程与交稿要求的制定、对翻译质量的严格把关和控制，到版式、封面和插图的设计等各方面，都坚持高水平和高标准的原则，力图奉献给读者一套译文准确、文字流畅、从内容到形式都保持原著风格的工商管理精品图书。

本丛书参考了国际上通行的 MBA 和工商管理专业核心课程的设置，充分兼顾了我国管理各专业现行通开课与专业课程设置，以及企业管理培训的要求，故适应面较广，既可用于管理各专业不同层次的教学参考，又可供各类管理人员培训和自学使用。

为了本丛书的出版，我们成立了由中国人民大学、北京大学、中国社会科学院等单位专家学者组成的编辑委员会，这些专家学者给了我们强有力的支持，使本丛书得以在管理学界和企业界产生较大的影响。许多我国留美学者和国内管理学界著名专家教授，参与了原著的推荐、论证和翻译工作，原我社编辑闻洁女士在这套书的总体策划中付出了很多心血。在此，谨向他们致以崇高的敬意并表示衷心的感谢。

愿这套丛书为我国 MBA 和工商管理教育事业的发展，为中国企业管理水平的不断提升继续做出应有的贡献。

中国人民大学出版社

译者序 Supply Chain Management

苏尼尔·乔普拉（Sunil Chopra）的《供应链管理（第7版）》是一本全面系统阐述供应链管理的经典教材，适合管理类本科生、研究生和MBA学员使用，也适合从事供应链管理和生产运作管理的实际工作者参考。

本书有以下几个特点：

（1）将战略管理思想与供应链管理实际运作有机结合在一起，对供应链的设计、计划和运作统一考虑。不仅有助于读者从战略管理的高度审视供应链整体绩效，而且有助于读者从细节上不断改善供应链的运作，使供应链战略和企业竞争战略相匹配，通过供应链各个环节的协调来提高供应链的整体盈利。

（2）内容系统全面。全书共分六篇。第Ⅰ篇构建分析供应链的战略框架，使读者理解什么是供应链，竞争战略与供应链战略之间的关系，如何实现战略匹配、拓展战略匹配范围，并阐述供应链绩效衡量指标及三个物流驱动因素（设施、库存、运输）和三个跨职能驱动因素（信息、采购、定价）。第Ⅱ篇讨论供应链网络的设计，包括分销网络设计、供应链网络设计和全球供应链网络设计。第Ⅲ篇介绍供应链供需的计划和协调，内容包括供应链需求预测、综合计划、销售和运作计划以及供应链的协调。第Ⅳ篇阐述供应链库存的计划和管理，提出周转库存、安全库存以及最优产品可获性水平的确定方法。第Ⅴ篇阐述运输网络的设计和规划。第Ⅵ篇论述供应链跨职能驱动因素的管理，包括采购决策、定价和收入管理以及供应链可持续性。

（3）实用性强。本版加强了对定制式供应链的设计和管理的讨论。有较多最新的、全球性的实例。在供应链管理的运作层面，涉及很多定量分析工具和解析方法，这些方法可以用来分析、解决实际的供应链管理问题。

（4）体例规范。各章不仅有学习目标、详细的概念阐述、相应的供应链管理实践内容，而且有讨论题、练习题、参考文献和案例分析，便于读者学习和研究。

与第6版相比，第7版在内容上有较多更新。第7版对每一章内容均做了调整，每一节都与一个明确的学习目标相关联，并在小节末尾对学习目标进行总结。书中第2、3、4、5、11、14、15、17等章增加了新的内容。例如，第3章对供应链决策与企业财务绩效之间的联系进行了更详细的说明。第4章增加了对在线销售和全渠道零售的讨论。第14章以孟买达巴瓦拉为例分析了影响当日交付网络成败的关键因素。第17章加强了对可持续性定价的讨论，并增加了有关激励和监管对可持续性的作用的新内容。第5、8和15章增加了新的小案例，其他案例的资料也进行了更新。一些章节还增加了新的练习题。

本书由武汉科技大学恒大管理学院杨依依副教授翻译。

本书的出版得到培生教育出版集团（北京）办事处和中国人民大学出版社的大力支持，在此表示衷心的感谢。

书中翻译错误或欠妥之处，敬请读者批评指正。

杨依依

前　言 Supply Chain Management

本书的读者对象既包括学术界人士，也包括实业界人士。从学术方面讲，本书适合工商管理硕士、工程硕士学员以及对供应链和物流管理感兴趣的高年级本科生学习。同时，从概念上或是从一般方法上讲，本书也适合咨询业和工业领域的从业人员参考。

本版的新内容

第 7 版致力于提高学生的能力，希望通过本书的学习，能够提高学生的批判性思维和数据分析技能。书中讨论的所有概念都与供应链中的战略决策相关，所有定量思想都运用电子数据表（spreadsheet）进行了说明，这些电子数据表都可以应用于实践中。第 7 版的一些具体变化包括：

- 第 3 章对供应链决策与企业财务绩效之间的联系进行了更详细的说明。
- 第 4 章以全渠道零售为背景，阐述了分销网络设计的基本概念。在整本书中，我们用零售业的发展来说明供应链的概念与供应链中的战略决策之间的联系。
- 书中每一节都与一个明确的学习目标相关联，在小节末尾对学习目标进行了总结。
- 第 5、8 和 15 章增加了新的小案例。其他案例的资料也进行了更新。
- 一些章节增加了新的练习题。
- 对于本书中讨论的所有数值实例，我们都开发了电子数据表，学生可以使用这些电子数据表来更深层次地理解相关概念。这些电子数据表在本书中都有提及，学生可以使用这些电子数据表尝试不同的假设（what-if）分析。可通过网站 www. pearsonhighered. com/chopra 获取这些电子数据表及创建和使用这些电子数据表的指南。
- 全书均增加了一些新的例子，尤其注重引入更多全球化的例子。

解决教学难题

要取得成功，供应链从业者必须能够制定有效的供应链战略，并能够使用现有的分析工具解决任何由此产生的供应链问题。这给供应链管理课程带来了挑战，既要教学生进行战略性思考，同时又要教学生用稳健的定量分析来支持决策。本书旨在通过合理的组织概念和教学框架来帮助教师和学生应对这一挑战。从概念上讲，本书旨在帮助读者理解以下关键领域及其之间的相互关系：

- 供应链的战略作用；
- 供应链绩效的关键战略驱动因素；
- 供应链分析的方法。

为了说明供应链管理的战略重要性，本书提供了许多例子来阐释企业是如何通过有效的供应链管理取得成功的，或是如何由于不当的供应链管理而失败的。我们的战略框架、使用基于 Excel 的模型来解释分析方法、帮助学生领会分析方法和战略决策之间的联系的若干小案例，都为教师提供了教学支持。

在如下的战略框架中，我们确定设施、库存、运输、信息、采购和定价为供应链绩效的关键驱动因素。本书旨在深入挖掘每一个驱动因素，以了解其在供应链成功中的作用以及与其他驱动因素的相互作用，了解支持与驱动因素相关的决策的分析方法，以及与驱动因素相关的有助于提高供应链绩效的管理杠杆。

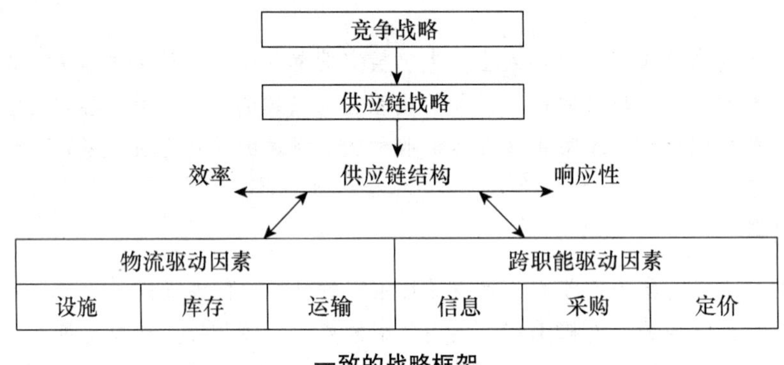

一致的战略框架

每一种分析方法我们都在 Excel 中应用实例进行了说明。学生可以获得相关的 Excel 文件以及构建、使用该 Excel 文件的说明。这些 Excel 文件可以帮助学生加深对分析模型与它们所支持的战略决策之间的联系的理解。

在大多数章节，我们都安排了小案例。教师可以使用这些案例，确保学生能够在企业战略决策的背景下应用所学概念和方法。

发展职业技能

无论学生选择哪条职业发展道路，在本书中学到的技能都将大有用处。本书写作的前提是：没有相关的分析就无法做出好的战略决策；所有分析都应有效设计以支持决策的制定。因此，学生将发展批判性思维以及构建和分析问题的能力，并练习基于数据素养和计算技能进行分析以支持自己提出的建议。

- 每一章都推动学生进行批判性思考，以定义和解决供应链问题。例如，第 4 章为分销网络开发了一个分析框架，然后促使学生思考：随着消费者偏好和技术的变化，零售业在未来可能如何发展？第 4 章的第 1 节讲授了与分销网络设计有关的框架和概念，最后 1 节则要求学生应用所学知识对零售业进行分析，分析零售商需如何改变才能在 21 世纪取得成功。
- 本书中的所有分析都是通过 Excel 来进行的，这有助于学生发展数据素养、计算技能以及应用信息技术支持决策的能力。在这些章节中开展的分析反过来又为第 4 章中提出的框架提供了支持。第 4 章有助于学生从概念上思考为什么某些零售模式能够成功地应用于珠宝销售，而另一些却不行。随后的章节则有助于学生量化不同零售网络的财务指标。因此，学生可以学习到如何使用数据和模型来改进战略决策。

	A	B	C	D	E	F	G	H	I	J
1	输入——成本、产能、需求									
2		需求区域 每百万单位生产和运输成本					固定成本	低产能	固定成本	高产能
3	供应区域	北美	南美	欧洲	亚洲	非洲				
4	北美	81	92	101	130	115	6 000	10	9 000	20
5	南美	117	77	108	98	100	4 500	10	6 750	20
6	欧洲	102	105	95	119	111	6 500	10	9 750	20
7	亚洲	115	125	90	59	74	4 100	10	6 150	20
8	非洲	142	100	103	105	71	4 000	10	6 000	20
9	需求	12	8	14	16	7				
10										
11	决策变量									
12		需求区域——产能分配（百万单位）					工厂	工厂		
13	供应区域	北美	南美	欧洲	亚洲	非洲	(1=开工)	(1=开工)		
14	北美	0	0	0	0	0	0	0		
15	南美	0	0	0	0	0	0	0		
16	欧洲	0	0	0	0	0	0	0		
17	亚洲	0	0	0	0	0	0	0		
18	非洲	0	0	0	0	0	0	0		
19										
20	约束									
21	供应区域	超额产能								
22	北美	0								
23	南美	0								
24	欧洲	0								
25	亚洲	0								
26	非洲	0								
27	未满足的	北美	南美	欧洲	亚洲	非洲				
28	需求	12	8	14	16	7				
29										
30	目标函数									
31	成本=	$ -								

单元格	单元格操作函数	公式	复制到
B28	= B9 - SUM(B14:B18)	(5.1)	C28:F28
B22	= G14 * H4 + H14 * J4 - SUM(B14:F14)	(5.2)	B23:B26
B31	= SUMPRODUCT(B14:F18,B4:F8) + SUMPRODUCT(G14:G18,G4:G8) + SUMPRODUCT(H14:H18,I4:I8)	目标函数	—

基于 Excel 的模型示例

目录概述

第Ⅰ篇 构建分析供应链的战略框架	
第 1 章 理解供应链	介绍供应链、供应链管理目标和关键决策
第 2 章 实现供应链战略匹配	讨论战略与供应链能力相一致的必要性
第 3 章 供应链驱动因素与衡量指标	定义供应链绩效的关键驱动因素及相关绩效衡量指标
第Ⅱ篇 设计供应链网络	
第 4 章 分销网络设计及其在全渠道零售中的应用	介绍应用于全渠道零售的分销网络设计框架
第 5 章 供应链的网络设计	提出支持网络设计的分析模型
第 6 章 设计全球供应链网络	讨论全球供应链中的风险和将不确定性纳入网络设计的分析方法
第Ⅲ篇 供应链供需的计划和协调	
第 7 章 供应链中的需求预测	介绍需求预测和预测误差测量的技术

续表

第 8 章　供应链综合计划	介绍为满足季节性需求而制订供应计划的方法
第 9 章　供应链中的销售和运作计划	讨论如何最优化管理需求和供应，以增加供应链利润
第 10 章　供应链的协调	讨论协调的障碍和管理杠杆，以帮助改善供应链中的协调问题
第Ⅳ篇　供应链库存的计划和管理	
第 11 章　供应链的规模经济管理：周转库存	介绍计算最优订货批量的方法，并讨论有助于减少周转库存而不损害成本的管理杠杆
第 12 章　供应链的不确定性管理：安全库存	介绍计算安全库存的方法，并讨论有助于减少安全库存且不损害产品可获性的管理杠杆
第 13 章　产品可获性与利润	讨论有助于提高供应链利润的管理杠杆
第Ⅴ篇　运输网络的设计和规划	
第 14 章　供应链中的运输	讨论在设计运输网络时的选择和权衡
第Ⅵ篇　供应链跨职能驱动因素的管理	
第 15 章　供应链的采购决策	在采购中引入总成本的概念，讨论供应链中风险分担和收益共享的好处
第 16 章　供应链的定价和收入管理	讨论差异定价如何有助于提高供应链利润
第 17 章　可持续性和供应链	讨论公地悲剧对可持续性构成的挑战，以及激励和监管对提高可持续性的作用

苏尼尔·乔普拉

目　录 Supply Chain Management

第Ⅱ篇　设计供应链网络

第Ⅲ篇　供应链供需的计划和协调

SUPPLY CHAIN MANAGEMENT

第 I 篇

构建分析供应链的战略框架

Building a Strategic Framework to Analyze Supply Chains

第 1 章 理解供应链

Understanding the Supply Chain

学习目标

通过本章学习，你应当能够：

1. 探讨供应链的目标，并解释供应链决策对企业成功的影响。
2. 明确供应链决策的三个关键阶段，并解释每一阶段的重要性。
3. 描述供应链宏观流程的循环观点和推/拉观点。
4. 确认供应链中需要解决的重要问题和决策。
5. 培养在工作场所取得成功所需的至关重要的技能。

本章将给出供应链的概念，以及在设计、计划和运作供应链时必须考虑的各种问题，明确供应链的目标并讨论供应链决策对企业成功的重要性，还提供了来自不同行业的例子，以强调企业在战略、计划和运作层次上需考虑的各种供应链问题和决策。

1.1 什么是供应链

供应链由直接或间接地满足顾客需求的各方组成，不仅包括制造商和供应商，而且包括运输商、仓储商、零售商，甚至包括顾客本身。在每一个组织中，例如制造企业中，供应链涵盖接受并满足顾客需求的所有职能，包括但不仅限于以下职能：新产品开发、营销、运作、分销、财务和顾客服务。

以一位顾客走进丰田汽车经销店购买新车为例。供应链始于顾客及其对汽车的需求，下一个环节是顾客光顾的经销商。经销商有一些汽车库存，这些汽车可能是由丰田汽车总装厂供货并通过第三方用卡车运抵的。丰田总装厂从各个一级供应商那里购进各种汽车模块，如电子系统、动力总成等。一级供应商生产所需的原材料购自二级供应商，例如电子系统供应商从摄像头供应商处购得摄像头，从另一家供应商购入仪表板显示器。每一家供应商都由更低一级的供应商供货。这条供应链如图 1-1 所示，图中箭头反映的是实体产品流动的方向。

供应链是动态的，涉及不同环节间的信息、产品、资金的持续流动。上述例子中，经销商为顾客提供产品，并提供定价和可获性方面的信息。顾客付款给经销商，经销商将销售数据和补货订单传给总装厂，总装厂用卡车将车辆运至经销商。补货后经销商付款给汽车制造商。制造商会提供定价信息并为每家经销商发送发货计划。在整个供应链中都会发生类似的信息流、物流和资金流。

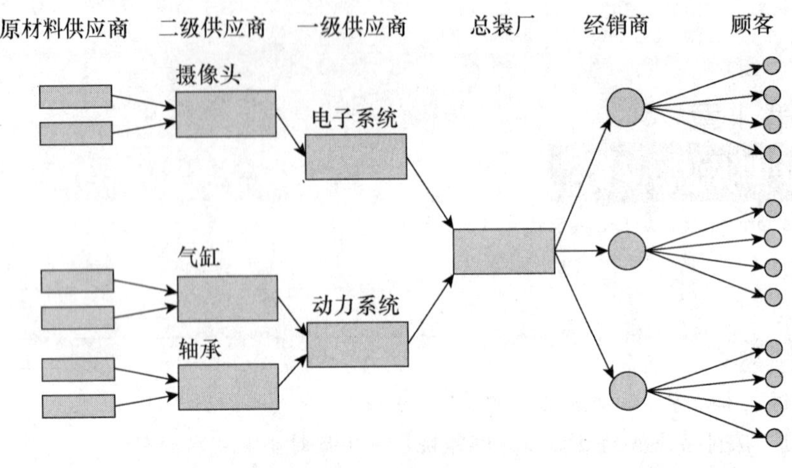

图1-1 汽车供应链的各个环节

再比如，当一个顾客在亚马逊（Amazon）在线购物时，供应链包括顾客、亚马逊网站、亚马逊仓库、将包裹交付给顾客的承运人，以及所有亚马逊的供应商和供应商的供应商。网站为顾客提供定价、产品种类和产品可获性的信息。挑选好商品后，顾客输入订单信息并付款。随后，商品被打包并从亚马逊仓库运出。商品库存减少时，仓库向供应商下达补货订单。

一个典型的供应链可能包括很多环节，如顾客、零售商、批发商、分销商、制造商和供应商等。尽管供应链一词可能意味着每个阶段只涉及一个参与者，但大多数供应链实际是一个网络，每一环节从多个不同的供应商处购买原材料并将产出供应给多个不同的顾客。因此用供应网络或供应网来描述大多数供应链的结构可能更为准确。

需要记住的关键一点是，顾客是所有供应链中不可或缺的。事实上，任何一个供应链存在的主要目的都是满足顾客的需求，并在满足顾客需求的过程中为自己创造利润。供应链的运行过程涉及信息、产品、资金的流动，如图1-2所示。

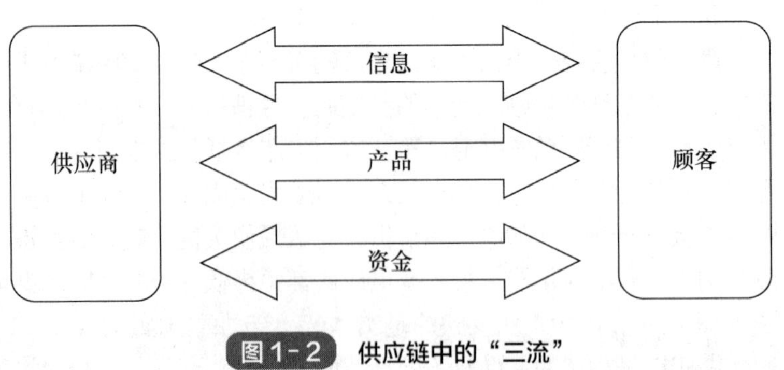

图1-2 供应链中的“三流”

在设计供应链时，目标就是构造这三大关键流动过程，以具有成本效益的方式满足顾客需求。例如，苹果公司（Apple）根据顾客的需求，以各种方式为顾客服务。顾客可以在苹果专卖店（或第三方零售店）或在苹果官网购买苹果产品。苹果专卖店中备有各种标准产品的库存，顾客付款后即可取货离开。在线订单既可以选择送货到家，也可以选择到约定的苹果专卖店取货。送货上门的时间取决于苹果公司仓库中是否有该产品的库存。个性化的和定制配置的产品的交付时间更长，因为在苹果公司仓库中没有这些产品的库存，这些个性化配置的产品是在顾客订单到达后才开始生产的。可以看到，苹果会根据顾客的需求和产品特性来改变信息、产品和资金的流动。本书的目标是发展一些能够用于供应链设计的概念和方法，以设计出既能够有效满足顾客需求又能够创造利润的供应链。

1.2　供应链的目标

每一条供应链的目标都应该是使供应链产生的净价值最大化。供应链产生的净价值就是最终产品对顾客的价值与整个供应链为了满足顾客需求产生的成本之间的差额，也称供应链盈余（supply chain surplus）。

供应链盈余＝顾客价值－供应链成本

最终产品的价值对于不同的顾客来说可能会有所不同，可以用顾客愿意为其支付的最高价格来估计。产品的价值与其实际市场价格之间的差额则为顾客获得的消费者剩余。供应链盈余中剩下的部分就是供应链盈利，即来自顾客的收入与供应链总成本之间的差额。例如，一个顾客花 60 美元从百思买（Best Buy）购买一台无线路由器，这 60 美元就代表供应链获得的收入。购买这台无线路由器的顾客显然认为路由器价值应在 60 美元或 60 美元以上，因此供应链盈余的一部分就由顾客以消费者剩余的形式获得。剩下部分则属于供应链盈利。百思买以及供应链中的其他环节发生了诸如信息传递、零部件生产、仓储、运输、转移资金等成本。顾客支付的 60 美元与供应链各环节生产、分销路由器所产生的总成本之间的差额代表供应链盈利能力：在供应链所有环节和中间机构之间共享的总利润。供应链盈利能力越强，供应链就越成功。对大多数盈利供应链来说，供应链盈余将与利润密切相关。供应链的成功与否，应该由供应链盈余而不是单个环节的利润来衡量。（在后续章节中我们将看到，在单个环节注重盈利能力可能导致供应链总盈余减少。）对增加供应链盈余的关注促使供应链中的所有成员努力将供应链整体利润这块“蛋糕”做大。

用供应链盈余定义了供应链成功之后，接下来该做的就是寻找价值、收入和成本的来源。对于任何一条供应链来说，收入的唯一来源是顾客。在丰田经销商处购买汽车的顾客获得的价值取决于几种因素，其中包括汽车的功能和特性、选择的多样性、经销商提供的服务等。对于丰田供应链来说，顾客是唯一提供正现金流的一方，其他所有现金流只不过是供应链内部的资金交换（此处假设不同环节有不同的所有者）。当经销商向丰田付款时，它是将顾客支付的部分资金传递给丰田。在供应链中，所有信息流、产品流或资金流都会产生成本。因此，对这些流进行适当管理是供应链成功的关键。有效的供应链管理（effective supply chain management）涉及对供应链资产和产品流、信息流、资金流的管理，以增加供应链的总盈余。供应链盈余的增长将增大“蛋糕”，从而让供应链中的成员受益。

本书将着重分析所有供应链决策对供应链盈余的影响。由于各种原因，这些决策及其影响会各不相同。例如，美国和印度的快速消费品的供应链结构就存在差异。与印度分销商相比，美国分销商在供应链中所起的作用小得多。我们认为，两国供应链结构的差异可以用分销商对供应链盈余的影响来解释。

在美国，零售业基本上是整合的，即大型连锁店统一从制造商那里购买消费品。这一整合给零售商带来了足够的规模，以至于引入分销商等其他中间商环节不仅对降低成本几乎没什么作用，反而可能会因为增加了额外的交易而使成本增加。相比之下，印度有数以百万计的小零售店。印度零售店的小规模限制了它们所能承受的库存水平，因此需要频繁补货——一家零售店一周的订货量可能仅相当于美国一个家庭一周的购买量。制造商保持低运输成本的唯一方法是采用整车运输的方式，将产品运至靠近市场的地方，然后用中小型车辆在当地进行集货配送。如果要使运输成本保持在较低水平，就必须有一个能够接收整车满载的货物并将其拆零，然后以较小的批量供应给零售商的中间环节。大多数印度分销商提供一站式服务，它们储存不同制造商生产的各种商品，从食用油到肥皂、清洁剂。除了一站式购物提供的便利，印度分销商在送货时可以将不同制造商的产品放在一起集中运输，从而降低其外向运输成本。印度分销商还负责收取货款，因为分销商收取货款的成本要远远低于每个制造商分别从各个零售商那里收款的成本。所以，在印度，分销商起着非常重要的作用，因为分销商的存在增加了供应链盈余。供应链盈余意味着，随着印度零售业开始整合，分销商的作用将会弱化。

供应链决策的重要性

设计和管理供应链中的"流"（产品流、信息流、资金流）与供应链成功之间存在密切的联系。亚马逊、日本7-11（Seven-Eleven Japan）和沃尔玛（Walmart）的成功就是建立在出色的供应链设计、计划和运作基础之上的。相反，Webvan等许多网络公司的失败则可以归因于供应链设计和计划方面的缺陷。例如，连锁书店博德斯（Borders）的兴衰就证明了未能调整供应链以适应不断变化的环境和顾客期望是如何损害企业绩效的。而戴尔公司（Dell）是一个相反的例子，该公司顺应不断变化的技术与顾客需求，及时修改供应链设计。本节后面的部分还将具体讨论这些例子。

日本7-11利用卓越的供应链设计、计划和运作实现了增长和盈利。日本7-11凭借快速响应的补货系统和出色的信息系统确保了商品能在顾客需要的时点和地方及时供应。日本7-11的响应能力使其能够每天按时段调整各个店铺的商品组合，以精确满足顾客需求。因此该公司的门店总销售额从1974年的10亿日元跃升至2016年的近2.7万亿日元，2016年利润总额达3 040亿日元。

沃尔玛一直是利用供应链设计、计划和运作来实现实体店成功的领导者。早在公司成立之初，沃尔玛就在运输和信息基础设施方面投入了大量资金，以促进产品流和信息流的有效流动。沃尔玛围绕配送中心建立大量的零售门店，以便以更具成本效益的方式为零售门店进行频繁的补货。频繁补货使沃尔玛的店铺可以比竞争对手更有效地实现供需匹配。在信息共享、与供应商合作降低成本以及提高产品可获性方面，沃尔玛也一直是领先者。沃尔玛供应链管理的结果令人惊叹。该公司2016年的年度报告显示，2016年销售额约4 820亿美元，净收入达147亿美元。尽管沃尔玛在大型门店的运营上取得了成功，但该公司在小型店铺和在线渠道（在线渠道可提供更多的商品种类）的运营上却面临困难。多年来，沃尔玛已意识到，对于实体渠道有效的供应链结构并不一定适用于在线渠道。同样，对于大型门店非常有效的供应链并不一定适用于小型店铺。

Webvan 和 Kozmo 等许多网络公司的失败可以归因于未能有效地设计合适的供应链或者未能对供应链中的信息流、产品流和资金流进行有效的管理。在 20 世纪 90 年代后期，Webvan 公司设计的供应链是，在美国几个主要城市建立大型仓库，货品由仓库直接发运至顾客家中。这种供应链设计在成本上无法与传统的超市供应链竞争。传统的超市供应链采用整车运输的方式将产品运至靠近顾客的超市，运输成本非常低。超市库存周转相对较快，并且顾客在店里自己完成大部分拣货活动。虽然 Webvan 公司的库存周转比超市稍快，但要承担更高的送货上门成本和顾客订单拣选的人工成本。其结果是，Webvan 无法在价格上与超市竞争，该公司在上市两年后，于 2001 年倒闭。

博德斯公司的经历则表明，若不能根据不断变化的环境对供应链进行调整将会严重损害企业绩效。20 世纪 90 年代，博德斯公司与巴诺书店（Barnes & Noble）秉承建立超级书店的理念，称霸美国图书和音像制品市场。与此前在该行业占统治地位的小型地方书店相比，博德斯公司凭借在大型书店运作的集中效应，能够以较低的成本向顾客提供更多样的商品（博德斯的超级书店能够提供大约 10 万种商品，而地方书店只能提供不到 1 万种）。这使得博德斯公司比地方书店的库存周转更快，每一美元销售额的运营成本更低。2004 年，博德斯公司的销售额达 40 亿美元，利润达 1.32 亿美元。但是后来，其经营模式受到亚马逊的威胁。与博德斯公司相比，亚马逊在线销售和使用少数几个配送中心进行集中库存的方式使其能够以更低的成本为顾客提供更多种类的选择。博德斯公司由于未能对供应链做出调整以应对亚马逊的竞争，业绩快速下滑。2010 年，博德斯公司宣布破产。

戴尔公司是另一个根据不断变化的技术和顾客期望对其供应链设计、计划和运作进行调整而获得巨大成功的例子。1993—2006 年，戴尔的销售额和利润以前所未有的速度大幅增长，这主要得益于戴尔构建了能够以合理的成本迅速为顾客提供定制化电脑的供应链。2006 年，戴尔的销售收入超过 560 亿美元，净利润达 35 亿美元。这一巨大成功得益于其支持快速、低成本定制的供应链设计。其供应链设计有两个主要特点。第一个特点是直销模式，戴尔决定不经过经销商和零售商，直接将产品销售给最终顾客。第二个特点是将制造环节和库存集中在几个地点，并将最终装配延迟到顾客订单到达后再进行。因此，戴尔可以在维持低水平零部件库存的同时，提供各种不同配置的电脑。

尽管取得了重大成功，不断变化的市场还是向戴尔提出了新挑战。虽然戴尔的供应链非常适合于高度定制的个人电脑，但市场对定制电脑的需求却逐渐减少。随着电脑硬件功能的不断加强，有限的几种型号就可以满足顾客的需求。因此，戴尔对其供应链进行了调整，包括直销模式和按订单生产。戴尔开始通过零售连锁店，如美国沃尔玛和中国国美电器，销售个人电脑。同时，戴尔还将很大一部分装配工作外包至成本较低的地区，并以备货生产替代了按订单生产。与博德斯公司不同，戴尔公司积极努力对供应链进行调整以适应时代的变迁。不过，这些调整能否提升戴尔的绩效还有待时间的检验。

学习目标1小结

供应链的目标应是增加整个供应链盈余。供应链盈余是供应链对顾客创造的价值与供应链所有环节产生的总成本之间的差额。对提高供应链盈余的关注将促使供应链中的所有成员努力做大供应链总利润这块“蛋糕”。供应链决策对企业的成败至关重要，因为供应链决策对企业收入和成本都有很大的影响。成功的供应链能够有效地对产品流、信息流和资金流进行管理，为顾客提供高水平产品可获性的同时实现低成本。

1.3 供应链的决策阶段

成功的供应链管理需要制定许多与信息流、产品流和资金流相关的决策。每一项决策都应能提高供应链盈余。根据每项决策的发生频率和决策影响的时间范围，可将供应链决策分为三类或三个阶段。因此，每一类决策都必须考虑决策时间范围内不确定性所带来的影响。

1. **供应链战略或设计：**在这一阶段，企业要决定未来数年的供应链结构。这一阶段决定了供应链的配置、如何分配资源以及每个环节采用什么样的流程。企业战略决策包括：是通过外包还是通过内部自制来执行供应链的某项职能，生产设施和仓储设施的选址和产能，产品的生产或储存的地点，在不同运输阶段可采用的运输方式，以及所采用信息系统的类型等。现代汽车（Hyundai Motor）2008年决定在印度建立第二家制造厂的决策就是一个供应链战略或设计决策。在供应链设计阶段，企业必须确保供应链配置能够支持其战略目标并增加供应链盈余。印度第二家工厂的建成使现代汽车能够更加经济高效地服务于日益增长的印度市场，并且现代汽车还利用印度的工厂满足全球小型车的需求。2015年，现代汽车是印度第二大汽车制造商和最大的汽车出口商。供应链设计决策通常是长期性的决策（以数年计），而且在短时间内改变需付出昂贵的代价。因此，当企业制定这些决策时，必须考虑到未来数年预期市场的不确定性的影响。

2. **供应链计划：**对于这一阶段所制定的决策，决策的时间范围通常为一个季度到一年。因此，供应链的配置在供应链战略决策阶段就已经确定了，供应链计划决策必须基于已有供应链配置来确定。计划的目标是，在战略或设计阶段确立的限制条件下，最大化计划期内的供应链盈余。计划阶段始于对下一年（或类似的时间范围）不同市场的需求以及成本、价格等因素的预测。计划阶段所涉及的决策包括，哪个市场由哪个地方的设施供货、转包生产、遵循的库存政策，以及营销和价格促销的时点及规模等。以现代汽车为例，两家印度工厂生产的汽车将供应哪些市场以及每家工厂的目标生产量的决策，都属于计划决策。在计划阶段，企业必须考虑决策期间需求的不确定性、汇率和竞争等因素。与设计阶段相比，计划阶段的计划期更短，预测更为准确。因此，在计划阶段，企业应设法融入设计阶段构建在供应链中的柔性，并利用它优化供应链绩效。作为计划阶段的结果，企业会界定一系列管理短期运营的运营政策。

3. **供应链运作：**运作阶段的时间范围通常为一周或者一天，在这一阶段，企业根据每个顾客的订单做出决策。在运作阶段，供应链配置已确定，计划政策也已经制定。供应链运作的目标就是以最好的方式处理接踵而来的顾客订单。在这一阶段，企业按订单分配库存或安排生产，设定订单履行时间，生成仓库拣货清单，确定每个订单的运输方式并发货，确定货车的交货时间表，以及发出补货订单。由于运作决策是短期（分钟、小时或天）决策，所以需求信息的不确定性较低。在供应链结构和计划政策的约束下，运作阶段的目标是利用不确定性的降低，优化供应链绩效。

供应链的设计、计划和运作对供应链的盈利和成功有着极大的影响，可以说，沃尔玛、日本 7－11 这些企业的成功在很大程度上是得益于其有效的供应链设计、计划和运作。

后面的章节将介绍可用于上述三个决策阶段的一些概念和方法。我们的讨论将主要涉及供应链设计和计划阶段。

学习目标 2 小结

根据决策应用的时间范围，供应链决策可以分为战略（设计）决策、计划决策或运作决策。战略决策和供应链配置有关，战略决策的影响通常是长期的，往往持续数年。战略决策为计划决策设置了限制条件，计划决策又为运作决策确定了约束条件。计划决策的计划期可以从数月到一年，包括计划期内的生产计划、外包和促销的决策等。运作决策的计划期可以从数分钟到数天，包括生产排序、具体订单的履行等。

1.4 供应链的流程观点

供应链是由一系列发生在不同环节内和不同环节间的流程和流组成的，这些流程和流结合在一起以满足顾客对某种产品的需求。可以从两种不同的视角来考察供应链中的流程：

1. **循环观点**（cycle view）：供应链的流程可以分为一系列循环，每一个循环都发生在供应链两个相邻环节之间的界面上。

2. **推/拉观点**（push/pull view）：根据是响应实际顾客订单还是基于对顾客订单的预测，供应链的流程可分为两种类型。拉动流程是由具体顾客订单驱动的；推动流程是基于对顾客订单的预测，是预测驱动的。

1.4.1 供应链流程的循环观点

假设供应链是由图 1－3 中所示的五个环节组成，那么所有供应链流程均可分解为以下四个流程循环：

- 顾客订货循环；
- 补货循环；
- 制造循环；
- 采购循环。

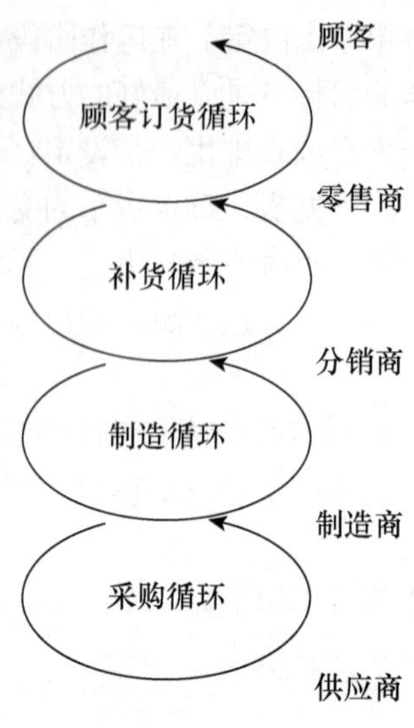

图1-3 供应链流程循环

每一个循环都发生在供应链两个相邻环节之间的界面上。并不是每个供应链都有明确划分的这四个循环。例如，某食品杂货店的供应链可能有所有这四个彼此分开的循环，在其供应链中，零售商持有一定商品库存，补货时向分销商发出补货订单。相反，戴尔公司直接向顾客出售服务器时，越过了零售商和分销商环节。

如图1-4所示，每个循环由六个子流程构成。每个循环始于供应商向顾客推销产品，买方（buyer）发出订单，供方（supplier）接收订单，供方发货，买方收货，买方有可能将部分商品或其他可回收材料退还给供方或第三方。然后活动循环又会重新开始。图1-4所示的子流程可以和供应链运作参考模型（supply chain operations reference，SCOR）模型中的采购（source）、生产（make）、交付（deliver）、退货（return）过程相联系。供应链运作参考模型描述了供应链中的各个流程、流程之间的关系框架，以及一组衡量流程绩效的指标。在供应链运作参考模型中对供应链的描述类似于本节所讨论的供应链循环观点。

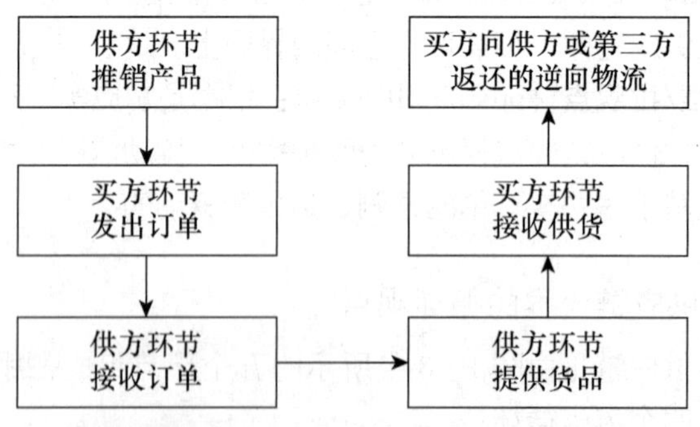

图1-4 每个供应链流程循环的子流程

根据交易的不同，图1-4所示的子流程可应用于相应的循环中。顾客通过亚马逊在线购物时，成为顾客订货循环的一部分——顾客作为买方，亚马逊作为供方。当亚马逊向一个出版商订购图书补充库存时，其成为补货循环的一部分——亚马逊作为买方，出版商作为供方。

在每个循环中，买方的目标是确保可以得到产品并且通过规模采购降低成本。供方试图对顾客订单进行预测并且减少接收订单的成本。然后，供方会努力按时完成订单，并提高订单履行过程的效率和准确性。接下来，买方会致力于降低收货过程的成本。另外，还要对逆向物流进行管理以降低成本并满足环境目标的要求。

尽管每个循环都有相同的基本子流程，但每个循环之间还是存在一些重要差异。在顾客订货循环中，需求发生在供应链外部，并且是不确定的。在其他所有循环中，订单发出也是不确定的，但可以根据特定供应链阶段遵循的政策进行预测。例如，在采购循环中，只要了解汽车制造商的生产计划，轮胎供应商便可以准确预测其轮胎的需求。订单的规模也是一个差异点。一名顾客一次仅购买一辆汽车，但经销商会从制造商那里一次性订购多辆汽车，而制造商又会从供应商那里订购更大数量的轮胎。随着从顾客环节到供应商环节的移动，订单量会减少，但每个订单的批量规模在增加。因此，当我们从最终顾客向供应链上游环节移动时，在供应链各环节共享信息和运作政策就越来越重要。

当考虑供应链运作决策时，供应链的循环观点非常有用，因为它清楚指明了供应链中每位成员的角色。企业资源计划（ERP）系统就是利用循环观点来支持供应链的运作的。

1.4.2 供应链流程的推/拉观点

根据流程执行时最终顾客需求订单是否到达，可以将供应链中所有流程分为两类：拉动流程和推动流程。拉动流程是顾客订单驱动的，推动流程是预测驱动的。拉动流程也可称为反应流程，因为它是对实际顾客需求做出的反应。推动流程又可称为投机流程，因为它是基于推测的需求（或需求预测）而不是实际需求做出的反应。

如图 1－5 所示，推/拉界限将供应链推动流程和拉动流程分离开来。推动流程是在不确定的环境中运作的，因为顾客需求尚未知晓。拉动流程是在已知顾客需求的环境下运作的，但其经常受限于推动阶段的库存和能力决策。

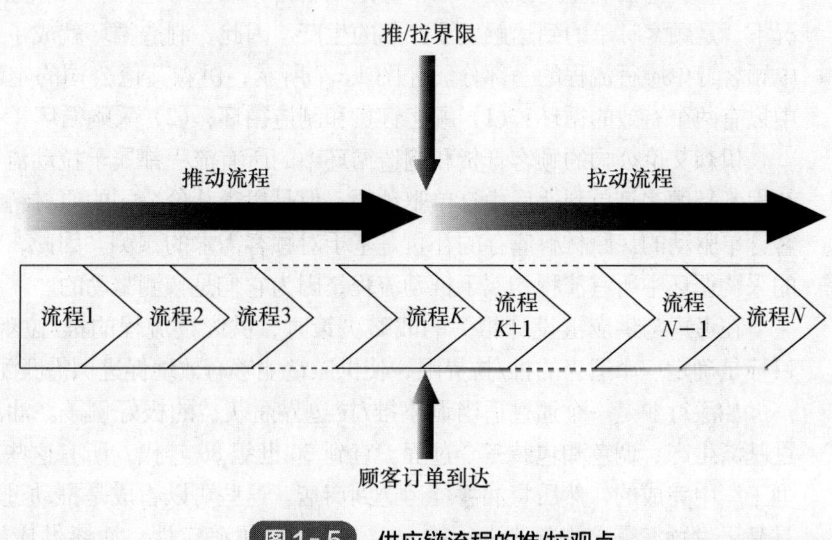

图 1－5 供应链流程的推/拉观点

让我们通过里昂·比恩公司（L. L. Bean）这样的备货型生产企业和伊森艾伦公司（Ethan Allen）那样的订货型生产企业，来比较一下推/拉观点和循环观点。

里昂·比恩公司是在顾客订单到达后再执行顾客订货循环中的所有流程，因此顾客订货循环中的所有流程都是拉动流程。里昂·比恩公司利用库存来履行订单，库存根据对顾客需求的预测提前建立。补货循环的目标是确保顾客订单到达时产品的可获性。补货循环中的全部流程都是基于对需求的预测，因此属于推动流程。制造和采购循环也是这样。事实上，布料等原材料通常是在进行顾客需求预测前的6～9个月就已经购买了。生产也是在销售前3～6个月就已开始。如图1-6所示，里昂·比恩公司的供应链可以可分为拉动流程和推动流程。

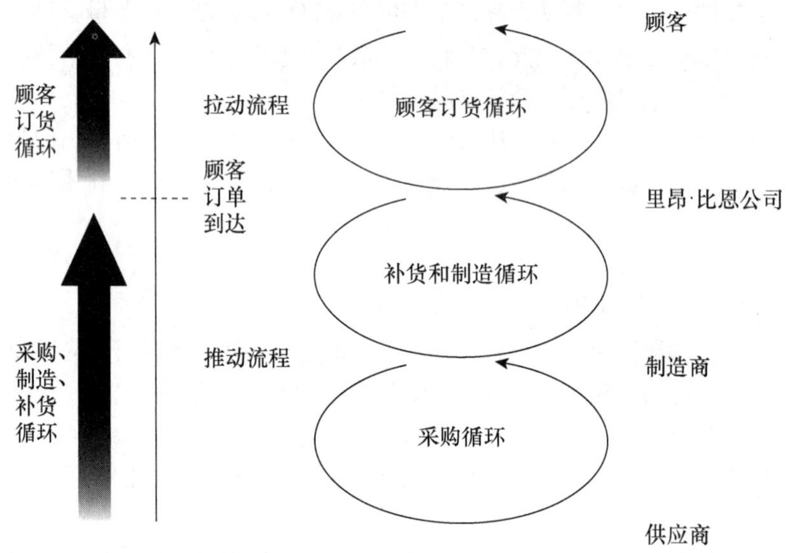

图1-6 里昂·比恩公司的供应链推/拉流程

伊森艾伦公司生产沙发、椅子等定制家具，顾客可选择材料和颜色。在这种情况下，是顾客订单的到达触发了产品的生产。因此，制造循环就成了顾客订货循环中顾客订单履行流程的一部分。如图1-7所示，伊森艾伦公司的定制家具供应链中只有两个有效的循环：(1) 顾客订货和制造循环；(2) 采购循环。

伊森艾伦公司的顾客订货和制造循环中的所有流程都属于拉动流程，因为这些流程都是顾客订单到达后由订单驱动的。但是伊森艾伦公司的原材料订购并不是顾客订单驱动的。原材料库存的补货是基于对顾客需求的预测。因此，伊森艾伦公司的采购循环中所有流程均属于推动流程，因为它们是预测驱动的。

在考虑与供应链设计相关的战略决策时，供应链流程的推/拉观点非常有用。目标是确定一个适当的推/拉界限，使供应链能够有效地促进供需匹配。

油漆行业是一个通过适当调整推/拉边界而获益的极好例子。油漆生产需要经过基漆生产、调色和包装三个过程。直到20世纪80年代，所有这些工作都是在大型工厂中完成的，然后将油漆桶运送到商店。这些可以看成是推动过程，因为它们是基于对顾客需求的预测进行的。由于需求的不确定性，油漆供应链很难使供应与需求相匹配。到了20世纪90年代，油漆供应链的结构发生了变化，调色过程在顾

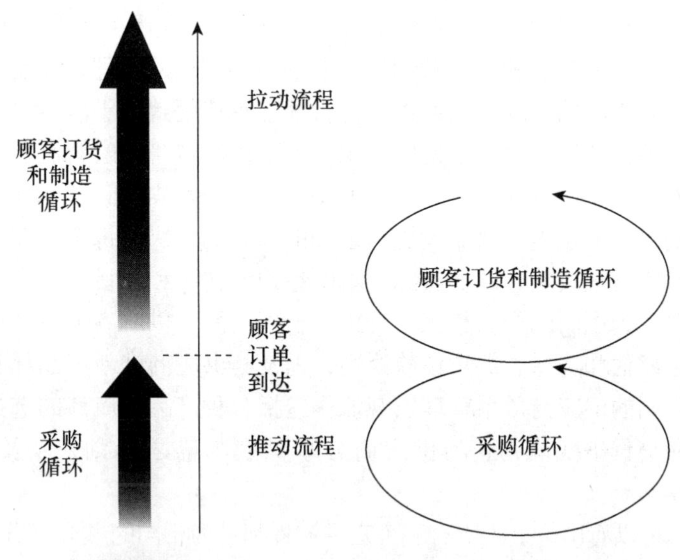

图 1-7　伊森艾伦公司定制家具的供应链推/拉流程

客下单后在零售店完成。换句话说，在基漆生产和包装仍为推动阶段的情况下，调色由推动阶段变为拉动阶段。这么做的好处是，顾客总能买到他们所选择的颜色，且整个供应链的油漆总库存减少。

1.4.3　企业中供应链的宏观流程

前面讨论的两种供应链流程观点中提及的以及本书中所讨论的所有供应链流程可划分为如下三个宏观流程，如图 1-8 所示。

供应商	企业	顾客
供应商关系管理 (SRM)	内部供应链管理 (ISCM)	顾客关系管理 (CRM)
• 寻找货源	• 战略计划	• 市场营销
• 谈判	• 需求计划	• 定价
• 购买	• 供给计划	• 销售
• 设计合作	• 订单履行	• 呼叫中心
• 供给合作	• 现场服务	• 订单管理

图 1-8　供应链的宏观流程

1. **顾客关系管理**（CRM）：企业与其顾客之间的所有联系流程。
2. **内部供应链管理**（ISCM）：企业内部的所有流程。
3. **供应商关系管理**（SRM）：企业与其供应商之间的所有联系流程。

这三个宏观流程对生产、接收和履行顾客订单所需的信息流、产品流和资金流进行管理。顾客关系管理宏观流程致力于引发顾客需求、方便订货和跟踪订单。顾客关系管理宏观流程包括市场营销、定价、销售、呼叫中心、订单管理等。对于固安捷（W. W. Grainger）这样的工业品分销商来说，顾客关系管理流程包括产品目录和其他营销资料的准备、网站的管理，以及接收订货和提供服务的呼叫中心的管理。内部供应链管理宏观流程致力于以尽可能低的成本及时满足顾客关系管理流程所引发的需求。内部供应链管理宏观流程包括内部生产和库存能力计划、供应和需求计划的准备，以及履行实际订单。在固安捷公司，内部供应链管理流程包括仓储设施选址和能力计划，决定每个仓库都储存哪些产品，制定库存管理政策，以及实际订单的拣选、包装和发货。供应商关系管理宏观流程致力于为不同的产品和服务安排和管理货源。供应商关系管理宏观流程包括供应商的评估和选择、供货条款谈判，以及与供应商就新产品和订货进行沟通。固安捷公司的供应商关系管理宏观流程包括各种产品供应商的选择、与供应商进行价格和交付条款谈判、与供应商分享供应与需求计划，以及补货订单的发出和接收。

可以看出，上述所有三个宏观流程都是为相同的顾客服务。供应链要想取得成功，这三种宏观流程的整合至关重要。我们将在第9章和第10章讨论整合的重要性。企业的组织结构对于整合结果的成败有很大影响。在许多企业中，市场营销部门负责顾客关系管理宏观流程，制造部门负责内部供应链管理宏观流程，采购部门监管供应商关系管理宏观流程，各部门彼此之间缺乏交流。市场营销部门和制造部门在制订其计划时，经常对市场有不同的预测结果。缺乏整合大大降低了供应链有效地匹配供给和需求的能力，从而导致顾客不满和高成本。因此，企业应该建立一个可以反映这些宏观流程的供应链组织，并确保这些相互影响的流程的所有者之间的良好沟通和协调。

学习目标3小结

供应链流程的循环观点将流程划分为不同的循环，每一个循环都发生在供应链两个相邻环节之间的界面上。每一个循环均始于供应链某一环节发出订单，终于从供应商环节收到订货。供应链流程的推/拉观点根据流程执行时最终顾客需求订单是否到达，将供应链中所有流程分为拉动流程和推动流程。拉动流程是顾客订单驱动的，而推动流程基于对顾客需求的预测。企业中的所有供应链流程都被归类为三种宏观流程之一：顾客关系管理流程、内部供应链管理流程和供应商关系管理流程。顾客关系管理宏观流程包括企业与其顾客之间的所有联系流程，主要是生成、接收和跟踪顾客订单。内部供应链管理宏观流程包括企业内部的所有流程，主要是计划和履行顾客订单。供应商关系管理宏观流程包括企业与其供应商之间的所有联系流程，负责评估和选择供应商，然后从供应商采购货品和服务。三个宏观流程的整合是成功进行供应链管理的关键。

1.5 供应链实例

本节将介绍几个供应链实例，并提出在供应链设计、计划和运作阶段必须回答的一些问题。在后面章节，我们将讨论相关的概念，并提出可用于回答这些问题的方法。

1.5.1　捷威和苹果：两种不同的零售模式

捷威公司（Gateway）成立于 1985 年，最初是一家没有零售店的个人电脑直销制造商。1996 年，捷威公司是第一批在线销售个人电脑的制造商之一。但在多年不通过零售体系销售电脑之后，捷威公司在 20 世纪 90 年代后期开始了一项雄心勃勃的战略，在全美各地开设捷威零售店。其零售店并没有产成品库存，只是一个帮助顾客选择合适产品配置的展示室。所有个人电脑都按订单生产并从装配厂发货给顾客。

开始时，投资方非常看好捷威的这一战略。1999 年末，捷威公司股票价格每股涨至超过 80 美元。然而这一辉煌并没有持续多久。到 2002 年 11 月，捷威公司的股票价格跌到每股不足 4 美元，公司遭受巨额损失。到 2004 年 4 月，捷威公司不得不关闭所有零售门店并减少了可提供给顾客的配置类型。2007 年 8 月，捷威公司被宏碁公司以 7.1 亿美元的价格收购。到 2010 年，捷威公司的电脑在包括百思买、开市客（Costco）在内的 20 多家零售商的零售网点销售。可以想象，这对于捷威来说是相当大的转变。

苹果公司在 2001 年开设其第一家零售门店后取得了巨大成功。截至 2016 年，苹果公司在世界各地有超过 460 家专卖店，销售额超过 200 亿美元。与捷威不同，苹果一直在其专卖店内保有产品库存。由于产品设计的特点，苹果在专卖店中储存的产品种类相对较少。2014 年，苹果专卖店每平方英尺[①]平均销售收入达 4 799 美元，是所有零售商中最高的。

以下主要是带来苹果和捷威绩效差异的问题：

1. 为什么捷威公司不在其零售门店存放产成品库存？为什么苹果公司选择在零售专卖店持有产成品库存？
2. 最适合在零售门店持有成品库存的产品具有什么特征？最适合按订单制造的产品具有什么特征？
3. 产品多样性如何影响零售店的库存持有水平？
4. 无零售店的直销供应链是不是总比有零售店的供应链节省成本？
5. 哪些因素可以用来解释苹果专卖店的成功和捷威零售店的失败？

1.5.2　固安捷公司和 McMaster-Carr 公司：MRO 用品供应商

固安捷公司和 McMaster-Carr 公司是销售维护、修理和运行（MRO）用品的公司。这两家公司都有供顾客订货的产品目录和网站。固安捷公司在美国各地还拥有几百家零售门店。顾客可以到零售门店采购，也可以打电话或通过网站购物。在固安捷订货，顾客既可以选择产品送货到家，也可以选择自行到固安捷门店取货。McMaster-Carr 公司则几乎负责所有订单的送货（居住在其配送中心附近的一些顾客也会自行取货）。固安捷公司有九个配送中心，这些配送中心均既负责为零售店补货，也负责履行顾客订单。McMaster-Carr 公司有五个配送中心负责完成所有订单的供货。固安捷公司和 McMaster-Carr 公司均不生产任何产品。

① 1 平方英尺≈0.093 平方米。

它们主要扮演分销商或零售商的角色，其成败在很大程度上取决于它们的供应链管理能力。

这两家公司通过库存可以向顾客提供数十万种商品，另外还有其他许多产品由供应商直接发货给顾客。这两家公司都面临以下战略和运作问题：

1. 应建立多少个配送中心？这些配送中心应选址于何处？

2. 应如何管理配送中心的库存商品？是否所有的配送中心都应库存全部商品？

3. 什么样的商品应当持有库存？什么样的商品应当在接到订单后由供应商直接发货给顾客？

4. 固安捷公司的零售门店应持有哪些商品？

5. 如何确定各配送中心所服务的市场？如果某个订单无法由一个配送中心完全满足，应采取什么措施？是否应指定备选的配送设施？应如何选择备选设施？

1.5.3 丰田：全球汽车制造商

丰田（Toyota）是日本最大的汽车制造企业，在过去的20多年里，其全球销售额显著增长。丰田面临的一个关键问题是其全球生产和分销网络的设计。在其所服务的每一个市场都建立自己的工厂，是丰田全球战略的组成部分。丰田必须决定每个工厂的生产能力，因为这会对丰田所期望的分销系统产生重要影响。一种极端的做法是每个工厂只负责为当地市场生产汽车，而另一种极端的做法是每个工厂都能够供应所有的市场。1996年以前，丰田采用的策略是每个市场均由专门的当地工厂供货。1997年亚洲金融危机之后，丰田对工厂进行了重新设计，使各地工厂能够在本地市场需求疲软时向需求依然强劲的市场出口汽车。丰田称之为“全球互补战略”。

全球化还是本地化也是丰田的零部件工厂和产品设计所面临的问题。是建立仅满足当地生产需求的零部件工厂，还是只设立几家全球化的工厂来满足多家装配厂对零部件的需求？丰田致力于提高全球各地使用的零部件的通用性。虽然这样有助于企业降低成本和提高零部件的可获性，但当其中某个零部件必须召回时，通用零部件将会加剧召回的难度。2009年，丰田在北美、欧洲和亚洲共召回1 200万辆采用某个通用零部件的汽车，对其产品品牌和财务均造成了巨大的负面影响。

对于像丰田这样的全球制造商来说，必须考虑以下与供应链配置及能力相关的问题：

1. 工厂应选址于什么地方，每个工厂应具有多大的柔性？每个工厂的生产能力应当是多少？

2. 每个工厂应该向所有市场供货还是只满足特定相关市场需求？

3. 如何确定每个工厂应服务的市场？需隔多长时间进行一次调整？

4. 应如何对柔性方面的投资进行评价？

1.5.4 亚马逊：在线销售

亚马逊通过网络销售书籍、音像制品和其他一些商品，它是在线零售的先驱之一。亚马逊的总部位于西雅图，最初是从分销商处购买图书来满足顾客订单。随着企业的发展，亚马逊开始建立仓库，从而能够更快地响应顾客订单。至 2015 年，亚马逊在美国已建有 100 个仓库，另外还有 100 个仓库分布在美国以外的其他地方。亚马逊使用美国邮政服务和像 UPS 和联邦快递（FedEx）这样的包裹承运人为顾客送货。2015 年亚马逊外向运输相关成本超过 100 亿美元。

亚马逊不断扩大其网上售卖的产品种类。除最初的书籍和音像制品，亚马逊还增加了其他许多产品类别，如玩具、服装、电子产品、珠宝、工业用品、杂货和鞋子等。2009 年，亚马逊最大的收购之一是对 Zappos 的收购，Zappos 是在线鞋类销售的领先企业。这次收购使亚马逊增加了大量的产品品种。亚马逊的年度报告称，该收购需要在亚马逊网站上创建 12.1 万个产品描述并上传超过 220 万幅图片。2010 年，亚马逊又收购了 Diapers. com。与收购 Zappos 不同的是，这次收购没增加多少产品类别，却使发货量大大增加。

2016 年，亚马逊的首家实体书店正式对外营业，并计划开设更多实体书店。2016 年底，有报道称，亚马逊计划开设出售农产品、牛奶、肉类和其他易腐物品的小型实体店。

关于亚马逊供应链的结构和其不断增加的产品类别，可提出以下问题：

1. 为什么随着亚马逊不断发展，它建立了更多的仓库？它应当建立多少仓库？仓库选址在哪里比较合适？

2. 亚马逊是否应对其销售的每种商品都保有库存？

3. 建立实体店能够为线上销售企业带来哪些好处？它们应如何利用这两种渠道以获得最大的优势？

4. 相对于零售商店，在网上销售鞋子和尿不湿的优势和劣势分别是什么？

5. 对于哪些产品，在线渠道相较于零售店更具优势？这些产品具有什么样的特点？

1.5.5　梅西百货和固安捷公司：全渠道零售

进入百货零售业数十年后，梅西百货（Macy's）开始大力推进全渠道零售，以实现消费者线上购物与线下购物的无缝体验。顾客可以在线浏览商品，然后在线下门店体验商品，或者在线下门店看过商品实物后再在线上下单。全渠道不仅仅是指订货，也指订单的履行。梅西百货的所有商品都可以通过任何渠道下单。到 2012 年，梅西百货已有 292 家门店可以履行线上订单或其他门店的订单。如果顾客愿意的话，顾客可以在网上下单，然后在选定的实体店取货，并且在网上购买的商品可以退货至线下门店。到 2015 年，这一做法给梅西百货带来了一些挑战。

梅西百货利用线下门店来履行线上订单的做法实际上与固安捷 2001 年前的做法非常相似。那时，固安捷 50%的商品和 30%的销售额都是通过固安捷的零售店交付给顾客的。2001 年，固安捷公司对供应链网络进行了重新设计，在线订单的履行不再由零售店来完成，而转由配送中心来完成。其目标是通过在配送中心集中履行在线订单，提高包装和运输效率。

所有全渠道零售必须应对以下问题：

1. 在线订单是由零售门店还是履约中心来履行？每种设施应发挥什么样的作用？

2. 在全渠道环境下，零售门店应如何管理库存？

3. 退货商品应返回至门店还是履约中心？

学习目标4小结

在战略层次上，供应链设计者必须考虑是构建响应性供应链还是关注于降低成本，必须就每一设施的选址和能力做出决策。另外还必须确定每个设施是仅生产某种产品或服务于某一市场的专有设施，还是具有一定的柔性。供应链设计者还必须决定产品是通过直销的方式销售给顾客，还是通过像固安捷那样的分销商进行销售，或者是通过像梅西百货那样的零售商销售给顾客。如果选择进行全渠道零售，那么供应链设计者必须决定不同的顾客订单应由哪些不同的设施来满足。设计者还必须就每个生产设施的生产水平、每个配送中心和零售门店的库存水平做出决策。在顾客订单到达时，运作管理者必须根据可用的库存和生产计划来决定如何履行每一个订单。所有决策的目标都应是使供应链盈余最大化。

1.6 发展职业技能

如果你的专业不是运作管理或供应链管理，你可能会认为本书内容与你无关。但我可以保证，本书内容与你的职业发展密切相关。无论你是否计划从事运作管理或供应链管理方面的工作，在本书中学到的知识都将有助于你职业技能的发展。沟通能力、批判性思维、合作、知识的应用和分析能力、商业道德和社会责任、数据素养、信息技术应用和计算技能被雇主们认为是21世纪成功人士应具备的素质。本书将有助于你发展其中数项职业技能。

贯穿本书的一个关键主题是战略决策的制定和分析之间的联系。不掌握一些相关的分析方法，是不可能制定出好的战略决策的，并且所有分析方法都应有助于决策的制定。因此，本书中的每一章都会促使学生进行一些批判性思考，以定义和解决供应链问题。例如，第4章在介绍了分销网络的框架后，要求学生思考：随着顾客偏好和技术的变化，零售业未来将如何发展？该章在第一部分首先介绍了分销网络设计相关的概念、框架，最后一部分则要求学生应用所学知识对零售业进行分析，分析零售商应如何转变才能在21世纪取得成功。

后续一些章节又详细讨论了支持这些框架的分析内容。例如，第11、12和13章有助于学生学习供应链中与库存管理相关的分析。本书中所有的分析都是基于Microsoft Excel进行的。这有助于学生发展数据素养、计算技能以及应用信息技术支持决策的知识。这些章节中的一些分析为第4章中提出的框架提供了支撑。第4章的内容有助于学生从概念上思考为什么某些零售模式在珠宝销售上取得了成功，而另一些则不适用于珠宝的销售。接下来的一些章节则有助于学生对不同零售网络的财务指标进行量化。因此，学生可以学习到如何使用数据和模型来更好地进行战略决策。在21世纪，决策者在进行决策时将面临快速变化的环境和海量的数据，所以掌握这一技能尤为重要。

学习目标 5 小结

无论学生选择什么样的发展道路，在本书中学到的技能都将是非常有用的。之所以出版本书，是因为我们认为不进行相关的分析，就不可能做出好的战略决策，并且所有分析都应设计用来帮助制定决策。因此，学生将发展批判性思维、构建和分析问题的能力，并通过运用数据素养和计算技能，通过分析来支持他们的决策和建议。

讨论题

1. 考虑在便利店买一瓶汽水的情形，描述供应链中的各个环节以及所涉及的信息流、产品流、资金流。
2. 为什么戴尔等公司在制定决策时应考虑供应链整体的盈利能力？
3. 像盖璞（GAP）这样的服装零售企业需要制定的战略决策、计划决策和运作决策是什么？
4. 思考顾客从一家书店购买书籍时涉及的供应链，辨别供应链中的各种循环以及推/拉界限。
5. 考虑顾客从亚马逊订购书籍时涉及的供应链，辨别推/拉界限，并分别列出两个推动阶段和拉动阶段的流程。
6. 供应链中的三大流是如何决定亚马逊这样的企业的成败的？列举两个对供应链盈利能力有显著影响的供应链决策。
7. 列出汽车制造商必须就其供应链做出的一些战略、计划和运作决策。

参考文献

Aronow, Stan, Mike Burkett, Jim Romano, and Kimberly Nilles. "The 2016 Supply Chain Top 25: Lessons from Leaders." *Supply Chain Management Review* (September–October 2016): 10–21.

Cavinato, Joseph L. "What's Your Supply Chain Type?" *Supply Chain Management Review* (May–June 2002): 60–66.

Fisher, Marshall L. "What Is the Right Supply Chain for Your Product?" *Harvard Business Review* (March–April 1997): 83–93.

Fuller, Joseph B., James O'Conner, and Richard Rawlinson. "Tailored Logistics: The Next Advantage." *Harvard Business Review* (May–June 1993): 87–98.

Kopczak, Laura R., and M. Eric Johnson. "The Supply Chain Management Effect." *Sloan Management Review* (Spring 2003): 27–34.

Lambert, Douglas M. "The Eight Essential Supply Chain Management Processes." *Supply Chain Management Review* (September 2004): 18–26.

Lee, Hau L. "Aligning Supply Chain Strategies with Product Uncertainties." *California Management Review* (Spring 2002): 105–119.

Poirier, Charles C., Francis J. Quinn, and Morgan L. Swink. *Diagnosing Greatness: Ten Traits of the Best Supply Chains.* Ft. Lauderdale, FL: J. Ross Publishing, 2009.

Robeson, James F., and William C. Copacino, eds. *The Logistics Handbook.* New York: Free Press, 1994.

Shapiro, Roy D. "Get Leverage from Logistics." *Harvard Business Review* (May–June 1984): 119–127.

Slone, Reuben E. "Leading a Supply Chain Turnaround." *Harvard Business Review* (October 2004): 114–121.

第2章 实现供应链战略匹配

Achieving Strategic Fit in a Supply Chain

学习目标

通过本章学习，你应当能够：

1. 解释为什么实现战略匹配对一家企业的整体成功至关重要。
2. 描述企业如何实现供应链战略与竞争战略之间的战略匹配。
3. 确定应对供应链不确定性的主要杠杆。
4. 探讨拓展整条供应链战略匹配范围的重要性。

第1章讨论了供应链设计、计划和运作对企业成功的重要性。本章将定义供应链战略，并解释在供应链战略与竞争战略之间实现战略匹配对企业绩效的影响。我们识别了一些可用于应对供应链不确定性的关键杠杆，还讨论了将战略匹配的范围从企业内的一项业务拓展至供应链所有环节的重要性。

2.1 竞争战略与供应链战略

企业的竞争战略（competitive strategy）界定了相对于竞争对手而言，企业如何通过其产品和服务满足一组顾客需求。例如，沃尔玛的目标是以低价提供各种产品。沃尔玛出售的绝大多数产品都是日常用品（从家电到服装），这些产品随处都可以买到。沃尔玛提供的是低价格及产品的可获性。McMaster-Carr 公司销售维护、修理和运行（MRO）用品，它通过产品目录及网站销售 50 多万种不同产品。其竞争战略是为顾客提供便利性、产品多样性和快速响应。由于注重快速响应，McMaster-Carr 并不靠低价格来赢得竞争。显而易见，沃尔玛与 McMaster-Carr 的竞争战略是不同的。

我们还可以将 Blue Nile 公司和 Zales 公司进行比较，Blue Nile 以线上零售的模式销售钻石，而 Zales 通过实体店销售钻石。Blue Nile 重视在网站上出售的钻石种类的多样性，事实上，它的售价要远低于实体竞争对手。但是，在 Blue Nile 购物，顾客必须等待一段时间才能拿到所购买的珠宝，而且购买前也没有机会亲眼看到和触摸商品（不过 Blue Nile 提供 30 天的产品退货期）。相反，顾客可以走进 Zales 零售店，享受店员提供的帮助，并且立刻带着所购钻戒离开。但 Zales 零售店提供的钻石品种非常有限。Blue Nile 在其网站上提供了超过 19 万款钻石，而一家 Zales 零售店提供的钻石通常不足 1 000 款。

以上两个例子中，竞争战略都是基于顾客是看重产品成本、交货时间、产品多样性还是质量来制定的。McMaster-Carr 公司的顾客更看重的是产品多样性和响应时间，而不是成本；相反，沃尔玛的顾客更看重成本。Blue Nile 公司的顾客在网上购物，更看重的是产品多样性和成本；而在 Zales 零售店购买珠宝的顾客最关心的是快速响应以及在选购时得到店员的帮助。因此，企业的竞争战略都将基于顾客偏好来制定。竞争战略针对一个或多个顾客细分市场，旨在提供满足这些客户需求的产品和服务。

要理解竞争战略与供应链战略的关系，我们先从分析一个典型组织的价值链开始，如图 2-1 所示。

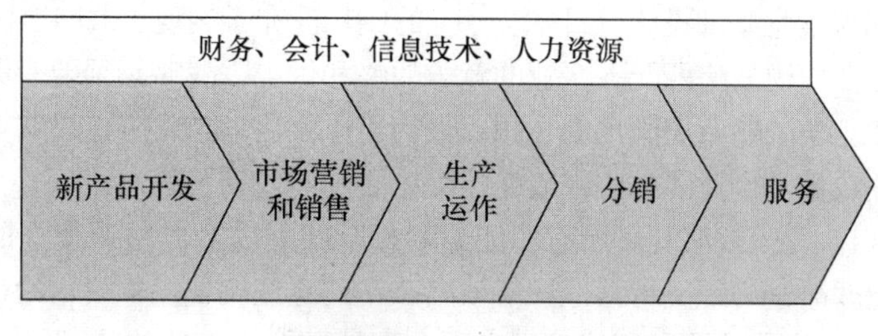

图 2-1 企业的价值链

价值链始于新产品开发，形成产品的具体规格参数。市场营销和销售活动通过宣传产品及服务能够满足顾客偏好来创造需求，市场营销同时也将来自顾客的意见反馈到新产品开发中。按照产品的规格参数，生产运作将投入转化为产出，制造出产品。分销或者是把产品送到顾客手中，或者是带顾客来选购产品。服务是在售中或售后对顾客提出的要求进行回应。以上是完成一笔交易所必须进行的核心流程或职能。财务、会计、信息技术和人力资源为价值链的运作提供支持和帮助。

要执行企业的竞争战略，所有这些职能都要发挥作用，并且每个职能都必须制定自己的职能战略。这里的战略（strategy）是指每个流程或职能如何才能更好地发挥作用。

新产品开发战略明确说明企业即将开发的新产品组合，同时还会确定产品开发工作是在企业内部进行还是外包出去。市场营销和销售战略详细说明如何进行市场细分，产品如何定位、定价和促销。供应链战略决定原材料的获取、物料的运进运出、产品的生产或服务的运作、产品的分销配送以及后续所有服务，并确定这些流程是由企业自行完成还是外包出去。供应链战略明确规定了生产运作、分销和服务职能应做好的事情，不管其是在企业内部执行还是外包出去。因为本书的重点是供应链战略，所以我们将对供应链战略进行更详细的定义。供应链战略包括对供应链总体结构的说明，以及许多传统中称为“供应战略”“运作战略”“物流战略”的内容。例如，戴尔最初的直销决策以及 2007 年通过经销商销售个人电脑的决策，思科（Cisco）利用合同制造商进行生产的决策，都界定了其供应链的总体结构，并且都是它们供应链战略的组成部分。2016 年亚马逊决定开设实体书店，并宣称开设便利店是其供应链战略的一部分。供应链战略还包括关于库存、运输、运作设施和信息流的设计决策。例如，亚马逊选择修建仓库来储存某些产品，同时继续通过分销商来供应另一些产品的决策也是其供应链战略的一部分。类似地，丰田公司决定在其每个主要市场内都建立生产设施的决策也是其供应链战略的一部分。

一个企业要想取得成功，所有的职能战略必须相互支持并支持竞争战略的实现。例如，日本 7-11 公司的成功是与其各职能战略间的完美匹配分不开的。其市场营销部门强调便利，表现形式为店面位置的便利性、提供多种多样的产品和服务。新产品开发部门不断推出新的产品和服务。例如，能吸引顾客并充分利用其信息基础设施的账单支付服务，促使顾客频繁光顾7-11便利店。运作和配送部门致力于提高店面的密度，提高响应性，提供良好的信息基础设施。其结果是形成了一个良性循环：供应链基础设施得到了充分利用，推出了能够提高需求的新产品和服务，需求的增加反过来使运作部门能更容易地提高商店的密度、提高补货响应性以及完善信息基础设施。日本7-11的成功就在于实现了战略匹配。

要实现战略匹配，企业的竞争战略和供应链战略必须要有共同目标。战略匹配是指竞争战略希望满足的、顾客最为看重的需求与供应链战略旨在建立的能力之间的一致性。企业要想实现战略匹配，必须实现以下三点：

1. 竞争战略要和所有职能战略相互匹配以形成协调统一的总体战略。每一个职能战略都必须支持其他职能战略，帮助企业实现竞争战略的目标。

2. 企业的不同职能部门必须合理地配置本部门的流程及资源，以确保成功执行这些战略。

3. 整个供应链的设计和各环节的作用必须协调一致，以支持供应链战略。

一个企业可能因为缺乏战略匹配而失败，也可能因其整个供应链的设计、流程和资源无法支持所期望的战略匹配而失败。假设这样一个场景：营销部门正在大力宣传企业能够快速提供多种多样的产品，而与此同时，配送部门正寻求采用成本最低的运输方式。这种情况下，配送部门极有可能延迟发货，这样可以把多个订单整合起来运输或者使用相对便宜但速度较慢的运输方式，以节约运输成本。这种做法与营销部门宣称的快速提供多样产品的目标是冲突的。与此类似，一个零售商决定提供种类繁多的产品，同时保持低库存，但它选择供应商和承运人的标准是低价格而非响应性。在这种情况下，零售商可能会因为产品可获性差而招致顾客不满。

下面以戴尔及其供应链的发展为例，进一步阐述战略匹配。1993—2006年，戴尔的竞争战略是以合理价格提供种类丰富的定制化产品。由于专注于产品定制，戴尔的供应链设计得极具响应性。戴尔拥有柔性的装配设施，可以很容易生产出顾客所需的大量不同配置的产品。在这种情况下，那些大量生产相同配置的产品、追求低成本和高效率的生产设施是不适用的。

战略匹配的理念同样延伸到戴尔内部的其他职能战略。戴尔个人电脑在设计时尽量选用通用零部件以实现快速组装。显然，这一设计战略与戴尔的按订单装配定制化电脑的供应链目标完全一致。戴尔还努力把这种一致性传递到其供应商。由于戴尔是在维持较低库存水平的同时生产定制化的产品，因此要求供应商和承运人具有高响应能力。例如，承运人将一台戴尔电脑与和一台索尼显示器快速组合的能力，使戴尔不必持有索尼显示器库存。

然而，从2007年开始，戴尔改变了竞争战略，因而不得不对供应链进行相应调整。随着顾客对硬件定制的关注度降低，戴尔开始通过沃尔玛等零售商销售个人电脑。戴尔在沃尔玛售卖的台式电脑和笔记本电脑种类很有限。同样，确保显示器和其他外围设备的库存也非常重要，因为在沃尔玛购买个人电脑的顾客是不会愿意为了显示器再等上几天的。显然，当顾客不再追求定制而更注重价格时，符合顾客定制需求的、具备柔性和响应性的供应链并不一定适用。由于顾客需求的改变，戴尔将其更大比例的生产转变为按库存生产的模式，以实现战略匹配。戴尔将许多产品的生产外包给了低成本的合同制造商富士康（Foxconn），进行备货生产。为了维持战略匹配，戴尔的供应链已从追求快速响应转为更多地关注低成本。

学习目标1小结

战略匹配要求企业内部所有职能以及供应链的所有环节聚焦于同一目标，而且该目标需与顾客需求相一致。竞争战略和供应链战略之间缺乏战略匹配，可能造成供应链采取的行动与顾客需求不一致，导致供应链盈余的减少和供应链盈利能力的下降。

2.2 如何实现战略匹配

要实现供应链战略与竞争战略之间的重要匹配，企业需要做些什么呢？企业的竞争战略会明确或暗示性地说明企业希望满足的一个或多个顾客细分市场。要实现战略匹配，企业必须保证其供应链能力能够支持其满足目标顾客细分市场的需求。

下面先列出实现战略匹配的三个基本步骤，后面将进一步展开讨论。

1. **理解顾客和供应链的不确定性：**首先，企业必须理解每个目标顾客细分市场的需求，以及这些需求给供应链带来的不确定性。理解顾客需求有助于确定预期成本和服务要求。了解供应链不确定性有助于企业识别供应链必须面对的需求和供应的不可预知程度。

2. **理解供应链能力：**供应链有很多种类型，每一种供应链都是为了更好地执行不同的任务而设计的。企业必须了解其供应链应在哪方面具有优势。

3. **实现战略匹配：**如果供应链表现出色的方面与期望的顾客需求之间存在不匹配，那么企业要么需要重构供应链以支持竞争战略，要么需要对竞争战略做出调整。

2.2.1 理解顾客和供应链的不确定性

要理解顾客，企业必须明确所服务顾客细分市场的需求。一个特定顾客细分市场中的顾客通常具有类似的需求，不同顾客细分市场中的顾客可能有着完全不同的需求。让我们比较一下日本7-11便利店和沃尔玛旗下的山姆会员店这样的折扣店。顾客去7-11便利店购买洗涤用品，图的是就近、方便，而不一定是为了买到价格最为低廉的产品。相反，低价对山姆会员店的顾客十分重要。只要价格低，顾客能够忍受品种单调，甚至会购买大包装产品。即使对于会同时光顾这两个地方的顾客，其需求在某些属性上也会有所不同。在7-11便利店购物时，顾客赶时间，需要的是便利；在山姆会员店购物时，他们需要的是低价格，并且愿意花费时间获得低价格。总体而言，不同顾客细分市场的需求在以下几种属性上会表现出不同。

- **每批所需产品数量：**购买维修生产线所需材料的紧急订单的订货量可能会很少，而订购新建一条生产线所需材料的订单的订货量则可能会很大。
- **顾客愿意忍受的响应时间：**紧急订单所能忍受的响应时间可能很短，而用于新建生产线的材料订单所允许的响应时间可能会较长。

● **所需产品的种类**：如果能从一个供应商处购得紧急维修订单所需的所有零部件，顾客通常愿意支付更高的价格；而建设新生产线的物料采购订单则可能不是这样。

● **要求的服务水平**：紧急订单的顾客期望高水平的产品可获性。如果订单里的所有零部件不能马上供货，顾客可能会另寻卖家。这种情况通常不会发生在建设新生产线的采购订单上，因为顾客通常会提前订货。

● **产品的价格**：相对于发出新生产线建设项目采购订单的顾客，发出紧急订单的顾客对价格的敏感度较低。

● **产品的期望创新速度**：高端百货店的顾客期望商场所售服装能有更多创新和新设计，而沃尔玛的顾客对产品创新没那么敏感。

尽管上面已经描述了顾客需求变化的一些属性，但我们的目标是找到一个关键指标来捕捉所有这些属性的变化，然后用这一个指标来帮助企业确定其供应链应在哪方面表现出色。

隐含需求不确定性 乍一看，好像每个顾客的需求都应区别对待，但实际上，每一位顾客的需求都能转换成隐含需求不确定性这一衡量指标。隐含需求不确定性（implied demand uncertainty）是指供应链拟满足的那部分需求给供应链带来的需求不确定性。

这里区分一下需求不确定性和隐含需求不确定性。需求不确定性反映的是顾客对某种产品需求的不确定性；隐含需求不确定性反映的是，供应链计划满足的那部分需求（基于顾客所期望的属性）给供应链带来的不确定性。例如，一家仅提供某产品紧急订单服务的企业所面临的隐含需求不确定性就远高于以较长供货期提供同种产品的企业。因为后者可以在较长的交货期内从容地履行订单。

服务水平的影响从另一个侧面说明了区分需求不确定性和隐含需求不确定性的必要性。随着供应链服务水平的提高，必须满足的实际需求的比例也越来越高，迫使供应链为不常见的需求骤增做好准备。因此，尽管产品的潜在需求不确定性并未发生变化，但服务水平的提升却增加了隐含需求不确定性。

隐含需求不确定性既受到产品需求不确定性的影响，也受到供应链试图满足的不同顾客需求的影响。表2-1说明了不同的顾客需求是如何影响隐含需求不确定性的。

表2-1 顾客需求对隐含需求不确定性的影响

顾客需求	隐含需求不确定性
需求量波动范围增加	增大，因为更大的需求量波动范围意味着需求变动增大
供货期缩短	增大，因为对订单的响应时间缩短了
要求的产品品种增多	增大，因为每种产品的需求变得更难预测
要求的服务水平提高	增大，因为企业不得不应对不寻常的需求骤增
创新速度加快	增大，因为新产品的需求会有更大的不确定性
获取产品的渠道增多	增大，因为每个渠道中的顾客需求变得更难预测

由于每种顾客需求都会影响隐含需求不确定性，因此可以把隐含需求不确定性作为区分不同类型需求的一个通用指标。

费舍尔（Fisher，1997）指出，隐含需求不确定性往往与需求的其他特性相关，如表 2 - 2 所示。解释说明如下：

1. 需求不确定的产品通常不够成熟且很少有直接竞争对手，因此边际收益往往比较高。

2. 当需求不确定性较低时，预测更为准确。

3. 隐含需求不确定性的增大会导致供求平衡难度加大。对于给定的产品来说，隐含需求不确定性的增大会导致产品缺货或积压。因此，隐含需求不确定性的增大会导致更高的缺货率和更多的积压。

4. 由于产品经常会出现积压，所以隐含需求不确定性高的产品不得不经常降价促销。

表 2-2 隐含需求不确定性与需求其他特性的相关性

	低隐含需求不确定性	高隐含需求不确定性
产品边际收益	低	高
平均预测误差	10%	40%～100%
平均缺货率	1%～2%	10%～40%
平均被迫季末降价率	0	10%～25%

资料来源：Based on Marshall L. Fisher, "What Is the Right Supply Chain for Your Product?" *Harvard Business*.

首先以食盐这种具有低隐含需求不确定性的产品为例。食盐的边际收益很低，需求预测准确，缺货率低，几乎没有降价的时候。这些特征都与表 2 - 2 中费舍尔所描述的具有低隐含需求不确定性的产品相符。

另一个极端的例子是具有高隐含需求不确定性的新型智能手机。其边际收益很高，需求很难预测，缺货率非常高（如果它大获成功），或者有较高的降价可能（如果惨遭失败）。这与表 2 - 2 也非常吻合。

李（Lee，2002）指出，在考虑需求不确定性的同时，考虑供应链能力所带来的不确定性也非常重要。例如，当消费电子行业引入一种新型元件时，该元件生产过程的优质率会很低并经常会发生停产的情况。因此，企业很难按预定计划交货，从而导致电子制造商面临高供给不确定性。随着生产技术日趋成熟和产量不断提高，企业能够按预定计划交货，供给不确定性降低。表 2 - 3 列出了供给源的不同特征是如何影响供给不确定性的。

表 2-3 供应源的能力对供给不确定性的影响

供应源的能力	供给不确定性
频繁停产	增加
不可预测、低产出率	增加
质量差	增加
供给能力有限	增加
供给能力不具柔性	增加
不断发展的生产工艺	增加

资料来源：Based on Hau L. Lee, "Aligning Supply Chain Strategies with Product Uncertainties." *California*.

供给不确定性在很大程度上还受到产品所处生命周期的影响。刚刚推向市场的新产品由于设计和生产工艺仍在不断改进，因此供给不确定性较高。相反，成熟产品的供给不确定性较低。

可以通过把需求不确定性和供给不确定性结合起来创建一个不确定性图谱。隐含不确定性图谱如图2-2所示。

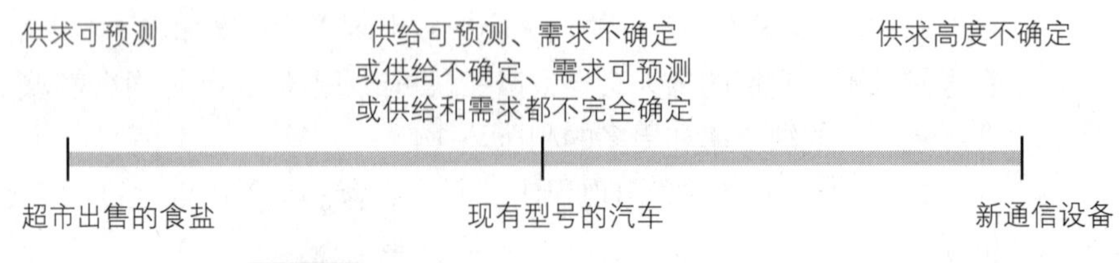

图2-2 隐含（供给和需求）不确定性图谱

某企业推出基于全新元件和技术生产的新款手机，该企业面对的是高隐含需求不确定性和高供给不确定性，因此其供应链面临很高的隐含不确定性。相反，销售食盐的超市面临低隐含需求不确定性和低供给不确定性，因此其供应链面临的隐含不确定性较低。包括咖啡在内的许多农产品的供应链面临低隐含需求不确定性，但由于天气原因其供给具有很高的不确定性。因此，这些农产品供应链面临的是中等水平的隐含不确定性。

2.2.2 理解供应链的能力

理解了企业面临的不确定性后，接下来的问题是：在这种不确定的环境中企业如何最好地满足需求？实现战略匹配就是要设计一条供应链，其响应性与它所面临的隐含不确定性相匹配。

现在我们基于一些会对供应链响应性和效率产生影响的特征对供应链进行分类。

首先给出几个释义。供应链响应性（supply chain responsiveness）是指供应链完成下列各项任务的能力：

- 应对需求量的大幅变化；
- 满足更短的交货期要求；
- 提供品种繁多的产品；
- 生产高度创新性的产品；
- 达到较高的服务水平；
- 应对供给不确定性。

这些能力与许多导致高隐含不确定性的供给和需求特征类似。供应链越具备这些能力，其响应性越强。

但是，提高响应性是要付出成本的。例如，要响应大幅变化的需求，必须提高生产能力，这将增加成本。成本的增加则引出第二个释义：供应链效率（supply chain efficiency）。供应链效率与制造、交付产品给顾客的成本成反比。成本的增加将会降低效率，每个旨在提高响应性的战略选择都会产生额外成本，从而降低效率。

图2-3所示的成本-响应性效率边界曲线（cost-responsiveness efficient frontier)，显示了实现给定响应性水平所需的最低可能成本。最低成本是基于现有技术给出的。并不是所有企业都能在效率边界上运作，效率边界代表的是最出色的供应链的成本-响应性绩效。不在效率边界上的企业可以通过向效率边界移动，来提高响应性和降低成本。相反，在效率边界上的企业只能通过增加成本、降低效率来提高响应性。此时企业必须在效率与响应性之间进行权衡。当然，位于效率边界上的企业也在不断改善工艺、改进技术，从而使效率边界发生移动。由于需要在成本与响应性之间进行权衡，所以确定拟提供的响应性水平是任何一条供应链必须做出的一项关键战略选择。

既有仅强调响应性的供应链，也有以尽可能低的成本进行生产和供货为目标的供应链。图 2-4 给出了供应链响应性图谱以及一些供应链在图谱上的位置。

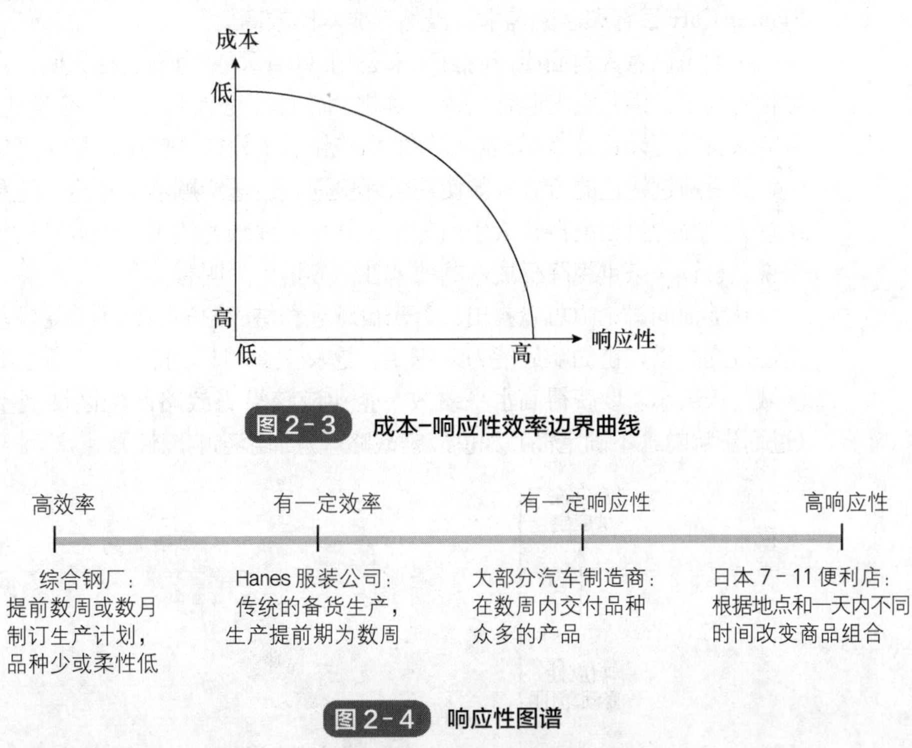

图 2-3　成本-响应性效率边界曲线

图 2-4　响应性图谱

供应链中与响应有关的能力越多，其响应性就越好。日本 7-11 公司在早上为其门店补充早餐食品，在中午补充午餐食品，晚上则补充晚餐食品。因此，日本 7-11 在一天内不同时间供应的产品品种会不一样。日本 7-11 对订单的响应速度非常快，店铺管理人员发出的补货订单在 12 小时内就能送达。这使得日本 7-11 的供应链极具响应性。另一个响应性供应链的例子是固安捷公司，固安捷面临需求和供给两方面的不确定性。因此，其供应链的设计旨在有效地应对这两方面的不确定性，能够在 24 小时之内为顾客提供多种多样的 MRO 产品。相反，效率性供应链通过牺牲一些响应能力来降低成本。例如，山姆会员店销售种类有限的大包装产品。这种供应链能够降低成本，其关注的显然是效率。

2.2.3　实现战略匹配

在了解了隐含不确定性水平和供应链在响应性图谱上的位置后，第三个也是最后一个步骤，就是要确保供应链响应性水平与隐含不确定性保持协调一致。目标就是给面临高隐含不确定性的供应链设定高响应性，给面临低隐含不确定性的供应链设定高效率。

例如，McMaster-Carr 公司的竞争战略锁定在那些重视在 24 小时内交付大量 MRO 产品的顾客。由于产品种类繁多且需要快速交货，因此可以认为 McMaster-Carr 公司的顾客需求具有高隐含不确定性。如果 McMaster-Carr 设计的是效率性供应链，那么它可能持有较少的库存，且在仓库中维持均衡的负荷水平以降低拣货和包装成本。但是，如果 McMaster-Carr 做出这种选择，那么将难以满足顾客在 24 小时收到种类繁多的 MRO 产品的要求。为了更好地服务顾客，McMaster-Carr 公司拥有较高的库存和分拣包装能力。显然，响应性供应链能够更好地满足 McMaster-Carr 目标顾客的需求，虽然其成本比较高。

下面再以意大利面生产商百味来公司（Barilla）为例进行说明。意大利面的需求相对稳定，因此它的隐含需求不确定性较低。意大利面的供给也完全可以预测。百味来公司可以设计一条高响应性的供应链，按顾客订单小批量生产定制的意大利面，然后通过快速的方式（如使用联邦快递）运送给顾客。不过，这种做法显然会使意大利面的价格高得让人望而却步，从而导致顾客流失。因此，对于百味来公司来说，设计一条重视降低成本的效率性供应链更为明智。

从前面的讨论中可以看出：若来自顾客和供应源的隐含不确定性增加，则最好是通过提高供应链的响应能力来满足。这种关系可以用图 2-5 所示的“战略匹配区域”来表示。要获得高水平绩效，企业应该沿着战略匹配区域调整其竞争战略（进而影响隐含不确定性）和供应链战略（进而影响响应性）。

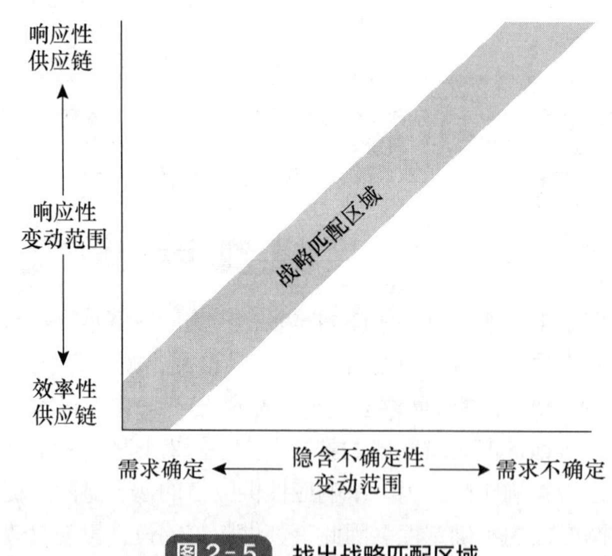

图 2-5 找出战略匹配区域

实现战略匹配的下一步是给供应链的不同环节分配不同的角色，以保证适度的响应性水平。重要的是要清楚，可以通过给供应链各个环节分配不同的响应性和效率水平来实现整条供应链所需的期望响应性水平。下面举例说明。

宜家（IKEA）是一家瑞典的家具零售企业，在 50 多个国家和地区拥有大型卖场。宜家的目标顾客群是那些希望以合理价位买到时尚家具的顾客。宜家通过销售未组装的家具和设计可用于多种家具产品的模块化组件来限制其库存的品种。宜家每个卖场的规模都非常大，而且销售的家具组件的种类有限。这降低了其供应链面临的隐含不确定性。宜家持有家具组件的库存，可以通过现货满足顾客需求。因此，宜家利用库存吸收供应链所面临的所有不确定性。宜家在各大卖场持有库存，使其向制造商发出的补货订单更加稳定和可预测。因此，宜家传递给制造商的不确定性非常少。为宜家供货的制造商通常位于低成本国家，专注于效率。宜家在供应链中提供了响应性（以即时可获的形式售卖家具），其卖场吸收了大部分的不确定性并且响应迅速，而供应商应对的不确定性较小。

另一种处理响应性的方法是零售商持有很少的库存。在这种情况下，零售商对供应链的响应性没有多少贡献，大部分隐含需求不确定性都传递给了制造商。为了保证供应链的响应性，制造商需要做出更具柔性且更快速的响应。采取这种方式的一个例子是位于田纳西州的家具制造商英格兰公司（England）。每个星期，该公司都要按订单生产数千件沙发和椅子，并在三周内送到美国各地的家具商店。英格兰公司的零售商让顾客从众多的款式中进行选择，并保证在较短时间内送货。这就使得供应链面临较高的隐含不确定性。但是，由于零售商并未持有多少库存，从而将大部分隐含不确定性传递给了英格兰公司。由于供应链中大部分隐含不确定性被英格兰公司通过柔性的制造过程所吸收，因此零售商可以保持高效率。英格兰公司自己可以选择将多少不确定性传递给供应商。通过持有更多原材料库存可以让供应商专注于效率。如果英格兰公司减少原材料库存，那么它的供应商就必须更具响应性。

以上讨论说明，通过调整供应链中各个环节的作用，供应链可以达到预定的响应性水平。提高供应链某一环节的响应性，可以使其他环节更专注于效率。每一环节可利用的效率和柔性决定了各个环节作用的最佳组合。图2-6例示了通过给供应链不同环节分配不同的作用和不确定性水平，可以获得预定的响应性水平。图中

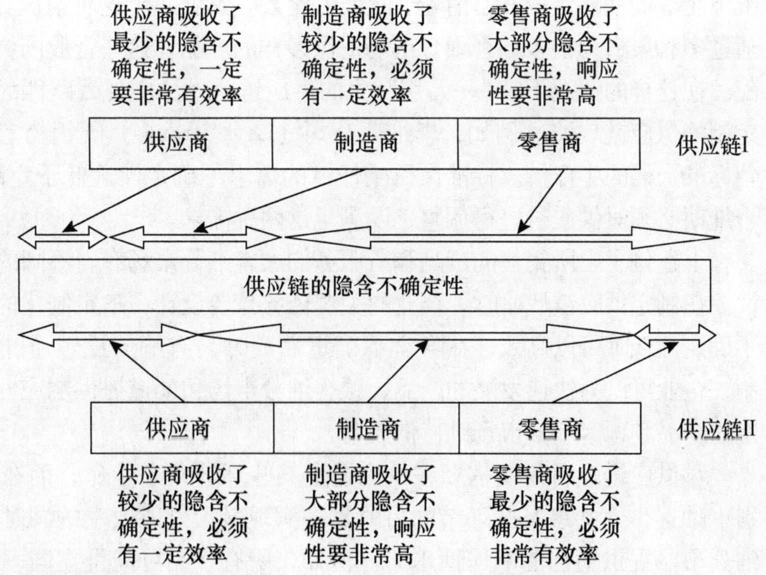

图2-6 给定供应链响应性水平下各环节的不同作用和隐含不确定性的分配

给出了两条面临相同隐含不确定性的供应链，它们以不同的方式在供应链各环节分配不确定性和响应性，实现了所期望的响应性水平。供应链Ⅰ的零售商极具响应性，吸收了大部分不确定性（例如，通过持有库存），从而使（实际上是要求）制造商和供应商实现高效率。供应链Ⅱ的制造商极具响应性（例如，通过柔性生产），吸收了大部分不确定性，使其他各环节能专注于效率。

要想实现完全的战略匹配，企业还必须确保其所有职能战略保持一致以支持其竞争战略。所有职能战略都必须支持竞争战略的目标。供应链中所有下一层次的战略，如制造、库存和采购，都必须与供应链的响应性水平相一致。表2-4列出了注重效率的供应链与注重响应性的供应链在职能战略上的一些主要区别。

表2-4 效率性供应链与响应性供应链的比较

	效率性供应链	响应性供应链
主要目标	以最低成本满足需求	快速响应需求
产品设计战略	以最低产品成本实现最大绩效	模块化设计，通过延迟实现产品差异化
定价战略	由于价格是最主要的顾客驱动因素，所以边际收益较低	因为价格不是主要顾客驱动因素，所以边际收益较高
制造战略	通过高设备利用率降低成本	维持产能的柔性以缓冲需求/供应的不确定性
库存战略	最小化库存以降低成本	维持缓冲库存来应对需求/供应的不确定性
交货期战略	缩短，但是不能以增加成本为代价	大幅缩短，即使成本大幅增加
供应商战略	基于成本和质量进行选择	基于速度、柔性、可靠性和质量进行选择

资料来源：Based on Marshall L. Fisher, "What Is the Right Supply Chain for Your Product?" *Harvard Business*.

2.2.4 定制供应链以实现战略匹配

前面的讨论主要集中在企业服务于单一细分市场时如何实现战略匹配，这种情况下企业的战略定位非常清晰、狭窄。比如宜家就属于这种情况。但是，许多企业通过多种渠道为很多顾客细分市场提供多样的产品，这些企业同样需要实现战略匹配。在这样的情况下，"一刀切"式的供应链是无法实现战略匹配的，需要有度身定制的供应链战略。例如，李维斯公司（Levi Strauss）既销售定制牛仔裤，也销售标准尺码的牛仔裤。标准尺码牛仔裤的需求不确定性远低于定制牛仔裤。因此，李维斯必须对供应链进行调整，以满足这两种需求。

上述例子中所销售的产品和所服务的顾客细分市场有着不同的隐含需求不确定性。在制定供应链战略时，企业的关键任务是要设计一条定制化的供应链，在隐含不确定性低时可以高效，在隐含不确定性高时具有响应性。通过对供应链进行定制，企业可以为快速发展的产品、顾客细分市场和渠道提供响应性，而为成熟、稳定的产品和顾客细分市场维持低成本。

对供应链进行定制需要在供应链上某些环节共享运作，而在其他一些环节分别单独运作。共享某些环节的目的是在实现最大可能效率的同时，为每一个顾客细分市场提供适当的响应性水平。例如，所有产品可能是在同一个工厂的同一条生产线上生产的，但需要较高响应性水平的产品可以采用联邦快递等快速运输方式来运送，而那些对响应性水平要求不高的产品可以采用速度较慢但成本较低的方式进行运输，如公路运输、铁路运输，甚至水运等。再如，对响应性水平要求较高的产品在制造时可以使用柔性的生产过程，而对响应性要求不高的产品可以采用响应水平较低但更具效率的生产过程，而两种情况所采用的运输方式可以相同。再比如，有些产品可能储存于离顾客较近的地区仓库中，而另一些产品则可能储存在远离顾客的中心仓库里。固安捷公司将隐含不确定性较低的快速消费品分散储存于离顾客较近的各个仓库中，而将隐含需求不确定性较高的周转较慢的商品集中储存在中心仓库。对供应链进行适当的定制有助于企业以较低的总成本实现不同的响应性水平。响应性水平要针对每一种产品、渠道或顾客细分市场来度身定制。供应链的定制是一个非常重要的概念，后面的章节还将进一步探讨。

对于高科技行业、制药业等创新至关重要且产品要经历整个生命周期的行业来说，对供应链进行定制以实现战略匹配这个理念非常重要。接下来，我们看看在产品整个生命周期中供求特征是如何变化的。在产品生命周期的初始阶段：

1. 需求非常不确定，供给可能不可预测。
2. 边际收益通常很高，时间是赢得销量的关键。
3. 产品可获性对于抢占市场至关重要。
4. 成本通常是次要考虑因素。

假设一家制药公司推出了一种新药。最初对这种药物的需求非常不确定，边际收益通常较高，产品可获性是抢占市场份额的关键。在产品生命周期的导入期，产品的隐含需求不确定性较高，对产品可获性水平的要求也比较高，因此具有高隐含不确定性。在这种情况下，响应性是供应链最为重要的特征。

随着产品进入生命周期的后期，成为日常商品时，其供求特征也会发生变化。在此阶段，典型特征是：

1. 需求变得更加确定，供给可预测。
2. 由于竞争压力加大，边际收益降低。
3. 价格成为影响顾客选择的重要因素。

对于制药企业来说，当药品需求趋于稳定、制药技术发展成熟、供给可预测时，上述变化就会发生。这个阶段对应的是较低的隐含不确定性。因此，供应链需要做出调整。在这种情况下，效率成为供应链最重要的特征。制药行业已经构建了柔性与效率的能力组合，根据产品的生命周期对供应链进行定制。新产品推出时通常利用柔性能力，虽然成本会比较高，但其响应性足以应对产品生命周期初始阶段的高度不确定性。成熟产品的需求量大，需要利用高效的专用产能，此时不确定性较低且享有规模优势。定制化的产能战略使得制药企业可以为处于生命周期不同阶段的、种类繁多的产品维持战略匹配。

学习目标 2 小结

要实现战略匹配，第一步，企业必须了解所服务顾客的需求以及所有供应源的能力，以辨别供应链必须应对的隐含不确定性。第二步是要理解供应链效率和响应性方面的能力。战略匹配的关键是要确保供应链响应性与顾客需求、供给能力以及由此导致的隐含不确定性保持一致。当企业通过不同渠道为多个顾客细分市场提供品种繁多的产品时，定制供应链是实现战略匹配的关键。

2.3 应对不确定性的供应链杠杆

有五种基本杠杆可用于应对供应链中的不确定性——能力、库存、时间、信息和价格。首先来看一个利用所有五个杠杆应对供应链不确定性的例子。假如一个时装零售商正在为秋季的销售做准备。零售商首先查看了历史销售数据和消费者偏好方面的其他信息。信息越准确，零售商面临的需求不确定性就越小。鉴于需求的不确定性和计划的顾客服务水平，零售商必须确定销售季开始时的库存水平。这将取决于可获的供应能力和供应商履行补货订单的时间。可获得的供应能力越大、补货订单送达的速度越快，零售商所需的季初库存越少。随着时间的推移，如果持有库存太多，零售商可能需要降价以刺激需求。同时、合理地利用这五种杠杆，对于零售商的成功至关重要。如图2－7所示，通过在五种杠杆中找到恰当的平衡来响应需面对的隐含不确定性，可实现供应链的战略匹配。

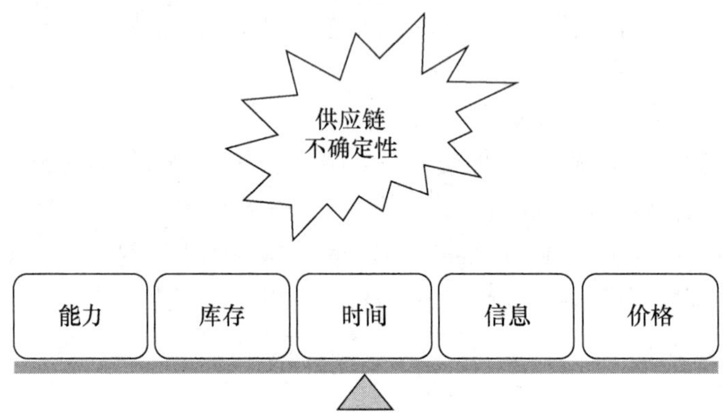

图2－7 应对供应链不确定性的五种关键杠杆

下面将分别对每一种杠杆进行讨论，并分析其在应对不确定性时的作用。

能力 过剩产能和柔性能力的结合有助于供应链应对不确定性。世界大多数地区的油漆商店都会用到油漆混合机，油漆混合机的使用就是利用过剩产能和柔性能力应对不确定性的例子。油漆混合机极具柔性，可以混合多种颜色的油漆。这使得油漆商店可以有效应对顾客所购油漆颜色的不确定性。混合机的搅拌能力也足够大，从而有助于油漆商店应对任一时点来店购买油漆的顾客数量的不确定性。在使用能力杠杆应对不确定性时，供应链必须考虑过剩产能和柔性能力带来的成本。

库存 持有库存是实践中应对不确定性最常用的杠杆之一。由于不知道来店的顾客会购买哪款商品，香奈儿专卖店内会持有一定库存。由于需求的不确定性，汽车经销商持有各种汽车库存。当使用库存杠杆来应对不确定性时，供应链必须考虑持有库存的成本。

时间 快速供货和顾客等待意愿的结合有助于供应链应对不确定性。沃尔玛利用其快速补货的能力，降低了隐含需求不确定性。沃尔玛可以在48小时内对其店面进行补货，从而使其仅需应对48小时期间的需求不确定性。相反，一家综合钢厂的顾客通常要等待数周才能拿到所购买的产品。较长的交货提前期使得钢厂能够集中较长一段时间的需求，从而减少不确定性。当使用时间杠杆应对不确定性时，供应链必须考虑快速供货的成本和让顾客等待的潜在损失。

信息 之所以会存在不确定性，往往是因为缺乏正确的信息。因此，适当的信息投资有助于供应链减少所需面对的不确定性。一个广为宣传的例子是美国塔吉特公司（Target）。塔吉特公司试图识别怀孕的顾客，以便向孕中期的孕妇发送特别设计的广告，因为在孕中期孕妇往往开始为自己和待出生的婴儿购买用品。[①] 塔吉特的统计人员识别出 25 项与怀孕高度相关的商品，通过分析购物者购买这些商品的记录，可以计算出购物者的“怀孕预测”指数。利用这一信息，塔吉特会根据孕妇怀孕的阶段适时发送其所需物品的优惠券。适当的信息（而不是数据）投资使塔吉特公司在确定目标顾客时大大减少了不确定性。

价格 随时间对产品和服务的价格进行调整有助于供应链应对不确定性。在需求高峰时，棒球比赛甚至迪士尼主题公园的票价都会更高些。这与航空公司和酒店多年来基于未使用的座位或酒店房间来动态调整价格的举措相似。在接近预定时间时，会基于这一时点的需求高低来决定是提高还是降低座位和房间的价格。服装零售商根据库存情况不断地改变所提供的折扣。在以上例子中，相对于需求来说如果库存较高，则通过降价来刺激需求；如果库存较低，则提高价格。供应链需要大量关于库存、需求和顾客反应的实时信息，以有效地实施动态定价。

如图 2-7 所示，供应链必须合理权衡使用这些杠杆以应对不确定性。当提高能力的成本较低时，供应链可以更多地投资能力，以节省在其他杠杆上的投入。在印度的百货商店里，几乎所有的男裤都是基于腰围而非长度来进货的。顾客购物后，店内的裁缝可在短时间内为顾客修改裤长。这种对每家店铺的能力上的低成本投资大大减少了店内的库存。相比之下，在美国像盖璞这样的零售商，裤子都是同时基于腰围和长度来备货的。虽然这种方法增加了持有库存的数量，但减少了集中生产能力的投资。在任何一个供应链中，在杠杆之间找到合理的平衡是战略匹配的关键。

学习目标 3 小结

供应链需要吸收的隐含不确定性取决于目标顾客细分市场的需求。能力、库存、时间、信息和价格是供应链可用来应对这种不确定性的五种杠杆。在一种杠杆上投资更多通常可以减少在其他杠杆上的投资。要实现战略匹配，供应链必须合理平衡在五种杠杆上的投入，以有效地为目标顾客细分市场服务。

2.4 拓展战略范围

与战略匹配有关的一个关键问题是，在供应链各个环节，战略匹配的范围有多大。战略匹配范围（scope of strategic fit）是指企业内部具有目标一致的整体战略的各职能及供应链的各个环节。一种极端的情况是，每个职能领域的每项业务都有

① Charles Duhigg，“How Companies Learn Your Secrets.” *New York Times*，February 16，2012，http://www.nytimes.com/2012/02/19/magazine/shopping-habits.html.

自己独立的战略，其目标是自身绩效最大化。在这种情况下，战略匹配被限制在供应链某一环节的某一职能领域的某项业务内。另一个极端是，供应链所有环节的所有职能具有一致的、旨在实现供应链盈余最大化的战略。在这种情况下，战略匹配范围扩展到了整条供应链。

本节讨论战略匹配范围的拓展是如何改善供应链绩效的。例如，宜家通过将战略匹配范围拓展到供应链内的所有职能和环节取得了巨大成功。宜家的竞争战略是以较低的价格提供种类相对有限的家具和家居用品。宜家卖场的规模很大，所有商品均有存货。大规模的卖场和产品模块化设计使宜家可以将最终组装和“最后一英里交付”这两项高运作成本的活动交给顾客自己来完成。因此，宜家供应链内所有职能都专注于效率，其供应商专注于模块的低成本大批量生产，运输职能则专注于以低成本将大量高密度、未组装的模块运送到宜家的各大门店。宜家供应链中每一环节和每一职能的战略完全一致，都是实现供应链盈余最大化。

2.4.1 业务内范围：局部成本最小化

供应链每个环节的每项业务都有自己独立的战略。在这种情况下，各种战略通常无法一致，从而引发冲突，导致供应链盈余损失。这种极其有限的战略匹配范围在20世纪五六十年代是普遍现象，当时供应链上每个环节的每个业务部门都试图将自己的成本降到最低。其结果是，运输部门可能会尽量满载运输，而完全不考虑这种做法对库存和响应性造成的影响。销售部门可能会开展促销活动以提高销售收入，而完全不考虑促销活动对生产、仓储和运输成本的影响。缺乏战略一致性的后果是供应链盈余减少。

2.4.2 企业职能内范围：职能成本最小化

随着时间的推移，管理人员意识到了战略匹配仅限于业务内范围的缺陷，并试图使同一职能内部的所有业务相互协调、保持一致。例如，只有当库存的减少、响应性的提高所带来的收益大于运输成本的增加时，采用航空运输才是合理的。在职能内范围实现战略匹配的观点下，企业试图使某一职能范围内所有的业务协调运作、保持一致。所有供应链职能，包括采购、制造、仓储和运输，都必须调整其战略，以尽量减少总的职能成本。因此，企业可以从成本较高的本地供应商处采购，只要由此带来的库存和运输成本的降低足以弥补产品单位成本的增加。

2.4.3 企业职能间范围：企业利润最大化

仅实现职能内部的战略匹配的主要缺陷在于，企业内不同职能可能有着相互冲突的目标。例如，市场营销和销售部门致力于提升销售收入，而生产和分销部门则专注于降低成本。这两个部门采取的行动往往相互冲突，从而损害企业整体绩效。久而久之，企业逐渐意识到将战略匹配范围拓展到所有职能部门的重要性。在职能间范围实现战略匹配的观点下，目标是实现企业利润最大化。为了实现这一目标，所有职能战略都要相互协调一致，并支持竞争战略的实现。

职能部门间战略相互协调这一目标促使McMaster-Carr公司的仓储部门持有较高水平库存和过剩能力，以确保营销部门“次日送达”的承诺。由于顾客愿意为高可靠性支付的费用高于由此增加的库存和仓储费用，McMaster-Carr 公司实现了利润的增长。McMaster-Carr 公司能够获得高利润，是因为所有职能部门的战略都是建立在可靠的、次日送达种类繁多的 MRO 产品这一共同目标之上的。

2.4.4 企业间范围：供应链盈余最大化的观点

企业利润最大化的目标有时可能会引起供应链各环节间的冲突。例如，如果以自身利润最大化作为目标的话，供应链中的供应商和制造商可能都希望另一方持有大部分库存。如果双方都只是看重自身的利润，那么强势的一方必然会强迫另一方持有库存，而完全不会考虑哪一方持有库存更合理。结果必然导致双方可以共享的整个“蛋糕”——供应链盈余减少。

企业间范围的战略匹配观点，提出了一个全新的方法。不再是迫使弱势的一方持有库存，而是双方合作来降低所需库存量。通过合作和信息共享，可以减少库存和总成本，从而增加供应链盈余。供应链盈余越多，供应链就越具有竞争力。

企业间范围战略匹配的一个典型的例子是沃尔玛和宝洁（P&G）的联合促销计划。这两家公司有一个由双方员工组成的团队，其任务是确定能使双方都受益的促销时机和方案。在进行合作之前，沃尔玛公司开展促销活动有时需要宝洁公司以高成本加班生产。其结果是供应链盈余减少，因为降价促销的产品是付出了高昂的边际成本生产出来的。如今，两家公司的合作团队尝试着寻找最佳的促销时机，在增加销售收入的同时使边际成本的增幅最小。合作团队致力于确保生产的产品既能满足促销需求，又不会带来多余的未售出库存。

2.4.5 敏捷企业间范围

到目前为止，我们讨论的都是静态环境下的战略匹配。也就是说，供应链的参与者与顾客需求不会随时间而变化。而现实中，环境是动态的。产品生命周期越来越短，企业必须满足每个顾客不断变化的需要。企业可能需要与多家企业进行合作，这取决于企业所生产的产品和所服务的顾客。企业的战略和运作必须足够敏捷，以便在不断变化的环境中维持战略匹配。

敏捷企业间范围是指企业在与随时间的推移而变化的供应链各环节合作时，实现战略匹配的能力。例如，企业可以为一种产品既选择一个响应性的供应商，又选择一个高效率的供应商。敏捷企业间范围战略匹配的观点，允许企业使用低成本供应商来提供可预测的那部分产品需求，但当实际需求超过低成本供应商的可供能力时，则使用响应性供应商作为后备供应商供货。在不可预测的环境中，在效率性供应商和响应性供应商之间转移需求的敏捷性，有助于提高整个供应链盈余。

学习目标 4 小结

战略匹配范围是指供应链中有着共同目标和协调一致战略的职能和环节。当战略匹配范围较窄时，每个职能都试图基于自身的目标来最大化自己的绩效。这种做法往往导致相互冲突的行为，减少供应链盈余。随着战略匹配范围扩大到整条供应链，所采取的行动都要基于其对整条供应链绩效的影响来评估，这有助于增加供应链盈余。

讨论题

1. 你会如何描述像诺德斯特龙（Nordstrom）这样的高端百货连锁店的竞争战略？诺德斯特龙旨在满足的主要顾客需求是什么？

2. 你会把诺德斯特龙所面临的需求放在隐含需求不确定性图谱的什么位置？为什么？

3. 诺德斯特龙的供应链最适合采用何种程度的响应性水平？其供应链应该在哪些方面表现出色？

4. 诺德斯特龙应如何扩大其供应链匹配范围？

5. 请以亚马逊、连锁超市、汽车厂商，以及像沃尔玛这样的折扣零售商为对象，重新考虑前面四个问题。

6. 给出论据来支持以下论断：沃尔玛很好地实现了竞争战略和供应链战略间的战略匹配。沃尔玛在开设小型店时需面临哪些挑战？

7. 影响隐含不确定性的因素有哪些？一家交货期长达数月且只接受大订单的综合钢厂与一个承诺24小时交货且接受任何规模订单的钢铁服务中心所面临的隐含不确定性有何不同？

8. 类似日本7-11的连锁便利店、连锁超市、类似开市客的折扣零售店，这三类零售企业所面临的隐含不确定性有何不同？

9. 当供应链上的每一个环节在决策时仅关注自身的利益时，会出现什么问题？列举一些能够帮助零售商和制造商携手拓展战略匹配范围的方法。

10. 对于每一种应对不确定性的杠杆（能力、库存、时间、信息和价格），分别举出一个供应链利用这种杠杆应对不确定性的例子，分析这种选择是否合理并说明原因。

参考文献

Blackwell, Roger D., and Kristina Blackwell. "The Century of the Consumer: Converting Supply Chains into Demand Chains." *Supply Chain Management Review* (Fall 1999): 22–32.

Bovet, David M., and David G. Frentzel. "The Value Net: Connecting for Profitable Growth." *Supply Chain Management Review* (Fall 1999): 96–104.

Fine, Charles H. Clock Speed, Winning Industry Control in the Age of Temporary Advantage. Reading, MA: Perseus Books, 1999.

Fisher, Marshall L. "What Is the Right Supply Chain for Your Product?" *Harvard Business Review* (March–April 1997): 83–93.

Fuller, Joseph B., James O'Conner, and Richard Rawlinson. "Tailored Logistics: The Next Advantage." *Harvard Business Review* (May–June 1993): 87–98.

Gattorna, John. "Supply Chains Are the Business." *Supply Chain Management Review* (September 2006): 42–49.

Gilmore, James H., and B. Joseph Pine II. Markets of One: Creating Customer Unique Value Through Mass Customization. Boston: Harvard Business School Press, 2000.

Lee, Hau L. "Aligning Supply Chain Strategies with Product Uncertainties." *California Management Review* (Spring 2002): 105–119.

Lee, Hau L. "The Triple-A Supply Chain." *Harvard Business Review* (October 2004): 102–112.

Lee, Hau L. "Don't Tweak Your Supply Chain—Rethink It End to End." *Harvard Business Review* (October 2010): 62–69.

Magretta, Joan. "Fast, Global, and Entrepreneurial: Supply Chain Management, Hong Kong Style." *Harvard Business Review* (September–October 1998): 102–114.

Magretta, Joan. "The Power of Virtual Integration: An Interview with Dell Computer's Michael Dell." *Harvard Business Review* (March–April 1998): 72–84.

Nardone, Robert, and Sean Monahan. "How Unilever Aligned Its Supply Chain and Business Strategies." *Supply Chain Management Review* (November 2007): 44–50.

Olavson, Thomas, Hau Lee, and Gavin DeNyse. "A Portfolio Approach to Supply Chain Design." *Supply Chain Management Review* (July–August 2010): 20–27.

Pine, B. Joseph, II. Mass Customization. Boston: Harvard Business School Press, 1999.

Ross, David F. "The Intimate Supply Chain." *Supply Chain Management Review* (July–August 2006): 50–57.

Shapiro, Roy D. "Get Leverage from Logistics." *Harvard Business Review* (May–June 1984): 119–127.

Shapiro, Roy D., and James L. Heskett. Logistics Strategy: Cases and Concepts. St. Paul, MN: West Publishing Company, 1985.

Stalk, George, Jr., and Thomas M. Hout. Competing Against Time. New York: Free Press, 1990.

Swan, Daniel, Sanjay Pal, and Matt Lippert. "Finding the Perfect Fit." *Supply Chain Quarterly* (Quarter 04, 2009): 24–33.

案例分析

百视达公司的消失

由于债务问题，以及网飞公司（Netflix）、红盒子公司（Redbox）的激烈竞争，百视达公司（Blockbuster）于 2010 年 9 月宣布破产。对于一家在 20 世纪 90 年代主宰影视租赁产业的企业来说，这样的结局令人惋惜。百视达公司是戴维·库克（David Cook）于 1985 年创建的，其第一家影视租赁商店开设于达拉斯。库克计划抢占影视租赁这一高度分散的市场。在当时的影视租赁市场中，大多数商店都是相对较小的家庭经营的店铺。由于发行商要价较高（大约每盘 65 美元），因此店内热门电影视频的选择范围很小。相较于竞争对手，百视达的店铺有更多的选择，拥有 6 500 部影片，约 8 000 盘录像带。百视达利用计算机系统进行库存控制和管理，使得店铺的运营大大简化。百视达的第一家商店取得了巨大成功，到 1986 年中期百视达就增开了 3 家分店。

1986 年，由于现金流问题，库克被迫将整个公司移交给由韦恩·惠曾加（Wayne Huizenga）领导的一批投资者。1987—1993 年，惠曾加帮助百视达取得了更大的成功。这一时期，百视达公司以每 24 小时开一家分店的速度在全球新建了许多店铺。到 1993 年，百视达公司已经拥有 3 400 家店铺，遍布美国、欧洲、亚洲和大洋洲，成为全球领先的家庭电影和游戏娱乐的提供商。遍布于各街区的百视达店铺一年 365 天无休，营业时间一般从上午 10 点至午夜 12 点。商品的选择、数量及格式都依据当地顾客的需要和偏好定制。

然而，20 世纪初，随着 DVD 开始取代录像带，百视达公司开始意识到来自蓬勃发展的在线租赁市场的竞争。百视达的主要竞争对手是创建于 1997 年的网飞公司。DVD 除了比录像带更便宜，还便于邮寄。相较于录像带，DVD 邮费更便宜且不易损坏。

网飞公司给百视达公司带来的挑战主要在两个方面：商品种类和滞纳金。百视达的店铺一般持有 3 000 部电影的视频，而网飞公司最初提供的电影数量就达百视达公司的 10 倍。此外，网飞不收取滞纳金，允许顾客不限时尽情租片观赏。网飞公司的月度订阅计划提供 9 美元的无限量的邮寄租赁服务，这仅相当于在百视达租 2 部影片的费用。

同时，Coinstar 公司的子公司红盒子则经营自动租赁机，以每晚 1 美元的价格出租 DVD。尽管付出了最大的努力，百视达实体店仍无法与网飞和红盒子的低成本运营模式相竞争，百视达公司最终破产（表 2-5 列出了 3 家公司的财务数据）。

表 2-5 2009 年百视达公司、网飞公司和红盒子公司的财务数据 单位：百万美元

	百视达公司	网飞公司	红盒子公司
收入	4 062	1 670	1 145
成本	1 884	1 079	793
毛利	2 178	591	352
运营费用			
销售费用、一般性费用和管理费用	2 020	289	150
运营费用总计	2 533	399	267
营业收入	(355)	192	85
持续经营净收入	(518)	116	29
净收入	(558)	116	54
资产			
应收账款	79	—	61

续表

	百视达公司	网飞公司	红盒子公司
库存	639	37	104
流动资产总计	1 060	411	391
财产和设备费用	2 374	266	759
累计折旧	(2 125)	(134)	(358)
净资产、设备、厂房	249	132	400
总资产	1 538	680	1 223

网飞公司

网飞公司是里德·哈斯廷斯（Reed Hastings）在1997年并成立的一家按次付费的、邮寄视频租赁公司。在尝试每片付租和订阅模式后，1999年年末该公司决定采用订阅战略。截至2010年，网飞公司拥有1 300万会员，是世界最大的会员服务提供商。网飞公司的主要业务是DVD邮寄租赁和通过互联网播放流媒体电影和电视剧集。网飞公司的会员每月花费8.99美元就可以在10万种DVD影片中选择影片邮寄至家中，还可以通过电视和电脑在线即时观看较短的电视和电影剧集。在美国，每天网飞公司会邮寄出200万张碟片。

网飞公司的战略是提供大量的影片，通过高端的推荐引擎帮助顾客选择影片，并确保影片能快速送达顾客。一般实体租赁店铺可提供3 000部影片，而2010年时网飞公司已经可以为其顾客提供10万部DVD影片，不过大部分都不是最新发行的影片。2009年，网飞公司邮寄的70%的DVD影片距影片发行日已超过13周。

2010年，网飞公司在美国有60家区域配送中心，并通过先进的系统跟踪顾客的DVD队列。由于配送中心的处理系统与推荐软件相连，那些有库存的影片会被推荐给顾客。配送中心在收到顾客归还的DVD后，会立刻将其寄给顾客租赁队列中等待的顾客。配送中心都是高度自动化的，并且一般选址于靠近美国邮政服务设施的地方。网飞公司估计，2010年的运输费用大约为6亿美元。

网飞公司租借老电影的能力对那些以往在这一块几乎没有任何收入的影视工作室来说非常有吸引力。网飞公司以成本价从这些工作室购买老影片，并根据特定时期（通常为6～12个月）的出租利用率，向它们提供一定比例的订阅收入。网飞公司并不打算提供所有新发行影片的租赁服务。鉴于新发行影片的初始购买成本非常高，该公司只购买了有限数量的新影片DVD。对于大部分新影片，网飞公司宁愿等上几周，再以较低的价格购买。顾客可以将所需的新影片放入队列，等到有货时就可以观看了。

2005—2009年，网飞公司取得了优异的财务业绩，收入增长了150%，利润增长了约175%。尽管网飞的DVD租赁业务业绩突出，但该公司更关注提高其所交付的数字内容的比例。2007年网飞公司推出流媒体服务，顾客可以通过个人电脑登录网飞公司的网站观看喜欢的电影和流媒体内容。截至2009年，网飞公司通过网络平台提供的电影数量达到17 000部（大部分新发行影片仍不能通过网络渠道观看）。到2013年，尽管网飞大部分利润仍然来自DVD邮寄业务，但流媒体服务贡献了网飞的大部分收入。

红盒子公司

红盒子公司是2002年麦当劳出资建立的，该公司当时致力于寻找新方法来带动餐厅客流，并为顾客提供更多的便利和相关服务。红盒子公司的第一台自动租赁机于2004年在丹佛设立，2009年Coinstar公司收购了红盒子公司。

红盒子公司的目标顾客是那些注重价格的影片租借者，这些顾客希望迅速租到DVD，以便立即观看。红盒子公司在顾客易于到达的地方设置自助DVD租赁机，以每晚1美元的价格向顾客出租

DVD 碟片。顾客可以在任意一台自动租赁机上归还 DVD 碟片，而且不需要注册会员。

2010 年年初，红盒子公司在美国已拥有 23 000 台自动租赁机，分布于精选的麦当劳餐厅、主要的食品杂货店、沃尔玛、沃尔格林（Walgreens）和 7－11 便利店中。到 2012 年，红盒子公司设置的自动租赁机数目上升至 40 000 台。对于那些期望顾客多多购物的零售商来说，在店内安装 DVD 自动租赁机将会增加客流量。有时，零售商甚至会提供折扣，红盒子公司几乎可以在店内免费安装 DVD 自动租赁机。

每台 DVD 自动租赁机可以储存 630 张碟片，其中包含 200 部最新的电影。自动租赁机内每张 DVD 碟片平均租出 15 次，平均每笔交易为 2 美元。在此之后，用过的 DVD 能够以 7 美元的价格卖给顾客。

截至 2010 年年中，红盒子公司占据了 25% 的 DVD 出租市场，高于百视达公司。该公司致力于年度销售额突破 10 亿美元，并希望比网飞公司更早实现这一目标。

◆ **思考题**

1. 和本地店铺相比，百视达公司通过什么方式实现了更好的战略匹配？
2. 网飞公司和红盒子公司面临多大的隐含不确定性？它们可使用何种杠杆来应对不确定性？
3. 和百视达公司相比，网飞公司和红盒子公司通过什么方式实现了更好的战略匹配？

第3章 供应链驱动因素与衡量指标

Supply Chain Drivers and Metrics

学习目标

通过本章学习，你应当能够：

1. 描述企业绩效的关键财务指标。
2. 确定影响供应链绩效的主要驱动因素。
3. 定义设施关键绩效指标，讨论设施在实现供应链战略和竞争战略匹配中的作用。
4. 定义库存关键绩效指标，讨论库存在实现供应链战略和竞争战略匹配中的作用。
5. 定义运输关键绩效指标，讨论运输在实现供应链战略和竞争战略匹配中的作用。
6. 定义信息关键绩效指标，讨论信息在实现供应链战略和竞争战略匹配中的作用。
7. 定义采购关键绩效指标，讨论采购在实现供应链战略和竞争战略匹配中的作用。
8. 定义定价关键绩效指标，讨论定价在实现供应链战略和竞争战略匹配中的作用。

本章的目标是将企业绩效的关键财务指标与供应链绩效联系起来。本章将介绍决定供应链绩效的三个物流驱动因素（设施、库存与运输）和三个跨职能驱动因素（信息、采购与定价）。我们将讨论在供应链设计、计划和运作中如何使用这些因素，还将定义几个可以用来测定每个驱动因素的绩效及其对战略匹配和财务绩效的影响的衡量指标。

3.1 绩效的财务指标

在第1章，我们讨论了提高供应链盈余是供应链的最终目标。我们的前提是，增加盈余能够实现供应链盈利能力的增长，这将有助于供应链上每一成员的财务绩效的提高。本节将定义企业报告的受供应链绩效影响的几项重要财务指标。后面几节将把供应链驱动因素及相关的衡量指标与不同的财务指标联系起来。本节关于各种财务指标的定义来自迪克曼、马吉和法伊弗（Dyckman，Magee，and Pfeiffer，2011）。下面用表3-1中亚马逊和诺德斯特龙2013年报告的财务业绩来说明各种财务指标，假设税率为0.35。

从股东的角度来看，净资产收益率（ROE）是企业绩效的主要综合衡量指标。

$$净资产收益率=\frac{净收入}{平均股东权益}$$

净资产收益率衡量企业股东的投资回报，而资产收益率（ROA）衡量的是企业每一美元资产投资的回报。资产收益率指的是企业经营和投资活动产生的回报，而不考虑这些活动的资金来源。

$$资产收益率=\frac{息前利润}{平均总资产}=\frac{净收入+利息费用\times(1-税率)}{平均总资产}$$

亚马逊和诺德斯特龙的财务业绩如表3-1所示，表3-2则是对亚马逊和诺德斯特龙各种财务指标的评估。在表3-2中，在计算各种财务指标时使用了2013年的数值来代替均值。2013年，亚马逊的净资产收益率为2.81%，诺德斯特龙为38.42%。两家公司净资产收益率的一部分差异可以解释为，诺德斯特龙的资产收益率为10.37%，比亚马逊的资产收益率0.91%要高得多。另外一部分差异可以用两家公司使用的融资所提供的回报放大来解释。净资产收益率与资产收益率的差额称为财务杠杆回报率（return on financial leverage，ROFL）。2013年，亚马逊的财务杠杆回报率为1.90%，诺德斯特龙为28.05%。财务杠杆回报率衡量了可归因于财务杠杆（如应付账款和负债）的那部分净资产收益率。在亚马逊，2013年很大一部分财务杠杆来自应付账款而非负债。因此，应付账款周转率（APT）是定义财务杠杆的一个重要比率。

$$应付账款周转率=\frac{产品销售成本}{应付账款}$$

表3-1 亚马逊和诺德斯特龙的财务数据 单位：美元

	亚马逊	诺德斯特龙
	截至2013年12月31日	截至2013年2月2日
总收入	74 452 000	12 148 000
产品销售成本	54 181 000	7 432 000
毛利	20 271 000	4 716 000
销售费用、一般性费用和管理费用（SG&A）	19 526 000	3 371 000
营业收入或损失	745 000	1 345 000
其他总收入（净损失）	-98 000	—
息税前利润	647 000	1 345 000
利息费用	141 000	160 000
税前收入	506 000	1 185 000
所得税	161 000	450 000
少数股东权益	-71 000	—
净收入	274 000	735 000
资产		
现金及现金等价物	8 658 000	1 285 000
短期投资	3 789 000	—
应收账款净额	4 767 000	2 129 000
库存	7 411 000	1 360 000
当期递延所得税资产净额	—	227 000
其他流动资产	—	80 000
流动资产总计	24 625 000	5 081 000

续表

	亚马逊	诺德斯特龙
	截至2013年12月31日	截至2013年2月2日
不动产、厂房及设备（PP&E）	10 949 000	2 579 000
商誉	2 655 000	175 000
其他资产	1 930 000	254 000
总资产	40 159 000	8 089 000
负债和股东权益		
应付账款	21 821 000	1 011 000
短期、长期流动负债	—	7 000
应计工资、薪金和相关福利		404 000
其他流动负债	1 159 000	804 000
长期负债	3 191 000	3 124 000
其他负债	4 242 000	341 000
递延长期负债费用	—	485 000
总负债	30 413 000	6 176 000
股东权益	9 746 000	1 913 000

表3-2　亚马逊与诺德斯特龙的财务指标比较

衡量指标	亚马逊	诺德斯特龙
净资产收益率（ROE）	$\frac{274}{9\,764}=2.81\%$	$\frac{735}{1\,913}=38.42\%$
资产收益率（ROA）	$\frac{274+141\times(1-0.35)}{40\,159}=0.91\%$	$\frac{735+160\times(1-0.35)}{8\,089}=10.37\%$
财务杠杆回报率（ROFL）	1.90%	28.05%
利润率	$\frac{274+141\times(1-0.35)}{74\,452}=0.49\%$	$\frac{735+160\times(1-0.35)}{12\,148}=6.91\%$
资产周转率	$\frac{74\,452}{40\,159}=1.85$	$\frac{12\,148}{8\,089}=1.50$
应付账款周转率（APT）	$\frac{54\,181}{21\,821}=2.48$	$\frac{7\,432}{1\,011}=7.35$
应收账款周转率（ART）	$\frac{74\,452}{4\,767}=15.62$	$\frac{12\,148}{2\,129}=5.71$
库存周转率（INVT）	$\frac{54\,181}{7\,411}=7.31$	$\frac{7\,432}{1\,360}=5.46$
不动产、厂房及设备周转率（PPET）	$\frac{74\,452}{10\,949}=6.80$	$\frac{12\,148}{2\,579}=4.71$
现金流量周期（C2C）	$-\frac{1}{2.48}+\frac{1}{15.62}+\frac{1}{7.31}=-0.20$（年）$=-10.53$（周）	$-\frac{1}{7.35}+\frac{1}{5.71}+\frac{1}{5.46}=0.22$（年）$=11.56$（周）
SG&A/收入	$\frac{19\,526}{74\,452}=26.23\%$	$\frac{3\,371}{12\,148}=27.75\%$

2013年，亚马逊的应付账款周转率为2.48，远低于诺德斯特龙的7.35。应付账款周转率低表明亚马逊可以更多占用供应商的货款来支持自己的运营。在2013年，亚马逊利用供应商的资金有效地支持了自己52/2.48=20.97（周）的运营。

资产收益率可以表示为两个比率（利润率和资产周转率）的乘积，公式如下：

$$\text{资产收益率}=\frac{\text{息前利润}}{\text{销售收入}}\times\frac{\text{销售收入}}{\text{平均总资产}}=\text{利润率}\times\text{资产周转率}$$

因此，企业可以通过提高利润率或增加资产周转率来提高资产收益率。2013年，虽然诺德斯特龙的资产周转率1.50略低于亚马逊的资产周转率1.85，但其利润率为6.91%，远高于亚马逊的利润率0.49%。更高的利润率使诺德斯特龙实现了比亚马逊更高的资产收益率。企业可以通过更高的售价或减少供应链中产生的各种费用来提高利润率。诺德斯特龙较高的利润率部分是因为顾客愿意为其所提供的快速响应付费，出色的供应链管理可以降低企业在满足顾客需求过程中所产生的费用。销售费用、一般性费用和管理费用（SG&A）是重要的支出项目，亚马逊和诺德斯特龙每一美元收入对应的SG&A费用大致相同。在亚马逊，外向运输成本也是一项重要的支出。在该公司2015年的年度报告中，外向运输成本大约为115.4亿美元。考虑运输收入后，外向运输的净损失为50.2亿美元，大约是当年净收入的19倍。显然，降低外向运输成本可以极大影响亚马逊的利润率。

资产周转率的主要构成是应收账款周转率、库存周转率和不动产、厂房及设备周转率。它们的计算方式如下：

$$\text{应收账款周转率}=\frac{\text{销售收入}}{\text{应收账款}}$$

$$\text{库存周转率}=\frac{\text{销售成本}}{\text{库存}}$$

$$\text{不动产、厂房及设备周转率}=\frac{\text{销售收入}}{\text{不动产、厂房及设备}}$$

亚马逊的应收账款周转率为15.62，诺德斯特龙的应收账款周转率为5.71，表明诺德斯特龙的回款周期是亚马逊的近3倍，也就是说亚马逊收回货款的速度相对较快。令人印象深刻的是，尽管诺德斯特龙是一家拥有数百家门店的实体零售商，但其库存周转速度几乎和亚马逊一样快（亚马逊和诺德斯特龙的库存周转率分别为7.31和5.46）。不动产、厂房及设备周转率衡量的是企业在不动产、厂房及设备上的每单位投资所产生的收入。亚马逊投资于不动产、厂房及设备上的每一美元所产生的收入为6.80美元，而诺德斯特龙为4.71美元。相对于诺德斯特龙来说，亚马逊的库存周转更快、投资于固定资产的每一美元能够产生更高的收入。因此，亚马逊的资产周转率更高。企业可以通过加快库存周转或者使用现有的仓储设施和技术基础设施来支持更高的销售水平（或减少支持现有的销售水平所需的仓储和技术基础设施）来提高资产周转率。因为诺德斯特龙的利润率远高于亚马逊，所以诺德斯特龙的资产收益率高于亚马逊。企业可以通过增加消费者支付意愿或减少运营费用来提高利润率。

另外一个非常有用的衡量指标是现金流量周期，它粗略测度了现金作为成本进入流程，到作为收入收回的平均时间。

现金流量周期=一应付账款周数(1/立付账款周转率)+库存周数(1/库存周转率)
+应收账款周数(1/应收账款周转率)

2013年亚马逊的现金流量周期为一10.53周，也就是说，在2013年，亚马逊在向供应商付款前10多周就已从产品销售中收回了资金。表3-3显示的是不同行业的一些财务指标。有趣的是，消费电子行业的平均现金流量周期只有9.3天，而医疗器械制造商的平均现金流量周期则超过200天。

表3-3 2000—2012年不同行业的财务指标摘选

行业	平均营业利润率	平均现金流量周期（天）	平均库存周转率	平均销售费用、一般性费用和管理费用/收入
制药	0.25	190.3	2.0	0.31
医疗器械制造	0.18	211.6	2.2	0.36
包装消费品	0.17	28.3	5.6	0.31
食品	0.16	37.4	6.2	0.23
消费电子	0.12	9.3	43.8	0.14
服装	0.10	127.7	3.2	0.35
化学制品	0.09	78.1	5.3	0.09
汽车	0.04	75.9	9.9	0.13

资料来源：Based on Abby Mayer, "Supply Chain Metrics That Matter: A Closer Look at the Cash-to-Cash Cycle (2000-2012)." *Supply Chain Insights LLC report*, November 11, 2013.

值得指出的是，由于增加了对基础设施的投资，亚马逊的不动产、厂房及设备周转率一直在下降。2010年，亚马逊的不动产、厂房及设备周转率为14.17%，而2013年下降为6.80%。此时，重要的是要了解，亚马逊增加基础设施投资是希望改善哪些财务指标。

另外，还有两个指标（降价和失售）非常重要，但企业财务报表中并没有明令必须包含这两个指标。降价（markdowns）是为了说服顾客购买过剩的库存而需要给予折扣。财务报表仅仅显示实际从销售中获得的收入，而不是本来“能够”得到的收入。对于通用汽车公司而言，它在21世纪初遇到的最大问题之一就是需要打折销售经销商仓库中过剩的汽车库存。这些折扣极大损害了通用汽车的财务绩效。2010年，通用汽车公司在财务绩效上的最大改善之一就是，能够以更小的折扣销售汽车，因为供应链的过剩库存大大减少。失售（lost sales）是指没有实现的顾客销售，因为顾客想要购买的产品缺货。每一次失售都代表产品利润的损失。降价和失售都会减少净收入，可以说是供应链绩效对企业财务绩效的最大影响。日本7-11便利店之类的公司之所以有着强劲的财务绩效，在很大程度上是因为其供应链很好地实现了供求平衡，减少了降价和失售。

在下一节，我们将识别影响企业财务绩效的供应链绩效关键驱动因素。我们的目标是了解这些驱动因素对亚马逊和诺德斯特龙的财务绩效的影响，并用这些驱动因素来解释两家公司财务绩效的差异。

学习目标 1 小结

企业绩效的关键财务指标包括净资产收益率，资产收益率，应付账款周转率，利润率，资产周转率，应收账款周转率，库存周转率，不动产、厂房及设备周转率，现金流量周期，销售费用、一般性费用和管理费用/收入。降价和失售是两个未记录在企业财务报表中的重要的供应链绩效财务指标。

3.2　供应链决策的框架

第 2 章讨论的战略匹配要求企业的供应链实现响应性与效率之间的平衡，以最好地支持企业的竞争战略。这就需要一个能适当应对战略所隐含的不确定性的供应链结构。基于第 2 章讨论的应对不确定性的五种杠杆，我们确定了六个供应链驱动因素，这些因素的交互作用决定了供应链的绩效，如图 3－1 所示。设施、库存、运输属于物流驱动因素，负责产品的有效生产、储存和移动。信息、采购和定价属于跨职能驱动因素，在每一项供应链活动都将发挥作用。可以看到，设施、库存、运输、信息和定价这五个驱动因素与应对不确定性的五种杠杆（能力、库存、时间、信息和价格）直接一一对应。另外，采购作为第六种驱动因素被加入，这是因为每一项供应链活动都涉及采购决策。重要的是要认识到，这些驱动因素并非单独作用，而是相互作用，共同决定整个供应链绩效。良好的供应链设计和运作意识到了这种相互作用，并试图构造这些驱动因素，以尽可能低的成本获得预期的响应性水平，从而提高供应链盈余和企业财务绩效。

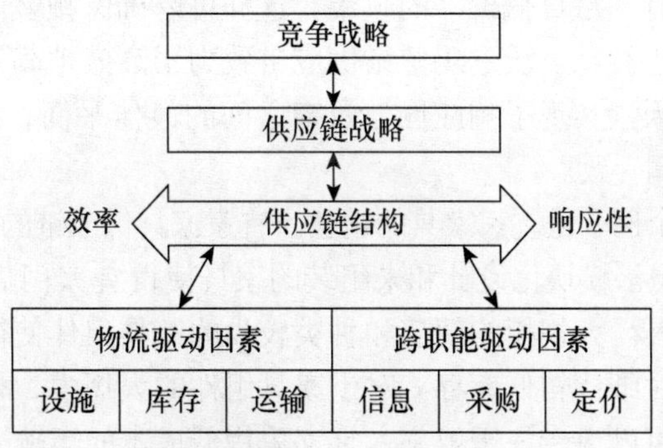

图 3－1　供应链决策的框架

拥有更多的设施通常会使供应链更具响应性，但会增加所需库存的数量；拥有更少的中央设施则会提高效率。持有高水平的库存可以提高供应链响应性；但持有较少库存可以提高供应链效率。选择更快速的运输方式会提高供应链响应性；而使用慢速的运输方式通常更有效率但可能需要更多的库存。投资于信息基础设施会同时大幅提高供应链响应性和效率；但信息基础设施的投资必须基于由其他驱动因素所支撑的战略定位。适当的采购决策通过将供应链职能分配给合适的一方，利用更大的规模经济和更高水平的不确定性集中来提高供应链利润。通过合理定价，企业可以吸引到正确的目标顾客群。差异定价既可吸引注重响应性的顾客，又可以吸引关注效率的顾客。然后，可以对供应链结构进行调整，以在提高整体效率的同时为一些顾客提供高水平的响应性。

下面以沃尔玛为例来说明这一框架。沃尔玛的竞争战略是成为一个提供各种各样的大众消费品的、可靠、低成本的零售商。这一战略决定了其理想的供应链不仅要强调效率，而且在产品可获性方面要维持足够水平的响应性。沃尔玛有效地利用三个物流驱动因素和三个跨职能驱动因素实现了这一供应链绩效目标。就库存驱动因素而言，沃尔玛通过维持较低的库存保证了供应链的效率。比如，沃尔玛首创了越库（cross-docking）配送系统，即货物不再存放于仓库，而是由制造商直接运往各个门店，其间仅在配送中心（DC）做短暂停留，货物从来自供应商的内向运输卡车直接换装到运往各个零售门店的外向运输车辆上。由于产品仅在各门店储存，而不是同时在门店和仓库存放，因而使得库存大幅减少。在库存方面，沃尔玛重视效率超过响应性。在运输方面，沃尔玛拥有自己的车队，以保持快速的响应能力。这样做虽然增加了运输成本，但库存降低和产品可获性提升也带来了好处，对于沃尔玛来说这一支出物超所值。在设施方面，沃尔玛在门店网络的中心位置建立配送中心以减少设施数量，提高每个配送中心的效率。沃尔玛只在需求充足的地方建立零售门店并由一个配送中心为多家门店提供支持，从而提高了运输资产的效率。沃尔玛在信息技术方面的投资远超其竞争对手，从而使沃尔玛能够与供应商共享信息，供应商根据共享的信息生产顾客所需要的产品。因此，在利用信息提高响应性、降低库存投资方面，沃尔玛居于领先地位。关于采购驱动因素，沃尔玛为其销售的每一种产品都确定了高效供应源。沃尔玛大量从这些供应商处订货，使得这些供应商能够利用规模经济提高效率。最后，对于定价因素，沃尔玛对产品实行“每日低价”的政策。这样可以确保顾客需求保持稳定，不会随价格变化而发生波动。沃尔玛整条供应链致力于高效地满足需求。沃尔玛利用所有供应链驱动因素实现了响应性与效率之间的最佳平衡，从而使竞争战略与供应链战略保持协调一致。

另一个例子是宜家家具的销售。宜家家具供应链的主要目标是提供低价格和可接受的质量。模块化设计和未组装的家具使得宜家门店中储存的是家具组件而不是成品家具。大规模的门店和种类较少的家具组件使得宜家能够在保证高可获性水平的同时维持较低库存。对于家具组件的大规模、稳定的补货订单，使得宜家的供应商可以更专注于效率。宜家采用低成本的运输方式将紧实包装的家具组件从供应商处运输至各门店。在这种情况下，在宜家门店持有相对低成本的组件库存可以使供应链更具效率，因为其运输和生产成本更低。美国一些家具制造商更重视提供多样化的产品，不需要顾客自己在家中组装模块化的家具组件。由于家具产品品种多且价格高，在零售门店持有所有种类的成品库存将付出高昂的成本。此时，在进行供应链设计时，零售商应仅持有少量库存。顾客在看中某款家具并进行各种配置选择后，向零售商下达订单。然后利用信息技术有效地传递订单信息，利用柔性生产设施进行小批量快速生产，采用更具响应性的运输方式将家具交付给顾客，此时供应链被打造得极具响应性。在这种情况下，快速响应的设施、运输和信息被用于降低库存成本。正如本章后面将介绍的，实现战略匹配和整个供应链优异的财务绩效的关键是合理构造供应链各驱动因素，以尽可能低的成本提供所期望的响应性水平。

多希尼等（Doheny et al.，2010）指出，在服装零售业，供应链绩效影响近35%的财务绩效。他们指出，降价占到销售额的10%～30%，失售占到销售额的5%～10%。因此在服装零售业，降价和失售是影响零售商财务绩效的主要驱动因素。他们进一步指出，运输成本占销售额的2%～5%，仓储成本占销售额的1%～3%，店面的产品搬运成本占销售额的3%～5%，库存成本占销售额的2%～5%。虽然在不同的供应链中，失售、降价、运输、仓储、搬运等占销售额的百分比的精确数值会有所不同，但很明显，供应链在六种驱动因素上的表现对一家企业的财务绩效有非常大的影响。

本章接下来的六节将详细分别讨论这六种物流驱动因素和跨职能驱动因素，以及它们在供应链中的作用和对战略匹配、财务绩效的影响。

学习目标2小结

影响供应链绩效的主要驱动因素有设施、库存、运输、信息、采购和定价。每一个驱动因素都会影响响应性和效率之间的平衡，进而影响战略匹配。因此，供应链设计者必须合理构造这六个驱动因素以实现战略匹配。

3.3 设　施

设施是供应链网络中储存、制造或组装产品的实际场所。生产设施和仓储设施是两大主要设施类型。有关设施的作用、选址、产能和柔性的决策，对供应链的绩效有重大影响。例如，2015年，为了提高响应性，亚马逊在靠近顾客的地方增设了很多仓储设施（由此可能会增加在不动产、厂房及设备上的投入）。2013年，百思买为了提高效率关闭了很多零售设施，尽管这样做降低了响应性。如果设施是企业自有的，那么设施成本在不动产、厂房及设备项下。如果设备是租赁的，设施成本就在销售费用、一般性费用和管理费用项下。本节将讨论设施在供应链中的作用以及供应链管理者必须做出的与设施相关的重要决策。

3.3.1　在供应链中的作用

企业可以通过增加设施数量、提高设施的柔性或产能来提高响应性，但每一种做法都会产生成本。增加设施数量会增加设施成本和库存成本，但可减少运输成本、缩短响应时间。提高设施的柔性或产能则会增加设施成本，但减少库存成本和响应时间。因此，在设计供应链设施网络时，每条供应链都必须进行权衡，找到合适的方案。宜家通过建立数百家大型门店（每个城市仅有一两家）来提高效率而盈利，日本7-11便利店则通过建立高度密集的店铺网络（通常每个城市有数百家）来提高响应性而盈利。这两家公司都非常成功，因为其设施决策和供应链战略相一致。

例 3-1

丰田和本田

丰田和本田都通过设施决策更快速地响应顾客。两家公司的最终目标都是在它们所进入的各主要市场建立生产设施。尽管在当地建立设施还有其他一些好处，如防范汇率波动和贸易壁垒，不过对于丰田和本田来说，提高响应性是其决定在当地市场兴建设施的主要原因。丰田在每个工厂都会保持大约20%的过剩产能，以便在需求波动或生产延迟时仍能有效满足需求。本田在同一个工厂同时装配运动型多用途汽车（SUV）和小型汽车，这种柔性使其在2008年经济衰退时仍保持盈利。当其竞争对手的SUV生产设施闲置时，本田的生产设施仍维持了较高水平的利用率。

3.3.2 设施决策的组成

设施决策是供应链设计的一个重要组成部分。下面介绍企业进行设施决策时必须分析的要素。

能力 企业必须决定生产设施是柔性的还是专用的，抑或是二者的结合。柔性产能可用于多品种生产，但往往低效；专用产能只可用于少数几种产品的生产，却更高效。企业还必须决定是建立以产品为中心的设施，还是以职能为中心的设施。以产品为中心的设施将执行生产某一类产品所需的所有职能（例如加工和装配）；以职能为中心的设施，为许多不同类型的产品执行给定的一组职能（例如加工或装配）。以产品为中心的设施，通常更专长于某一特定类型产品的生产，但缺乏以职能为中心的设施所具有的在某一职能上的专业性。

对于仓库和配送中心，企业必须决定主要是作为越库设施还是存储设施。在越库设施内，来自供应商的内向运输卡车卸货后，产品被分成小批，迅速装上将驶往各个商店的卡车。驶往商店的每辆货车都装载着多种不同产品，其中有一些产品就来自内向的运输卡车。对于存储设施，企业必须决定每一设施内所要储存的产品。

选址 决定在何处建造设施是供应链设计的主要内容。这时一个最基本的权衡是，是为了获得规模经济而集中布局，还是通过更靠近消费者以更具响应性而分散布局。企业还必须考虑与设施所在地的各种特征相关的一系列问题，其中包括税收和关税、劳动力素质、劳动力成本、设施成本、基础设施状况、是否接近消费者、企业其他设施的位置以及其他战略因素。

产能 企业还必须确定设施履行其预期职能的产能。拥有大量过剩产能可以使设施能够灵活应对需求的大起大落。然而，产能过剩会增加成本，从而降低效率。几乎没有过剩产能的设施与具有大量过剩产能的设施相比单位生产效率更高。但是，利用率高的设施往往难以应对需求的波动。另外，企业还必须确定产能的柔性。虽然柔性产能的成本会比较高，却可以更好地应对不同产品的需求波动。因此，企业必须进行权衡，确定每个设施的合理产能和柔性。

需求分配 企业必须从地理位置和产品两个方面确定每个设施将服务的市场。由于市场条件的变化，企业至少每年应重新基于设施的位置、产能和柔性来分配每个设施服务的区域市场和产品。

与设施相关的指标 与设施相关的决策影响着企业的财务绩效和供应链对顾客的响应性。在财务绩效方面，设施决策影响着产品销售成本和不动产、厂房及设备等固定资产（如果设施是自有的），以及销售费用、一般性费用和管理费用（如果设施是租赁的）。管理者应该随时关注以下影响供应链绩效的设施相关指标。

- **产能**是指设施最大的生产数量。
- **利用率**是指设施正在使用的产能的比例。利用率影响单位生产成本和与此相关的各种延迟。利用率提高时，单位成本降低（不动产、厂房及设备周转率提高），而延迟将增多。
- **加工/调整/停工/空闲时间**是指设施生产加工的时间、设施调整准备的时间、设施因故障而无法运行的时间，以及设施因无产品可生产而闲置的时间。理想情况下，利用率应受需求而不是调整准备时间或停工时间的限制。
- **质量损失**是指因缺陷造成的那部分生产损失。质量损失会损害财务绩效和响应性。
- **单位生产成本**是指生产一个单位产出的平均成本。根据产品的不同，单位生产成本可以用每单位、每箱或每磅来衡量。
- **理论生产流程时间/周期**是指在生产的任何环节完全不存在延迟时，生产一单位产品所需的时间。
- **实际平均流程时间/周期**是指在某一特定时间内，如一个星期或一个月中，生产所有产品的实际平均时间。实际平均流程时间/周期包括理论时间和所有延迟。在为订单设置交货期时应使用这一指标。
- **产品品种**是指每一生产设施生产的产品品种数或该设施能够生产的产品族的数量。生产成本和流程时间可能随着产品品种增多而增加。
- **前20%最小库存单位（SKU）/顾客的产量贡献**是衡量一个设施为前20%SKU或顾客所生产的产量占总生产量的比例。二八原则（前20%的最小库存单位或顾客贡献80%的产量）指出了设施集中可能带来的好处。企业应使用不同的流程来生产前20%的订单和其余80%的订单。
- **平均生产批量**是指每批产品的平均产量。批量越大，生产成本越低，而库存越高。
- **生产服务水平**是指准时足额完成的生产订单的比例。

学习目标3小结

与设施相关的主要决策包括确定设施数量、柔性水平、产能以及每个设施所服务的市场等。增加设施数量、柔性或保有过剩产能可以提高响应性，但会使效率降低。与设施相关的主要指标有产能、利用率、加工/调整/停工/空闲时间、质量损失、单位生产成本、理论生产流程时间/周期、实际平均流程时间/周期、产品品种、前20%SKU/顾客的产量贡献、平均生产批量、生产服务水平。

3.4　库　存

库存包括供应链上所有的原材料、在制品和产成品。企业所拥有的库存属于企业资产。库存政策的调整会极大影响供应链的效率和响应性。例如固安捷通过持有大量库存并利用库存来满足顾客需求，提升自己的响应性，尽管较高的库存水平降低了效率。这种做法对于固安捷来说是明智的，因为其产品保值期较长。然而，在时装行业，使用高库存水平的战略可能非常危险，因为随着季节和时尚潮流的变化，时装库存贬值相对较快。因而一些时装零售企业会努力缩短新产品开发周期和补货提前期，而不是持有高水平的库存。本节将讨论库存在供应链中的作用以及管理者可以如何运用库存来影响供应链绩效。

3.4.1　在供应链中的作用

供应链中之所以存在库存，是因为供给与需求之间不匹配。对于钢铁制造商来说，这种不匹配是有意为之的，因为大批量进行生产形成库存留待以后销售可降低单位成本。对于零售店来说，这种不匹配也是有意的，它们会基于对未来需求的预测来持有库存。此时持有库存是为了降低成本或提高产品可获性水平。

库存会影响供应链所持有的资产、发生的成本以及响应性。在服装供应链中，高库存水平可以提高响应性，但同时也易使供应链面临降价促销的风险，进而降低利润率。更高的库存水平也有助于降低生产和运输成本，因为这两种职能的规模经济都会有所改善。但这种做法会增加库存持有成本。低库存水平可以加快库存周转，但如果顾客没有找到他们想买的产品又会引起失售。一般来说，管理人员应以不增加成本或降低响应性的方式减少库存。

库存对供应链上的物料流程时间也有显著影响。物料流程时间（material flow time）是指物料从进入供应链到离开供应链之间的时间间隔。对于一条供应链来说，产销率（throughput）是指销售发生的速率。如果用 I 代表库存，T 代表流程时间，D 代表产销率，则三者之间的关系可以用利特尔法则（Little's law）表示如下：

$$I=DT \tag{3.1}$$

例如，假设亚马逊仓库中持有的平均库存量为100 000单位，产销率为每天1 000单位。根据利特尔法则可得，每单位库存的流程时间为100 000/1 000＝100（天）。如果亚马逊能够将流程时间减少到50天，同时保持产销率不变，则库存将会减少为50 000单位。请注意，在此关系式中，库存与产销率的单位必须一致。

例3-2

亚马逊

亚马逊试图为顾客提供种类繁多的图书（以及其他产品）。畅销书被存放在许多靠近顾客的区域仓库中，以提高响应性。销量较低的图书则仅储存在少数几个仓库中以降低库存成本，但响应性会受到一定影响。亚马逊根本不持有某些滞销图书的库存，仅当顾客需要时才向出版商/经销商订货或者是按需印刷。亚马逊根据每本图书的销量来改变其所持库存的形式、位置及数量，从而实现了响应性和效率间的平衡。

3.4.2　库存决策的组成

下面介绍供应链管理者为了实现效率和响应性的合理平衡而必须做出的主要库存相关决策。

周转库存　周转库存（cycle inventory）是指用于满足供应商相邻两次供货之间所发生的需求的平均库存量。周转库存是大批量生产、大批量运输或大批量采购的结果。企业之所以大批量生产或采购是为了在生产、运输、采购中能够利用规模经济降低成本。但是，随着批量的增大，库存量和相应的库存持有成本也会增加。下面以某在线图书零售商为例来讨论周转库存决策。该零售商每月平均销售大约十整车的图书。它必须制定的周转库存决策是，每次的补货量是多少以及每隔多久补一次货。零售商既可以每月一次性订十整车的图书，也可以每三天订一整车的图书。供应链管理者需要进行权衡，是选择大批量订货、持有较多的周转库存，还是选择频繁订货及其所导致的更高的补充订货成本。

安全库存　安全库存（safe inventory）是指为了应对需求超出预期的情况而持有的库存，是为了应对不确定性而持有的。如果世事都是完全可预测的，那么只需要周转库存就可以了。由于需求不确定，有可能超过预期，因此企业需要持有安全库存以满足超出预期的高需求。确定安全库存量是管理者面临的一项关键决策。例如，玩具反斗城（Toys “R” Us）等玩具零售商必须为假日购物旺季计算安全库存。如果安全库存太多，玩具卖不出去，在假期之后就不得不打折出售。如果安全库存太少，玩具反斗城将失去销售机会，也就失去了由销售带来的利润。因此，选择安全库存就意味着要做出权衡，要在过量库存带来的成本与库存短缺造成的销售损失之间做出权衡。

季节性库存　季节性库存（seasonal inventory）是指为了应对可预测的季节性需求波动而建立的库存。企业采用季节性库存，在需求淡季积累库存，为需求旺季做准备。在需求旺季，企业的生产能力通常将无法满足所有的需求。管理者面临的几个关键决策有：是否应建立季节性库存？如果决定建立季节性库存，则应建立多少季节性库存？如果企业具有数量柔性，能以较低的成本迅速改变生产系统的生产速率，那么它可能没有必要持有季节性库存。但是，如果改变生产率的成本比较高（如必须雇用或解雇工人），那么保持稳定的生产率并在淡季建立库存是明智的。因此，供应链管理者在决定持有多少季节性库存时，需要在持有额外季节性库存的成本与拥有更具柔性的生产率所带来的成本之间进行权衡。

产品可获性水平　产品可获性水平是指使用库存按时满足的需求占所有顾客需求的比例。高水平的产品可获性提高了响应性水平，但增加了成本。因为要获得高产品可获性水平，需要持有大量库存，而其中一些库存可能很少会用到。相反，低水平的产品可获性降低了库存持有成本，但是会导致更多的顾客需求无法按时得到满足。确定产品可获性水平时需要在高产品可获性水平导致的库存成本与无法按时服务顾客所造成的损失之间进行权衡。

与库存相关的指标　与库存相关的决策会影响销售成本、现金流量周期、供应链所持有的资产以及对顾客的响应性。管理者应当关注以下影响供应链绩效的、与库存相关的指标。

- **现金流量周期**是一个包括库存、应付账款和应收账款在内的重要指标。
- **平均库存**是指所持有库存的平均数量。平均库存应按产品单位、需求天数和货币价值来衡量。
- **库存周转率**是指一年内库存周转的次数。它是销售成本或销售收入与平均库存的比值。
- **超过指定库存天数的产品**是指企业所持有的库存水平较高的产品。这个指标可以用来识别供大于求的产品，或用于查明库存过高的原因，如为降价促销备货或产品滞销。
- **平均补货批量**是每次补充订货的平均数量。在需求的单位数和天数方面，批量大小应用 SKU 来衡量。可以根据一定时间内（每个补货周期）所持有的最高库存和最低库存的平均值来估计。
- **平均安全库存**是指补充订货到达时所持有的平均库存量。在需求的单位数和天数方面，平均安全库存应用 SKU 衡量。可以根据一段时间内每个补货周期内的最低库存的平均值来估计。
- **季节性库存**衡量产品流入量超过销售量的数量（周转库存和安全库存之外的库存）。季节性库存的建立完全是为了应对预期的需求激增。
- **满足率**是指利用库存准时满足的订单/需求的比例。满足率不应按时间来求平均值，而应按特定的需求单位数量（例如每千、每百万等）来求平均值。
- **脱销时间比例**是指某一特定库存单位 SKU 的库存为零的时间所占的比例，这个比例可用于估计缺货期间的销售损失。
- **陈旧库存**衡量超过指定废弃日期的库存所占比例。

学习目标 4 小结

主要的库存相关决策包括批量、安全库存和产品可获性水平的确定。提高安全库存量和产品可获性水平可以提高响应性，但会降低效率。增加批量和季节性库存会增加库存持有成本，但可以减少生产、运输和采购成本。与库存相关的主要指标包括现金流量周期、平均库存、库存周转率、超过指定库存天数的产品、平均补货批量、平均安全库存、季节性库存、满足率、脱销时间比例、陈旧库存。

3.5 运 输

运输使库存在供应链上实现了点到点的移动。运输可以采取多种方式和路线的组合，每一种组合有着自身不同的绩效特点。运输的选择对供应链的响应性和效率有很大影响。例如，一家邮购目录公司可选择联邦快递等较为快速的运输方式，使供应链更具响应性。但选择联邦快递的高成本也会使其效率降低。这种选择使该公司可以通过将所有库存集中存放于位于孟菲斯的一个中心仓库中来减少库存。相反，McMaster-Carr 和固安捷所构建的供应链则是采用地面运输方式为其大多数顾客提供次日达服务。为了提高响应性水平，这两家公司都在美国建立了多个仓库，从而相对于仅使用一个仓库进行集中库存来说库存成本和设施成本更高。将产品运送给顾客的外向运输成本通常包括在销售费用、一般性费用和管理费用中，而内向运输成本通常包括在销售成本中。本节将讨论运输在供应链中的作用以及供应链管理者必须做出的与运输相关的重要决策。

3.5.1 在供应链中的作用

运输是在供应链的不同环节之间移动产品，它对供应链的响应性和效率都有很大影响。更快速的运输，成本会更高，但也使供应链更具响应性。使用更快速运输方式的供应链可以持有更少的库存和拥有更少的设施。

运输的合理选择使企业可以调整其设施和库存的位置，以找到响应性和效率之间的恰当平衡。销售高价值产品（如起搏器）的企业可以采用快速运输来获得响应性，同时集中设施和库存以降低成本。相反，销售低价值且需求大的产品（如灯泡）的企业，可以在接近顾客的地方存放一定量的库存，然后使用低成本的运输方式，如海运、铁路运输和整车运输，从位于低成本国家的生产工厂补货。

例3-3

Blue Nile公司

Blue Nile公司是一家在线销售钻石的零售商，它使用联邦快递这种快捷运输方式将钻石运送至美国、加拿大以及欧洲和亚洲国家的顾客。由于钻石价值非常高，Blue Nile公司为顾客提供免费的次日送达服务。响应迅速的运输方式使得Blue Nile公司可以集中储存钻石，也不需要昂贵的店铺设施。虽然运输成本高，但由于其设施和库存成本较低，Blue Nile公司的成本比传统的实体零售商要低得多。因此，Blue Nile公司能够提供的价格远低于其实体竞争对手。

3.5.2 运输决策的组成

下面介绍企业在设计和运作供应链时必须分析的主要运输问题。

运输网络的设计 运输网络是产品运输方式、地点和产品运输线路的集合。企业必须决定是从供应源直接运至需求所在地，还是经过中间集散地。设计决策还包括在某次运输中是否经过多个供应点或需求点。

运输方式的选择 运输方式是指将产品从供应链网络中一个位置移动到另一个位置所采取的方式。企业可以选择航空运输、卡车运输、铁路运输、海洋运输、管道运输等作为产品运输方式。如今，信息产品还可以通过互联网传送。每种运输方式在速度、装运规模（单个包裹、数个托盘、整车、整船）、运输成本和柔性方面都有不同的特点。企业就是根据这些特点来进行选择的。

与运输相关的指标 外向运输成本是销售费用、一般性费用和管理费用的一部分，内向运输决策影响产品销售成本。因此，运输成本会影响利润率。管理者应该关注以下影响供应链绩效的、与运输相关的主要指标。

- **平均内向运输成本**通常用于衡量将产品运入设施的成本。理想情况下，平均内向运输成本应该用每单位产品运入设施的成本来衡量，但通常用产品运入设施的成本占产品销售额或产品销售成本的百分比来衡量。内向运输成本通常包括在产品销售成本中。对每个供应商分别衡量这一成本是非常有意义的。

- **平均进货规模**是指设施每次来货的平均单位数量或金额。
- **每次装运的平均内向运输成本**是指每次进货的平均运输成本。该指标和平均进货规模结合使用，有助于识别内向运输中提高规模经济的机会。
- **平均外向运输成本**是指将产品从设施发送给顾客的成本。理想情况下，平均外向运输成本应该用每单位产品的运输成本来衡量，但通常用产品发送给顾客的成本占产品销售额或产品销售成本的百分比来衡量。对每个顾客分别衡量这一成本是非常有意义的。
- **平均发货规模**是指设施每次发货装运的平均单位数量或金额。
- **每次装运的平均外向运输成本**是指每次发货的平均运输成本。该指标和平均发货规模结合使用，有助于识别外向运输提高规模经济的机会。
- **各种运输方式所占比例**是指每种运输方式的运输比例（用产品单位或金额来衡量）。该指标可以用来估计各种运输方式是否使用过度或不足。

学习目标5小结

与运输相关的主要决策包括运输网络的设计和运输方式的选择。使用快速运输方式的成本更高，但可以提高响应性，同时有助于减少库存和设施成本。与运输相关的主要指标包括平均内向运输成本、平均进货规模、每次装运的平均内向运输成本、平均外向运输成本、平均发货规模、每次装运的平均外向运输成本、各种运输方式所占比例等。

3.6 信　息

信息包括整个供应链中有关设施、库存、运输、成本、价格、顾客的数据与分析。信息很可能是影响供应链绩效的最为重要的驱动因素，因为它直接影响其他每一个因素。利用信息，管理者可以找到提升供应链响应性和效率的机会。例如，日本7-11便利店运用信息更好地使供给和需求相匹配，同时实现了生产和配送的经济性。其结果是，在获得了对顾客需求更高水平响应性的同时，生产和补货成本也降低了。与信息技术相关的成本通常记在运营费用（通常包括在销售费用、一般性费用和管理费用中）或资产项下。例如，2012年亚马逊的运营费用下记录了45.4亿美元的技术费用，同时在待折旧的固定资产下记录了4.54亿美元技术费用。本节将讨论信息在供应链中的作用及供应链管理者必须做出的与信息相关的主要决策。

3.6.1 在供应链中的作用

好的信息有助于改善供应链资产的利用并协调供应链中各种流，以提高响应性，降低成本。日本7-11便利店在运用信息提高产品可获性的同时减少了库存。沃尔玛利用供应商的装运信息使越库更便利，降低了库存和运输成本。利丰公司（Li & Fung）是一家供应时装等具有时效性的消费品的跨国贸易集团。利丰公司利用其所掌握的第三方制造商的信息从最合适的供应商处进行采购。航空公司常常利用信息提供适当数量的折扣价舱位，同时为那些在航班起飞前最后一刻才购买机票并愿为此支付较高价格的商务顾客保留足够的座位。上述例子都说明了信息的重要性。作为供应链绩效的关键驱动因素，利用信息可以在获得更高响应性的同时提升效率。

尽管信息共享有助于供应链以较低的成本更好地满足顾客需求，但认为信息越多越好却是非常危险的。供应链中分享的信息越多，所需的基础设施和后续分析的复杂性和成本都会呈指数级增加。另外，随着可获信息的增加，额外信息所能提供的边际价值也会越来越少。因此，评估实现预期目标所需的最少信息对企业来说非常重要。例如，在零售商和制造商之间共享总销售数据通常就已经足够了，而没有必要分享详细的销售点数据。总销售额信息共享起来成本更低，并且能够为更好地制订生产计划提供绝大部分有价值的信息。在建立信息基础设施时，在复杂性和价值之间进行权衡非常重要。下面介绍的例子将说明信息是如何被用于提高供应链绩效的。

例 3-4

思科公司

众所周知，思科公司将其大部分制造活动进行了外包。尽管思科没有自己的生产设施且大部分最终产品都是按订单生产的，但由于整个供应链中需求和供应信息没有得到很好的协调，在 2001 年思科不得不报废了价值 22 亿美元的原材料和在制品。从那时起，思科开始投资一个基于云的平台，以确保整个供应链共享的数据有一个单一的真实来源。除了预测和订单信息，思科还共享了新产品引进和旧产品逐步淘汰的信息，以改善整个供应链的供求匹配情况。

3.6.2　信息决策的组成

下面将讨论企业为提高供应链效率和响应性而必须分析的信息相关问题。

需求计划　需求计划就是基于历史销售数据、营销和促销计划以及经济环境、竞争等其他因素对未来需求进行精确估计的过程。除了考虑影响需求的所有因素，认识到所有的预测都是有误差的是制订需求计划的关键。因此，一个好的需求计划必须包括对预测误差的估计。基于需求计划和对预测误差的估计，企业就有可能设计出一个能合理平衡响应性和效率的供应计划。

协调与信息共享　当供应链各环节基于共享的信息为实现供应链整体利润最大化的目标而努力时，就实现了供应链协调（supply chain coordination）。缺乏协调往往导致供应链的不同环节拥有不一致的计划。其结果是，供应链响应性大大降低，因为顾客无法在正确的时间或地点获得其真正所需的产品。同时供应链效率也会受到影响，因为供应链的每个环节都必须不停地应对意想不到的需求或供应的不足。因此，供应链中不同环节的协调运作是供应链成功的关键。而要实现供应链协调，需要供应链各环节分享适当的信息。

销售和运作计划　销售和运作计划（sales and operations planning，S&OP）

就是制订总体供应计划（生产和库存）以满足预期需求水平（销售）的过程。销售和运作计划过程始于销售和营销职能将需求信息传达至供应链，反过来，供应链将能否满足顾客需求以及所需成本的信息传递给销售和营销职能。销售和运作计划的目标是制订一个达成一致的销售、生产和库存计划，用于规划供应链的需求，并预测收入和利润。销售和运作计划是应在整个供应链中分享的一项关键信息，因为它既会影响企业对供应商的需求，也会影响对顾客的供给。

与信息相关的指标 管理者应该关注以下影响供应链绩效的、与信息相关的指标。

- **预测时间范围**确定了是在实际事件发生前多长时间进行预测。预测时间范围必须大于或等于根据该预测所做决策的提前期。
- **更新频率**确定了每个预测更新的频率。预测更新的频率应高于决策调整的频率，以便识别较大的变化并采取适当的行动。
- **预测误差**衡量的是预测需求与实际需求之间的差异。预测误差是对不确定性的测量，并驱动对不确定性的所有反应，如安全库存或过剩产能。
- **计划偏差**是指计划产量或库存与实际值的差额。这些偏差可用于识别短缺和过剩。
- **需求变动与订单变动的比值**衡量的是所收到的需求与所发出的供应订单之间的标准差。该比值小于 1 表明可能存在牛鞭效应，我们将在第 10 章详细讨论牛鞭效应。

学习目标 6 小结

与信息相关的主要决策包括制订需求计划以及能够使供需最佳匹配的销售和运作计划。供应链中的信息共享对于确保供应链不同环节的计划协调非常重要。与信息相关的指标包括预测时间范围、更新频率、预测误差、计划偏差、需求变动与订单变动的比值等。

3.7 采　购

采购是选择由谁来从事特定的供应链活动，如生产、仓储、运输或信息管理。战略层次的采购决策包括哪些职能由企业自己完成以及哪些职能外包出去。采购决策对供应链的响应性和效率都会产生影响。例如，摩托罗拉（Motorola）将大量的生产外包给中国的合同制造商后，效率提高了，但由于供货提前期太长，响应性有所下降。为了弥补响应性的下降，摩托罗拉开始从中国空运部分手机，即使这种选择增加了运输成本。电子合同制造商伟创力公司（Flextronics），希望能为顾客提供兼具响应性和效率的采购选择。伟创力致力于使其位于成本较高区域的生产设施更具响应性，同时使其位于成本较低国家的生产设施更具效率。伟创力希望通过这两种设施的结合，成为所有顾客的有效供应源。采购成本列在产品销售成本项下，而欠供应商的款项记录在应付账款项下。

本节将讨论采购在供应链中的作用及供应链管理者必须做出的与采购相关的主要决策。

3.7.1　在供应链中的作用

采购是指购买产品和服务所需的一套业务流程。管理者首先必须决定每项工作是由响应性供应源还是由效率性供应源来完成，然后再决定是由企业内部完成还是外包给第三方。所做出的采购决策应能增加整个供应链所共享的总盈余。如果第三方能比企业自身创造更多的供应链盈余，那么外包给第三方就是有意义的。如果第三方不能增加供应链盈余或者外包风险非常高，那么该供应链职能应在企业内部完成。例如，固安捷公司把包裹配送外包给第三方，因为在其内部构建这一能力的成本非常高。相比之下，固安捷拥有并运营着自己的仓库，因为它有足够大的规模来证明这一选择是正确的。采购决策的目标应是以最低的成本来提供恰当水平的响应性。

3.7.2　采购决策的组成

下面将介绍企业必须做出的关键采购决策。

自制或外包　企业最重要的采购决策是决定某项工作是在企业内部完成还是外包给第三方。在某项工作（如运输）中，管理者必须决定是将此工作全部外包出去，还是仅将需要快速响应的部分或需要高效的部分外包。这一采购决策在某种程度上应取决于其对供应链盈余的影响。如果外包能够增加整个供应链盈余且不会带来额外的风险，那么最好选择外包。

供应商的选择　管理者必须决定为某一活动所选择的供应商的数量，然后，必须确定评估供应商的标准以及如何选择供应商。通常，拥有具有互补能力的供应商组合优于拥有多个相似能力的供应商。与其选择两个类似的、能合理平衡效率和响应性的供应商，还不如选择一个专注于效率的低成本供应商，同时再选择一个响应性供应商以应对那些不能由低成本供应商及时满足的需求。

购买　购买（procurement）是指在供应链中获取物品和服务的过程。管理者必须合理安排购买过程，以减少所有权总成本，增加供应链盈余。这会导致购买不同类型产品时的目标也会有所不同。例如，对于直接材料，企业应建立能确保买卖双方良好协调的购买过程。相反，MRO 产品的购买要尽量降低交易成本。

与采购相关的指标　采购决策对产品销售成本和应付账款有着直接影响。供应源的绩效还会影响质量、库存及内向运输成本。管理者应关注以下影响供应链绩效的与采购相关的指标：

- **应付账款周转天数**是指供应商执行供应链任务到获得支付之间的天数。
- **平均购买价格**是一年内购买某种产品或服务的平均价格。平均购买价格应按每一价格水平下的购买数量进行加权。
- **购买价格范围**是指特定时期内采购价格的波动，目标是确定购买的数量是否与价格相关。
- **平均购买数量**衡量每笔订单的平均购买量。目标是确定下达订单时，是否在不同设施间实现了足够的集中水平。
- **供货质量**是指所供应的产品的质量。

- **供货提前期**是指从下达订单到货物送达之间的平均时间间隔。提前期较长会降低响应性，增加供应链中必须持有的库存。
- **准时交货比例**是指供应商按时交货的比例。
- **供应商可靠性**衡量供应商交货提前期的变动以及所交付货物的质量与计划的符合情况。供应商可靠性差会降低响应性，增加供应链所必须持有的库存。

学习目标 7 小结

与采购相关的主要决策包括确定某项活动是自制还是外包、确定供应商选择的关键评价指标、选择供应商组合。与采购相关的主要指标有：应付账款周转天数、平均购买价格、购买价格范围、平均购买数量、供货质量、供货提前期、准时交货比例、供应商可靠性。

3.8 定 价

定价就是企业决定对其在供应链中提供的产品和服务收取多少费用。定价会影响产品和服务的买方的行为，从而影响需求和供应链绩效。例如，如果某运输企业基于顾客的提前期制定了不同的价格，那么看重效率的顾客会提早下订单以获得更低的价格，而注重响应性的顾客会一直等到需要运输时才下订单，尽管此时成本更高。差异定价为重视响应性的顾客提供快速响应，而为不那么重视响应性的顾客提供低成本。定价的任何变动都会对收入产生直接影响，同时也会由于对其他驱动因素产生影响而最终影响成本。

本节将讨论定价在供应链中的作用。

3.8.1 在供应链中的作用

定价会影响选择购买此产品的顾客细分市场，从而影响供应链必须满足的顾客需求。这将直接影响供应链所需的响应性水平和供应链试图服务的需求状况。定价也是调整供求的杠杆，尤其当供应链缺乏柔性时。短期折扣可用于消除供给过剩，或通过使需求前移来降低季节性需求高峰。所有定价决策都应以增加企业利润为目标。这就需要了解执行供应链活动的成本结构以及该活动能够为供应链带来的价值。像“每日低价”这样的策略可以促进需求的稳定，从而提高供应链效率。例如，开市客是美国一家会员制批发商，它的策略是低价且保持价格稳定。稳定的价格保证了需求的相对稳定。开市客利用需求的相对稳定性使供应链更具效率。相反，一些制造企业和运输企业的定价随顾客所期望的响应时间而变化。这些企业通过定价使目标顾客范围更为广泛，其中一些顾客需要响应性，而另一些顾客需要高效率。在这种情况下，这些企业需要构建一条能够满足这两种需求的供应链。亚马逊以菜单选项的形式来标明发运方式和发运价格，以此来识别哪些顾客重视响应性，哪些顾客重视低成本。正如下面例子所示，掌握了这些信息，亚马逊能够更有效地为这两类顾客提供服务。

例 3-5

亚马逊

亚马逊为顾客提供了大量的其所出售产品的价格选择。例如，2014 年 1 月，购买了两本价值总共 40 美元图书的顾客，可以选择费用为 4.98 美元的标准送货方式（3～5 个工作日送达），也可以选择费用为 14.97 美元的两日送达方式，还可以选择费用为 24.97 美元的一日送达方式，抑或是选择免费送货方式（5～8 个工作日送达）。这种可选择的定价方式使得亚马逊可以吸引对于响应性水平有着不同期望的顾客。选择一天送达的顾客会增加亚马逊面临的不确定性，但亚马逊可以利用选择免费送货的顾客来均衡仓库的工作量。因此，亚马逊可以利用定价为那些注重响应性的顾客提供快速响应，同时利用那些想要获得低价的顾客来帮助它提高效率。

3.8.2 定价决策的组成

下面将讨论影响供应链绩效的主要定价决策。

定价与规模经济 大部分供应链活动都显示出规模经济。工作转换使得小批量生产的单位成本远高于大批量生产的单位成本。考虑到货物的装卸成本，将一车货物运送到某一指定地点的装卸成本比运送到四个不同地点的装卸成本要低。在各种情况下，供应链活动的提供者必须决定如何适当定价以反映这种规模经济。一种常见的做法是提供数量折扣。此时必须要注意的是，应确保所提供数量折扣符合支撑流程的规模经济。否则，可能面临这样的风险：数量折扣导致顾客订单激增，但支撑的流程并没有显著的规模经济。

每日低价与高-低定价 开市客在其仓储式店铺中实行每日低价政策，保持价格长期稳定。为了确保每日低价策略的实施，开市客甚至不会为破损图书提供任何折扣。相反，大部分超市实行高-低定价，每周都会对一部分产品提供大幅折扣。开市客的定价策略使需求相对稳定，高-低定价策略则会在折扣周形成购买高峰，而随后几周的需求往往会大幅下降。两种截然不同的定价策略会导致不同的需求状况，而这些需求状况都必须由供应链来满足。

固定价格与菜单定价 企业必须决定是为其供应链活动收取固定价格，还是按某些属性（如响应时间或交付地点）提供不同的价格菜单。如果供应链的边际成本或顾客价值随某些属性变化很大，则提供价格菜单往往是有效的。在线零售商 Jet. com 会基于顾客添加到购物车中的商品来调整其他产品的价格。该公司会改变产品的价格，以体现与已选商品组合购买的拣选、包装、运输的经济性。相较于送货上门的订单，在英国，特易购（Tesco）为自行提货的顾客提供一定的折扣。在以上两个例子中，定价菜单都试图反映真实的订单履行成本，并利用这些信息来影响顾客的购买行为。

与定价相关的指标 定价直接影响收入。另外，由于定价会对消费者需求产生影响，从而也可能影响生产成本及库存。管理者应关注以下与定价相关的指标。对于菜单定价中的每一价格区间，都应分别对以下每一指标进行跟踪。

- **利润率**是指利润占收入的百分比。企业需要根据各种利润率指标来优化定价，包括以下一些维度的指标：利润类型（毛利润率、净利润率等）、范围（SKU、产品系列、部门、企业）以及顾客类型等。

- **应收账款周转天数**是指从销售完成到收到货款的平均时间。
- **每次订货固定增量成本**是指与订货量无关的增量成本。其中包括制造工厂的转换成本、邮购企业中与装运规模无关的订单处理成本或运输成本。
- **单位可变增量成本**是指随订货量变化的增量成本。其中包括邮购企业的拣货成本、制造工厂的可变生产成本等。
- **平均销售价格**是指在给定时期内执行某项供应链活动的平均价格。计算平均销售价格时应按各种价格下的销售数量进行加权平均。
- **平均订货量**是指每次订货的平均数量。平均销售价格、订货量、每次订货固定增量成本和单位可变增量成本有助于估计执行某项供应链活动的贡献。
- **销售价格变化区间**是指某一特定时间范围内每单位产品的最高销售价格和最低销售价格的变化范围。
- **每期销售量变化区间**是指在某一特定时间范围内的每单位时间（日/周/月）的最高销售量和最低销售量的变化范围。计算此指标的目标是了解销量与价格之间的相关性，以及通过价格变化来改变销量的机会。

学习目标8小结

定价相关的主要决策包括是否提供数量折扣、是提供每日低价还是价格随时间变化、是提供固定价格还是提供随某些属性（如响应时间）变化的价格选择。与定价相关的主要指标有：利润率、应付账款周转天数、每次订货固定增量成本、单位可变增量成本、平均销售价格、平均订货量、销售价格变化区间、每期销售量变化区间等。

讨论题

1. 杂货零售商如何利用库存来提高其供应链的响应性？
2. 汽车制造商如何利用运输来提高其供应链的效率？
3. 自行车制造商如何利用设施来提高其供应链的响应性？
4. 工业用品分销商如何利用信息来提高响应性？
5. 摩托罗拉早期自行生产所有的手机，如今几乎外包所有的手机制造职能，这两种方式各有哪些优缺点？
6. Peapod等提供送货上门服务的企业如何通过送货服务的定价来提高其盈利能力？
7. 哪些行业的产品品种数量激增而产品生命周期缩短了？这些行业的供应链是如何适应这些变化的？
8. 某手机制造商的目标顾客既有时间敏感的，又有重视价格的，那么它应如何利用所有的物流驱动因素和跨职能驱动因素来实现战略匹配？
9. 一家试图压缩现金流量周期的企业应关注哪些供应链驱动因素？
10. 你认为是实体零售商还是在线零售商拥有更高的资产周转率？哪些供应链驱动因素会影响资产周转率？

参考文献

Davis, Thomas S., and Robert A. Novack. "Why Metrics Matter." Supply Chain Management Review (July/August 2012): 10–17.

Doheny, Mike, Karl-Hendrik Magnus, Paulo Marchesan, Brian Ruwadi, Chris Turner, and Nursen Ulker. "Driving Productivity in the Apparel Supply Chain." December 17, 2010. Available at https://operations-extranet.mckinsey.com/html/knowledge/article/20101213_apparel_supply_chain.asp

Dyckman, Thomas R., Robert P. Magee, and Glenn M. Pfeiffer. Financial Accounting. Westmont, IL: Cambridge Business Publishers, 2011.

Hofman, Debra. "The Hierarchy of Supply Chain Metrics." Supply Chain Management Review (September 2004): 28–37.

Johnson, John. "Metrics that Count." Supply Chain Management Review (March/April 2016): 36–41.

Marien, Edward J. "The Four Supply Chain Enablers." Supply Chain Management Review (March-April 2000): 60–68.

Mayer, Abby. "Supply Chain Metrics That Matter: A Closer Look at the Cash-to-Cash Cycle (2000-2012)." Supply Chain Insights LLC report (November 11, 2013).

Presutti, William D., Jr., and John R. Mawhinney. "The Supply Chain-Finance Link." Supply Chain Management Review (September 2007): 32–38.

案例分析1

日本 7－11 公司

日本 7－11 公司是伊藤洋华堂（Ito Yokado）于 1973 年创办的。1974 年 5 月其在东京江东区开设了第一家店铺。1979 年 10 月，日本 7－11 公司首次在东京证券交易所挂牌上市。2005 年 9 月 1 日，Seven & i 控股公司（Seven & i Holding Co. Ltd.）成立，旗下拥有日本 7－11、伊藤洋华堂和丹尼日本（Denny's Japan）。自此之后，日本 7－11 就不再发布详细的财务数据了，而仅作为 Seven & i 控股公司的便利店业务部分来报告。1985—2016 年，日本 7－11 实现了惊人的增长。在此期间，日本本土的店铺数量从 2 299 家增加到了 19 000 多家。截至 2016 年 9 月，日本 7－11 在全球共拥有 60 000 多家便利店，成为世界上最大的零售连锁店。2016 年，Seven & i 控股公司便利店业务的全球收入为 26 750 亿日元，营业利润达 3 520 亿日元。2016 年，7－11 在日本新开了 1 600 多家店铺。2013 年，每一家店铺每天平均有 1 000 多名顾客光顾。

公司历史和概况

伊藤洋华堂和日本 7－11 都是由伊藤雅俊（Masatoshi Ito）创办的。第二次世界大战后，他创立了自己的零售帝国。当时他加入了母亲和哥哥的事业，开始在东京的一家小服装店工作。到 1960 年，他掌握了服装店的完全控制权，当初的小服装店也发展成为价值 300 万美元的企业。1961 年，一次赴美旅行后，伊藤意识到超级市场将是未来零售业发展的主流。当时，日本仍以家庭经营的小零售店为主。伊藤在东京的超市连锁店一经推出就大受欢迎，很快成为伊藤洋华堂零售业务的核心。

1972 年，伊藤首次与美国南方公司（Southland）洽谈关于在日本开设 7－11 便利店的可能性。南方公司虽然一开始拒绝了他的请求，但是最终于 1973 年同意了许可协议。南方公司授予伊藤在日本的独家经营权，条件是每年上缴总销售收入的 0.6% 给南方公司。1974 年 5 月，日本第一家 7－11 便利店在东京开业。这种新的经营方式在日本引起了轰动，日本 7－11 便利店经历了巨大的增长。到 1979 年，日本已有 801 家 7－11 便利店，1984 年增加到了 2 299 家，这种迅速增长的势头得以保持（见表 3－4），2016 年其店铺数已达 19 000 多家。

表 3－4　日本 7－11 便利店的店铺数和年销售额

年份	店铺数	年销售额（10 亿日元）
1974	15	0.7
1979	801	109.8
1984	2 299	386.7

续表

年份	店铺数	年销售额（10亿日元）
1989	3 954	780.3
1994	5 905	1 392.3
1999	8 153	1 963.9
2004	10 826	2 440.8
2009	12 753	2 784.9
2010	13 232	2 947.6
2011	14 005	3 280.5
2012	15 072	3 508.4
2013	16 086	3 781.2
2014	16 319	4 008.2
2015	17 491	4 291.0

资料来源：Based on Seven Eleven Japan website，http://www.sej.co.jp/company/en/s.growth.html.

1990年10月24日，南方公司进入破产保护。南方公司向伊藤洋华堂寻求帮助。1991年3月5日，IYG控股公司成立。IYG控股公司由日本7-11（占48%的股份）和伊藤洋华堂（占52%的股份）联合建立。IYG控股公司以4.3亿美元购得了南方公司70%的普通股。

2005年，通过股票转让，日本7-11、伊藤洋华堂和丹尼日本合并成立了Seven & i控股公司。2015年，日本、中国、北美地区的7-11贡献了Seven & i控股总营业收入的44.3%，营业利润占Seven&i控股总营业利润的88.6%（详见表3-5）。日本国内便利店的相对业绩更为突出。表3-4与表3-5的数据有所不同，因为表3-4报告的是直营店和特许经营店的总销售收入，而表3-5仅报告了Seven & i控股公司的收入。

表3-5 Seven & i控股公司的财务数据（2013—2015年） 单位：10亿日元

截至2月28/29日的财政年度	2013年	2014年	2015年
总收入	4 991.6	5 631.8	6 038.9
总营业利润	295.7	339.6	343.3
便利店收入	1 899.5	2 727.8	2 675.9
便利店营业利润	221.7	276.7	304.1

资料来源：Based on Seven & i Annual Report 2016.

日本的便利店行业与7-11便利店

20世纪末21世纪初，便利店行业是日本持续经济衰退中少数几个保持增长的行业之一。从1991年到2013年，便利店的年销售额增加了两倍多，从3万亿日元增加到近10万亿日元。而同一时期，超市销售额基本保持稳定，约为每年13万亿日元。

日本的便利店行业逐步整合，大企业不断发展，小企业纷纷倒闭。2004年，前十大便利店连锁企业大约占了日本便利店销售额的90%。至2015年，日本便利店进一步整合，前五大便利店连锁企业销售额占日本整个便利店行业销售额的逾90%，其中前三大便利店连锁企业的销售额占到了80%以上。

日本7-11便利店自开业以来一直在扩展其市场份额。2015年，7-11便利店成为日本最大的连锁便利店，占据了日本便利店市场份额的41.0%。与2008年34.3%的占比相比，市场份额不断增加。日本7-11的同店销售额非常高。在2004年，除日本7-11以外最大的4家连锁便利店的日均销售额为 484 000 日元，而 7－11 的日均销售额达到 647 000 日元——比上述竞争对手高了 30%以上。到 2013 年，7－11 每家店铺的日均销售额增加至 668 000 日元。2016 年，日本 7－11 的营业利润达到 3 520 亿日元，不仅在便利店行业甚至在整个日本零售业都名列第一。日本 7－11 计划截止到 2017 年 2 月再新开 1 800 家便利店。日本 7－11 的快速发展得益于其精心的规划，以及其在信息系统和配送系统领域建立的优势。

日本 7－11 的特许经营系统

日本 7－11 构建了一个巨大的特许经营网络，并在这个网络的日常运作中发挥着重要作用。日本 7－11 便利店网络既包括其自营店，也包括由第三方所有的特许加盟店。为保证效率，日本 7－11 将其基本的网络扩张政策建立在市场集中战略的基础上。进入任何一个新的市场，都要围绕配送中心建立 50～60 家店铺。这种密集的店铺布局，打造了日本 7－11 便利店高密度的市场形象，并且有助于运作一个高效的配送系统。日本 7－11 发现，市场集中战略可以提高配送效率，提升品牌知名度，提高对特许加盟店的服务效率，增强广告效果，另外还可以对竞争对手形成威慑。

秉承市场集中的主导战略，日本 7－11 将大多数新店开在了现有店铺集中的地区。例如，2002 年日本 7－11 在爱知县开设了第一家店铺，之后其在爱知县快速扩张，仅 2004 年一年，在爱知县就新开了 108 家店铺，占其当年在日本新开店铺总数的 15%以上。

截至 2016 年，日本 7－11 公司在日本的 46 个行政区（日本共 47 个行政区）开设了店铺。随着人们对“附近的便利店”的需求不断增长，日本 7－11 认为，除了在新的地区开店外，还可以继续在东京、名古屋、大阪这样的人口稠密的城市区域开店。

想要获得日本 7－11 特许经营权的人非常多，只有不到 1%的申请获得了批准（证明了 7－11 门店的盈利能力）。加盟店的所有者需要提前投入大笔资金。这笔资金中有一半用于开店的准备工作和对所有者进行培训，其他用于购买店内最初的商品。1994 年，每家加盟店毛利总额的 45%需上缴日本 7－11，剩下的由加盟店所有者获得。双方所承担的责任如下。

日本 7－11 的责任：

- 发展供应商和提供商品；
- 提供订货系统；
- 承担系统运作费用；
- 提供会计服务；
- 提供广告服务；
- 安装并更新设施；
- 承担 80%的公用事业费用。

特许加盟店所有者的责任：

- 运营和管理店铺；
- 雇用员工并支付工资；
- 向供应商订货；
- 维护店铺形象；
- 提供顾客服务。

店铺信息和内容

截至 2016 年 9 月，7－11 公司在日本共开设了 19 000 多家店铺。2004 年，日本 7－11 将新店的标准店面面积从 125 平方米增加到 150 平方米，但仍比美国大多数 7－11 便利店小得多。2016 年，每个店铺的日平均销售额为 655 000 日元（以 2016 年 12 月的汇率计算，约合 5 691 美元），大约相当于美国店铺日平均销售额的 2 倍。

日本 7－11 为旗下店铺提供 5 000 种 SKU 供其选择。每个店铺根据当地顾客的需求，平均备有大约3 000种SKU。商品数目取决于当地的需求。日本7－11非常重视地区采购以精确地满足当地消费者的偏好。每家店铺中都出售食品、饮料、杂志以及香皂、洗涤剂等日用消费品。表3－6给出了2015年日本7－11各产品类别的相对销售情况。

表3－6 2015年各产品类别的相对销售情况

	占总销售量的百分比
加工食品	26.0
快餐	29.8
新鲜/日常食物	13.5
非食品类商品	30.7

资料来源：Based on Seven & i Annual Report 2016.

食品分为4个大类：（1）冷藏类食品，包括三明治、熟食和牛奶；（2）温热类食品，包括午餐盒饭、饭团和新鲜面包；（3）冷冻类食品，包括冰激凌、冷冻食品和冰块；（4）常温类食品，包括罐头食品、方便面和调味品。加工食品和快餐是日本7－11便利店销量最高的两类商品。2015年，加工食品和快餐的销售额大概占每家店铺总销售额的56%。在快餐类食品中，销量最好的是午餐盒饭、饭团、面包类食品和意大利面。至2013年，日本7－11在日本各地共拥有171处日常生产设施和158个配送中心。

在日本7－11便利店销售的其他商品包括软饮料，营养饮品，啤酒、白酒等酒精饮料，游戏软件，音乐CD和杂志。

日本7－11便利店致力于增加只在其店铺销售的原创产品的数量。2007年，Seven & i开始在其店铺销售自有品牌商品。到2016年，自有品牌商品的销售贡献了大约1万亿日元，增长率约为20%。自有品牌商品在所有经营形式的店铺内出售，被Seven & i视为在各种零售业态实现协同扩张的一个重要组成部分。

店铺服务

除了商品，日本7－11还逐渐增加了一些顾客可在其店内享受的服务。1987年10月推出的第一项服务是在店内代缴电费，后来代缴范围扩大至燃气费、保险费和电话费。相较于银行和其他金融机构，便利店的营业时间长、地理位置方便，因此日本7－11便利店的缴费业务每年都会吸引数百万顾客光顾。1994年4月，日本7－11便利店开始代表信贷公司接受分期付款。1994年11月开始销售滑雪缆车车票。1995年，日本7－11便利店开始代理邮购付款业务，并在1999年11月将业务扩展了到网购收款。2000年8月，日本7－11成立了专营送餐服务的Seven-Meal Service公司，专门为日本的老年人服务。另外，Seven&i控股公司还成立了Seven银行，作为其在金融服务领域的核心经营企业。至2013年，几乎每家7－11便利店内都安装了ATM机，Seven银行共设有大约18 000台ATM机。每台ATM机每天的平均交易量为111笔。

店内提供的其他服务还包括打印、售票（包括棒球比赛、快速巴士和音乐会）、快递公司提货点服务。2010年，日本7－11便利店还开始提供一些政府服务，如开具居住证明。提供这些服务主要是因为可以充分利用店铺便利的地理位置。这些服务不仅给日本7－11带来了更多的收入，而且能够让顾客更频繁地光顾7－11便利店。其中一些服务利用了店内已有的全面信息系统（Total Information System），后面我们还将详细介绍该系统。

2000年2月，日本7－11成立了一家电子商务公司7dream. com，目的是充分利用现有的配送系统，以及大多数日本人都可以很方便到7－11便利店购物的事实。7－11便利店成为日本顾客的收货和发货点。由软银、日本7－11、日本雅虎和Tohan公司合资成立的出版企业Book进行的一项调查发现，92%的顾客希望在本地便利店收取网购的货品而不是将货品邮寄到家。其实这很容易理解，因为日本人光顾本地便利店的频率非常高。7dream. com 希望能够充分利用顾客这种偏好以及7－11便利店现有的配送系统。

日本7－11开通了Seven Net Shopping购物网站，旨在将该集团的实体店铺和互联网服务结合起来。该网站在2015年销售了大约300万种产品。这一服务使顾客可以买到那些通常在实体店里买不到的商品。顾客可以在网上下单，然后在7－11便利店内付款和取货，不用支付运费。2007年4月，日本7－11推出了nanaco电子货币。这项服务允许顾客先充值预付，然后用nanaco卡或手机进行实际支付。这项服务可以方便小额购买的顾客，另外它也是一个奖励系统，顾客每支付100日元可以获得价值1日元的积分。到2015年，已经注册了3 717万个nanaco账户。

由于日本人口日益老龄化（2014年，日本7－11估计大约47%的消费是60岁及以上的顾客贡献的）以及越来越多的女性外出工作（2009年，日本7－11估计超过70%的40多岁的女性在外工作）。日本7－11希望利用"附近的便利店"更好地为顾客服务。为了做到这一点，其试图将每日高消费率产品的数量从500种增加到900种，并提供送餐到家的Seven-Meal服务。

日本7－11整合的店铺信息系统

成立之初，日本7－11就试图通过使用先进的信息技术来简化运作。日本7－11将其成功大部分归功于全面信息系统。每一个店铺内都安装有该系统，并与总部、供应商和配送中心相连。第一条连接总公司、店铺、供应商的在线网络始建于1979年，不过当时公司并未收集零售终端POS信息。1982年，日本7－11成为日本第一家引入POS系统的企业，该系统由POS收银机和终端控制设备组成。1985年，日本7－11与NEC合作开发了使用彩色图表的个人电脑，安装在每家店铺中并与POS收银机相连。这些电脑也都接入连接店铺、总公司和供应商的网络。1991年7月，日本7－11安装了综合业务数字网（ISDN）。这个网络连接了超过5 000家店铺，成为当时世界上最大的ISDN系统之一。每个店铺在晚上11点前收集的销售数据都会经过处理以供第二天早上进行分析。

2012年，日本7－11的硬件系统包括以下几部分：

● 图表订货终端：这是便利店所有者或管理者用于下达订单的一种宽屏、可显示图表的手持设备。在下达订单时，店铺管理者可以从店铺电脑中获取与某特定商品相关的POS数据的详细分析，包括产品类别和各SKU销售的时间序列分析、损耗分析、每个SKU未来10周和未来10天的销售趋势、新产品的销售趋势、每日每时段的销售分析、滞销商品清单、销售和顾客数量的时间序列分析、产品对店内陈列区的贡献、各产品类别的销售增长分析。店铺管理者在将订单输入终端时会参考这些信息。所有订单输入完毕后，将终端插入卡槽，订单就可以通过店铺内的计算机传送给相应的供应商和配送中心。

● 扫描终端：扫描终端读取扫描条形码并记录存货，被用来接收来自配送中心的产品。扫描终端自动根据之前所下的订单对交付的货物进行核对，从而使二者保持一致。在引入扫描终端之前，送货的卡车司机要在店内一直等待，直到验货完成。引入扫描终端机后，司机只需在店内卸下货物，店员可以在顾客较少的时候再接收。

● 店铺计算机：店铺计算机与7－11便利店网络、POS收银机、图表订货终端和扫描终端相连。它用于输入各种信息，跟踪店内库存和销售，下达订单，提供详细的POS数据分析，维护并控制店内设备。

● POS收银机：只要顾客购买商品并在POS收银机上付款，销售信息和其他一些数据（比如顾客的年龄和性别）就会被存储，并通过店铺计算机传送到总部。

每天早上，经过分析并更新的数据通过网络传回店铺。所有这些信息都可以在图表订货终端上查到，以帮助店铺进行订货决策。

凭借这一信息系统，日本7－11便利店能够更好地匹配供给和需求。便利店的店员可以根据一天中的消费模式调整货架上的商品组合。例如，在每天清早先上架畅销的早餐食品，而畅销的晚餐食品则在傍晚上架。知道哪些商品滞销就可以将货架腾出来引入新商品。日本7-11便利店一年中有约70%的所售商品会发生变化。每周大约会有100个新商品上架。在推出新商品时，在前3周就要做出是否继续进货的决策，以确保每种商品都能带来销售额和利润，不会浪费宝贵的货架空间。

日本7-11的配送系统

日本7-11的配送系统与所有类别产品的供应链紧密相连，所有店铺都规定了早餐、午餐和晚餐食品的下单截止时间。店铺下达订单后，订单信息会立即传送到供应商和配送中心。供应商分别包装好每个店铺所订的商品，并利用卡车将所有订单的商品发送到配送中心，然后在配送中心通过越库作业装到驶往各个店铺的卡车上。

为每个店铺送货的关键是“联合送货系统”。在配送中心，来自不同供应商的类似产品（如牛奶和三明治）被装到同一辆温控卡车上。温控卡车有四种，分别用来装运冷冻食品、冷藏食品、常温食品和温热食品。温热食品和冷藏食品每天会送货三次，而常温食品每天只送货一次。根据天气状况，冷冻食品每周送货3～7次。每辆卡车都会给多家店铺送货。卡车每天负责的店铺数量取决于各家店铺的销量。所有商品都在非高峰期送达，店铺利用扫描终端收货。该系统的运行以信任为基础，店铺员工扫描验货时不需要送货人在场，这就缩短了在每个店铺的交付时间。

尽管每种商品的送货频率较高，但这一配送系统减少了日本7-11为各店铺提供日常送货服务所需的车辆数量。1974年，每天每个店铺有70辆车送货。到了2006年，仅需要9辆车，这大大降低了送货成本，并使多种新鲜食品的快速交付成为可能。

至2013年5月，日本7-11公司在日本共拥有171家日常生产设施和158个配送中心。配送中心均不持有任何库存，只是负责将货品从供应商的卡车转移到7-11便利店的配送卡车上。日本7-11的运输服务由Transfleet公司负责，该公司由三井株式会社（Mitsui and Co.）所有，专门为日本7-11提供服务。

美国的7-11

7-11在世界各地扩张迅速（见表3-7）。尽管美国仍是7-11的主要市场，但其主要增长是在亚洲。日本7-11收购了美国南方公司之后，就开始着手改善7-11在美国的运营状况。最初几年中关闭了美国多家店铺。1998年开始，美国的7-11便利店数量开始增加。从历史上来看，美国的配送体系与日本完全不同。美国的7-11便利店有一半的货物是由制造商采用店铺直接配送（DSD）方式补货的，其他则是由批发商负责送货。

表3-7 2016年7-11便利店的部分分布

国家/地区	商店数量（家）	国家/地区	商店数量（家）
日本	19 045	澳大利亚	636
泰国	9 411	加拿大	507
美国	8 428	新加坡	431
韩国	7 085	丹麦	187
中国	2 270	瑞典	184
马来西亚	2 057	印度尼西亚	166
墨西哥	1 880	挪威	155
菲律宾	1 840	阿拉伯联合酋长国	6

资料来源：Based on Seven Eleven Japan website，http://www.sej.co.jp/company/en/g_stores.html.

在美国，以引入“新鲜”产品为目标，7-11在2000年左右推出了联合配送中心（CDC）的概念。到2003年，7-11在北美各地共有23个联合配送中心，为大约80%的店铺提供支持。遵循日本的做法，联合配送中心每天运送一次新鲜货品，如三明治、烘焙食品、农产品以及其他易腐品。

在白天，新鲜货品的供应商将产品运到联合配送中心，待晚上分类后运送到各个店铺。店铺管理者的订单信息被传送到最近的联合配送中心，在晚上10点前，订单上所需的产品就在配送中了。与日本店铺相比，美国店铺所售的很大一部分食品是在店内加工的，尤其是鸡翅和比萨饼等热的食物。与此同时，供应商的店铺直接配送和批发商送货也发挥着作用。

在这一期间，7-11努力引进新鲜食品，其目标是直接与星巴克而不是传统加油站食品店展开竞争。在美国，7-11超过63%的销售收入来自非汽油类产品（美国的7-11便利店同时经营加油业务），这一比例远高于同行业的其他企业。7-11的目标是继续增加新鲜食品和快餐类食品的销售收入，尤其是热食的销售。

2009年，7-11在美国和加拿大的收入总额为160亿美元，其中63%来自商品销售，其余则来自汽油销售。2004年，北美7-11库存周转率约为19，日本7-11则超过50。但是，对于北美市场而言，这已经是很大的进步了，因为1992年北美的库存周转率仅为12左右。

◆ **思考题**

1. 一家连锁便利店试图提高响应性，随时随地为顾客提供其所需的产品和服务。便利店供应链可以通过哪些方式来提高响应性？每种方式都有何风险？

2. 日本7-11的供应链战略可以描述为试图通过快速补货来实现供给与需求的平衡。与这一选择相关的风险是什么？

3. 为了开发其支持供应链战略的能力，日本7-11在设施选址、库存管理、运输和信息基础设施方面都做出了哪些选择？

4. 通过配送中心运送所有产品，而非店铺直接配送，日本7-11从这一政策中获得了哪些好处？什么时候更适合店铺直接配送？

5. 你对日本7-11的7dream概念有何看法？从供应链的角度来看，这一概念在哪里更有可能取得成功，日本还是美国？为什么？

6. 美国7-11试图引入联合配送中心，复制已经在日本取得成功的供应链结构。这种做法有什么优缺点？注意，店铺同时接受批发商补货和制造商向店铺直接配送。

7. 在美国，食品服务分销商也为便利店提供补货。让分销商负责为便利店补货和像日本7-11一样管理自己的配送职能，这两种方式各有什么优缺点？

案例分析2

沃尔玛和梅西百货的财务报表

表3-8是沃尔玛和梅西百货2012年度的一些财务数据。基于3.1节讨论的各项衡量指标，如净资产收益率，资产收益率，利润率，资产周转率，应付账款周转率，现金流量周期，应收账款周转率，库存周转率和不动产、厂房及设备周转率，评估每个公司的财务绩效。你能从供应链战略和供应链结构两个方面来解释两家公司的绩效差异吗？用表3-2中比较亚马逊和诺德斯特龙的指标来对沃尔玛和梅西百货进行比较，每个公司在哪些指标上表现更好？哪些供应链驱动因素和指标可用于解释这种绩效上的差异？

表3-8　沃尔玛和梅西百货的财务数据节选　　单位：百万美元

截至2013年1月31日的财政年度	沃尔玛	梅西百货
净经营收入	469 162	27 931
产品销售成本	352 488	16 725
毛利	116 674	11 206

续表

截至2013年1月31日的财政年度	沃尔玛	梅西百货
销售费用、一般性费用和管理费用	88 873	8 440
其他成本		88
营业收入	27 801	2 678
利息费用	2 251	388
其他收入（损失）——净值	187	134
税前利润	25 737	2 290
所得税	7 981	804
净收入	17 756	1 486
资产		
现金及现金等价物	7 781	1 836
应收账款净额	6 768	371
库存	43 803	5 308
预付费用和其他	1 588	361
流动资产总计	59 940	7 876
不动产、厂房及设备	116 681	8 196
商誉	20 497	3 743
其他无形资产		561
其他资产	5 987	615
总资产	203 105	20 991
负债和股东权益		
应付账款	59 099	4 951
短期负债	12 719	124
流动负债总计	71 818	5 075
长期负债	41 417	6 806
其他负债		3 059
总负债	121 367	14 940
股东权益	81 738	6 051

SUPPLY CHAIN
MANAGEMENT
第Ⅱ篇
设计供应链
网络
Designing the Supply
Chain Network

第 4 章
分销网络设计及其在全渠道零售中的应用
Designing Distribution Networks and Applications to Omni-Channel Retailing

学习目标

通过本章学习，你应当能够：

1. 识别设计分销网络时应考虑的关键因素。
2. 讨论各种分销模式的优缺点。
3. 描述全渠道零售是如何既具成本效益又能快速响应顾客需求的。

本章将介绍分销在供应链中的作用并指明在设计分销网络时应考虑的因素。我们将给出几种分销网络设计方案并评价它们各自的优缺点。然后，将应用这些思想来讨论全渠道零售的发展。我们的目标是为管理者提供一个基于产品特征和顾客需求设计全渠道组合的逻辑框架。

4.1 影响供应链分销网络设计的因素

分销是指在供应链中从供应商环节移动和存储产品到顾客环节所采取的步骤。分销发生在供应链中的两个环节之间。原材料和零部件从供应商运至制造商，产成品则从制造商运至最终顾客。分销是决定企业整体盈利能力的一个关键因素，因为它既直接影响供应链的成本，又直接影响顾客的价值。例如，在服装零售业，分销影响着大约 35%的销售收入（包括对降价和失售的影响）。在印度，水泥的外向分销成本占到了水泥生产和销售成本的大约 30%。

可以毫不夸张地说，沃尔玛和日本 7－11 这两家世界上最赚钱的公司的成功就是建立在出色的分销设计和运作基础之上的。有效的分销使得日本 7－11 能以合理的成本提供高水平的顾客响应性。同样凭借分销，沃尔玛能够以非常低的成本实现种类繁多的、相对普通的产品的高可获性。

分销网络的设计过程可分为两大阶段。第一阶段是构想供应链网络的总体结构。这一阶段决定供应链中环节的数量以及每个环节的作用。第二阶段则是将总体结构转化为具体位置的设施及其能力、产能和需求分配。本章将重点讨论影响分销网络总体设计的一些问题。第 5 章和第 6 章侧重于第二阶段，即从总体网络开始形成一个具体的供应链网络。

利用适当的分销网络可以实现从低成本到高响应性的各种供应链目标。因此，同一行业中不同的企业可能会选择完全不同的分销网络。下面将讨论几个行业案例，从中可以看出分销网络选择的多样性以及在选择时可能出现的问题。

在 2007 年之前，戴尔直接向最终消费者销售个人电脑，而惠普等公司则通过经销商进行销售。戴尔的顾客可能需要等上几天才能拿到电脑，而顾客可以直接从经销商那里拿到惠普电脑。从2007年6月开始，戴尔也开始通过沃尔玛等零售商销售其个人电脑。20世纪90年代后期，捷威公司开设了捷威Country商店，在那里顾客可以体验产品并在销售人员的帮助下配置出满足其需要的个人电脑。不过，捷威不在其Country商店内直接售卖产品，所有个人电脑都直接从工厂运送给顾客。到2004年4月，由于财务状况不佳，捷威关闭了Country商店。相反，苹果公司则开设了很多专卖店直接销售电脑。上述电脑制造商选择了不同的分销模式，我们如何评价如此多样的分销选择？哪种分销可以更好地为企业及其顾客服务？

对于大型连锁超市，宝洁采取直接销售的方式。对于需求量较小的购买者，宝洁要求它们到分销商处购买。产品直接从宝洁运送到大型超市，而运到小型超市则需要经过一个中间环节。得州仪器公司（Texas Instrument）曾经只做直销，但现在其销售给98%顾客的大约占总销量30%的产品是通过分销商售出的，另外占总销量70%的产品直销给剩余的2%的顾客（Raman and Rao，1997）。这些分销商创造了哪些价值？什么时候分销网络应额外增加一个环节（如分销商）？与美国相比，为什么印度等国家的分销商对消费品的分销发挥着更为重要的作用？

固安捷公司库存有近400 000 SKU的商品，可以在顾客下单后一天内送达顾客。其他一些滞销的产品则没有库存，在顾客下订单后直接由制造商发货，顾客大概要在几天后才能收到产品。这种分销模式是否合理？应如何判断？

以上实例表明，企业在设计分销网络时可以有多种选择。不适当的分销网络可能对企业的盈利能力带来负面影响，百视达公司和Webvan等公司的失败都证明了这一点。分销网络选择得当可以使企业以尽可能低的成本满足顾客的需求，从而增加供应链盈余。下面，我们将指出影响分销网络绩效的一些关键因素。

在最高层面上，分销网络的绩效应该从以下两个维度来评估：

1. 提供给顾客的价值。
2. 满足顾客需求的成本。

因此，企业在比较不同的分销网络方案时，必须评估其对顾客服务和成本的影响。所满足的顾客需求影响企业的收入，这与成本一起决定了分销网络的盈利能力。

尽管顾客价值受很多因素的影响，但我们仅聚焦于那些受分销网络结构影响的指标：

- 响应时间；
- 产品多样性；
- 产品可获性；
- 顾客体验；
- 面市时间；
- 订单可视性；
- 可退货性。

响应时间是指顾客收到所订产品所需的时间。产品多样性是指分销网络能提供的不同产品或配置的数目。产品可获性是指凭库存满足顾客订单的可能性。顾客体验包括顾客下达和接收订单的容易程度，以及这种体验的定制化程度。顾客体验还包括诸如被招待一杯咖啡的可能性和销售人员所提供的价值等纯粹的体验。面市时间是指将一个新产品推向市场所需的时间。订单可视性是指顾客在下达订单到收到所订产品过程中跟踪其订单状态的能力。可退货性是指顾客退回不满意商品的难易程度，以及分销网络处理这种退货的能力。

看起来似乎顾客总是希望在以上这些维度获得最高的绩效水平，但实际上并非如此。与驾车到附近的巴诺书店买书的顾客相比，在亚马逊网站订购同一本书的顾客通常愿意等待更长的时间。但是，顾客在亚马逊可以找到的图书品种远远多于巴诺书店。因此，亚马逊的顾客为了更高水平的产品多样性舍弃了快速的响应时间。

企业如果定位于那些可以容忍较长响应时间的顾客，那么只需要少数几个可能远离顾客的设施。这样，企业可以集中于提高每个设施的产能。如果企业定位于那些追求快速响应的顾客，那么则需要在靠近顾客的地方建立设施。这些企业必须拥有很多设施，每个设施的产能相对较低。所以，顾客所期望的响应时间越短，分销网络所需的设施数量就越多，如图4-1所示。例如，巴诺书店可以在当天为顾客提供所需书籍，但实现这一目标意味着要在美国大多数地区开设数百家书店。而亚马逊通常要若干天的时间才能把书送到美国顾客的手中，但它仅需较少的设施来存放图书。

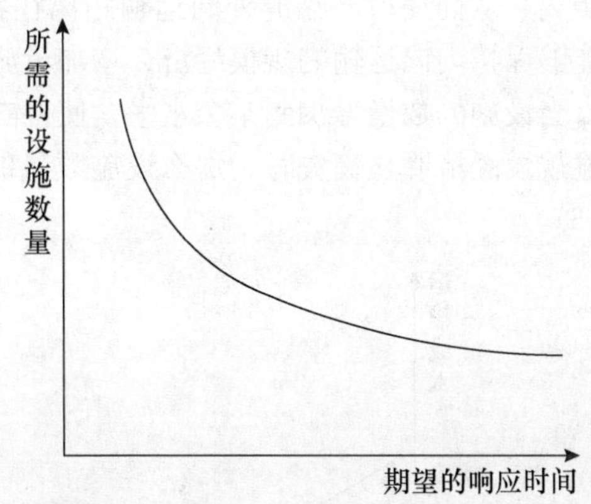

图4-1　期望的响应时间与设施数量之间的关系

改变分销网络的设计将影响以下供应链成本（注意：这些是我们前面讨论过的六个供应链驱动因素中的四个）：

- 库存；
- 运输；
- 设施；
- 信息。

另外两个因素，即采购和定价也会影响分销系统的选择，它们之间的联系将在讨论相关内容时予以介绍。

随着供应链中设施数量的增加，所需的库存也会增加（见第12章），如图4-2

所示。为了降低库存成本，企业通常会整合和限制其供应链网络中设施的数量。例如，亚马逊的库存周转次数是巴诺书店的两倍，因为亚马逊拥有的设施要少得多。

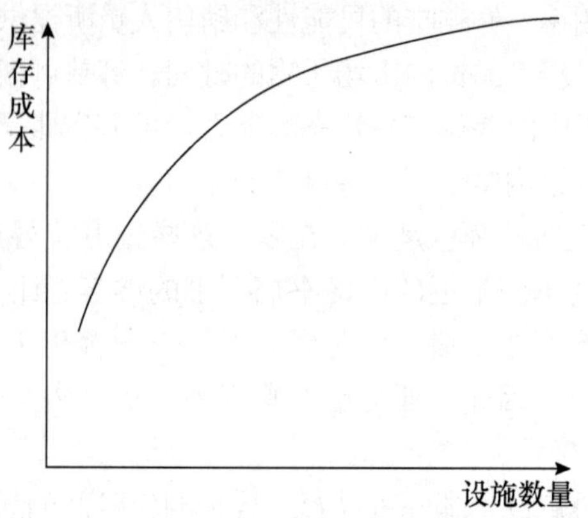

图4-2 设施数量与库存成本之间的关系

内向运输成本（inbound transportation costs）是指将物料运入设施所发生的成本。外向运输成本（outbound transportation costs）是指将物料从设施运出所发生的成本。[①] 一般来说，单位外向运输成本要高于单位内向运输成本，因为内向运输的批量通常较大。例如，亚马逊仓库所接收的图书往往是整车运来的，发货时则往往是运往每个顾客的、装有几本书的小包裹。增加仓库的数量可以缩短外向运输的平均距离，从而使得产品的外向运输距离在整个运输距离中的占比降低。因此，只要能够保持内向运输的规模经济，增加设施的数量就可以降低运输的总成本。然而，当设施的数量增加到某个水平，使得内向运输批量也非常小，从而导致内向运输规模经济明显丧失时，那么设施数量的增加将会导致总运输成本增加（见图4-3）。

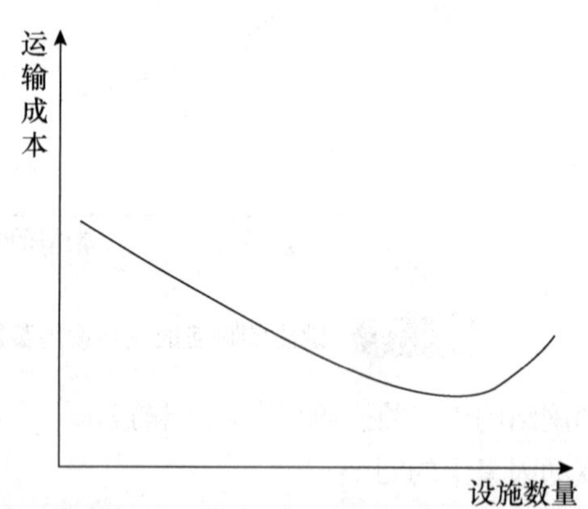

图4-3 设施数量与运输成本之间的关系

通常，设施成本随着设施数量的减少而降低，如图4-4所示，因为设施的整合有助于企业实现规模经济。

① 设施包括工厂、商店、仓库、车站、港口等，针对具体情况，内向运输可称为入厂、入店、入库、入站、入港运输，外向运输可称为出厂、出店、出库、出站、出港运输。——译者

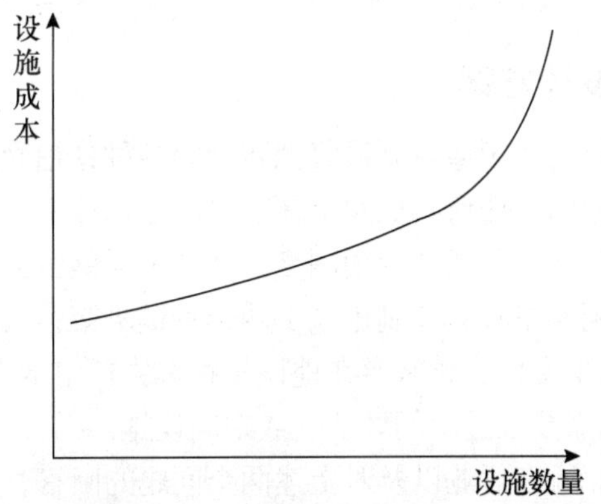

图 4-4　设施数量与设施成本之间的关系

供应链网络的总物流成本（total logistics costs）是库存成本、运输成本和设施成本之和。随着设施数量的增加，总物流成本先下降然后上升，如图 4-5 所示。每个企业应至少拥有使总物流成本最小化的设施数量。亚马逊拥有一个以上的仓库主要是为了减少物流成本（以及缩短响应时间）。如果企业希望进一步缩短对顾客的响应时间，可能就不得不增加设施的数量从而超过使总物流成本最小化的设施数。只有当管理者确信提高响应能力所带来的收入增加大于因设施增加导致的成本上升时，企业才应当将设施数量增加至超出使总物流成本最小化所需的设施数量。

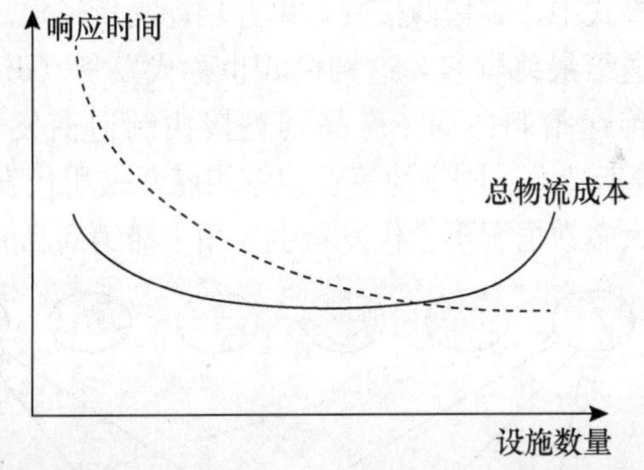

图 4-5　物流成本、响应时间随设施数量的变化

上面列出的顾客服务和成本因素是用于评估各种分销网络设计的主要指标。一般来说，没有哪一种分销网络在所有指标上均优于其他分销网络。因此，确保分销网络的优势与企业的战略定位相匹配非常重要。

学习目标 1 小结

在设计分销网络时，管理者必须考虑所需满足的顾客需求以及满足这些需求的成本。需要考虑的关键顾客需求包括响应时间、产品多样性/可获性、订单可视性和可退货性等。管理者必须考虑的重要成本包括库存成本、运输成本、设施和搬运成本以及信息成本。增加设施的数量可以减少响应时间和运输成本，但会导致库存成本和设施成本的增加。

4.2　分销网络的设计方案

本节将讨论从制造商到最终消费者的各种分销网络选择方案及每种可选方案的优缺点。当考虑在任何其他两个环节之间进行分销时，如从供应商到制造商，或者甚至是一家服务企业通过分销网络为其顾客提供服务，有许多方案可以采用。管理者在设计分销网络时必须制定以下两个关键决策：

1. 产品是交付到顾客所在地还是顾客去预定地点取货？
2. 产品需要经过中间环节（或中间设施）吗？

基于企业所在行业以及对上述两个问题的回答，企业可以从以下六种分销网络设计方案中选择一种，将产品从工厂运送给顾客。

1. 制造商存货加直送。
2. 制造商存货加直送和在途并货。
3. 分销商存货加承运人交付。
4. 分销商存货加最后一英里交付。
5. 制造商/分销商存货加顾客自提。
6. 零售商存货加顾客自提。

4.2.1　制造商存货加直送

在这种模式中，零售商接受订单并启动交货请求。但产品不经过零售商，直接由制造商发送给最终顾客。这种模式也称代发货（drop-shipping）。订单信息从顾客经零售商传送给制造商，产品则直接由制造商发送给顾客，如图4-6所示。eBags和诺德斯特龙、固安捷等在线零售商都采用代发货的方式将产品交付给最终消费者。在大多数情况下，代发货主要用于滞销商品的顾客交付。

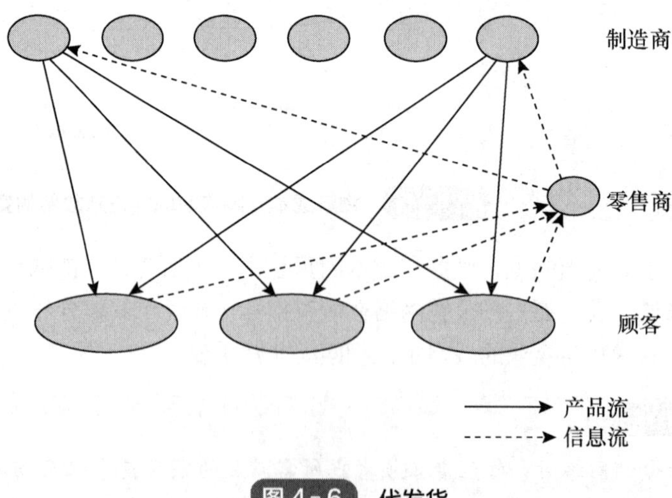

图4-6　代发货

代发货的最大好处是能够将库存集中放置在制造商处，从而可以将其下游所有零售商产生的需求集中起来，这样供应链就能够用较低的库存水平提供高水平的产品可获性。代发货的一个关键问题是制造商库存的所有权结构。如果制造商处的库存已明确划归给了每个零售商，那么库存即使在物理上是集中的，也并不会带来集中效应。只有当制造商能够至少将一部分库存按一种应需的方式在零售商之间进行分配时，才会实现集中效应。对于那些高价值、低需求且需求不可预测的商品，库存集中带来的好处最大。诺德斯特龙对低需求的鞋类采用代发货模式就是一例。与此类似，在 eBags 出售的包单价较高，相对需求较低。对于那些需求可预测、低价值的产品来说，库存的集中效应不大。因此，对于一个在线销售清洁剂的杂货店来说，代发货并不能带来显著的库存优势。对于滞销产品，如果采用代发货而不是由零售商持有库存，库存周转次数可以增加 6 倍或更高。

代发货还为制造商提供了延迟定制的机会，制造商可以在顾客下达订单后再开始生产。若实施延迟策略，则可以通过零部件层面的集中来进一步降低库存。例如，出版商能够以代发货模式发送按需印制的图书，从而减少所持有库存的价值。

尽管代发货模式下库存水平通常较低，但运输成本较高，因为制造商离最终消费者更远。采用代发货模式时，某个顾客的订单中若包括多个制造商的产品，将会导致多次向顾客发货。由于无法整合外向运输，也会导致成本的增加。

采用代发货，供应链可以节省设施的固定成本，因为所有库存都集中在制造商处，从而消除了供应链中对其他仓储空间的需求。另外，由于无须将产品从制造商运至零售商，也可节省一些搬运成本。不过，需要审慎评估搬运成本的节约，因为制造商现在需要将产品整箱运至工厂仓库，然后再逐件从仓库发运出去。如果制造商单件交付的能力较差，则会给搬运成本和响应时间带来严重的负面影响。如果制造商能够直接从生产线发运产品，那么搬运成本会大幅降低。

代发货模式需要在零售商与制造商之间建立一个良好的信息基础设施，这样即使库存放在制造商处，零售商也可以为顾客提供产品可获性信息。虽然订单是下达给零售商的，但顾客也应当可以查询制造商对于订单的处理情况。代发货模式通常需要在信息基础设施上有相当大的投资。

采用代发货时，顾客的响应时间会比较长，因为订单必须从零售商传送到制造商，而且从制造商的中心仓库发货，其运输距离更远。例如，eBags 宣称，处理订单可能需要 1～5 天，此后地面运输可能需要 3～11 个工作日。这意味着采用地面运输和代发货模式，eBags 的顾客响应时间为 4～16 天。

另一个问题是，当顾客订单中包含多家制造商的产品时，每个制造商的响应时间往往不一样。对于这样的订单，顾客需要多次收货，这使顾客的收货变得更复杂。

制造商存货方式使顾客可以获得高水平的产品多样性。在代发货模式下，制造商生产的每件产品都可以提供给顾客，而不受货架空间的限制。固安捷公司通过代发货模式，可以为顾客提供来自数千个制造商的几十万种滞销产品。每种产品都在固安捷存放，这基本是不可能的。代发货模式使得一种新产品只要第一件产品生产出来就可以推向市场。

由于代发货模式可以将产品直接递送到顾客，从而使顾客获得了良好的体验。然而，当一个包括不同制造商的产品的订单被分散交付时，这种体验会大打折扣。

当由制造商持有库存时，订单可视性将变得非常重要，因为每个顾客订单都会涉及供应链的两个环节。如果供应链不具备这种能力将会对顾客满意造成很大的负面影响。同时，在代发货模式下订单跟踪会变得更加困难，因为这要求零售商和制造商的信息系统完全整合。

制造商的仓储网络在处理退货方面可能会有困难，从而会降低顾客的满意度。在代发货模式下，因为每个订单可能涉及不止一个制造商，所以退货处理成本相对较高。有两种方式来处理退货。第一种方式是顾客直接将产品退回给制造商。第二种方式是零售商设立一个单独的设施，负责处理（所有制造商的）退货。第一种方式将导致较高的运输和协调成本，而第二种方式则需要投资建立一个专门处理退货的设施。

表 4-1 总结了代发货模式在各个维度上的绩效特征。

表 4-1 代发货模式的绩效特征

成本因素	绩效
库存	由于集中效应，库存成本较低。对于低需求、高价值产品而言集中所带来的好处最大。如果产品定制可以在制造商处延迟，那么库存成本将大大降低
运输	由于距离增加和分开发货，运输成本较高
设施和搬运	由于集中，设施成本较低。如果制造商能管理好小批量发货或能直接从生产线发货，那么可以节省一部分搬运成本
信息	需大量投资于信息基础设施，以整合制造商和零售商
服务因素	绩效
响应时间	由于距离增加且订单处理涉及两个环节，所以响应时间长达 1～2 周。不同产品的响应时间可能不同，从而增加了收货复杂性
产品多样性	容易提供高水平的产品多样性
产品可获性	容易提供高水平的产品可获性，因为产品库存均集中在制造商处
顾客体验	在送货上门方面有着良好的顾客体验，但如果订单涉及多个制造商且分开发货，则会影响顾客体验
面市时间	很快，只要第一件产品生产出来即可面市
订单可视性	较为困难，但从顾客服务的角度而言也更为重要
可退货性	费用较高，且实施困难

基于其绩效特征，代发货模式最适合于多品种、低需求、高价值的产品，同时顾客也愿意等待一段时间并接受多次部分交货的情况。另外，如果允许制造商延迟产品的定制，从而降低库存，那么制造商存货加直送模式同样适用。因此，对于能够按订单生产的直销商来说，这种模式最为理想。为了使代发货更有效，每笔订单中所涉及的供货商越少越好。

4.2.2 制造商存货加直送和在途并货

与订单中每件产品都直接由制造商发运给最终顾客的代发货模式不同，在途并货方式是将订单中来自不同设施的产品集中起来，一次性发送给顾客。在途并货网络的信息流和产品流如图 4-7 所示。苹果公司就是利用在途并货的方式为欧洲那些购买定制配置电脑和配件的顾客提供服务。这些电脑通常是在中国按顾客订单进行配置并装运的，而配件则可能来自另外一个地方。在苹果的配送中心，订单中所购电脑和配件被组合在一起，然后一起发送给顾客。

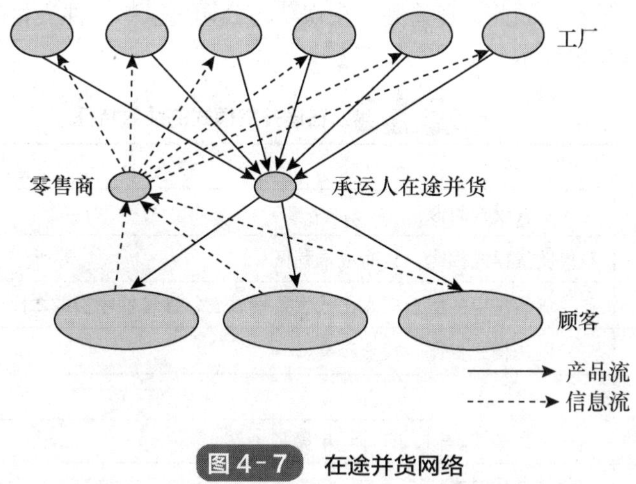

图4-7 在途并货网络

与代发货一样，能够集中库存和延迟定制也是在途并货的显著优势。在途并货使苹果公司可以在中国工厂持有零部件库存，并在当地持有配件库存。这种方式对于高价值、需求难以预测的产品而言效益最高，尤其是在产品定制可以延迟的情况下。

尽管在途并货需要更多的沟通协调，但相较于代发货模式，在途并货可以通过集中最后的交付环节降低运输成本。

制造商和零售商的设施和处理成本与代发货模式下类似。实施在途并货的一方需具备一定的并货能力，因此其设施成本较高。因为只需收一次货，所以顾客的收货成本较低。与代发货模式相比，在途并货模式的供应链设施和搬运总成本相对较高。

为了实现在途并货，需要建立一个复杂的信息基础设施。除了信息，还必须协调零售商、制造商和承运人的运作。与代发货模式相比，在途并货模式下信息基础设施的投资较高。

在响应时间、产品多样性、产品可获性以及面市时间方面，在途并货模式与代发货模式大致相同。但如果不同供应商的货物发运不能很好地得到协调，那么响应时间可能会更长。顾客体验则优于代发货模式，因为对于一个订单，顾客只需收一次货而不是多次收货。对于在途并货而言，订单可视性非常重要。在并货之前实现可视性会比较困难，但在并货之后会相对容易。

在途并货模式下的可退货性与代发货模式类似。如何处理退货也是必须面临的问题，逆向供应链仍然成本较高且难以实施。

表4-2将在途并货模式的绩效与代发货模式的绩效进行了对比。与代发货模式相比，在途并货模式的主要优势在于运输成本较低，顾客体验得到改善；主要的劣势是并货过程本身需要额外的付出。鉴于其绩效特征，制造商存货加在途并货模式最适合零售商从有限的制造商那里采购的中低等需求的高价值产品。与代发货模式相比，为了更有效，在途并货模式要求对于每个制造商的需求更高（不一定需要

每个产品的需求更高)。当涉及过多的制造商时，在途并货的协调和实施都将非常困难。当采购地点不超过四五个时，在途并货的实施效果最好。苹果公司为定制产品实施在途并货是合适的，因为虽然苹果产品种类较多，但所有定制产品都来自同一生产地点，因此，在途并货使得苹果公司可以一次性交付定制的产品，同时降低库存和运输成本。

表4-2 在途并货模式的绩效特征

成本因素	绩效
库存	与代发货模式类似
运输	与代发货模式相比，运输成本稍低
设施和搬运	在并货设施中的搬运成本比代发货模式高，顾客的收货成本比代发货模式低
信息	与代发货模式相比，投资稍高
服务因素	绩效
响应时间	与代发货模式类似，有可能稍微长一点
产品多样性	与代发货模式类似
产品可获性	与代发货模式类似
顾客体验	因为顾客只需收一次货，所以优于代发货模式
面市时间	与代发货模式类似
订单可视性	与代发货模式类似
可退货性	与代发货模式类似

4.2.3 分销商存货加承运人交付

在这种模式下，库存不是由制造商存放在工厂，而是由分销商/零售商存放在中间仓库，然后再由包裹承运人将产品从中间仓库运送给最终顾客。亚马逊以及工业分销商（如固安捷公司和 McMaster-Carr 公司）就是组合采用了这种模式以及制造商（或分销商）的代发货模式。当采用分销商存货加承运人交付模式时，其信息流和产品流如图 4-8 所示。

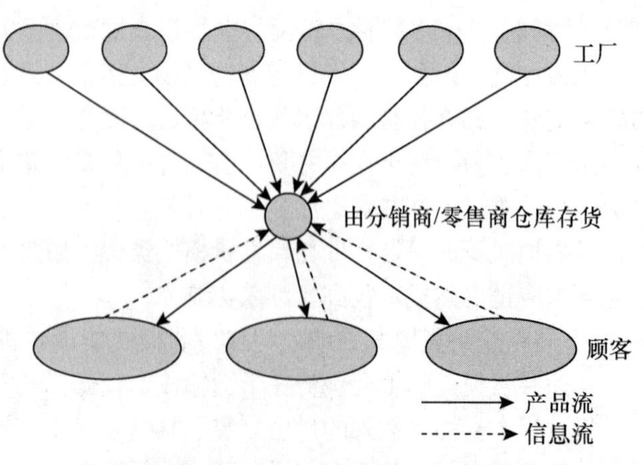

图4-8 分销商存货加承运人交付

与制造商存货相比，分销商存货需要更高水平的库存，因为缺乏集中效应。从库存的角度看，分销商存货更适用于那些需求较高的产品。亚马逊和固安捷的运作都反映了这一点。它们在仓库中仅储存那些销量一般到畅销的产品，而严重滞销的产品则储存在更远的上游。在某些情况下，通过分销商存货模式也可以实现产品差异化的延迟，但是这需要仓库具备一定的装配能力。与零售网络相比，分销商存货模式所需库存要少得多。2013 年，亚马逊利用仓库存货，使其库存周转率大约是巴诺书店零售网络的两倍。

与制造商存货相比，分销商存货的运输成本稍低，因为运至仓库的内向运输可采用较经济的运输方式（如整车运输），而仓库更靠近顾客。在制造商存货模式下同一个订单内的多个产品可能需要多次送货，而在分销商存货模式下可以将发往同一顾客的产品打包在一起一次性送货，从而进一步降低运输成本。相较于制造商存货，分销商存货可以节约畅销产品的运输成本。

与制造商存货相比，由于缺乏集中效应，分销商存货模式下的（仓库）设施成本偏高。分销商存货下的加工和搬运成本与制造商存货下的成本大致相当，除非工厂能直接从生产线向最终顾客发货。在那种情况下，分销商存货的处理成本更高。从设施成本的角度来看，分销商存货模式不适用于严重滞销的产品。

与制造商存货相比，分销商存货所需的信息基础设施要简单很多。分销商仓库在顾客与制造商之间起着缓冲器的作用，降低了对两方进行协调的需要。顾客与仓库之间的实时可视性是不可或缺的，而顾客与制造商之间的实时可视性则不需要。分销商仓库与制造商之间可视性的实现成本远远低于顾客与制造商之间实时可视性的实现成本。

与制造商存货相比，分销商存货的响应性更好，因为分销商仓库一般来说更靠近顾客，而且整个订单在发运之前会在仓库中被集中起来。例如，亚马逊可以在一天之内处理大多数仓库储存的产品，然后通过地面运输方式用 3～5 个工作日将产品运送给顾客。固安捷公司在接到顾客订单的当天即进行处理，并有足够的仓库在第二天就通过地面运输将大多数订单发运出去。在分销商仓库储存产品在一定程度上限制了可供选择产品的多样性。固安捷在其仓库中一般不储存严重滞销的产品，而是由制造商通过代发货的方式将这些产品送至顾客手中。分销商存货模式下顾客的体验较好，因为每个订单都是一次性完成发货。与制造商存货相比，分销商存货模式下的产品面市时间相对较长，因为需要在供应链中另一个环节先进行储存。相较于制造商存货，在分销商存货模式下订单可视性更容易实现，因为从分销商仓库到顾客只有一次统一的送货，而且在满足顾客订单的过程中仅直接涉及一个供应链环节。分销商存货的可退货性优于制造商存货，因为所有的退货都可以在分销商仓库处理。而且，即使所订购的产品来自多个制造商，顾客也仅需退回一个包裹。

表 4-3 总结了分销商存货加承运人交付模式的绩效特征。分销商存货加承运人交付模式非常适合销量一般到畅销的产品。在顾客需要比制造商存货模式更快的交货，但并非需要立即交货的情况下，分销商存货模式也非常适合。分销商存货下的产品多样性低于制造商存货模式，但高于零售商连锁店的产品多样性水平。

表4-3 分销商存货加承运人交付模式的绩效特征

成本因素	绩效
库存	高于制造商存货模式。对于畅销产品差异不大，但对于滞销产品的差异很大
运输	低于制造商存货模式。对于畅销产品降幅最大
设施和搬运	略高于制造商存货模式。对于严重滞销的产品，差异可能很大
信息	与制造商存货模式相比，信息基础设施更简单
服务因素	绩效
响应时间	快于制造商存货模式
产品多样性	低于制造商存货模式
产品可获性	要提供与制造商存货模式相同水平的产品可获性需付出更高的成本
顾客体验	优于制造商存货模式
面市时间	比制造商存货模式的面市时间长
订单可视性	比制造商存货模式更易于实现
可退货性	优于制造商存货模式

4.2.4 分销商存货加最后一英里交付

最后一英里交付是指分销商/零售商直接将产品送给顾客而不通过包裹承运人。食品杂货行业的 AmazonFresh、Peapod、特易购、Instacart 和 Google Express 等都提供最后一英里交付服务。20 世纪 90 年代末，Kozmo 和 Urbanfetch 等企业试图为各种产品建立送货上门网络，但这些企业最终未能生存下来。在汽车备件行业，分销商存货加最后一英里交付模式是采用最多的一种模式。经销商在库存中持有所有备件的成本非常高。所以，原始设备制造商（OEM）往往会将大部分的备件储存在距离经销商仅几个小时车程的地方分销中心，该类分销中心一般由第三方管理。地方分销中心负责为一批经销商运送所需的零件，并每天多次送货。与承运人交付不同，最后一英里交付要求分销商的仓库更靠近顾客。由于所能服务的范围有限，与使用包裹承运人相比，最后一英里交付下需要分销商建设更多的仓库。分销商存货加最后一英里交付网络如图 4-9 所示。

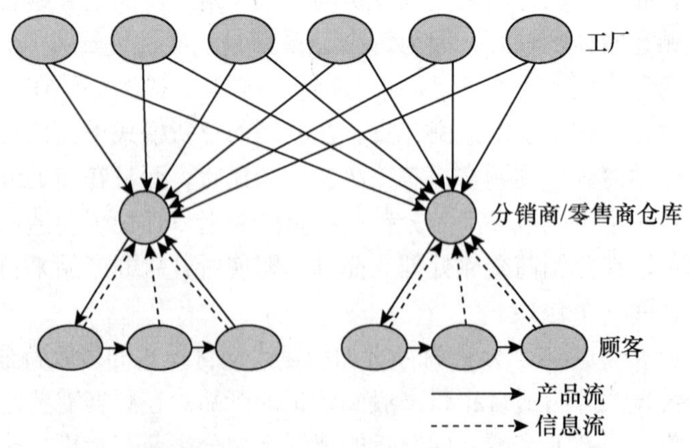

图4-9 分销商存货加最后一英里交付

与除零售店外的其他模式相比，分销商存货加最后一英里交付模式需要更多的库存，因为其库存的集中水平较低。从库存的角度来看，分销商存货加最后一英里交付适用于需求较为紧迫的、相对畅销的产品，并且对于这些产品来说，某种程度的集中是有益的。汽车经销商所需的汽车零件就属于这种产品。

在所有的分销网络中，最后一英里交付的运输成本最高，尤其是为个人送货时。这是因为包裹承运人可以整合多个零售商的货物，从而比那些试图提供最后一英里交付的分销商/零售商来说更易实现规模经济。在食品杂货行业，每次送货上门的交付成本（包括运输成本和处理成本）可能超过20美元。在人口密集的大城市，尤其当分销商的销量很大且提供的产品种类繁多时，最后一英里交付的成本可能稍低一些。亚马逊的产品种类繁多，销量也非常高，因此比仅提供杂货的Peapod更适合最后一英里交付。服务于各种各样零售商的第三方（如Google Express）也可以有效地提供最后一英里交付，因为其送货量非常大，能够分摊其配送成本。对于顾客愿意支付送货上门费用的大件物品来说，运输成本可能也算合理。在中国，桶装水和袋装大米的送货上门服务非常受欢迎，较高的人口密度有利于降低交付成本。在顾客大批量购买的情况下，最后一英里交付的运输成本是最合理的。这种情况对于个人消费者来说很少见，但一些企业，如汽车经销商，每天都会采购大量的备件，因此可以为其提供每日送货。对于体积庞大、笨重的商品，如美国的5加仑装饮用水，则可为个人消费者提供送货上门服务。在以上这些例子中，送货上门比让顾客自行提货成本更低且更便利。

分销商存货加最后一英里交付模式下的设施成本要略低于零售店网络，但远高于制造商存货或分销商存货加承运人交付模式。另外，其处理成本要比零售店网络高得多，因为在分销商存货加最后一英里交付模式下顾客完全没有参与。与顾客自行完成大部分购物程序的超市不同，采用最后一英里交付的食品杂货店要负责将产品送给顾客之前的所有处理工作。

最后一英里交付模式下的信息基础设施与分销商存货加承运人交付模式类似。不过，它还需要额外具备交货计划的能力。

最后一英里交付模式下的响应时间比利用包裹承运人要快得多。Kozmo公司和Urbanfetch公司提供当日交付，而在线杂货商则通常提供次日交付。最后一英里交付下的产品多样性通常低于分销商存货加承运人交付模式，提供产品可获性的成本高于除零售店之外的所有其他模式。采用这种模式，顾客体验会很好，尤其是对于那些体积大、难搬运的产品。这种模式下的产品面市时间比分销商存货加承运人交付模式还长，因为新产品在提供给顾客之前需要经过更多的供应链环节。订单可视性不再是需要考虑的问题，因为交付通常可以在24小时内完成。不过，在订单不完整或未交付的情况下，订单跟踪功能对于处理异常情况确实显得非常重要。在所有已讨论过的模式中，最后一英里交付的可退货性最好，因为负责送货的卡车同时也可以从顾客那里取回退货。当然，这种模式退货处理的费用仍比零售店高，因为顾客可以自行将产品带回零售店。

表4-4总结了分销商存货加最后一英里交付模式的绩效特征。在劳动力成本高的地区，从成本效率或提高利润的角度很难证明对个体消费者的最后一英里交付模式是合理的。只有当顾客订单是可预测的且顾客订单量大到足以获得相当的规模

经济，或者顾客愿意为这种便利付费时，最后一英里交付才可能是合理的。来自汽车经销商的需求是可预测的且需求量足够大（每个经销商每天都需要送货），从成本上来看，最后一英里交付是合理的。但是，对于杂货店而言，只有在顾客愿意为该模式带来的便利付费时，最后一英里交付才是合理的。Peapod 已经改变了其定价政策以反映这一思想。其要求的最低订货量为 60 美元（运费为 9.95 美元），当订单金额超过 100 美元时，运费下降至 6.95 美元。根据其送货安排，Peapod 会在送货量较少的时段对运费提供一定折扣。

表 4-4　分销商存货加最后一英里交付模式的绩效特征

成本因素	绩效
库存	高于分销商存货加承运人交付模式
运输	成本非常高，因为规模经济最小。高于其他任何一种分销模式
设施和搬运	设施成本高于制造商存货或分销商存货加承运人交付模式，但低于零售连锁店
信息	与分销商存货加承运人交付模式类似
服务因素	绩效
响应时间	非常快。当日或次日交付
产品多样性	比分销商存货加承运人交付模式稍低，但比零售店高
产品可获性	提供产品可获性的成本比零售店之外的其他任何模式都高
顾客体验	非常好，尤其是对于体积大、笨重的物品
面市时间	比分销商存货加承运人交付模式略长
订单可视性	无足轻重，比制造商存货或分销商存货加承运人交付模式更易实现
可退货性	比前面介绍过的其他模式更易实现。但与零售网络相比，则更为困难、费用更高

4.2.5　制造商/分销商存货加顾客自提

在这种模式下，库存储存在制造商或分销商的仓库，顾客通过网络或电话下订单，然后自行到指定的提货点提货。订单中的货品会根据需要从仓储地发送到提货点。例如日本 7－11 公司运营的 7dream 网站和 Otoriyose-bin 网站就允许顾客在指定的便利店提取网购的商品。特易购已在其英国的超市卖场内实施了一项服务，顾客能够在特易购门店提取他们网购的商品。同样，亚马逊和家得宝（Home Depot）也允许顾客在各线下门店提取其网购的商品。在印度，亚马逊和当地的一些零售店合作，无法上网的顾客可以在这些零售店下单，而且这些零售店也是亚马逊的线下提货点。固安捷公司是 B2B 的一个例子，其顾客可以在固安捷的零售门店提取网购的商品。

图 4－10 所示的信息流和产品流与日本 7－11 公司的网络类似。7－11 拥有自己的配送中心，来自制造商的产品每天都会在配送中心通过越库作业发送至每个门店。通过 7－11 便利店交付产品的在线零售商可以看作制造商，货物通过越库的方式送往相应的 7－11 便利店。作为网络订单的提货点有助于 7－11 便利店提高现有物流资产的利用率。在其他情况下，产品可以储存在配送中心，然后再根据顾客订单发送到相应提货点。

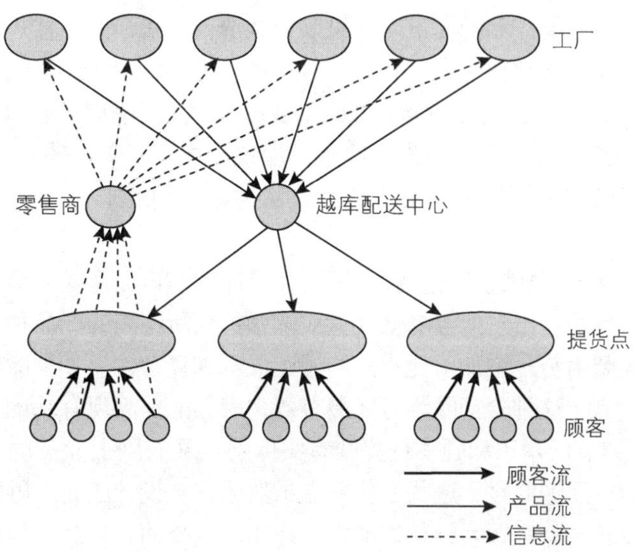

图 4-10　制造商或分销商仓库存货加顾客自提

采用这种模式，通过制造商或分销商的库存集中降低库存成本。固安捷将畅销产品存放在提货点，而将滞销产品存放在中央仓库，在某些情况下甚至存放在制造商处。

这种模式下，运输成本低于所有采用承运人交付的模式，因为将订单中的产品运送到提货点可以实现大规模的集中。它可以使用整车或卡车零担承运人将订货运送到提货点。对于日本 7-11 或沃尔玛这样的企业，运输成本的边际增加很小，因为卡车原本就是要为各个门店送货的，增加网络订单送货业务反而可以提高卡车的利用率。因此，日本 7-11 和沃尔玛允许顾客到门店提货而不收取运费。

如果不得不建设新的提货点，那么设施成本会非常高。利用现有的设施可以降低额外的设施成本。例如，7dream. com、沃尔玛和固安捷就是利用已有的门店作为提货点。在制造商或分销商仓库的处理成本与其他模式差不多。在提货点的处理成本会比较高，因为每位顾客到达提货点后都必须为其找到所匹配的订单产品。如果不具备适当的仓储和信息系统，那么提高这方面的能力会大幅增加处理成本。这种模式能否成功的最大障碍就是提货点处理成本的增加和出错的可能性。

采用这种模式，需要良好的信息基础设施（平台）来提供订单可视性，直至顾客提走产品。此外，零售商、仓储地点与提货点之间的良好协调也必不可少。

这种模式下的响应时间与利用承运人交付可以实现的响应时间大致相当或者更快。产品多样性和可获性则与各种制造商或分销商存货模式相当。采用这种模式，顾客体验会受到一定影响，因为与此前讨论过的其他模式不同，在这种模式下顾客必须自行提货。不过，在这种模式下，那些不愿意在线支付的顾客可以在提货时用现金来支付。在日本，7-11 的门店超过 19 000 家，因此可以说顾客在便利性方面几乎没有受到什么影响，因为大多数顾客都离提货点很近，而且可以在其方便的时候去取货。在某些情况下，甚至可以说这种模式更为便利，因为它不需要顾客在家等候送货。新产品的面市时间可以与制造商存货模式一样短。

对于顾客自提来说，订单可视性非常重要。当顾客所订货物到达时，必须通知顾客；而顾客到提货点取货时，必须很容易找到其所订的货物。这样一个系统实施起来比较困难，因为它要求供应链中多个环节的整合。退货常理上可以在提货点完成，使顾客退货更加容易。从运输的角度来看，退货物流可以用送货卡车来完成。

表4－5总结了制造商/分销商存货加顾客自提模式的绩效特征。顾客自提网络的主要优势在于它能够降低交付成本，扩大所销售的产品种类和在线服务的顾客范围；主要劣势是增加了提货点的搬运成本和复杂性。如果能利用已有的零售网点作为提货点，这种分销网络可能最有效，因为能提高现有基础设施的经济性。对于日本7－11、沃尔玛和固安捷等既有实体网点又有网上业务的企业，这种分销网络非常有效。遗憾的是，这些零售网点虽然通常被设计成允许顾客自提，但还需要进一步开发拣选特定顾客订单的能力。在印度这样的新兴经济体，这种分销网络也会非常有效，因为在那里有许多当地零售商可以作为提货点。

表4－5 具有顾客提货点的网络的绩效特征

成本因素	绩效
库存	可以与其他任何模式相当，取决于库存的位置
运输	比承运人交付模式低，尤其是使用现有送货网络时
设施和搬运	如果必须兴建新的设施，那么设施成本会很高；如果使用现有设施，则成本较低。提货点的搬运成本可能会大幅增加
信息	信息基础设施的投资相当大
服务因素	**绩效**
响应时间	与制造商或分销商存货加承运人交付模式类似。对于那些储存在当地提货点的产品来说，当日交付是可能的
产品多样性	与其他制造商或分销商存货模式类似
产品可获性	与其他制造商或分销商存货模式类似
顾客体验	由于不提供送货上门服务，顾客体验比其他模式差；提货点的能力对顾客体验影响大
面市时间	与其他制造商或分销商存货模式类似
订单可视性	很难实施但不可或缺
可退货性	提货点能够处理退货，因此相对容易

4.2.6 零售商存货加顾客自提

这种模式常常被看作最传统的供应链形式。在这种模式下，库存存放在当地的零售店中。顾客可以直接到零售店购物，也可以通过网络或电话订货，然后在零售店提货。该模式下的信息流、产品流、顾客流如图4－11所示。家得宝和特易购等公司为顾客提供多种下单选择方式。顾客既可以到实体店购物也可以在线订货。固安捷是一个B2B的例子，其顾客可以通过网络、电话或亲自到店购物，然后到固安捷的某个零售网点取货。

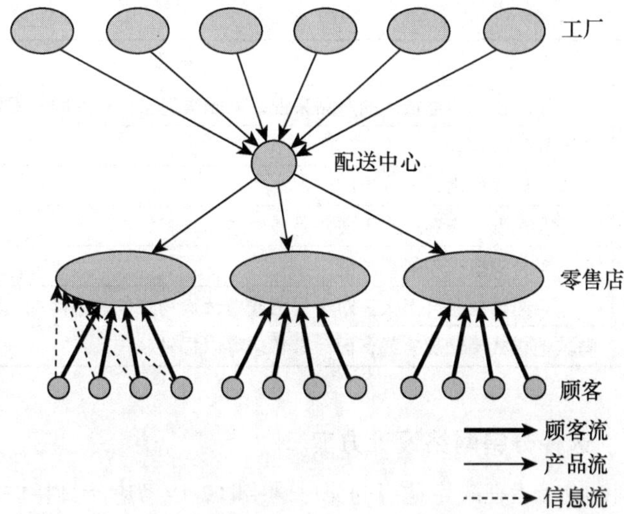

图 4-11　零售商存货加顾客自提

由于缺乏集中效应，在当地持有库存会增加库存成本。不过，对于畅销和非常畅销的产品，即使采用在当地持有库存，库存也几乎不会增加。家得宝在当地持有畅销产品的库存，而更多种类的产品则存放在地区仓库中，然后再运送到各门店由顾客自提。类似地，固安捷将畅销产品存放在提货点，而将滞销产品存放在中央仓库。

因为可以采用低成本的运输方式给零售店补货，这种模式下的运输成本远低于其他模式。由于需要很多当地设施，因此设施成本很高。如果顾客直接到实体店铺购物，则对信息基础设施的要求很低。但对于在线订单，则需要一个良好的信息基础设施来提供订单可视性，直至顾客取货为止。

由于产品都储存在当地，所以这种模式可以获得很好的响应性。例如，特易购和固安捷都提供零售网点当日提货。在当地储存的产品种类与其他模式相比较少。与其他模式相比，这种模式下提供高水平的产品可获性所付出的成本更高。顾客体验取决于顾客是否喜欢逛商店。这种模式下产品的面市时间最长，因为在顾客可买到新产品之前，该产品必须渗透整条供应链。如果通过网络或电话下达订单的话，那么订单可视性对于顾客提货来说非常重要。退货可以在提货点受理。总而言之，这种模式下产品的可退货性相当好。

表 4-6 总结了零售商存货加顾客自提模式的绩效特征。零售商存货加顾客自提模式的主要优势是它能够降低交付成本，并且相较于其他模式而言更具响应性。其主要劣势是库存和设施成本会增加。这种模式最适用于畅销产品或顾客看重响应速度的产品。

表 4-6　零售商存货加顾客自提模式的绩效特征

成本因素	绩效
库存	高于其他模式
运输	低于其他模式
设施和搬运	高于其他模式。对于网络或电话购物，提货点的搬运成本可能大幅增加
信息	对于网络或电话购物，需要进行一定的基础设施投资

续表

服务因素	绩效
响应时间	对于存放在当地提货点的产品来说，可以实现当日（立即）提货
产品多样性	低于其他模式
产品可获性	与其他模式相比，成本更高
顾客体验	与顾客把逛商店看成是正面还是负面的体验有关
面市时间	在所有分销模式中是最长的
订单可视性	对于店内购物意义不大。对于网络或电话购物来说是必需的，但很难实施
可退货性	与其他模式相比更容易，因为零售店可以提供替代品

4.2.7 选择分销网络设计方案

网络设计者在决定适当的交付网络时，应考虑产品特性以及网络需求。以上讨论的各种网络有着不同的优势和劣势。表4-7根据不同的绩效维度对各种交付网络进行了相对评分。分值1表示在某给定维度上绩效最好；随着相对绩效变差，分值相应增加。

表4-7 不同交付网络设计方案的相对绩效

	零售商存货加顾客自提	制造商存货加直送	制造商存货加直送和在途并货	分销商存货加承运人交付	分销商存货加最后一英里交付	制造商/分销商存货加顾客自提
响应时间	1	4	4	3	2	4
产品多样性	4	1	1	2	3	1
产品可获性	4	1	1	2	3	1
顾客体验	1～5	4	3	2	1	5
面市时间	4	1	1	2	3	1
订单可视性	1	5	4	3	2	6
可退货性	1	5	5	4	3	2
库存	4	1	1	2	3	1
运输	1	4	3	2	5	1
设施和搬运	6	1	2	3	4	5
信息	1	4	4	3	2	5

说明：1表示绩效最好；6表示绩效最差。

只有一些小企业才采用单一的分销网络。大多数企业更适合采用多种交付网络的组合。如何进行组合取决于产品特性以及企业的战略定位。表4-8列出了各种情形下，（从供应链的视角来看）不同交付网络设计方案的适用性。

表4-8 各交付网络在不同产品/顾客特征方面的绩效

	零售商存货加顾客自提	制造商存货加直送	制造商存货加直送和在途并货	分销商存货加承运人交付	分销商存货加最后一英里交付	制造商/分销商存货加顾客自提
高需求产品	+2	-2	-1	0	+1	-1
中等需求产品	+1	-1	0	+1	0	0

续表

	零售商存货加顾客自提	制造商存货加直送	制造商存货加直送和在途并货	分销商存货加承运人交付	分销商存货加最后一英里交付	制造商/分销商存货加顾客自提
低需求产品	−1	+1	0	+1	−1	+1
极低需求产品	−2	+2	+1	0	−2	+1
高产品价值	−1	+2	+1	+1	0	+2
需快速响应	+2	−2	−2	−1	+1	−2
高产品多样性	−1	+2	0	+1	0	+2
低顾客付出	−2	+1	+2	+2	+2	−1

说明：+2=非常适合；+1=较适合；0=中性；−1=较不适合；−2=非常不适合。

混合网络的一个很好的例子是固安捷，在其分销网络中组合使用了前面所提及的所有模式。不过，固安捷的网络是经过个性化设计的，以便与产品特征和顾客需求相匹配。畅销产品和应急产品储存在当地，顾客根据需求的紧急程度，既可选择自提也可选择送货上门。滞销的产品储存在一个全国性的配送中心，能在一两天内送达顾客。严重滞销的产品则通常采用制造商代发货的方式，这意味着更长的提前期。亚马逊采用的也是混合网络：在大多数仓库里都储存畅销产品，滞销产品则仅在少数仓库中存放，严重滞销的产品则可能采用供应商代发货的方式。

现在我们回顾一下本章开始时讨论的计算机行业的例子。捷威公司做出了创建零售网络的决策，但没有利用这一网络所提供的任何供应链优势，因此是有缺陷的。要想充分利用零售网络的优势，捷威应该在零售店里存放一些标准配置的产品（其需求量可能较高），而其他配置的产品则由工厂代发货（如果经济的话，也可以在当地零售店自提）。然而，捷威公司所有配置的产品均由工厂代发货。苹果公司开设了一些专卖店，并且在这些店里也实际存放着待销售的产品。这么做是非常明智的，因为标准苹果产品的品种较少但需求非常大。但是，对于定制产品，苹果则采用代发货的方式。

学习目标2小结

分销网络中，直送模式更适用于各种需求较低且不确定的、高价值的产品。这些网络模式的设施成本较低、持有的库存较少，但运输成本高、响应时间长。在当地持有库存的分销网络模式适用于高需求的产品，尤其是当运输成本占总成本的比例很大时。这些网络的设施成本和库存成本较高，但运输成本较低，响应时间较短。

4.3 在线销售与全渠道零售

21世纪，美国等发达经济体的零售业发生了重大变化。20世纪末的一些成功模式，如图书零售商博德斯、视频租赁商百视达和消费电子产品零售商电路城（Circuit City）等，都已经破产倒闭。虽然看上去是技术的变化和在线零售的发展导致了这一变化，但更进一步分析会发现，上述每一家公司都同时受到了在线渠道和实体渠道的竞争挤压。十年前，顾客主要是到百视达这样的实体店去租借影碟，而现在他们很可能会根据所看电影的类型来选择不同的租借渠道。大多数顾客会选择去红盒子的自动租赁机租借最近发行的新影片，而去网飞租借各种其他的电影。虽然十年前，顾客主要到电路城这样的大型电子商店来满足他们所有的电子产品需求，而如今，他们很可能会根据需求来选择不同的购买渠道。他们可能会在开市客等实体零售店购买一些基本的电子产品，同时也会在网上购买各种各样的消费电子产品。以上每个例子都说明，相较于仅使用单个渠道，组合使用实体渠道和在线渠道能更有效地满足顾客的需求。

全渠道零售（omni-channel retailing）是指利用多种渠道与顾客互动和履行订单。顾客和零售商之间的互动主要表现在三大流上：信息流、产品流和资金流。零售商向顾客提供产品和定价信息，然后顾客下达订单。零售商再根据订单信息将产品运送给顾客。最后，顾客付款给零售商。分析每种流所使用的不同渠道有助于对全渠道零售的组成进行分类。

一个结构良好的全渠道供应链可以利用在线渠道和实体渠道给供应链带来互补优势，既可以实现成本效益，又可以很好地响应顾客需求。与单一渠道相比，多渠道组合往往能更有效地服务于各种各样的顾客需求。虽然百视达发现在其店铺中向顾客提供各种影片相当有挑战性，但网飞却可以很容易地为顾客提供各种影片。通过邮寄 DVD 和流媒体，网飞共可提供超过 10 万部影片。虽然网飞非常擅长以低成本提供各种电影，但红盒子更擅长以低成本向顾客提供一些新发行的影片。红盒子和网飞这两家公司的结合为顾客提供了一种比百视达供应链成本更低、能更好响应顾客需求的全渠道的体验。一个重要的观察结论是，渠道的组合能更有效地满足顾客需求。因为红盒子的分散渠道专注于提供新发行的影片，而网飞的集中渠道专注于提供各种各样的其他电影。重要的是，每一个渠道都专注于其自身的优势，从而使全渠道供应链更有效。

本节的目标是在本章前面讨论的思想的基础上建立一个全渠道零售的框架。首先，我们将定义一些使用在线渠道和实体渠道的不同结合形成的可供选择的组合渠道。然后，将讨论每种渠道在满足顾客需求的能力及其为之所付出的成本方面的相对优势。最后引出全渠道零售的框架，分析全渠道零售如何能够更具响应性或更高效地满足顾客需求。

4.3.1 全渠道零售的选择方案

零售渠道必须与顾客交换信息、产品和资金。产品描述和价格等信息可以像在零售店一样面对面进行交换，也可以像网络购物一样远程交换。产品交换可能发生在顾客提取货物之时，比如顾客去超市购买牛奶，在“提取”牛奶后离开；也可能发生在送货上门之时，比如在线零售商利用包裹承运人将顾客所订购的商品运送到顾客家中。基于信息交换和产品交换的组合，我们识别出了四种可供选择的渠道，如图 4-12 所示。这里忽略了资金交换，因为资金交换的渠道通常和信息交换的渠道相同。下面详细地介绍这四种渠道。

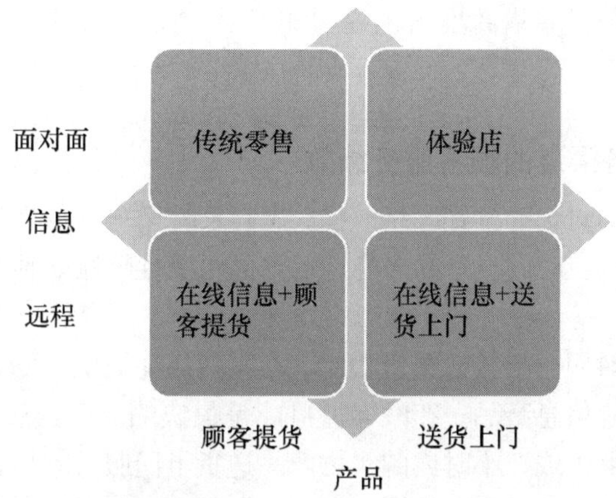

图 4-12　全渠道零售的可选渠道

传统零售　超市、珠宝店、百货公司和书店都是传统零售的例子。在传统零售中，顾客与产品、销售人员进行面对面的互动，付款后顾客带着所购产品离开。传统零售往往有很多店面设施，以尽可能接近顾客以支持面对面的信息交换和提货。由于每个零售店中都必须持有产品库存，所以这些设施往往具有较高的总库存水平。因此，传统零售渠道的设施成本和库存成本往往较高。但零售商的运输成本是所有渠道中最低的。

体验店　Bonobos 公司是这种渠道结构的典型例子。Bonobos 公司是一家服装零售商，其实体店 Bonobos Guideshop“基本上不销售任何产品”。这些实体店作为体验店，顾客在那里可以试穿不同的款式，从销售人员那里得到购买建议，或对服装进行量体修改。这些体验店促进了面对面的信息交流，但并不持有产品库存供顾客购买。如果顾客决定购买，可以通过 Bonobos 网站在线下单或在体验店内下单。顾客在体验店下单，所购商品既可以到店内提货，也可以选择送货上门。体验店内没有供出售的库存，从而大大减少了库存和所需店面的规模。相对于传统零售而言，这种渠道节省了库存和设施成本，但需要更多运输和信息基础设施方面的投资，尤其是提供送货上门服务时。

在线信息＋送货上门　亚马逊是这种渠道的典型例子。顾客在亚马逊网站浏览产品，并在网上订购，然后产品直接送货上门。由于可以将库存集中在少数几个设施内，与传统零售相比，在线渠道在设施和库存方面的投资要低得多。但是，送货上门的运输成本往往非常高。

在线信息＋顾客提货　在线渠道的送货上门成本非常高，因此一些企业会为顾客提供一种选择：如果在提货点自提，会给予一定价格折扣。将货物运至提货点，会大大减少在线零售商的外向运输成本。但此时，顾客需要自行到提货点取货。选择合适的提货点可以降低顾客的交通成本，比如顾客可以将提货与需要在这个地方进行的其他活动一起完成。例如，沃尔玛推出了“免费门店提货”（free instore pickup）的服务选项，顾客线上下单，门店提货。这一策略的实施大大降低了沃尔玛的运输成本，因为在线订单的产品可以与其他产品一起运往各个门店。如果顾客打算去沃尔玛门店购物的话，那么选择自提也不会增加太多顾客运输成本。在英国杂货行业，提货点已成为现在网络购物的主要渠道。特易购和

ASDA等杂货零售商推出了一种低成本的服务，顾客可以线上下单，在提货点取货。

4.3.2 各渠道的顾客服务绩效

同前面讨论的分销网络一样，我们来研究一下各种渠道在顾客服务要素方面的表现，如响应时间、产品多样性、产品可获性、顾客体验、面市时间、订单可视性和可退货性等。

响应时间 与其他渠道相比，在零售店能更快拿到所购实物产品。但对于那些可以下载的信息产品，在线渠道可能是最快的。亚马逊、Instacart、谷歌等公司都在努力提供1或2小时内的实物产品送货上门服务。尽管顾客要获得这项服务需要支付一定的费用，但还没有任何一家企业能够通过这项业务盈利。

产品多样性 如果顾客愿意远程访问产品信息，那么企业可以提供更广泛的产品选择。例如，日本7-11公司在网络上可以提供近300万种产品，但其实体店仅持有3 000多种产品。若要在实体店中提供同样丰富的产品种类，则需要巨大的店面空间和大量的库存。对于大量定制的产品，与在线渠道相比，体验店渠道有时可以提供更多的种类。例如，男士西装品牌Indochino就开设了小型线下体验店，店内仅持有用于顾客选择面料和款式的库存。在体验店，工作人员会测量顾客的尺码，按顾客尺码定制的西装将会在低成本的海外工厂生产。通过体验店，Indochino能够为每一位顾客提供独一无二的产品。

产品可获性 通过库存集中，在线销售或使用体验店的企业可以提高产品的可获性。按订单生产则进一步提高了产品的可获性。例如，Indochino在生产场所仅持有布料和服装部件库存。只有在顾客下达订单后，才会为每个顾客按尺寸进行定制生产。仅持有通用部件库存和按订单缝制，使得Indochino可以确保为每一位顾客提供特定的款式、尺码和版型。

顾客体验 在顾客体验方面，每个渠道都有互补的优势。对于在蒂芙尼（Tiffany）购买婚戒的顾客来说，能够触摸、感受和亲眼看到产品并得到销售人员的帮助可能会大大增加顾客价值。同样，可试穿西装并测量尺码，可能为在Indochino体验店定制西装的男士带来了更多的价值。相反，在Peapod网上购物的顾客可能更看重在家购物的体验。在发达市场中，零售商一直在努力为顾客提供跨越多个设备和浏览器的、相对无缝的购物体验。例如，特易购的韩国子公司Homeplus允许顾客使用智能手机在首尔地铁站购物，如果地铁进站时购物还未完成，还可继续使用App购物。然而，在印度等新兴经济体，有很大一部分人口仍未接入互联网。在这些环境中，零售店和体验店在顾客体验上具有明显优势，因为顾客在购买前可以触摸、感受和看到产品实物。

面市时间 相比于实体零售店，通过在线渠道或体验店渠道，企业可以更快地推出新产品。通过实体渠道销售电子产品的企业必须先生产出足够的产品放在分销商和零售商的货架上，然后才有可能实现销售收入。相反，一家在线销售的企业，只要已做好第一件产品的生产准备，就可以在网上推出。

订单可视性 订单可视性对于使用体验店或在线渠道的顾客至关重要。对于在实体店购物的顾客来说则不存在这个问题。

可退货性　如果顾客可以访问实体设施（如零售店或体验店），那么退货会更容易。在远程信息交换渠道，退货的比例可能要高得多。

向顾客直销　传统上与顾客没有直接联系的制造商和供应链的其他成员可以通过远程信息交换直接访问顾客。例如，2015 年耐克利用在线渠道直接向顾客销售了价值超过 10 亿美元的产品。

高效的资金转账　互联网和智能手机可以提高收款的便利性，降低收款的成本，尤其在小额收款的情况下。M-Pesa 在肯尼亚的成功说明，这种能力在新兴市场尤其重要。M-Pesa 是肯尼亚移动网络运营商 Safaricom 于 2007 年首次推出的移动支付服务。利用 M-Pesa，用户可以存款、取款、转账、支付商品和服务。至 2015 年，该服务在肯尼亚有大约 2 000 万用户。大型网络运营商沃达丰（Vodafone）试图将这项服务带到非洲、亚洲和欧洲的其他新兴市场。

4.3.3　各渠道的成本绩效

下面将分析不同渠道在库存、设施、运输和信息等方面的成本绩效。

库存　如果大多数顾客愿意等待交付的话，那么在线渠道和体验店渠道可以通过将库存集中在少数设施内来降低库存水平。例如，Blue Nile 将其所有钻石库存集中在全球的两个仓库中。

相比之下，蒂芙尼需要更多的库存，因为它必须在数百家零售店持有大量库存。需要指出的关键一点是：对于需求波动比较小的高需求产品而言，集中带来的好处相对较小；但对于需求波动较大的低需求产品而言，集中所带来的好处相对较大。

如果可以在收到顾客订单后再进行产品差异化部分的生产，那么在线和体验店渠道可以在非常低的库存水平下运作。Indochino 的库存水平非常低，因为它是在收到顾客订单后才开始生产定制的西装。相较于以成品的形式持有库存，以织物和部件的形式持有库存会使库存量大大减少。对于销售量非常低的书籍，亚马逊采用按需印刷的方式，从而减少了库存。

设施　在分析中必须包括两种基本的设施成本：（1）网络中实体设施相关的成本；（2）在设施中发生的运作相关成本。提供送货上门的在线渠道可能具有最低的设施成本，因为它可以集中运作。零售渠道可能拥有最高的设施成本，因为它需要许多设施来方便面对面的信息交流和产品提取。体验店渠道的设施成本介于以上两个极端情况之间，因为它需要的设施比零售店渠道要少。对于提供自提服务的在线渠道，如果使用现有设施作为提货点，那么设施成本较低。但如果需要建立新的提货点，则设施成本中等。

例如，虽然百视达有大约 3 500 家店铺出租影片，但网飞能够通过不到 60 家设施向其顾客运送 DVD。相较于百视达，网飞不仅实体设施成本要低很多，而且由于集中化运作，劳动力利用率更高、运营成本更低。

但是，当需要实体店铺来履行在线订单时，由于需要员工进行拣货而不是顾客自己完成，因此运作相关的成本会更高。如果顾客不愿意支付额外费用的话，那么很难证明这种费用的增加是否值得。

运输　互联网大幅降低了影片、音乐和图书等数字格式的信息产品的“运输”

成本。相较于内向运输成本，库存集中会大大增加非数字化产品的外向运输成本。与一个拥有很多零售网点的企业相比，采用集中式库存的在线销售商会由于外向运输成本增加而产生更高的单位运输成本。传统零售渠道的运输成本最低，提供送货上门的体验店和在线渠道的运输成本最高。对于体验店渠道和在线渠道，如果数量足够大，顾客自提可使其运输成本几乎降至与传统零售大致相同的水平。

信息 所有企业都会产生建立和维护其信息基础设施的费用。例如，当亚马逊收购 Zappos 时，它必须在其网站上添加大约 12 万种产品描述和 200 多万幅图片。一般来说，需要远程提供信息和跟踪顾客订单的渠道，信息基础设施的投资更高。在传统的零售渠道，顾客可以体验实体产品，然后自己取货回家，从而大大减少了所需信息基础设施的投资。

表 4-9 对各渠道的相对成本进行了总结。

表 4-9 全渠道零售可选渠道的相对成本

	传统零售	体验店	在线信息＋送货上门	在线信息＋顾客提货
库存成本	高	低～中	低	低～中
设施成本	高	中	低	低～中
零售商的运输成本	低	高	高	中
顾客的运输成本	高	高	低	中
信息成本	低	高	高	高

4.3.4 全渠道零售的框架

如表 4-8 所强调的，产品特性和顾客需求都会影响对最适合的顾客服务渠道的选择。戴尔从在线渠道向传统零售的转变、捷威在体验店渠道上的失败，以及苹果在传统零售上的成功，都强调了理解各种渠道最能满足的产品特性和顾客需求的重要性。

我们的框架从需求不确定性、价值和信息的复杂性这三个维度对产品进行描述。价值是指单位产品的成本。一盒洗涤剂是相对低价值的产品，而钻石属于高价值产品。洗涤剂的需求相对易于预测且需求的不确定性较低。相反，每颗钻石都是唯一的，根本无法预测何时顾客会需要那块特殊的宝石。一般来说，需求不确定性随着产品品种的增加而增加。对于洗涤剂，可以仅用有关制造商和数量的少量信息来进行描述。但对于钻戒，有些方面很难描述，人们在购买前通常希望能看到实物。对于这些人来说，钻石具有高度的信息复杂性，所以需要亲眼看到实物。虽然仅从这三个维度并不能完全描述一个产品，但我们的框架主要聚焦于这三个维度。

我们从是否愿意为各种服务要素付费，诸如帮助选择产品、响应性、送货上门、能够在高档环境下购物，来分析顾客的特征。具有价格意识（price conscious）的顾客会努力选择提供最低价格的渠道。相反，具有服务意识（service conscious）的顾客愿意支付溢价，只要某一渠道能够提供其所看重的服务要素。有小孩的家庭可能愿意为送货上门支付额外的费用。准新娘可能会更看重在高档婚纱店购物的体验，工作人员会帮助她试穿和选择婚纱。

下面从产品特性和（最适合作为目标的）顾客偏好的角度来分析各种渠道的优势。

传统零售 这一渠道非常适合以低价格提供需求可预测的产品（如洗涤剂）。如果产品的运输成本相对于其价值来说较高（如尿布），那么该渠道更具价格竞争力。该渠道也非常适合于服装等高信息复杂性的产品。虽然时装的需求具有不可预测性，但如果顾客愿意为店内服务和能够进行试穿而支付溢价的话，那么传统零售是最好的一种渠道。如果在线渠道的产品退货率高，传统零售对于需求不确定的产品来说可能具有价格竞争力。

体验店 这一渠道非常适合具有高信息复杂性、需求不可预测性、高价值、依靠价格竞争的产品。时尚商品、男式西装、配有很多选装件的豪华轿车都可以归于这一类产品。设立体验店可以让顾客亲自体验产品。体验店中没有供销售的库存，使供应链能够以较低的库存水平进行运作，从而降低成本。在许多情况下，不在当地持有库存可以使供应链能够以较低的成本进行按订单生产。一般来说，高级时装产品似乎非常适合采用体验店渠道。

在线信息＋送货上门 这一渠道非常适合具有需求不可预测性、低信息复杂性、依靠价格竞争的产品（如非畅销的书籍）。如果相较于产品的价值来说产品的运输成本比较低（高价值的产品通常属于这种情况），那么这一渠道会变得更具价格竞争力。对于需求易于预测的产品，如尿布和洗涤剂，这一渠道还可以争取到那些愿意为送货上门服务的便利性支付溢价的顾客。

在线信息＋顾客提货 这一渠道是对送货上门渠道的一个完美补充，因为其交付成本较低。对于那些需求不可预测、信息复杂性较低的产品来说，这一渠道更具价格竞争力。对于杂货和普通消费品等需求易于预测的产品，提供自提服务还可以让在线渠道变得更具价格竞争力。

表4-10、表4-11和表4-12对全渠道零售框架的一些关键内容进行了总结。本书后面的章节将详细阐述支持这一框架的一些理论依据。

表4-10 产品需求不确定性与全渠道零售

	需求可预测的产品	需求不可预测的产品
传统零售	以价格取胜	对于高信息复杂性产品，以服务取胜
体验店	不适合	对于高信息复杂性产品，以价格和多样性取胜
在线信息＋送货上门	以服务取胜	以价格和多样性取胜
在线信息＋顾客提货	以低价格提供服务的能力取胜	与送货上门相比，在价格上更具竞争力

表4-11 产品价值与全渠道零售

	低价值的产品	高价值的产品
传统零售	对于需求可预测的产品，以价格取胜	对于需求不确定和高信息复杂性的产品，以服务取胜
体验店	对于高信息复杂性的产品，以合理的价格提供高产品多样性取胜	对于可定制的、高信息复杂性的产品，以价格取胜
在线信息＋送货上门	以服务取胜	以价格和多样性取胜
在线信息＋顾客提货	以低价格提供服务的能力取胜	与送货上门相比，在价格上更具竞争力

表4-12 产品信息复杂性与全渠道零售

	低信息复杂性的产品	高信息复杂性的产品
传统零售	对于需求可预测产品，以价格取胜	对于需求不确定的产品，以服务取胜
体验店	不适合	对于需求不确定的产品，以价格取胜
在线信息+送货上门	对于需求不确定的产品，以价格取胜	对于需求不确定的产品，以服务（产品多样性和产品可获性）取胜
在线信息+顾客提货	对于需求不确定的产品，以价格取胜	对于需求不确定的产品，以服务（产品多样性和产品可获性）取胜，同时成本稍低

让我们基于上面的框架，再来分析一下戴尔、捷威和苹果的决策。在20世纪90年代，戴尔成功地在网上销售定制的个人电脑，因为大量的可定制配置使得很难预测任何特定配置的电脑需求。戴尔通过识别出大约十个可选配置维度（如内存和处理器等）来降低定制的信息复杂性，顾客可以使用下拉菜单在各个维度中进行选择。在20世纪90年代，不可预测的需求与低信息复杂性使得个人电脑的定制非常适合采用在线渠道。随着硬件性能越来越强大，定制变得没那么重要了，少许标准配置的产品就能够满足人们的需求。随着品种的减少，需求也变得更易于预测。因此，戴尔决定通过零售店销售低成本的、标准配置的产品，这一决策与我们的框架是一致的。相反，根据我们的框架，可以看到捷威完全没有利用其零售网络的优势。对于一些需求不可预测的、特殊配置的电脑，捷威使用其店铺作为顾客体验店是有意义的。但是，对于需求可预测的标准配置的电脑，捷威最好在其店铺中持有此类产品库存。根据我们的框架，如果捷威的店铺能够发挥双重作用，既作为传统零售渠道销售标准配置的产品，又作为体验店用于特殊配置电脑的展示和体验，那么捷威会更成功。与捷威相反，苹果充分利用了其零售网络的所有优势。苹果专卖店可作为体验店，让首次购买的顾客在购买前能够体验苹果产品。苹果公司的产品一般是标准产品，产品品种较少，因此产品需求易于预测，从而非常适合传统零售。苹果专卖店既是体验店，也是传统的零售商店。而捷威没能让其店铺实现这些功能。苹果在其专卖店提供标准产品，同时提供产品定制，定制的产品从组装工厂直接发送给顾客。

如果企业未能建立一个合适的全渠道组合，可能会使它们在响应能力和成本方面同时受到挤压。像电路城这样的大型消费电子零售商的命运就是典型的例子。电路城既有在线渠道，也有像开市客那样的仓储式卖场，但其在线渠道和卖场分别服务于不同的顾客需求。开市客仅提供有限种类的大众商品。由于开市客主要提供一些需求可预测的商品，因此能够以较低价格提供这些商品。相反，在线渠道能够以低成本为顾客提供多种多样的消费电子产品。

相较于电路城，在线渠道（以低成本提供多样化）和类似开市客的零售渠道（以低成本提供标准产品）的定制组合能以更经济有效的方式满足顾客需求。企业必须了解其在零售各个部门的优势和劣势。然后，它们可以选择仅聚焦于自己的优势，或者在其组合中增加其他渠道来弥补自己的劣势。

重要的是要认识到，四种渠道中的每一种渠道都有互补的优势，因此应该有效地组合利用这些渠道。并不是每家企业都必须运营所有的渠道。企业在决定其全渠道组合时，应该考虑其所销售的产品和想要定位的目标顾客。例如，连锁零售商店可以选择为具有可预测需求的产品持有库存，同时作为不可预测需求的产品的体验店。连锁零售店还可作为在线订单的有效提货点。能够使用门店网络作为传统零售、体验店和提货点，为零售商创造了一个有效的全渠道组合。在消费电子行业，百思买通过这种方式有效利用其连锁零售店取得了成功。同样，日本7-11的零售店铺既被作为3 000种最受欢迎商品的传统零售渠道，又被作为另外300万种商品的提货点。店面的有效利用使日本7-11取得了巨大的成功。提供送货上门服务的在线渠道如果想吸引并保持更多对价格敏感的顾客并从中获利的话，可以选择增加提货点。例如，亚马逊在许多大学校园里增加了提货点，以降低交付成本。亚马逊在印度与当地零售商的合作，使亚马逊可以使用当地零售商的店铺作为体验店和提货点。无法上网的顾客可以在当地的零售店获得产品信息，亚马逊将产品运送至当地零售店后，顾客可以在取货时用现金支付。亚马逊和当地零售商一起在印度打造了一个有效的全渠道组合。

学习目标3小结

全渠道零售能够将实体店和在线渠道的互补优势结合起来。实体店可以让顾客亲自体验高信息复杂性的产品，并且在需求可预测的产品的销售上也具有成本效益。在线渠道在销售需求不可预测的产品时具有成本效益，但无法让顾客亲自体验高信息复杂性的产品。一种有效的渠道组合是：实体店既销售需求可预测的产品，也作为需求不可预测、高信息复杂性产品的体验店，同时也作为在线渠道的提货点（同时在线渠道也提供需求不可预测产品的送货上门服务）。

讨论题

1. 零售环境中的哪些差异可以解释印度的畅销消费品供应链中的分销商远多于美国供应链中的分销商这一事实？

2. 某特种化学品公司正考虑将其业务扩展到巴西。目前有五家企业控制了巴西特种化学品的消费。该公司应采用哪种分销网络？

3. 某分销商听说为自己供货的主要制造商在考虑直销模式。对此，该分销商能做些什么？它可以为制造商提供哪些制造商无法复制的优势？

4. 哪些类型的分销网络最适合日用品？

5. 哪种类型的分销网络最适合高度差异化的产品？

6. 在未来，你认为分销商提供的价值会减少、增加还是保持不变？

7. 为什么与食品杂货业相比，在线渠道在计算机硬件行业更为成功？在未来，在线渠道在计算机硬件行业有多大的价值？

8. 在线渠道在产品生命周期的早期还是成熟期的作用更大？为什么？

9. 设想家装产品在家得宝销售或是在五金器具连锁店（如True Value）销售。哪类企业能从在线销售中获取更大的收益？为什么？

10. 亚马逊在线销售图书、音乐、电子产品、软件、玩具和家装产品。与零售连锁店相比，上述哪个产品类别的在线销售可以提供最大的优势？与零售连锁店相比，上述哪个产品类别的在线销售提供的优势最小（或者具有潜在的成本劣势）？为什么？

11. 为什么像亚马逊这样的在线销售商应该随着销售量的增长而建立更多的仓库？

12. 亚马逊开设了书店，并宣布开设便利店。这些传统零售渠道如何成为亚马逊在线渠道的有效互补？

参考文献

Bell, David R., Santiago Gallino, and Antonio Moreno."How to Win in an Omnichannel World." *MIT Sloan Management Review* (Fall 2014): 56, 45–53.

Brynjolfsson, Erik, Yu Jeffrey Hu, and Mahammad S. Rahman."Competing in the Age of Omnichannel Retailing." *MIT Sloan Management Review* (Summer 2013): 54, 23–29.

Chopra, Sunil. "Designing the Delivery Network for a Supply Chain."*Transportation Research, Part E* (2003): 39, 123–140.

Chopra, Sunil. "How Omni-Channel Can be the Future of Retailing." *Decision* (June 2016): 43(2), 135–144.

Chopra, Sunil. "Movie Rental Business: Blockbuster, Netflix, and Redbox." Kellogg School of Management Case # 5-310-507, 2010.

Chopra, Sunil, and Jan Van Mieghem. "Which e-Business Is Right for Your Supply Chain?" *Supply Chain Management Review* (July–August 2000): 32–40.

Evans, Philip, and Thomas S. Wurster."Getting Real about Virtual Commerce." *Harvard Business Review* (November–December 1999): 84–94.

Hobkirk, Ian."Key Distribution Strategies of Top Omni-Channel Retailers."*Supply Chain Management Review* (December 2015): 16–21.

Lee, Hau L., and Seungjin Whang."Winning the Last Mile of e-Commerce." *Sloan Management Review* (Summer 2001): 54–62.

Olavson, Thomas, Hau Lee, and Gavin DeNyse."A Portfolio Approach to Supply Chain Design." *Supply Chain Management Review* (July–August 2010): 20–27.

Raman, Ananth, and Bharat P. Rao. *A Tale of Two Electronic Component Suppliers.* Harvard Business School Case 9–697–064, 1997.

Ricker, Fred R., and Ravi Kalakota. "Order Fulfillment: The Hidden Key to e-Commerce Success." *Supply Chain Management Review* (Fall 1999): 60–70.

Salcedo, Simon, and Ann Grackin."The e-Value Chain." *Supply Chain Management Review* (Winter 2000): 63–70.

Willcocks, Leslie P., and Robert Plant. "Pathways to e-Business Leadership: Getting from Bricks to Clicks." *Sloan Management Review* (Spring 2001): 50–59.

Shapiro, Carl, and Hal R. Varian. *Information Rules: A Strategic Guide to the Network Economy.* Boston: Harvard Business School Press, 1999.

案例分析

Blue Nile公司和钻石零售①

一位顾客走进你的珠宝店，手里拿着他在Blue Nile挑选的各款钻石的信息。Blue Nile是最大的钻石在线零售商。顾客想要的那款钻石，Blue Nile的标价只比你店里同款钻石的总成本高100美元。你会让顾客走掉还是会降价参与竞争？②

这是很多珠宝商都面临的一种两难境地。有些人认为，珠宝商应该降低钻石的价格以留住顾客。然后利用诸如定制设计、戒托和维修等未来销售和附加销售创造额外的利润。另外一些人则认为，价格竞争会向过去的忠诚顾客发出一种负面的信号，他们可能会为没有享受到最优惠的价格而感到沮丧。

在2007年的节假日，由于经济紧缩，Blue Nile和实体零售商之间的绩效差异令人吃惊。2008年1月，Blue Nile报告称其第四季度的销售额猛增了24%。同一季度，蒂芙尼公司则报告美国国内的同店销售额下降了2%，而Zales公司下降了9%。Blue Nile公司的经营者认为，对于Blue Nile公司来说，经济低迷意味着获取市场份额的机会，因为其价格更具竞争力。

钻石零售行业

对于钻石行业的批发商和零售商来说，2008年是非常艰难的一年。供应端的情况非常糟糕，以至于经销商贸易协会世界钻石交易所联合会（World Federation of Diamond Bourses）发出呼吁，让所

① Sunil Chopra.

② Stacey King, "The Internet: Retailers' New Challenge." *Professional Jeweller Magazine*, August 1999.

有钻石生产商减少新宝石的上市量，以减少供给。

但是，世界上最大的钻石生产商戴比尔斯公司（De Beers）似乎无动于衷，拒绝做出任何削减产量的承诺。该公司开始在南非开采沃斯普（Voorspoed）矿，该矿全面投产后，每年可为本已供过于求的市场多供应 80 万克拉钻石。从历史上看，戴比尔斯公司在很大程度上控制了钻石的供应，它甚至从其他生产商那里购买大量的钻石毛坯。2005 年，欧盟委员会迫使戴比尔斯公司终止其从 ALROSA 公司购买钻石的协议。ALROSA 公司是世界第二大钻石生产商，占俄罗斯钻石产量的绝大部分。俄罗斯是世界上仅次于博茨瓦纳的第二大钻石生产国。

尽管沃尔玛、开市客等折扣零售商仍在蓬勃发展，但传统珠宝零售商的处境却非常艰难。2008 年 1 月，弗雷德曼公司（Friedman's）申请了破产保护；6 月，总部位于芝加哥的 Whitehall 公司也申请了破产保护。在申请破产时，弗雷德曼公司是北美第三大珠宝连锁店，有 455 家店铺；而 Whitehall 公司排名第五，2008 年 4 月有 375 家店铺。2008 年 2 月，Zales 公司宣布了当年关闭 100 多家店铺的计划。这种动荡为其他从业者提供了进入和获得市场份额的机会。

随着经济持续疲软，2008 年第三季度和第四季度对钻石零售商来说尤其艰难。即使是 Blue Nile、蒂芙尼和 Zales 等一直以来非常成功的从业者也都经历了销量下滑和股价下跌的情况。当顾客勒紧裤腰带并削减支出时，像钻石珠宝这类高价商品的购买是首先会被推迟的。为争夺日渐萎缩的市场，企业间竞争更加激烈，形势进一步恶化。在如此艰难的环境中，很难判断哪种因素能最好地帮助各类珠宝零售商取得成功。

Blue Nile 公司

1998 年 12 月，年轻的咨询顾问马克·瓦登（Mark Vadon）准备购买订婚戒指时，无意间发现了一家名为互联网钻石（Internet Diamonds）的公司，该公司由西雅图珠宝商道格·威廉姆斯（Doug Williams）经营。瓦登不仅购买了戒指，还在 1999 年年初与威廉姆斯合伙做起了生意。1999 年年底该公司改名为 Blue Nile，因为瓦登说这个新名字“听起来更优雅、更高级”。

在其网站上，Blue Nile 公司阐述了它的经营理念：“以超值的价格提供高品质的钻石和精美的珠宝。当你访问我们的网站时，你将发现非常适合你的优质珠宝、有益的指导以及易于理解的珠宝知识的传授。”①

许多顾客（尤其是男性顾客）喜欢这种以知识传授为主的非强迫式销售策略。除了解释 4C——切工（cut）、色泽（color）、净度（clarity）以及克拉（carat）外，Blue Nile 公司还允许顾客“打造自己的戒指”。顾客可以从自己喜欢的切割开始，完全自己决定所有 4C 参数和价格的范围。然后 Blue Nile 公司会向顾客展示其存货中符合顾客所要求特征的所有宝石。顾客先挑选自己中意的宝石，随后再选择最喜欢的镶嵌底座。Blue Nile 公司也允许顾客电话咨询，由不赚取佣金的销售代表来解答他们的问题。这种非强迫式的销售方法对一部分人群非常有吸引力。2008 年《商业周刊》的一篇文章援引了互联网企业家贾森·加拉加尼斯（Jason Calacanis）的一段话，在 Blue Nile 购买订婚戒指（这个戒指花了他“数万美元”）“是此前从未有过的最好的购物体验”②。

Blue Nile 公司注重为顾客提供良好的价值。珠宝零售商按惯例会给钻石标高 50% 的价格，但 Blue Nile 公司仅标高 20% 左右。Blue Nile 公司认为自己能够承受这种低标价，因为其库存成本和仓储费用较低。与那些将店铺开在高价地块的珠宝零售商不同，Blue Nile 公司在美国只有一个仓库，用来储存其全部库存。

Blue Nile 公司的战略也并非完全没有遇到障碍，因为有些顾客不是那么在乎低价。例如，有些顾客更喜欢蒂芙尼等知名品牌的珠宝，而不是获得价格折扣。同样，顾客是否愿意花数千美元来购

---

① Blue Nile Affiliate Program.，© 2017，Blue Nile Inc.

② Jay Greene，“Blue Nile：No Diamond in the Rough.” *Business Week e. biz*，May 2000.

买一件未亲眼看到或亲手摸过的商品，这一点还不是很清楚。为了解决这个问题，Blue Nile公司对完好商品提供30天的退货保证。

2007年，Blue Nile公司在加拿大和英国推出了网站，并在都柏林开设了一个办事处负责当地的顾客服务以及订单履行。都柏林办事处向西欧多个国家提供免费送货服务。美国的设施则负责处理亚太地区一些国家的国际运输。2007年，Blue Nile公司的国际销售额为1 700万美元，2015年则超过8 100万美元。

到2007年，Blue Nile公司已经售出了70 000多枚大于1克拉的钻戒，有25个订单总价超过10万美元。2007年6月，该公司销售了一颗价值150万美元的钻石。《福布斯》称，这可能是“网络销售历史上最大的一笔个人消费者采购，而且也是最意想不到的一笔采购”①。这颗钻石超过10克拉，大小相当于一美分的硬币。Blue Nile公司的库存中没有这样的钻石，但它的供应商网络很快锁定了一枚，当时这颗钻石正在从纽约的经销商空运至意大利的零售商的途中。这颗钻石被改道运往Blue Nile公司在西雅图的总部，然后通过Brinks装甲运输车运送到买主手中——整个过程只花了3天。

2014年2月，Blue Nile公司在其网站上挂出的钻石超过14万颗。在这些钻石中，有超过5万颗是1克拉或以上的，价格高达290万美元。在Blue Nile公司网站上，大约有7.6万颗钻石的标价超过2 500美元。2010年，公司CEO黛安娜·欧文说：“我们没有将自己定位为一个折扣商，我们是以便宜得多的价格出售非常高端的产品。”② 2012年该公司的年度报告指出：“我们的目标是将我们的钻石产品限于那些具有高质量特征的钻石上。”③

2012年，该公司的销售额大约为4亿美元，净利润为840万美元。与2011年相比，虽然销售额上升了，但净利润却下降了。该公司还开始提供一系列非订婚用的珠宝产品，包括戒指、项链、吊坠、手镯，以及含有贵金属、钻石、宝石或珍珠的礼品和饰品。但该公司仍坚持认为订婚戒指是其核心业务。

到2016年，该公司开设了五家Webrooms实体店，在店内咨询顾问会为那些在购买前希望看到、触摸和感受订婚戒指的顾客提供帮助。Webrooms实体店的目标是在一个实体环境中为顾客提供一个非强迫式的在线体验，顾客可以在购买之前直接体验产品。所有交易都在线完成，顾客可以通过店铺内的平板电脑或使用自己的设备在线下单。

2016年11月，Blue Nile公司与贝恩资本（Bain Capital Private Equity）和Bow Street LLC组建的投资集团达成收购协议，以5亿美元价格被收购。

Zales公司

Zales公司第一家珠宝店由莫里斯·扎莱（Morris Zale）、威廉·扎莱（William Zale）和本·利普夏伊（Ben Lipshy）于1924年创立。他们的营销战略是提供“首付一美分，每周一美元”（One Penny Down, One Dollar a Week）的信贷计划。这一战略大获成功后，Zales走上了快速发展的道路。至1941年，Zales在俄克拉何马州和得克萨斯州的店铺增加至12家。在接下来的40年里，通过收购其他的店铺和较小的连锁店，Zales的店铺规模增加到了数百家。

1986年，Zales被加拿大人民珠宝（Peoples Jewelers）和施华洛世奇国际（Swarovski International）杠杆收购。1992年，Zales公司的债务迫使它申请破产保护一年。20世纪90年代，Zales再次成为一家上市公司，到2005年，它经营着近2 400家店铺。Zales旗下品牌包括：Piercing Pagoda，主要通过购物中心的摊位向青少年出售珠宝；Zales Jewelers，面向购物中心里的工薪阶层购物

① Victoria Murphy Barret, “The Digital Diamond District.” © 2007, Forbes. com.

② Diane Irvine, Creating a Two-Horned Dilemma., © 2010, Fast Company & Inc.

③ 2012 Annual Report of Blue Nile, Inc. U. S Securities and Exchange Commission.

者销售钻石珠宝；高端的 Bailey Banks & Biddle Fine Jewelers 品牌，主要通过高档购物中心提供更昂贵的产品，该品牌已在 2007 年 11 月被 Zales 出售。

面对沃尔玛和开市客这样的折扣零售店的竞争，在经历了 3 年市场份额的下滑压力后，Zales 决定在 2005 年之前做出彻底的改变。Zales 抛售了价值较低的 10K 黄金首饰和质量一般的钻石，目的是使其珠宝商的形象变得更高端、更具时尚感，摆脱其依赖促销的低端市场形象。不幸的是，这一转型却演变成了一场灾难。新商品的进货出现延误，导致同店销售额下降。公司失去了很多传统顾客，却没有赢得它所期望的新顾客。它很快就被俄亥俄州阿克伦市的 Sterling 公司（Signet 公司的一个子公司）超越，后者成为美国最大的珠宝商。2006 年年初，Zales 公司首席执行官被迫辞职。

2006 年 8 月，在新任 CEO 的领导下，Zales 公司开始变革，回归其促销零售商的角色，专注于钻石时尚首饰和钻石戒指。因此，Zales 卖掉了实行高档战略而持有的 5 000 万美元库存，又投入 1.2 亿美元购买新的库存。因为库存跌价，Zales 公司在截至 2006 年 7 月 31 日的那个季度共损失了 2 640 万美元。

Zales 公司的新战略取得了一些成功，但又受到了 2007 年油价上涨和房价下跌的影响，因为这让其中产顾客没有了安全感。Zales 的核心顾客在犹豫是否购买珠宝，因为他们要应对食品和燃料价格的上涨。在截至 2007 年 7 月 31 日的那个季度，Zales 公司的报告利润为 150 万美元，但同店销售额下降了 0.5%。2008 年 2 月，Zales 宣布了一项计划，要关闭大约 105 家店铺，减少 1 亿美元库存，并削减公司总部 20%的员工。这项计划的目的是增强公司的盈利能力，提高其整体的有效性。经过多年的亏损之后，2012 年该公司终于报告了盈利（见表 4-13）。

2014 年 5 月，Zales 被 Signet 珠宝有限公司收购，Signet 是美国和英国最大的专业珠宝零售商。除 Zales 之外，Signet 还经营着其他连锁珠宝品牌，如 Kay Jewelers 和 Jared。Signet 致力于全渠道零售，2015 年其在线销售额将近 3.6 亿美元，相比 2014 年有了大幅增长。

表 4-13 Blue Nile、Zales 和蒂芙尼 2012 年部分财务数据 单位：百万美元

	Blue Nile	Zales	蒂芙尼
净销售额	400.0	1 888.0	3 794.2
销售成本	325.0	903.6	1 631.0
毛利润	75.1	984.4	2 163.2
销售费用、一般性费用和管理费用	62.8	916.3	1 466.1
营业收入	12.3	35.1	697.2
净利润	8.4	10.0	416.1
现金及现金等价物	87.0	17.1	504.8
应收账款净额	3.5	—	174.0
库存	33.3	767.5	2 234.3
流动资产总计	125.9	837.2	3 151.6
财产和设备	7.9	108.9	818.8
其他资产	12.1	241.2	660.4
总资产	145.9	1 187.3	4 630.9
应付账款	116.2	220.6	295.4
股东权益	14.1	185.3	2 611.3

蒂芙尼

蒂芙尼公司成立于1837年，当时是位于纽约市的一家文具精品店。1845年它发布了第一个商品目录。该公司取得了巨大的成功，其银质饰品设计新颖，在全世界广受欢迎。1886年，蒂芙尼推出了至今仍非常有名的“Tiffany setting”单石经典钻戒。蒂芙尼的品牌如此强大，以至于它帮助制定了适用于全世界的钻石和铂金的纯度标准。在凭借珠宝和其他产品获得一个多世纪的巨大成功之后，蒂芙尼公司于1987年上市。

蒂芙尼的高端产品包括钻石戒指、结婚戒指、宝石首饰，以及以钻石为主宝石的宝石戒指。公司还销售不带宝石的黄金、铂金和纯银首饰。其他产品还包括手表和高端家居用品，如水晶和纯银托盘。除了自有设计，蒂芙尼还出售艾尔莎·柏瑞蒂（Elsa Peretti）、帕洛玛·毕加索（Paloma Picasso）、已故的让·史隆伯杰（Jean Schlumberger）和建筑师弗兰克·盖瑞（Frank Gehry）设计的珠宝首饰。

截至2012年，蒂芙尼已经在全世界开设了275家店铺和精品店，其中大约90家在美国。在其全球的网点中，有50多个在日本，65个在其他亚太地区。蒂芙尼的店铺面积一般为1 300～18 000平方英尺，平均为7 100平方英尺。2007年，其在纽约的旗舰店贡献了公司销售额的约10%。除了零售店，蒂芙尼还通过网站和商品目录销售产品。但是在2012年之前，该公司从未通过网站出售过任何订婚首饰。它的高端产品，包括珠宝首饰，主要通过零售店销售。直销渠道主要销售那些蒂芙尼所谓的D类产品，主要由非宝石的纯银首饰构成，2007年的平均价格为200美元。D类产品的销售额约占直销渠道总销售额的58%。蒂芙尼超过一半的零售销售额来自高端产品，如钻石戒指和珠宝首饰，2007年的平均销售价格超过3 000美元。

蒂芙尼在罗得岛和纽约拥有自己的生产设施，但它也仍然从第三方采购。2007年，其60%的珠宝产品是自己生产的。蒂芙尼在新泽西州设有一个零售服务中心，负责接收购自世界各地的产品并为零售店补货。蒂芙尼设有一个独立的顾客履约中心专门处理直销订单。

2003年以前，蒂芙尼公司从未采购过钻石原石，全部购买已打磨好的钻石。2003年开始，蒂芙尼在加拿大、南非、博茨瓦纳、纳米比亚、比利时、中国和越南开设了钻石加工业务。2007年，蒂芙尼所使用的大约40%的钻石是该公司所采购的钻石原石加工出来的。并非所有钻石原石经切割和抛光后都能达到蒂芙尼的质量标准。达不到蒂芙尼标准的钻石会以市场价出售给第三方，有时甚至会亏本出售。

2012年，蒂芙尼90%的净销售额来自珠宝首饰，48%来自镶有不同尺寸钻石的产品。① 镶有一颗或多颗1克拉或以上钻石的产品占2007年净销售额的10%以上。2012年蒂芙尼的部分财务数据如表4-13所示。

蒂芙尼品牌代表着质量、奢华和独一无二，是其取得成功的重要组成部分。其他钻石和珠宝零售商都没有达到像蒂芙尼这样的利润。在其年度报告中，蒂芙尼将其强大的品牌视为一种主要风险因素，因为任何对品牌形象不利的因素都会对其利润产生重大的负面影响。

◆ **思考题**

1. 钻石零售中的一些关键成功要素是什么？Blue Nile、Zales、蒂芙尼在这些方面有何不同？在第3章所讨论的财务指标上三家企业有何差异？

2. Blue Nile公司持有很多价格在2 500美元或以上的钻石，而在蒂芙尼网站上销售的很大一部分产品定价在200美元左右，你如何看待这一事实？这两种产品哪个更适合在线渠道？

3. 对于蒂芙尼不在线销售订婚戒指的决策，你有何看法？对于Blue Nile公司进入非订婚类首饰市场，你有何看法？

---

① Tiffany Annual Report，March 2013.

4. 蒂芙尼店铺通过专注于高端珠宝的销售获得了蓬勃发展，你认为是什么导致了 Zales 公司 2006 年高端战略的失败？Zales 公司应该专注于经营什么产品？

5. 你认为这三家公司中，哪一家公司的结构能够最好地应对疲软的经济环境？

6. 针对这三家公司的战略和结构，你会分别给出什么建议？它们如何才能最好地利用全渠道零售？

第 5 章 供应链的网络设计

Network Design in the Supply Chain

学习目标

通过本章学习，你应当能够：

1. 理解网络设计在供应链中的作用。
2. 识别影响供应链网络设计决策的因素。
3. 讨论制定网络设计决策的框架。
4. 开发一个设计区域网络配置的优化模型。
5. 开发一个在区域内确定潜在地点的优化模型。
6. 开发一个工厂选址和市场需求分配的优化模型。

本章先从第 4 章讨论的总体供应链设计开始，重点讨论供应链网络设计的设施选址、产能分配以及市场分配的一些基本问题。我们将识别和讨论影响设施选址、产能分配和市场分配决策的各种因素，然后为供应链网络设计决策建立一个框架并讨论各种解决方法。

5.1 网络设计在供应链中的作用

供应链网络设计决策（network design decisions）包括企业应拥有的制造工厂、生产线、配送中心和越库设施的数量，设施的选址，每个设施应分配的产能，每个设施应生产或管理哪些产品、服务哪些市场。

基于供应链战略做出网络设计决策非常重要，因为供应链网络设计决策决定了供应链的配置，并且设置了其他供应链驱动因素，可以用来降低供应链成本或提高响应性。例如，设施数量的增加使亚马逊能更快速地满足顾客需求。美国许多城市地区的顾客现在当天就可以收到货物，有时甚至一个小时内就可以送货到家。然而，大量的设施需要大量的投资，这增加了亚马逊的成本。

设施选址决策对供应链的绩效有着长期的影响，因为关闭和搬迁设施的成本很高。在大多数供应链中，生产设施的改变要难于存储设施。供应链网络设计人员必须考虑到，任何一个设施往往都会在一个地方经营十年或更长时间。但仓库和存储设施，尤其是非企业自营的仓库或储存设施，可以在做出决定的一年内变更。一个好的选址决策有助于供应链在保持低成本的同时更具响应性。例如，丰田于 1988 年在肯塔基州莱克星顿市建立了其在美国的第一家装配工厂，后来又陆续在美国新建了很多工厂。当日元走强，日本生产的汽车价格太高在成本上无法与美国生产的汽车竞争时，丰田在美国的工厂获得了丰厚的利润。在美国建厂使丰田能够在保持低成本的同时更快地响应美国市场的需求。

管理者在设施选址时不仅要考虑未来的需求和成本，而且必须考虑技术可能发生变化的情况。否则，设施可能在几年内变得无用。例如，一家保险公司将其文书工作从大都市转移到郊区，以降低成本。然而，随着自动化程度的提高，对文书工作的需求大大减少，几年内这一设施不再被需要。此时，该公司发现这个设施很难出售，因为它离居民区和机场都比较远（Harding，1988）。

虽然与选址相比，设施产能分配可以更为容易地调整，但是产能决策通常也会数年保持不变。给一个地方分配过多产能会导致利用率较低，从而提高成本；分配过少的产能，如果不能满足需求会导致响应性降低，而如果通过较远的设施来满足需求则会导致较高的成本。设施的供应源和市场的分配对绩效有着重大影响，因为它会影响供应链满足顾客需求所发生的总的生产、库存和运输成本。应该定期对这一决策进行重新评价，以便在生产和运输成本、市场条件或工厂产能变化时可以进行调整。当然，只有当设施有足够的柔性，可以服务于不同的市场并接收来自不同供应源的供货时，才能对市场和供应源的分配进行调整。

设施生产的产品和柔性分配对成本和响应性都有重大影响。当一个设施需要生产多种产品时，由于需要设施更具柔性，所以成本往往会增加。但与专门生产某一种产品的专用设施相比，柔性设施能更有效地应对产品需求的波动。对于专用设施而言，如果其生产的产品的需求减少，那么会造成设施闲置。而柔性设施能够利用现有的产能更多地生产另一种需求可能已经增加的产品。例如，丰田公司在世界各地所有其服务的市场都设有工厂。1997年以前，每个工厂只能为当地市场服务，这使得丰田公司在20世纪90年代后期亚洲经济衰退时遭受了损失。在亚洲各地的工厂存在闲置的产能，但无法用于服务其他需求过剩的市场。因此丰田提高了每个工厂的柔性，使其也能够服务于本地之外的市场。柔性的提高有助于丰田更有效地应对不断变化的全球市场环境。同样，本田公司在美国的工厂也具有一定柔性，同一工厂内既能生产SUV又能生产小轿车，使得本田在2008年SUV需求下降而小轿车需求平稳时能很好应对。

当市场条件发生变化或两个企业合并时，必须对网络设计决策重新进行讨论。例如，随着会员人数不断扩大，为了降低运输成本和提高响应性，截至2010年，网飞公司在美国设立了58个配送中心为顾客邮寄DVD。随着视频流媒体的增加及由此带来的DVD租赁业务的萎缩，到2013年底，网飞关闭了大约20个配送中心。与之相反，亚马逊在美国的配送中心数量从2009年的约20个增加到2016年的约70个。对于网飞和亚马逊来说，根据需求的变化改变配送中心的数量、位置和需求分配，是保持低成本和提高响应性的关键。

企业合并之后，由于原来两家独立的企业所服务的市场既有重叠也有差异，因此整合一些设施、调整另外一些设施的位置和作用往往有助于降低成本和提高响应性。如果类似运输成本这样的要素成本发生重大变化，也可能需要重新考虑网络设计决策。2008年，宝洁宣布将重新审视自己的分销网络，因为宝洁的网络是在“每桶原油成本仅为10美元”时开始实施的。

学习目标1小结

网络设计决策包括确定设施选址、产能、管理的产品以及向不同的设施分配其所服务的市场。当市场条件发生变化时，这些决策决定了供应链网络运行的物理约束。良好的网络设计决策通过支持供应链战略来增加利润。

5.2 影响网络设计决策的因素

本节将讨论影响供应链网络设计决策的各种因素。其中有些是可量化的，可直接纳入网络设计模型中。但通常还有一些同样重要的因素，它们可能无法量化，但在供应链网络设计时也应予以考虑。

5.2.1 战略因素

企业的竞争战略对供应链网络设计决策有着重要的影响。关注成本领先的企业倾向于将制造设施选址在成本最低的地方，即使这意味着将远离其所服务的市场。富士康和伟创力等电子制造服务提供商，通过将其工厂设在低成本地区成功地提供低成本的电子产品装配服务。相反，专注于响应性的企业倾向于将设施选址于更靠近市场的地方，如果这种选择允许企业对不断变化的市场需求做出快速反应，则企业可能会选择一个高成本的地方。

便利连锁店将为顾客购物提供便利作为自己的竞争战略的一部分。因此，便利店网络在一个区域内往往会开设很多家店铺，但每个店铺规模都不大。相反，类似山姆会员店或开市客这样的折扣店将低价格作为自己的竞争战略。因此，折扣店网络中的店铺规模一般较大，顾客通常需要走很远的距离才能到达其中一家。一个山姆会员店覆盖的地理区域内可能有多家便利店。

通过让不同国家的设施发挥不同的作用，全球供应链网络可以最好地支持其战略目标。例如，某服装企业在欧洲和亚洲都有生产设施。其在亚洲的生产设施注重低成本，主要生产销量很大的、标准化的、低价值的产品；欧洲的设施则注重响应性，主要生产需求不可预测的、新潮时尚产品。这种设施的组合使其能够以最赚钱的方式生产多种多样的产品。

在进行设施的产品分配决策时，同时考虑战略匹配性和成本非常重要。例如，当福特汽车推出林肯 Mark Ⅷ车型时，管理层就面临两难境地。当时，Mark Ⅷ车型和水星美洲狮（Mercury Cougar）共用一个平台。但是，Mark Ⅷ属于福特豪华车型林肯系列。由于共享部件和工艺，在同一设施中生产 Mark Ⅷ和水星美洲狮具有明显的运作优势。但是，福特决定在密歇根州的威克瑟姆总装厂生产 Mark Ⅷ，其他林肯车型也在威克瑟姆总装厂生产。福特这样做主要是为了确保 Mark Ⅷ的质量与在威克瑟姆生产的其他福特豪华汽车一致。

5.2.2 竞争因素

在设计供应链网络时，企业必须考虑竞争对手的战略、规模和地点。企业要做的一个基本决策是，设施选址于靠近还是远离竞争对手的地方。

企业间的正外部性　正外部性（positive externalities）是指多家企业邻近选址令其均受益的情形。正外部性促使竞争对手选址时彼此靠近。例如，零售店往往彼此邻近选址，因为这样能增加总的需求量，对各方都有利。彼此竞争的零售店集中在一个购物中心，可以为顾客提供便利，顾客只需驾车到一个地方就能买到想要的所有商品。这增加了光顾购物中心的顾客总量，从而增加了该购物中心内所有零售店的需求。

另一个正外部性的例子是，竞争对手的存在会促使发展中地区的相关基础设施条件得到适当发展。铃木是第一个在印度建立制造设施的外国汽车制造商。铃木付出相当大的努力在当地建立了供应商网络。由于印度有了完善的供应商基础，铃木的竞争对手也在那里建起了装配工厂，因为它们发现在印度生产小汽车远比出口小汽车到这个国家更有效。

分割市场的选址　当不存在正外部性时，企业选址以获得最大市场份额为目标。由霍特林（Hoteling）首先提出的简单模型解释了这一决策背后的机理（Tirole，1997）。

当企业不能控制价格而只能基于距离顾客的远近来进行竞争时，它们可以通过彼此邻近选址和分割市场来使市场份额最大化。考虑以下情形：假设顾客均匀分布在区间为［0，1］的线段上，且两个企业基于它们与顾客之间的距离来进行竞争，如图 5－1 所示。顾客总是会光顾离自己最近的那个企业，而刚好位于两个企业中间的顾客则在两个企业之间平均分配需求。

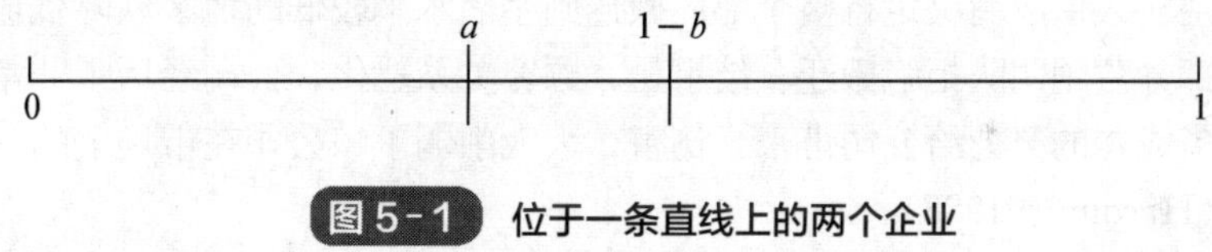

图 5－1　位于一条直线上的两个企业

如果总需求是 1，企业 1 选址在点 a，企业 2 选址在点 $1-b$，那么两个企业的需求 d_1 和 d_2 分别如下：

$$d_1=a+\frac{1-b-a}{2}$$

$$d_2=\frac{1+b-a}{2}$$

如果两个企业彼此靠近，选址在点 $a=b=1/2$ 上，则它们双方的市场份额都将最大化。

从图 5－1 中可以看到，如果两个企业都选址于线段中间（$a=b=1/2$），则顾客的平均行走距离为 1/4。如果一个企业选址于线段的 1/4 处，另一个选址于 3/4 处，则顾客的平均行走距离下降为 1/8（在 0 和 1/2 之间的顾客会光顾位于 1/4 处的企业 1，而在 1/2 和 1 之间的顾客会去位于 3/4 处的企业 2）。然而这一选址并非均衡状态，因为这样选址会驱使两个企业都试图向线段中心移动（接近 1/2）来增加市场份额。竞争的结果就是两个企业彼此邻近选址，尽管这样做会增加顾客的平均行走距离。

如果企业在价格上展开竞争而且运输成本由顾客承担，那么对于两个企业来说，最佳的做法是选址时尽可能远离对方，即企业1选址于0处，企业2选址于1处。远离对方选址可以使价格竞争最小化，并有利于企业分割市场并使利润最大化。

5.2.3 政治因素

备选地区或国家的政治稳定性也是选址时需要考虑的关键因素。企业更喜欢选址于政治稳定的国家，因为那里的商业规则和所有权都非常明确。

5.2.4 基础设施因素

具备良好的基础设施是将设施选址于特定区域的重要先决条件。糟糕的基础设施会增加在特定地点从事经营活动的成本。20世纪90年代，很多全球化企业在中国的上海、天津或广州设厂，因为这些地方有着良好的基础设施，尽管它们的劳动力或土地成本并不是最低的。在供应链网络设计中需要考虑的关键基础设施因素包括：场地和劳动力的可获性、是否邻近交通站场和枢纽、是否有铁路服务、是否邻近机场和港口、是否邻近高速公路、交通拥堵情况和当地的公共设施是否完备等。

所选设施地点的生活质量会对绩效产生重大影响，因为它会影响劳动力的可获性和员工士气。在许多情况下，如果一家企业希望提供更好的生活质量，那么选择一个更高成本的地点可能会更好。不这样做可能会产生可怕的后果。例如，一家航空航天供应商决定将整个部门搬迁到生活水平较低的地区以降低成本。然而，其大部分营销团队拒绝搬迁。结果是，顾客关系恶化，公司经历了非常艰难的过渡。节省成本的努力给公司带来了伤害，大大削弱了该公司在市场上的主要参与者的地位（Harding，1988）。

5.2.5 顾客响应时间和服务水平

将注重快速响应的顾客作为目标顾客的企业，必须邻近顾客选址。如果要走很远的路才能到达便利店，那么顾客是不太可能会光顾的。因此，对便利店连锁企业来说，最佳的做法就是在一个区域内布局很多店铺，这样大多数人都可以就近光顾。相反，顾客在超级市场会大量购买，并愿意为此多走一段距离。因此，连锁超市的店面规模通常大于便利店，而且并非如便利店一样密集分布。在大多数城镇中超市的数量比便利店要少。山姆会员店等折扣店的目标顾客主要是那些对时间不敏感的顾客。这些商店的规模甚至比超市还大，在一个地区的数量更少。

在美国，企业可以通过5个或更少的配送中心，利用卡车为85%的地区提供两天送达的服务。如果将覆盖率提高到全国95%的地区，则需要更多设施。同样，若要缩短响应时间，也需要更多的设施。例如，固安捷为全美85%的地区提供次日送达服务，货物从其5个配送中心通过卡车运往全美各地。相比之下，亚马逊能为较低比例的人群提供当天送达服务，尽管亚马逊拥有大约70个设施。

5.2.6　总物流成本

总物流成本是供应链网络内库存成本、运输成本和设施成本的总和。库存成本包括产品储存成本、资本成本和陈旧性损耗成本。运输成本包括将供给运入设施的内向运输成本和将产出运出设施的外向运输成本。设施成本包括建筑物成本、设备成本和劳动力成本。库存和设施成本会随着供应链中设施数量的增加而增加。运输成本则会随着设施数量的增加而减少。如果设施数量增加到某一点导致内向运输的规模经济丧失，则运输成本也将会上升。例如，亚马逊因为设施较少，所以与拥有数百家店铺的巴诺书店相比，其库存和设施成本要低得多。不过，巴诺书店的运输成本更低。

供应链网络设计的目标是降低总物流成本，同时确保适当的顾客响应水平。供应链网络中的设施数量至少应等于使总物流成本最小所需的设施数量。在此基础上，企业可以增加设施数量，以提高顾客响应性。如果提高响应性所带来的收入增加大于增加设施所产生的成本，那么增加设施的决定就是合理的。

设施成本包括固定设施成本和可变设施成本。固定设施成本与设施的利用状况无关，可变成本与设施所处理的产品数量成比例。设施的固定成本取决于所使用的生产技术，并对供应链网络设计决策有着重大影响。例如，制造半导体的工厂需要大量的初始投资，并且显示出显著的规模经济。由于设施的固定成本非常高而产品外向运输成本相对较低，因此大多数半导体企业仅拥有少数几个高产能的设施来满足全球的需求。

相反，可口可乐装瓶厂的设施固定成本并不高，但外向运输成本相对较高。因此，为了降低运输成本，可口可乐在世界各地建了很多装瓶厂，各自服务于当地市场。

运费和燃油费用的波动对运输成本有着非常大的影响。例如，仅在 2010 年，用于衡量金属、谷物和矿物燃料等原材料运输成本的波罗的海干散货指数（Baltic Dry Index）在 5 月达到 4 187 的峰值，而在 7 月下降至 1 709 的低点。2009 年 2 月原油价格降至每桶约 31 美元，而在 2010 年 12 月升至每桶约 90 美元。供应链网络设计人员必须决定，是构建更具柔性的供应链还是利用一些金融工具来应对这些波动。

5.2.7　宏观经济因素

税收、关税、汇率等宏观经济因素对供应链网络的总成本和利润有着非常大的影响。因此，企业在制定网络设计决策时必须考虑这些因素。

关税和税收激励　关税（tariff）是指产品或设备跨越一国关境时必须支付的税收。关税对供应链设施选址决策具有重要影响。如果一个国家的关税很高，那么企业要么放弃该国的市场，要么在该国设厂以规避关税。高额关税将导致供应链网络中的生产地点增多，每个生产地点所分配的产能则较低。由于世界贸易组织（World Trade Organization）的努力以及区域协定（例如北美自由贸易协定（NAFTA）、欧盟以及南方共同市场（MERCOSUR）等协定）的签订，关税水平已逐渐下降，全球化企业已开始对其全球的生产和配送设施进行整合。

税收激励（tax incentive）是指国家、州或城市为了鼓励企业将设施选址在特定的地区而提供的税收方面的减免。很多国家的激励因城市而异，以鼓励企业到经济发展水平较低的地区投资。这种激励措施增加了企业的税后利润，往往是影响很多工厂最终选址决策的一个关键因素。令人震惊的是，在企业全球选址时税收激励往往是推动选址决策的最重要因素，其对选址决策的影响超过其他所有成本因素的总和。例如，爱尔兰通过低税收吸引企业进驻，促进了爱尔兰高科技产业的发展。即使在一个国家内部，当企业决定将设施设在某地方政府的管辖范围内时，该地方政府可能也会慷慨地提供低税甚至免税以及无偿使用土地的优惠政策。丰田、宝马和梅赛德斯都已在美国设厂，其工厂选址在很大程度上取决于各州提供的税收优惠。

发展中国家通常会设立自由贸易区（free trade zone），在自由贸易区里只要生产的产品主要用于出口，就可以享受税收和关税的减免。这会大大激励全球化企业到这些国家设厂以充分利用当地的廉价劳动力资源。

许多发展中国家还会基于企业为当地劳动力提供的培训、膳食、交通和其他服务给予额外的税收优惠。根据产品的技术含量的不同，关税也可能存在差异。例如，中国对高技术产品实行完全免税政策，以鼓励企业到中国建厂并带来最先进的技术。为了享受税收减免和针对高技术产品的其他优惠政策，摩托罗拉在中国兴建了一个大型芯片制造厂。

为了帮助本地制造商发展，很多国家还对本地化含量设置了最低要求，并对进口进行限制。这样的政策促使全球化企业在当地建立设施并从当地供应商处采购。例如，西班牙的Gamesa公司是中国风力涡轮机的主要供应商，2005年占有大约1/3的市场份额。同年，中国宣布，风力发电场购买的设备中必须有不低于70%的零部件是中国国内生产的。这使得Gamesa和通用电气等希望在中国市场分一杯羹的企业必须去培养当地的供应商并从它们那里进货。2009年，中国取消了国产化比例的要求。而此时，这些中国供应商已经有了足够大的规模，有些甚至能实现世界上最低的成本。这些供应商也向Gamesa的中国竞争对手供货，而后者也发展成为具有全球竞争力的企业。

汇率和需求风险 汇率经常会发生波动，并对服务于全球市场的供应链的利润造成重要影响。例如，美元兑日元的汇率就在2007年1美元兑124日元的高点与2010年1美元兑81日元的低点之间波动，2016年美元兑日元汇率又回到115日元以上。一家在日本生产而将产品销售到美国的企业将面临日元升值的风险，生产成本以日元计算，而收入则以美元计算。因此，日元升值将导致生产成本增加（换算成美元），从而使企业利润减少。20世纪80年代日元升值时，很多日本制造商都遇到了这个问题，因为它们大部分产能都在日本。日元升值降低了它们来自巨大的海外市场的收入（以日元计）和利润。大部分日本企业对此做出了响应，在世界各地建立了生产设施。2002—2008年美元兑换欧元的汇率在0.63～1.15欧元之间波动，2008年7月跌至0.63欧元。美元的下跌对戴姆勒、宝马和保时捷等欧洲汽车制造商的影响尤为严重，因为它们每年都出口很多车到美国。据报道，欧元每升值1美分，宝马和梅赛德斯每年就要多付出7 500万美元的成本。

一些金融工具可用来应对汇率风险，有些金融工具可以限制或对冲汇率波动造成的损失。但是，供应链网络如果设计得当，反而可以利用汇率波动的机会来增加利润。一个有效的方式就是在供应链网络中建设一些过剩的产能，并让这些产能具备为不同市场供货的柔性。这种柔性使得企业可以通过改变供应链中生产的流动来应对汇率的波动，从而使利润最大化。

企业同样还必须考虑不同国家的经济变化引起的需求波动。例如，2009 年美国和西欧各国经济低迷（美国的实际国内生产总值（GDP）下降了 2.4%），而中国实际 GDP 增幅超过 8%，印度增幅大约为 7%。在此期间，在中国和印度建有设施且具有柔性的、能够灵活地将资源从萎缩市场转移到增长市场的全球化企业，与那些在这些市场没有设施或不具备柔性的企业相比，表现要好得多。随着巴西、中国和印度经济的持续增长，全球化供应链应当在这些国家设立更多的设施，并且让设施更具柔性以服务更多的市场。

在设计供应链网络时，企业必须考虑汇率、需求的波动。

学习目标 2 小结

供应链网络设计决策会受到战略、竞争、政治和基础设施等一些不可量化的因素的影响。供应链网络设计决策还会受到所期望的响应时间和服务水平、总物流成本、税收和关税等可量化因素的影响。在面对需求、成本、汇率波动时，应检查供应链网络设计决策的稳健性。

5.3 网络设计决策的框架

在设施选址和产能分配时，管理者的目标应该是在使供应链网络的整体盈利能力最大化的同时，为顾客提供适当的响应性水平。企业的收入来自产品的销售，而设备、劳动力、运输、材料和库存都会产生成本。企业的利润还会受到税收和关税的影响。理想情况下，在设计供应链网络时，应使税后利润最大化。为了设计一个有效的网络，管理者必须考虑 5.2 节以及第 4 章所讨论的那些因素。在供应链网络设计过程中，管理者必须进行许多权衡。例如，建立许多设施服务当地市场可以降低运输成本并缩短响应时间，但这会增加企业的设施成本和库存成本。

管理者在两种情况下使用网络设计模型。首先，这些模型用于设施选址和产能分配。管理者必须考虑选址和产能决策的影响时间范围（通常以年为单位），在这段时间内选址和产能不会发生改变。其次，这些模型还可用于将当前需求分配给可利用的设施，并确定产品运输的路径。随着需求、价格、汇率和关税的变化，管理者至少每年必须重新进行一次决策。在这两种情况下，决策的目标都是在满足顾客需求的同时实现利润最大化。

首先从第 4 章讨论的战略层面开始描述一个总体的供应链网络设计框架，然后介绍具体的选址、产能和市场分配决策。如图 5－2 所示，全球网络框架设计分为四个阶段。下面将对每个阶段进行详细介绍。

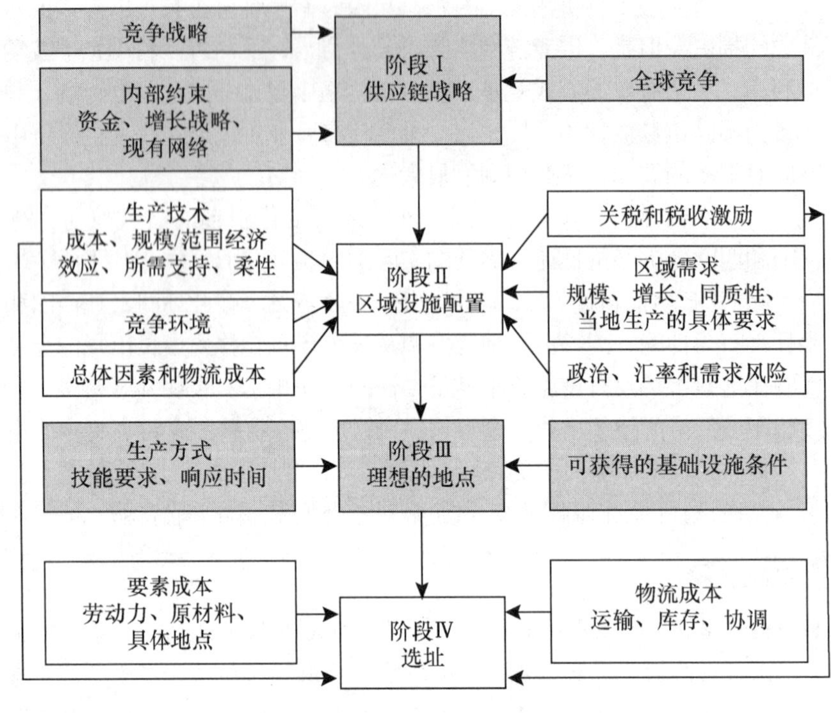

图 5-2 网络设计决策的框架

5.3.1 阶段Ⅰ：明确供应链战略/设计

网络设计的第一阶段的目标是明确企业的总体供应链设计（如第 4 章所讨论的），其中包括确定供应链中的各个环节，以及供应链的每一项职能是内部完成还是外包出去。

第一阶段始于对企业竞争战略的明确界定，即供应链旨在满足哪些需求。供应链战略将明确说明供应链网络必须具备哪些能力来支持竞争战略（参见第 2 章）。管理者必须预测全球竞争可能如何演变以及每个市场上的竞争对手是当地企业还是全球化企业。管理者还必须识别现有的网络、可用资本的约束，以及增长是通过获取已有设施、兴建新设施还是采用合作的方式来实现。

企业必须基于其竞争战略及由此产生的供应链战略、对竞争状况的分析以及所有约束条件，来确定企业的总体供应链设计。

5.3.2 阶段Ⅱ：明确区域设施配置

网络设计第二阶段的目标是确定设施将位于哪些区域、其潜在的作用以及大致的产能。

第二阶段始于对国家或地区的需求预测。这一预测必须包括对需求规模的估计并明确不同地区的顾客需求是同质的还是存在差异。同质性的需求适合采用大型综合设施，而当需求在不同国家间存在差异时则适于采用柔性的设施或小型的、本地化的专用设施。

管理者下一步要做的就是识别与生产、储存、运输活动相关的固定成本和可变成本。在这一层次的分析中，这些成本是指区域的平均成本，而不是某一具体地点的成本。这些成本取决于生产技术显示出的规模经济或范围经济的程度。如果规模经济或范围经济显著（固定成本较高），那么建立少数几个设施来服务很多的市场可能是更好的选择。例如，AMD（Advanced Micro Device）等半导体制造商考虑到生产中的规模经济效应，只兴建了少数的几个工厂来满足全球市场。如果规模或范围经济效应不显著，可能最好还是在每个市场建立自己的设施。

接下来，管理者必须了解地区性关税、与本地化生产有关的所有要求、税收激励以及每个市场的出口或进口限制。这些信息都有助于设计一个税后利润最大化的网络。管理者必须识别每个区域的竞争对手，并决定将设施选址于靠近还是远离竞争对手的设施的地方。另外，还必须明确每个市场的期望响应时间和每个区域的总物流成本。

基于上述所有信息，管理者利用下一节讨论的网络设计模型就可以确定供应链网络的区域设施配置了。在5.4节中我们将介绍可用于区域配置的决策模型。区域配置将明确说明设施将建在哪些区域、网络中设施的大致数量及其产能、每个区域生产的产品以及每个区域所服务的市场。

管理者还必须识别与区域市场相关的需求风险、汇率风险和政治风险。这些信息有助于测试所设计网络在面对这些波动时的稳健性。第6章将讨论全球网络设计中的风险和不确定性。

5.3.3　阶段Ⅲ：选择一组理想的潜在地点

第三阶段的目标是在打算兴建设施的每一个区域选择一组理想的潜在地点。总成本最小化的模型将首先用于确定潜在地点可能所在的广泛地理区域。这些模型将在5.5节中进行讨论。然后，应根据对基础设施可用性的分析来选择潜在的地点，以支持所需的生产方法。硬件基础设施要求（hard infrastructure requirements）包括供应商的可获性、运输服务、通信、公共设施以及仓储设施。软件基础设施要求（soft infrastructure requirements）包括熟练劳动力的可获性、劳动力流动，以及社区对商业和工业的接受度。

5.3.4　阶段Ⅳ：选址和市场分配

第四阶段的目标是从潜在的地点当中选择一个具体位置作为设施的最终选址并为每个设施分配产能。第三阶段已经选出了一组潜在地点，此时可以更精确地估计每个潜在地点的需求、固定和可变的物流和设施成本，以及关税和税收优惠。利用这些信息并同时考虑5.2节中所提到的那些不可量化因素，就可以设计出一个使总利润最大化的供应链网络。随着需求和成本的变化，对设施的市场分配进行调整，同时考虑网络设计过程中所决定的产能和柔性。

我们将在5.6节中介绍用于最终网络设计和市场分配的决策模型。

学习目标3小结

网络设计的目标是使供应链的长期盈利能力最大化。该过程始于定义供应链战略，供应链战略必须与企业的竞争战略相一致。供应链战略、区域需求、成本、基础设施和竞争环境被用来确定区域设施配置。然后，在设施拟选址的区域，基于成本和现有的基础设施条件来选择可能具有吸引力的地点。最后再根据不同市场的需求、物流成本、要素成本、税收以及利润等，在潜在的地点中确定最优的供应链配置。由于供应链面临各种风险和不确定性，检验供应链网络的稳健性非常必要。应根据需求和成本的变化，对设施的市场配置进行调整。

5.4 设计区域网络配置的优化模型

这一阶段的目标是确定区域网络配置，同时考虑区域的需求和成本。我们将讨论在这一阶段所需的输入信息和可用于区域配置的网络优化模型。

5.4.1 所需输入

使用网络优化模型来进行区域网络配置时，管理者需要获得各个区域的以下信息：需求、期望的响应水平、兴建设施的固定成本、劳动力和材料的变动成本、库存持有成本、每两个地区之间的运输成本、产品售价、税收和关税、设施产能。结合这些成本及税收和关税信息，就可以了解在每个地区兴建设施的年固定成本，以及从一个地区为另一个地区提供单位产品的可变成本。

SunOil公司是一家石化产品生产商，其产品销往全球各地。下面以SunOil公司为例说明区域网络的设计。该公司负责供应链的副总裁正在考虑两种用来满足需求的备选方案。一种方案是在每个地区都兴建一个工厂。这种方案的好处是可以降低运输成本，而且有助于避免从其他地区进口产品可能被征收的关税。这种方案的缺点是工厂的规模是按满足当地需求来规划的，有可能无法充分利用规模经济。另一种方案是把工厂集中在少数几个地区，这样可以提高规模经济水平，但会增加运输成本和关税。在进行区域配置设计时，管理者必须考虑对这些可量化因素进行权衡，同时还必须考虑竞争环境、政治风险等一些不可量化的因素。

第一步是收集可用于量化模型的数据。对于SunOil公司来说，其供应链副总裁决定将全球需求分为5个区域：北美、南美、欧洲、非洲和亚洲。所收集的数据如图5-3所示。上述5个区域的年需求都列在Excel单元格B9：F9中。单元格B4：F8中的数据表示在一个区域组织生产来满足另一个区域需求的可变生产、库存和运输成本（包括关税和税收）。所有成本都是以千美元为单位。例如，如单元格C4所示，在北美生产100万单位产品然后在南美销售的成本是92 000美元（包括关税）。又如单元格G4所示，在北美建立一个低产能的工厂的年固定成本为6 000 000美元。可以看到，这个阶段收集的数据是一个总量数据。

在每个设施，与设施、运输和库存相关的成本中既有固定成本也有可变成本。固定成本是指那些与设施的产品生产量或运输量无关的成本。可变成本是指那些与

	A	B	C	D	E	F	G	H	I	J
1	输入——成本、产能、需求									
2		需求区域 每百万单位生产和运输成本					固定成本	低产能	固定成本	高产能
3	供应区域	北美	南美	欧洲	亚洲	非洲				
4	北美	81	92	101	130	115	6 000	10	9 000	20
5	南美	117	77	108	98	100	4 500	10	6 750	20
6	欧洲	102	105	95	119	111	6 500	10	9 750	20
7	亚洲	115	125	90	59	74	4 100	10	6 150	20
8	非洲	142	100	103	105	71	4 000	10	6 000	20
9	需求	12	8	14	16	7				

图5-3 SunOil公司的成本（以千美元计）和需求数据（以百万单位计）

某个设施的生产或运输的产品数量成比例变化的成本。设施、运输和库存成本通常存在规模经济效应，边际成本随着设施生产数量的增加而降低。在我们讨论的模型中，假设所有可变成本与生产量或运输量呈线性正相关。

SunOil公司对于每个选址的工厂规模也有两个方案。低产能的工厂每年可以生产1 000万单位产品，高产能工厂每年可以生产2 000万单位产品，分别如单元格H4：H8和J4：J8所示。由于高产能工厂具有一定的规模经济，所以其固定成本不到低产能工厂固定成本的两倍，如单元格G4：G8和I4：I8所示。所有的固定成本都按年计。SunOil的这位供应链副总裁想知道哪种网络方案的成本最低。为了回答这个问题，接下来将讨论适用于这种情况的、有能力约束的工厂选址模型。

5.4.2 有能力约束的工厂选址模型

有能力约束的工厂选址网络优化模型需要以下输入：

n＝潜在工厂位置的数量或产能（每一产能水平被视为一个单独的位置）

m＝市场或需求点的数量

D_j＝市场j的年需求

K_i＝工厂i的潜在产能

f_i＝维持工厂i开工的年固定成本

c_{ij}＝从工厂i生产并运送单位产品到市场j的成本（包括生产、库存、运输成本和关税）

在SunOil公司的例子中，$n=10$，因为有5个潜在工厂位置和2种可供选择的工厂产能。$m=5$，因为有5个市场。年需求D_j见B9：F9单元格。工厂潜在产能K_i见单元格H4：H8和J4：J8。单元格G4：G8和I4：I8中数据表示年固定成本f_i。变动成本c_{ij}如单元格B4：F8所示。

供应链小组的目标是确定一个可以使税后利润最大化的网络设计。为了简化起见，假设所有需求都必须被满足且不考虑所得税。因此，模型仅关注使满足全球需求的成本最小化。不过，也可以对模型稍加修正，将利润和税收纳入考虑之中。相关决策变量定义如下：

y_i：如果工厂i开工则$y_i=1$，否则$y_i=0$

x_{ij}：从工厂i运送到市场j的产品数量

则问题可以表述为以下混合整数规划问题：

$$\min\left(\sum_{i=1}^{n} f_i y_i + \sum_{i=1}^{n}\sum_{j=1}^{m} c_{ij} x_{ij}\right)$$

约束条件为：

$$\sum_{i=1}^{n} x_{ij} = D_j \quad j = 1,2,\cdots,m \tag{5.1}$$

$$\sum_{j=1}^{m} x_{ij} \leqslant K_i y_i \quad i = 1,2,\cdots,n \tag{5.2}$$

$$y_i \in \{0,1\} \quad i = 1,2,\cdots,n; x_{ij} \geqslant 0 \tag{5.3}$$

目标函数是使建立和运营该网络的总成本（固定成本＋可变成本）最小化。式(5.1)的约束条件是指每个区域的市场需求都必须被满足。式(5.2)的约束条件是指每个工厂的供应不能超出其产能（很明显，如果一个工厂关闭，则其产能为0；如果开工，则为K_i。$K_i y_i$反映了这一关系）。式(5.3)的约束条件是指一个工厂或者是开工($y_i = 1$)，或者是关闭($y_i = 0$)。函数的解将表明哪些工厂将开工及其产能，以及各区域的需求在这些工厂之间如何分配。

该模型可利用Excel中的规划求解工具来进行求解（见图5-3至图5-7的电子表格）。给定了初始数据，接下来就是在Excel中确定每个决策变量的单元格，如图5-4所示。单元格B14：F18对应决策变量x_{ij}，其决定了在一个供应区域生产并发运到一个需求区域的数量。单元格G14：G18包含的是低产能工厂的决策变量y_i。单元格H14：H18包含的是高产能工厂的决策变量y_i。所有决策变量的初始值均赋为0。

	A	B	C	D	E	F	G	H	I	J
1	输入——成本、产能、需求									
2		需求区域 每百万单位生产和运输成本					固定成本	低产能	固定成本	高产能
3	供应区域	北美	南美	欧洲	亚洲	非洲				
4	北美	81	92	101	130	115	6 000	10	9 000	20
5	南美	117	77	108	98	100	4 500	10	6 750	20
6	欧洲	102	105	95	119	111	6 500	10	9 750	20
7	亚洲	115	125	90	59	74	4 100	10	6 150	20
8	非洲	142	100	103	105	71	4 000	10	6 000	20
9	需求	12	8	14	16	7				
10										
11	决策变量									
12		需求区域——产能分配（百万单位）					工厂 (1=开工)	工厂 (1=开工)		
13	供应区域	北美	南美	欧洲	亚洲	非洲				
14	北美	0	0	0	0	0	0	0		
15	南美	0	0	0	0	0	0	0		
16	欧洲	0	0	0	0	0	0	0		
17	亚洲	0	0	0	0	0	0	0		
18	非洲	0	0	0	0	0	0	0		

图5-4 SunOil公司决策变量的电子数据表区域

下一步是构建式(5.1)和式(5.2)的约束条件的单元格以及目标函数。约束条件单元格和目标函数如图5-5所示。单元格B22：B26包含的是式(5.2)中的产能约束；单元格B28：F28包含的是式(5.1)中的需求约束。目标函数表示在单元格B31中，代表运作该网络的总的固定成本和可变成本。

	A	B	C	D	E	F	G	H	I	J
1	输入——成本、产能、需求									
2		需求区域 每百万单位生产和运输成本					固定成本	低产能	固定成本	高产能
3	供应区域	北美	南美	欧洲	亚洲	非洲				
4	北美	81	92	101	130	115	6 000	10	9 000	20
5	南美	117	77	108	98	100	4 500	10	6 750	20
6	欧洲	102	105	95	119	111	6 500	10	9 750	20
7	亚洲	115	125	90	59	74	4 100	10	6 150	20
8	非洲	142	100	103	105	71	4 000	10	6 000	20
9	需求	12	8	14	16	7				
10										
11	决策变量									
12		需求区域——产能分配（百万单位）					工厂	工厂		
13	供应区域	北美	南美	欧洲	亚洲	非洲	(1=开工)	(1=开工)		
14	北美	0	0	0	0	0	0	0		
15	南美	0	0	0	0	0	0	0		
16	欧洲	0	0	0	0	0	0	0		
17	亚洲	0	0	0	0	0	0	0		
18	非洲	0	0	0	0	0	0	0		
19										
20	约束									
21	供应区域	超额产能								
22	北美	0								
23	南美	0								
24	欧洲	0								
25	亚洲	0								
26	非洲	0								
27	未满足的	北美	南美	欧洲	亚洲	非洲				
28	需求	12	8	14	16	7				
29										
30	目标函数									
31	成本=	$ -								

单元格	单元格操作函数	公式	复制到
B28	=B9-SUM(B14:B18)	(5.1)	C28:F28
B22	=G14*H4+H14*J4-SUM(B14:F14)	(5.2)	B23:B26
B31	=SUMPRODUCT(B14:F18,B4:F8) +SUMPRODUCT(G14:G18,G4:G8) +SUMPRODUCT(H14:H18,I4:I8)	目标函数	—

图 5-5　SunOil 公司约束条件和目标函数的电子数据表区域

下一步是用 Excel 的数据→规划求解来调用规划求解工具，如图 5-6 所示。在规划求解内，目标是使单元格 B31 中的总成本最低。单元格 B14:H18 中是变量。约束条件如下：

B14:H18≥0｛所有决策变量均为非负数｝

B22:B26≥0 $\{K_i y_i - \sum_{j=1}^{m} x_{ij} \geq 0, i=1,2,\cdots,5\}$

B28:F28=0 $\{D_j - \sum_{i=1}^{n} x_{ij} = 0, j=1,2,\cdots,5\}$

G14:H18 二进制｛选址变量 y_i 为二进制变量，即 0 或 1｝

在规划求解参数对话框内，选择单纯形线性规划，然后点击“求解”就可以得到最优解，如图 5-7 所示。由图 5-7，供应链小组得出以下成本最低的供应链网络选址结论：在南美（单元格 H15=1）、亚洲（单元格 H17=1）和非洲（单元格 H18=1）各兴建一个高产能工厂。南美的工厂满足北美的需求（单元格 B15），欧洲的需求由亚洲（单元格 D17）和非洲（单元格 D18）的工厂来满足。

	A	B	C	D	E	F	G	H	I	J
1	输入——成本、产能、需求									
2		需求区域 每百万单位生产和运输成本					固定成本	低产能	固定成本	高产能
3	供应区域	北美	南美	欧洲	亚洲	非洲				
4	北美	81	92	101	130	115	6 000	10	9 000	20
5	南美	117	77	108	98	100	4 500	10	6 750	20
6	欧洲	102	105	95	119	111	6 500	10	9 750	20
7	亚洲	115	125	90	59	74	4 100	10	6 150	20
8	非洲	142	100	103	105	71	4 000	10	6 000	20
9	需求	12	8	14	16	7				
10										
11	决策变量									
12		需求区域——产能分配（百万单位）					工厂	工厂		
13	供应区域	北美	南美	欧洲	亚洲	非洲	（1=开工）	（1=开工）		
14	北美	0	0	0	0	0	0	0		
15	南美	0	0	0	0	0	0	0		
16	欧洲	0	0	0	0	0	0	0		
17	亚洲	0	0	0	0	0	0	0		
18	非洲	0	0							
19										
20	约束									
21	供应区域	超额产能								
22	北美	0								
23	南美	0								
24	欧洲	0								
25	亚洲	0								
26	非洲	0								
27	未满足的	北美	南美	欧						
28	需求	12	8							
29										
30	目标函数									
31	成本=	$ –								
32										
33										

规划求解参数

设置目标单元格（E）：$B$31　　求解（S）

等于：○最大值（M）　⊙最小值（N）　○值为（V） 0　　关闭

可变单元格（B）：

$B$14:$H$18　　推测（G）　　选项（O）

约束（U）：

$B$14:$H$18 >= 0
$B$22:$B$26 >= 0
$B$28:$F$28 = 0
$G$14:$H$18 = 二进制

添加（A）　更改（C）　删除（D）　全部重设（R）　帮助（H）

图5-6　利用规划求解确定SunOil公司的区域设施配置

	A	B	C	D	E	F	G	H	I	J
1	输入——成本、产能、需求									
2		需求区域 每百万单位生产和运输成本					固定成本	低产能	固定成本	高产能
3	供应区域	北美	南美	欧洲	亚洲	非洲				
4	北美	81	92	101	130	115	6 000	10	9 000	20
5	南美	117	77	108	98	100	4 500	10	6 750	20
6	欧洲	102	105	95	119	111	6 500	10	9 750	20
7	亚洲	115	125	90	59	74	4 100	10	6 150	20
8	非洲	142	100	103	105	71	4 000	10	6 000	20
9	需求	12	8	14	16	7				
10										
11	决策变量									
12		需求区域——产能分配（百万单位）					工厂	工厂		
13	供应区域	北美	南美	欧洲	亚洲	非洲	（1=开工）	（1=开工）		
14	北美	0	0	0	0	0	0	0		
15	南美	12	8	0	0	0	0	1		
16	欧洲	0	0	0	0	0	0	0		
17	亚洲	0	0	4	16	0	0	1		
18	非洲	0	0	10	0	7	0	1		
19										
20	约束									
21	供应区域	超额产能								
22	北美	0								
23	南美	0								
24	欧洲	0								
25	亚洲	0								
26	非洲	3								
27	未满足的	北美	南美	欧洲	亚洲	非洲				
28	需求	0	0	0	0	0				
29										
30	目标函数									
31	成本=	$23 751								

图5-7　SunOil公司的最优区域网络配置

前面讨论的模型可以做一些调整，以满足必须在某些区域设厂的战略要求。如果SunOil公司出于战略方面的考虑，决定将一个工厂选址定在欧洲，那么可以通过增加要求将一个工厂选址在欧洲的约束条件来修改模型。在这一阶段，应该对将各种战略因素（如本土化）纳入考量的备选方案的相关成本进行评估，然后选择一个合适的区域配置方案。

5.4.3 考虑税收、关税和顾客要求

所有网络设计模型的构建应确保最终的供应链网络在满足顾客服务要求的同时，实现税后利润最大化。下面将说明如何对前面讨论过的、有能力约束的工厂选址模型进行调整以实现税后利润最大化的目标，即使收入是以不同的货币计算的。所介绍的方法可用于将任何成本最小化的网络设计模型转换为利润最大化模型。如果 r_j 是在市场 j 卖出一单位产品的收入，则有能力约束的工厂选址模型的目标函数可以修改为：

$$\max\left(\sum_{j=1}^{m} r_j \sum_{i=1}^{n} x_{ij} - \sum_{i=1}^{n} F_i y_i - \sum_{i=1}^{n}\sum_{j=1}^{m} c_{ij} x_{ij}\right)$$

该目标函数是使企业的利润最大化。当使用一个利润最大化的目标函数时，管理者应当将式（5.1）中的约束条件修改为：

$$\sum_{i=1}^{n} x_{ij} \leqslant D_j,\ j=1,2,\cdots,m \tag{5.4}$$

式（5.4）中的约束条件比式（5.1）中的约束条件更为合适，因为它允许网络设计者识别出满足哪些需求可以获利，而满足哪些需求会给企业造成损失。用式（5.4）替代式（5.1）以及目标函数为利润最大化的工厂选址模型将仅服务于能够获利的那部分需求。除非有其他约束条件，否则这可能导致一些市场中的部分需求被放弃。因为服务这些需求企业无利可图。

顾客的偏好和要求可以通过期望的响应时间、对运输方式或运输承运人的选择等方式表现出来。例如，假设在工厂选址 i 和市场 j 之间存在两种运输方式：方式1是海运，方式2是空运。那么，可以对工厂选址模型做以下修正：定义两个独立的决策变量 x_{ij}^1 和 x_{ij}^2，分别表示采用方式1和方式2从选址 i 运送到市场 j 的数量。只有当使用某种运输方式所花费的时间小于所期望的响应时间时，才允许利用这种运输方式进行装运。例如，如果采用方式1（海运）从选址 i 运送产品到市场 j 所需时间大于顾客所能接受的时间，那么可以在工厂选址模型中将决策变量 x_{ij}^1 赋值为0。存在多个运输承运人时可以对模型做类似修改。

学习目标4小结

有能力约束的工厂选址模型可用于寻找能使总成本最小或总利润最大的区域配置。该模型提供了最优工厂选址，同时确保每个工厂的供应量均不超过其产能，且每个市场都能获得足够的供应来满足需求。

5.5 在区域内识别潜在地点的模型

在确定区域配置后，管理者下一步要做的就是在决定建厂的每一个区域内找出

潜在的选址地点。作为初期准备，管理者需要先确定有可能会被考虑的潜在地点的地理位置。本节将介绍重心选址模型，用于在一个区域内找到合适的地理位置。重心选址模型可用于寻找从供应商处运输原材料及将产成品运输到所服务市场成本最小化的地点。

5.5.1 所需输入

这一阶段使用区域配置的结果作为重心选址模型的输入，对于每一区域和设施要分别运行重心选址模型。对于每一个所考虑的区域，管理者需了解以下信息：所服务市场的需求、每个供应源的供应量、每个所服务的市场和供应源的坐标位置、从每个供应源到设施以及从设施到每个市场的单位运输成本。

下面以生产高质量电冰箱和炉灶的 SA 公司为例来介绍重心选址模型。SA 在美国丹佛附近有一个装配工厂，一直由它来供应整个美国市场。由于市场需求增长迅速，SA 的首席执行官决定再建一个工厂来服务东部的市场。他要求供应链主管找到一个合适的位置兴建新工厂。分别位于布法罗、孟菲斯和圣路易斯的三家零部件工厂将为新工厂供应零部件，新工厂将服务亚特兰大、波士顿、杰克逊维尔、费城和纽约的市场。图 5－8 中给出了坐标位置、每个市场的需求、需要每个零部件工厂提供的供应量以及每个供应源或市场的运输成本。坐标位置见单元格 E5：F12；所服务市场的需求见单元格 D8：D12；每个供应源的供应量见单元格 D5：D7；单位运输成本见单元格 C5：C12。

	A	B	C	D	E	F	G
3		供应源/市场	美元/吨英里 (F_n)	吨 (D_n)	坐标		d_n
4					x_n	y_n	
5	供应源	布法罗	0.90	500	700	1 200	1 389
6		孟菲斯	0.95	300	250	600	650
7		圣路易斯	0.85	700	225	825	855
8	市场	亚特兰大	1.50	225	600	500	781
9		波士顿	1.50	150	1 050	1 200	1 595
10		杰克逊维尔	1.50	250	800	300	854
11		费城	1.50	175	925	975	1 344
12		纽约	1.50	300	1 000	1 080	1 472
14	设施选址						
16	X=	0.0					
17	Y=	0.0					
19	成本=	$3 277 110					

规划求解参数
设置目标单元格(E)： $B$19
等于： 最大值(M) 最小值(N) 值为(V) 0
可变单元格(B)： $B$16:$B$17
推测(G)
约束(U)：
添加(A) 更改(C) 删除(D)
求解(S) 关闭 选项(O) 全部重设(R) 帮助(H)

单元格	单元格操作函数	公式	复制到
G5	= SQRT(($B$16 − E5)^2 + ($B$17 − F5)^2)	(5.5)	G6:G12
B19	= SUMPRODUCT(G5:G12,D5:D12,C5:C12)	(5.6)	—

图 5－8 利用规划求解为 SA 公司优化选址

5.5.2　重心模型

重心模型假设市场和供应源都可以作为平面上的网格点，所有距离都按平面上两点之间的几何距离来计算。这些模型同时假设运输成本与运输数量和运输距离正线性相关。我们将讨论的是单一设施选址的重心模型，该设施从供应源接收原材料，然后将产成品运送到市场。该模型的基本输入如下：

x_n，y_n＝某一市场或供应源 n 的坐标

F_n＝单位产品（这里的单位可以是一件、一托盘、一货车或一吨）在设施与市场或供应源 n 之间每英里的运输成本

D_n＝设施与市场或供应源 n 之间的运输数量

在SA公司的例子中，x_n 的坐标在单元格E5：E12中，y_n 的坐标在单元格F5：F12中，运输成本 F_n 在单元格C5：C12中，运输量 D_n 在单元格D5：D12中。

如果设施选址于位置（x，y），那么位于（x，y）的设施与供应源或市场 n 之间的距离 d_n 为：

$$d_n=\sqrt{(x-x_n)^2+(y-y_n)^2} \tag{5.5}$$

总运输成本为：

$$\text{总运输成本}=\sum_{n=1}^{k} d_n D_n F_n \tag{5.6}$$

最优的选址就是使式（5.6）中总运输成本最小的位置。可以利用Excel的规划求解工具来求SA公司的最优解（见图5-8）。第一步是在单元格B5：F12中输入该问题的一些数据。然后在单元格B16和B17设置决策变量（x，y），也就是新设施的位置。接着，在单元格G5：G12中，利用式（5.5）计算从设施所在位置（x，y）到每个供应源或市场的距离 d_n。然后利用式（5.6）在单元格B19中计算总运输成本。

下一步是调用规划求解工具。在规划求解参数对话框内（见图5-8），输入以下信息以描述问题：

设置目标单元格:B19

等于:最小值

可变单元格:B16:B17

选择GRG非线性作为求解方法，然后点击“求解”。最优解将在单元格B16和B17中得出，分别是681和882。

管理者于是将坐标（x，y）＝(681，882）确定为可以使总运输成本最小化的工厂选址。从地图上看，该坐标靠近北卡罗来纳州和弗吉尼亚州的边界。不过，通过重心模型得出的精确坐标所对应的有可能并不是一个可行的地点。管理者应当在最优坐标点附近寻找具备所要求的基础设施条件和所需技能的劳动力资源的理想地点。

重心模型还可以通过以下迭代步骤来求解。

1. 对每个供应源或市场 n，按式（5.5）求 d_n 的值。
2. 通过以下公式求得设施的一个新的位置（x'，y'）：

$$x' = \frac{\sum_{n=1}^{k} \frac{D_n F_n x_n}{d_n}}{\sum_{n=1}^{k} \frac{D_n F_n}{d_n}}$$

$$y' = \frac{\sum_{n=1}^{k} \frac{D_n F_n y_n}{d_n}}{\sum_{n=1}^{k} \frac{D_n F_n}{d_n}}$$

3. 如果新的位置（x'，y'）与（x，y）几乎相同，则停止；否则，设（x，y）=（x'，y'）并返回到步骤1。

学习目标5小结

重心模型可用于识别每个区域的潜在设施地点。根据供应源的供应量和市场的需求量，该模型可识别出区域内能够使总运输成本最小的地理位置。可将这个地理位置附近能满足硬件和软件基础设施条件要求的地点作为潜在选址地点。

5.6 需求分配和工厂选址模型

在确定了潜在设施地点后，管理者就要决定具体的设施选址并进行产能分配。除了设施选址，管理者还要决定如何将每个市场的需求分配给各个设施。进行产能分配时必须考虑到响应时间方面的顾客服务约束。随着成本和市场的变化，需求分配决策可定期进行调整。在网络设计时，通常选址决策和分配决策是同时进行的。

5.6.1 所需输入

在这一阶段，管理者需要了解以下信息：每个市场的需求、期望的响应时间、建立一个设施的固定成本、劳动力和物料的可变成本、库存持有成本、各潜在地点和市场间的运输成本、产品销售价格、税收和关税、潜在设施产能。根据以上各种成本以及税收和关税数据，就可以了解在每个地点建立设施的年固定成本，以及每个潜在地点为每个市场提供一单位供给的可变成本。

下面以两个光纤通信设备制造商 TelecomOne 公司和 HighOptic 公司为例来说明相关的网络优化模型。TelecomOne 公司专注于美国东部地区的市场，其在巴尔的摩、孟菲斯和威奇托市建有制造工厂，并服务于亚特兰大、波士顿和芝加哥的市场。HighOptic 公司的目标市场是美国西部地区的市场，该公司在夏延和盐湖城建有工厂，服务于丹佛、奥马哈和波特兰的市场。

每个工厂的产能、市场需求、运送每千单位产品的可变生产和运输成本，以及每个工厂的年固定成本如表5-1表示。

表5-1　TelecomOne公司和HighOptic公司的产能、需求和成本数据

供应城市	需求城市 每千单位生产和运输成本（千美元）						年产能 K_i （千单位）	年固定成本 f_i （千美元）
	亚特兰大	波士顿	芝加哥	丹佛	奥马哈	波特兰		
巴尔的摩	1 675	400	685	1 630	1 160	2 800	18	7 650
夏延	1 460	1 940	970	100	495	1 200	24	3 500
盐湖城	1 925	2 400	1 425	500	950	800	27	5 000
孟菲斯	380	1 355	543	1 045	665	2 321	22	4 100
威奇托	922	1 646	700	508	311	1 797	31	2 200
年需求 D_j（千单位）	10	8	14	6	7	11		

5.6.2　将需求分配给现有生产设施的需求分配模型

管理者利用该模型可以将需求在现有生产设施间进行分配。虽然生产设施的地点和产能变化很少，但随着需求和成本的变化，分配给每个设施的需求可以更频繁地改变。需求分配模型需要以下输入：

n＝工厂地点的数量

m＝市场或需求点的数量

D_j＝市场 j 的年需求

K_i＝工厂 i 的产能

c_{ij}＝在工厂 i 生产并运送单位产品到市场 j 的成本(包括生产、库存和运输成本)

TelecomOne公司和HighOptic公司的相关输入信息见表5-1。该模型假设所有工厂都是运行的，所以不管实际产量如何，固定成本都会发生。目标是将来自不同市场的需求分配给不同的工厂以使设施、运输和库存的总成本最小。决策变量定义如下：

x_{ij}＝从工厂 i 运送到市场 j 的产品数量

需求分配问题可以表述为以下线性规划问题：

$$\min \sum_{i=1}^{n} \sum_{j=1}^{m} c_{ij} x_{ij}$$

约束条件为：

$$\sum_{i=1}^{n} x_{ij} = D_j\,,\ j=1,2,\cdots,m \tag{5.7}$$

$$\sum_{j=1}^{m} x_{ij} \leqslant K_i\,,\ i=1,2,\cdots,n \tag{5.8}$$

式（5.7）中的约束条件是为确保所有的市场需求均得到满足；式（5.8）中的约束条件是为确保工厂产量均不超过其产能。

对于TelecomOne公司和HighOptic公司，它们的需求分配问题可以利用Excel中的规划求解工具进行求解。最优的需求分配如表5-2所示（参见图5-9至图5-12中的电子数据表格）。从中可以观察到，对TelecomOne公司来说，尽管威奇托市的设施在运行且发生了固定成本，但由于生产和运输成本较高，因此最优决策是不在威奇托的工厂生产。根据表5-2中所示的需求分配方案，TelecomOne公司

每年的可变成本为 14 886 000 美元，年固定成本为 13 950 000 美元，年总成本为 28 836 000 美元。HighOptic 公司的年可变成本为 12 865 000 美元，年固定成本为 8 500 000 美元，年总成本为 21 365 000 美元。

表 5-2　TelecomOne 公司和 HighOptic 公司的最优需求分配

		亚特兰大	波士顿	芝加哥	丹佛	奥马哈	波特兰
TelecomOne 公司	巴尔的摩	0	8	2			
	孟菲斯	10	0	12			
	威奇托	0	0	0			
HighOptic 公司	夏延				0	0	11
	盐湖城				6	7	0

5.6.3　生产设施选址模型

管理者可利用这个模型进行新生产设施的选址，或者决定哪些生产设施应该关闭或继续开工。最优选址和产能分配问题与前面讨论过的区域配置问题非常类似。唯一的区别在于这里使用的不是一个区域所发生的成本和关税，而是具体地点的成本和关税。因此，本阶段所使用的模型与区域网络设计时所讨论的有产能限制的工厂选址模型是一样的。

假定 TelecomOne 公司和 HighOptic 公司进行了合并，合并后的公司取名为 TelecomOptic。现在以合并后的 TelecomOptic 公司为例，说明生产设施选址模型的运用。管理层认为，如果将原来两个公司的供应链网络进行适当的合并将会带来巨大的好处。TelecomOptic 公司将拥有 5 个工厂，服务于 6 个市场。管理层正在讨论是否需要所有 5 个工厂，他们指派了一个供应链团队来研究合并后公司的网络，并确定哪些工厂可以关闭。

理想情况下，该问题应该表述为：综合考虑每个选址的成本、税收和关税，使总利润最大化。鉴于税收和关税在各选址之间不存在差异，供应链团队决定先确定工厂的选址，然后将需求分配给开工的工厂，目标是使总的设施、运输和库存成本最小化。决策变量定义以下：

y_i：如果工厂 i 开工，则 $y_i=1$；否则 $y_i=0$

x_{ij}：从工厂 i 运送到市场 j 的数量

类似地，该问题可以表述为以下整数规划问题：

$$\min\left(\sum_{i=1}^{n} f_i y_i + \sum_{i=1}^{n}\sum_{j=1}^{m} c_{ij} x_{ij}\right)$$

约束条件是 x 和 y 满足式（5.1）、式（5.2）和式（5.3）中的约束条件。

合并后的企业 TelecomOptic 公司，其不同工厂的产能和需求数据，以及生产、运输和库存成本如表 5-1 所示。供应链小组决定利用 Excel 中的规划求解工具来对工厂选址模型进行求解。

建立规划求解模型的第一步是输入成本、需求和产能的信息，如图 5-9 所示。5 个工厂的固定成本 f_i 输入在单元格 H4：H8 中。5 个工厂的产能 K_i 输入在单元格 I4：I8 中。从每个工厂到每个需求城市的可变成本 c_{ij} 输入单元格 B4：G8 中。6 个市场的需求 D_j 输入到单元格 B9：G9 中。接着，对应于决策变量 x_{ij} 和 y_i，如图 5-9 所示，给单元格 B14：G18 以及 H14：H18 赋值。所有变量的初始赋值为 0。

	A	B	C	D	E	F	G	H	I
1	输入——成本、产能、需求（TelecomOptic）								
2	供应城市	需求城市 每千单位生产和运输成本						固定成本 (美元)	产能
3		亚特兰大	波士顿	芝加哥	丹佛	奥马哈	波特兰		
4	巴尔的摩	1 675	400	685	1 630	1 160	2 800	7 650	18
5	夏延	1 460	1 940	970	100	495	1 200	3 500	24
6	盐湖城	1 925	2 400	1 425	500	950	800	5 000	27
7	孟菲斯	380	1 355	543	1 045	665	2 321	4 100	22
8	威奇托	922	1 646	700	508	311	1 797	2 200	31
9	需求	10	8	14	6	7	11		
10									
11	决策变量								
12	供应城市	需求区域——产能分配（千单位）						工厂 (1=开工)	
13		亚特兰大	波士顿	芝加哥	丹佛	奥马哈	波特兰		
14	巴尔的摩	0	0	0	0	0	0	0	
15	夏延	0	0	0	0	0	0	0	
16	盐湖城	0	0	0	0	0	0	0	
17	孟菲斯	0	0	0	0	0	0	0	
18	威奇托	0	0	0	0	0	0	0	
19									

图 5-9 TelecomOptic 决策变量的电子数据表区域

下一步是对式（5.1）和式（5.2）中的每个约束条件构建单元格。约束条件单元格如图 5-10 所示。单元格 B22：B26 包含式（5.1）中的产能约束，单元格 B29：G29 包含式（5.2）中的需求约束。单元格 B29 对应于亚特兰大市场的需求约束。B22 中的约束条件对应于巴尔的摩工厂的产能约束。产能约束要求单元格的值大于或等于 0，而需求约束要求单元格的值等于 0。

	A	B	C	D	E	F	G	H	I
1	输入——成本、产能、需求（TelecomOptic）								
2	供应城市	需求城市 每千单位生产和运输成本						固定成本 (美元)	产能
3		亚特兰大	波士顿	芝加哥	丹佛	奥马哈	波特兰		
4	巴尔的摩	1 675	400	685	1 630	1 160	2 800	7 650	18
5	夏延	1 460	1 940	970	100	495	1 200	3 500	24
6	盐湖城	1 925	2 400	1 425	500	950	800	5 000	27
7	孟菲斯	380	1 355	543	1 045	665	2 321	4 100	22
8	威奇托	922	1 646	700	508	311	1 797	2 200	31
9	需求	10	8	14	6	7	11		
10									
11	决策变量								
12	供应城市	需求城市——产能分配（千单位）						工厂 (1=开工)	
13		亚特兰大	波士顿	芝加哥	丹佛	奥马哈	波特兰		
14	巴尔的摩	0	0	0	0	0	0	0	
15	夏延	0	0	0	0	0	0	0	
16	盐湖城	0	0	0	0	0	0	0	
17	孟菲斯	0	0	0	0	0	0	0	
18	威奇托	0	0	0	0	0	0	0	
19									
20	约束								
21	城市区域	超额产能							
22	巴尔的摩	0							
23	夏延	0							
24	盐湖城	0							
25	孟菲斯	0							
26	威奇托	0							
27									
28	未满足的需求	亚特兰大	波士顿	芝加哥	丹佛	奥马哈	波特兰		
29		10	8	14	6	7	11		
30									
31	目标函数								
32	成本=	$ -							
33									

单元格	单元格操作函数	公式	复制到
B22	= I4 * H14 - SUM（B14：G14）	(5.1)	B23：B26
B29	= B9 - SUM（B14：B18）	(5.2)	C29：G29
B32	= SUMPRODUCT（B4：G8，B14：G18） + SUMPRODUCT（H4：H8，H14：H18）	目标函数	—

图 5-10 TelecomOptic 约束条件的电子数据表区域

目标函数计量的是供应链网络的总固定成本和可变成本，在单元格 B32 中计算。下一步就是调用规划求解，如图 5－11 所示。

输入——成本、产能、需求（TelecomOptic）

供应城市	需求城市 每千单位生产和运输成本						固定成本（美元）	产能
	亚特兰大	波士顿	芝加哥	丹佛	奥马哈	波特兰		
巴尔的摩	1 675	400	685	1 630	1 160	2 800	7 650	18
夏延	1 460	1 940	970	100	495	1 200	3 500	24
盐湖城	1 925	2 400	1 425	500	950	800	5 000	27
孟菲斯	380	1 355	543	1 045	665	2 321	4 100	22
威奇托	922	1 646	700	508	311	1 797	2 200	31
需求	10	8	14	6	7	11		

决策变量

供应城市	需求城市——产能分配（千单位）						工厂（1=开工）
	亚特兰大	波士顿	芝加哥	丹佛	奥马哈	波特兰	
巴尔的摩	0	0	0	0	0	0	0
夏延	0	0	0	0	0	0	0
盐湖城	0	0	0	0	0	0	0
孟菲斯	0	0	0	0	0	0	0
威奇托	0	0	0	0	0	0	0

约束

城市区域	超额产能
巴尔的摩	0
夏延	0
盐湖城	0
孟菲斯	0
威奇托	0

未满足的需求	亚特兰大	波士顿	芝加哥	丹佛	奥马哈	波特兰
	10	8	14	6	7	11

目标函数

成本= $ -

规划求解参数

设置目标单元格(E): $B$32

等于: 最大值(M) 最小值(N) 值为(V) 0

可变单元格(B): $B$14:$H$18

约束(U):

$B$14:$G$18 >= 0
$B$22:$B$26 >= 0
$B$29:$G$29 = 0
$H$14:$H$18 = 二进制

求解(S) 关闭 推测(G) 选项(O) 添加(A) 更改(C) 删除(D) 全部重设(R) 帮助(H)

图 5－11　TelecomOptic 的规划求解对话框

在规划求解内，目标是使单元格 B32 中的总成本最小化。变量在单元格 B14：H18 中。约束条件如下：

B14:G18≥0{所有决策变量均为非负}

B22:B26≥0$\{K_i y_i - \sum_{j=1}^{m} x_{ij} \geq 0,\ i=1,2,\cdots,5\}$

B29:G29=0$\{D_j - \sum_{i=1}^{n} x_{ij} = 0,\ j=1,2,\cdots,6\}$

H14:H18 二进制{选址变量 y_i 为二进制变量，即 0 或 1}

在规划求解参数对话框内，选择单纯形线性规划并点击“求解”可得到最优的解决方案，如图 5－12 所示。由图 5－12，供应链团队得出以下结论：对 TelecomOptic 公司来说，关闭其在盐湖城和威奇托的工厂并保留在巴尔的摩、夏延和孟菲斯的工厂是最优的方案。这一网络的年运营总成本为 47 401 000 美元。这意味着与 TelecomOne 公司和 HighOptic 公司各自运营独立的供应链网络相比，每年可节约 300 万美元成本。

5.6.4　更复杂的、有能力约束的生产设施选址模型

现在介绍两个更复杂的有能力约束的生产设施选址模型。第一个模型主要用于一个市场仅由一个工厂来供货的情况。第二个模型解决的问题可概括为，在供应链中工厂和市场之间增加了一个仓库环节，所有工厂和仓库的选址都应使生产和配送的总成本最小。

	A	B	C	D	E	F	G	H	I
1	输入——成本、产能、需求（TelecomOptic）								
2	供应城市	需求城市 每千单位生产和运输成本						固定成本（美元）	产能
3		亚特兰大	波士顿	芝加哥	丹佛	奥马哈	波特兰		
4	巴尔的摩	1 675	400	685	1 630	1 160	2 800	7 650	18
5	夏延	1 460	1 940	970	100	495	1 200	3 500	24
6	盐湖城	1 925	2 400	1 425	500	950	800	5 000	27
7	孟菲斯	380	1 355	543	1 045	665	2 321	4 100	22
8	威奇托	922	1 646	700	508	311	1 797	2 200	31
9	需求	10	8	14	6	7	11		
10									
11	决策变量								
12	供应城市	需求城市——产能分配（千单位）						工厂（1=开工）	
13		亚特兰大	波士顿	芝加哥	丹佛	奥马哈	波特兰		
14	巴尔的摩	0	8	2	0	0	0	1	
15	夏延	0	0	0	6	7	11	1	
16	盐湖城	0	0	0	0	0	0	0	
17	孟菲斯	10	0	12	0	0	0	1	
18	威奇托	0	0	0	0	0	0	0	
19									
20	约束								
21	城市区域	超额产能							
22	巴尔的摩	8							
23	夏延	0							
24	盐湖城	0							
25	孟菲斯	0							
26	威奇托	0							
27									
28	未满足的需求	亚特兰大	波士顿	芝加哥	丹佛	奥马哈	波特兰		
29		0	0	0	0	0	0		
30									
31	目标函数								
32	成本=	$47 401							
33									

图 5-12　TelecomOptic 的最优网络设计

单一供应源、有能力约束的工厂选址模型　在某些情况下，企业希望将供应链网络设计成一个市场仅由一个工厂供货，这称为单一供应源（single source）。企业之所以会强行加入这个约束，是因为它能够降低网络协调的复杂性，而且对每个设施的柔性要求较低。针对这一约束条件，需要对前面讨论的工厂选址模型进行一些调整。决策变量重新定义如下：

y_i：如果工厂选址在地点 i 则 $y_i=1$，否则 $y_i=0$

x_{ij}：如果市场 j 由工厂 i 来供应则 $x_{ij}=1$，否则 $x_{ij}=0$

那么，该决策问题可以表述为以下整数规划问题：

$$\min\left(\sum_{i=1}^{n} f_i y_i + \sum_{i=1}^{n}\sum_{j=1}^{m} D_j c_{ij} x_{ij}\right)$$

约束条件为：

$$\sum_{i=1}^{n} x_{ij}=1,\ j=1,2,\cdots,m \tag{5.9}$$

$$\sum_{j=1}^{m} D_j x_{ij} \leqslant K_i y_i,\ i=1,2,\cdots,n \tag{5.10}$$

$$x_{ij},y_i \in \{0,1\} \tag{5.11}$$

式（5.9）和式（5.11）中的约束条件强制规定每个市场都是由一个工厂来供货。

我们不再介绍利用Excel求解该模型的过程，这一过程与前面讨论的模型非常类似。TelecomOptic公司在单一供应源下的最优网络配置如表5-3所示。

表5-3 TelecomOptic公司单一供应源下的最优网络配置

	开工/关闭	亚特兰大	波士顿	芝加哥	丹佛	奥马哈	波特兰
巴尔的摩	关	0	0	0	0	0	0
夏延	关	0	0	0	0	0	0
盐湖城	开	0	0	0	6	0	11
孟菲斯	开	10	8	0	0	0	0
威奇托	开	0	0	14	0	7	0

如果要求单一供应源，对于TelecomOptic公司来说，关闭巴尔的摩和夏延的工厂是最优的做法。这不同于图5-12中给出的结果，图5-12中的结果是关闭盐湖城和威奇托的工厂。表5-3中该网络每年的运作成本为49 717 000美元。该成本比图5-12中不要求单一供应源的网络的运作成本高了大约230万美元。所以，供应链团队得出结论：尽管单一供应源模式更易于协调且对工厂的柔性要求较低，但供应链网络的成本每年会增加大约230万美元。

工厂和仓库同时选址 如果要设计的是从供应商到顾客的整个供应链网络，则需要考虑一种更为普遍的工厂选址模型。让我们考虑这样一种供应链，其中供应商为工厂供应原材料，工厂向仓库供货，仓库再供货给市场，如图5-13所示。所有工厂及仓库的选址和产能分配决策必须同时确定。可以用多个仓库来满足一个市场的需求，也可以用多个工厂来对仓库进行补货。同时假设已经对计量单位进行了适当的调整，使得供应源提供的一个单位输入可以生产一个单位的产成品。该模型要求已知以下变量：

m＝市场或需求点的数量

n＝潜在工厂选址的数量

l＝供应商的数量

t＝潜在仓库选址的数量

D_j＝市场j的年需求

K_i＝位于地点i的工厂的潜在产能

S_h＝供应商h的供应能力

W_e＝位于地点e的潜在仓库的产能

F_i＝将工厂选址在地点i的固定成本

f_e＝将仓库选址在地点e的固定成本

c_{hi}＝从供应源h运送一单位原材料到工厂i的成本

c_{ie}＝从工厂i生产和运送一单位产品到仓库e的成本

c_{ej}＝从仓库e运送一单位产品到市场j的成本

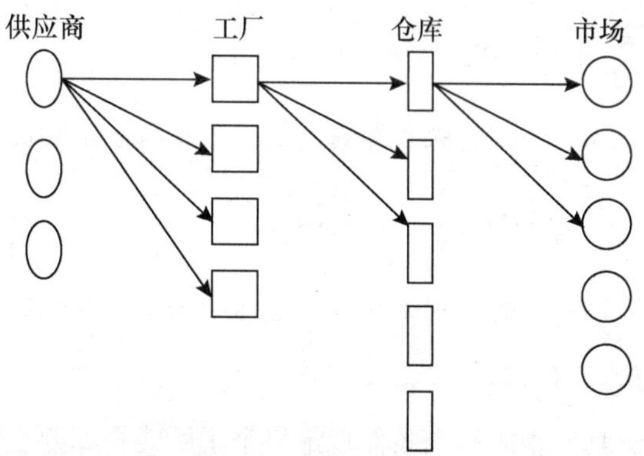

图 5-13 供应网络中的环节

该模型的目标是找到可以使固定成本和可变成本之和最小的工厂和仓库的选址以及各点之间的运输量。决策变量定义如下：

y_i：如果工厂选址在地点 i 则 y_i 为 1，否则 y_1 为 0

y_e：如果仓库选址在地点 e 则 y_e 为 1，否则 y_e 为 0

x_{ej}：从仓库 e 运送到市场 j 的数量

x_{ie}：从地点 i 的工厂运送到仓库 e 的数量

x_{hi}：从供应商 h 运送到位于地点 i 的工厂的数量

该决策问题可以表述为以下整数规划问题：

$$\min\left(\sum_{i=1}^{n} F_i y_i + \sum_{e=1}^{t} f_e y_e + \sum_{h=1}^{l}\sum_{i=1}^{n} c_{hi} x_{hi} + \sum_{t=1}^{n}\sum_{e=1}^{t} c_{ie} x_{ie} + \sum_{e=1}^{t}\sum_{j=1}^{m} c_{ej} x_{ej}\right)$$

该目标函数是使服从以下约束条件的供应链网络的固定成本和可变成本之和最小：

$$\sum_{i=1}^{n} x_{hi} \leqslant S_h,\ h=1,2,\cdots,l \tag{5.12}$$

式（5.12）中的约束条件规定从一个供应商运出的总量不能超过该供应商的产能。

$$\sum_{h=1}^{l} x_{hi} - \sum_{e=1}^{t} x_{ie} \geqslant 0,\ i=1,2,\cdots,n \tag{5.13}$$

式（5.13）中的约束条件规定从一个工厂运出的数量不能超过其所接收的原材料数量。

$$\sum_{e=1}^{t} x_{ie} \leqslant K_i y_i,\ i=1,2,\cdots,n \tag{5.14}$$

式（5.14）中的约束条件规定工厂所生产的数量不能超过其产能。

$$\sum_{i=1}^{n} x_{ie} - \sum_{j=1}^{m} x_{ej} \geqslant 0,\ e=1,2,\cdots,t \tag{5.15}$$

式（5.15）中的约束条件规定从一个仓库运出的数量不能超过其从工厂所接收到的数量。

$$\sum_{j=1}^{m} x_{ej} \leqslant W_e y_e,\ e=1,2,\cdots,t \tag{5.16}$$

式（5.16）中的约束条件规定从一个仓库运出的数量不能超过其产能。

$$\sum_{e=1}^{t} x_{ej} = D_j,\ j=1,2,\cdots,m \tag{5.17}$$

式（5.17）中的约束条件规定运送给一个顾客的数量必须满足其需求。

$$y_i, y_e \in \{0,1\}, x_{ej}, x_{ie}, x_{hi} \geqslant 0 \tag{5.18}$$

式（5.18）中的约束条件规定每个工厂或仓库要么开工，要么关闭。

可以如5.4节所讨论的，通过改变式（5.17）中的目标函数和约束条件，将模型改为实现利润最大化，而不是成本最小化。

还可以对前面所讨论的模型进行调整以允许在工厂和市场之间直接运输。还可以对前面所讨论过的所有模型进行调整以便将生产、运输和库存成本方面存在规模经济效应的情形纳入考虑范围。这些要求会使模型求解更加困难。

学习目标6小结

有能力约束的工厂选址模型可用于生产设施和仓库的选址，以使网络总成本最小化或网络利润最大化。类似的模型也可用于在供应链网络现有设施间分配市场需求。这两种模型都是在保证满足产能约束和市场需求的同时实现目标函数的优化。

讨论题

1. 仓库的位置和规模是如何影响类似亚马逊这样的企业的绩效的？在制定仓库选址和规模方面的决策时，亚马逊应考虑哪些因素？

2. 进口关税和汇率是如何影响供应链选址决策的？

3. 运输成本上升可能对全球供应链网络产生什么影响？

4. 亚马逊在不断的发展过程中新建了很多仓库。这种变化对亚马逊供应链中的各种成本和响应时间有何影响？

5. McMaster-Carr公司从位于美国的5个仓库销售MRO用品。固安捷公司则通过300多个零售店销售产品，而零售店的产品由几个仓库供货。在这两个例子中，顾客都是通过互联网或电话下订单。请讨论上述两种策略的利弊。

6. 考虑苹果或戴尔之类的企业，其在全球的生产设施非常少。请列出这种做法的利弊并解释这种做法为什么适合或不适合计算机行业。

7. 考虑福特之类的企业，其在全球的设施超过150个。请列出拥有很多设施的利弊并说明这种做法为什么适合或不适合汽车行业。

练习题

1. SC咨询公司是一家供应链咨询公司，现必须对其办公机构的选址进行决策。公司的客户主要分布在表5-4中所列的16个州。办公机构潜在的选址地点有4个：洛杉矶、塔尔萨、丹佛和西雅图。将办公地点设在洛杉矶的年固定成本为165 428美元；设在塔尔萨的年固定成本为131 230美元；设在丹佛的年固定成本为 140 000 美元；设在西雅图的年固定成本为 145 000 美元。预期每年到各个州的出差次数以及从每个潜在的选址地点到各地的差旅成本如表 5－4 所示。每名咨询顾问每年预计最多出差 25 次。

表 5－4　SC 咨询公司的差旅成本和出差次数

州	差旅成本（美元）				出差次数
	洛杉矶	塔尔萨	丹佛	西雅图	
华盛顿	150	250	200	25	40
俄勒冈	150	250	200	75	35
加利福尼亚	75	200	150	125	100
爱达荷	150	200	125	125	25
内华达	100	200	125	150	40
蒙大拿	175	175	125	125	25
怀俄明	150	175	100	150	50
犹他	150	150	100	200	30
亚利桑那	75	200	100	250	50
科罗拉多	150	125	25	250	65
新墨西哥	125	125	75	300	40
北达科他	300	200	150	200	30
南达科他	300	175	125	200	20
内布拉斯加	250	100	125	250	30
堪萨斯	250	75	75	300	40
俄克拉何马	250	25	125	300	55

（a）如果对每个办公地点的顾问数量没有约束并且目标是使成本最小化，那么办公室应选址在哪里？每个办公室应该配备多少名顾问？每年的设施成本和差旅成本是多少？

（b）如果每个办公室最多配备 10 名顾问，那么办公室应该设在哪里？每个办公室应该配多少名顾问？此时的年成本是多少？

（c）如果规定来自某个州的所有咨询项目都分配给同一个办公室，你认为如何？与允许多个办公室都可以处理同一个州的项目相比，这一决策可能会使成本增加多少？

2. DryIce 公司是一家空调设备制造商，其市场需求正在迅速增长。公司预计下一年的全国需求如下：南部地区为 180 000 单位；中西部地区为 120 000 单位；东部地区为 110 000 单位；西部为 100 000 单位。DryIce 公司的管理者正在设计制造网络并已选择了 4 个潜在的地点：纽约、亚特兰大、芝加哥和圣迭戈。工厂的产能有两种方案：200 000 单位或 400 000 单位。4 个地点的年固定成本，以及生产并运送一台空调设备到各个市场的成本如表 5－5 所示。DryIce 公司应该在哪里建厂，规模应该有多大？

表 5－5　DryIce 公司的生产和运输成本

	纽约	亚特兰大	芝加哥	圣迭戈
产能为 200 000 单位的工厂的年固定成本（百万美元）	6	5.5	5.6	6.1
产能为 400 000 单位的工厂的年固定成本（百万美元）	10	9.2	9.3	10.2
东部（美元）	211	232	238	299

续表

	纽约	亚特兰大	芝加哥	圣迭戈
南部（美元）	232	212	230	280
中西部（美元）	240	230	215	270
西部（美元）	300	280	270	225

3. Sunchem 公司是一家印刷油墨生产商，它在全世界有5个生产工厂。各个生产工厂的位置、产能，以及每个工厂生产1吨油墨的成本如表5-6所示。生产成本是按工厂所在国家当地的货币来计算的。油墨主要的市场是北美、欧洲、日本、南美、亚洲其他地区。每个市场的需求、从每个工厂到每个市场的运输成本（按美元计）如表5-6所示。管理层必须制订下一年的生产计划。

表5-6 Sunchem 公司的产能、需求、生产和运输成本

	北美（美元）	欧洲（美元）	日本（美元）	南美（美元）	亚洲其他地区（美元）	产能（吨/年）	每吨生产成本
美国	600	1 300	2 000	1 200	1 700	185	10 000 美元
德国	1 300	600	1 400	1 400	1 300	475	15 000 欧元
日本	2 000	1 400	300	2 100	900	50	1 800 000 日元
巴西	1 200	1 400	2 100	800	2 100	200	13 000 雷亚尔
印度	2 200	1 300	1 000	2 300	800	80	400 000 卢比
需求（吨/年）	270	200	120	190	100		

(a) 假设预期汇率如表5-7所示，且每个工厂运行产能不得低于50%，那么每个工厂应该生产多少油墨？每个工厂应该为哪些市场供货？

(b) 如果对工厂的产量没有限制，那么每个工厂应分别生产多少？

(c) 给每个工厂增加10吨的产能可以降低成本吗？

(d) Sunchem 公司应如何应对汇率随着时间波动这一事实？

表5-7 下一年的预期汇率

	美元	欧元	日元	巴西雷亚尔	印度卢比
美元	1	1.993	107.7	1.78	43.55
欧元	0.502	1	54.07	0.89	21.83
日元	0.009 3	0.018 5	1	0.016	0.405
巴西雷亚尔	0.562	1.124	60.65	1	24.52
印度卢比	0.023	0.046	2.47	0.041	1

4. Sleekfon 公司和 Sturdyfon 是两家大型手机制造商，最近两家公司刚刚合并。其目前的市场规模如表5-8所示。所有的需求都以百万单位计。

表5-8 Sleekfon 公司和 Sturdyfon 公司的全球需求和关税

市场	北美	南美	欧洲（欧盟）	欧洲（非欧盟）	日本	亚洲其他地区	非洲
Sleekfon 公司的需求	10	4	20	3	2	2	1
Sturdyfon 公司的需求	12	1	4	8	7	3	1
进口关税（%）	3	20	4	15	4	22	25

Sleekfon 在欧洲（欧盟）、北美和南美拥有 3 个生产设施。Sturdyfon 在欧洲（欧盟）、北美和亚洲其他地区也有 3 个生产设施。每个工厂的产能（百万单位）、年固定成本（百万美元）以及可变成本（美元/单位）如表 5－9 所示。

表 5－9 Sleekfon 和 Sturdyfon 的工厂产能和成本

		产能	年固定成本	可变成本
Sleekfon	欧洲（欧盟）	20	100	6.0
	北美	20	100	5.5
	南美	10	60	5.3
Sturdyfon	欧洲（欧盟）	20	100	6.0
	北美	20	100	5.5
	亚洲其他地区	10	50	5.0

各个地区间的运输成本如表 5－10 所示。

表 5－10 各地区之间的单位运输成本 单位：美元

	北美	南美	欧洲（欧盟）	欧洲（非欧盟）	日本	亚洲其他地区	非洲
北美	1.00	1.50	1.50	1.80	1.70	2.00	2.20
南美	1.50	1.00	1.70	2.00	1.90	2.20	2.20
欧洲（欧盟）	1.50	1.70	1.00	1.20	1.80	1.70	1.40
欧洲（非欧盟）	1.80	2.00	1.20	1.00	1.80	1.60	1.50
日本	1.70	1.90	1.80	1.80	1.00	1.20	1.90
亚洲其他地区	2.00	2.20	1.70	1.60	1.20	1.00	1.80
非洲	2.20	2.20	1.40	1.50	1.90	1.80	1.00

每单位产品征收的关税将基于每单位产能的固定成本、单位可变成本以及运输成本来计算。因此，目前将单位产品从北美运送到非洲，其单位产能的固定成本为 5.00 美元（即 100/20，由表 5－9 可得），可变成本为 5.50 美元，运输成本为 2.20 美元。这样，25%的进口关税是按 12.70 美元（5.00＋5.50＋2.20）来征收的，从而得出总的进口成本为 15.88 美元。接下来，假设市场需求如表 5－8 所示。

合并后的公司估计如果将一个 2 000 万单位产能的工厂缩减到 1 000 万单位的规模可以节省 30%的固定成本，规模缩减后工厂的可变成本不受影响。关闭一个工厂（无论是 1 000 万单位产能的工厂或是 2 000 万单位产能的工厂）可以节省 80%的固定成本。固定成本只能部分收回，因为关闭工厂需要支付离职金和其他一些成本。

(a) 合并前的生产和分销网络可实现的最低成本是多少？哪个工厂服务哪个市场？

(b) 合并以后如果不关闭任何一个工厂，那么生产和分销网络可实现的最低成本是多少？哪个工厂服务哪个市场？

(c) 合并以后如果工厂可以按 1 000 万单位的批量缩减或关闭，那么生产和分销网络可实现的最低成本是多少？哪个工厂服务哪个市场？

(d) 如果所有关税均降为 0，将如何影响最优的网络配置？

(e) 合并后的网络应该如何配置？

5. 沿用第 4 题中的 Sleekfon 公司和 Sturdyfon 公司的数据。管理层预测全球市场的需求很可能会增长。北美、日本和欧洲（欧盟）的市场相对饱和，预计不会再增长。南美、非洲和欧洲（非欧盟）的市场预计会增长20%。亚洲其他地区/澳大利亚的市场预期会增长200%。

(a) 合并后的公司应该如何配置其网络以应对预期的市场增长？运营该网络每年的成本是多少？

(b) 有一种方案是增加亚洲其他地区/澳大利亚的工厂产能。增加1 000万单位产能每年要额外增加4 000万美元的固定成本。增加2 000万单位产能每年要额外增加7 000万美元固定成本。如果关闭工厂的成本和关税与第4题中的一样，那么合并后的公司应该如何配置其网络以应对预期的市场增长？运营该网络的年成本是多少？

(c) 如果所有关税均降为0，那么(b)的答案有何变化？

(d) 假定采用增加亚洲其他地区/澳大利亚的工厂的产能这一方案，那么应该如何配置合并后的网络？

6. StayFresh公司是印度的一家冰箱制造商，它有两个工厂，分别在孟买和金奈。每个工厂的年生产能力都是300 000单位。这两个工厂的产品都会在印度全国销售。印度市场可分为4个区域性市场：北部市场——需求为100 000单位；西部市场——需求为150 000单位；南部市场——需求为150 000单位；东部市场——需求为50 000单位。另外两个潜在的工厂选址地点是德里和加尔各答。每个潜在的生产地点生产并运送一台冰箱到各个市场的可变生产和运输成本（以千印度卢比计；1美元约等于45印度卢比）如表5-11所示。

表5-11 每台冰箱的生产和运输成本

	北部	东部	西部	南部
金奈	20	19	17	15
德里	15	18	17	20
加尔各答	18	15	20	19
孟买	17	20	15	17

StayFresh公司预计在未来5年里每年的需求都将有20%的复合增长，从而必须对网络投资决策进行规划。预计需求在经过5年的增长后将保持稳定。产能增加的数量可以是150 000单位或300 000单位。增加150 000单位的产能将导致20亿卢比的一次性成本；增加300 000单位的产能将导致34亿卢比的一次性成本。假设StayFresh公司计划满足所有的需求（价格足够高），并且每年的产能必须在年初就到位。同时假设第5年的成本将在接下来的10年保持不变，也就是说第6年到第15年每年的成本与第5年相同。这样的话，就可以利用不同的折现系数求解。假设折现系数为0.2，也就是说，一年后的1印度卢比今年值0.8印度卢比（1-0.2）。

(a) 该公司的生产网络在未来5年应该如何发展？

(b) 如果预计的增长率为15%或25%，你的答案会有何变化？

(c) 如果折现系数为0.25或0.15，你的决策会有何变化？

(d) 你建议该公司采取什么样的投资战略？

7. Blue Computers公司是美国一家主要的服务器制造商，目前它在肯塔基州和宾夕法尼亚州设有工厂。肯塔基工厂的年生产能力为100万单位；宾夕法尼亚工厂的年生产能力为150万单位。该公司将美国划分为5个区域市场：东北部、东南部、中西部、南部和西部。每台服务器售价为1 000美元。该公司预计今年（每个区域）需求会有50%的增长（过后需求将趋于稳定），因而打算新建一个年生产能力为150万单位的工厂以应对这一增长。公司正考虑的潜在选址地点在北卡罗来纳州和加利福尼亚州。目前该公司根据每个工厂的收入向联邦、州和地方政府纳税。联邦政府征收的税额为收入的20%；每个州及地方政府征收的税额为在这个州获得的收入的7%。北卡罗来纳州在未来10年提供减税优惠，税率由7%降为2%。Blue Computers公司在进行网络规划时打算将这项减税优惠考虑在内。在你的分析中请考虑未来10年的收入。假设所有成本在10年内保持不变，折现系数为0.1。年固定成本、单位生产和运输成本，以及目前各区域的需求（50%增长前）如表5-12所示。

表5-12 Blue Computers公司的可变生产和运输成本

	可变生产和运输成本（美元/单位）					年固定成本（百万美元）
	东北部	东南部	中西部	南部	西部	
肯塔基	185	180	175	175	200	150
宾夕法尼亚	170	190	180	200	220	200
北卡罗来纳	180	180	185	185	215	150
加利福尼亚	220	220	195	195	175	150
需求（千单位/年）	700	400	400	300	600	

(a) 如果Blue Computers公司的决策目标是使固定成本和可变成本之和最小，那么新工厂应选址于何处？应该如何配置网络？

(b) 如果Blue Computers公司的决策目标是使税后利润最大化，那么新工厂应选址于何处？应该如何配置网络？

8. Hot&Cold和CaldoFreddo这两家欧洲的家用电器制造商刚刚合并。Hot&Cold在法国、德国和芬兰有工厂；而CaldoFreddo在英国和意大利有工厂。欧洲市场被划分为四个区域：北部、东部、西部和南部。工厂产能（百万单位/年）、年固定成本（百万欧元/年）、区域需求（百万单位），以及可变生产和运输成本（欧元/单位）如表5-13所示。

表5-13 Hot & Cold和CaldoFreddo的产能、成本和需求数据

		可变生产和运输成本					年固定成本
		北部	东部	南部	西部	产能	
Hot&Cold	法国	100	110	105	100	50	1 000
	德国	95	105	110	105	50	1 000
	芬兰	90	100	115	110	40	850
需求		30	20	20	35		
CaldoFreddo	英国	105	120	110	90	50	1 000
	意大利	110	105	90	115	60	1 150
需求		15	20	30	20		

每台家用电器的平均售价为300欧元。所有工厂目前都被视为利润中心，公司为每个工厂单独纳税。各个国家的税率如下：法国0.25，德国0.25，芬兰0.3，英国0.2，意大利0.35。

(a) 合并前，如果两家企业的目标都是使成本最小化，那么每个企业的最优网络是什么？如果目标是使税后利润最大化，那么最优网络又是什么？

(b) 合并后，如果不关闭任何工厂，那么使成本最小化的配置是什么？如果不关闭任何工厂，那么使税后利润最大化的配置是什么？

(c) 合并后，如果可以关闭工厂（假设关闭一个工厂可以节省该工厂100%的年固定成本），那么使成本最小化的配置是什么？使税后利润最大化的配置是什么？

参考文献

Anderson, Kenneth E., Daniel P. Murphy, and James M. Reeve."Smart Tax Planning for Supply Chain Facilities."*Supply Chain Management Review* (November–December 2002): 46–52.

Ballou, Ronald H. *Business Logistics Management*. Upper Saddle River, NJ: Prentice Hall, 1999.

Bovet, David. "Good Time to Rethink European Distribution." *Supply Chain Management Review* (July–August 2010): 6–7.

Daskin, Mark S. *Network and Discrete Location*. New York: Wiley, 1995.

Drezner, Z., and H. Hamacher. *Facility Location: Applications and Theory*. Berlin: Springer Verlag, 2004.

Harding, Charles F. "Quantifying Abstract Factors in Facility-Location Decisions." *Industrial Development* (May–June 1988): 24.

Jones, Mike. "The Many Flavors of Network Optimization." *Supply Chain Management Review* (November 2015): 42–48.

Korpela, Jukka, AnttiLehmusvaara, and MarkkuTuominen. "Customer Service Based Design of the Supply Chain." *International Journal of Production Economics* (2001) 69: 193–204.

MacCormack, Alan D., Lawrence J. Newman III, and Donald B. Rosenfield."The New Dynamics of Global Manufacturing Site Location." *Sloan Management Review* (Summer 1994): 69–79.

Mentzer, Joseph. "Seven Keys to Facility Location."*Supply Chain Management Review* (May–June 2008): 25–31.

Tayur, Sridhar, Ram Ganeshan, and Michael Magazine, eds. *Quantitative Models for Supply Chain Management*. Boston: Kluwer Academic Publishers, 1999.

Tirole, Jean. *The Theory of Industrial Organization*. Cambridge, MA: MIT Press, 1997.

案例分析1

CoolWipes 公司的生产网络设计

由于在过去几年运输成本出现了大幅增长，CoolWipes 公司的供应链副总裁马特・奥格雷迪（Matt O'Grady）认为该公司目前的生产和分销网络已不太适合。与公司刚在芝加哥建立其生产设施时相比，运输成本增长了4倍多，且预计今后几年还会继续增加。快速决定建立一个或多个新工厂可以在未来为公司节省大量的运输费用。

CoolWipes 公司

CoolWipes 公司创立于20世纪80年代后期，主要生产婴儿湿巾和尿布疹软膏。这两种产品的年需求如表5-14所示（以千为单位）。当时，该公司在芝加哥有一家工厂生产这两种产品，供应全美市场。芝加哥工厂的湿巾生产线年生产能力为500万单位，年固定成本为500万美元，可变成本为每单位10美元；软膏生产线年生产能力为100万单位，年固定成本为150万美元，单位可变成本为20美元。单位运输成本（包括湿巾和软膏）如表5-15所示。

表5-14 CoolWipes 公司各区域市场的年需求

区域	湿巾需求	软膏需求	区域	湿巾需求	软膏需求
西北	500	50	中西部南部	800	65
西南	700	90	东北	1 000	120
中西部北部	900	120	东南	600	70

表5-15 单位运输成本 单位：美元

	西北	西南	中西部北部	中西部南部	东北	东南
芝加哥	6.32	6.32	3.68	4.04	5.76	5.96
普林斯顿	6.60	6.60	5.76	5.92	3.68	4.08
亚特兰大	6.72	6.48	5.92	4.08	4.04	3.64
洛杉矶	4.36	3.68	6.32	6.32	6.72	6.60

新网络选择方案

马特确定普林斯顿、亚特兰大和洛杉矶作为新工厂的潜在选址。每个新工厂可以有一条湿巾生产线或一条软膏生产线，或两者都有。一条新的湿巾生产线年生产能力为200万单位，年固定成本为220万美元，可变生产成本为每单位10美元。一条新的软膏生产线的年生产能力为100万单位，年固定成本为150万美元，可变成本为每单位20美元。目前每单位的运输成本如表5-15所示。马特必须决定是否建一个新的工厂，如果建新厂的话，新厂内应建哪条生产线。

◆ **思考题**

1. 从芝加哥服务全美国的年成本是多少?

2. 你建议建新厂吗?如果建议，这个（些）工厂应该建在哪里、工厂内应建设什么生产线?假设芝加哥工厂将保持目前的产能但利用率会变低。如果运输成本是目前成本的一半，你的决定将会不同吗?如果是目前成本的两倍呢?

3. 如果马特能够从零开始设计一个新的网络（假设他没有芝加哥的这个工厂，但可以按题中提及的成本和产能去建造它），那么你将会推荐什么样的生产网络?假设除了芝加哥，任何新建的工厂都按这个新的网络方案下的成本和产能进行建设。如果运输成本是目前成本的一半，你的决定将会不同吗?如果是目前成本的两倍呢?

案例分析2

闪电网络与SatTV的合并

2006年，在获得欧盟的监管批准后，大型无线运营商闪电网络（Lightning Networks）和欧洲最大的卫星电视提供商SatTV完成了价值500亿欧元的合并。经历了交易首次宣布时的质疑之后，分析师对合并中的协同效应的想法感到振奋。闪电网络希望受益于SatTV的庞大顾客基础，该公司宣布，预计在合并后的三年内，年运营成本会有大幅降低。闪电网络的供应链高级副总裁西蒙·杜兰（Simone Durand）负责识别降低成本的机会。她决定把最初的关注点集中在两家公司用来满足安装和产品维修需求的配送网络上。公司合并为整合这两个配送网络提供了机会。

目前的配送网络

闪电网络或SatTV的所有新的安装或维修都需要用到一些产品，技术人员使用这些产品来完成安装或维修工作。两家公司都决定将这些产品集中储存在几个地点，而不是交给技术人员。两家公司在欧洲的6个区域市场对产品的年需求如表5-16所示。

表5-16 闪电网络（无线）和SatTV（卫星）在欧洲的年需求

区域	无线需求	卫星需求	区域	无线需求	卫星需求
西北	200 000	120 000	中南	120 000	120 000
西南	100 000	100 000	东北	150 000	110 000
中北	220 000	100 000	东南	90 000	100 000

闪电网络通过位于西班牙马德里、荷兰鹿特丹、波兰克拉科夫的三个仓库满足其产品需求。SatTV通过位于法国图卢兹、德国慕尼黑、匈牙利布达佩斯的三个仓库满足其产品需求。由于仓库所属的公司在过去关注的领域不同，所以每个仓库要么专门储存无线产品，要么专门储存卫星产品。每个仓库的专业化领域、产能和年固定成本如表5-17所示。每个仓库的产能是根据它能处理的年需求量给出的。从表5-17可以看出，马德里仓库可以满足高达370 000单位的需求。从每个仓库所在地点运送一单位产品（无线或卫星）到每个市场的可变成本如表5-18所示。

表5-17 仓库的专业化、产能和固定成本

位置	专业化	产能	年固定成本（欧元）
马德里	无线	370 000	600 000
鹿特丹	无线	420 000	650 000
克拉科夫	无线	310 000	520 000
图卢兹	卫星	280 000	475 000
慕尼黑	卫星	290 000	488 000
布达佩斯	卫星	250 000	425 000

表5-18 单位可变配送成本 单位：欧元

位置	西北	西南	中北	中南	东北	东南
马德里	2.50	1.50	3.00	2.75	4.00	4.50
鹿特丹	1.75	3.00	1.50	3.00	2.50	3.50
克拉科夫	3.25	4.00	2.50	3.00	2.00	2.50
图卢兹	2.00	2.00	2.75	2.50	3.75	4.00
慕尼黑	2.25	3.00	2.25	2.50	2.75	3.00
布达佩斯	3.50	3.75	2.50	2.50	2.50	2.00

网络选择方案

西蒙·杜兰要做一个短期决策和一个长期决策。短期决策是，是否应让所有的仓库更具柔性。使所有仓库更具柔性需要额外投资，相当于每年额外支出20万欧元的成本。但更具柔性的仓库可同时用于满足对无线和卫星产品的需求。

西蒙·杜兰要做出的长期决策是，是否需要重组配送网络。她可以选择关闭一些仓库，让其他仓库保持原样，或者将一些仓库的能力增加一倍。若将仓库能力增加一倍，年固定成本将增加80%。因此，如果马德里仓库的能力加倍，其年固定费用将为108万欧元。

关闭仓库也会产生一些成本，西蒙·杜兰的团队估计，关闭仓库将节省80%的年固定成本。因此，关闭马德里仓库仍将导致每年12万欧元的成本，因为只节省了80%的固定成本。

◆ **思考题**

1. 如果闪电网络使用当前网络（如表5-17所示的专业化仓库）来满足欧洲的需求，那么每年的成本是多少？

2. 假设使仓库更具柔性需每年增加20万欧元的成本，西蒙·杜兰是否应该使所有仓库更具柔性？

3. 如果需求如表5-16所示，你建议长期的供应链网络配置是什么？是否应该关闭一些仓库？有些仓库的能力应该加倍吗？

4. 如果东北和东南地区的需求预计将增加30%，其他地区需求仍如表5-16所示，你会推荐什么样的供应链网络配置？是否应该关闭一些仓库？有些仓库的能力应该加倍吗？

第6章 设计全球供应链网络

Designing Global Supply Chain Networks

学习目标

通过本章学习，你应当能够：

1. 识别在制定全球采购决策时需要包括在总成本中的因素。
2. 定义相关风险，并解释可用于降低全球供应链风险的不同策略。
3. 掌握用于评估不确定条件下供应链设计决策的决策树方法。
4. 使用决策树方法来评估柔性，并在不确定条件下做出在岸/离岸决策。

全球化给供应链的发展提供了巨大机会的同时，也增加了供应链的风险。像三星这样的高绩效供应链就充分利用了全球化。相反，有些供应链则发现自己并没有做好应对全球化所带来的风险的准备。因而，管理者在设计全球供应链网络时必须考虑长期的机会和不确定性。本章将识别全球供应链的风险来源，讨论降低风险的策略，详细介绍评估不确定条件下网络设计决策的方法，并指出如何改进全球供应链决策。

6.1 全球化对供应链网络的影响

全球化给企业提供了同时增加收入和降低成本的机会。宝洁公司在其2008年年度报告中称，公司超过1/3的销售增长来自发展中国家的市场，发展中国家市场的利润率与发达国家市场的利润率相当。到2010年，宝洁在发展中国家的销售额几乎占到其全球销售额的34%。三星的大部分销售收入来自韩国本土之外。2012年，海外收入占到三星销售收入的86%。在美国等发达市场保持主导地位的同时，三星也已渗透到中国和印度等新兴市场。到2012年，三星成为这两个市场智能手机的主要供应商。显然，全球化为宝洁和三星带来了收入显著增长的机会。

服装和消费电子产品是全球化带来巨大成本削减机会的两大领域。消费电子产品以体积小、重量轻、价值高的商品为主，它们相对比较容易运输且运输成本较低。通过将可用于全球多种产品的标准化电子元件集中在一个地方进行生产，企业可以获得巨大的规模经济。伟创力等合同制造商在低成本国家设立了工厂，已成为行业巨头。服装制造业劳动含量高，产品重量轻，运输成本低。许多企业利用全球化，将大量服装生产转移到劳动力成本较低的国家，尤其是亚洲。2015年，大约36%的美国服装进口自中国，另外29%来自越南、孟加拉国、印度尼西亚和印度。

最终，受益于全球化，服装和消费电子产品这两个行业的成本得到大幅削减。

然而，人们必须记住，全球化带来机会的同时往往也会带来巨大的额外风险和不确定性。2006 年埃森哲咨询公司（Accenture）进行的一项调查显示，超过 50%的受访高管认为，全球运营战略会导致供应链风险增加。例如，2011 年日本的地震和海啸使丰田普锐斯（Toyota Prius）等日本制造车型的供应中断。结果，美国汽车制造商赢得了丰田失去的市场份额。同样，2011 年泰国洪灾对电子和汽车制造业都产生了重大影响。例如，本田暂停了一家泰国装配厂的运营，该工厂每年可生产 24 万辆汽车。结果导致该公司季度利润大幅下降。将适当的风险缓解措施纳入供应链设计中的能力往往是决定全球供应链成功与否的关键。

埃森哲公司的调查对全球供应链中的风险进行了分类（如表 6－1 所示），并要求受访者指出曾受到过哪些风险因素的影响。调查结果表明，有超过 1/3 的受访者受到过自然灾害、燃料价格波动以及供应链合作伙伴的绩效的影响。

表 6－1 埃森哲对影响全球供应链绩效的风险来源的调查结果

风险因素	受影响供应链的百分比
自然灾害	35
熟练劳动力的短缺	24
地缘政治的不确定性	20
货物遭恐怖分子袭击	13
燃料价格波动	37
汇率波动	29
港口作业/海关延误	23
顾客/消费者偏好的改变	23
供应链合作伙伴的绩效	38
物流能力/复杂性	33
预测/计划的准确性	30
供应商的计划/沟通问题	27
不具柔性的供应链技术	21

资料来源：Data from Jaume Ferre, Johann Karlberg, and Jamie Hintlian, "Integration: The Key to Global Success." *Supply Chain Management Review* (March 2007): 24-30.

2008 年原油现货价格和汇率的波动指明了全球供应链必须应对的极端波动性。2008 年年初原油价格大约为每桶 90 美元，7 月涨至最高值每桶超过 140 美元，而后在 12 月每桶暴跌至 40 美元以下。2008 年年初欧元兑美元的汇率大约为 1.47 美元，7 月涨至最高值将近 1.60 美元，10 月底跌至大约 1.25 美元，然后在 12 月底又回升至 1.46 美元。可以想象，2008 年这种波动对供应链绩效的损害有多大！此后，汇率和原油价格的类似波动一直持续。

全球供应链管理中唯一不变的似乎只有不确定性这一事实了。在供应链网络的整个生命周期中，企业会经历需求、价格、汇率以及竞争环境的波动。一个在当前环境下看起来不错的决策，在情况发生变化后可能会变得相当糟糕。2000—2008 年，欧元兑美元的汇率一直在 0.84 美元的低点到 1.60 美元的高点之间波动。很显然，当欧元升至 1.60 美元时，按每欧元 0.84 美元优化的供应链将难以表现良好。

需求和价格的不确定性凸显了在一个工厂建立柔性生产能力的价值。如果在一个全球网络中，价格和需求确实随时间不断发生变化，那么柔性产能可以被重新配置，在新环境下实现利润最大化。2007—2008 年，美国的汽车销量下降了 30%以上。尽管所有车型都受到了影响，但 SUV 销量的下降比小型汽车和混合动力汽车要大得多。SUV 的销量下降了近 35%，小型汽车的销量实际上还增长了约 1%。与其竞争对手相比，本田公司能更有效地应对这次波动，因为本田的工厂具有足够的柔性，能够生产这两种车型。在同一工厂中既能生产 SUV 又能生产小型汽车的柔性使本田的工厂能够保持相当高的利用率水平。相反，那些有工厂专门用于生产 SUV 的企业除了让大量产能闲置，别无选择。20 世纪 90 年代末，丰田公司让其全球的装配工厂变得更具柔性，以便每个工厂都能够供应多个市场。这种柔性能够带来的主要好处之一就是，丰田公司能够通过改变生产来应对需求、汇率和当地价格的波动，从而使利润最大化。所以，在制定全球供应链网络设计决策时，必须考虑供给、需求和金融方面的不确定性。

6.2 全球网络中总成本的重要性

亚当·斯密在《国富论》中提出了比较优势在全球供应链中的重要性。他说："如果国外某个国家为我们提供的商品比我们自己制造得还便宜，那么我们最好就用自己有优势的商品同它们交换。"[①] 通过将生产转移到低成本国家来削减成本是供应链全球化最常被提及的原因之一。不过，如何量化离岸生产的好处（或比较优势）以及这种比较优势的原因是需要面临的挑战。尽管很多企业通过离岸生产充分利用了低成本的优势，但另外一些企业却发现将生产转移到低成本国家带来的利益远低于预期，在某些情况下甚至不会带来任何利益。2000 年以来，运输成本大幅上升，对离岸生产所产生的利益带来了相当大的负面影响。企业无法从离岸生产中获益的主要原因有两个：(1) 在做离岸决策时只关注单位成本而不是总成本；(2) 忽视了关键的风险因素。本节将重点讨论在制定离岸决策时需要评估的总到岸成本的相关维度。

可以通过关注离岸时的整个采购过程来识别总成本的各个重要维度。重要的是要记住，一个涉及离岸外包的全球化供应链，其信息流、产品流和现金流的长度和持续时间都会增加。因此，供应链管理的复杂性和成本会远远高于预期。表 6-2 识别了在分析信息流、产品流、现金流对成本和产品可获性的影响时应考虑的维度。

表 6-2 评估离岸总成本时需考虑的维度

绩效维度	影响绩效的活动	离岸的影响
订单沟通	下订单	沟通更困难
供应链可视性	作业计划的编制与赶工	可视性变差
原材料成本	原材料采购	两种情况都有可能，取决于原材料的采购
单位成本	生产、质量（生产和运输方面）	劳动力成本和固定成本下降，质量可能会受影响

① W. Strahan and T. Cadell, The Wealth of Nations by Adam Smith, 1776, as published by Adam Smith.

续表

绩效维度	影响绩效的活动	离岸的影响
运费	运输方式和数量	运输成本增加
税收和关税	过境	两种情况都有可能
供货提前期	订单沟通、供应商生产计划、生产时间、海关、运输和收货	提前期变长导致预测更为困难和库存量更高
准时交付/提前期不确定性	生产、质量、海关、运输和收货	按时交货能力变差、不确定性增加会导致更多的库存和更低的产品可获性
最低订货量	生产、运输	最低订货量变大，导致库存增加
产品退货	质量	退货的可能性增加
库存	提前期、在途库存和生产库存	增加
流动资金	库存和财务对账	增加
隐性成本	订单沟通、发票错误、管理汇率风险	更高的隐性成本
缺货	订货、生产、运输可视性较差	增加

费雷拉和普罗科佩茨（Ferreira and Prokopets，2009）建议企业应该评估离岸对总成本的以下关键要素的影响。

1. 供应商价格：与直接材料、直接劳动力、间接劳动力、管理、间接费用、资本摊销、地方税、制造成本和当地监管合规成本有关。

2. 条款：成本会受到付款期限和数量折扣的影响。

3. 交付成本：包括国内运输、海/空运输、目的地运输以及包装。

4. 库存和仓储：包括厂内库存、厂内搬运、工厂仓储成本、供应链库存，以及供应链仓储成本。

5. 质量成本：包括验证成本、不良质量导致性能下降的成本，以及为应对质量下降所采取的补救措施的成本。

6. 关税、增值税、地方税收优惠政策。

7. 风险成本、采购人员成本、代理费、基础设施（信息技术和设施）以及工装和模具成本。

8. 汇率变化趋势及其对成本的影响。

在制定离岸决策时仔细将这些因素进行量化并进行跟踪非常重要。如表6－2所示，低劳动力和固定成本带来的单位成本的降低，以及可能获得税收优惠，可能是离岸带来的主要好处。对于其他因素，离岸几乎都是不利的。在某些情况下，在离岸时以劳动力替代资本可以带来好处。例如，为了降低固定成本，印度的汽车和汽车零部件工厂的劳动力含量要比发达国家的同类制造企业大得多。但是，如果劳动力成本只占总成本的一小部分，低劳动力成本也不可能带来很大的好处。此外，一些低成本国家的劳动力成本也已明显上升，如中国和印度。正如戈尔等（Goel et al.，2008）提到的，2003—2008年间，中国的工资上涨幅度较大，而美国仅为3%左右。在同一时期，运输成本也大幅上涨（海运成本在2005—2008年上涨了135%），而且人民币相对于美元不断升值。最终的结果是，2008年将产品从美国离岸转移到中国去生产看上去已远没有2003年那么有吸引力了。

一般来说，离岸到低成本国家对于劳动含量高、产量大、品种相对少，以及相对于产品价值来说运输成本较低的产品而言，可能是最具吸引力的。例如，一家生产各种泵的企业会发现，将可用于多种类型的泵的通用部件的铸件生产离岸到别的国家，比把高度专业化的工程部件离岸到别的国家生产更具吸引力。

由于全球采购往往会增加运输成本，所以降低运输成本对于成功的全球采购非常重要。适当设计的部件有助于运输时提高货物密度。宜家设计出了可以由顾客自己组装的模块化产品。这些模块通过平板包装实现了高密度运输，从而降低了运输成本。类似地，日产公司重新对其全球采购的零部件进行设计，以便在运输时可以包装得更紧实。如果需要从全球不同的地方采购零部件，那么供应商集配中心（supplier hub）的使用会更有效。很多制造商都在亚洲建立了供应商集配中心，其所有亚洲供应商的货物都将运至供应商集配中心。通过供应商集配中心，可以实现货物的整合运输，而不是由每个供应商单独小批量发运。还可以制定更为复杂灵活的政策，当批量大时允许供应商直接发运，在批量较小时则通过供应商集配中心整合运输，这样可以有效地降低运输成本。

对生产过程进行仔细审查，以确定哪些零部件可以进行离岸生产也非常重要。例如，美国一家小型珠宝制造商想将一款首饰的制造离岸到中国。原材料薄金片是在美国采购的。制造工艺的第一步是将薄金片冲压成一个大小合适的坯料。这个过程会产生大约 40%的废料，这些废料可回收利用再制成薄金片。该制造商现在面临的选择是，在美国进行冲压还是在中国进行冲压。在中国冲压的劳动力成本低但运输成本高，而且由于薄金片废料回收利用的延迟，将需要更多的流动资金。经过仔细分析发现，将冲压工具安装在美国薄金片供应商那里会更经济。在薄金片供应商那里冲压可以减少运输成本，因为只需将可用的材料运至中国即可。更重要的是，这个决策降低了对流动资金的需求，因为冲压产生的黄金废料可以在两天之内得到回收利用。

离岸最大的挑战之一是增加的风险及其对成本的潜在影响。如果企业打算使用一个低成本的离岸地点来吸收其供应链中的所有不确定性的话，那么这一挑战会变得更加严峻。在这样的情况下，使用一种在岸（或近岸）和离岸相结合的方式更为有效，即离岸设施完成可预测的、批量大的工作，在岸或近岸设施则专门用于应对大部分波动。仅使用离岸设施的企业因为交货提前期长且多变，通常需要持有更多的库存，并且经常使用航空运输救急。具有柔性的在岸设施可以吸收所有这些波动，通过减少昂贵的运费和显著减少供应链中的库存数量来降低总到岸成本。

学习目标 1 小结

在制定全球采购决策时考虑其对总成本的影响至关重要。除了单位成本，总成本还应包括全球采购对运费、库存、提前期、质量、准时交付、最小订货量、流动资金以及缺货等的影响。要考虑的其他因素包括对供应链可视性、订单沟通、发票错误以及货币对冲需要的影响。离岸通常可以降低劳动力和固定成本，但会导致风险、货运成本和流动资金的增加。

6.3 全球供应链中的风险管理

现今的全球供应链比以往的本地化供应链面临更多的风险因素。这些风险包括供应中断、供应延迟、需求波动、价格波动以及汇率波动等。就像2008年的金融危机那样，低估全球供应链中的风险以及没有适当的缓解风险的策略可能会导致令人痛苦的后果。2004年，向美国供应流感疫苗的两家供应商中的一家受到了污染，导致流感季节开始时疫苗严重短缺。这种短缺导致大多数州不得不实行定量配给，某些情况下导致了严重的价格欺诈。类似地，2008年欧元走强也大大伤害了那些大多数供应源位于西欧的企业。另外，如果没有准备足够的库存来缓冲供给不确定性将会导致高成本，而不是成本的节约。一家汽车零部件制造商希望通过从亚洲采购而不是从墨西哥采购来实现每年400万～500万美元的成本节约。由于洛杉矶长滩港出现拥堵，该公司又没有足够的库存来应对这种延迟，不得不包机将零部件从亚洲空运过来。从墨西哥包租一架飞机的成本是20 000美元，而从亚洲包机需花费750 000美元，预期的成本节约变成了2 000万美元的损失。

因此，意识到相关风险因素并制定适当的风险缓解策略，对于全球供应链来说至关重要。表6-3列出了设计供应链网络时必须考虑的各类供应链风险及其驱动因素。

表6-3 设计供应链网络时应考虑的供应链风险

类别	风险的成因
中断	自然灾害、战争、恐怖主义 劳资纠纷 供应商破产
延迟	供应源的高产能利用率 供应源缺乏柔性 供应源质量差或产量低
系统风险	信息基础设施故障 系统集成或系统联网范围
预测风险	补货提前期长、季节性、产品多样性、生命周期短、顾客基数小导致的预测不准确 信息失真
知识产权风险	供应链的纵向一体化 全球化外包和市场
采购风险	汇率风险 投入资源的价格 部分零部件的单一供应源采购 整个行业的产能利用情况
应收账款风险	顾客的数量 顾客的财务实力

续表

类别	风险的成因
库存风险	产品过时的速度 库存持有成本 产品价值 需求和供给的不确定性
产能风险	产能的成本 产能的柔性

资料来源：Based on Sunil Chopra and Manmohan S. Sodhi，"Managing Risk to Avoid Supply Chain Breakdown." *Sloan Management Review* (Fall 2004)：53-61.

良好的供应链网络设计可以大大缓解供应链风险。例如，拥有多个供应商能够降低任何一个供应源中断的风险。一个非常好的例子是，当皇家飞利浦电子公司（Royal Phillips Electronics）位于美国新墨西哥州阿尔伯克基市的一家工厂在 2000 年 3 月发生火灾时，诺基亚和爱立信受到的影响大不相同。诺基亚通过利用其网络中的其他几个供应工厂很快就解决了这一突发状况。而爱立信的网络中没有备选供应源，无法及时做出反应。结果，爱立信损失了近 4 亿美元的收入。类似地，拥有柔性产能可以降低全球的需求、价格和汇率波动的风险。例如，日野卡车制造公司（Hino Trucks）通过在其生产线之间调配劳动力来改变不同产品的产量从而获得柔性的产能。这样一来，即使每条线的产量会不断变化以使供给和需求相匹配，但该公司工厂中的工人总数一直保持不变。上述例子说明，在供应链网络中设计一些缓解策略可以显著提高供应链应对风险的能力。

然而，每一种缓解策略都需要付出代价，而且可能增加其他的风险。例如，增加库存能够减少延迟的风险，但会增加因过时而报废的风险。拥有多个供应商能够降低中断的风险，但可能会因为每个供应商难以实现规模经济而增加成本。因此，在进行网络设计时根据具体情况定制缓解策略以在风险降低和成本增加之间取得良好的平衡非常重要。表 6-4 列出了一些定制的缓解策略。在本书后面的章节我们会对其中大多数策略进行更详细的介绍。

表 6-4　网络设计时定制的风险缓解策略

风险缓解策略	具体做法
增加产能	对于可预测的需求，使用低成本、分散的产能；对不可预测的需求，建造集中的产能。随着产能成本的下降而增加分散性
寻找备选供应商	对于需求量大的产品，采用更多的备选供应；对于需求量小的产品，采用较少的备选供应。对于需求量小的产品，仅在少数柔性供应商处集中备选供应
提高响应性	对于日用品，对成本的重视超过响应性；对于短生命周期的产品，对响应性的重视超过成本
增加库存	对于需求可预测的、低价值的产品分散库存。需求难以预测、价值较高的产品集中库存
提高柔性	对于需求可预测的、需求量大的产品，重视成本超过柔性；对于需求不可预测的、需求量小的产品，重视柔性。如果柔性成本较高，则将柔性集中在少数几个地点

续表

风险缓解策略	具体做法
集中或聚集需求	随着需求不可预测性的增加而增加聚集程度
增加供应源的能力	对于高价值、高风险的产品，优先考虑能力而不是成本；对于低价值日用品，重视成本超过能力。如果可能，在柔性供应源处集中高能力

资料来源：Based on Sunil Chopra and Manmohan S. Sodhi，"Managing Risk to Avoid Supply Chain Breakdown." *Sloan Management Review*（Fall 2004）：53－61.

全球供应链一般应将设计在供应链中的一些风险缓解策略与金融战略结合起来，以对冲未发现的风险。注重效率和低成本的全球供应链战略可能会将全球的生产集中到几个低成本的国家。然而，这种供应链设计很容易遭受供应中断以及运输价格、汇率波动的风险。在这种情况下，企业对冲燃油成本和汇率至关重要，因为供应链设计本身没有内在机制来应对这些波动。相反，设计了过剩、柔性产能的全球供应链可以将生产转移到所处宏观经济条件下最有效的地方。这种柔性的设计能够很好地应对外界的波动，从而降低了对金融对冲的需要。相较于金融对冲，柔性等运作上的避险策略执行起来更复杂，但它们具有反应性的优势，因为可以对供应链进行重新配置，以对世界的宏观经济状况做出最佳反应。

重要的是要牢记，任何降低风险的策略并不总是有利可图的。例如，只有在 2008 年汽车需求出现不可预测的变化时，本田工厂具有的柔性才证明是有效的。如果需求没有出现波动，那么这种柔性也就不起作用。日产公司 20 世纪 90 年代初建立了一套具有柔性的智能车身装配系统（IBAS），但这种柔性几乎使公司破产，因为汽车市场在那段时间相对比较稳定。类似地，使用燃料对冲曾为西南航空公司赚取了几十亿美元，但在 2008 年底原油价格大幅下跌时也让它损失惨重。

因此，至关重要的是，在实施风险缓解策略之前，应将其作为实物期权，严格评估其预期长期价值。下文将讨论对设计进全球供应链中的风险缓解策略进行财务评估的方法。

柔性、链接和遏制

柔性在缓解全球供应链面临的不同风险与不确定性中起着重要的作用。柔性可分为三大类：新产品柔性、组合柔性以及产量柔性。新产品柔性（new product flexibility）是指企业快速向市场推出新产品的能力。在技术不断发展、顾客需求多变的竞争环境中，新产品柔性至关重要。通过使用通用结构和产品平台，以尽可能少的平台来提供大量不同型号的产品，就可以实现新产品柔性。消费电子行业长期以来都是采用这种方法，不断推出新产品。如果企业有一部分产能具有足够柔性，能够生产任何产品，就会形成新产品柔性。这种方法已被用于制药行业，该行业中有部分产能极具柔性，所有新产品都首先在那里进行生产。只有在产品大受欢迎、销量急升后，才会转移到可变成本较低的专用生产线上进行生产。

组合柔性（mix flexibility）是指在短时间内生产多种产品的能力。在对某种产品的需求很小或高度不可预测、原材料供应不确定且技术变化迅速的环境中，组合柔性非常重要。时装和消费电子行业就是很好的例子，在这两个行业中，生产的组合柔性必不可少。在电子行业，模块化设计与通用零部件有助于实现组合柔性。

产量柔性（volume flexibility）是指企业在不同产出水平上盈利的能力。在周期性行业中，产量柔性非常重要。2008 年，美国汽车需求大幅萎缩，汽车行业中那些缺乏产量柔性的企业受到重创。钢铁行业则是通过产量柔性和行业整合提升绩效的例子。在 2000 年之前，钢铁企业的产量柔性非常有限，当需求开始下降时无法对产量进行调整。其结果是，在经济低迷时期，钢材产量增加，价格大幅下跌。在 21 世纪初，一些大型钢铁企业开始整合并发展了一定程度的产量柔性。因此，在需求下降时它们可以削减产量。其结果是，在经济衰退期间，库存积压和价格下跌幅度减少，随之而来的是钢铁行业的快速复苏。

在全球供应链中，经常会使用某些形式的柔性来降低风险，因此了解这种方法的好处和局限性非常重要。乔丹和格雷夫斯（Jordan & Graves，1995）观察到，在应对需求不确定性时，随着柔性的提高，从提高的柔性中得到的边际效益会下降。他们建议利用链接（chaining）的概念来获得柔性。假设一家公司销售四种不同的产品，那么一个没有柔性的专用供应网络将拥有四个工厂，每个工厂专门生产其中一种产品，如图 6-1（a）所示。一个完全柔性的网络配置则需要每个工厂都能够生产四种产品。当这四种产品的需求都难以预测时，工厂的生产柔性是非常有益的。使用专用工厂，企业将无法满足超出工厂产能的需求；而使用柔性工厂，企业能够将一种产品的过量需求转移到一个有过剩产能的工厂去，如图 6-1（b）所示。乔丹和格雷夫斯定义了一种拥有一条长链（有限柔性）的链接网络，其配置如图 6-1（c）所示。在链接配置中，每个工厂都能够生产两种产品，这种柔性使这些工厂和它们所生产的产品形成了一个链条。乔丹和格雷夫斯指出，链接网络在缓解需求波动的风险上几乎与完全柔性的网络一样有效。由于完全柔性的成本较高，所以乔丹和格雷夫斯的研究结果表明，链接是一种很好的策略，既可以降低成本又可以获得柔性带来的大部分好处。

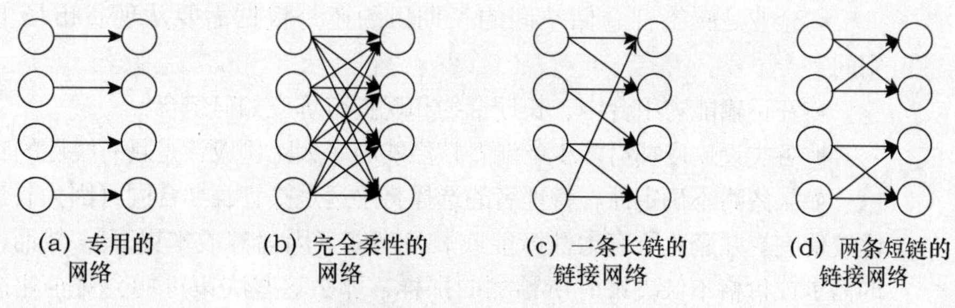

图 6-1 网络中不同的柔性配置

在设计链接网络时，链的理想长度是需要解决的一个重要问题。当应对需求不确定性时，较长的链具有在更大程度上有效地共用可用能力的优势。但是，较长的链条也有一些缺点。建一条单一长链的固定成本比建多条短链的成本要高。在一条长链条的情况下，任何波动的影响都会波及链中的所有设施，使得整个网络的协调更加困难。一些研究人员也注意到，在应对需求波动时，柔性和链接网络是有效的，但在应对供应中断时就不那么有效了。利姆等（Lim et al.，2008）注意到，在发生供应中断时，一个能遏制或限制中断影响的短链比长链网络更有效。图6-1（d）就是一个遏制的例子，图中显示四个具有柔性的工厂以两个短链的形式生产四种产品。在这种设计中，其中任何一个链条上的中断都不会影响到另一条链。一个简单的遏制的例子是生猪养殖：为了获得规模经济，农场规模会很大，但生猪会被分成几个猪群，以确保疾病的风险遏制在一个猪群内，不会扩散到整个农场。

学习目标2小结

全球供应链的绩效受到供应、需求、价格、汇率和其他经济因素等若干投入要素的风险和不确定性的影响。在供应链中构建适当的柔性可以降低这些风险。有助于缓解全球供应链风险的运作策略包括：拥有过剩产能和过量库存、柔性产能、冗余的供应商、提高响应能力以及需求集中等。对冲燃料成本和货币变动是有助于缓解风险的金融策略。重要的是要记住，没有任何一种风险缓解策略始终有效。设计这些风险缓解策略是为了防范在一个不确定的全球环境中可能产生的某些极端情况。

6.4 利用决策树评估网络设计决策

决策者在设计全球供应链网络时，应考虑到一系列的战略选择，比如等待、建立过剩产能、建立柔性产能、签订长期合同、从现货市场采购等。在任何一个全球供应链中，需求、价格、汇率和其他一些因素都是不确定的，且很可能在任何供应链决策的影响时间范围内发生波动。因此，应在未来不确定的背景下对各种备选方案进行评估，未考虑不确定性的设计方法通常会低估柔性选择方案的价值。其结果往往是，如果所有的事情都按计划进行，则供应链表现良好，但如果发生意想不到的事情，则供应链成本会飙升。在设计供应链网络时，管理者需要做出各种不同的决策。例如：

- 企业是应签订仓储空间的长期租约还是根据需要从现货市场上获得仓储空间？
- 在运输能力组合中，长期合约和现货市场应如何组合？
- 各类设施应拥有多少产能？该产能中多大比例应该是具有柔性的？

如果忽略不确定性，管理者的选择将永远是签订长期合同（因为长期合同通常比较便宜）并避免所有柔性产能或后备产能（因为其成本更高）。然而，如果未来的需求或价格不像决策时所预测的那样，那么这些决策可能会对企业造成不利影响。参加埃森哲2013年全球制造业研究的高管“列举了多种可能阻碍其能力增长的波动性相关因素，包括全球货币不稳定、不可预测的商品成本、顾客需求不确定、关键市场的政治或社会动荡以及政府监管的潜在变化等”。因此，现在重要的是要提供一种方法，使管理者能够将这种不确定性纳入他们的网络设计过程。本节将介绍这样一种方法，并说明考虑不确定性会对网络设计决策的价值产生重大影响。

6.4.1 贴现现金流

全球供应链设计决策应当基于决策实施期间所发生的一系列现金流来进行评估。这就需要对未来现金流进行评估，以考虑全球供应链中可能出现的风险和不确定性。在引入不确定性之前，首先讨论评估分析未来现金流的基础知识。

一连串现金流的现值是指这串现金流折算为当前时点美元的价值。贴现现金流（discounted cash flow，DCF）分析法就是评估任意一串未来现金流的现值，以使管理者能够对两组现金流的财务价值进行比较。贴现现金流分析法是基于“今天的1美元比明天的1美元更值钱”这一基本前提，因为今天的1美元可以通过投资获得额外的回报。这一前提为比较未来不同时间段发生的现金流的相对价值提供了一个基本工具。

未来现金流的现值是使用贴现因子计算得出的。如果今天的投资在下一个时期获得的回报率为k，那么今天投资1美元将在下一个时期得到$1+k$美元。因此，对于投资者来说，在下一个时期获得1美元与在当期获得$1/(1+k)$美元是没有差别的。所以，下一个时期的1美元可以通过如下所示的贴现因子进行贴现得到其现值。

$$\text{贴现因子}=\frac{1}{1+k} \tag{6.1}$$

回报率k也称贴现率（discount rate）、最低资本回报率（hurdle rate）或资本机会成本（opportunity cost of capital）。假定未来T个时期的一连串现金流为C_0，C_1，…，C_T，回报率为k，那么该串现金流的净现值（NPV）为：

$$NPV=C_0+\sum_{t=1}^{T}\left(\frac{1}{1+k}\right)^t C_t \tag{6.2}$$

制定供应链决策时应该对不同选择方案的净现值进行比较。一个方案的净现值为负值表示该方案将会给供应链带来损失。净现值最高的决策方案将给供应链带来最高的财务回报。

例6-1

曲普斯物流公司（Trips Logistics）是一家提供仓储和其他物流服务的第三方物流企业。该公司目前需要对未来三年租用多大仓储空间做出决策。公司总经理预测未来三年每年需要处理100 000单位的需求。从以往的经验来看，每1 000单位的需求，该公司需要1 000平方英尺的仓储空间。为了便于讨论，假设曲普斯物流公司面临的唯一成本是仓库成本。

曲普斯物流公司每满足一个单位需求可得到1.22美元的收入。公司总经理必须决定是签一份为期三年的租赁合同，还是每年从现货市场租用仓储空间。若签订三年期合同则每年每平方英尺的成本为1.00美元。预计这三年的现货市场价格均为每年每平方英尺1.20美元。曲普斯物流公司的贴现率$k=0.1$。公司总经理应当签订三年租约吗？

分析：

总经理决定比较签订为期三年的100 000平方英尺仓储空间的三年租赁合同与每年从现货市场获得相同仓储空间这两种方案的净现值。如果总经理每年从现货市场获得仓储空间，那么对于每单位需求，曲普斯物流公司将赚取1.22美元，同时要为每平方英尺的仓储空间支付1.20美元的成本。在这种情况下，曲普斯物流公司的预期年利润计算如下：

$$\text{如果仓储空间是从现货市场获得，则预期年利润} = 100\,000\times1.22-100\,000\times1.20 = 2\,000(\text{美元})$$

若从现货市场获得仓储空间的话，曲普斯物流公司未来三年中每一年均预期可获得2 000美元的正现金流。其净现值可计算如下：

$$NPV(\text{无租约}) = C_0+\frac{C_1}{1+k}+\frac{C_2}{(1+k)^2} = 2\,000+\frac{2\,000}{1.1}+\frac{2\,000}{1.1^2} = 5\,471(\text{美元})$$

如果总经理签订为期三年的100 000平方英尺的仓储空间的租约，则每年每平方英尺空间需支付1.00美元。在这种情况下，曲普斯物流公司的预期年利润计算如下：

$$\text{三年期租约下的预期年利润} = 100\,000\times1.22-100\,000\times1.00 = 22\,000(\text{美元})$$

签订为期三年的租约将在未来三年中的每一年为曲普斯物流公司带来22 000美元的正现金流。其净现值可计算如下：

$$NPV(\text{租约}) = C_0+\frac{C_1}{1+k}+\frac{C_2}{(1+k)^2} = 22\,000+\frac{22\,000}{1.1}+\frac{22\,000}{1.1^2} = 60\,182(\text{美元})$$

签订三年租约的净现值比在现货市场获得仓储空间的净现值高60 182－5 471＝54 711美元。

基于上述简单的分析，管理者有可能会选择签三年的租约。然而，这并不是最终的结果，因为还没有考虑现货价格的不确定性，也没有考虑到使用现货市场能够为企业提供更大柔性以应对不确定性。下一小节将介绍不确定性环境下的决策树分析法，并讨论未来需求和成本的不确定性将如何促使管理者重新思考这一决策。

6.4.2 决策树分析的基础知识

决策树（decision tree）是一种在不确定性环境下评价决策的图形工具。贴现现金流的决策树可以用来评估当需求、价格、汇率以及通货膨胀等存在不确定性时的供应链设计决策。

构建决策树的第一步是确定做决策时所需考虑的未来时期数。决策者还应确定时期的长度，可以是一天、一个月、一个季度，或其他任何时间长度。一个时期的持续时间应是那些影响供应链决策的因素可能发生大幅变化的最小时间范围。“大幅”在这里很难定义，但大多数时候将综合计划的一个计划期作为一个时期比较合适。如果计划是每个月做，就将时期的长度设为一个月。在下面的讨论中，我们用T来表示对供应链决策进行评估的时期数。

下一步是确定影响决策的价值且在未来T期内很可能发生波动的因素。这些因素包括需求、价格、汇率和通货膨胀等。确定了这些关键因素后，下一步是确定每个因素从一个时期到下一个时期的波动的概率分布。例如，如果确定需求和价格是影响决策的两个关键因素，那么我们必须确定从一个时期的需求和价格的给定值变为下一个时期的任何其他需求和价格的概率。

再下一步是确定计算未来现金流的时期贴现率 k。每一个时期乃至一个时期内的每个节点不一定要使用相同的贴现率。贴现率的确定应该考虑与投资相关的内在风险。一般来说，较高的贴现率应该适用于风险较高的投资。

现在就可以用一个包含当期和未来 T 期的决策树来评估决策了。在每一时期内，必须为每一个可以实现的因素值的组合（如需求和价格）定义一个节点。然后从第 i 期的起始节点绘制一条箭线到第 $i+1$ 期的末端节点。标在箭线上方的概率称为转移概率（transition probability），是指从时期 i 的起始节点转移到时期 $i+1$ 中的末端节点的概率。

决策树的评估是从时期 T 的节点开始的，然后逐步返回到基期（第 0 期）。对于每一个节点，在考虑到各种因素的当前和未来值的基础上对决策进行优化。该分析基于贝尔曼原理（Bellman's principle），该原理指出，对于给定状态下的任何策略选择，如果假设整个分析在下一个时期开始，则下一个时期的最优策略就是所选择的策略。根据贝尔曼原理，在求解最优策略时，可以从最后一个时期开始以逆向方式求解。预期的未来现金流被折现并纳入当前所考虑的决策中。第 0 期节点的值给出了投资的价值，以及在每个时期所做的决策（树形计划图（tree plan）等工具可用来帮助我们在电子数据表中求解决策树问题）。

决策树分析的方法归纳如下：

1. 确定每个时期的长度（月、季度等）以及要评估决策的时期数 T。
2. 确定未来 T 期需要考虑的波动因素，如需求、价格和汇率等。
3. 确定每种因素的不确定性的表述，也就是说，用哪种分布来描述不确定性。
4. 确定每一时期的贴现率 k。
5. 用每一时期所定义的状态及两个相邻时期的状态之间的转换概率来描述决策树。
6. 从周期 T 开始，并逐步返回到第 0 期，确定每一步的最优决策及期望现金流。给定时期的每种状态的期望现金流在并入前一时期时应予折现。

6.4.3　评估曲普斯物流公司的柔性

我们用曲普斯物流公司总经理面临的租赁决策来介绍决策树分析法。这位总经理必须决定未来三年是否应该租赁仓储空间以及租赁的面积。总经理预计未来三年的需求和仓储空间的现货价格存在不确定性。长期租赁虽然便宜，但如果需求低于预期，那么可能造成仓储空间闲置。如果未来仓储空间现货市场价格下降，那么长期租赁反而成本更高。总经理在考虑以下三种方案：

1. 在需要时从现货市场获得所有仓储空间。
2. 签订一份为期三年的固定仓储空间租约，并从现货市场获得另外所需的空间。
3. 签订一个约定最低费用的柔性租约，允许在某个上限内灵活使用仓储空间，其他所需空间则从现货市场获得。

现在来讨论在考虑不确定性的情况下公司总经理如何评估每一个决策。

每1 000单位的需求需要用到1 000平方英尺的仓储空间，曲普斯物流公司目前的需求是每年100 000单位。总经理预测，从某一年到下一年，需求可能上升20%（概率为0.5），也可能下降20%（概率为0.5）。这两种结果发生的概率彼此独立，且在各年之间保持不变。

总经理可以按每年每平方英尺1美元的价格签订为期三年的租约。目前现货市场上仓储空间每年每平方英尺的租金是1.20美元。从某一年到下一年，仓储空间的现货价格可能上升10%（概率为0.5），也可能下降10%（概率为0.5）。这两种结果发生的概率彼此独立，且在各年之间保持不变。

总经理相信仓储空间价格的波动与产品需求的波动这两者之间是相互独立的。曲普斯物流公司每满足一个单位需求能赚取1.22美元的收入，该公司致力于满足所有需求。该公司对三年中的每一年都使用相同的贴现率 $k=0.1$。

总经理假设所有成本都是在每年年初发生，因此构建了一个 $T=2$ 的决策树。该决策树如图6-2所示，其中每个节点代表需求（D，以千为单位）和价格（p，以美元计）。因为价格和需求的波动是相互独立的，所以每一次的转移概率为 $0.5\times0.5=0.25$。

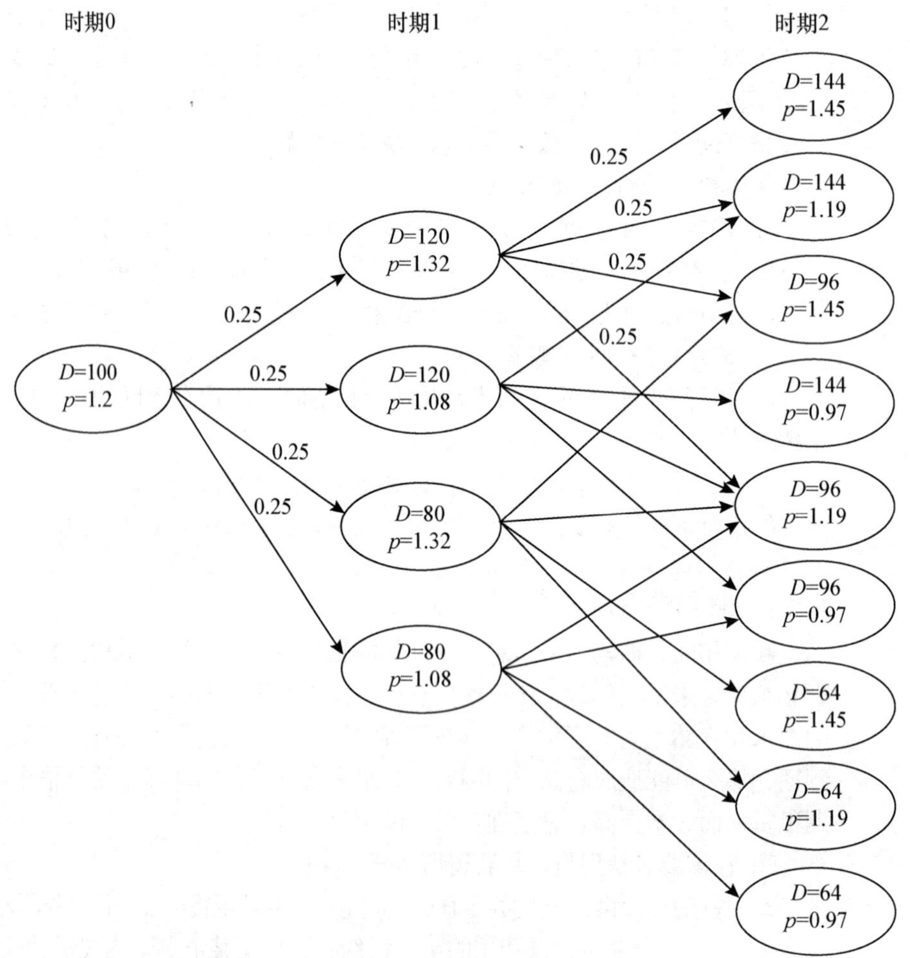

图6-2 曲普斯物流公司考虑需求和价格波动的决策树

6.4.4　评估现货市场方案

利用图 6-2 中的决策树，总经理首先分析了不签订租约而从现货市场获得所有仓储空间的方案。他从时期 2 开始，计算该公司在每个节点的利润。在节点 ($D=144$，$p=1.45$)，该公司在时期 2 必须满足 144 000 单位的需求，仓储空间每平方英尺的现货市场价格为 1.45 美元。在时期 2，曲普斯物流公司在节点 ($D=144$，$p=1.45$) 所产生的成本表示为 $C(D=144，p=1.45，2)$，计算如下：

$$C(D=144, p=1.45, 2)=144\,000\times1.45=208\,800(\text{美元})$$

在时期 2，曲普斯物流公司在节点 ($D=144$，$p=1.45$) 所获得的利润表示为 $P(D=144，p=1.45，2)$，并计算如下：

$$\begin{aligned}P(D=144, p=1.45, 2)&=144\,000\times1.22-C(D=144, p=1.45, 2)\\&=175\,680-208\,800=-33\,120(\text{美元})\end{aligned}$$

在时期 2，曲普斯物流公司在其他每个节点的利润可以用类似方法进行计算，结果如表 6-5 所示。

表 6-5　现货市场方案下时期 2 的计算结果

节点	收入	成本 C（D=，p=，2）	利润 P（D=，p=，2）
D=144，p=1.45	144 000×1.22	144 000×1.45	-33 120
D=144，p=1.19	144 000×1.22	144 000×1.19	4 320
D=144，p=0.97	144 000×1.22	144 000×0.97	36 000
D=96，p=1.45	96 000×1.22	96 000×1.45	-22 080
D=96，p=1.19	96 000×1.22	96 000×1.19	2 880
D=96，p=0.97	96 000×1.22	96 000×0.97	24 000
D=64，p=1.45	64 000×1.22	64 000×1.45	-14 720
D=64，p=1.19	64 000×1.22	64 000×1.19	1 920
D=64，p=0.97	64 000×1.22	64 000×0.97	16 000

总经理接着计算时期 1 中每个节点的期望利润，其等于时期 1 的利润加上时期 2 的期望利润在时期 1 的现值。某个节点的期望利润 $EP(D=，p=，1)$ 是指时期 2 中从该节点引出的所有 4 个节点的期望利润。$PVEP(D=，p=，1)$ 表示该期望利润的现值。$P(D=，p=，1)$ 表示总的期望利润，等于时期 1 的利润加上时期 2 的期望利润的现值。时期 1 的节点 ($D=120$，$p=1.32$) 在时期 2 会出现 4 种可能状态。因此，总经理计算由时期 1 中的节点 ($D=120$，$p=1.32$) 引出的所有 4 种可能状态在时期 2 的期望利润，即 $EP(D=120，p=1.32，1)$，计算如下：

$$\begin{aligned}&EP(D=120, p=1.32, 1)\\&=0.25\times[P(D=144, p=1.45, 2)+P(D=144, p=1.19, 2)\\&\quad+P(D=96, p=1.45, 2)+P(D=96, p=1.19, 2)]\\&=0.25\times(-33\,120+4\,320-22\,080+2\,880)=-12\,000(\text{美元})\end{aligned}$$

该期望利润在时期 1 的现值计算如下：

$$PVEP(D=120, p=1.32, 1)=EP(D=120, p=1.32, 1)/(1+k)$$
$$=-12\,000/1.1=-10\,909(\text{美元})$$

此时，总经理就可以计算出时期1的节点（$D=120$，$p=1.32$）的总期望利润$P(D=120$，$p=1.32$，$1)$，等于该节点在时期1的利润与未来的期望利润的现值之和，即：

$$P(D=120, p=1.32, 1)=120\,000\times1.22-120\,000\times1.32$$
$$+PVEP(D=120, p=1.32, 1)$$
$$=-12\,000-10\,909=-22\,909(\text{美元})$$

在时期1，所有其他节点的总期望利润的计算结果如表6-6所示。

表6-6　现货市场方案下时期1的计算结果

节点	$EP(D=, p=, 1)$	$P(D=, p=, 1)=D\times1.22-D\times p+EP(D=, p=, 1)/(1+k)$
$D=120$，$p=1.32$	−12 000	−22 909
$D=120$，$p=1.08$	16 800	32 073
$D=80$，$p=1.32$	−8 000	−15 273
$D=80$，$p=1.08$	11 200	21 382

对于时期0（基期），其总利润$P(D=100$，$p=1.20$，$0)$等于时期0的利润与时期1中所有4个节点的期望利润的现值之和，计算如下：

$$EP(D=100, p=1.20, 0)$$
$$=0.25\times[P(D=120, p=1.32, 1)+P(D=120, p=1.08, 1)$$
$$+P(D=80, p=1.32, 1)+P(D=80, p=1.08, 1)]$$
$$=0.25\times(-22\,909+32\,073-15\,273+21\,382)=3\,818(\text{美元})$$
$$PVEP(D=100, p=1.20, 0)$$
$$=EP(D=100, p=1.20, 0)/(1+k)$$
$$=3\,818/1.1=3\,471(\text{美元})$$
$$P(D=100, p=1.20, 0)$$
$$=100\,000\times1.22-100\,000\times1.20+PVEP(D=100, p=1.20, 0)$$
$$=20\,00+3\,471=5\,471(\text{美元})$$

因此，不签租约而从现货市场获得所有仓储空间这一方案的预期净现值为：

$$NPV(\text{现货市场})=5\,471(\text{美元})$$

6.4.5　评估固定租约方案

总经理接着要评估另一个备选方案，即签订一份100 000平方英尺仓储空间的租约。其评估过程与前面的分析非常相似，但最后计算出的利润会有所不同。例如，在节点（$D=144$，$p=1.45$），因为以每平方英尺1美元的价格只租用了100 000平方英尺，所以总经理还需要以每平方英尺1.45美元的价格从现货市场获得44 000平方英尺的仓储空间。如果需求偶然少于100 000单位，曲普斯物流公司仍然要支付所租用的整个 100 000 平方英尺仓储空间的租金。对于时期 2，总经理计算出了所有 9 个节点的利润，如表 6-7 所示。

表 6-7　固定租约方案下曲普斯物流公司时期 2 的利润计算结果

节点	租用的空间（平方英尺）	以现货价格租用的仓储空间 S（平方英尺）	P(D=，p=，2)= D×1.22-(100 000×1+S×p)(美元)
D=144，p=1.45	100 000	44 000	11 880
D=144，p=1.19	100 000	44 000	23 320
D=144，p=0.97	100 000	44 000	33 000
D=96，p=1.45	100 000	0	17 120
D=96，p=1.19	100 000	0	17 120
D=96，p=0.97	100 000	0	17 120
D=64，p=1.45	100 000	0	-21 920
D=64，p=1.19	100 000	0	-21 920
D=64，p=0.97	100 000	0	-21 920

接着，总经理计算了时期 1 中每个节点的总期望利润。同样，某个节点的期望利润 $EP(D=, p=, 1)$ 是指时期 2 中从该节点引出的所有 4 个节点的期望利润（见图 6-2）。$P(D=, p=, 1)$ 表示时期 1 和时期 2 的总期望利润。因此，总经理得到如表 6-8 所示的计算结果。

表 6-8　固定租约方案下曲普斯物流公司时期 1 的利润计算结果

节点	EP(D=，p=，1)（美元）	以现货价格租用的仓储空间 S（平方英尺）	P(D=，p=，1)=D×1.22-(100 000×1+S×p)+EP(D=，p=，1)/(1+k)（美元）
D=120，p=1.32	0.25×[P(D=144，p=1.45，2)+P(D=144，p=1.19，2)+P(D=96，p=1.45，2)+P(D=96，p=1.19，2)] =0.25×(11 880+23 320+17 120+17 120)=17 360	20 000	35 782
D=120，p=1.08	0.25×(23 320+33 000+17 120+17 120)=22 640	20 000	45 382
D=80，p=1.32	0.25×(17 120+17 120-21 920-21 920)=-2 400	0	-4 582
D=80，p=1.08	0.25×(17 120+17 120-21 920-21 920)=-2 400	0	-4 582

对于时期 0（基期），时期 1 的 4 个节点的期望利润 $EP(D=100, p=1.20, 0)$ 计算如下：

$$
\begin{aligned}
& EP(D=100, p=1.20, 0) \\
&= 0.25\times[P(D=120, p=1.32, 1)+P(D=120, p=1.08, 1) \\
&\quad +P(D=80, p=1.32, 1)+P(D=80, p=1.08, 1)] \\
&= 0.25\times(35\,782+45\,382-4\,582-4\,582) \\
&= 18\,000(\text{美元})
\end{aligned}
$$

期望利润在基期的现值为：

$$PVEP(D=100,\ p=1.20,\ 0)=EP(D=100,\ p=1.20,\ 0)/(1+k)$$
$$=18\ 000/1.1=16\ 364(\text{美元})$$

总期望利润等于基期利润与时期 1 中所有 4 个节点的期望利润的现值之和，即

$$P(D=100,\ p=1.20,\ 0)$$
$$=100\ 000\times1.22-100\ 000\times1+PVEP(D=100,\ p=1.20,\ 0)$$
$$=22\ 000+16\ 364=38\ 364(\text{美元})$$

因此，签一个为期三年的 100 000 平方英尺仓储空间的租约方案的净现值为：

$$NPV(\text{租约})=38\ 364(\text{美元})$$

可以看到，在不确定性环境下租约方案的净现值要比没有考虑不确定性时的净现值（由例 6－1 可知，为 60 182 美元）要低得多。这是因为该租约是一项固定的决策，如果需求低于预期，曲普斯物流公司不能通过减少租赁空间来应对市场环境的变化。当存在不确定性时，刚性合约的吸引力减小。

6.4.6 评估柔性租约方案

曲普斯物流公司的总经理还可以签订这样一份合同：只需预先支付 10 000 美元，就可以按每年每平方英尺 1 美元的租金灵活使用 60 000～100 000 平方英尺的仓储空间。曲普斯物流公司每年至少必须为 60 000 平方英尺的仓储空间支付 60 000 美元的租金，然后根据需求还可以按每平方英尺 1 美元的价格另外租用最多 40 000 平方英尺的仓储空间。公司总经理决定利用决策树来评价这份柔性合同是否优于租用 100 000 平方英尺的固定合同。

用来评估柔性合同的决策树与图 6－2 中的完全相同。但是由于可灵活使用仓储空间，每个节点的利润会有所变化，如表 6－9 所示。如果需求大于 100 000 单位，那么曲普斯物流公司将使用按 1 美元价格付费的 100 000 平方英尺的所有仓储空间，其余所需空间按现货价格获得。如果需求为 60 000～100 000 单位，那么曲普斯物流公司将只使用并按 1 美元价格支付所需的实际仓储空间面积。当需求大于等于 100 000 单位时，所有节点的利润与表 6－7 中的相同。当需求小于 100 000 单位时，时期 2 所有节点的利润将增加，如表 6－9 所示。

表 6－9 柔性租约下曲普斯物流公司时期 2 的利润计算结果

节点	单价 1 美元的仓储空间 W（平方英尺）	以现货价格租用的仓储空间 S（平方英尺）	利润 $P(D=,\ p=,\ 2)=D\times1.22-(W\times1+S\times p)$（美元）
$D=144$，$p=1.45$	100 000	44 000	11 880
$D=144$，$p=1.19$	100 000	44 000	23 320
$D=144$，$p=0.97$	100 000	44 000	33 000
$D=96$，$p=1.45$	96 000	0	21 120
$D=96$，$p=1.19$	96 000	0	21 120
$D=96$，$p=0.97$	96 000	0	21 200

续表

节点	单价 1 美元的仓储空间 W（平方英尺）	以现货价格租用的仓储空间 S（平方英尺）	利润 $P(D=,\ p=,\ 2)=D\times1.22-(W\times1+S\times p)$（美元）
$D=64$，$p=1.45$	64 000	0	14 080
$D=64$，$p=1.19$	64 000	0	14 080
$D=64$，$p=0.97$	64 000	0	14 080

如前面所讨论的，总经理计算了时期 1 每个节点的未来期望利润 $EP(D=,\ p=,\ 1)$ 及总期望利润，结果如表 6－10 所示。

表 6－10　柔性租约下曲普斯物流公司时期 1 的利润计算结果

节点	$EP(D=,\ p=,\ 1)$（美元）	单价 1 美元的仓储空间 W（平方英尺）	以现货价格租用的仓储空间 S（平方英尺）	$P(D=,\ p=,\ 1)=D\times1.22-(W\times1+S\times p)+EP(D=,\ p=,\ 1)/(1+k)$（美元）
$D=120$，$p=1.32$	$0.25\times(11\,880+23\,320+21\,120+21\,120)=19\,360$	100 000	20 000	37 600
$D=120$，$p=1.08$	$0.25\times(23\,320+33\,000+21\,120+21\,120)=24\,640$	100 000	20 000	47 200
$D=80$，$p=1.32$	$0.25\times(21\,120+21\,120+14\,080+14\,080)=17\,600$	80 000	0	33 600
$D=80$，$p=1.08$	$0.25\times(21\,120+21\,120+14\,080+14\,080)=17\,600$	80 000	0	33 600

基期的总期望利润等于基期的利润与时期 1 的期望利润的现值之和。因此可以得到：

$$
\begin{aligned}
&EP(D=100,\ p=1.20,\ 0)\\
&=0.25\times[P(D=120,\ p=1.32,\ 1)+P(D=120,\ p=1.08,\ 1)\\
&\quad+P(D=80,\ p=1.32,\ 1)+P(D=80,\ p=1.08,\ 1)]\\
&=0.25\times(37\,600+47\,200+33\,600+33\,600)\\
&=38\,000(\text{美元})\\
&PVEP(D=100,\ p=1.20,\ 0)\\
&=EP(D=100,\ p=1.20,\ 0)/(1+k)\\
&=38\,000/1.1=34\,545(\text{美元})\\
&P(D=100,\ p=1.20,\ 0)\\
&=100\,000\times1.22-100\,000\times1+PVEP(D=100,\ p=1.20,\ 0)\\
&=22\,000+34\,545=56\,545(\text{美元})
\end{aligned}
$$

扣除预先支付的 10 000 美元，柔性租约下的净利润为 46 545 美元。在考虑不确定性后，曲普斯物流公司总经理得出了三个备选方案的价值，如表 6－11 所示。

表6-11 对曲普斯物流公司不同租约方案的比较

备选方案	价值（美元）
从现货市场获得所有仓储空间	5 471
签订为期三年的100 000平方英尺的租约	38 364
签订使用60 000～100 000平方英尺的柔性租约	46 545

因此，柔性合同对曲普斯物流公司是最有利的，因为与签订为期三年的刚性合同相比可节省8 181美元。

学习目标3小结

在对供应链设计决策进行财务评估时，应考虑到需求和各种经济因素的不确定性。决策树可以用于评估不确定性环境下的供应链决策。评估期内不同维度的不确定性被表示为一棵树，每个节点对应于一个可能的情况。决策树分析从评估期的最后一个时期开始，逆向返回到基期，确定每一步的最优决策和期望现金流。在决策时考虑不确定性，会使刚性决策的价值降低，柔性决策的价值升高。

6.5 在岸或离岸：不确定性下供应链中柔性的价值

本节讨论德国一家太阳能电池板制造商D-Solar公司的供应链设计决策，以此来说明在考虑不确定性时决策树分析法在全球供应链网络设计中的作用。D-Solar公司需要在一个面临汇率波动和需求不确定性的全球网络中做出工厂选址决策。

D-Solar公司的产品主要在欧洲销售，目前欧洲市场的需求是每年100 000块电池板，每块售价70欧元。虽然预计电池板需求将增长，但如果经济下滑，需求也会有下降的风险。从某一年到下一年，需求上升20%的概率为0.8，下降20%的概率为0.2。

D-Solar公司必须决定到底是在欧洲建厂还是在中国建厂。无论在哪里建厂，D-Solar公司都计划建一个额定产能为120 000块电池板的工厂。两地工厂的固定成本和可变成本如表6-12所示。我们可以看到，固定成本是按年支付的，而不是作为一次性投资。欧洲工厂的成本更高，但具有更大的产量柔性，产量可以在60 000～150 000块间任意浮动，且在此产量范围内可变成本保持不变。相反，中国的工厂成本较低（当前汇率为1欧元兑换9元人民币），但只拥有有限的产量柔性，产量只能在100 000～130 000块范围内浮动。如果在中国建厂，即使需求下降到100 000块以下，D-Solar公司也将必须承担100 000块的可变成本。如果需求上升至超过130 000块，D-Solar公司则将会失去销售机会。汇率波动很大，预计每年人民币升值10%的概率为0.7，下降10%的概率为0.3。假设这一采购决策将在未来三年内有效，D-Solar公司使用的贴现率为$k=0.1$。假设所有的成本和收入发生在每年年初，因此我们可以将第一年视为时期0（基期），将接下来的两年视为时期1和时期2。

表6-12 D-Solar公司的固定成本和可变成本

欧洲工厂		中国工厂	
年固定成本	可变成本	年固定成本	可变成本
100万欧元	40欧元/块	800万元人民币	340元人民币/块

6.5.1　使用预期需求和汇率来评估备选方案

在评估贴现现金流时，通常采用的一种简化方法是考虑未来时期内需求和汇率的预期变动。这种方法的缺点是它对趋势进行了平均而忽略了不确定性。首先考虑用这样一种简化的方法来评估在岸方案和离岸方案。平均来说，需求每年预期增长12%（即（20×0.8）+（−20×0.2）=12），人民币每年预期升值4%（即（10×0.7）+（−10×0.3）=4）。未来两个时期的预期需求和汇率如表6-13所示。

表6-13　未来的预期需求和汇率

时期1		时期2	
需求	汇率	需求	汇率
112 000块	8.64元/欧元	125 440块	8.294 4元/欧元

假设未来两个时期需求和汇率都按平均预期值变化，下面来计算两种方案的贴现现金流。

对于在岸方案，计算如下：

$$\begin{aligned}\text{时期 0(基期)的利润}&=100\,000\times 70-1\,000\,000-100\,000\times 40\\&=2\,000\,000(\text{欧元})\end{aligned}$$

$$\text{时期 1 的利润}=112\,000\times 70-1\,000\,000-112\,000\times 40=2\,360\,000(\text{欧元})$$

$$\text{时期 2 的利润}=125\,440\times 70-1\,000\,000-125\,440\times 40=2\,763\,200(\text{欧元})$$

因此，选择在岸方案的贴现现金流计算如下：

$$\begin{aligned}\text{在岸方案的期望利润}&=2\,000\,000+2\,360\,000/1.1+2\,763\,200/1.21\\&=6\,429\,091(\text{欧元})\end{aligned}$$

对于离岸方案，计算如下：

$$\begin{aligned}\text{时期 0(基期)的利润}&=100\,000\times 70-8\,000\,000/9-100\,000\times 340/9\\&=2\,333\,333(\text{欧元})\end{aligned}$$

$$\begin{aligned}\text{时期 1 的利润}&=112\,000\times 70-8\,000\,000/8.64-112\,000\times 340/8.64\\&=2\,506\,667(\text{欧元})\end{aligned}$$

$$\begin{aligned}\text{时期 2 的利润}&=125\,440\times 70-8\,000\,000/8.294\,4-125\,440\times 340/8.2944\\&=2\,674\,319(\text{欧元})\end{aligned}$$

因此，选择离岸方案的贴现现金流如下：

$$\begin{aligned}\text{离岸方案的期望利润}&=2\,333\,333+2\,506\,667/1.1+2\,674\,319/1.21\\&=6\,822\,302(\text{欧元})\end{aligned}$$

基于一个简单的贴现现金流分析和对未来两个时期的需求和汇率的预期趋势的假设，似乎离岸方案优于在岸方案，因为离岸方案预计能多获得39 300欧元的利润。

但是，上述分析存在一个问题，它忽略了不确定性。例如，即使预计需求会增长，但仍存在需求下降的可能性。如果对电池板的需求下降到100 000块以下，离岸方案会因为缺乏柔性而导致成本更高。同样，如果需求增长超过预期（例如，如果未来两年每年增长20%），那么离岸设施将无法完全满足增长的需求。准确的分析必须反映这些不确定性，并最好使用决策树进行分析。

6.5.2 使用决策树来评估选择方案

为了进行分析，我们构建了如图6-3所示的决策树。给定时期的每个节点都会引出下一个时期中的4个可能节点，因为需求和汇率既可能上升也可能下降。节点间的详细关联和转移概率如图6-3所示。需求用D表示，以千单位计量。汇率用E表示，表示1欧元兑换人民币的数量。例如，从基期（时期0）的节点（$D=100$，$E=9.00$）开始，可以转移到时期1中4个节点中的任何一个。如果需求上升（概率为0.8）且人民币贬值（概率为0.3），那么将会转移到时期1的节点（$D=120$，$E=9.90$）。因此，从基期节点（$D=100$，$E=9.00$）转移到时期1节点（$D=120$，$E=9.90$）的概率为$0.8\times0.3=0.24$。图6-3中的所有其他转移概率都是以类似的方式计算出的。使用决策树的主要优势在于，它能够对D-Solar公司可能发生的每种情形进行真实的利润评估。

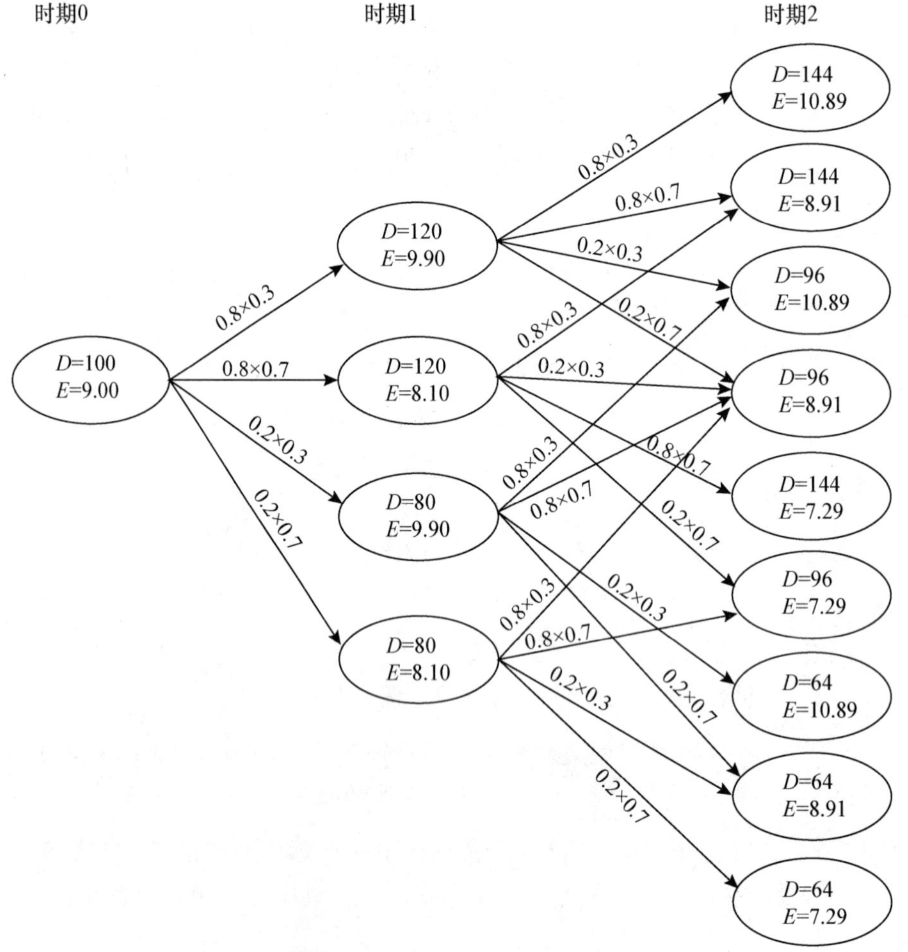

图6-3 D-Solar公司的决策树

6.5.3　评估在岸方案

让我们回想一下，在岸方案具有柔性，能够改变生产水平（从而改变可变成本）以满足 60 000～150 000 块之间不同的需求水平。在下面的分析中，将计算决策树中每个节点（以相应的 D 值和 E 值来表示）的期望利润，首先从时期 2 开始，然后逆向返回到现在（时期 0）。对于在岸方案，因为收入和成本都是以欧元计的，所以汇率对利润没有影响。

时期 2 评估　下面对节点（$D=144$（太阳能电池板的需求为 144 000 块），$E=10.89$（每欧元兑换 10.89 元人民币））进行详细分析。因为在岸设施具有柔性，它能够以 40 欧元的单位可变成本生产全部 144 000 块电池板，每块电池板的销售收入为 70 欧元。则收入和成本计算如下：

制造和销售 144 000 块电池板的收入＝144 000×70＝10 080 000(欧元)

在岸工厂的固定成本＋可变成本＝1 000 000＋144 000×40＝6 760 000(欧元)

因此对于在岸方案，在时期 2，D-Solar 公司在节点（$D=144$，$E=10.89$）的总利润为：

$$P(D=144, E=10.89, 2)=10\,080\,000-6\,760\,000=3\,320\,000(\text{欧元})$$

使用相同的方法，可以分别计算出时期 2 中 9 种状态（以相应的 D 值和 E 值来表示）下的利润，结果如表 6-14 所示。

表 6-14　在岸方案时期 2 的利润

D	E	销售量（块）	生产成本量（块）	收入（欧元）	成本（欧元）	利润（欧元）
144	10.89	144 000	144 000	10 080 000	6 760 000	3 320 000
144	8.91	144 000	144 000	10 080 000	6 760 000	3 320 000
96	10.89	96 000	96 000	6 720 000	4 840 000	1 880 000
96	8.91	96 000	96 000	6 720 000	4 840 000	1 880 000
144	7.29	144 000	144 000	10 080 000	6 760 000	3 320 000
96	7.29	96 000	96 000	6 720 000	4 840 000	1 880 000
64	10.89	64 000	64 000	4 480 000	3 560 000	920 000
64	8.91	64 000	64 000	4 480 000	3 560 000	920 000
64	7.29	64 000	64 000	4 480 000	3 560 000	920 000

时期 1 评估　时期 1 有 4 个结果节点需要分析。这里我们对其中一个节点（$D=120$，$E=9.90$）做详细分析。除了该节点的收入和成本，还需要考虑从这个节点引出的时期 2 中的 4 个节点的期望利润的现值。从时期 1 的节点（$D=120$，$E=9.90$）到其引出的时期 2 的 4 个节点的转移概率如图 6-3 所示。因此，从节点（$D=120$，$E=9.90$）引出的 4 种可能结果状态在时期 2 的期望利润计算如下：

$$\begin{aligned}&EP(D=120, E=9.90, 1)\\&=0.24\times P(D=144, E=10.89, 2)+0.56\times P(D=144, E=8.91, 2)\\&\quad+0.06\times P(D=96, E=10.89, 2)+0.14\times P(D=96, E=8.91, 2)\end{aligned}$$

$$=0.24\times 3\,320\,000+0.56\times 3\,320\,000+0.06\times 1\,880\,000+0.14\times 1\,880\,000$$
$$=3\,032\,000(\text{欧元})$$

时期2的期望利润贴现到时期1的现值为：

$$PVEP(D=120,\ E=9.90,\ 1)=EP(D=120,\ E=9.90,\ 1)/(1+k)$$
$$=3\,032\,000/1.1=2\,756\,364(\text{欧元})$$

接下来，计算在岸工厂通过时期1的运作在节点（$D=120$，$E=9.90$）可获得的利润。在这种情况下，在岸工厂生产120 000块电池板，可变成本为40欧元/块，每块电池板可获得70欧元的收入。则收入和成本计算如下：

制造和销售120 000块电池板的收入＝120 000×70＝8 400 000(欧元)
在岸工厂的固定成本＋可变成本＝1 000 000＋120 000×40＝5 800 000(欧元)

D-Solar公司在节点（$D=120$，$E=9.90$）的期望利润等于时期1节点的运作利润加上其可能引出的时期2的4个节点的贴现期望利润。时期1该节点的期望利润为：

$$P(D=120,\ E=9.90,\ 1)=8\,400\,000-5\,800\,000+PVEP(D=120,\ E=9.90,\ 1)$$
$$=2\,600\,000+2\,756\,364=5\,356\,364(\text{欧元})$$

时期1中所有节点的期望利润可类似进行计算，结果如表6－15所示。

表6－15 在岸方案时期1的利润

D	E	销售量（块）	生产成本量（块）	收入（欧元）	成本（欧元）	期望利润（欧元）
120	9.90	120 000	120 000	8 400 000	5 800 000	5 356 364
120	8.10	120 000	120 000	8 400 000	5 800 000	5 356 364
80	9.90	80 000	80 000	5 600 000	4 200 000	2 934 545
80	8.10	80 000	80 000	5 600 000	4 200 000	2 934 545

基期（时期0）评估 在基期，需求和汇率给定为$D=100$，$E=9.00$。除了该节点的收入和成本，还需要考虑时期1中4个节点的贴现期望利润。期望利润为：

$$EP(D=100,E=9.00,0)$$
$$=0.24\times P(D=120,E=9.90,1)+0.56\times P(D=120,E=8.10,1)$$
$$+0.06\times P(D=80,E=9.90,1)+0.14\times P(D=80,E=8.10,1)$$
$$=0.24\times 5\,356\,364+0.56\times 5\,356\,364+0.06\times 2\,934\,545+0.14\times 2\,934\,545$$
$$=4\,872\,000(\text{欧元})$$

时期1的期望利润贴现到基期的现值为：

$$PVEP(D=100,E=9.00,0)=EP(D=100,E=9.00,0)/(1+k)$$
$$=4\,872\,000/1.1=4\,429\,091(\text{欧元})$$

接下来，计算在岸工厂通过基期的运作生产并销售100 000块电池板获得的利润。

制造和销售100 000块电池板的收入＝100 000×70＝7 000 000(欧元)
在岸工厂的固定成本＋可变成本＝1 000 000＋100 000×40＝5 000 000(欧元)

D-Solar 公司在基期节点（$D=100$，$E=9.00$）的期望利润为：

$$P(D=100, E=9.00, 0)$$
$$=7\,000\,000-5\,000\,000+PVEP(D=100, E=9.00, 0)$$
$$=2\,000\,000+4\,429\,091=6\,429\,091(\text{欧元})$$

因此，在评估期内，建造在岸工厂的预期收益为6 429 091欧元。这一数值考虑了需求和汇率的不确定性，以及具有柔性的在岸设施对这些波动做出反应的能力。

6.5.4　评估离岸方案

与在岸方案的评估一样，我们也是从评估时期2每个节点的利润开始，然后再反过来对时期1和时期0进行评估。回想一下，离岸方案具有有限柔性，只能在100 000～130 000块之间改变生产水平（从而改变可变成本）。因而，即使需求降到100 000块以下，D-Solar公司仍要承担100 000块的可变生产成本。即使需求增长到130 000块以上，离岸设施也只能最多满足130 000块电池板的需求。在每一个节点，我们将计算给定需求，并考虑到汇率波动的情况下（汇率波动将影响以欧元计算的离岸成本）的期望利润。

时期2评估　节点（$D=144$（太阳能电池板的需求为144 000块），$E=10.89$（1欧元兑换10.89元人民币））的详细分析如下。尽管需求为144 000块电池板，但由于离岸设施缺乏产量柔性，离岸设施只能生产130 000块电池板，每块电池板的可变成本为340元人民币，销售收入为70欧元。收入和成本计算如下：

制造和销售130 000块电池板的收入$=130\,000\times70=9\,100\,000$(欧元)

离岸工厂的固定成本＋可变成本$=8\,000\,000+130\,000\times340=52\,200\,000$(元)

因此，对于离岸方案，D-Solar公司在节点（$D=144$，$E=10.89$）的总利润（以欧元计算）为：

$$P(D=144, E=10.89, 2)=9\,100\,000-52\,200\,000/10.89$$
$$=4\,306\,612(\text{欧元})$$

利用相同的方法，可以分别计算出时期2中9个状态（以相应的D值和E值来表示）的利润，如表6-16所示。可以注意到，由于离岸设施缺乏柔性，需求超过130 000块（利润损失）或低于100 000块（成本更高）时都会影响D-Solar公司的利润。例如，当需求下降到64 000块时，离岸设施仍要承担100 000块电池板的可变生产成本。当人民币升值超过预期时，企业利润也会受到影响。

表6-16　离岸方案时期2的利润

D	E	销售量（块）	生产成本量（块）	收入（欧元）	成本（元）	利润（欧元）
144	10.89	130 000	130 000	9 100 000	52 200 000	4 306 612
144	8.91	130 000	130 000	9 100 000	52 200 000	3 241 414
96	10.89	96 000	100 000	6 720 000	42 000 000	2 863 251
96	8.91	96 000	100 000	6 720 000	42 000 000	2 006 195
144	7.29	130 000	130 000	9 100 000	52 200 000	1 939 506

续表

D	E	销售量（块）	生产成本量（块）	收入（欧元）	成本（元）	利润（欧元）
96	7.29	96 000	100 000	6 720 000	42 000 000	958 683
64	10.89	64 000	100 000	4 480 000	42 000 000	623 251
64	8.91	64 000	100 000	4 480 000	42 000 000	−233 805
64	7.29	64 000	100 000	4 480 000	42 000 000	−1 281 317

时期1评估 在时期1，有4个结果节点需要分析。与在岸方案的分析一样，这里对其中的一个节点（$D=120$，$E=9.90$）进行详细分析。除了该节点的运作收入和成本，还需要考虑该节点可能引出的时期2的4个节点的期望利润的现值。从该节点到时期2的4个节点的转换概率如图6-3所示。因此，从节点（$D=120$，$E=9.90$）引出的4种可能结果状态在时期2的期望利润计算如下：

$$
\begin{aligned}
& EP(D=120, E=9.90, 1) \\
=\ & 0.24\times P(D=144, E=10.89, 2)+0.56\times P(D=144, E=8.91, 2) \\
& +0.06\times P(D=96, E=10.89, 2)+0.14\times P(D=96, E=8.91, 2) \\
=\ & 0.24\times 4\,306\,612+0.56\times 3\,241\,414+0.06\times 2\,863\,251+0.14\times 2\,006\,195 \\
=\ & 3\,301\,441(\text{欧元})
\end{aligned}
$$

时期2的期望利润贴现到时期1的现值为：

$$
\begin{aligned}
PVEP(D=120, E=9.90, 1) &= EP(D=120, E=9.90, 1)/(1+k) \\
&= 3\,301\,441/1.1=3\,001\,310(\text{欧元})
\end{aligned}
$$

接下来，计算离岸工厂通过时期1中的运作，在节点（$D=120$，$E=9.90$）可以获得的利润。该离岸工厂生产了120 000块电池板，可变成本为340元/块，每块可获得70欧元的收入。收入和成本计算如下：

制造和销售120 000块电池板的收入$=120\,000\times 70=8\,400\,000$(欧元)

离岸工厂的固定成本+可变成本$=8\,000\,000+120\,000\times 340=48\,800\,000$(元)

D-Solar公司在时期1节点（$D=120$，$E=9.90$）的期望利润为：

$$
\begin{aligned}
& P(D=120, E=9.90, 1) \\
=\ & 8\,400\,000-48\,800\,000/9.90+PVEP(D=120, E=9.90, 1) \\
=\ & 3\,470\,707+3\,001\,310=6\,472\,017(\text{欧元})
\end{aligned}
$$

对于离岸方案，时期1所有节点的期望利润如表6-17所示。

表6-17 离岸方案时期1的利润

D	E	销售量（块）	生产成本量（块）	收入（欧元）	成本（元）	期望利润（欧元）
120	9.90	120 000	120 000	8 400 000	48 800 000	6 472 017
120	8.10	120 000	120 000	8 400 000	48 800 000	4 301 354
80	9.90	80 000	100 000	5 600 000	42 000 000	3 007 859
80	8.10	80 000	100 000	5 600 000	42 000 000	1 164 757

可以看到，对于节点（$D=80$，$E=8.10$），D-Solar 公司从离岸方案（见表 6-17）得到的期望利润相比在岸方案（见表 6-15）要低，这是因为离岸工厂缺乏柔性而导致较高的可变成本（即使只销售了 80 000 块太阳板，仍要承担 100 000 块太阳板的成本），并且所有的离岸成本由于人民币升值而增加。

基期（周期 0）评估　在基期，需求和汇率给定为 $D=100$，$E=9.00$。除了该节点的收入和成本外，还需要考虑时期 1 的 4 个节点的期望利润的现值。时期 1 的期望利润为：

$$\begin{aligned}&EP(D=100,E=9.00,0)\\&=0.24\times P(D=120,E=9.90,1)+0.56\times P(D=120,E=8.10,1)\\&\quad+0.06\times P(D=80,E=9.90,1)+0.14\times P(D=80,E=8.10,1)\\&=0.24\times 6\,472\,017+0.56\times 4\,301\,354+0.06\times 3\,007\,859+0.14\times 1\,164\,757\\&=4\,305\,580(\text{欧元})\end{aligned}$$

时期 1 中的期望利润贴现到基期的现值为：

$$\begin{aligned}PVEP(D=100,E=9.00,0)&=EP(D=100,E=9.00,0)/(1+k)\\&=4\,305\,580/1.1=3\,914\,164(\text{欧元})\end{aligned}$$

接下来，计算离岸工厂在基期中从制造和销售 100 000 块电池板获得的运作利润。

制造和销售 100 000 块电池板的收入$=100\,000\times 70=7\,000\,000$(欧元)
离岸工厂的固定成本＋可变成本$=8\,000\,000+100\,000\times 340=42\,000\,000$(元)

D-Solar 公司在基期节点（$D=100$，$E=9.00$）的期望利润为：

$$\begin{aligned}&P(D=100,E=9.00,0)\\&=7\,000\,000-42\,000\,000/9.00+PVEP(D=100,E=9.00,0)\\&=2\,333\,333+3\,914\,164=6\,247\,497(\text{欧元})\end{aligned}$$

因此，建离岸工厂在评估期内的期望收益为 6 247 497 欧元。

可以注意到，利用考虑了需求和汇率波动的决策树法可以得出，具有柔性的在岸方案（期望利润 6 429 091 欧元）事实上比缺乏柔性的离岸方案（期望利润 6 247 497 欧元）更具价值。这与简单地使用每年的预期需求和汇率所得出的结果正好相反。当使用预期需求和汇率时，在岸方案能够获得的期望利润为 6 429 091 欧元，离岸方案能够获得的期望利润为 6 822 302 欧元。在这种方法下，离岸方案被高估了，因为需求和汇率的潜在波动大于预期的波动。因此，利用预期波动进行分析时没有充分地考虑到离岸设施的柔性不足，以及人民币升值超过预期时可能导致的成本大幅上升。

德·特拉维尔和特里杰奥吉斯（De Traville and Trigeorgis，2010）讨论了使用决策树或实物期权方法来评估所有全球供应链设计决策的重要性。他们以瑞士生产轻型太阳能电池板的 Flexcell 公司为例进行了说明。2006 年，该公司打算新建一个工厂来扩大经营。新工厂有三个候选地点，分别在中国、德国东部以及该公司在瑞士的总部附近。尽管在中国和德国东部建厂比在瑞士建厂便宜，但 Flexcell 公司证明了建设高成本的瑞士工厂是合理的，因为瑞士工厂更具柔性，能够对变化的市场环境快速做出响应。如果仅基于未来情境的期望值进行决策，则不能证明建设成本更高的瑞士工厂是合理的。该决策给公司带来了回报，因为瑞士工厂拥有足够的柔性来应对2008年经济衰退期间需求的大幅变动。

当底层决策树很复杂且很难获得底层决策树的精确解时，企业应使用模拟的方法来评估决策（参见第13章）。在一个复杂的决策树中，从第一期到最后一期可能会出现数千甚至数百万条可能路径。转换概率用于生成决策树中的概率加权随机路径。对于每一条路径，都要评估其逐段的决策及收益的现值。路径的生成方式使得在模拟过程中生成一条路径的概率与决策树中该条路径的概率相同。在生成多条路径并评估每种情况下的收益后，通过模拟得出的收益将被用来代表从决策树得出的收益。然后通过对模拟所得到的收益取平均值来得出期望收益。

在实践中，这类分析面临的一个典型挑战就是明确输入信息。当获取一个准确的输入信息需要花费大量的时间时，那么对需输入的信息使用一个估计值通常要快得多。在有敏感性分析支持的情况下，使用估计值是可以的。通过对输入值的范围进行敏感性分析，管理者通常可以说明，无论真正的输入值处于此范围内的哪个位置，决策结果都是一样的。当情况并非如此时，通过敏感性分析则可以发现决策的关键变量，更多地关注这一变量才能得出更准确的答案。

学习目标4小结

在不确定的环境下设计全球供应链时，仅仅基于预期的趋势进行决策评估可能导致错误的决定。使用考虑不确定性的决策树等分析方法非常重要。在存在不确定性的情况下，运用决策树方法，柔性可被作为一种实物期权。决策树可以在不确定未来的每一种可能的结果下对不同的柔性选择方案进行评估，从而提供柔性期权和离岸等其他实物期权的准确价值。一般来说，柔性、离岸等实物期权的价值随着不确定性的增加而增加，而不具柔性的选择方案的价值随着不确定性的增加而减少。

讨论题

1. 为什么在评估供应链设计决策时考虑不确定性非常重要？
2. 可能影响供应链决策价值的主要不确定性来源有哪些？
3. 描述贴现现金流（DCF）的基本原理以及如何用其来比较不同的现金流。
4. 总结决策树分析法的基本步骤。
5. 讨论为什么使用对未来的预期趋势会导致做出不同于考虑到不确定性的决策树分析所做出的供应链决策。
6. 一家电子零部件制造商正在考虑是在泰国建厂还是在美国建厂，其面临的主要财务不确定性是什么？
7. 企业在制定产品采购决策时，应考虑哪些主要的非财务不确定性？

练习题

1. Moon Micro公司是生产服务器的小企业，目前其所有产品都在美国加利福尼亚的圣克拉拉生产。随着服务器市场显著增长，圣克拉拉的工厂已达到了每年 10 000 台服务器的产能。Moon Micro 公司正考虑两种增加产能的方案。第一种选择是圣克拉拉工厂再增加 10 000 台的产能，这一方案的年固定成本为 1 000 万美元，另外每台服务器的劳动力成本为 500 美元。第二种选择是委托独立的装配商 Molectron 公司为其生产，每台服务器的成本为 2 000 美元（不包括原材料成本）。每台服务器的原材料成本为 8 000 美元。Moon Micro 公司每台服务器售价为 15 000 美元。

Moon Micro 公司这一决策实施时间为两年。每一年，对 Moon Micro 公司服务器的需求有 80%的概率较上一年增加 50%；有 20%的概率保持与上一年持平。Molectron 公司的价格也可能变化：第一年的价格是固定的，但在第二年有 50%的概率增加 20%，50%的概率保持不变。

利用决策树来确定 Moon Micro 公司是应该增加其圣克拉拉工厂的产能，还是应该外包给 Molectron 公司。还有哪些有可能影响这一决策的其他因素是我们没有讨论到的?

2. Unipart 公司是一家汽车零部件制造商，目前正考虑在两个不同的 B2B 市场采购 MRO 物资。两个市场都能提供其所需要的全部物资，且产品价格和运输费用非常相似。两个市场提供的服务水平和提前期也很相似。

但是，这两个市场的费用结构有很大差异。第一个市场 Parts4u. com，所售的所有产品都要在售价（不包括运输）上加收 5% 的佣金。若在第二个市场 AllMRO. com 上采购，则必须预先支付 1 000 万美元的两年期的会员费，然后每笔交易在交易价格基础上加收 1%的佣金。

Unipart 公司每年在 MRO 物资上大约花费 1.5 亿美元，具体数额取决于 MRO 物资的使用情况。Unipart 公司明年需求可能非常强劲，设施的高利用率将使 MRO 开支保持在 1.5 亿美元。然而，MRO 支出也有 25%的可能性下降 10%。第二年，MRO 的花费有 50%的概率保持与前一年相同；有 50%的概率会再下降 10%。Unipart 公司使用的贴现率为 20%。假设所有成本都发生在每年年初（因此第一年的成本发生在现在，第二年的成本将在一年内发生）。

Unipart 公司应该从哪个 B2B 市场购买 MRO 物资?

3. 电子零部件制造商 Alphacap 公司目前正试图为其主要产品 Doublecap 选择单一的原材料供应商。Doublecap 是一种新型电容器，被手机制造商用来保护微处理器免受功率峰值的影响。可以提供这种原材料的公司有 2 家——MultiChem 公司和 Mixemat 公司。

MultiChem 公司的产品享有很好的声誉，供应和交付的可靠性高，因此产品的价格也较高。MultiChem 公司为每个客户都分配专用的产能，所以供应是有保证的。这使得 MultiChem 可以对每单位原材料要价 1.20 美元。

Mixemat 公司是一家小供应商，其产能非常有限，但每单位原材料只要价 0.90 美元。但是，其供货的可靠性存在问题。Mixemat 公司的产能不足以在任何时候都满足所有客户。这意味着向 Mixemat 公司发出的订货不能够得到保证。在原材料需求较高的年份，Mixemat 公司可以为 Alphacap 公司提供 90 000 单位的原材料。在原材料需求较低的年份，Alphacap 公司的订货都可以得到满足。

如果 Alphacap 公司无法从供应商处获得原材料的话，就需要去现货市场采购。Alphacap 公司的业务主要依赖于一家大型手机制造商。如果 Alphacap 公司不能为手机制造商及时供货的话有可能失去这份合约，从而使公司处于风险之中。因此，Alphacap 公司如果从供应商处拿不到足够的原材料的话，将会从现货市场上采购以补足。在原材料需求较低时，单批采购（比如 Alphacap 公司所需要的）的现货价格为 2.00 美元。在原材料需求较高时，单批采购的现货价格为 4.00 美元。

原材料市场的需求在未来两年每年有 75%的概率较高。Alphacap 公司去年销售了 100 000 个电容器，今年预计销售 110 000 个，但是今年也有 25%的概率仅能销售 100 000 个。明年，需求有

75%的概率比今年上升20%，有25%的概率下降10%。Alphacap公司使用的贴现率为20%。假设所有成本都发生在每年年初（第一年的成本发生在现在，第二年的成本在一年内发生）。Alphacap公司的决策实施时间范围为2两年。只有一个供应商可以选，因为这两个供应商都拒绝向与其竞争对手合作的企业供货。

Alphacap公司应该选择哪个供应商？为了做出决策，你还希望得到其他哪些信息？

4. Bell公司正走到一个十字路口。这家个人电脑制造商发展非常迅速，为了试图满足猛增的需求，其运作出现了一些问题。Bell公司的管理层清楚地意识到，由于无法应付巨大的业务量，半年内Bell公司用于协调供应链的系统将会崩溃。

为了解决这个问题，Bell公司引入了两家供应链软件公司，这两家公司都对能够满足Bell公司工作量和复杂性的系统提出了建议。但是，这两家软件公司提供的产品类型有所不同。

第一家公司SCSoftware提议Bell公司购买其开发的一个系统软件的许可。在需要的时候Bell公司随时可以使用该软件。但是，Bell公司需要自行维护这个软件，而这需要大量的投入。

第二家公司SC-ASP提议Bell公司按月向SC-ASP公司支付使用费，在SC-ASP公司的机器上运行Bell公司的供应链管理系统。Bell公司的员工将通过一个网络浏览器来获取信息和分析结果。无论何时需要，信息都可以从SC-ASP公司的服务器自动地导入Bell公司的服务器。Bell公司需要按月支付软件使用费，但所有的维护都将由SC-ASP公司完成。

关于选择哪一家软件公司，Bell公司应如何着手做出选择？为了做决策，Bell公司需要掌握哪些具体信息（关于软件的信息，以及Bell公司将要面临的未来情况的信息）？在制定决策时，Bell公司必须考虑哪些定性问题？

5. Reliable公司是一家服务于亚洲和北美市场的手机制造商。目前其产品在亚洲的年需求为200万单位，在北美的年需求为400万单位。未来两年，亚洲的需求预期增长，增长50%的概率为0.7，增长20%的概率为0.3。同一时期，预计北美的需求有0.5的概率增长10%，有0.5的概率下降10%。Reliable公司目前在亚洲有一个年产240万单位的生产设施，在北美有一个年产420万单位的生产设施。每部手机的可变生产成本在亚洲为15美元，在北美为17美元。这两个市场之间运输手机的成本为每部3美元。在两个市场上每部手机的销售价格都是40美元。

Reliable公司正在讨论是给亚洲的工厂增加200万单位产能还是150万单位产能。增加200万单位产能的成本是1 800万美元，而增加150万单位产能的成本是1 500万美元。假设Reliable公司使用的贴现率是10%，你的建议是什么？

6. 一家欧洲服装生产商在意大利和中国设有工厂为欧洲市场供货。欧洲市场的年需求为190万单位。在可预见的将来，需求预期维持在同一水平。每个工厂的产能都是每年100万单位。在目前的汇率下，意大利工厂的生产和配送成本是每单位10欧元；中国工厂的生产和配送成本是每单位7欧元。在未来三年中的每一年，人民币对欧元的汇率有0.5的概率会上升15%，有0.5的概率会下跌5%。该企业正在考虑的一个方案是，关闭意大利工厂50万单位的产能，并以200万欧元的一次性费用将其转移到中国。假设这三年的贴现率为10%，你会推荐这一方案吗？

7. 一家化学品生产商正在欧洲和北美建立未来三年的产能。每个市场的年需求均为200万千克，并且很可能维持这一水平。该企业正在考虑的两个方案分别是：在北美建立400万单位产能，或在两个地点各建200万单位产能。兴建两个工厂将需要多付出200万美元的一次性成本。目前在北美生产的可变生产成本为10美元/千克，而在欧洲生产的可变生产成本是9欧元/千克。当前汇率为1欧元兑换1.33美元。在未来三年中的每一年，美元对欧元的汇率有0.5的概率上升10%，有0.5的概率下跌5%。假设贴现率为10%。该化学品生产商应该如何决策？当兴建两个工厂的初始成本分别是多少时，两个方案对该化学品生产商来说是毫无差别的？

参考文献

Amram, Martha, and Nalin Kulatilaka. *Real Options*. Cambridge, MA: Harvard Business School Press, 1999.

Brealey, Richard A., and Stewart C. Myers. *Principles of Corporate Finance*. New York: McGraw-Hill, 1996.

Chang, Shih-Chia, Neng-Pai Lin, and Chwen Sheu. "Aligning Manufacturing Flexibility with Environmental Uncertainty: Evidence from High-Technology Component Manufacturers in Taiwan." *International Journal of Production Research* (2002): 40(18), 4765–4780.

Chopra, Sunil, and ManMohan S. Sodhi. "Managing Risk to Avoid Supply Chain Breakdown" *Sloan Management Review* (2004): 46(1), 53–61.

Chopra, Sunil, and ManMohan S. Sodhi. "Reducing the Risk of Supply Chain Disruptions" *Sloan Management Review* (2014): 55(3), 73–80.

De Treville, Suzanne, and Lenos Trigeorgis. "It May Be Cheaper to Manufacture at Home." *Harvard Business Review* (October 2010): 84–87.

Farrell, Diana. "Beyond Offshoring: Assess Your Company's Global Potential." *Harvard Business Review* (December 2004): 82–90.

Favre, Donavon, and John McCreery. "Coming to Grips with Rising Supplier Risk" *Supply Chain Management Review* (September 2008): 26–32.

Ferreira, John, and Len Prokopets. "Does Offshoring Still Make Sense?" *Supply Chain Management Review* (January/February 2009): 20–27.

Garber, Randy, and Suman Sarkar. "Want a More Flexible Supply Chain?" *Supply Chain Management Review* (January/February 2007): 28–34.

Goel, Ajay, Nazgol Moussavi, and Vats N. Srivatsan."Time to Rethink Offshoring?" *McKinsey on Business Technology 14* (Winter 2008): 32–35.

Harding, Mary Lu. "Gauging Total Cost, Supplier by Supplier." *CSCMP's Supply Chain Quarterly* (Q4 2007): 64–68.

Hoberg, Kai, and Knut Alicke."Lessons for Supply Chains from the Financial Crisis." *Supply Chain Management Review* (September/October 2013): 48–55.

Jordan, W. C., and S. C. Graves. "Principles on the Benefits of Manufacturing Process Flexibility." *Management Science* 41 (April 1995): 577–594.

Lim, Michael, Achal Bassamboo, Sunil Chopra, and Mark S. Daskin. "Flexibility and Fragility: Supply Chain Network Design with Disruption Risks." Working paper, Northwestern University, Evanston, IL, 2008.

Luehrman, Timothy A. "Capital Projects as Real Options: An Introduction." Harvard Business School Case 9-295-074, 1995.

Luehrman, Timothy A. "Investment Opportunities as Real Options: Getting Started on the Numbers." *Harvard Business Review* (July–August 1998): 51–67.

Luehrman, Timothy A. "Strategy as a Portfolio of Real Options." *Harvard Business Review* (September–October 1998): 89–99.

Melnyk, Steven A., David J. Closs, Stanley E. Griffis, Christopher W. Zobel, and John R. Macdonald. "Understanding Supply Chain Resilience." *Supply Chain Management Review* (January/February 2014): 34–41.

Sheffi, Y. *The Resilient Enterprise*. Cambridge, MA: MIT Press, 2005.

Smith, Adam. *An Inquiry into the Nature and Causes of the Wealth of Nations*, 5th ed. London: Methuen & Co., Ltd., 1904.

Swaminathan, Jayashankar M., and Brian Tomlin. "How to Avoid the Six Risk Management Pitfalls." *Supply Chain Management Review* (July/August 2007): 34–42.

Tanowitz, Marc, and David Rutchik."Squeezing Opportunity Out of Higher Fuel Costs." *Supply Chain Management Review* (October 2008): 34–40.

Trent, Rovbert J."Managing Risk Through Supply Chain Flexibility." *Supply Chain Management Review* (May/June 2015): 20–25.

Trigeorgis, Lenos. *Real Options*. Cambridge, MA: MIT Press, 1996.

案例分析1

BioPharma公司①

2013年，菲利普·兰德格拉夫（Phillip Landgraf）的公司——BioPharma公司面临严峻的财务问题。该公司在德国和日本的工厂利润严重下滑，成本居高不下。公司负责全球运营的总裁兰德格拉夫了解到，全球对该公司产品的需求是稳定的。因此，公司全球生产网络中的过剩产能看起来就成了他再也负担不起的奢侈品。

由于收入已不太可能增加，所以财务绩效上任何的改进都将依赖于构建最有效的网络。因此，削减成本成为来年应最优先考虑的事情。为了有助于设计一个更具成本效益的网络，兰德格拉夫指派了一个专门工作组来提出行动方案。

背景

BioPharma公司是一家全球性的制药工业用散装化学品制造商。该公司拥有两项内部称为Highcal和Relax的化学品专利。这些散装化学品可供公司内部的制药部门使用，也可卖给其他制药企业。世界不同地区对于化学品的具体要求存在差异。但是，目前公司所有的工厂都可以为世界各地生产这两种化学品。

① This case was inspired by *Applichem (A)*, Harvard Business School Case 9-685-051, 1985.

表6-18列出了2013年各地区每种化学品的销量以及每个工厂的产量和产能。只要工厂具备生产两种产品的能力，工厂产能就可以分配给任何一种化学品。BioPharma公司预测这两种化学品的销量在除亚洲（不包括日本）的世界其他所有地区都有可能是稳定的，亚洲地区（不包括日本）的销量预计在未来5年每年增长10%，之后将趋于稳定。

表6-18 Highcal和Relax的各地区销量及各工厂的产量/产能 单位：百万千克

地区	工厂	产能	Highcal		Relax	
			2013年销量	2013年产量	2013年销量	2013年产量
拉丁美洲	巴西	18.0	7.0	11.0	7.0	7.0
欧洲	德国	45.0	15.0	15.0	12.0	0.0
亚洲（不包括日本）	印度	18.0	5.0	10.0	3.0	8.0
日本	日本	10.0	7.0	2.0	8.0	0.0
墨西哥	墨西哥	30.0	3.0	12.0	3.0	18.0
美国	美国	22.0	18.0	5.0	17.0	17.0

日本工厂在应对监管和环境问题方面是BioPharma公司网络中的技术领导者。日本工厂的一些成果已经被推广到网络中的其他工厂。德国工厂的生产能力最高，该工厂在公司全球网络中的产出通常是最高的。巴西、印度和墨西哥的工厂在技术上则有些过时，需要更新换代。

BioPharma公司目前的工厂成本

经过一番争论后，工作组确定了2013年每个工厂的成本结构（见表6-19）。每个工厂的年固定成本与该工厂的生产水平无关。固定成本包括折旧、公共事业服务，以及从事综合管理、计划、赶工、会计和维护等工作的员工的薪水和福利。每一个能够生产Highcal或Relax的工厂也会产生与产品相关的固定成本，该成本与所生产的每种化学品的数量无关。与产品相关的固定成本包括专门用于某种化学品的生产设备的折旧以及专门用于某种化学品的其他固定成本。如果某个工厂维持生产某种化学品的能力，那么即使这种化学品并未在该厂生产，它也要产生相应的与产品相关的固定成本。

表6-19 2013年BioPharma公司每个工厂的年固定成本和可变成本

工厂	工厂年固定成本（百万美元）	Highcal年固定成本（百万美元）	Relax年固定成本（百万美元）	Highcal		Relax	
				原材料（美元/千克）	生产成本（美元/千克）	原材料（美元/千克）	生产成本（美元/千克）
巴西	20.0	5.0	5.0	3.6	5.1	4.6	6.6
德国	45.0	13.0	13.0	3.9	6.0	5.0	7.0
印度	14.0	3.0	3.0	3.6	4.5	4.5	6.0
日本	13.0	4.0	4.0	3.9	6.0	5.1	7.0
墨西哥	30.0	6.0	6.0	3.6	5.0	4.6	6.5
美国	23.0	5.0	5.0	3.6	5.0	4.5	6.5

每种化学品的可变生产成本包括两部分：原材料和生产成本。可变成本与所生产的化学品的数量成比例，其中包括直接的劳动力和废料。工厂自己能够应付生产水平的变动。事实上，工厂也可以闲置，在这种情形下，将只发生固定成本，而没有可变成本。

BioPharma公司使用专门的集装箱通过海运运输化学品，也可以使用专门的卡车来运输化学品。

工厂和市场之间的运输成本如表6－20所示；以往的汇率如表6－21所示；各地区的进口关税如表6－22所示。由于存在区域性的贸易联盟，因此进口关税实际上会根据化学品的产地而有所不同。不过，出于简化的目的，工作组假设关税仅受目的地的影响。假设在每个区域内部生产的产品没有进口关税。因此，巴西、德国和印度工厂生产的产品可以分别运往拉丁美洲、欧洲和亚洲（不包括日本），而不必承担任何进口关税。关税只适用于原材料、生产和运输成本部分，不适用于固定成本部分。因此，原材料、生产和运输成本为10美元的产品进入拉丁美洲市场时所发生的进口关税为3美元。

表6－20　从工厂到市场的运输成本　单位：美元/千克

从/至	拉丁美洲	欧洲	亚洲（不包括日本）	日本	墨西哥	美国
巴西	0.20	0.45	0.50	0.50	0.40	0.45
德国	0.45	0.20	0.35	0.40	0.30	0.30
印度	0.50	0.35	0.20	0.30	0.50	0.45
日本	0.50	0.40	0.30	0.10	0.45	0.45
墨西哥	0.40	0.30	0.50	0.45	0.20	0.25
美国	0.45	0.30	0.45	0.45	0.25	0.20

表6－21　各货币相对于1美元的历史汇率（每年年初）

年份	巴西雷亚尔	欧元	印度卢比	日元	墨西哥比索	美元
2013	2.15	0.75	58.44	97.58	12.75	1.00
2012	1.95	0.78	53.46	79.79	13.15	1.00
2011	1.67	0.72	46.85	79.70	12.42	1.00
2010	1.75	0.75	45.72	87.78	12.63	1.00
2009	1.99	0.72	48.42	93.58	13.48	1.00
2008	1.83	0.68	43.62	103.42	11.13	1.00
2007	1.94	0.73	41.34	117.77	10.92	1.00
2006	2.17	0.80	45.18	116.29	10.89	1.00

表6－22　进口关税（进口产品价值的百分比，包括运输成本在内）

拉丁美洲	欧洲	亚洲（不包括日本）	日本	墨西哥	美国
30%	3%	27%	6%	35%	4%

所考虑的网络选择方案

工作组在分析中考虑了多种选择方案。一种方案是维持全球网络的现有结构和产能。其他方案包括关闭一些工厂或限制一些工厂的产能使其仅生产一种化学品。关闭一个工厂可以省去所有可变成本以及80%的年固定成本（剩余的20%用于与工厂关闭相关的费用）。类似地，如果某工厂仅生产一种化学品，那么该工厂可以节省80%与不再生产的那种化学品相关的固定成本。工作组正在认真考虑的两种方案是，关闭日本工厂和限制德国工厂仅生产一种化学品。

◆ **思考题**

1. 2013年BioPharma公司应如何使用其生产网络？应当闲置一些工厂吗？你所建议的方案的年成本（包括进口关税）是多少？

2. 假设过去的数据是未来汇率的合理指标，兰德格拉夫应如何构建其全球生产网络？

3. 是否有工厂值得以每年300万美元的固定成本增加100万千克的额外产能？

4. 如果关税降低，你的建议会受到什么影响？

5. 这里的分析均假设每个工厂的产出都是100%（质量合格的产出的百分比）。你将如何调整你的分析以将工厂之间的产出差异纳入考量？

6. 在给出你的建议时，还需考虑哪些其他因素？

案例分析2

Forever Young公司的采购决策

Forever Young是美国一家低成本时装零售商。该公司将一年分为四个销售季，每季大约三个月，每个销售季都会有新商品上市。该公司历来都是将生产外包至成本较低的中国。从中国供应商处采购的成本为55元/单位（包括所有交付成本），按1美元兑换6.5元人民币的汇率计算，可变成本低于8.50美元/单位。然而，这家中国供应商的交货提前期很长，迫使Forever Young公司在销售季开始之前就要选择订单大小。如果实际需求与订单大小不同，则将使Forever Young公司失去灵活性。

一家美国本地的供应商向Forever Young公司管理层提出了一项建议，即以每单位10美元的价格供应产品，但其交货迅速，以使Forever Young公司能够在各销售季中实现需求和供给的完全匹配。Forever Young公司管理层认为这一提议的可变成本太高，但同时发现在岸供应商的柔性非常具有吸引力。现在的挑战是，如何评价本地供应商所提供的响应性的价值。

Forever Young面临的不确定性

为了更好地比较这两家供应商，管理层将需求和汇率确定为公司所面临的两大不确定因素。在接下来的两期中的每一期（假设一期为一年），需求上升10%的概率为0.5，下降10%的概率也为0.5。当期的需求为1000单位。同样，在接下来的两期中的每一期，人民币升值5%的概率为0.5，贬值5%的概率也为0.5。当期1美元可以兑换6.5元人民币。

两个供应商的订货政策

由于离岸供应商的交货提前期较长，Forever Young在未观察到任何需求信息之前就要开始订货。考虑到未来两期的需求不确定性，以及每个单位产品的利润（约11.50美元）高于销售季末未售出可能带来的损失（损失约8.50美元），管理层决定下达的订货量要高于预期需求。考虑到未来两期的预期需求均为1000单位产品，Forever Young公司管理层决定未来两期每期从中国供应商处订购1040单位产品。如果某期的需求高于1040单位，Forever Young公司则将全部售出这1040单位的产品。但是，如果需求低于1040单位，那么将会出现剩余产品。对于这些未售出的剩余产品，将无法收回任何收入。

本地供应商的交货提前期较短，从而允许Forever Young公司根据实际销售情况，一次购进少量产品。因此，如果使用本地供应商，Forever Young能够满足各期所有的需求，不会出现任何未售出的库存或失售。换句话说，来自本地供应商的最终订货将完全与Forever Young观察到的需求相一致。

一种可能的混合策略

本地供应商还提出了另一项建议，允许Forever Young使用两个供应商，每个供应商发挥不同的作用。中国供应商为每个销售季提供一个基本量的产品，如果在销售过程中出现短缺，则由本地供应商补充供货。本地供应商的短交货期将确保不会出现失售的情况。换句话说，如果在某一给定时期，Forever Young向中国供应商订购了900单位基本量的产品，并且实际需求小于等于900单位，那么Forever Young将不会从本地供应商那里订购任何产品。但是，如果实际需求大于900单位（比如，1 100 单位)，那么短缺的 200 单位产品将由本地供应商供货。在这样一个混合策略下，本地供应商的供货量可能仅占每个销售季需求的一小部分。由于此时需要本地供应商极具柔性，且本地供应商的供货量也较少，因此本地供应商建议，如果将它作为混合战略的一部分的话，那么每单位产品将收取 11 美元的费用。

◆ **思考题**

1. 绘制反映未来两个时期不确定性的决策树。根据需求、汇率以及转移概率来识别每个节点。

2. 如果 Forever Young 的管理层只选择两个供应商中的一个，你会推荐哪一个? 对于每种选择方案，未来两期预期利润的净现值分别是多少? 假设每期的贴现率均为 $k=0.1$。

3. 你认为混合策略怎么样? 是否值得支付本地供应商额外的费用，使用它作为混合策略的一部分? 对于混合策略，假设管理层在两期中的每一期都先从中国供应商订购一个基本量 900 单位的产品，然后再使用本地供应商弥补短缺的部分，每期的贴现率均为 $k=0.1$，请评估混合方案的预期利润的净现值。

SUPPLY CHAIN
MANAGEMENT
第Ⅲ篇
供应链供需的
计划和协调
Planning and Coordinating
Demand and Supply in a
Supply Chain

第 7 章

供应链中的需求预测

Demand Forecasting in a Supply Chain

学习目标

通过本章学习，你应当能够：

1. 理解预测对于企业和供应链的作用。
2. 识别需求预测的组成及一些基本的预测方法。
3. 根据供应链中的历史需求数据，运用时间序列法进行需求预测。
4. 分析需求预测以估计预测误差。
5. 使用 Excel 建立时间序列预测模型。

所有供应链决策都是在需求实际发生之前根据预测做出的。本章将说明如何利用历史需求信息来预测未来需求以及这些预测结果是怎样影响供应链的。同时，将介绍几种需求预测和评估预测精度的方法，并说明如何利用 Excel 软件进行需求预测。

7.1 供应链中预测的作用

需求预测是所有供应链计划的基础。请大家回想一下第 1 章中讨论过的供应链的推/拉观点。供应链中的所有推动流程（push process）都是基于对未来顾客需求的预测进行的。然而，所有拉动流程（pull process）则是基于对实际顾客需求的反应进行的。对于推动流程，供应链管理者必须对生产、运输或外包等活动的预期水平进行计划；对于拉动流程，供应链管理者必须计划可用产能和库存水平，而不是要执行的实际数量。但是，不管是推动流程还是拉动流程，供应链管理者必须做的首要工作都是对未来顾客的需求进行预测。

一家销售油漆的家得宝门店基于对顾客订货的预测来采购基漆和染料，然后根据顾客的实际需求进行油漆的最后调色。家得宝是利用对未来需求的预测来确定基漆和染料的库存数量的（推动过程）。追溯到供应链的上游，生产基漆的油漆生产企业同样需要进行需求预测以确定它们自己的产量和库存水平。基于同样的原因，油漆生产企业的供应商也需要进行需求预测。当供应链中的每一环节都独立进行预测时，其预测结果之间往往存在很大差异，从而导致需求与供给不匹配。当供应链的各个环节彼此合作进行协同预测时，预测结果将会准确得多。由此带来的预测精度提升使供应链能够更好地响应并更高效地服务于顾客。从电子产品的制造商到销售包装食品的零售商，很多供应链的领导者都是通过协同预测来提高其供给与需求匹配的能力的。

我们来看看协同预测对可口可乐公司及其装瓶商的价值。可口可乐公司往往依据未来一个季度的需求预测来确定进行各种促销活动的时间，然后再结合促销决策来对需求预测进行修正。这个新的预测值才是装瓶商制定产能和生产决策的基础。如果不是基于考虑促销并修正过的预测值进行运作的话，那么装瓶商将不太可能提供足够的供给来满足可口可乐的需求，从而影响供应链的收益。

牛奶、纸巾等需求稳定的成熟产品通常最容易进行需求预测。但是，当原材料供给或者产成品需求非常难以预测时，进行预测和做出相关管理决策就非常困难了。时尚商品和许多高科技产品就属于这类难以预测的产品。对于这两类产品来说，在设计供应链和计划其响应性时，对预测误差进行估计非常重要。

在对供应链需求预测的组成和预测方法进行深入讨论之前，首先简要介绍预测的特点，这是管理者有效设计和管理供应链所必须了解的。

1. 预测通常是不准确的，因此预测应包括两方面的内容，也就是预测的期望值和预测误差的测量。为了说明预测误差的重要性，让我们以两家汽车经销商为例。其中一家经销商预计销售量为100～1 900辆，而另一家经销商预计销售量为900～1 100辆。虽然两家经销商预测的平均销售量都是1 000辆，但由于预测精度不同，两家经销商的采购政策必然大不相同。因此，对于大多数供应链决策来说，预测误差（或需求的不确定性）是一个关键输入信息。但遗憾的是，大多数企业并没有对预测误差进行任何估计。

2. 长期预测的精度往往比短期预测低。也就是说，长期预测相对于均值的标准差比短期预测要大。预测未来一个月的需求比预测未来一天的需求更难。日本7-11正是利用预测的这种性质来改善其运作绩效的，该公司实施的补货流程能在数小时内对订单进行响应。例如，如果门店经理在上午10点前下订单，那么当天晚上7点前所订货物就可以送达。因此，门店经理只需要在实际销售前不到12小时来对当晚将销售的商品进行预测。较短的提前期使门店经理能够将可能影响产品销售的最新信息（如天气）纳入考虑之中。这比提前一周进行需求预测要准确得多。

3. 集中预测往往比分散预测更精确。因为相对于均值来说，集中预测误差的标准差较小。例如，在2%的误差范围内预测美国某一年的国内生产总值并不困难，然而在2%的误差范围内预测一家企业的年收入就要困难得多，而在相同的精度下预测某一具体产品的收入就更困难了。上述三项预测的关键不同就在于集中的程度不同。国内生产总值是所有企业收入的总和，某个企业的收入是企业内所有产品线的收入的总和。所以集中程度越高，预测也就越精确。

4. 一般来说，企业越靠近供应链的上游（或者离消费者越远），其接收到的信息失真就越大。这方面的一个经典例子就是牛鞭效应（见第10章）。也就是说随着订单由供应链下游向上游移动，距离最终顾客越远，订单的波动也就越大。对最终顾客的销售量进行协同预测有助于上游企业降低预测误差。

学习目标1小结

供应链中几乎所有的设计和计划决策都是以预测为基础的。重要的是要认识到，所有的预测都不可能完全精确。因此，预测误差的估计是有效利用预测值的关键。缩短预测的时间范围（从而减少相关决策的提前期）和集中预测是减少预测误差的两种有效方法。最近出现的一个新现象是，整个供应链协同预测并以此作为决策的基础。协同预测极大地提高了预测的准确性，使供应链能够实现绩效最大化。如果没有协同预测，供应链中远离需求端的环节很可能预测非常不准确，从而导致供应链的低效率和缺乏响应性。

7.2 预测的组成及预测方法

纽约扬基棒球队的捕手约吉·贝拉（Yogi Berra）说过这样一句话："预测通常都是困难的，尤其是对未来的预测。" 人们可能会将需求预测视为魔法或艺术，认为一切皆为偶然。但是实际上，企业对顾客过去购买行为的把握将有助于对顾客未来购买行为的预测。需求并不是凭空产生的，顾客的需求受多种因素的影响。如果企业能够确定这些因素与未来需求之间的关系，那么在一定程度上就可以对顾客需求进行预测。所以，为了预测顾客需求，企业首先需要识别那些影响未来需求的因素，并确定这些因素与未来需求之间的关系。

在预测需求时，企业必须对客观因素和主观因素进行平衡。本章主要介绍一些定量的预测方法，但企业在做出最终预测时必须辅以人为判断，日本 7－11 的例子说明了这一观点。

日本 7－11 为其门店经理提供了一套先进的决策支持系统以进行需求预测并提供建议性订单。但是，负责做出最终决策和下达订单的是门店经理，因为只有这些门店经理才有可能了解市场状况的信息，而这些信息不可能存在于历史需求数据中。正是这些市场状况的信息有助于提高预测的准确性。例如，如果门店经理知道第二天有可能下雨并降温，他就能减少对上游冰淇淋供应商的订货，即使前几天天气炎热时冰淇淋的需求一直很大。在这种情况下，市场状况（天气）的变化是无法通过历史需求数据预测得到的。因而通过定性的人为判断改善需求预测有助于提高供应链绩效。

企业必须了解以下与需求预测相关的各种因素：

- 过去的需求；
- 产品补货提前期；
- 广告计划或营销活动；
- 价格促销计划；
- 经济状况；
- 竞争企业采取的行动。

重要的是要认识到，过去的需求和过去的销售是不一样的。企业通常会犯这样的错误，将历史销售数据假设为历史实际需求。然而，要获得真正的实际需求数据，还需要考虑到由于缺货而未满足的需求、竞争对手行为、定价和促销等因素，从而对预测值进行调整。如果不进行调整的话，可能导致预测值无法代表当前的实际情况。同样，企业在选择合适的预测方法之前，必须考虑所有可能影响需求的因素。例如，从历史需求数据来看，鸡汤面的需求淡季在 7 月，需求旺季在 12 月和 1 月。如果企业决定在 7 月对产品进行打折促销，那么情况可能会发生变化，有一部分未来的需求会转移到 7 月。企业在预测时应当将这一因素纳入考虑范围。

预测方法可分为以下四大类：

1. **定性预测法：**定性预测法主要依赖于人的主观判断。当可用的历史数据很少或当专家掌握可能影响预测的关键市场情报时，采用定性预测方法最合适。定性预测方法同样适用于对一个新产业未来几年的需求进行预测。

2. **时间序列预测法：**时间序列预测法运用历史需求数据对未来需求进行预测。时间序列预测法基于这样一个假设——过去的需求数据是预测未来需求的良好参考指标。时间序列预测法尤其适用于每年的基本需求模式变化不大的情况。时间序列预测法是实施起来最简单的一种方法，可作为需求预测的一个较好切入点。

3. **因果关系预测法：**因果关系预测法假定需求预测与某些环境因素（经济状况、利率等）高度相关，因果关系预测法可以找到需求与这些环境因素之间的相关性，利用这些环境因素的估计值来对未来需求进行预测。例如，产品定价与需求是高度相关的，企业可以利用因果关系预测法确定价格促销对需求的影响。

4. **模拟预测法：**模拟预测法通过模拟消费者的选择来预测需求。通过模拟，企业可以将时间序列预测法和因果关系预测法结合起来回答以下问题：价格促销将会带来什么样的影响？竞争对手在附近开设一家新店又会带来什么样的影响？航空公司通过模拟顾客的购买行为来预测低价票座位售完之后高价票座位的需求。

企业通常很难确定到底使用哪一种预测方法最合适。实际上，多项研究表明，组合使用多种预测方法得到的综合预测值将比单独使用任何一种预测方法更为有效。

本章将主要介绍时间序列预测法。当未来需求与历史需求、增长模式和任何季节性模式相关联时，最适合使用时间序列预测法。无论采用哪一种预测方法，都存在一些无法用以往的需求模式解释的随机因素。因此，任何观测到的需求都可以分解为系统成分和随机成分。

$$\text{观测到的需求}(O)=\text{系统成分}(S)+\text{随机成分}(R)$$

系统成分（systematic component）度量的是需求的期望值，它由以下几部分组成：需求水平（level），即剔除季节性因素影响后的当前需求；需求趋势（trend），即需求在下一期的增长或下降的速度；季节性因素（seasonality），即需求中可预测的季节性波动。

随机成分（random component）是指预测中偏离系统需求的那部分。企业不能也通常不应预测随机成分的变动方向，企业所能预测的只是随机成分的预期大小和变化，并以此估计预测误差的大小。预测的目的就在于剔除随机成分（噪声），并对系统成分进行估计。预测误差（forecast error）度量的是预测值与实际需求值之间的差异。一般来说，一个好的预测方法的误差大小与需求的随机成分相当。不论哪种预测方法，如果宣称其在以往的需求预测中不存在预测误差，经理就应对这种方法持怀疑态度，因为这样的预测方法很可能是把随机成分和系统成分混淆在一起了，如此一来，预测的准确性必然欠佳。

重要的是要理解预测不仅仅是一项定量的活动。为了有效地进行预测，企业必须将以下五点纳入其预测过程：

1. 理解预测的目标。
2. 整合整个供应链的需求计划和预测。
3. 识别影响需求预测的主要因素。
4. 以合适的集中水平进行预测。
5. 建立预测的绩效和误差度量指标。

7.2.1　理解预测的目标

所有预测都支持以其为基础的决策，所以第一步就是识别这些决策。这类决策的例子包括某种产品的产量决策、库存决策和订货量决策。所有受供应链决策影响的各方都应意识到决策与预测之间的联系。例如，如果沃尔玛计划在 7 月对洗涤剂进行打折促销，那么洗涤剂生产商、承运人和其他参与满足需求的相关方必须分享此信息，因为它们都必须做出一些受需求预测影响的决策。所有各方应为促销提出一个共同的预测，并基于预测制订共同的行动计划。如果不能共同进行决策，将会导致供应链各个环节要么产品缺货，要么产品过剩。

7.2.2　整合整个供应链的需求计划和预测

企业应当将预测与供应链中的所有计划活动联系起来，例如产能计划、生产计划、促销计划和采购计划等。下面这种尴尬的局面很常见：零售商基于促销活动进行预测，但制造商并不知道这些促销活动，仅根据历史订单为自己的生产计划做出了完全不同的预测。其结果是供需不匹配，导致糟糕的顾客服务。为了更好地整合，企业可以建立一支跨职能的团队，团队的成员是受预测影响的不同职能部门中负责需求预测的人员。一个更好的做法是，组织供应链中不同企业的人员一起进行预测。

与合作伙伴建立关系以共享信息、整合供应链的计划和预测，需要投入大量的时间和精力。然而，协同为供应链带来的收益往往比成本要高出一个数量级（第 10 章将更详细地讨论协作计划、预测和补货）。然而，当今的现实是，大多数预测甚至没有考虑到企业内不同职能之间的所有可用信息。因此，企业应着眼于建立一个销售和运作计划流程（将在第 9 章中讨论），将销售职能和运作职能联合起来制订计划。

7.2.3　识别影响需求预测的主要因素

接下来，企业必须识别影响需求预测的一些需求、供给和产品相关因素。在需求方面，企业必须弄清需求是增长、衰退，还是呈现季节性波动，这些估计必须基于需求而不是销售数据。例如，一家超市在 2017 年 7 月对某品牌麦片进行了促销，于是 7 月这个品牌的麦片需求较高，而同类品牌的麦片需求则较低。超市不应基于 2017 年的销售数据就估计 2018 年 7 月该促销品牌的麦片需求将比较高，因为这一结论只有在 2018 年 7 月该品牌麦片仍开展促销活动而且其他品牌的反应也仍与上一年一样时才成立。在进行需求预测时，超市必须清楚，如果不进行促销，需求会是什么样以及促销活动和竞争对手的行动会如何影响需求。结合上述信息，并考虑当年的促销计划，超市才可以对2018年7月的需求进行预测。

在供给方面，企业必须考虑现有的供应源以决定所需的预测精度。如果存在供货提前期更短的可替代供应源，精度高的预测可能就不是那么重要了。相反，如果只有一个供货提前期较长的供应源，那么精确的预测就非常有价值。

在产品方面，企业必须了解其销售的产品有多少变形，它们是相互替代还是互补。如果一种产品的需求影响另一种产品的需求或是受到另一种产品需求的影响，那么最好对这两种产品一起进行预测。例如，当企业推出现有产品的改进版本时，对现有产品的需求很可能会下降，因为顾客会购买改进后的产品。虽然历史数据无法反映出原有产品的需求下降，但企业仍然可以利用历史数据来估计这两种不同版本产品的总需求。显然，对这两种产品的需求应该一起进行预测。

7.2.4 以合适的集中水平进行预测

既然集中预测比分散预测更为精确，那么在适当的集中水平上进行预测非常重要，因为供应链决策是由预测驱动的。让我们来看一家连锁零售店的采购员，他正在进行预测以确定衬衫的订货量。一种方法是，要求每家门店的经理提交所需衬衫的精确数量，全部汇总后就得到向供应商订货的订货量。这种方法的优点是可以充分利用每家门店经理所掌握的当地市场信息。但是，由于门店经理进行预测的时点远提前于需求实际发生的时点，因此预测不可能十分精确。更好的方法可能是，在向供应商订货时采取集中预测，而仅在向各个门店分配衬衫时再要求每家门店的经理进行预测。在这种情况下，长提前期的预测（供应商订单）采用集中预测，可以降低预测误差。分散的门店水平的预测在更接近销售季时再进行，此时当地市场情报可能最为有效。

7.2.5 建立预测的绩效和误差度量指标

企业必须确定明确的绩效度量标准以评价预测的准确性和及时性。这些度量标准应该与基于这些预测所制定的业务决策的目标相联系。下面来看一家邮购公司通过预测向上游供应商下达订单的例子。其供应商需用两个月的时间履行订单。由于补货提前期为两个月，该邮购公司必须在销售季开始前至少提前两个月完成预测。在销售季结束时，该企业必须将实际需求与预测需求进行比较，以估计预测的精度。然后，可以制订出降低未来预测误差或对观测到的预测误差做出响应的计划。

学习目标2小结

需求由系统成分和随机成分组成，系统成分度量的是需求的期望值，随机成分度量的是需求围绕期望值波动的大小。系统成分又由需求水平、需求趋势和季节性因素组成。需求水平衡量剔除季节性影响后的当前需求，需求趋势衡量需求当前的增长或下降速率，季节性因素反映的是需求中可预测的季节性波动。预测的目标是估计系统成分和随机成分的大小（以预测误差的形式）。良好的预测需要对预测的目标有一个明确的理解，并且需要供应链进行协同预测。

7.3 时间序列预测法

本节将讨论主要使用历史需求数据进行预测的时间序列预测法。任何预测方法的目标都是预测需求的系统成分并对随机成分的期望值进行估计。就其最一般的形式，需求数据的系统成分包含需求水平、需求趋势和季节性因素。需求的系统成分的计算公式可以有多种形式。

- 乘法型:系统成分=需求水平×需求趋势×季节性因素
- 加法型:系统成分=需求水平+需求趋势+季节性因素
- 混合型:系统成分=(需求水平+需求趋势)×季节性因素

适用于某一特定预测的系统成分的具体表示形式，取决于需求的特性。对于每种形式，企业都可以采用静态预测和适应性预测两种方法。

7.3.1 静态预测法

静态预测法假定，对于系统成分中的需求水平、需求趋势和季节性因素的估计不随观察到的新需求而改变。在这种情况下，利用历史数据来对每一个参数进行估计，然后将估计出的参数值应用于所有的未来预测中。本小节讨论当需求具有需求趋势和季节性时所使用的一种静态预测法。假定需求的系统成分为混合型，也就是说：

系统成分=(需求水平+需求趋势)×季节性因素

类似方法也可以应用于需求的系统成分的其他表示形式。我们先给出一些基本定义：

L=第0期的需求水平估计(时期$t=0$剔除季节性因素后的需求估计)
T=需求趋势的估计(每个时期需求的上升或下降)
S_t=第t期季节性因素的估计
D_t=第t期观察到的实际需求
F_t=第t期的需求预测

在静态预测法中，在第t期对第$t+l$期的需求进行预测，预测值为第$t+l$期的需求水平和第$t+l$期的季节性因素的乘积。而第$t+l$期的需求水平为第0期的需求水平L与$(t+l)$乘以需求趋势T的和。那么，在第t期对第$t+l$期的需求进行预测的计算公式如下所示：

$$F_{t+l}=[L+(t+l)T]S_{t+l} \tag{7.1}$$

下面介绍一种对需求水平L、需求趋势T和季节性因素S这三个参数进行估计的方法。以用于融雪的岩盐的需求为例进行说明。这种盐是由塔霍湖岩盐公司(Tahoe Salt)生产并出售给塞拉内华达山塔霍湖地区的各独立零售商的。过去，塔霍湖岩盐公司一直根据零售商样本的需求估计来预测需求，但是该公司发现这些零售商总是过高估计自己的采购量，导致塔霍湖岩盐公司(甚至一些零售商)存在过量库存。在与零售商进行会谈之后，塔霍湖岩盐公司决定进行协同预测。塔霍湖岩盐公司希望与零售商合作，在零售商的实际零售量的基础上，进行一次更加准确的预测。过去三年中每个季度的零售需求数据如表 7－1 和图 7－1 所示。

表 7－1　塔霍湖岩盐公司的季度需求

年份	季度	时期 t	需求 D_t
1	2	1	8 000
1	3	2	13 000
1	4	3	23 000
2	1	4	34 000
2	2	5	10 000
2	3	6	18 000
2	4	7	23 000
3	1	8	38 000
3	2	9	12 000
3	3	10	13 000
3	4	11	32 000
4	1	12	41 000

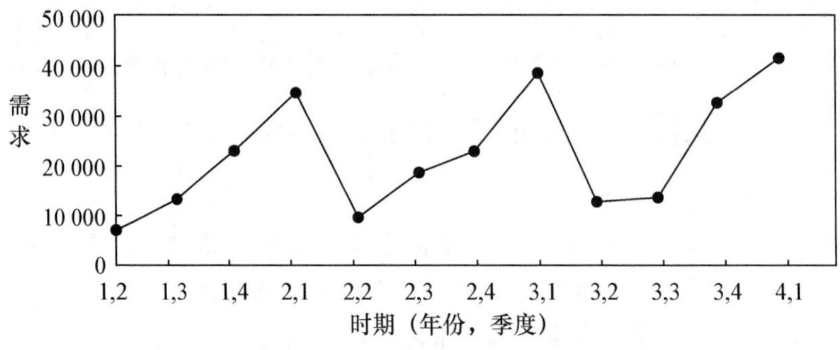

图 7－1　塔霍湖岩盐公司的季度需求

在图 7－1 中，我们观察到岩盐的需求具有季节性波动，从每年第二季度到下一年度第一季度需求不断增加。每年第二季度的需求最低。每次季节性循环持续四个季度，这种需求模式每年都重复发生。同时，需求也呈现出增长的趋势，过去三年销售量不断增长。该公司预测下一年需求仍会按历史速率保持增长。现在来说明如何通过下面两个步骤对需求水平、需求趋势和季节性因素这三个参数进行估计。

1. 剔除需求中的季节性因素，并进行线性回归，对需求水平和需求趋势进行估计。

2. 估算季节性因素。

估计需求水平和需求趋势　本步骤的目标是估计第 0 期的需求水平和需求趋势。首先，需要剔除需求数据中的季节性因素。剔除季节性因素的需求（deseasonalized demand）是指在没有季节性波动的情况下被观察到的需求。时期数 p（periodicity）是指每次季节性循环包含的期数。塔霍湖岩盐公司的需求季节性循环周期为 1 年，由于我们是按季度对需求进行估计的，那么在表 7－1 中时期数 $p=4$。

为了确保在剔除需求季节性因素时每一季节都被赋予相同的权重，我们采用 p 个连续时期需求的平均值。将从第 $l+1$ 期到第 $l+p$ 期的需求的平均值作为第 $l+(p+1)/2$ 期剔除季节性因素后的需求。如果 p 是奇数，那么计算结果为现有某一时期的剔除季节性因素后的需求。如果 p 是偶数，计算结果则为第 $l+p/2$ 期和第 $l+1+p/2$ 期之间某一点的剔除季节性因素后的需求。那么，若 p 是偶数时，通过求取第 $l+1$ 期到第 $l+p$ 期的剔除季节性因素后的需求和第 $l+2$ 期到第 $l+p+1$ 期剔除季节性因素后的需求的平均值，就可得出第 $l+1+p/2$ 期剔除季节性因素后的需求。那么，第 t 期剔除季节性因素后的需求 $\overline{D}_t$ 可用下面的公式求得：

$$\overline{D}_t=\begin{cases}\left[D_{t-(p/2)}+D_{t+(p/2)}+\sum\limits_{i=t+1-(p/2)}^{t-1+(p/2)}2D_i\right]/(2p)\text{，}p\text{ 为偶数}\\ \sum\limits_{i=t-[(p-1)/2]}^{t+[(p-1)/2]}D_i/p\text{，}p\text{ 为奇数}\end{cases}\tag{7.2}$$

在我们的例子中，p 为偶数 4，利用式（7.2）求解 $t=3$ 时剔除季节性因素后的需求的过程如下：

$$\overline{D}_3=\left[D_{t-(p/2)}+D_{t+(p/2)}+\sum_{i=t+1-(p/2)}^{t-1+(p/2)}2D_i\right]/(2p)=(D_1+D_5+\sum_{i=2}^{4}2D_i)/8$$

用这一方法，我们可以得到第 3～10 期剔除季节性因素后的需求，如图 7－2 和图 7－3 所示（具体细节参见电子数据表 Chapter 7-Tahoe-salt①）。

	A	B	C
1	时期 t	需求 D_t	剔除季节性因素后的需求
2	1	8 000	
3	2	13 000	
4	3	23 000	19 750
5	4	34 000	20 625
6	5	10 000	21 250
7	6	18 000	21 750
8	7	23 000	22 500
9	8	38 000	22 125
10	9	12 000	22 625
11	10	13 000	24 125
12	11	32 000	
13	12	41 000	

单元格	单元格操作函数	公式	复制到
C4	=(B2+B6+2*SUM(B3:B5))/8	(7.2)	C5:C11

图 7－2　塔霍湖岩盐公司剔除季节性因素后的需求的 Excel 工作表

① 本书所使用的电子数据表均可从以下网址免费下载：http://www.pearsonhighered.com/chopra。

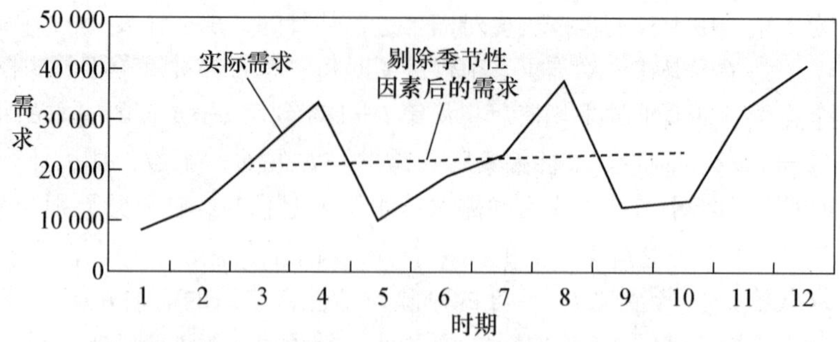

图7-3 塔霍湖岩盐公司剔除季节性因素后的需求

基于需求随时间的变化，剔除季节性因素后的需求 $\overline{D}_t$ 与时间 t 之间存在以下线性关系：

$$\overline{D}_t=L+T_t \tag{7.3}$$

请注意，在式（7.3）中，$\overline{D}_t$ 表示的是剔除季节性因素后的需求，而不是第 t 期的实际需求。L 表示第 0 期的需求水平或剔除季节性因素后的需求，T 表示剔除季节性因素后需求的增长率或需求趋势。可以用线性回归来估计剔除季节性因素后的 L 和 T 的值，其中时间作为自变量，而剔除季节性因素后的需求（见图 7-2）作为因变量。可以运行 Excel（数据→数据分析→回归）进行回归分析。首先，打开 Excel 中回归的对话框，利用图 7-2 中塔霍湖岩盐公司的工作表，在出现的对话框中输入 X 和 Y 的范围：

Y:C4:C11

X:A4:A11

点击“确定”键，就会生成一张包含回归结果的新表格（见工作表 Regression-1），新表中包含对初始需求水平 L 和需求趋势 T 的估计值。在包含回归结果的表格中，初始需求水平 L 是以截距系数（intercept coefficient）的形式获得的，需求趋势 T 是以 X 变量的系数（或斜率）的形式获得的。在塔霍湖岩盐公司的例子中，我们得到 $L=18\,439$，$T=524$（所有细节参见工作表 Regression-1，数字均四舍五入为整数值）。本例中，任一时期 t 的剔除季节性因素后的需求 $\overline{D}_t$ 可表示为：

$$\overline{D}_t=18\,439+524t \tag{7.4}$$

实际需求和剔除季节性因素后的需求如图 7-3 所示。在初始的需求数据和时间之间进行线性回归来预测需求水平和需求趋势是不合适的，因为初始的需求数据是非线性的，因此所得出的线性回归结果也是不准确的。所以，在进行线性回归之前，必须先剔除需求的季节性因素。

估计季节性因素 现在就可以用式（7.4）求得每期剔除季节性因素后的需求（见图 7-4）。第 t 期的季节性因素 $\overline{S}_t$ 是实际需求 D_t 和剔除季节性因素后的需求 $\overline{D}_t$ 的比值，如下所示：

$$\overline{S}_t=\frac{D_t}{\overline{D}_t} \tag{7.5}$$

在塔霍湖岩盐公司的例子中，利用式（7.4）求得的剔除季节性因素后的需求与利用式（7.5）求得的季节性因素的估计值如图 7－4 所示。

	A	B	C	D
1	时期 t	需求 D_t	剔除季节性因素后的需求(式(7.4)) $\overline{D}_t$	季节性因素(式(7.5)) $\overline{S}_t$
2	1	8 000	18 963	0.42
3	2	13 000	19 487	0.67
4	3	23 000	20 011	1.15
5	4	34 000	20 535	1.66
6	5	10 000	21 059	0.47
7	6	18 000	21 583	0.83
8	7	23 000	22 107	1.04
9	8	38 000	22 631	1.68
10	9	12 000	23 155	0.52
11	10	13 000	23 679	0.55
12	11	32 000	24 203	1.32
13	12	41 000	24 727	1.66

单元格	单元格操作函数	公式	复制到
C2	= 18439 + A2 * 524	(7.4)	C3：C13
D2	= B2/C2	(7.5)	D3：D13

图 7－4　塔霍湖岩盐公司剔除季节性因素后的需求和季节性因素

若给定时期数为 p，可以通过求解具有类似季节特征的时期的季节性因素的均值来获得给定时期的季节性因素。例如，如果每次季节性循环包括 4 个季节即 $p=4$ 时，则第 1 期、第 5 期和第 9 期具有类似的季节性因素，这些时期的季节性因素就是这三个时期的季节性因素的平均值。若在数据中有 r 个季节性循环，对所有表示形式为 $pt+i$（$1\leqslant i\leqslant p$）的时期，可以计算其季节性因素如下：

$$S_i=\frac{\sum_{j=0}^{r-1}\overline{S}_{jp+i}}{r} \tag{7.6}$$

在塔霍湖岩盐公司的例子中，共有 12 个时期且每次季节性循环包含的时期数 p 为 4，意味着数据中有 $r=3$ 个季节性循环，利用式（7.6）可以计算季节性因素如下：

$$S_1=(\overline{S}_1+\overline{S}_5+\overline{S}_9)/3=(0.42+0.47+0.52)/3=0.47$$

$$S_2=(\overline{S}_2+\overline{S}_6+\overline{S}_{10})/3=(0.67+0.83+0.55)/3=0.68$$

$$S_3=(\overline{S}_3+\overline{S}_7+\overline{S}_{11})/3=(1.15+1.04+1.32)/3=1.17$$

$$S_4=(\overline{S}_4+\overline{S}_8+\overline{S}_{12})/3=(1.66+1.68+1.66)/3=1.67$$

至此，我们估算了需求水平、需求趋势和所有季节性因素。那么，现在可以利用式（7.1）来计算未来 4 个季度的需求预测值。在本例中，利用静态预测法计算得到的未来 4 个季度的预测值为：

$$F_{13}=(L+13T)S_{13}=(18\,439+13\times524)\times0.47=11\,868$$
$$F_{14}=(L+14T)S_{14}=(18\,439+14\times524)\times0.68=17\,527$$
$$F_{15}=(L+15T)S_{15}=(18\,439+15\times524)\times1.17=30\,770$$
$$F_{16}=(L+16T)S_{16}=(18\,439+16\times524)\times1.67=44\,794$$

塔霍湖岩盐公司及其零售商如今对需求有了更为精确的预测。如果零售商和制造商没有共享销售信息，那么供应链得到的预测值就不会这么精确，从而会导致各种各样的生产和库存无效率。

7.3.2 适应性预测法

在适应性预测法中，需求水平、需求趋势和季节性因素的估计值在每次观察到实际需求后都要进行修正。适应性预测法的优点在于估计值中将所有观察到的新数据都考虑其中了。接下来讨论可用于适应性预测的一个基本框架和若干方法。该框架适用于最一般的情况，也就是需求的系统成分为混合型，系统成分包括需求水平、需求趋势和季节性因素。虽然我们提出的框架主要是针对系统成分为混合型这一情况的，但是该框架稍加修改后也可用于其他两种情况。该框架还可用于系统成分中不包括需求趋势或季节性因素的情况。假定有一组 n 个时期的历史数据，需求具有季节性且每次季节性循环包含的时期数为 p。由于是季度数据，而且变化模式为每年重复一次，那么可知每次季节性循环包含的时期数 p 为 4。

先定义下面一些符号：

L_t＝第 t 期期末的需求水平估计值

T_t＝第 t 期期末的需求趋势估计值

S_t＝第 t 期的季节性因素估计值

F_t＝第 t 期的需求预测值（在第 $t-1$ 期或更早的时候预测得到）

D_t＝第 t 期实际观察到的需求值

$E_t=F_t-D_t$＝第 t 期的预测误差

在适应性预测法中，利用第 t 期的需求水平估计值和需求趋势估计值（也就是 L_t 和 T_t），在第 t 期对第 $t+l$ 期进行预测。预测公式如下：

$$F_{t+l}=(L_t+lT_t)S_{t+l} \tag{7.7}$$

适应性需求预测框架中的四个步骤说明如下：

1. **计算初始值：** 根据给定数据计算需求水平（L_0）、需求趋势（T_0）和季节性因素（S_1，S_2，…，S_P）的初始估计值。具体方法与本章前面讨论的静态预测法完全相同，但其中 $L_0=L$，$T_0=T$。

2. **预测：** 给定第 t 期的估计值，利用式（7.7）对第 $t+1$ 期的需求进行预测。首先预测第 1 期的需求，也就是利用第 0 期的需求水平、需求趋势和季节性因素的估计值对第 1 期的需求进行预测。

3. **估计误差：** 记录第 $t+1$ 期的实际需求 D_{t+1}，然后计算第 $t+1$ 期的预测误差 E_{t+1}，也就是预测值与实际值之间的差值。第 $t+1$ 期的误差可由下式求得：

$$E_{t+1}=F_{t+1}-D_{t+1} \quad (7.8)$$

4. **修正估计值**：在已知预测误差 E_{t+1} 下，修正需求水平（L_{t+1}）、需求趋势（T_{t+1}）和季节性因素（S_{t+p+1}）的估计值。当实际值比预测值低时，将估计值向下修正；反之，则将估计值向上修正。

修正后的第 $t+1$ 期的估计值再用来对下一期第 $t+2$ 期进行预测，重复第2、3、4步直到所有 n 个时期的历史数据都被用到，第 n 个时期的估计值则再用于预测未来的需求。

现在再来讨论几种不同的适应性预测方法。在预测过程中，选取哪种方法最为合适取决于需求的特性和需求系统成分的组成。在每种情况下，都假定待预测的时期为 t。

移动平均法　当需求中没有明显的趋势或季节性因素时，可以用移动平均法进行预测。在这种情况下：

需求的系统成分＝需求水平

在移动平均法中，将最近 N 个时期需求的平均值作为第 t 期需求水平的估计值，也就是 N 期移动平均，具体计算方法如下：

$$L_t=(D_t+D_{t-1}+\cdots+D_{t-N+1})/N \quad (7.9)$$

当前对未来所有时期的预测都是一样，都是基于当前对需求水平的估计。预测公式如下：

$$F_{t+1}=L_t,\quad F_{t+n}=L_t \quad (7.10)$$

在观察到第 $t+1$ 期的实际需求后，我们对估计值进行如下修正：

$$L_{t+1}=(D_{t+1}+D_t+\cdots+D_{t-N+2})/N,\quad F_{t+2}=L_{t+1}$$

要计算新的移动平均值，只要加入最新观察值并舍弃最早的观测数据就可以了。修正后的移动平均值则用于对下一期的预测。在进行预测时，移动平均法赋予最近 N 个时期的数据同样的权重，同时忽略那些较早的数据。当增加移动平均的期数 N 时，移动平均值对最近观察到的需求的响应性会降低。我们通过例7-1来说明移动平均法的具体应用。

例7-1

移动平均法

一家超市在过去4周每周对牛奶的需求（单位：加仑）分别为 $D_1=120$，$D_2=127$，$D_3=114$，$D_4=122$，请应用4期移动平均对第5周的需求进行预测。如果第5周的实际需求数据为125，那么预测误差为多少？

分析：

我们在第4周末对第5周的需求进行预测。因此，假定当前期为 $t=4$，首先要做的是估计第4期的需求水平，根据式（7.9），当 $N=4$ 时得到：

$$L_4=(D_4+D_3+D_2+D_1)/4=(122+114+127+120)/4=120.75$$

那么，根据式（7.10），第5期的需求预测表示如下：

$$F_5=L_4=120.75$$

由题目知，第5期的实际需求为125，所以第5期的预测误差为：

$$E_5=F_5-D_5=120.75-125=-4.25$$

在观察到第5期的实际需求后，对第5期需求水平估计值进行修正：

$$L_5=(D_5+D_4+D_3+D_2)/4=(125+122+114+127)/4=122$$

简单指数平滑法 当需求没有明显的、可观察到的趋势或季节性因素时，采用简单指数平滑法比较合适。在这种情况下：

需求的系统成分＝需求水平

由于假设需求没有明显的趋势或季节性，所以需求水平 L_0 的初始估计值可以用所有历史数据的平均值来估计。给定从第1期到第 n 期的需求数据，可以得到：

$$L_0=\frac{1}{n}\sum_{i=1}^{n}D_i \tag{7.11}$$

在第 t 期对所有未来时期的预测值等于当前的需求水平估计值，可表示如下：

$$F_{t+1}=L_t, F_{t+n}=L_t \tag{7.12}$$

在观察到第 $t+1$ 期的实际需求 D_{t+1} 后，对需求水平的估计值进行如下修正：

$$L_{t+1}=\alpha D_{t+1}+(1-\alpha)L_t \tag{7.13}$$

式中，α（$0<\alpha<1$）为需求水平的平滑系数。修正后的需求水平是观察到的第 $t+1$ 期的需求（D_{t+1}）和第 t 期原来的需求水平估计值（L_t）的加权平均。根据式（7.13），可以将某个时期的需求水平表示为当前需求与上一期的需求水平的函数。因此，式（7.13）也可以改写成

$$L_{t+1}=\sum_{n=0}^{t-1}\alpha(1-\alpha)^n D_{t+1-n}+(1-\alpha)^t D_1$$

需求水平的当前估计值是所有历史需求实际观察值的加权平均，其中近期观察值的权重大，远期观察值的权重小。α 取值越大，预测对近期观察值的响应性越好；相反，α 取值越小，预测的稳定性越好，但对近期观察值的响应性越差。下面通过例7-2来说明简单指数平滑法的具体应用。

例7-2

简单指数平滑法

沿用例7-1中超市的数据，其过去4周的牛奶需求分别为 $D_1=120$，$D_2=127$，$D_3=114$，$D_4=122$，请用简单指数平滑法预测第5周的需求，其中 $\alpha=0.1$。

分析：

在这个例子中，我们有过去4个时期的实际需求数据，根据式（7.11），需求水平的初始估计值（保留两位小数）可表示为：

$$L_0=\sum_{i=1}^{4}D_i/4=120.75$$

那么第1期的预测值（利用式（7.12））为：

$$F_1=L_0=120.75$$

第1期观察到的需求为 $D_1=120$，于是第1期的预测误差为：

$$E_1=F_1-D_1=120.75-120=0.75$$

当 $\alpha=0.1$ 时，利用式（7.13），可对第1期需求水平的估计值修正如下：

$$L_1=\alpha D_1+(1-\alpha)L_0=0.1\times120+0.9\times120.75=120.68$$

可以观察到，因为第1期的实际需求小于第1期的预测值，因此第1期的需求水平估计值小于第0期的需求水平估计值。因此，可以得到 $F_2=L_1=120.68$。已知 $D_2=127$，可以求得 $L_2-0.1\times127+0.9\times120.68=121.31$。那么 $F_3=L_2=121.31$。

已知 $D_3=114$，可以求得 $L_3=0.1\times114+0.9\times121.31=120.58$。同理，$F_4=L_3=120.58$。

已知 $D_4=122$，可以求得 $L_4=0.1\times122+0.9\times120.58=120.72$。那么，$F_5=L_4=120.72$。

趋势调整的指数平滑法（Holt模型） 趋势调整的指数平滑法（Holt模型）适用于需求的系统成分中仅包括需求水平和需求趋势，而不存在季节性因素的情况。在这种情况下：

需求的系统成分＝需求水平＋需求趋势

通过对需求 D_t 和时间（也就是时期 t）进行线性回归，可以得到需求水平和需求趋势的初始估计值，如下式所示：

$$D_t=at+b$$

在这种情况下，由于已经假定需求有趋势成分，但不存在季节性因素，所以对需求和时间进行线性回归是合适的。因此，需求和时间之间的潜在关系是线性的。常量 b 衡量的是 $t=0$ 期的需求估计值，也就是对初始需求水平 L_0 的估计值。斜率 a 衡量的是每个时期的需求变化率，也是对需求趋势 T_0 的初始预测值。

在第 t 期，给定需求水平估计值 L_t 和需求趋势估计值 T_t，那么未来时期的预测值可表示如下：

$$F_{t+1}=L_t+T_t,\quad F_{t+n}=L_t+nT_t \tag{7.14}$$

在观察到第 t 期的实际需求后，对需求水平和需求趋势的估计值进行如下修正：

$$L_{t+1}=\alpha D_{t+1}+(1-\alpha)(L_t+T_t) \tag{7.15}$$

$$T_{t+1}=\beta(L_{t+1}-L_t)+(1-\beta)T_t \tag{7.16}$$

式中，α（$0<\alpha<1$）为需求水平的平滑系数；β（$0<\beta<1$）为需求趋势的平滑系数。可以看到，不管是需求水平修正还是需求趋势修正，修正后的（需求水平和需求趋势）估计值都是实际观察值与原来的估计值的加权平均。下面通过例7-3来说明Holt模型的具体应用（见相关电子数据表 Examples 7-3 Chapter 7）。

例7-3

Holt模型

一家电子制造商观察到，在过去6个月中它的最新款手机的需求一直保持增长。观察到的实际需求（以千为单位）分别为 $D_1=8\,415$，$D_2=8\,732$，$D_3=9\,014$，$D_4=9\,808$，$D_5=10\,413$，$D_6=11\,961$，请用趋势调整的指数平滑法预测第7期的需求，其中 $\alpha=0.1$，$\beta=0.2$。

分析：

第一步是通过线性回归求得需求水平和需求趋势的初始估计值。首先，对需求和时间进行线性回归（利用 Excel 的工具｜数据分析｜回归），电子数据表 Examples 7-3 Chapter 7 中的截距为需求水平的初始估计值 L_0，变量 X 的系数（或斜率）为需求趋势的初始估计值 T_0（由于四舍五入的原因，电子表格中数据和这里显示的结果之间会有一些不同）。可得：

$$L_0=7\,367,\ T_0=673$$

利用式（7.14），可计算出第1期的预测值：

$$F_1=L_0+T_0=7\,367+673=8\,040$$

第1期的需求实际观察值为 $D_1=8\,415$，那么第1期的预测误差如下所示：

$$E_1=F_1-D_1=8\,040-8\,415=-375$$

当 $\alpha=0.1$，$\beta=0.2$ 时，利用式（7.15）和式（7.16）可对第1期需求水平和需求趋势的估计值进行修正，得到：

$$L_1=\alpha D_1+(1-\alpha)(L_0+T_0)=0.1\times 8\,415+0.9\times 8\,040=8\,078$$

$$T_1=\beta(L_1-L_0)+(1-\beta)T_0=0.2\times(8\,078-7\,367)+0.8\times 673=681$$

可以观察到，第1期需求的初始估计值过低，所以修正过程把第1期的需求水平估计值从8 040提高到8 078，需求趋势的估计值从673提高到681，根据式（7.14），可求得第2期的预测值为：

$$F_2=L_1+T_1=8\,078+681=8\,759$$

使用同样的方法可得：$L_2=8\,755$，$T_2=680$，$L_3=9\,393$，$T_3=672$，$L_4=10\,039$，$T_4=666$，$L_5=10\,676$，$T_5=661$，$L_6=11\,399$，$T_6=673$。

那么，第7期的预测值为：

$$F_7=L_6+T_6=11\,399+673=12\,072$$

趋势和季节调整的指数平滑法（Winter 模型） Winter 模型适用于需求的系统成分中包括需求水平、需求趋势和季节性因素的情况。在这种情况下：

需求的系统成分=(需求水平+需求趋势)×季节性因素

假定每次季节性循环包含的时期数为 p。首先，运用本章前面介绍过的静态预测的步骤对需求水平的初始值（L_0）、需求趋势的初始估计值（T_0）和季节性因素的初始值（S_1，S_2，…，S_p）进行估计。

在第 t 期，给定需求水平为 L_t、需求趋势为 T_t 和季节性因素为 S_t，…，S_{t+p-1}，那么对未来时期的预测可表示如下：

$$F_{t+1}=(L_t+T_t)S_{t+1},\quad F_{t+l}=(L_t+lT_t)S_{t+l} \tag{7.17}$$

观察到第 $t+1$ 期的需求后，对需求水平、需求趋势和季节性因素的估计值进行修正：

$$L_{t+1}=\alpha(D_{t+1}/S_{t+1})+(1-\alpha)(L_t+T_t) \tag{7.18}$$

$$T_{t+1}=\beta(L_{t+1}-L_t)+(1-\beta)T_t \tag{7.19}$$

$$S_{t+p+1}=\gamma(D_{t+1}/L_{t+1})+(1-\gamma)S_{t+1} \tag{7.20}$$

式中，α（$0<\alpha<1$）为需求水平的平滑系数；β（$0<\beta<1$）为需求趋势的平滑系数；γ（$0<\gamma<1$）为季节性因素的平滑系数。可以观察到，不管是需求水平修正还是需求趋势修正、季节性因素修正，修正后的（需求水平、需求趋势和季节性因素）估计值都是实际观察值和原来的估计值的加权平均。下面通过例 7-4 来说明 Winter 模型的具体应用（见工作表 Example 7-4）。

例 7-4

Winter 模型

仍使用表 7-1 中塔霍湖岩盐公司的需求数据，请运用趋势和季节调整的指数平滑法预测第 1 期的需求，其中 $\alpha=0.1$，$\beta=0.2$，$\gamma=0.1$。

分析：

利用静态预测法，可以求得需求水平、需求趋势和季节性因素的初始估计值。表示如下：

$$L_0=18\,439,T_0=524,S_1=0.47,S_2=0.68,\ S_3=1.17,\ S_4=1.67$$

利用式（7.17），可得第 1 期的预测值为：

$$F_1=(L_0+T_0)S_1=(18\,439+524)\times0.47=8\,913$$

第 1 期需求的实际观察值为 $D_1=8\,000$，因此第 1 期的预测误差为：

$$E_1=F_1-D_1=8\,913-8\,000=913$$

当 $\alpha=0.1$，$\beta=0.2$，$\gamma=0.1$ 时，利用式（7.18）、式（7.19）和式（7.20），可对第 1 期需求水平估计值和需求趋势估计值以及第 5 期季节性因素估计值进行修正，修正过程如下：

$$L_1=\alpha(D_1/S_1)+(1-\alpha)(L_0+T_0)=0.1\times(8\,000/0.47)+0.9\times(18\,439+524)=18\,769$$

$$T_1=\beta(L_1-L_0)+(1-\beta)T_0=0.2\times(18\,769-18\,439)+0.8\times524=485$$

$$S_5=\gamma(D_1/L_1)+(1-\gamma)S_1=0.1\times(8\,000/18\,769)+0.9\times0.47=0.47$$

利用式（7.17），可得第2期的需求预测值为：

$$F_2=(L_1+T_1)S_2=(18\,769+485)\times0.68=13\,093$$

将前面讨论的几种预测方法及其适用环境总结如下：

预测方法	适用情况
移动平均法	没有趋势或季节性的需求
简单指数平滑法	没有趋势或季节性的需求
Holt 模型	有趋势但没有季节性的需求
Winter 模型	有趋势且有季节性的需求

对从零售商处获得的需求数据，如果塔霍湖岩盐公司使用适应性预测法对未来需求进行预测的话，最适合的方法为 Winter 模型，因为塔霍湖岩盐公司的需求呈现趋势和季节性。

如果不知道塔霍湖岩盐公司的需求是否呈现趋势和季节性，如何才能找到合适的预测方法呢？预测误差可以帮助我们识别预测方法是否使用得当，下一节将介绍管理者可以如何估计并使用预测误差。

学习目标3小结

时间序列预测法分成静态预测法和适应性预测法两类。在静态预测法中，观察到新的需求后，不会对参数的估计值进行更新。静态预测法包括回归分析。在适应性预测法中，每次观测到新的需求时，就需对估计值进行修正。适应性预测法包括移动平均法、简单指数平滑法、Holt 模型和 Winter 模型。当需求既没有呈现趋势又没有受到季节性因素影响时，移动平均法和简单指数平滑法最为适用；当需求呈现趋势但不存在季节性因素时，Holt 模型最为适用；当需求既有趋势又有季节性因素时，适合使用 Winter 模型进行预测。

7.4 预测误差的度量

如前所述，每个需求都包含随机成分。一种好的预测方法应当描绘出需求的系统成分而非随机成分。随机成分是通过预测误差的形式表现出来的。预测误差蕴含了有价值的信息，基于下面两个原因，管理者必须对预测误差进行仔细分析。

1. 管理者可以利用误差分析来判定现行的预测方法是否可以准确预测需求的

系统成分。例如，如果一种预测方法持续产生正的误差，说明这个方法过高估计了需求的系统成分，应予以修正。

2. 所有应急计划都必须考虑预测误差。让我们来看一家邮购公司的例子。该公司有两家供应商，一家位于远东，补货提前期为两个月；另一家就在本地，补货提前期为一周。本地供应商的价格高于远东供应商。该公司想和本地供应商签订一份应急供货合同，当需求超过远东供应商提供的数量时，由本地供应商补充供货。有关和本地供应商签订多大供货量的合同的决策与两个月提前期内的预测误差大小密切相关。

只要观察到的误差在历史误差估计范围内，企业就可以继续使用现行的预测方法。如果某次误差远超出历史误差估计范围，就说明现行的预测方法不再适用或者需求发生了根本变化。如果企业所有的预测值都倾向于持续高于或低于实际值，那么可能也是在暗示企业应当改变预测方法了。

正如先前所定义的，第 t 期的预测误差 E_t 为：

$$E_t = F_t - D_t$$

也就是说，第 t 期的预测误差就是第 t 期的需求预测值与第 t 期的实际需求值之间的差值。对于管理者来说，重要的是要尽早估计预测误差，至少不能晚于管理者基于此预测采取行动所需的提前期。例如，如果一项预测被用于确定订货量，并且供应商的提前期为 6 个月，管理者就必须估计出在实际需求到来 6 个月之前所做预测的误差大小。在提前期为 6 个月的情况下，对于提前一个月做出的预测，估计误差是没有意义的。

平均平方误差（mean squared error，MSE）是度量预测误差的常用指标之一，具体公式如下（式（7.21）中的分母 n 也可用 $n-1$ 来替代）：

$$MSE_n = \frac{1}{n}\sum_{t=1}^{n} E_t^2 \tag{7.21}$$

MSE 与预测误差的方差有关。实际上，我们估计需求的随机成分的均值为 0，方差为 MSE。因为所有的误差都取平方值，所以相较于小误差，MSE 对大误差的惩罚更大。因此，如果选择使 MSE 最小的方法作为预测方法，那么，相对于一组误差值为 1、3、2、20 的预测方法，误差值为 10、12、9、9 的预测方法更可取。所以，如果由较大预测误差引发的成本远大于精确预测带来的收益，则非常适合用 MSE 这一指标来对预测方法进行比较。当预测误差值以 0 为中心对称分布时，也适合用 MSE 来衡量预测误差。

定义第 t 期的绝对偏差（absolute deviation）A_t 为第 t 期误差的绝对值，即

$$A_t = |E_t|$$

将平均绝对偏差（mean absolute deviation，MAD）定义为整个预测期内所有时期的绝对偏差的平均值，表达式为：

$$MAD_n = \frac{1}{n}\sum_{t=1}^{n} A_t \tag{7.22}$$

如果需求的随机成分呈正态分布，那么可用 MAD 来估计随机成分的标准

差，即

$$\sigma = 1.25MAD \tag{7.23}$$

因此，估计需求的随机成分的均值为 0，标准差为 σ。在预测误差不是对称分布时，*MAD* 是比 *MSE* 更好的误差衡量指标。即使是在预测误差对称分布的情况下，如果预测误差的成本和误差的大小成正比，也可以用 *MAD* 来选择预测方法。

平均绝对百分比误差（mean absolute percentage error，MAPE）是指绝对偏差占需求的百分比的平均值，计算公式如下：

$$MAPE_n = \frac{\sum_{t=1}^{n} \left| \frac{E_t}{D_t} \right| 100}{n} \tag{7.24}$$

当潜在需求具有较强季节性且各期需求变化较大时，*MAPE* 是一个很好的度量预测误差的指标。考虑一个场景，用两种方法对某一产品的季度需求进行预测，该产品的需求具有季节性特征，需求在第三季度达到峰值。方法 1 的四个季度的预测误差为 190、200、245、180。方法 2 的四个季度的预测误差为 100、120、500、100。相对于方法 2，方法 1 具有较低的 *MSE* 和 *MAD*，因此如果以 *MSE* 或 *MAD* 作为度量误差的指标，应选择方法 1。但是，如果需求具有高度的季节性，四个季度的平均需求为 1 000、1 200、4 800、1 100。方法 2 的 *MAPE* 为 9.9%，方法 1 的 *MAPE* 比方法 2 高得多，为 14.3%。在这种情况下，可以认为方法 2 优于方法 1。

当一种预测方法已不能反映潜在需求模式时（例如，2008—2009 年汽车行业的需求急剧下降），预测误差不可能以 0 为中心随机分布。通常，需要一种跟踪和控制预测方法的手段。其中一种手段就是用预测误差的滚动和来评估偏差（bias），公式如下：

$$bias_n = \sum_{t=1}^{n} E_t \tag{7.25}$$

如果误差完全是随机的并且没有朝任何方向偏离，那么偏差值会围绕 0 波动。理想情况下，如果将所有误差值绘成散点图，那么最佳拟合直线的斜率应该为 0。

跟踪信号（tracking signal，TS）是偏差与平均绝对偏差的比值，即

$$TS_t = \frac{bias_t}{MAD_t} \tag{7.26}$$

如果任一时期的 *TS* 超出±6 的范围之外，就说明预测出现了偏差，可能低估了需求（$TS < -6$）或高估了需求（$TS > 6$）了。之所以出现这种情况，可能是因为预测方法存在缺陷或潜在需求模式发生了变化。比如，如果需求存在增长趋势且管理者使用移动平均等预测方法进行预测，则 *TS* 为负且绝对值较大。这是因为需求趋势没有被考虑进来，因此历史需求的平均值总是低于未来需求。*TS* 为负，说明预测方法持续低估了需求，并向管理者发出警示。

当需求突然减少（如同 2009 年许多行业一样）或急剧增加使得历史数据丧失相关性时，*TS* 也可能增大。如果需求突然减少，那么在进行预测时就要增大当前数据的权重，提高预测的响应性。麦克莱恩（McClain，1981）建议，在使用指数平滑法进行预测时采用“α 值递减”的方法，也就是平滑系数开始时取较大值（即给予近期数据较大的权重），然后逐渐变小（即远期数据的权重逐渐变小）。如果我们的目标是 $\alpha=1-\rho$ 的长期平滑系数，那么利用 α 值递减法（其中令 $\alpha_0=1$），重新求得各期 α 值如下：

$$\alpha_t=\frac{\alpha_{t-1}}{\rho+\alpha_{t-1}}=\frac{1-\rho}{1-\rho^t}$$

长期来看，平滑系数将收敛于 $\alpha=1-\rho$，随着时间的推移，预测值变得更加稳定。

学习目标 4 小结

预测误差度量的是需求的随机成分。误差的度量非常重要，因为它揭示了一个预测的不准确程度以及企业可能需要计划应对的意外情况。*MSE*、*MAD* 和 *MAPE* 被用于估计预测误差的大小。偏差和 *TS* 用来估计预测是否持续高估或低估需求，或需求是否大大偏离历史模式。

7.5 使用 Excel 建立预测模型

本节将说明如何使用 Excel 建立前面讨论的预测模型。首先，将介绍当使用指数平滑法预测时如何使用 Excel 选择适当的平滑系数，然后再说明如何使用 Excel 建立各种预测模型进行预测。

7.5.1 选择最优的平滑系数

运用指数平滑法进行预测时，平滑系数的取值直接影响预测对近期数据的敏感性。如果管理者对未来潜在的需求模式有很强的感知能力，则选用的平滑指数最好不要大于 0.2。一般来说，选用的平滑系数最好能够使管理者最喜欢使用的误差度量指标（从 *MSE*、*MAD* 和 *MAPE* 之中选择）最小化。如果管理者没有优先选择的误差度量指标，那么最好选择能够使 *MSE* 最小化的平滑系数。

我们将利用图 7-5 中单元格 B3：B12 所示的 10 期需求数据，来说明选择不同的平滑系数对预测的影响，这些平滑系数可以使不同的误差度量指标值最小化（参见电子数据表 Chapter 7-Tahoe-salt 中的工作表 Figure 7-5，Figure 7-6）。利用式（7.11）估算需求水平的初始值，计算结果见单元格 C2。利用 Excel 的规划求解功能（无约束变量非负的 GRG 非线性规划），求使第 10 期期末 *MSE*（单元格 F13）最小化的平滑系数 α。然后用求得的 $\alpha=0.54$ 进行预测，预测值如图 7-5 所示。预测结果 *MSE*=2 460，*MAD*=42.5，*MAPE*=2.1%。

	A	B	C	D	E	F	G	H
1	时期 t	需求 D_t	水平 L_t	预测 F_t	误差 E_t	平方误差	绝对误差 A_t	误差
2	0		2 017.9					
3	1	2 024	2 021.2	2 017.9	−6.1	37	6.1	0.3%
4	2	2 076	2 050.8	2 021.2	−54.8	3 003	54.8	2.6%
5	3	1 992	2 019.0	2 050.8	58.8	3 463	58.8	3.0%
6	4	2 075	2 049.3	2 019.0	−56.0	3 135	56.0	2.7%
7	5	2 070	2 060.5	2 049.3	−20.7	429	20.7	1.0%
8	6	2 046	2 052.7	2 060.5	14.5	210	14.5	0.7%
9	7	2 027	2 038.8	2 052.7	25.7	658	25.7	1.3%
10	8	1 972	2 002.7	2 038.8	66.8	4 459	66.8	3.4%
11	9	1 912	1 953.6	2 002.7	90.7	8 218	90.7	4.7%
12	10	1 985	1 970.6	1 953.6	−31.4	985	31.4	1.6%
13		2 017.9			87	2 460	42.5	2.1%
14	α=	0.54						

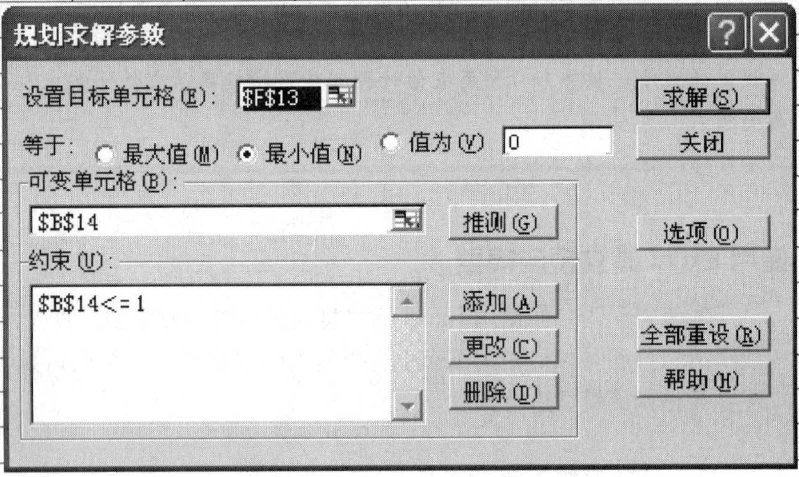

规划求解参数

设置目标单元格(E): $F$13

等于: 最大值(M) 最小值(N) 值为(V) 0

可变单元格(B): $B$14

约束(U): $B$14<=1

求解(S) 关闭 推测(G) 选项(O) 添加(A) 更改(C) 删除(D) 全部重设(R) 帮助(H)

图7-5 选择使MSE最小化的平滑系数

同样，也可利用Excel的规划求解功能，求使第10期期末*MAD*或*MAPE*最小化的平滑指数α。在图7-6中，给出了使*MAD*（单元格G13）最小化的各项结果。可以求得当$\alpha=0.32$时*MAD*最小。利用$\alpha=0.32$进行预测，所得预测值和预测误差如图7-6所示。在这种情况下，*MSE*上升到2 570（和图7-5中的2 460相比），然而*MAD*下降为39.2（和图7-5中的42.5相比），*MAPE*下降为2.0%（和图7-5中的2.1%相比）。以上两次预测的主要不同在于第9期（该期的误差最大，如单元格D11所示）。最小化*MSE*选择的是可以使大误差减小的平滑系数α。而最小化*MAD*选择的平滑系数α同等重视减少所有误差，即使大误差可能会变得更大。

一般来说，对于较长的时间，不适合选用远大于0.2的平滑系数进行预测。在短时间内且需求处于变动之中时，选择较大的平滑系数更为合理。但对于较长的时间，应避免选用较大的平滑系数。

	A	B	C	D	E	F	G	H
1	时期 t	需求 D_t	水平 L_t	预测 F_t	误差 E_t	平方误差	绝对误差 A_t	误差
2	0		2 017.9					
3	1	2 024	2 019.8	2 017.9	−6.1	37	6.1	0.3%
4	2	2 076	2 037.8	2 019.8	−56.2	3 153	56.2	2.7%
5	3	1 992	2 023.2	2 037.8	45.8	2 097	45.8	2.3%
6	4	2 075	2 039.7	2 023.2	−51.8	2 687	51.8	2.5%
7	5	2 070	2 049.4	2 039.7	−30.3	916	30.3	1.5%
8	6	2 046	2 048.3	2 049.4	3.4	12	3.4	0.2%
9	7	2 027	2 041.5	2 048.3	21.3	454	21.3	1.1%
10	8	1 972	2 019.3	2 041.5	69.5	4 831	69.5	3.5%
11	9	1 912	1 985.0	2 019.3	107.3	11 511	107.3	5.6%
12	10	1 985	1 985.0	1 985.0	0.0	0	0.0	0.0%
13		2 017.9			103	2 570	39.2	2.0%
14	α=	0.32						

规划求解参数

设置目标单元格(E)：$G$13

等于：○最大值(M)　⊙最小值(N)　○值为(V) 0

可变单元格(B)：$B$14

约束(U)：$B$14<=1

求解(S)　关闭　推测(G)　选项(O)　添加(A)　更改(C)　删除(D)　全部重设(R)　帮助(H)

图 7-6　选择使 MAD 最小化的平滑系数

7.5.2　塔霍湖岩盐公司的需求预测

让我们回忆一下本章前面介绍的塔霍湖岩盐公司的例子，来自零售商的历史需求数据如表 7-1 所示。该需求数据同样显示在图 7-7 中的 B 列（见电子数据表 Chapter 7-Tahoe-salt）。塔霍湖岩盐公司现在正与供应商就第四年第二季度到第五年第一季度之间的四个季度的合同进行谈判。谈判中需要用到的一个关键信息就是塔霍湖岩盐公司与其零售商正在合作进行的需求预测。该公司成立了一个小组负责需求预测，成员包括两名零售商的销售经理和塔霍湖盐业公司的运营副总裁。预测小组决定运用前面讨论过的每一种适应性预测方法对历史数据进行分析，目的是从中找到一种最适合的预测方法并以此来预测未来四个季度的需求。小组决定利用过去 12 个季度的历史需求数据求出每种预测方法的预测误差，然后基于预测误差来选择合适的预测方法。

	A	B	C	D	E	F	G	H	I	J	K
1	时期 t	需求 D_t	水平 L_t	预测 F_t	误差 E_t	绝对误差 A_t	平均平方误差 MSE_t	MAD_t	误差 (%)	$MAPE_t$	TS_t
2	1	8 000									
3	2	13 000									
4	3	23 000									
5	4	34 000	19 500								
6	5	10 000	20 000	19 500	9 500	9 500	90 250 000	9 500	95	95	1.00
7	6	18 000	21 250	20 000	2 000	2 000	47 125 000	5 750	11	53	2.00
8	7	23 000	21 250	21 250	−1 750	1 750	32 437 500	4 417	8	38	2.21
9	8	38 000	22 250	21 250	−16 750	16 750	94 468 750	7 500	44	39	−0.93
10	9	12 000	22 750	22 250	10 250	10 250	96 587 500	8 050	85	49	0.40
11	10	13 000	21 500	22 750	9 750	9 750	96 333 333	8 333	75	53	1.56
12	11	32 000	23 750	21 500	−10 500	10 500	98 321 429	8 643	33	50	0.29
13	12	41 000	24 500	23 750	−17 250	17 250	123 226 563	9 719	42	49	−1.52

单元格	单元格操作函数	公式	复制到
C5	=AVERAGE(B2:B5)	(7.9)	C6:C13
D6	=C5	(7.10)	D7:D13
E6	=D6−B6	(7.8)	E7:E13
F6	=ABS(E6)		F7:F13
G6	=SUMSQ($E$6:E6)/(A6−4)	(7.21)	G7:G13
H6	=SUM($F$6:F6)/(A6−4)	(7.22)	H7:H13
I6	=100*(F6/B6)		I7:I13
J6	=AVERAGE($I$6:I6)	(7.24)	J7:J13
K6	=SUM($E$6:E6)/H6	(7.26)	K7:K13

图7-7　塔霍湖岩盐公司使用四期移动平均法的预测

在本例中，需求的系统成分中存在明显的趋势和季节性。因此，预测小组最初认为运用Winter模型可以获得最优的预测。

移动平均法　预测小组首先决定对四期移动平均法的预测结果进行检验。所有的计算如图7－7所示（见电子数据表Chapter 7-Tahoe-salt中的工作表Figure 7-7），计算方法见本章前面有关移动平均法的内容。预测小组利用式（7.9）预测需求水平，利用式（7.10）预测需求。

正如图7－7中第K列所示，TS很好地保持在±6的范围内，这说明使用四期移动平均法做出的预测不存在任何显著偏差。但是，MAD_{12}相当大，值为9 719；$MAPE_{12}$为49%。从图7－7可知：

$$L_{12}=24\ 500$$

因此，使用四期移动平均法，得到第13～16期的预测值如下（利用式(7.10)）：

$$F_{13}=F_{14}=F_{15}=F_{16}=L_{12}=24\ 500$$

由于MAD_{12}为9 719，因此预测误差的标准差（用四期移动平均法求得）估计为1.25×9 719=12 149。在本例中，相对于预测值来说，预测误差的标准差是相当大的。

简单指数平滑法　接着，预测小组用简单指数平滑法来进行需求预测，其中

$\alpha=0.1$。同样，利用过去 12 个季度的历史数据对该方法进行检验。根据式(7.11)，预测小组估计第 0 期的初始需求水平为第 1～12 期的实际需求的平均值(见工作表 Figure 7-8)。初始需求水平是图 7－8 中 B3：B14 需求数据的平均值，结果得到：

$$L_0=22\,083$$

	A	B	C	D	E	F	G	H	I	J	K
1	时期 t	需求 D_t	水平 L_t	预测 F_t	误差 E_t	绝对误差 A_t	平均平方误差 MSE_t	MAD_t	误差 (%)	$MAPE_t$	TS_t
2	0		22 083								
3	1	8 000	20 675	22 083	14 083	14 083	198 340 278	14 083	176	176	1.00
4	2	13 000	19 908	20 675	7 675	7 675	128 622 951	10 879	59	118	2.00
5	3	23 000	20 217	19 908	−3 093	3 093	88 936 486	8 284	13	83	2.00
6	4	34 000	21 595	20 217	−13 783	13 783	114 196 860	9 659	41	72	0.51
7	5	10 000	20 436	21 595	11 595	11 595	118 246 641	10 046	116	81	1.64
8	6	18 000	20 192	20 436	2 436	2 436	99 527 532	8 777	14	70	2.15
9	7	23 000	20 473	20 192	−2 808	2 808	86 435 714	7 925	12	62	2.03
10	8	38 000	22 226	20 473	−17 527	17 527	114 031 550	9 125	46	60	−0.16
11	9	12 000	21 203	22 226	10 226	10 226	112 979 315	9 247	85	62	0.95
12	10	13 000	20 383	21 203	8 203	8 203	108 410 265	9 143	63	63	1.86
13	11	32 000	21 544	20 383	−11 617	11 617	110 824 074	9 368	36	60	0.58
14	12	41 000	23 490	21 544	−19 456	19 456	133 132 065	10 208	47	59	−1.38

单元格	单元格操作函数	公式	复制到
C3	=0.1*B3+(1−0.1)*C2	(7.13)	C4:C14
D3	=C2	(7.12)	D4:D14
E3	=D3−B3	(7.8)	E4:E14
F3	=ABS(E3)		F4:F14
G3	=SUMSQ($E$3:E3)/A3	(7.21)	G4:G14
H3	=SUM($F$3:F3)/A3	(7.22)	H4:H14
I3	=100*(F3/B3)		I4:I14
J3	=AVERAGE($I$3:I3)	(7.24)	J4:J14
K3	=SUM($E$3:E3)/H3	(7.26)	K4:K14

图 7－8 塔霍湖岩盐公司使用简单指数平滑法的预测

预测小组接下来利用式 (7.12) 预测随后各期的需求，再利用式 (7.13) 对每期的需求水平进行修正，结果如图 7－8 所示。

如图 7－8 所示，TS 在-1.38～2.15 范围内，表示利用 $\alpha=0.1$ 的简单指数平滑法进行预测没有发生显著的偏差。但是，得出的 MAD 相当大，值为 10 208；$MAPE$ 为 59%。从图 7－8 可知：

$$L_{12}=23\,490$$

因此，下四个季度的预测值可由式 (7.12) 给出：

$$F_{13}=F_{14}=F_{15}=F_{16}=L_{12}=23\,490$$

在这种情况下，MAD_{12} 为 10 208，而 $MAPE_{12}$ 为 59%，因此用简单指数平滑法得出的预测误差的标准差估计为 $1.25\times10\,208=12\,760$。在本例中，相对于预测值来说，预测误差的标准差是相当大的。

趋势调整的指数平滑法（Holt 模型）　接着，预测小组对 Holt 模型进行了检验。本例中，需求的系统成分为：

需求的系统成分=需求水平+需求趋势

预测小组运用前面所讨论的方法，第一步，对第0期的初始需求水平和初始需求趋势进行了估计。如同例7-3所描述的，通过在实际需求 D_t 和时间（时期 t）之间进行线性回归得出以上估计值。通过对已有数据进行线性回归（见工作表 holts-regression），预测小组得到以下结果：

$$L_0=12\,015,\ T_0=1\,549$$

现在，小组利用 Holt 模型分别求出需求数据已知的12个季度的预测值（见工作表 Figure 7-9），其中 $\alpha=0.1$，$\beta=0.2$。他们利用式（7.14）进行预测，然后利用式（7.15）和式（7.16）分别对需求水平和需求趋势进行修正。

如图7-9所示，TS 在-2.15～2.00范围内，表示 $\alpha=0.1$，$\beta=0.2$ 的趋势调整的指数平滑法并没有过高或过低预测需求。但是，预测的 MAD_{12} 相当大，值为8 836；$MAPE_{12}$ 为52%。从图7-9可知：

$$L_{12}=30\,443,T_{12}=1\,541$$

	A	B	C	D	E	F	G	H	I	J	K	L
1	时期 t	需求 D_t	水平 L_t	趋势 T_t	预测 F_t	误差 E_t	绝对误差 A_t	平均平方误差 MSE_t	MAD_t	误差(%)	$MAPE_t$	TS_t
2	0		12 015	1 549								
3	1	8 000	13 008	1 438	13 564	5 564	5 564	30 958 096	5 564	70	70.00	1.00
4	2	13 000	14 301	1 409	14 445	1 445	1 445	16 523 523	3 505	11	40.00	2.00
5	3	23 000	16 439	1 555	15 710	−7 290	7 290	28 732 318	4 767	32	37.00	0.00
6	4	34 000	19 594	1 875	17 993	−16 007	16 007	85 603 146	7 577	47	39.86	−2.15
7	5	10 000	20 322	1 645	21 469	11 469	11 469	94 788 701	8 355	115	54.83	−0.58
8	6	18 000	21 570	1 566	21 967	3 967	3 967	81 613 705	7 624	22	49.36	−0.11
9	7	23 000	23 123	1 563	23 137	137	137	69 957 267	6 554	1	42.39	−0.11
10	8	38 000	26 018	1 830	24 686	−13 314	13 314	83 369 836	7 399	35	41.48	−1.90
11	9	12 000	26 262	1 513	27 847	15 847	15 847	102 010 079	8 338	132	51.54	0.22
12	10	13 000	26 298	1 217	27 775	14 775	14 775	113 639 348	8 981	114	57.75	1.85
13	11	32 000	27 963	1 307	27 515	−4 485	4 485	105 137 395	8 573	14	53.78	1.41
14	12	41 000	30 443	1 541	29 270	−11 730	11 730	107 841 864	8 836	29	51.68	0.04

单元格	单元格操作函数	公式	复制到
C3	=0.1*B3+(1−0.1)*(C2+D2)	(7.15)	C4:C14
D3	=0.2*(C3−C2)+(1−0.2)*D2	(7.16)	D4:D14
E3	=C2+D2	(7.14)	E4:E14
F3	=E3−B3	(7.8)	F4:F14
G3	=ABS(F3)		G4:G14
H3	=SUMSQ($F$3:F3)/A3	(7.21)	H4:H14
I3	=SUM($G$3:G3)/A3	(7.22)	I4:I14
J3	=100*(G3/B3)		J4:J14
K3	=AVERAGE($J$3:J3)	(7.24)	K4:K14
L3	=SUM($F$3:F3)/I3	(7.26)	L4:L14

图7-9　趋势调整的指数平滑法

然后，使用Holt模型（式（7.14））可以求得未来四期的预测值①：

$$F_{13}=L_{12}+T_{12}=30\,443+1\,541=31\,984$$
$$F_{14}=L_{12}+2T_{12}=30\,443+2\times1\,541=33\,525$$
$$F_{15}=L_{12}+3T_{12}=30\,443+3\times1\,541=35\,066$$
$$F_{16}=L_{12}+4T_{12}=30\,443+4\times1\,541=36\,607$$

在本例中，MAD_{12} 为8 836。因此，使用Holt模型（$\alpha=0.1$，$\beta=0.2$）进行预测时，其预测误差的标准差估计为1.25×8 836=11 045。虽然与前面两种方法相比，这时的预测误差的标准差相对于预测值的比值要小一些，但仍然偏大。

趋势和季节调整的指数平滑法（Winter模型） 接着，预测小组对Winter模型的预测情况进行了检验。第一步是估计第0期的需求水平和需求趋势以及第1期至第4期（$p=4$）的季节性因素。首先，剔除需求中的季节性因素（见工作表deseasonalized）。接下来，通过对剔除季节性因素后的需求和时间之间做线性回归，得到需求水平和需求趋势的初始估计值（见工作表winters-regression）。这一信息被用来估计季节性因素（见工作表deseasonalized）。正如在例7-4中讨论的，运用图7-2中的需求数据，预测小组得到以下结果：

$$L_0=18\,439, T_0=524, S_1=0.47, S_2=0.68, S_3=1.17, S_4=1.67$$

然后，用Winter模型进行预测，其中$\alpha=0.05$，$\beta=0.1$，$\gamma=0.1$。计算结果如图7-10所示（见工作表Figure 7-10）。预测小组利用式（7.17）进行预测，利用式（7.18）、式（7.19）和式（7.20）分别对需求水平、需求趋势和季节性因素进行修正。

本例中，MAD 为1 469，$MAPE$ 为8%，都明显小于其他方法的相应数值。由图7-10可得下列数值：

$$L_{12}=24\,791, T_{12}=532, S_{13}=0.47, S_{14}=0.68, S_{15}=1.17, S_{16}=1.67$$

使用Winter模型（式（7.17））求得未来四期的预测值为：

$$F_{13}=(L_{12}+T_{12})S_{13}=(24\,791+532)\times0.47=11\,902$$
$$F_{14}=(L_{12}+2T_{12})S_{14}=(24\,791+2\times532)\times0.68=17\,581$$
$$F_{15}=(L_{12}+3T_{12})S_{15}=(24\,791+3\times532)\times1.17=30\,873$$
$$F_{16}=(L_{12}+4T_{12})S_{16}=(24\,791+4\times532)\times1.67=44\,955$$

本例中，MAD_{12} 为1 469。因此，利用$\alpha=0.05$，$\beta=0.1$，$\gamma=0.1$的Winter模型进行预测的预测误差的标准差估计为1.25×1 469=1 836。本例中，相较于前面其他预测方法，本预测方法的预测误差标准差相对于预测值的比值要小多了。

预测小组对四种预测方法的预测误差估计值进行了比较，如表7-2所示。

---

① 由于四舍五入，仅使用文中所示的有效数字进行计算可能会产生不同的结果。在整本书中都会出现这种情况。——译者

	A	B	C	D	E	F	G	H	I	J	K	L	M
1	时期 t	需求 D_t	水平 L_t	趋势 T_t	季节因素 S_t	预测 F_t	误差 E_t	绝对误差 A_t	平均平方误差 MSE_t	MAD_t	误差 (%)	$MAPE_t$	TS_t
2			18 439	524									
3	1	8 000	18 866	514	0.47	8 913	913	913	832 857	913	11	11.41	1.00
4	2	13 000	19 367	513	0.68	13 179	179	179	432 367	546	1	6.39	2.00
5	3	23 000	19 869	512	1.17	23 260	260	260	310 720	450	1	4.64	3.00
6	4	34 000	20 380	512	1.67	34 036	36	36	233 364	347	0	3.50	4.00
7	5	10 000	20 921	515	0.47	9 723	−277	277	202 036	333	3	3.36	3.34
8	6	18 000	21 689	540	0.68	14 558	−3 442	3 442	2 143 255	851	19	5.98	−2.74
9	7	23 000	22 102	527	1.17	25 981	2 981	2 981	3 106 508	1 155	13	6.98	0.56
10	8	38 000	22 636	528	1.67	37 787	−213	213	2 723 856	1 037	1	6.18	0.42
11	9	12 000	23 291	541	0.47	10 810	−1 190	1 190	2 578 653	1 054	10	6.59	−0.72
12	10	13 000	23 577	515	0.69	16 544	3 544	3 544	3 576 894	1 303	27	8.66	2.14
13	11	32 000	24 271	533	1.16	27 849	−4 151	4 151	4 818 258	1 562	13	9.05	−0.87
14	12	41 000	24 791	532	1.67	41 442	442	442	4 432 987	1 469	1	8.39	−0.63
15	13				0.47	11 940							
16	14				0.68	17 579							
17	15				1.17	30 930							
18	16				1.67	44 928							

单元格	单元格操作函数	公式	复制到
C3	=0.05 * (B3/E3) + (1−0.05) * (C2+D2)	(7.18)	C4:C14
D3	=0.1 * (C3−C2) + (1−0.1) * D2	(7.19)	D4:D14
E7	=0.1 * (B3/C3) + (1−0.1) * E3	(7.20)	E4:E18
F3	=(C2+D2) * E3	(7.17)	F4:F18
G3	=F3−B3	(7.8)	G4:G14
H3	=ABS(G3)		H4:H14
I3	=SUMSQ($G$3:G3)/A3	(7.21)	I4:I14
J3	=SUM($H$3:H3)/A3	(7.22)	J4:J14
K3	=100 * (H3/B3)		K4:K14
L3	=AVERAGE($K$3:K3)	(7.24)	L4:L14
M3	=SUM($G$3:G3)/J3	(7.26)	M4:M14

图7-10 趋势和季节调整的指数平滑法

表7-2 塔霍湖岩盐公司的预测误差估计值

预测方法	*MAD*	*MAPE*（%）	*TS* 的变动范围
四期移动平均法	9 719	49	−1.52～2.21
简单指数平滑法	10 208	59	−1.38～2.15
Holt 模型	8 836	52	−2.15～2.00
Winter 模型	1 469	8	−2.74～4.00

基于表7-2中的误差信息，预测小组决定选用 Winter 模型作为未来需求的预测方法。利用 Winter 模型能够得到最精确的预测并不奇怪，因为数据显示需求不仅存在增长趋势，同样也存在季节性因素。利用 Winter 模型，预测小组预测未来四个季度的需求如下：

第四年第二季度：11 902

第四年第三季度：17 581

第四年第四季度:30 873

第五年第一季度:44 955

预测误差的标准差为1 836。

7.5.3 软件工具在预测中的作用

考虑到所涉及的数据量大、预测的频率高，以及获得尽可能高质量结果的重要性，软件在预测中自然发挥着重要作用。虽然在学习预测或快速决定使用哪种预测模型时，使用Excel非常有效，但在企业中使用软件包进行定期预测往往更好。好的预测软件包可以为各种各样的产品提供预测，并且能够根据最新的需求信息对预测值进行实时更新。这有助于企业快速响应市场的变化，避免延迟反应带来的成本。好的需求计划模块不仅与顾客订单联系在一起，而且往往直接与顾客销售信息联系在一起，从而能够将最新的数据纳入需求预测。投资建设企业资源计划系统ERP可以带来的积极结果之一就是，大大提高供应链透明度和数据集成，从而有可能做出更好的预测。尽管这种技术进步有助于更好地进行预测，但企业还必须开发一定的组织能力以利用这种技术的发展。

一个好的需求计划模块，除了提供丰富的预测方法库，还应能帮助企业根据给定的需求模式选择正确的预测模型。随着可用的预测方法不断增加，这一点也变得尤其重要。

正如需求计划（demanding planning）这个名称所显示的，这些模块可以帮助我们去影响需求。好的需求计划模块包含一些可以执行价格潜在变化对需求的影响的假设分析（what-if）的工具。这些工具有助于分析促销对需求的影响，可以用来决定促销的程度和时机。这些将在第9章销售和运作计划中进行更详细的讨论。

当前一个重要的发展是，利用与需求相关联的一些数据（例如价格、天气、其他采购、社会数据）来提高预测精度，有时甚至是刺激需求。一个广为人知的例子是，美国塔吉特公司根据女性顾客购买的商品来判断该顾客是否怀孕。购买“可可润肤露、大到足以兼做尿布包的手袋、锌和镁营养剂以及明亮的蓝色围毯”这些商品，强有力地预示着购物的女性是位孕妇。[①] 然后，塔吉特公司利用这一信息发送合适的优惠券以吸引这些女士或她们的丈夫光顾购买婴儿用品。类似这样的一些复杂系统不仅可用于提高预测精度，还可用于识别适合的市场机会以促进未来的需求。

请记住，没有一种工具是完美无缺的。事实上预测总是不完美的。一个好的预测系统应有助于跟踪历史预测误差，从而能够在未来的决策中考虑到这些误差。一次组织良好的预测以及误差度量能够极大地提高决策能力。即使有了所有这些复杂的工具，有时还是最好依靠人类的直觉来进行预测。这些预测工具的缺点之一就是人们太过于依赖它们，而在预测中未能发挥人的作用。在使用预测和享受预测所带来的价值的同时，要记住这些分析工具无法对未来需求中一些更为定性的方面进行评估，这只能凭预测者自己的经验和能力进行判断。

---

① Charles Duhigg, "How Companies Learn Your Secrets." *New York Times*, February 16, 2012.

OR/MS Today预测软件调查中列出了一个预测软件提供商的详细清单。在网站 http://www.orms-today.org/surveys/FSS/fss-fr.html 中可以查阅到对各个预测软件提供商的介绍。

学习目标5小结

考虑到时间序列预测方法的重复性，可以使用简单的公式在Excel软件中对它们进行建模。然而，对于企业的定期预测来说，在当今各种各样的预测软件包中进行选择可能更有效。

讨论题

1. 在戴尔公司这样的按订单生产的服务器制造商的供应链中，预测起着什么样的作用？
2. 苹果公司可以如何与供应商进行协同预测来改善供应链？
3. 在里昂·比恩公司这样的邮购企业的供应链中，预测起着什么样的作用？
4. 你认为在巧克力的需求中会有怎样的系统成分和随机成分？
5. 当一个预测者声称自己对需求的预测从来不存在误差时，为什么会引起管理者的怀疑？
6. 列举几个需求表现出季节性特征的商品的例子。
7. 如果预测人员利用上一年的销售数据而不是实际需求数据来预测下一年的需求，会出现什么问题？
8. 静态预测法和适应性预测法有何区别？
9. *MSE*、*MAD*和*MAPE*能够给管理者提供什么样的信息？管理者应该怎样利用这些信息？
10. 偏差和*TS*能够给管理者提供什么样的信息？管理者应该怎样利用这些信息？

练习题

1. ABC公司的月需求数据如表7-3所示。使用静态预测法预测第6年的每个月的需求。评估偏差、*TS*、*MSE*、*MAD*和*MAPE*。评价预测的质量。

表7-3 ABC公司的月需求

月份	第1年	第2年	第3年	第4年	第5年
1月	2 000	3 000	2 000	5 000	5 000
2月	3 000	4 000	5 000	4 000	2 000
3月	3 000	3 000	5 000	4 000	3 000
4月	3 000	5 000	3 000	2 000	2 000
5月	4 000	5 000	4 000	5 000	7 000
6月	6 000	8 000	6 000	7 000	6 000
7月	7 000	3 000	7 000	10 000	8 000
8月	6 000	8 000	10 000	14 000	10 000
9月	10 000	12 000	15 000	16 000	20 000
10月	12 000	12 000	15 000	16 000	20 000

续表

月份	第 1 年	第 2 年	第 3 年	第 4 年	第 5 年
11 月	14 000	16 000	18 000	20 000	22 000
12 月	8 000	10 000	8 000	12 000	8 000
合计	78 000	89 000	98 000	115 000	113 000

2. Hot Pizza 的周需求如表 7-4 所示。使用 4 周移动平均法和简单指数平滑法（$\alpha=0.1$）预测未来 4 周的需求。评价每种方法下的 *MAD*、*MAPE*、*MSE*、偏差和 *TS* 的大小。你更倾向于使用哪种方法？为什么？

表 7-4 Hot Pizza 的周需求

周	需求（美元）	周	需求（美元）
1	108	7	96
2	116	8	102
3	118	9	112
4	124	10	102
5	96	11	92
6	119	12	91

3. 某批发商每季度鲜花的需求如表 7-5 所示。使用简单指数平滑法（$\alpha=0.1$）和 Holt 模型（$\alpha=0.1$，$\beta=0.1$）预测第 5 年每季度的需求。你更倾向于使用哪种方法？为什么？

表 7-5 某批发商每季度鲜花的需求

年份	季度	需求（千美元）
1	1	98
	2	106
	3	109
	4	133
2	1	130
	2	116
	3	133
	4	116
3	1	138
	2	130
	3	147
	4	141
4	1	144
	2	142
	3	165
	4	173

4. ABC 公司月需求的数据如表 7-3 所示。使用移动平均法、简单指数平滑法、Holt 模型和 Winter 模型预测第 6 年每月的需求。评估每种预测方法下的偏差、*TS*、*MAD*、*MAPE*、*MSE*。你更

倾向于使用哪种预测方法？为什么？

5. 使用第2题中Hot Pizza的数据，比较$\alpha=0.1$和$\alpha=0.9$时的简单指数平滑法预测结果。两种情况下的预测有何不同？你认为选择哪个平滑指数更合适？

6. A&D电子公司生产的平板电视的月需求如表7-6所示。使用简单指数平滑法（$\alpha=0.3$）和Holt模型（$\alpha=0.05$，$\beta=0.1$）预测未来两个月的需求。对于简单指数平滑法，第0期的需求水平$L_0=1\,659$（12个月的需求平均值）。对于Holt模型，第0期的需求水平$L_0=948$，需求趋势$T_0=109$（均通过回归求得）。评价每种方法下的*MAD*、*MAPE*、*MSE*、偏差、*TS*。你更倾向于选择哪种预测方法？为什么？

表7-6 A&D电子公司所产平板电视的月需求

月份	需求（台）	月份	需求（台）
1	1 000	7	1 724
2	1 113	8	1 850
3	1 271	9	1 864
4	1 445	10	2 076
5	1 558	11	2 167
6	1 648	12	2 191

7. 使用第6题中A&D电子公司的数据，利用Holt模型进行预测，但$\alpha=0.5$，$\beta=0.5$。和第6题$\alpha=0.05$，$\beta=0.1$时的预测结果进行比较。你更倾向于选择哪种平滑指数？为什么？

8. 一家连锁超市的通心粉的周需求如表7-7所示。使用5周移动平均法、简单指数平滑法（$\alpha=0.2$）估计未来4周的需求。评价在每种方法下的*MAD*、*MAPE*、*MSE*、偏差和*TS*。你更倾向于选择哪种预测方法？为什么？

表7-7 通心粉的周需求

周	需求（单位）
1	517
2	510
3	557
4	498
5	498
6	444
7	526
8	441
9	541
10	445

9. 某零售店的智能手机的季度需求如表7-8所示。在获得需求水平、需求趋势和季节性因素的初始估计值后，使用Winter模型预测第5年的季度需求，其中$\alpha=0.05$，$\beta=0.10$，$\gamma=0.15$。评估预测的*MAD*、*MAPE*、*MSE*、偏差和*TS*。你可以找到能使*MAD*或*MSE*更低的α、β、γ值吗？

表7-8　智能手机的季度需求

年份	季度	需求
1	1	513
	2	932
	3	1 509
	4	1 902
2	1	693
	2	1 163
	3	1 857
	4	2 469
3	1	846
	2	1 439
	3	2 271
	4	3 079
4	1	1 070
	2	1 751
	3	2 785
	4	3 613

10. 某白色家电零售店的洗碗机的季度需求如表7-9所示。在获得需求水平、需求趋势和季节性因素的初始估计值后，使用Winter模型预测第5年的季度需求，其中$\alpha=0.10$，$\beta=0.10$，$\gamma=0.10$。评估预测的*MAD*、*MAPE*、*MSE*、偏差和*TS*。你可以找到能使MAD或MSE更低的α，β，γ值吗?

表7-9　洗碗机的季度需求

年份	季度	需求
1	1	1 934
	2	1 276
	3	3 991
	4	5 632
2	1	4 862
	2	1 698
	3	7 104
	4	9 939
3	1	6 129
	2	3 318
	3	9 260
	4	12 418
4	1	7 960
	2	5 459
	3	10 990
	4	13 483

参考文献

Bernstein, Peter L., and Theodore H. Silbert. "Are Economic Forecasters Worth Listening To?" *Harvard Business Review* (September–October 1984): 2–8.

Box, George E. P., and Gwilym M. Jenkins. *Time Series Analysis: Forecasting and Control.* Oakland, CA: Holden-Day, 1976.

Chambers, John C., Satinder K. Mullick, and Donald D. Smith."How to Choose the Right Forecasting Technique." *Harvard Business Review* (July–August 1971): 45–74.

Forecasting with Regression Analysis. Cambridge, MA: Harvard Business School Note #9–894–007, 1994.

Fry, Chris, and Vijay Mehrotra. "Forecasting Software Survey 2016" *ORMS Today* (June 2016): 52–61. Software survey available at http://www.lionhrtpub.com/orms/surveys/FSS/fss-fr.html.

Georgoff, David M., and Robert G. Murdick."Manager's Guide to Forecasting." *Harvard Business Review* (January–February 1986): 2–9.

Gilliland, Michael. "Is Forecasting a Waste of Time?" *Supply Chain Management Review* (July–August 2002): 16–23.

McClain, John O. "Restarting a Forecasting System When Demand Suddenly Changes." *Journal of Operations Management* (October 1981): 53–61.

Makridakis, S., A. Andersen, R. Carbone, R. Fildes, M. Hibon, R. Lewandowski, J. Newton, E. Parzen, and R. Winkler. "The Accuracy of Extrapolation (Time Series) Methods: Results of a Forecasting Competition." *Journal of Forecasting* (April–June 1982): 111–153.

Makridakis, Spyros, and Steven C. Wheelwright. *Forecasting Methods for Management.* New York: Wiley, 1989.

Saffo, Paul. "Six Rules of Effective Forecasting." *Harvard Business Review* (July-August 2007): 122–131.

Silver, Nate. *The Signal and the Noise: Why So Many Predictions Fail – But Some Don't.* New York: Penguin, 2012.

案例分析

特种包装公司

朱丽叶·威廉（Julie William）离开特种包装公司（Specialty Packaging Corporation，SPC）的会议室时心事重重。她所在部门的经理告诉她，要派她参加由公司销售副总裁以及来自公司关键客户的员工组成的团队。该团队的目标就是改善供应链绩效，因为 SPC 在过去几年一直未能有效地满足需求。这常常使 SPC 的客户为了满足新的顾客需求而争抢货源。朱丽叶与 SPC 的客户没有什么接触，她不知道自己该怎样在这个过程中发挥积极作用。部门经理告诉她，团队的第一项任务就是利用 SPC 及其客户的数据进行协同预测。这一预测结果将作为改善公司绩效的基础，因为管理者可以使用这个更加准确的预测来制订生产计划。改进的预测还将有助于 SPC 提高交货绩效。

SPC

SPC 公司将聚苯乙烯树脂加工成食品行业使用的可回收或一次性的容器。聚苯乙烯是以树脂球这种商品形式购进的。树脂球从大型铁路集装箱或陆用拖车卸下来之后，就运送至公司储料仓。制造食品容器包括两步工艺过程。第一步是将树脂球送往挤压机压制成聚苯乙烯薄片，然后卷成一卷。形成的塑料薄片有透明的和黑色的两种形式。这些塑料薄片一部分立即用于食品容器的生产，一部分进入库存。第二步是把薄片装入热熔定型压力机中加热成型，然后经过加工制成容器。上述两步制造过程如图 7-11 所示。

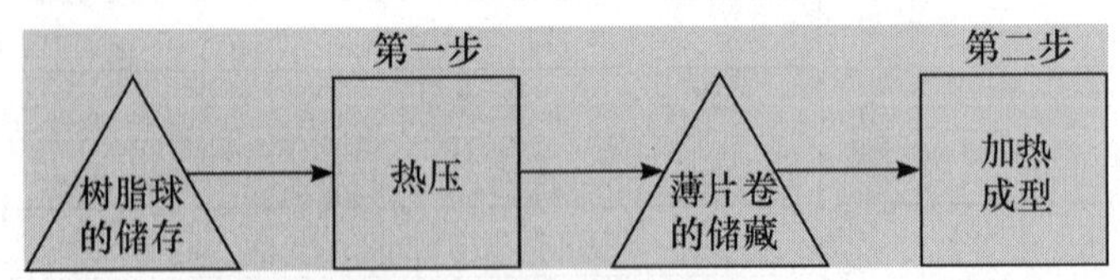

图 7-11 SPC 的制造工艺

在过去的五年中，塑料包装业一直稳定增长。透明塑料容器的需求主要来自食品杂货店、面包店和餐馆，对黑色塑料容器的需求来自那些用它们做包装和上菜托盘的酒店和食品杂货店。透明塑料容器的需求高峰出现在夏季，黑色塑料容器的需求高峰出现在秋季。挤压机的生产能力不能满足高峰时的需求，因此必须根据未来的需求预测为每种塑料薄片设置库存。表 7-10 和图 7-12 显示了两种塑料容器（透明和黑色）的历史季度需求数据。为了获得真实的需求数据，团队对 SPC 的销售数据进行了修正，把缺货导致的失售也考虑其中。由于 SPC 本身不可能了解这些失去的订单，因此如果 SPC 的客户没有共同参与到这个团队中的话，SPC 是不可能了解这些信息的。

表 7-10 每季度对透明和黑色塑料容器的历史需求 单位：千磅

年	季度	黑色塑料容器	透明塑料容器
1	1	2 250	3 200
	2	1 737	7 658
	3	2 412	4 420
	4	7 269	2 384
2	1	3 514	3 654
	2	2 143	8 680
	3	3 459	5 695
	4	7 056	1 953
3	1	4 120	4 742
	2	2 766	13 673
	3	2 556	6 640
	4	8 253	2 737
4	1	5 491	3 486
	2	4 382	13 186
	3	4 315	5 448
	4	12 035	3 485
5	1	5 648	7 728
	2	3 696	16 591
	3	4 843	8 236
	4	13 097	3 316

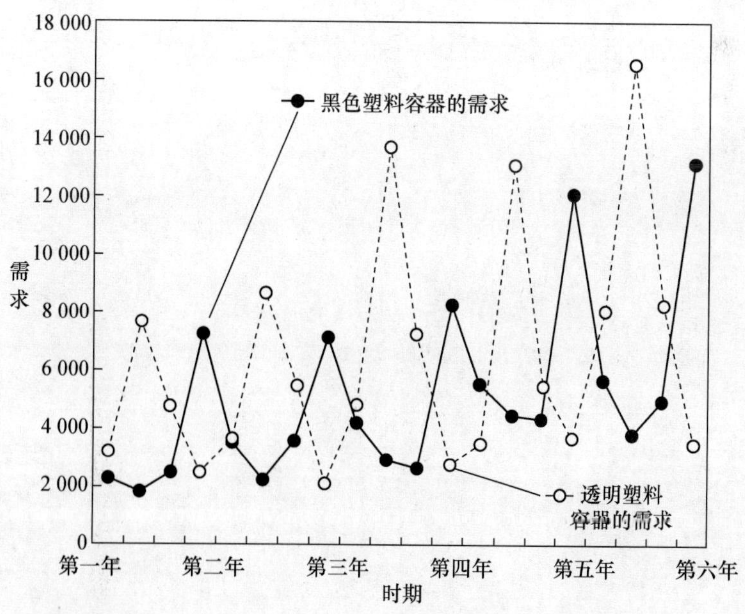

图 7-12 透明塑料容器和黑色塑料容器的季度需求点图

作为团队决策的第一步，他们希望预测第6～8年两种塑料容器的季度需求。根据需求的历史趋势，需求有望持续增长至第8年，然后保持稳定。朱丽叶必须选择一种最合适的预测方法并估计可能的预测误差。那么她应该选择哪种方法进行预测呢？为什么？请利用所选预测方法，预测第6～8年的需求。

第 8 章

供应链综合计划

Aggregate Planning in a Supply Chain

学习目标

通过本章学习，你应当能够：

1. 了解综合计划作为供应链活动的重要性。
2. 解释制订综合计划时需要进行的权衡。
3. 建立综合计划问题的线性规划模型并求解。
4. 使用 Excel 构建和求解基本综合计划问题。

本章将讨论如何利用综合计划来制定供应链中的生产、外包、库存和延期交货决策。我们将识别编制综合计划所需的信息，并列出制订最优综合计划时必须权衡的基本问题；建立综合计划问题的线性规划模型，并介绍如何使用 Microsoft Excel 构建和求解综合计划问题。

8.1 综合计划在供应链中的作用

让我们想象这样一个世界，在那里制造、运输、仓储甚至信息的产能都是无限的、免费的，提前期为零，产品可以立即进行生产和交付。在这样的世界中，无须根据需求预测拟订计划，因为不论何时，顾客的需求都能立即得到满足。在这样的世界里，综合计划不起任何作用。

但是，在真实的世界里，产能是需要成本的，提前期通常较长，所以企业在完全了解需求之前，就必须制定关于产能水平、生产水平、外包和促销的决策。企业必须在需求产生之前预测需求，并决定如何满足需求。企业是否应该投资建设一个有巨大产能的工厂，使其在需求旺季也能生产出足够的产品来满足顾客需求？或者企业是否应当建设一个稍小规模的工厂，在淡季根据对今后几个月的需求预测建立库存，留待旺季销售，并为此付出库存持有成本？这些都是综合计划能够帮助企业回答的问题。

综合计划（aggregate planning）是指企业决定一段特定时间范围内产能、生产、转包、库存、缺货甚至定价的计划水平以实现利润最大化的过程。综合问题可以正式表述如下：

> 在计划期内每个时期的需求预测给定的情况下，决定在计划期内可以最大化企业利润的各期生产水平、库存水平、产能水平（内部和外包）以及延期交货量（未满足的需求）。

综合计划，顾名思义，是关于全局的综合性的决策，而不是关于最小库存单位(SKU)层面的决策。例如，综合计划确定一个工厂在给定月份的总产量水平，而并不确定每种SKU将要生产的数量。因此，综合计划是思考3～18个月的时间范围的中期决策问题的有效工具。在这一时间范围内，确定各SKU的生产水平为时过早，但对于安排新增产能来说又为时过晚。所以，综合计划回答的问题是："企业应如何最好地利用现有设施?"

为了有效，综合计划需要来自供应链所有环节的信息，并且综合计划的结果会对供应链的绩效产生重大影响。就像我们在第7章中所了解到的，协同预测是由供应链中多个企业共同完成的，是综合计划的重要输入。另外，综合计划的许多约束因素来自企业外部的供应链伙伴。没有这些来自供应链上下游企业的输入信息，综合计划不可能发挥它的最大潜力以创造价值。综合计划的输出对供应链的上下游合作伙伴同样具有价值。企业的生产计划决定了企业对供应商的需求，也决定了企业对顾客的供给约束。本章旨在为在企业内部和整个供应链中使用综合计划打下基础。第9章将讨论销售和运作计划，那时综合计划对供应链的影响将会更加清晰。

让我们来看看一个优质纸张供应链是怎样通过综合计划实现利润最大化的。许多类型的造纸厂都面临季节性需求，需求波动从顾客传递到印刷厂、分销商最后直到制造商。由于年度报告的印制需要，春季是各种优质纸的需求高峰。由于新车宣传手册的印刷需要，秋季同样是各种优质纸的需求高峰。因为造纸厂的产能建设成本非常大，所以建设生产能力能满足春秋旺季需求的工厂的成本太高。另外，优质纸的生产通常需要特殊的添加剂和涂料，而这些材料经常供给不足。因此，造纸厂必须应对这些约束因素，并在这些约束条件下实现利润最大化。造纸厂需要利用综合计划决定它在需求淡季的生产和库存水平，从而在淡季建立库存以满足旺季超过产能的需求。这样，通过充分考虑来自整条供应链的所有信息，综合计划可以使造纸厂和供应链实现利润最大化。

令人惊讶的是，许多企业并没有制订综合计划，而是仅仅根据来自顾客的订单确定生产计划。这些订单要么由实际需求驱动，要么通过库存管理算法驱动。如果企业通过这种方式能够高效地满足需求，那么缺少综合计划可能并不会给企业带来太大损失。但当产能利用率非常高而产能成问题时，依靠订单来安排生产计划可能会导致短缺和订单延误。所以当产能利用率很高时，综合计划有助于企业有效地满足预期需求。

要制订综合计划，企业必须明确规定综合计划的计划期。计划期（planning horizon）是指计划的时间跨度，综合计划需要确定在该时间范围内的解决方案。综合计划的计划期通常为3～18个月。企业还必须明确计划期内的每个时期的持续时间（比如周、月或季度）。通常综合计划采用月或季度作为计划的时间单位。然后，企业还需要确定制订综合计划和做出决策（综合计划将为这些决策提供建议）所需的关键信息。本节将明确一般综合计划问题所需的信息和建议，后面将介绍能灵活适应各种特殊环境要求的模型。

综合计划制订者需要了解以下信息：

- 计划期（计划期的时间跨度为T个时期）内每个时期t的综合需求预测F_t。

- 生产成本，包括：

☑ 正常人工成本（美元/小时）和加班人工成本（美元/小时）。

☑ 转包生产成本（美元/小时或美元/单位）。

☑ 产能变更成本，具体包括招聘或解聘劳动力的成本（美元/人）和增加或减少设备产能的成本（美元/设备）。

- 单位产品需要的劳动力/设备工时。
- 库存持有成本（美元/（单位·期））。
- 缺货或延期交货的成本（美元/（单位·期））。
- 约束，包括：

☑ 加班的限制。

☑ 解雇的限制。

☑ 可用资本的限制。

☑ 缺货和延期交货的限制。

☑ 供应商引起的约束。

使用这些信息，企业可以通过综合计划做出以下决定：

正常工作时间、加班工作时间和转包的生产量：用来确定员工数量和供应商采购水平。

持有库存：用来确定仓储空间和所需的营运资金。

缺货或延期交付的数量：用来确定顾客服务水平。

雇用/解雇劳动力数量：用来确定可能遇到的劳动力问题。

设备产能的增加/减少：用来确定是否需要购买新的生产设备或者现有设备是否会闲置。

综合计划为生产运作提供了一个广阔蓝图，并确定了短期生产和分销决策所依据的参数。正如前面各章所提到的，整条供应链都必须参与到这个计划过程之中。如果制造商计划在某给定时期增加产量，那么供应商、运输商、仓储商都必须知晓这一计划并对自己的计划做出相应调整。理想情况下，供应链各个环节应合作共同制订一个能使供应链绩效最优的综合计划。如果供应链各环节独立制订自己的综合计划，将很容易造成计划之间的相互冲突、缺乏协调，从而造成供应链的供给短缺或过剩。因此，在供应链中尽可能大的范围内共同制订综合计划是十分重要的：与下游合作伙伴一起进行预测，与上游合作伙伴一起确定约束因素，与任何其他供应链参与方合作以提高综合计划输入信息的质量。计划的好坏取决于输入信息的质量，因此，利用供应链来提高输入信息的质量将大大提高综合计划的质量。同时要确保将综合计划传达给所有受其影响的供应链合作伙伴。

综合计划的质量会对企业的盈利能力有很大影响。糟糕的综合计划可能导致可用库存和产能不能满足需求，从而丧失销售机会，导致利润损失。糟糕的综合计划也有可能导致过量的库存和产能，使得成本增加。所以，综合计划是优化供需平衡的重要工具。

学习目标1小结

要制订综合计划，计划者需要了解需求预测、成本和生产信息以及所有供应约束。需求预测包括对计划期内每一期需求的估计。成本和生产数据包括产能水平以及提高或降低产能的成本、生产成本、产品储存成本、缺货成本以及任何限制这些因素的限制规定。供应约束决定了对外包、加班、物料的限制。综合计划确定了未来3～18个月的产能、生产和库存决策。好的综合计划是与顾客和供应商合作完成的，因为需要来自这两个环节的准确输入信息。这些输入信息的质量（需求预测和约束条件等）决定了综合计划的质量。综合计划的结果对顾客活动和供应商活动都会产生影响，因此必须在整个供应链中共享。对供应商来说，综合计划决定了预期的订单；对顾客来说，综合计划决定了计划的供给。

8.2 综合计划中的基本权衡

综合计划制订者必须在产能成本、库存成本和延期交货成本之间进行权衡。会造成上述某种成本增加的综合计划通常会使另外两种成本减少。从这个意义上讲，成本决策就代表着一种权衡：要降低库存成本，计划制订者就必须增加产能或延期交货给顾客。因此，计划制订者是用库存成本来交换产能成本或延期交货成本。综合计划的目标就是通过综合权衡使企业利润最大化。由于需求随着时间而变化，上述三种成本的相对水平会使得其中的一项成本成为计划制订者实现利润最大化的关键杠杆。如果改变产能的成本较低，企业就不需要建立仓库或者延期交货；如果改变产能的成本较高，则企业可能需要维持一定的库存或者将旺季的一部分订单推迟到淡季再交货。因此，计划制订者要进行的基本权衡如下：

- 产能（正常工作时间、加班工作时间和转包）。
- 库存。
- 延期交货/不能及时交货导致的失售。

为了在这三项成本之间实现平衡，通常可以采取三种不同的综合计划策略，这些策略涉及资本投资、员工数量、工作时间、库存以及延期交货/失售之间的权衡。计划制订者实际上大多数是组合使用这三种基本策略，也就是通常所说的定制（tailored）或混合（hybrid）策略。三种策略如下：

1. **追赶策略——将产能作为杠杆**：在该策略下，当需求水平发生变化时，通过调整设备产能或者雇用/解雇劳动力，使生产率与需求率保持同步。在实践中，因为在短时间内很难改变产能和劳动力规模，所以实现这种同步可能会有问题。若随时间改变设备和劳动力产能的成本比较高，那么这一策略的实施成本会比较高，并且会对员工的士气造成不良影响。追赶策略下，供应链库存水平较低，产能和劳动力数量变动水平较高。因此，追赶策略适用于库存成本较高，而设备和劳动力产能变动成本较低的情况。

2. **柔性策略——将利用率作为杠杆**：如果存在过剩的设备产能（如设备并未每周7天，每天24小时投入使用）并且劳动力安排具有灵活性时，适合采用这一策略。在这种情况下，劳动力（产能）保持稳定，而员工工作小时数随时间发生变化，以使生产与需求保持同步。计划制订者可以利用不同的加班时长和灵活的排班来实现这种同步。尽管该策略确实需要劳动力具有一定灵活性，但它避免了追赶策略中可能发生的一些问题，尤其是改变劳动力规模这一问题。这一策略下，库存水平较低，但生产设备的平均利用率也较低。当库存成本相对较高而设备产能成本相对较低时，应当采用柔性策略。

3. **均衡策略——将库存作为杠杆**：在这种策略下，产出率维持不变，设备产能和劳动力保持稳定。产品短缺和过剩会导致库存水平随时间改变。在这种情况下，生产与需求并不同步，而是根据需求预测建立库存，或将旺季需求延期至淡季交货。被雇用者享受着稳定的工作环境。这一策略的缺点在于可能会积累大量的库存，顾客订单可能被延迟。这一策略保持产出均衡，因此改变产能的成本相对较低，适用于库存持有成本和延期交货成本相对较低的情况。

在实践中，计划制订者最有可能采取定制或混合策略，将上述所有三种方法结合起来使用。

学习目标2小结

综合计划中的基本权衡涉及产能成本、库存成本和缺货成本的平衡，以使盈利能力最大化。计划制订者增加这三种成本中的任何一种成本，都会使其他两项成本降低。

8.3 利用线性规划制订综合计划

由于综合计划的目标是在满足供应链约束的前提下实现利润最大化，所以线性规划是一种有效的建模和求解综合计划问题的方法。我们将通过红番茄工具公司（Red Tomato Tool）的例子来说明制订综合计划的方法。红番茄工具公司是一家小型园艺设备制造商，该公司在墨西哥拥有生产设施。红番茄工具公司的产品通过零售商在美国销售。其具体运作是把采购来的零部件装配成园艺工具，然后通过零售商在美国销售。由于装配作业所需的设备和空间有限，红番茄工具公司的产能主要取决于其劳动力规模。

8.3.1 综合产品单位的确定

制订综合计划重要的第一步是，识别合适的综合产品单位。在总量水平上制订计划时，重要的是必须按照某种方式来识别计划中的综合产品单位，即保证在制订最终的主生产计划（关于具体最终产品的计划）时，综合计划的结果能够大致反映在实践中可以完成的工作。由于瓶颈可能是任何制造设施中最受制约的环节，因此在选择综合产品单位、确定产能和生产时间时需要特别关注瓶颈环节。在评估生产时间时，考虑调整准备和维护等活动也同样重要，这些活动耗损产能但不会带来任何产出。否则，综合计划将会高估可用产能，从而导致在实践中无法实施该计划。现在，我们将介绍一种用于识别综合产品单位以及评估与综合产品单位相关的成本、收入和时间的简单方法。

红番茄工具公司在其制造工厂生产六种产品。每种产品的成本、收入、生产时间、调整准备时间以及每种产品以往的生产批量如表8-1所示。

表 8-1　红番茄工具公司的成本、收入和时间

产品	材料成本（美元/件）	收入（美元/件）	调整准备时间（小时/批）	平均批量	单位产品生产时间（小时）	单位产品净生产时间（小时）	销售单位百分比
A	15	54	8	50	5.60	5.76	10
B	7	30	6	150	3.00	3.04	25
C	9	39	8	100	3.80	3.88	20
D	12	49	10	50	4.80	5.00	10
E	9	36	6	100	3.60	3.66	20
F	13	48	5	75	4.30	4.37	15

在表 8-1（也可见电子数据表 Chapter 8-Table 8-1）中，单位产品净生产时间等于分摊到每单位产品的调整准备时间与单位产品生产时间之和（调整准备时间/平均批量＋单位产品生产时间）。因此，产品 A 的单位产品净生产时间为 8/50＋5.6＝5.76（小时）。

定义综合产品单位的一种简单方法是基于每种产品占销售量百分比的加权平均来确定。如果管理者对每种产品占总销售量的比例把握得相对准确，且工厂中所有产品使用的资源大致相同，那么这种方法尤为适用。利用这种方法，计算出每件综合产品单位的材料成本为 15×0.10＋7×0.25＋9×0.20＋12×0.10＋9×0.20＋13×0.15＝10(美元)。用相同的方法，可以求得每件综合产品单位的收入为 40 美元，单位净生产时间为 4 小时。

其他可能使用的综合产品单位还有产出吨数（可能适用于流程式连续性生产的产品，如汽油、纸等）或销售额。例如，一家造纸厂可能生产不同厚度和质量的纸张。如果采用产出吨数作为综合产品单位，那么所有产能、成本、收入的计算都应当考虑这个产品组合。

8.3.2　红番茄工具公司的需求和成本

顾客对红番茄工具公司生产的园艺工具的需求具有很强的季节性，需求旺季是春季，因为春季人们开始打理花园。这种季节性的需求波动沿着供应链从零售商传递到制造商红番茄工具公司。红番茄工具公司应对季节性需求的选择方案有：在旺季增加员工数量、将一些任务转包出去、在淡季建立库存或者推迟一部分订单的交货。为了通过综合计划确定最优选择方案，红番茄工具公司的供应链副总裁首先做的是进行需求预测。尽管红番茄工具公司可以独立预测需求，但与其零售商合作进行预测能够得到更准确的结果（见表 8-2）。重要的是，这一需求预测考虑到了预期销售的产品组合，并且是以前面定义过的综合产品单位来给出的。

表 8-2　红番茄工具公司的需求预测

月份	需求预测
1	1 600
2	3 000
3	3 200

续表

月份	需求预测
4	3 800
5	2 200
6	2 200

红番茄工具公司通过零售商以每件（假定的综合单位产品）40美元的价格将工具出售给顾客。公司在1月的初始库存为1 000件工具，1月初公司有员工80名。工厂每月工作20天，每名员工在正常工作时间的工资为每小时4美元。每名员工每天正常工作时间为8小时，其余为加班时间。正如前面所提到的，产能主要是由员工总的劳动时间决定的，因此设备产能不是限制生产运作能力的因素。劳动法规定，每名员工每月加班时间不得超过10小时，各种成本如表8-3所示。注意，成本和劳动时间都是以前面讨论过的综合产品单位来衡量的。

表8-3 红番茄工具公司的成本

成本项目	成本
原材料成本	10美元/单位
库存持有成本	2美元/(单位·月)
缺货或延期交货的边际成本	5美元/(单位·月)
雇用和培训成本	300美元/人
解雇成本	500美元/人
所需劳动时间	4小时/单位
正常工作时间的成本	4美元/小时
加班的成本	6美元/小时
转包的成本	30美元/单位

目前，红番茄工具公司在转包、库存和缺货/延期交货方面没有约束。所有缺货都被延期交货，由后续月份生产出来的产品来满足。月末库存将引起库存成本。供应链管理者的目标是，制订一个最优的综合计划，使6月底至少有500单位库存(也就是说，在6月底没有缺货，并且至少有500单位库存)。

最优的综合计划应是能使红番茄工具公司在6个月的计划期内获得最大利润的计划。目前，考虑到红番茄工具公司希望实现较高的顾客服务水平，假设所有需求都将被满足，尽管有些可能是通过延期交货得以满足的。因此计划期内获得的收入是固定的。那么，在计划期内成本最小化也就意味着利润最大化。在很多情况下，企业可以选择不满足某些需求，或者价格本身也是企业必须基于综合计划来确定的一个变量。在这种情况下，最小化成本并不等于最大化利润。

下面将把综合计划建模为一个线性规划问题。（不熟悉线性规划的读者可直接阅读8.4节，了解如何利用Microsoft Excel建模综合计划问题。）

8.3.3 红番茄工具公司综合计划的线性规划模型

正如前面所提到的，综合计划的目标是在满足需求的同时实现利润最大化。每家企业在满足顾客需求的过程中，都会受到一定的约束，如设备产能或供应商交付某种零部件的能力。当企业在受到一系列约束的情况下试图实现利润最大化时，线性规划是一种非常有效的工具。线性规划（linear programming）能够找到在满足企业面临的约束的同时创造最高利润的解决方案。现在就以红番茄工具公司为例来说明如何利用线性规划制订综合计划。

决策变量 建立综合计划模型的第一步是确定一组决策变量，确定这些变量的值也属于综合计划的一部分。红番茄工具公司综合计划模型的决策变量定义如下：

$W_t = t$ 月的员工数量，$t=1,2,\cdots,6$

$H_t = t$ 月初雇用的员工数量，$t=1,2,\cdots,6$

$L_t = t$ 月初解雇的员工数量，$t=1,2,\cdots,6$

$P_t = t$ 月生产的产品数量，$t=1,2,\cdots,6$

$I_t = t$ 月末库存水平，$t=1,2,\cdots,6$

$S_t = t$ 月末缺货或延期交货量，$t=1,2,\cdots,6$

$C_t = t$ 月的转包数量，$t=1,2,\cdots,6$

$O_t = t$ 月的加班工时，$t=1,2,\cdots,6$

构建综合计划模型的第二步是定义目标函数。

目标函数 D_t 表示时期 t 的需求，D_t 的值为表 8-2 中的需求预测值。目标函数是使计划期内的总成本最小化（等同于利润最大化，因为所有需求都将被满足）。发生的成本包括以下几部分：

- 正常工作时间的劳动力成本；
- 加班时间的劳动力成本；
- 雇用和解雇成本；
- 库存持有成本；
- 缺货成本；
- 转包成本；
- 原材料成本。

上述成本计算如下：

1. **正常工作时间的劳动力成本**。员工正常工作时间的劳动工资是每月 640 美元（4 美元/小时×8 小时/天×20 天/月），因为时期 t 的员工数量为 W_t，所以计划期内正常工作时间的劳动力成本由下式得出：

$$\text{正常工作时间的劳动力成本} = \sum_{t=1}^{6} 640W_t$$

2. **加班时间的劳动力成本**。加班时间的劳动力成本是每小时 6 美元（见表 8-3），O_t 代表时期 t 的加班工时，因此计划期内加班时间的劳动力成本为：

$$\text{加班时间的劳动力成本} = \sum_{t=1}^{6} 6O_t$$

3. **雇用和解雇成本**。雇用一名员工的成本是 300 美元，而解雇一名员工的成本是 500 美元（见表 8-3），H_t 和 L_t 分别代表时期 t 雇用和解雇员工的数量，因此雇用和解雇成本为：

$$\text{雇用和解雇成本}=\sum_{t=1}^{6}300H_t+\sum_{t=1}^{6}500L_t$$

4. **库存持有和缺货成本**。库存持有成本是每月每单位 2 美元，缺货成本是每月每单位 5 美元（见表 8－3），I_t 代表时期 t 库存单位数，S_t 代表时期 t 的缺货单位数。因此，库存持有和缺货成本为：

$$\text{库存持有和缺货成本}=\sum_{t=1}^{6}2I_t+\sum_{t=1}^{6}5S_t$$

5. **原材料和转包成本**。原材料成本是每单位 10 美元，转包的成本是每单位 30 美元（见表 8－3），P_t 代表时期 t 的生产量，C_t 代表时期 t 转包的数量。因此，原材料和转包成本为：

$$\text{原材料和转包成本}=\sum_{t=1}^{6}10P_t+\sum_{t=1}^{6}30C_t$$

计划期发生的总成本是上述所有成本之和，计算公式为：

$$\sum_{t=1}^{6}640W_t+\sum_{t=1}^{6}6O_t+\sum_{t=1}^{6}300H_t+\sum_{t=1}^{6}500L_t+\sum_{t=1}^{6}2I_t+\sum_{t=1}^{6}5S_t+\sum_{t=1}^{6}10P_t+\sum_{t=1}^{6}30C_t \tag{8.1}$$

红番茄工具公司的目标是，找出一个能使计划期内发生的总成本（见式(8.1)）最小化的综合计划。

目标函数中决策变量的取值不能任意设定，而是受制于由现有产能和运作政策所定义的各种约束条件。建立综合计划的下一步是明确定义决策变量的约束条件。

约束条件　现在，红番茄工具公司的副总裁必须明确决策变量不能违背的约束条件。具体说明如下。

1. **员工数量、雇用和解雇数量的约束**。时期 t 的员工数量 W_t 由时期 $t-1$ 的员工数量 W_{t-1} 加上时期 t 雇用的员工数量 H_t，再减去时期 t 解雇的员工数量 L_t 得到：

$$W_t=W_{t-1}+H_t-L_t,\quad t=1,2,\cdots,6 \tag{8.2}$$

初始的员工数量为 $W_0=80$。

2. **产能约束**。每个时期的生产量都不能超过现有的产能。这一约束将总产量限制在企业内部总的可获产能（内部可获产能取决于可用劳动时间，包括正常工作时间和加班时间）之内。转包生产的数量不在这一约束范围内，因为该约束仅针对工厂内部的生产。因为每个工人每月的正常工作时间可以生产 40 单位产品（每单位产品需要 4 小时劳动时间完成，见表 8－3），在加班时间每 4 小时生产 1 单位产品，因此可以得到：

$$P_t\leqslant 40W_t+\frac{O_t}{4},\quad t=1,2,\cdots,6 \tag{8.3}$$

3. **库存余额约束**。第三个约束因素是每期期末的库存余额。时期 t 的净需求为当期的需求 D_t 与上一期的延期交货量 S_{t-1} 之和。时期 t 的净需求可以由当期生产（内部生产 P_t 或转包 C_t）和上一期的库存 I_{t-1}（在这种情况下，库存 I_t 可能有剩余）来满足，或者也可以将一部分需求 S_t 延期交付。这个关系由下面的等式表达：

$$I_{t-1}+P_t+C_t=D_t+S_{t-1}+I_t-S_t,\quad t=1,2,\cdots,6 \tag{8.4}$$

初始库存给定为 $I_0=1\ 000$ 单位，计划期末的库存水平必须不少于 500 单位（即 $I_6\geqslant 500$），最初没有延期交货（即 $S_0=0$）。

4. **加班时间约束**。第四个约束要求工人每月加班时间不得超过 10 小时，这一要求将可用加班总时数限制如下：

$$O_t\leqslant 10W_t,\quad t=1,2,\cdots,6 \tag{8.5}$$

此外，每个变量必须都为非负，在第 6 期期末必须没有产品延期交付（即 $S_6=0$）。

在 Excel 中运行模型时（运行过程将在后面介绍），为了处理起来更容易，将所有约束条件写成等号右边为 0 的形式，则加班约束（式（8.5））可以写成：

$$O_t-10W_t\leqslant 0,\quad t=1,2,\cdots,6$$

我们发现，可以很容易地通过增加约束条件来限制每月的转包生产量或雇用、解雇员工的最大数量。延期交货的数量或库存数量同样可以进行约束。理想状况下，雇用和解雇员工的数量应该是一个整数变量。如果一些员工仅仅在一个月中的部分时间工作，也可以用小数变量来表示所需员工数量。这类线性规划问题都可以用 Excel 规划求解工具求解。

根据约束条件（式（8.2）至式（8.5））对目标函数进行优化（式（8.1）中的成本最小化）后，副总裁得到的综合计划如表 8-4 所示。（在本章后面部分，将利用电子数据表 Chapter 8 _ 9-examples 来说明如何利用 Excel 来进行优化。）

表 8-4　红番茄工具公司的综合计划

时期 t	雇用数量 H_t	解雇数量 L_t	员工数量 W_t	加班时间 O_t	库存水平 I_t	缺货量 S_t	转包数量 C_t	总产量 P_t	需求 D_t
0	0	0	80	0	1 000	0	0		
1	0	16	64	0	1 960	0	0	2 560	1 600
2	0	0	64	0	1 520	0	0	2 560	3 000
3	0	0	64	0	880	0	0	2 560	3 200
4	0	0	64	0	0	220	140	2 560	3 800
5	0	0	64	0	140	0	0	2 560	2 200
6	0	0	64	0	500	0	0	2 560	2 200

由该综合计划，得到计划期总成本如下：

计划期总成本＝422 660（美元）

红番茄工具公司在 1 月初解雇了 16 名员工，此后该公司始终保持员工数量和生产水平不变，在 4 月进行了转包生产。4 月有部分订单延期至 5 月交货。在其他月份中，都没有缺货。实际上，红番茄工具公司在其他时期都持有库存。我们将这种库存描述为季节性库存，因为它是在预期未来需求增加的情况下持有的。

如果需求的季节性波动加剧，供给与需求保持同步将更加困难，从而导致库存或延期交货增加，进而使得供应链的总成本增加。我们将利用例8-1予以说明，在例8-1中需求预测的波动更大。

例8-1

需求波动加剧的影响

除了需求预测外，所有数据都与前面讨论的红番茄工具公司一样。假设6个月的总需求不变（16 000单位），只不过6个月中需求的季节性波动更大，如表8-5所示。请制订这种情况下的最优综合计划。

表8-5 季节性波动更大时的需求预测

月份	需求预测
1	1 000
2	3 000
3	3 800
4	4 800
5	2 000
6	1 400

分析：

这种情况下的最优综合计划（各项成本与之前的讨论相同）如表8-6所示。

可以看到，每月的生产量保持不变。但是与表8-2所示的需求状况下制订的综合计划（见表8-4）相比，库存和缺货（延期交货）都有所增加。满足表8-5中的新的需求状况所需的成本为433 080美元，比表8-2所示需求状况下求得的成本422 660美元要高。

表8-6 需求如表8-5中所示时的最优综合计划

时期 t	雇用数量 H_t	解雇数量 L_t	员工数量 W_t	加班时间 O_t	库存水平 I_t	缺货量 S_t	转包数量 C_t	总产量 P_t	需求 D_t
0	0	0	80	0	1 000	0	0		
1	0	16	64	0	2 560	0	0	2 560	1 000
2	0	0	64	0	2 120	0	0	2 560	3 000
3	0	0	64	0	880	0	0	2 560	3 800
4	0	0	64	0	0	1 220	140	2 560	4 800
5	0	0	64	0	0	660	0	2 560	2 000
6	0	0	64	0	500	0	0	2 560	1 400

由例8-1可以看到，零售商处的需求波动的增大会导致季节性库存和计划成本增加。

通过红番茄工具公司的例子（见例8-2）还可以看到，随着成本的变化，最优权衡也会随之改变。在例8-2中，随着雇用和解雇成本的下降，最好的做法是根据需求调整产能，同时库存和延期交货都会减少。

例8-2

雇用和解雇成本降低的影响

假设红番茄工具公司的需求如表8-2所示，除了雇用和解雇成本现在为每名员工50美元外，其他数据均保持不变。根据表8-4所示的综合计划计算总成本。针对新的成本结构提出一个最优综合计划。

分析：

如果雇用和解雇成本降至每名员工50美元，那么与表8-4中所示的综合计划相对应的总成本将由422 660美元降至415 460美元。将新的雇用和解雇成本纳入考虑后得到如表8-7所示的新最优综合计划，总成本为412 770美元。可以看到，员工数量最高时达到88名，最低时仅为45名。而在表8-4所示的综合计划中员工数量一直保持稳定的64名。

正如预料的一样，与表8-4所示的综合计划相比，员工数量发生了变化（因为产能调整成本降低了），库存和缺货有所减少。如果雇用和解雇成本为每名员工50美元，那么如表8-7所示的综合计划的总成本为412 770美元。而表8-4中所示的综合计划的总成本为415 460美元。

表8-7 雇用和解雇成本为50美元/名员工时的最优综合计划

时期 t	雇用数量 H_t	解雇数量 L_t	员工数量 W_t	加班时间 O_t	库存水平 I_t	缺货量 S_t	转包数量 C_t	总产量 P_t	需求 D_t
0	0	0	80	0	1 000	0	0		
1	0	35	45	0	1 200	0	0	1 800	1 600
2	0	0	45	0	0	0	0	1 800	3 000
3	42	0	87	0	280	0	0	3 480	3 200
4	1	0	88	0	0	0	0	3 520	3 800
5	0	27	61	0	240	0	0	2 440	2 200
6	0	0	61	0	500	0	20	2 440	2 200

由例8-2可以发现，（通过降低雇用和解雇成本）增加产量柔性不仅降低了总成本，而且使得企业转向使用产量柔性来实现最佳权衡，同时降低了库存，减少了缺货。

8.3.4 粗略主生产计划的制订

计划制订者必须根据综合计划，对所获得的可用信息进行细化和分解，制订一个粗略的主生产计划（MPS），以确定每种产品在每个时期的生产批量。下面仍以红番茄工具公司为例，说明对综合计划进行细化和分解的一种简单方法。虽然这种方法不一定是最佳的，但它便于实施，并允许进行可行性检查。如果计划制订者想寻求更好的方案，那么可以使用更复杂的方法（Bitran and Hax，1981）。但是，这些方法难以实施，且可能无法反映所有的复杂现实状况。基于以上原因，我们建议使用这种简单方法。

让我们来看看表8-4中的综合计划。该计划要求第1期劳动力数量为64名，共生产2 560综合产品单位。我们知道，在总量水平上，这个产量约束是可行的。但是，需要检验在产品任务分解后，产量约束是否仍可行。第一步是根据每种产品占预期总销售量的百分比（表8-1中的销售单位百分比）将2 560单位的产量分解给六种产品，如表8-8所示（见工作表 Chapter 8-Table 8-8）。因此，计划在第1期生产256单位产品A，因为该产品的销售量占总销售量的10%。第二步是确定每种产品的计划批次。为了使该计划可行，用计划产量除以平均批量，然后向下圆整，就可以得到该产品的计划生产批次。例如，对于产品A，计划批次（调整准备次数）=256/50=5.12，然后向下圆整，得到计划生产批次为5次。因此，在第1期产品A的平均批量将大于50（约为51）。类似地，可以求得第1期其他每种产品的计划调整准备次数（生产批次），如表8-8所示。为了检验该计划安排的可行性，我们还计算了调整准备时间、计划批次数的生产时间以及每种产品的产量。从表8-8可知，调整准备和生产的总计划时间为10 231.4小时（209小时的调整准备时间+10 022.4小时的生产时间）。由于计划有64名员工进行生产，那么该期可用的总生产时间为64×160=10 240（小时）。因此，计划安排看起来可行。

表8-8 红番茄工具公司第1期综合计划的分解

产品	调整准备时间（小时/批）	平均批量	单位产品生产时间（小时）	生产数量	调整准备次数	调整准备时间（小时）	生产时间（小时）
A	8	50	5.60	256	5	40	1 433.6
B	6	150	3.00	640	4	24	1 920.0
C	8	100	3.80	512	5	40	1 945.6
D	10	50	4.80	256	5	50	1 228.8
E	6	100	3.60	512	5	30	1 843.2
F	5	75	4.30	384	5	25	1 651.2

学习目标3小结

由于综合计划的目标是在供应链约束下实现利润最大化（或成本最小化），因此可以用线性规划模型来解决综合计划问题。第一步是确定一个合适的综合产品单位，并按综合产品单位进行需求预测。第二步是确定供应链中的各种成本（如材料成本、库存成本、生产成本）和约束。然后，识别一组决策变量，并根据决策变量构造目标函数和约束条件。线性规划允许我们在指定的约束条件下对目标函数进行优化。然后将综合计划转换为可行的主生产计划。

8.4 利用Excel制订综合计划

下面将讨论如何利用Excel来生成表8-4中所示的红番茄工具公司的综合计划。首先，要建立一个能够执行假设分析的简单电子表格，然后建立一个能够利用线性规划进行优化的更为复杂的模型。

8.4.1 建立基本的综合计划电子数据表

综合计划制订者必须决定每月的雇用员工数量（H_t）或解雇员工数量（L_t），以及加班时间（O_t）或转包数量（C_t）。一旦做出了这些决定，就可以确定每个月的员工数量（W_t）、产量（P_t）、库存水平（I_t）以及缺货量（S_t）（见表8-9），从而完成综合计划。图8-1所示的是与表8-4相对应的最终电子数据表（见电子数据表Chapter 8-trial-aggplan）。综合计划制订者可以在工作表Planning中的特定单元格中对每个决策变量尝试输入不同的值。最好从每期的雇用数量（B5：B10）和解雇数量（C5：C10）开始。每个月的最大可用加班时间不得超过$10W_t$，如单元格M5：M10所示。然后，可以输入每期的加班时间（E5：E10）和转包数量（H5：H10）。对于每一组输入的决策变量值，都可以如表8-9所示计算出输出结果。

单元格C12中总成本的计算如下：

$$640\times \text{sum}(D5{:}D10)+6\times \text{sum}(E5{:}E10)+300\times \text{sum}(B5{:}B10)$$
$$+500\times \text{sum}(C5{:}C10)+2\times \text{sum}(F5{:}F10)+5\times \text{sum}(G5{:}G10)$$
$$+10\times \text{sum}(I5{:}I10)+30\times \text{sum}(H5{:}H10)$$

目标是通过改变各决策变量输入值，来制订一个能使单元格C12中总成本最小的综合计划。

表8-9 建立基本综合计划电子数据表

输出	单元格	与输入的关系	第5行中的公式	复制到
员工数量	D5:D10	$W_t=W_{t-1}+H_t-L_t$	=D4+B5−C5	D6:D10
生产数量	I5:I10	$P_t=40\times W_t+O_t/4$	=40*D5+(E5/4)	I6:I10
库存水平	F5:F10	$I_t=\text{MAX}(I_{t-1}+P_t+C_t-D_t-S_{t-1},0)$	=MAX(F4+I5+H5−G4−J5,0)	F6:F10
缺货量	G5:G10	$S_t=\text{MAX}(0,S_{t-1}+D_t-I_{t-1}-P_t-C_t)$	=MAX(0,J5+G4−I5−H5−F4)	G6:G10

	A	B	C	D	E	F	G	H	I	J	M
1	综合计划决策变量										
2–3	时期	H_t 雇用数量	L_t 解雇数量	W_t 员工数量	O_t 加班时间	I_t 库存水平	S_t 缺货量	C_t 转包数量	P_t 生产数量	需求	最大可用加班时间
4	0	0	0	80	0	1 000	0	0			
5	1	0	16	64	0	1 960	0	0	2 560	1 600	640
6	2	0	0	64	0	1 520	0	0	2 560	3 000	640
7	3	0	0	64	0	880	0	0	2 560	3 200	640
8	4	0	0	64	0	0	220	140	2 560	3 800	640
9	5	0	0	64	0	140	0	0	2 560	2 200	640
10	6	0	0	64	0	500	0	0	2 560	2 200	640
12	总成本=	422 660美元									

图8-1 基本综合计划电子数据表

8.4.2 利用规划求解建立综合计划电子数据表

进入Excel的线性规划功能，使用规划求解（数据→分析→规划求解）。开始时要先构建如图8-2所示的表格（见电子数据表Chapter 8 _ 9-examples）。表格中包括如下决策变量：

$$W_t=t\text{ 月的员工数量},t=1,2,\cdots,6$$

$H_t = t$ 月初雇用的员工数量，$t=1,2,\cdots,6$
$L_t = t$ 月初解雇的员工数量，$t=1,2,\cdots,6$
$P_t = t$ 月生产的产品数量，$t=1,2,\cdots,6$
$I_t = t$ 月末库存水平，$t=1,2,\cdots,6$
$S_t = t$ 月末缺货或延期交货量，$t=1,2,\cdots,6$
$C_t = t$ 月的转包数量，$t=1,2,\cdots,6$
$O_t = t$ 月的加班工作时间，$t=1,2,\cdots,6$

图 8-2（使用工作表 Planning）例示了这个表应该是什么样子，决策变量包含在单元格 B5：I10 中，每个单元格对应一个决策变量。例如，单元格 D7 表示第 3 期的员工数量。开始时先将所有决策变量都设为 0，如图 8-2 所示。

	A	B	C	D	E	F	G	H	I	J
1	综合计划决策变量									
2		H_t	L_t	W_t	O_t	I_t	S_t	C_t	P_t	
3	时期	雇用数量	解雇数量	员工数量	加班时间	库存水平	缺货量	转包数量	生产数量	需求
4	0	0	0	80	0	1 000	0	0		
5	1	0	0	0	0	0	0	0	0	1 600
6	2	0	0	0	0	0	0	0	0	3 000
7	3	0	0	0	0	0	0	0	0	3 200
8	4	0	0	0	0	0	0	0	0	3 800
9	5	0	0	0	0	0	0	0	0	2 200
10	6	0	0	0	0	0	0	0	0	2 200

图 8-2 决策变量的电子数据表区域

注意列 J 表示实际的需求，它并不是决策变量。这里之所以列出需求信息是因为计算综合计划时需要该信息。

第二步是构建一个包含式（8.2）至式（8.5）的所有约束条件的表格，可按照图 8-3 所示构建约束条件表格。

	M	N	O	P
1	约束条件			
2				
3	员工数量	生产数量	库存水平	加班时间
4				
5	−80	0	−600	0
6	0	0	−3 000	0
7	0	0	−3 200	0
8	0	0	−3 800	0
9	0	0	−2 200	0
10	0	0	−2 200	0

单元格	单元格操作函数	公式	复制到
M5	= D5 − D4 − B5 + C5	(8.2)	M6：M10
N5	= 40 * D5 + E5/4 − I5	(8.3)	N6：N10
O5	= F4 − G4 + I5 + H5 − J5 − F5 + G5	(8.4)	O6：O10
P5	= − E5 + 10 * D5	(8.5)	P6：P10

图 8-3 约束条件的电子数据表区域

列M包含员工数量约束（式（8.2）），列N包含产能约束（式（8.3）），列O包含库存余额约束（式（8.4）），列P包含加班时间约束（式（8.5）），这些约束条件应用于所有6个时期中。

在规划求解工具中，每项约束条件最终都写成如下形式：

单元格值{≤，=，或≥}0

本例中，约束条件为：

M5:M10=0
N5:N10≥0
O5:O10=0
P5:P10≥0

第三步是构建一个包含目标函数的单元格，用来评价每个解决方案。这一单元格不需要包含完整的计算公式，但可写成由含有中间成本计算的单元格组成的表达式。在红番茄工具公司的例子中，成本计算的电子数据表区域如图8-4所示。例如，单元格B15中包含的是第1期发生的雇用成本，单元格B15中数据是单元格B5与包含每名员工雇用成本数据（数据从表8-3中可知）的单元格的乘积，其他单元格也依此填入。单元格C22是单元格B15到单元格I20数值的总和，即代表总成本。

	A	B	C	D	E	F	G	H	I
12	综合计划成本								
13									
14	时期	雇用数量	解雇数量	正常工作时间	加班时间	库存水平	缺货量	转包数量	原材料
15	1	0	0	0	0	0	0	0	0
16	2	0	0	0	0	0	0	0	0
17	3	0	0	0	0	0	0	0	0
18	4	0	0	0	0	0	0	0	0
19	5	0	0	0	0	0	0	0	0
20	6	0	0	0	0	0	0	0	0
21									
22	总成本	=	$ -						

图8-4 成本计算的电子数据表区域

第四步是使用数据→分析→规划求解来调用规划求解，在规划求解参数对话框中输入以下信息以表示线性规划模型：

设置目标单元格:C22
等于：选择最小值
可变单元格:B5:I10

约束如下：

B5:C10=integer{雇用和解雇的员工数量为整数}
B5:I10≥0{所有决策变量为非负数}

F10 $\geqslant$ 500{6 期末的库存至少为 500}

G10=0{6 期末的缺货等于 0}

M5:M10=0{$W_t-W_{t-1}-H_t+L_t=0, t=1,2,\cdots,6$}

N5:N10 $\geqslant$ 0{$40W_t+O_t/4-P_t\geqslant 0, t=1,2,\cdots,6$}

O5:O10=0{$I_{t-1}-S_{t-1}+P_t+C_t-D_t-I_t+S_t=0, t=1,2,\cdots,6$}

P5:P10 $\geqslant$ 0{$10W_t-O_t\geqslant 0, t=1,2,\cdots,6$}

规划求解参数对话框如图 8－5 所示，在对话框中单击“求解”按钮，则将返回最优解。如果没有返回最优解，则在保存规划求解返回的解之后再次求解（在某些情况下，可能需要多次重复此步骤，因为 Excel 附带的 Solver 版本存在一些缺陷。加载宏 Add-ins 软件不会出现这些问题而且获取成本相对也较低）。最优解如表 8－4 所示。

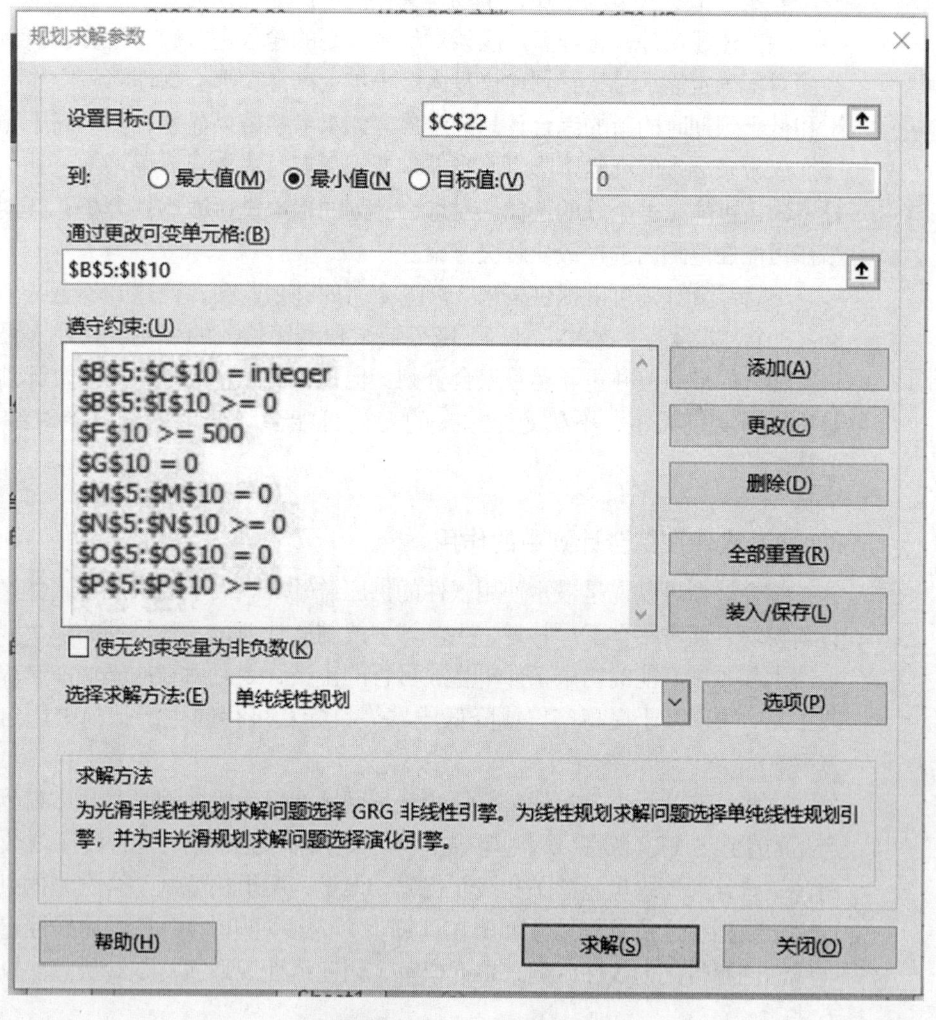

图 8－5　规划求解参数对话框

8.4.3　预测误差和综合计划

本章讨论的综合计划方法没有考虑任何预测误差，但我们知道，所有预测都是有误差的。为了提高综合计划的质量，必须要考虑预测误差，并且综合计划必须具有一定柔性。通过在综合计划中建立柔性，当未来需求或成本发生变化时，计划可以适当调整以应对新的情况。可以通过使用安全库存（safe inventory，也就是为了满足超出预测的那部分需求所持有的库存，将在第12章中详细讨论）或安全产能（safe capacity，也就是用于满足超出预测的那部分需求的产能）来建立柔性。企业可以通过多种方式利用安全库存或安全产能，为预测误差建立一个缓冲。其中一些方法列举如下。

- 使用加班，作为安全产能的一种形式；
- 长期拥有富余劳动力，作为安全产能的一种形式；
- 使用转包生产，作为安全产能的一种形式；
- 建立并持有更多的库存，作为安全库存的一种形式；
- 从一个开放市场或现货市场购买产能或产品，作为安全产能的一种形式。

除上述建议外，管理者还应该对综合计划的输入进行敏感性分析。例如，如果在面对不确定需求时，计划建议投入巨资扩大产能，那么管理者就应当考察需求高于和低于预期时的新的综合计划的结果。如果考察结果显示，需求高于预期时扩大产能仅带来成本的小幅下降，而当需求低于预期时成本会大幅增加，那么推迟产能投资决策可能是一个好的选择。对综合计划的输入进行敏感性分析，计划制订者能够在可能性范围内选择最佳解决方案。

尽管综合计划可以提供未来3～18个月的计划蓝图，但这并不意味着企业每隔3～18个月才运行一次综合计划。随着需求预测等输入的变化，管理人员应当使用这些输入的最新值并重新运行聚合计划。但是，需注意的是，在修改计划时一定要避免计划反复无常、不稳定。频繁的变化可能会降低供应链伙伴对综合计划的信任。

8.4.4 软件在综合计划中的作用

综合计划可以说是最常使用软件的供应链领域。最早的供应链软件产品是综合计划模块，通常称作工厂计划、生产计划或制造计划。一些早期的模块只关注在满足需求和可用产能的约束条件下生成可行的生产计划。后来的模块能够提供一些有效工具，可以基于提高产出或降低成本等目标从可行的生产计划中选出最优解决方案。

这些经典的解决方案通常将综合计划问题建模为线性规划，从中得到各个时期产品的生产计划。现在，因为考虑到并不是所有约束或合理的目标函数都是线性的，一些计划模块也包含了非线性优化。但是，由于在编制综合计划的过程中要考虑大量数据（这使得非线性问题在计算上令人望而却步），且可用线性逼近方法将非线性问题转化为线性问题来求近似解，因此线性规划通常是解决这类问题的最好方法。

许多软件供应商（包括SAP和甲骨文）都提供高级计划和排程系统（APS）帮助企业制订综合计划。使用APS软件的最大挑战是，相对于输入而言，输出的结果相当不稳定。需求等输入的微小变化可能产生与原计划完全不同的新的最优计划。如果计划变得很不稳定，那么整个供应链很快就会质疑这些计划，从而事实上致使这些计划流于形式，毫无用处。因此，重要的是确保随着新数据的引入，在确保一定程度的稳定性的同时，对计划进行修改。

要充分发挥APS软件的作用，数据的准确性是关键。如果APS软件中使用的提前期或产能等数据与实际情况不符，那么生成的综合计划可能导致顾客的不满和高成本。因此，跟踪这些参数的准确性非常重要，并且要确保由专人对这些输入信息负责。

学习目标4小结

通过建立目标函数和约束条件单元格并使用规划求解工具，可以在Excel中求解综合计划问题。最好是在制订综合计划时就能够考虑预测误差，从而生成一个具有一定稳定性的计划。

讨论题

1. 综合计划在哪些行业尤其重要?
2. 上一题中给出的适合运用综合计划的行业有哪些特征?
3. 各种综合计划策略之间的主要不同是什么?
4. 哪些行业或情况最适合使用追赶策略? 哪些最适合使用柔性策略? 哪些最适合使用均衡策略?
5. 综合计划需要输入的成本类别有哪些?
6. 利用转包将如何影响综合计划问题?
7. 如果企业目前使用追赶策略且培训成本大幅增加，这将如何影响企业的综合计划策略?
8. 在选择综合产品单位时，需要考虑的关键问题有哪些?
9. 如何在高度不确定性的环境中使用综合计划?

练习题

1. Skycell是欧洲的一家手机生产商，它正在制订来年的生产计划。Skycell公司与其顾客（服务提供商）一起对每月的需求进行了预测，如表8-10所示。

表8-10 手机的月需求 单位：千部

月份	需求	月份	需求
1	1 000	7	1 600
2	1 100	8	900
3	1 000	9	1 100
4	1 200	10	800
5	1 500	11	1 400
6	1 600	12	1 700

工厂的生产主要是装配工作。产能取决于生产线上的工人数量。工人每月工作20天，每天工作8小时。一名工人装配一部手机需要10分钟，工人每小时的工资为20欧元，加班每小时多付50%的加班费。工厂目前共有1 250名工人，每部手机的零件成本为20欧元。考虑到零件和产成品

价格下降得很快，每部手机每月的库存持有成本为 3 欧元。Skycell 公司目前没有实施裁员计划，加班时间限制为每月每名工人不超过 20 小时。假设 Skycell 公司初始库存为 5 万部，并希望在年底也持有相同数量的库存。

（a）假设没有延期交货，没有转包，不雇用新工人，那么最优的生产计划是什么？此计划的年总成本为多少？

（b）如果管理者能够通过协商将工人每月的加班时间限制从 20 小时提高至 40 小时，这样做是否有价值？

（c）如果 Skycell 公司开始只有 1 200 名工人，重新考虑（a）和（b）的答案。如果开始时工人数量为 1 300 人呢？随着工人数量逐渐变少，额外加班的价值会发生什么变化？

（d）假设 Skycell 公司的目标是均衡生产，要求每月生产量都不能在未来 12 个月平均需求水平（每月 1 241 667 部）的基础上超出 50 000 部，重新考虑（a）的答案。也就是说，包括加班在内，每月产量不超过 1 291 667 部。这种均衡生产计划的成本将会是多少？加班弹性的价值是什么？

2. 重新考虑第 1 题中 Skycell 公司的数据。假设工厂员工数量为 1 250 人，没有裁员政策，每月每个人的加班时间限制为 20 小时。在需要时，第三方能够以每部 26 欧元的成本（包括 20 欧元零件成本）帮其生产手机。

（a）若不使用第三方生产，平均每部的生产成本（包括库存持有成本和加班成本）是多少？

（b）Skycell 公司应当如何利用第三方？如果第三方提供的单位产品价格为 25 欧元，你的回答将如何变化？

（c）如果第三方的单位成本为 28 欧元，Skycell 公司是否应该使用第三方？

（d）为什么虽然第三方的单位成本高于其内部单位产品的生产成本（包括库存持有成本和加班成本），Skycell 公司仍选择第三方生产？

3. 重新考虑第 1 题中 Skycell 公司的数据。假定工厂有 1 250 名工人，没有裁员政策。加班时间限制为每月每人 20 小时。同时假定不允许转包生产。有一个 50 人的团队，他们愿意作为季节性员工到 Skycell 公司工作。聘用这些人的成本为每人 800 欧元，解雇成本为每人 1 200 欧元。

（a）最优生产、雇用和解雇计划是什么？

（b）如果可雇用的季节性工人数量从 50 人增加到 100 人，最优计划有什么变化？

（c）相较于拥有 1 250 名固定工人和 50 名季节性工人，如果 Skycell 公司仅拥有 1 100 名固定工人，而雇用 200 名季节性工人，收益是否会大幅增加？

（d）考虑 Skycell 公司拥有 1 250 名固定工人和 50 名季节性工人的情况，如果取消固定工人的不裁员政策或将可雇用的季节性工人数量从 50 人增加到 100 人，Skycell 公司的收益会更多吗？假定固定工人的雇用和解雇成本与季节性工人一样。

4. FlexMan 公司是一家电子合同制造商，利用它在托皮卡（美国堪萨斯州首府）的设施生产两种产品：路由器和交换机。在对顾客进行咨询后，该公司对这两种产品未来 12 个月的需求进行了预测，如表 8－11 所示。

表 8－11　FlexMan 公司的需求预测　　单位：千台

月份	路由器需求	交换机需求	月份	路由器需求	交换机需求
1	1 800	1 600	7	1 200	700
2	1 600	1 400	8	1 400	800
3	2 600	1 500	9	2 500	1 400
4	2 500	2 000	10	2 800	1 700

续表

月份	路由器需求	交换机需求	月份	路由器需求	交换机需求
5	800	1 500	11	1 000	800
6	1 800	900	12	1 000	900

工厂的生产主要是装配工作。产能取决于生产线上的工人数量。工厂工人每月工作 20 天，每天工作 8 小时。一名工人每 20 分钟生产一台路由器，每 10 分钟生产一台交换机。工人时薪为 10 美元，加班每小时多付 50%的加班费。工厂目前有 6 300 名工人，加班时间限制为每月每名工人不超过 20 小时。工厂现有 10 万台路由器和 5 万台交换机库存。每台路由器每月的库存持有成本为 2 美元，每台交换机每月的库存持有成本为 1 美元。库存成本的产生是因为顾客在购买产品时是按现有市场价格支付的。因此，如果 FlexMan 提前生产并将产品存入仓库，那么由于零部件价格迅速下降，公司将难以收回成本。

(a) 假定不允许延期交货，不转包，不解雇也不雇用新工人，FlexMan 公司的最优生产计划是什么？该计划的年总成本为多少？需要持有多少库存？这样做合理吗？

(b) 如果管理者能够通过协商使工人每月的加班时间从 20 小时增加至 40 小时，这样做是否有价值？这一变化将对哪些变量产生影响？

(c) 如果 FlexMan 公司开始时仅拥有 5 900 名工人，重新考虑 (a) 和 (b) 的问题。如果开始时拥有 6 700 名工人呢？随着劳动力规模的减少，额外加班的价值会发生什么变化？

5. 重新考虑第 4 题中 FlexMan 公司的数据，公司正在考虑是否应根据需求改变劳动力规模。雇用一名新工人的成本为 700 美元，解雇一名工人的成本为 1 000 美元。每名工人要达到完全的产能需要两个月的时间，在这两个月的时间内，新工人只能提供 50%的生产率。假定来年需求模式保持不变，并且 FlexMan 的目标是在年底时有 6 300 名工人。

(a) 最优生产、雇用和解雇计划各是什么？该计划的成本为多少？

(b) 如果 FlexMan 公司通过提高培训可以让新工人立刻达到完全产能，每年这将为公司节约多少成本？这一变化将对该公司这一年的解雇和雇用政策带来什么影响？

6. FlexMan 公司已经确定了一个在其需要时愿意为其提供路由器和交换机生产的第三方。该第三方将对路由器和交换机分别收取 6 美元和 4 美元的费用。假定解雇和雇用数据与第 5 题一样，其他数据都与第 4 题一样。

(a) 如果新工人在前两个月只能提供 50%的生产率，FlexMan 公司应如何使用第三方？

(b) 如果新工人立即就能达到全部产能，FlexMan 公司又应如何使用第三方？

(c) 为什么对第三方的使用会随着新工人生产率的改变而改变？

7. 回到第 4 题中 FlexMan 公司的数据，公司与顾客之间签订了一项服务水平保证协议，承诺从一个月到下一个月的安全库存至少等于下个月需求的 15%。这样一来，FlexMan 公司承诺从 12 月到 1 月至少持有 270 000 台（0.15 × 1 800 000）路由器库存和 240 000 台（0.15 × 1 600 000）交换机库存。

(a) 假定不允许延期交货，不转包，不解雇也不雇用新工人，FlexMax 公司的最优生产计划是什么？该计划的年总成本为多少？

(b) 这一规定有最低库存量的服务合同给 FlexMan 公司带来了多少成本的增加？

(c) 如果 FlexMax 公司当初承诺的是交换机的安全库存量不少于 15%，路由器的安全库存量不少于 5%，成本会增加多少？如果 FlexMax 公司当初承诺的是交换机的安全库存量不少于 5%，路由器的安全库存量不少于 15%，成本又会增加多少？对于 FlexMax 公司来说，这两种方法哪种方法更好？

参考文献

Axsäter, Sven. "On the Feasibility of Aggregate Production Plans." *Operations Research* (1986): 34, 796–800.

Bitran, G. R., and A. Hax. "Disaggregation and Resource Allocation Using Convex Knapsack Problems with Bounded Variables." *Management Science* (1981): 27, 431–441.

Jacobs, F. Robert, Richard B. Chase, and Nicholas J. Aquilano. *Operations and Supply Management*, 12th ed. New York: McGraw-Hill/Irwin, 2009.

Nahmias, Steven. *Production & Operations Analysis*, 6th ed. New York: McGraw-Hill/Irwin, 2009.

案例分析1

克洛斯播种机和收割机公司

克洛斯播种机和收割机公司（Kloss Planters and Harvesters，KPH）的总经理凯文·周（Kevin Cho）结束了与战略计划小组的会议，他想知道，建设一个既能装配播种机又能装配收割机的工厂是否比现在在不同的工厂分别装配播种机和收割机更明智。

播种机和收割机的发展历程

人类从耕种开始，就一直试图减轻作物的播种和收割工作。加伊乌斯·普林尼（Gaius Plinius，公元23—79年）在其所著的《博物志》中就描述了一种切割麦穗并将其收集到一个盒子中的收割农作物的机器。1799年，第一项有案可查的收割机专利被授予英国发明家博伊斯（Joseph Boyce）。1831年，赛勒斯·霍尔·麦考密克（Cyrus Hall McCormick）成功创制了世界上第一台由马拉动的谷物收割机，这种收割机被命名为弗吉尼亚收割机。随着时间的推移，又有其他企业发明了内燃机驱动的自行式联合收割机。如今的收割机允许农场主坐在配有空调的驾驶室中舒舒服服收割大片作物。

19世纪末20世纪初手动播种机被发明，成为美国农民耕作的好帮手。农民手工插秧一天只能种植1英亩①，而使用一些设备后农民一天可以种植2英亩。如今，播种机可以多排同时播种，一小时前进10英里②。播种机和收割机的发展无疑使农民能更有效地工作。

克洛斯播种机和收割机公司的生产计划

克洛斯公司在艾奥瓦州达文波特的工厂专门装配播种机，在艾奥瓦州艾姆斯的工厂专门装配收割机。播种机和收割机的需求都具有高度的季节性，具体如表8-12所示。谷物一般在3—5月播种，在9—11月收割。因此，播种机的需求高峰在3月，收割机的需求高峰在9月。每个工厂都力求制订一个能以最低的成本满足年度需求的生产计划。

表8-12 播种机和收割机的需求预测 单位：台

月份	播种机	收割机	月份	播种机	收割机
1	600	100	7	100	500
2	850	100	8	100	1 000
3	1 300	100	9	100	1 500
4	800	100	10	100	700
5	550	100	11	100	450
6	100	200	12	300	100

两个工厂的产能均取决于可获得的装配工人的数量。两种机器（播种机或收割机）的单台装配工时均为100小时。两个工厂工人每月均工作20天，每天工作8小时。装配工人的正常时薪为20美元。每个工人每月允许加班20小时，加班时薪为30美元。考虑到需求具有高度季节性，公司在需求淡季会暂时解雇一些工人，在需求旺季再重新雇用这些工人。每次解雇的成本为5 000美元，

① 1英亩≈6.07亩。——译者

② 1英里≈1.61千米。——译者

每次重新雇用的成本为 3 000 美元。每个工厂通常保有一定库存以应对旺季的需求。一台机器的月库存持有成本为 300 美元。公司也可以选择在某个月缺货时向顾客延迟交货，在下个月再满足该缺货的订单。但是，为了让顾客满意，每台延迟交货的机器均给予顾客 2 000 美元的折扣。该公司有一条政策，即要求确保在 12 月没有缺货，这样在新的一年开始时就没有任何未履行的订单。每台机器的材料成本为 20 000 美元。

12 月底时，播种机装配工厂有 244 名工人，250 台成品机器库存；收割机装配工厂有 100 名工人，50 台成品机器库存。这两个工厂的生产计划均试图以最低的成本满足表 8－12 所示的需求，同时确保来年 12 月底的工人数与库存数与当年 12 月一样。

新工厂的选择

考虑到现有的工厂已陈旧，总经理凯文（Kevin）计划建设新工厂取代原有工厂。选择之一是，新建一个类似的播种机工厂取代原有的播种机工厂，新建一个类似的收割机工厂取代原有的收割机工厂。另一种选择是，对位于达文波特的工厂进行扩建，在这个工厂中既生产播种机又生产收割机。这两种选择方案所需投资大致相当。因此，凯文要求他的战略计划小组分析共用一个工厂既生产播种机又生产收割机的好处。

战略计划小组指出，由于播种机和收割机的需求季节性正好相反，因此在一定程度上抵消了其需求的季节性。两种产品共用一个装配工厂，使公司可以使用同一批工人生产这两种产品，从而可能大大减少公司每年雇用和解雇员工的数量。这不仅可以大大提高员工的士气，还会带来成本的节约。凯文要求战略计划小组量化共用一个工厂的相关成本以及与员工相关的优势。他将在这些数据的基础上进行决策。

案例分析2

QuickTronics 公司智能手机的生产

消费电子合同制造商 QuickTronics 公司的总经理鲁迪·哈托诺（Rudy Hartono）正准备出席年度计划会议。他对未来 12 个月的需求进行了预测，会议的目标是制订综合计划。以往，鲁迪都会在工厂中保持稳定的 667 个装配小组，并在上半年建立库存供下半年使用。虽然这种方法便于员工管理，但会导致大量库存。当鲁迪步入会议室时他想知道，根据需要来雇用和解雇工人以减少库存的数量是不是一个更好的选择。

QuickTronics 公司的生产计划

QuickTronics 公司在印度尼西亚巴淡岛建设了一家大型组装工厂，专门用于智能手机的组装。印度尼西亚政府提供的激励措施促使许多制造商将工厂设在巴淡岛。QuickTronics 公司的很多零部件供应商都位于其工厂附近，并定期向工厂小批量发运零部件。组装好的手机被储存在一个仓库里，然后再根据顾客订单发往亚洲、欧洲和美国。QuickTronics 公司的供应链团队与顾客合作进行了月度需求预测，如表 8－13 所示。智能手机的需求将在第四季度达到高峰。

表 8－13　智能手机的需求预测　　单位：千部

月份	需求	月份	需求
1	8 000	7	13 000
2	10 000	8	14 000
3	11 000	9	15 000
4	11 000	10	17 000
5	11 000	11	19 000
6	12 000	12	19 000

智能手机的组装由装配小组负责，每个装配小组有 10 名工人。每个小组每小时能组装 125 部手机。每个工厂的产能取决于所使用的装配小组的数量。每个工厂工人每月均工作 20 天，每天工作 8 小时。装配工人的正常时薪为 4 000 印尼卢比。每个工人每月允许加班 10 小时，加班时薪为 6 000 印尼卢比。如果 QuickTronics 公司选择解雇工人，每次解雇的成本为 800 000 印尼卢比，每次雇用的成本为 400 000 印尼卢比。每部手机的月库存持有成本为 50 000 印尼卢比。公司也可以选择在某个月缺货时向顾客延迟交货，在下个月再完成该缺货的订单。考虑到手机市场上满足需求的重要性，为了让顾客满意，每台延迟交货的手机均给予顾客 100 000 印尼卢比的折扣。该公司有一条规定，即要求确保在 12 月底没有缺货，这样在新的一年开始时就没有任何未履行的订单。每部手机的材料成本为 500 000 印尼卢比。

12 月底时，该工厂有 667 个装配小组，100 万部手机库存。工厂的生产计划试图以最低的成本满足表 8 - 13 所示的需求，同时确保来年 12 月底的劳动力和库存数与当年 12 月一样。

◆ **思考题**

1. 鲁迪现行的计划是全年维持 667 个装配小组，该计划的年成本是多少？工厂每月应该生产多少？该计划下的最大库存量是多少？

2. 如果鲁迪决定给自己一些灵活性，允许根据需要雇用和解雇装配小组，他能够降低多少成本？工厂每月应该生产多少智能手机？该计划下的最大库存量是多少？

第 9 章 供应链中的销售和运作计划

Sales and Operations Planning in a Supply Chain

学习目标

通过本章学习，你应当能够：

1. 面对可预测的需求波动，管理供给和需求以改善供应链的同步性。
2. 面对可预测的需求波动，利用销售和运作计划来实现供应链利润最大化。

第 8 章讨论了企业如何使用综合计划来制订供应计划，以实现利润最大化。本章将以第 8 章的知识为基础，在应对可预测的需求波动时，将视野从单个企业扩展到整条供应链。同时，还将讨论如何通过价格和促销手段来管理需求以应对可预测的需求波动。通过使用销售和运作计划来同时管理需求和供给，管理者可以实现供应链整体利润最大化。

9.1 应对供应链中可预测的波动

第 8 章讨论了管理者如何通过综合计划优化供给以实现利润最大化。许多产品的需求在不同时期经常变化，这通常是因为受到一些可预测的因素的影响，包括影响产品（如割草机和滑雪服）的季节性因素（如天气）和那些有可能导致销售出现大幅可预测的增加或减少的非季节因素（如促销和产品普及率）。

可预测的需求波动（predictable variability）是指可以预测到的需求的变化。这种产品需求的变化会给供应链带来很多问题，如需求旺季大量缺货，需求淡季过量库存。这些问题增加了供应链成本，降低了供应链的市场响应性。对于可预测需求波动的产品，通过销售和运作计划（S&OP）对供给和需求进行管理能够大大提升运营绩效。

面对可预测的需求波动，企业的目标是平衡供给和需求以实现利润最大化。销售和运作计划的目标就是合理组合运用以下两大选择方案，以应对可预测的需求波动。

1. 通过调整产能、转包、建立库存和延期交货来管理供给。
2. 通过使用短期价格折扣和促销来管理需求。

这些措施的使用能够使供应链提高盈利能力，因为供给和需求能够以更协调的方式实现匹配。

为了说明其中的一些问题，我们来看美国生产播种机和联合收割机的农机设备制造商约翰迪尔公司（John Deere）的例子。播种机的需求具有季节性，在美国，大多数谷物在 3—5 月播种。约翰迪尔公司必须制订能够满足播种机季节性需求并且实现利润最大化的计划方案。第一种方案要求约翰迪尔公司必须拥有足够的产能以满足旺季播种机的需求。这种方法的好处就是库存持有成本较低，因为不需要跨期持有库存。但是，其缺点是在需求较低的大多数月份产能闲置造成浪费。

对约翰迪尔公司来说，第二种满足季节性需求的方案是利用淡季建立足够的库存，以满足旺季的需求。这种方法的好处是可以维持较低产能，工厂建设成本较低。然而，持有高水平库存也增加了这种方法的成本。第三种方案是与零售伙伴在旺季来临前的、需求较低的时期开展价格促销活动，将旺季的一部分播种机需求提前到淡季，减少季节性需求激增，使需求在一年中分布更均匀。这种峰值较低的需求模式可以降低供给成本。约翰迪尔公司利用其销售和运作计划（S&OP）过程来决定哪种方案能使其实现盈利能力最大化。

在企业中，供给管理和需求管理工作通常分属于不同的职能部门。销售部门管理需求，生产运营部门管理供给。在更高层次上，供应链中同样存在这种现象，零售商独立管理需求，而制造商独立管理供给。分别制定供给和需求管理决策，会使供应链缺乏协调，影响供应链收益。因此，供应链合作伙伴必须跨职能、跨企业相互合作、相互配合进行销售和运作计划决策，才能实现利润最大化。很多研究显示，顶级企业在进行销售和运作计划过程中，整个组织内部采取跨职能共同参与的方式，业绩不佳的企业充其量只是部分采取这种跨职能的共同参与方式。跨职能参与销售和运作计划过程的程度是顶级企业和其他企业的最大差异之一。

现在，我们重点讨论供应链可以采取哪些行动来管理供给和需求以应对可预测的需求波动。

9.1.1 管理供给

企业可以通过控制以下两个因素的组合来改变产品的供给：

1. 产能。
2. 库存。

一般来说，企业可以使用不同产能和库存的组合来管理供给。下面将列举一些具体的方法，企业可以利用这些方法来减少为应对可预测的需求波动所需的产能和库存。

管理产能 企业通常可以组合使用下列几种方法来减少为满足可预测的需求波动所需的产能成本。

- **利用劳动力的弹性工作时间：**在这种方法中，企业利用员工的弹性工作时间来根据需求改变产能。在很多情况下，工厂并没有连续运转，在一天或一周的某些时段，生产线是闲置的。因此，当工厂不生产时，就会出现闲置产能，通常以小时数来衡量。例如，很多工厂并没有执行三班制，所以现有的工人可以在需求旺季加班来生产更多的产品以满足需求。加班时间根据需求的变化而变化。在这种情况下，使用兼职员工使企业在旺季能够安排更多的生产员工，从而进一步提高产能。这种方法可以使工厂的生产与顾客的需求更好地匹配。

- **使用季节性劳动力：**在这种方法下，企业在旺季雇用临时工来增加产能以满足需求。旅游业经常雇用季节性工作人员。这时，企业有一些全职员工，其他的员工仅在旺季才被雇用。在日本，丰田公司经常使用季节性劳动力来使需求与供给更好地匹配。但是，在劳动力市场供给紧缺时，这种方法可能难以实现。

- **使用双重设施——专用设施和柔性设施**：在这种方法下，企业同时建立专用设施和柔性设施。专用设施以高效的方式提供相对稳定的产出，柔性设施则以较高的单位成本生产数量各异、品种多样的产品。例如，一家电子零件生产商可能对每一种电路板都有专用生产设施，但同时也拥有可以生产所有型号电路板的柔性生产设施。每一个专用设施都能以相对稳定的速率进行生产，而由柔性设施来应对需求的波动。
- **使用转包**：在这种方法下，企业在旺季把部分生产转包出去，使内部生产保持稳定且成本相对低廉。这种方法的关键在于转包商的产能必须具有柔性，并且能够通过同时为不同的制造商提供服务来平衡需求的波动而降低成本。因此，柔性的转包商要想持续发展，必须同时具备数量柔性（以满足来自一个制造商的需求波动）和品种柔性（以满足来自不同制造商的需求）。例如，大多数电力公司在需求高峰期没有能力为其顾客提供所需的所有电力，它们依靠从拥有多余电力的供应商和转包商处购入电力来满足顾客需求。这使得电力公司可以维持稳定的供给，从而降低成本。
- **在生产过程的设计中融入产品柔性**：在这种方法下，企业拥有可以随意改变生产率的柔性生产线，从而生产可以随需求变动。日本的日野卡车制造公司在同一工厂中拥有多条生产线，生产不同的产品系列。生产线的设计使得调整一条生产线上的工人数量就可以改变生产率。只要不同产品生产线的需求变化是互补的（也就是说，一种产品需求上升时，另一种产品的需求倾向于下降），就可以通过在生产线之间调配劳动力来改变各生产线的产能。当然，这要求劳动者必须掌握多种技能，并且能很容易地适应在各条生产线之间的工作变动。如果生产设备具有柔性，可以比较容易地从一种产品的生产转到另一种产品的生产上，那么也可以实现生产的柔性。这种方法只适用于所有产品的总需求相对稳定的情况。一些生产季节性需求产品的企业也试图使用这种方法，组合生产不同的产品，这些产品在一年中需求高峰期各不相同。一个典型的例子就是割草机的生产厂也生产除雪机，以维持工厂全年的稳定需求。

管理库存　企业通常可以组合使用下面几种方法来减少为满足可预测的需求波动所需的库存水平。

- **多种产品使用通用零部件**：在这种方法下，企业设计可用于多种产品的通用零部件。虽然每种产品呈现可预测的需求波动，但这些通用零部件的总需求相对比较稳定。割草机和吹雪机如果使用同一种发动机，那么即使割草机和吹雪机的需求在一年中会出现波动，发动机的需求仍会保持相对稳定。因此，供应链中生产零部件的企业可以很容易地实现需求和供给的同步，而且库存水平也相对较低。
- **为高需求的产品或可预测需求的产品建立库存**：当一家企业生产的大多数产品都有相同的需求旺季时，以上介绍的方法就不可行了。在这种情况下，最好的方法是在淡季为那些容易预测需求的产品建立库存，因为其未来需求的不确定性较小。而对于那些具有更大不确定性的产品，则应在接近销售季时再进行生产，因为那时需求更容易预测。比如，一家生产冬装夹克的制造商既生产供零售的夹克，又生产波士顿警察局和消防部门的制服。波士顿警察局和消防部门的制服需求更容易进行预测，可以在淡季进行生产，存入仓库直至冬季。然而，由于时尚潮流的变化非常快，零售夹克的需求只有在接近销售季时才会更清楚地了解。因此，生产商应当在临近旺季时再生产这些供零售的夹克，因为届时需求更易于预测。这种策略有助于使供应链的需求与供给更好地同步。

9.1.2 管理需求

供应链可以通过定价和其他形式的促销来影响需求。例如，约翰迪尔公司为在淡季购买播种机的农户提供折扣。农户下订单的时点离需求高峰期越远，折扣就越大。这里的目标是将旺季的需求转移到淡季，从而减少可预测的需求波动。因此，了解促销如何影响需求非常重要。

当在某一时期对某一产品进行了促销，那么该产品在这一时期的需求往往会上升。需求的增长源于以下三个因素的共同作用。

1. **市场增长**：新顾客和现有客户增加了产品的消费。比如，当丰田公司对凯美瑞车型进行价格促销时，可能会吸引那些原本考虑购买更低端车型的消费者。因此，促销扩大了整个家庭轿车市场的规模，也提高了丰田公司的销售量。

2. **抢占市场份额**：顾客用这家企业的产品替代其竞争对手的产品。在丰田对凯美瑞进行价格促销时，原本可能购买本田雅阁的消费者现在可能会购买凯美瑞。因此，促销增加了丰田的销售量，但整个家庭轿车的市场规模并没有改变。

3. **提前购买**：顾客将未来的购买（将在第11章讨论）转移到现在进行。促销活动可能吸引原本打算几个月后购买丰田凯美瑞的顾客提前进行购买。从长期看，促销并不增加丰田的销售量，并且家庭轿车的市场规模也没有变化。

前两项因素增加了丰田的总需求，然而提前购买只是单纯地把未来需求转移到现在。在决定促销时机前，了解上述三个因素对促销的相对影响非常重要。一般来说，随着提前购买的需求所占份额的增加，在需求高峰期开展促销活动的吸引力会降低。在需求高峰期进行促销如果造成大量提前购买，会导致需求较促销前波动更大。原本在淡季的需求反而会转移到旺季，这样的需求模式满足起来成本更高。

影响促销时机的因素 有四个关键因素会影响促销时机的选择：

- 促销活动对需求的影响；
- 库存持有成本；
- 改变产能水平的成本；
- 产品利润率。

如果促销主要导致提前购买（像洗涤剂这样的产品），那么最好在需求淡季提供价格折扣，从而降低季节性的需求峰值。另外，如果制造商的库存持有成本比较高或者发现改变生产水平的成本比较高，那么也适宜在需求淡季进行促销。这也正是约翰迪尔公司在高峰期之前的需求淡季进行促销的原因。相反，如果促销活动是通过吸引新买家而使销售额大幅度增加，那么最好在销售高峰期提供价格折扣，因为市场上很多买家都在购买该产品。虽然此时促销会导致更高的需求峰值从而造成生产成本增加，但新顾客带来的利润可能抵消生产成本的增加。表9-1总结了不同因素对最佳促销时机的影响。

表 9-1　不同因素对促销时机的影响

因素	对促销时机/提前购买的影响
提前购买量大	适宜在淡季进行促销
抢占市场能力强	适宜在旺季进行促销
提高整体市场份额的能力强	适宜在旺季进行促销
产品利润高	适宜在旺季进行促销
产品利润低	适宜在淡季进行促销
制造商库存持有成本高	适宜在淡季进行促销
改变产能水平的成本高	适宜在淡季进行促销
零售商库存持有成本高	减少了零售商的提前购买
消费者的促销弹性大	减少了零售商的提前购买

学习目标 1 小结

面对可预测的需求波动，企业可以通过管理供给和需求来提高供应链的同步性，从而实现利润最大化。企业可以通过产能和库存来管理供给，可以通过使用劳动力弹性、转包、双重设施和产品柔性来减少所需产能，还可以通过使用通用零部件以及提前生产、持有可预测需求的产品来减少所需的库存。由于促销时机对需求有极大影响，所以可以利用定价和促销决策来管理需求。因此，利用定价来塑造需求，并与供给计划相配合，有助于提高供应链的利润。

9.2　红番茄工具公司的销售和运作计划

促销决策通常由零售商做出，而零售商在做出促销决策时通常没有考虑该决策可能对供应链其他环节带来的影响。本节的目标是，说明供应链成员应如何合作进行销售和运作计划决策，从而使供应链盈利能力最大化。让我们重新回到第 8 章讨论过的园艺工具制造商红番茄工具公司的例子。绿拇指园艺公司（Green Thumb Gardens）是一家大型零售连锁企业，它与红番茄工具公司签署了独家经销合同，销售其所有产品。园艺工具的需求旺季在每年春季的 3 月和 4 月，此时园艺师们准备开始种植。在制订计划时，两家公司的目标应是使供应链利润最大化，这样双方才有更多的利润可以分享。为了实现利润最大化，红番茄工具公司和绿拇指园艺公司需要设计一种合作方式，同样重要的是，还需要确定供应链利润的分配方法。合理确定利润在不同供应链成员间的分配方式是成功合作的关键。

红番茄工具公司和绿拇指园艺公司正在探讨零售促销的时机对盈利能力的影响。是应该在旺季进行价格促销，还是应该在淡季进行价格促销呢？绿拇指园艺公司的销售副总裁支持在旺季促销，因为旺季促销可以最大限度地增加销售收入。但是红番茄工具公司的生产副总裁反对在旺季促销，因为旺季促销会增加生产成本。他支持在淡季促销，因为淡季促销可以平衡需求、降低生产成本。销售和运作计划让两位副总裁可以相互合作，进行最优的权衡。

9.2.1 基本情况

首先来看第8章已经讨论过的基本情况。每件工具的零售价为40美元。红番茄工具公司把装配好的工具运送到绿拇指园艺公司，由绿拇指园艺公司持有库存。绿拇指园艺公司在1月的初始库存为1000单位。1月初，红番茄工具公司在墨西哥的生产设施中有80名工人。每月共有20个工作日，每名工人每小时的工资是4美元。每名工人每天的正常工作时间为8小时，其余为加班时间。因为红番茄工具公司的生产过程主要是手工装配，所以产能主要取决于总的劳动小时数，也就是说，不受设备产能的约束。每月工人最多允许加班10小时，各项成本如表9-2所示。

表9-2 红番茄工具公司和绿拇指园艺公司的各项成本

项目	成本
原材料成本	10美元/单位
库存持有成本	2美元/(单位·月)
缺货的边际成本	5美元/(单位·月)
雇用或培训员工的成本	300美元/人
解雇员工的成本	500美元/人
所需工时	4小时/单位
正常工作时间的成本	4美元/小时
加班时间的成本	6美元/小时
转包的成本	30美元/单位

对于转包、库存和缺货没有限制。所有缺货都延期交货，用下个月生产的产品供应。库存成本由每月末的库存决定。公司的目标是制订最优综合计划，并使6月底至少持有500单位库存（也就是说，在6月底没有缺货，并至少有500单位库存）。需求预测数据如图9-1中单元格J5：J10所示。本章所有数据和分析都来自电子数据表Chapter 8_9-examples，该电子数据表使用规划求解功能求解。不使用规划求解功能，利用电子数据表Chapter 8-trial-aggplan也可以得到同样的结果。电子数据表中包括使用说明和图9-1至图9-5相对应的工作表。

	A	B	C	D	E	F	G	H	I	J	K
1	综合计划决策变量										
2		H_t	L_t	W_t	O_t	I_t	S_t	C_t	P_t		
3	时期	雇用数量	解雇数量	员工数量	加班时间	库存水平	缺货量	转包数量	生产数量	需求	价格
4	0	0	0	80	0	1 000	0	0			
5	1	0	16	64	0	1 960	0	0	2 560	1 600	40
6	2	0	0	64	0	1 520	0	0	2 560	3 000	40
7	3	0	0	64	0	880	0	0	2 560	3 200	40
8	4	0	0	64	0	0	220	140	2 560	3 800	40
9	5	0	0	64	0	140	0	0	2 560	2 200	40
10	6	0	0	64	0	500	0	0	2 560	2 200	40
22	总成本=		422 660美元								
23						基础价格		40美元			
24	总收入=		640 000美元	促销？（0/1）	0	消费增长		0.10			
25	利润=		217 340美元	月（1/4）	1	提前购买		0.20			

图9-1 红番茄工具公司和绿拇指园艺公司基本情况下的综合计划

在基本情况下，设置单元格 E24 为 0（不进行促销）并使用规划求解功能求解。红番茄工具公司和绿拇指园艺公司的最优综合计划如图 9-1 所示（结果与第 8 章讨论的一致，见表 8-4）。

对于基本情况下的综合计划方案，供应链的成本和收入如下：

计划期内总成本＝422 660(美元)

计划期内总收入＝640 000(美元)

计划期内利润＝217 340(美元)

9.2.2　何时促销：旺季还是淡季？

绿拇指园艺公司预测：在任何时期，将红番茄工具公司的园艺工具售价从 40 美元降低到 39 美元（1 美元的折扣），消费增加或替代效应都会使得该期需求增加 10%。而且，接下来两个月的需求都会有 20%提前至该期。管理层想确定是在 1 月还是 4 月进行促销更有效。下面通过考虑促销对需求的影响以及由此产生的最优综合计划来对这两种方案进行分析。

在 1 月进行促销的影响　决策团队首先分析在 1 月进行促销的影响。为了在电子数据表 Chapter 8 _ 9-examples 中对这一方案进行模拟，在单元格 E24 中输入 1（表示进行促销），在单元格 E25 中输入 1（表示在时期 1 进行促销，也就是在 1 月进行促销）。那么，新的预测表明促销会使 1 月的消费增加 10%，并且 2 月和 3 月的需求都会有 20%提前到 1 月。因此，在 1 月进行促销时，需要对图 9-1 所示的基本情况下的需求数据进行调整来获得 1 月的新需求预测值。1 月新的需求预测值为 1 600×1.1＋0.2×(3 000＋3 200)＝3 000（见图 9-2 中单元格 J5）。2 月的新需求预测值为 3 000×0.8＝2 400，3 月的新需求预测值为 3 200×0.8＝2 560。如果在 1 月进行促销，那么需求预测值如图 9-2 中单元格 J5：J10 所示。通过在电子数据表中运行规划求解，就可以获得最优的综合计划，如图 9-2 所示。若在 1 月进行促销，供应链的总收入、总成本和利润如下：

计划期内总成本＝422 080(美元)

计划期内总收入＝643 400(美元)

计划期内利润＝221 320(美元)

	A	B	C	D	E	F	G	H	I	J	K
1	综合计划决策变量										
2		H_t	L_t	W_t	O_t	I_t	S_t	C_t	P_t		
3	时期	雇用数量	解雇数量	员工数量	加班时间	库存水平	缺货量	转包数量	生产数量	需求	价格
4	0	0	0	80	0	1 000	0	0			
5	1	0	15	65	0	600	0	0	2 600	3 000	39
6	2	0	0	65	0	800	0	0	2 600	2 400	40
7	3	0	0	65	0	840	0	0	2 600	2 560	40
8	4	0	0	65	0	0	300	60	2 600	3 800	40
9	5	0	0	65	0	100	0	0	2 600	2 200	40
10	6	0	0	65	0	500	0	0	2 600	2 200	40
22	总成本=		422 080美元								
23						基础价格		40美元			
24	总收入=		643 400美元	促销？(0/1)	1	消费增长		0.10			
25	利润=		221 320美元	月（1/4）	1	提前购买		0.20			

图 9-2　1 月降价至 39 美元时的最优综合计划

与基本情况相比，在1月提供价格折扣可以减少季节性库存，略降低总成本，提高总利润。

在4月进行促销的影响 现在，管理层开始分析在4月进行促销的影响。为了在电子数据表 Chapter 8 _ 9-examples 中对这一方案进行模拟，在单元格 E24 中输入1（表示进行促销），在单元格 E25 中输入4（表示在时期4进行促销，也就是在4月进行促销）。如果绿拇指园艺公司在4月进行促销，那么新的需求预测如图9-3中单元格 J5：J10 所示。通过运行规划求解，可以获得最优的综合计划，如图9-3所示。与在1月进行促销相比（见图9-2），在4月进行促销需要更高的产能（表现在劳动力数量上）。4月需求的大幅增长，会造成季节性库存增加和更严重的缺货。在4月进行促销时，供应链的总收入、总成本和利润如下：

计划期内总成本＝438 920（美元）

计划期内总收入＝650 140（美元）

计划期内利润＝211 220（美元）

	A	B	C	D	E	F	G	H	I	J	K
1	综合计划决策变量										
2		H_t	L_t	W_t	O_t	I_t	S_t	C_t	P_t		
3	时期	雇用数量	解雇数量	员工数量	加班时间	库存水平	缺货量	转包数量	生产数量	需求	价格
4	0	0	0	80	0	1 000	0	0			
5	1	0	14	66	0	2 040	0	0	2 640	1 600	40
6	2	0	0	66	0	1 680	0	0	2 640	3 000	40
7	3	0	0	66	0	1 120	0	0	2 640	3 200	40
8	4	0	0	66	0	0	1 260	40	2 640	5 060	39
9	5	0	0	66	0	0	380	0	2 640	1 760	40
10	6	0	0	66	0	500	0	0	2 640	1 760	40
22	总成本=		438 920美元								
23						基础价格		40美元			
24	总收入=		650 140美元	促销？（0/1）	1	消费增长		0.10			
25	利润=		211 220美元	月（1/4）	4	提前购买		0.20			

图9-3　4月降价至39美元时的最优综合计划

可以看到，与不进行促销的基本情况相比，在1月进行促销能带来更高的利润，而在4月进行促销利润反而更低。因此，根据销售和运作计划过程的结果，红番茄工具公司和绿拇指园艺公司决定在淡季1月进行促销。尽管在4月提供价格折扣可以得到的更高收入，但运作成本的增加使得这一方案盈利减少。在1月进行促销可使红番茄工具公司和绿拇指园艺公司分享更多的利润。

大家请注意，之所以可以进行上述分析，是因为零售商和制造商之间有一个销售与运作计划过程可以促使双方在计划阶段相互合作。这一结论也支持了我们前面的观点，在供应链中，零售商和制造商分别进行需求预测并由零售商独自进行定价决策、制造商独自拟订综合计划，是很不合适的。在供应链中，预测、定价和综合计划的相互协调至关重要。

如果需求的增加大部分来自市场增长或抢占市场份额，而不是来自提前购买，那么最优方案将会有所不同，这也进一步证明协同的销售和运作计划过程的重要性。接下来举例说明降价促销引起需求大幅增长的情况。

9.2.3　打折引起需求大幅增长时应该何时促销

来看这样一种情况，由于消费增加或替代消费，某一时期将价格由 40 美元降至 39 美元导致当期需求出现 100%的增长（而不是前面分析中 10%的增长）。而且，接下来两个月的需求都会有 20%提前至开展促销的月份。供应链小组希望确定，这种情况下，应该在 1 月还是 4 月进行促销。为了模拟这一场景，将电子数据表 Chapter 8 _ 9-examples 中单元格 H24（消费增长）中的数据从 0.1（10%）改为 1.00（100%）。在单元格 E24 中输入 1 表示进行促销。没有促销的基本情况仍如图 9-1 所示不变。接下来，重复在淡季 1 月和旺季 4 月进行促销的分析。

在 1 月进行促销的影响　对于在 1 月进行促销，在单元格 E25 中输入 1（表示时期 1，1 月）。如果在 1 月进行促销，那么 1 月的新需求预测为 1 600×2+0.2×(3 000+3 200)=4 400。由于假设在促销月份销售量会增加 100%而不是前面假设的 10%，因此这一新的预测远高于图 9-2 中 1 月的需求预测。在 1 月进行促销并伴随着需求大幅增长的情况下，需求预测如图 9-4 中单元格 J5：J10 所示。

	A	B	C	D	E	F	G	H	I	J	K
1	综合计划决策变量										
2/3	时期	H_t 雇用数量	L_t 解雇数量	W_t 员工数量	O_t 加班时间	I_t 库存水平	S_t 缺货量	C_t 转包数量	P_t 生产数量	需求	价格
4	0	0	0	80	0	1 000	0	0			
5	1	0	0	80	0	0	140	100	3 200	4 440	39
6	2	0	11	69	0	220	0	0	2 760	2 400	40
7	3	0	0	69	0	420	0	0	2 760	2 560	40
8	4	0	0	69	0	0	620	0	2 760	3 800	40
9	5	0	0	69	0	0	60	0	2 760	2 200	40
10	6	0	0	69	0	500	0	0	2 760	2 200	40
22	总成本=		456 880美元								
23						基础价格		40美元			
24	总收入=		699 560美元	促销？（0/1）	1	消费增长		1.00			
25	利润=		242 680美元	月（1/4）	1	提前购买		0.20			

图 9-4　1 月降价至 39 美元并导致需求大幅增长时的最优综合计划

那么，通过在电子数据表中运行规划求解，就可以获得最优的综合计划，如图 9-4 所示。这时，供应链的总收入、总成本和利润如下：

计划期内总成本=456 880(美元)

计划期内总收入=699 560(美元)

计划期内利润=242 680(美元)

通过观察可以看到：与基本情况（见图 9-1）相比，在 1 月提供价格折扣并导致需求大幅增长时会获得更高利润。

在 4 月进行促销的影响　对于在 4 月进行促销，在单元格 E25 中输入 4（表示时期 4，4 月）。如果在 4 月进行促销，那么 4 月的新需求预测为 3 800×2+0.2×(2 200+2 200)=8 480。如果在 4 月进行促销并伴随着需求大幅增长，4 月的峰值需求（见图 9-5）比图 9-4 所示的在 1 月进行促销时的峰值需求要高出很多。这时，新的需求预测如图 9-5 中单元格 J5：J10 所示。通过运行规划求解，就可以获得最优的综合计划，如图 9-5 所示。这时，供应链的总收入、总成本和利润如下：

计划期内总成本＝536 200(美元)

计划期内总收入＝783 520(美元)

计划期内利润＝247 320(美元)

	A	B	C	D	E	F	G	H	I	J	K
1	综合计划决策变量										
2		H_t	L_t	W_t	O_t	I_t	S_t	C_t	P_t		
3	时期	雇用数量	解雇数量	员工数量	加班时间	库存水平	缺货量	转包数量	生产数量	需求	价格
4	0	0	0	80	0	1 000	0	0			
5	1	0	0	80	0	2 600	0	0	3 200	1 600	40
6	2	0	0	80	0	2 800	0	0	3 200	3 000	40
7	3	0	0	80	0	2 800	0	0	3 200	3 200	40
8	4	0	0	80	0	0	2 380	100	3 200	8 480	39
9	5	0	0	80	0	0	940	0	3 200	1 760	40
10	6	0	0	80	0	500	0	0	3 200	1 760	40
22	总成本=		536 200美元								
23						基础价格		40美元			
24	总收入=		783 520美元	促销？（0/1）	1	消费增长		1.00			
25	利润=		247 320美元	月（1/4）	4	提前购买		0.20			

图 9-5　4 月降价至 39 美元并导致需求大幅增长时的最优综合计划

通过比较图 9-5 和图 9-4，可以观察到，如果在 4 月进行促销，不会有工人被解雇，维持全部劳动力。但是与在 1 月进行促销相比，在 4 月进行促销需要持有更高水平的季节性库存，并且缺货量和转包数量更大。很明显，在 4 月进行促销会引起成本大幅上升。但是有趣的是，与在 1 月进行促销相比，在 4 月促销时收入增长更多（由于消费增加更多），总利润更高。因此，当促销引起的需求大幅增长，而提前购买仅在降价促销引发的需求增加中占很小比例时，供应链最好在需求旺季的 4 月进行价格促销，尽管这一做法会大大增加供应链成本。

正如前面所讨论的，同样可以确定当销售单价为 31 美元（在单元格 H23 中输入 31）、促销价格为 30 美元时的最优综合计划和盈利水平。表 9-3 中对各种实例的结果进行了总结。

表 9-3　不同情境下的供应链绩效

正常价格（美元）	促销价格（美元）	促销时期（月）	需求增长百分比	提前购买比例	利润（美元）	平均库存
40	40	无	无	无	217 340	875
40	39	1	10%	20%	221 320	515
40	39	4	10%	20%	211 220	932
40	39	1	100%	20%	242 680	232
40	39	4	100%	20%	247 320	1 492
31	31	无	无	无	73 340	875
31	30	1	100%	20%	84 280	232
31	30	4	100%	20%	69 120	1 492

从表 9－3 的结果中可以得到以下有关促销影响的结论：

1. 如表 9－3 所示，如果在需求旺季进行促销，平均库存将增加；如果在需求淡季进行促销，平均库存会减少。

2. 如果消费小幅增加且需求的增加主要来自提前购买，在需求高峰月份进行促销会导致整体盈利减少。在表 9－3 中，当提前购买比例为 20%，而消费增长和替代消费带来的需求增加为 10%时，在 4 月进行促销使得利润减少。

3. 随着打折促销带来的消费增长增加、提前购买在促销引发的需求增加中所占的比例变小，在需求高峰月份进行促销会更有利可图。在表 9－3 中，当售价为 40 美元、提前购买比例为 20%、需求增长百分比为 10%时，在需求淡季 1 月进行促销更合理。但当提前购买比例为 20%、需求增长百分比为 100%时，在需求旺季 4 月进行促销更佳。

4. 随着产品利润率的下降，在需求高峰期进行促销的利润也会不断下降。在表 9－3 中，当价格为 40 美元、提前购买比例为 20%、需求增长百分比为 100%时，在需求旺季 4 月进行促销最理想。相反，如果产品单价为 31 美元，提前购买比例和需求增长百分比保持同一水平时，在需求淡季 1 月进行促销是最佳的。

本章中讨论的红番茄工具公司的供应链案例中的一个关键点是，当企业面对季节性需求时，可以组合运用定价（管理需求）策略与生产、库存策略（管理供给）来提高盈利能力。要根据不同的情况准确运用不同的策略。这使得供应链中的企业通过销售和运作计划过程来协调其预测和计划工作变得至关重要，只有这样才能实现利润最大化。

供应链要想成功地管理可预测的需求波动，那么整条供应链必须共同努力实现供应链整体利润最大化。供应链的每个成员原则上可能都同意这一点，但实际上，让整条供应链在如何实现供应链利润最大化这个问题上达成一致非常困难。即使在一个企业内部，也很难让各个职能部门合作制订计划。激励在这方面起着很大的作用。在企业内部，销售部门的激励通常基于销售收入，而运作部门的激励则往往基于成本。在供应链中，各个企业以其自身的利润而不是整条供应链的利润作为判断基准。通过本章前面讨论的例子可以发现，如果不能努力让企业相互合作，供应链只会获取次优的利润。成功的合作要求供应链成员的激励必须相一致。

来自组织内高级管理层的支持非常必要，因为这种协作通常要求团队采取非传统运作程序进行工作。尽管实现合作很困难，但其带来的收益是巨大的。销售和运作计划过程的领导者就好像一个管弦乐队的指挥，将供应链中不同职能和组织集中在一起。由于存在利益竞争，除非销售和运作计划过程的领导者是具有足够权威的高级管理人员，否则这种联合是不可能发生的。

在销售和运作计划过程中建立早期预警机制非常重要。需求或供给环境的变化可能会导致现实与计划有所不同。在这种情况下，对于计划制订者来说，重要的是提醒供应链注意原有计划已过时，并提供将众多变化因素考虑其中的新计划。即使没有短期预警，当预测和营销计划出现调整时，销售和运作计划过程的输出结果也应当有所改变。

学习目标2小结

为了有效应对可预测的需求波动并实现利润最大化，供应链必须协调好需求和供给的管理。这要求供应链所有环节协同制订计划，以选择能够实现供应链利润最大化的定价、促销以及综合计划。销售与运作计划使供应链能够将定价和促销计划与生产计划相互协调起来，以实现利润最大化。在实践中，为了实现协调，销售与运作计划过程应由供应链中的高级管理人员来主导。

讨论题

1. 实行弹性劳动力制度会遇到哪些障碍？实行这一制度有哪些好处？
2. 讨论为什么在需求高峰时使用转包商通常能使企业以更低的成本满足需求，尽管转包商价格要高于企业自行生产的平均单位成本。
3. 双重生产设施（一些设施专门生产某一种类型的产品，而其他设施可以生产多种类型的产品）在哪些行业最常见？在哪些行业相对应用较少？为什么？
4. 讨论如何在供应链中的企业间建立协作机制。
5. 哪些产品线通常在多种产品上使用通用零部件？这种做法有何好处？
6. 讨论企业如何能让运作部门和销售部门以协调供求为共同目标并相互合作，以最大限度提高盈利能力。
7. 企业可以如何利用定价来改变需求模式？
8. 为什么一家企业会希望在需求旺季进行价格促销？
9. 为什么一家企业会希望在需求淡季进行价格促销？

练习题

1. 位于芝加哥郊区的Lavare公司是不锈钢水槽的主要制造商。该公司正在制订来年的销售与运作计划。预计未来12个月分销商的需求如表9-4所示。

表9-4 Lavare公司月需求预测

月份	需求	月份	需求
1	10 000	7	30 000
2	11 000	8	29 000
3	15 000	9	21 000
4	18 000	10	18 000
5	25 000	11	14 000
6	26 000	12	11 000

Lavare公司的产能取决于雇用的设备操作工的数量。该公司工人每月工作20天，每天一个正常轮班的工作时间为8小时，超过8小时算作加班。正常工作时间的工资为每人每小时15美元，加班费为每人每小时22美元。每名工人每月的加班时间不得超过20小时。工厂现雇有工人250人。每个不锈钢水槽的生产需要2小时人工工时。库存持有成本为每个水槽每月3美元，每个水槽的材料成本为40美元。水槽以每个125美元的价格出售给分销商。假定不允许缺货，1月初的初始库存为5 000单位，12月末的期末库存也要求为5 000单位。

市场调查显示，在某月降价 1%进行促销能够使该月销售增长 20%，并使得接下来两个月销售量的 10%提前至该月。所以在 3 月降价 1%的促销活动会使 3 月的销售量增加 3 000 个（0.2×15 000），并且使得 4 月 1 800 单位（0.1×18 000）的需求和 5 月 2 500 单位（0.1×25 000）的需求提前至 3 月。

（a）假定没有促销活动，这一年的最优生产计划是什么？该计划下的年利润为多少？成本是多少？

（b）在 4 月还是 7 月进行促销更好？各能增加多少利润？

（c）如果水槽的售价为 250 美元而不是 125 美元，最佳促销时间是否有所变化？为什么？

2. 仍使用第 1 题中 Lavare 公司的数据，现在假定 Lavare 公司可以通过解雇和雇用工人来改变劳动力规模，新雇用一名工人的成本为 1 000 美元，解雇一名工人的成本为 2 000 美元。

（a）假定没有促销活动，这一年的最优生产计划是什么？该计划下的年利润为多少？这项计划的成本是多少？

（b）在 4 月还是 7 月进行促销更好？各能增加多少利润？

（c）如果水槽的库存持有成本从每月 3 美元上升至每月 5 美元，那么关于促销时间安排的决策是否有所变化？为什么？

3. 仍回到第 1 题中 Lavare 公司的数据，现在假定第三方制造商能够以每件 74 美元的价格为 Lavare 公司生产水槽。如果没有促销活动，这将对最优生产计划有何影响？这一变化将如何影响最优促销时间的选择？为什么？

4. Jumbo 公司生产自行车。来年的需求预测如表 9-5 所示。

表 9-5　Jumbo 公司的月需求预测　　单位：辆

月份	需求	月份	需求
1	12 000	7	24 000
2	11 000	8	20 000
3	14 000	9	15 000
4	20 000	10	10 000
5	25 000	11	11 000
6	27 000	12	10 000

Jumbo 公司的产能取决于其所雇用的工人数量，工人正常工作时间的小时工资为 10 美元，加班工资为每小时 15 美元。每辆自行车的生产需要一名工人工作 2 小时。工厂每月正常工作 20 天，每天工作 8 小时，加班时间限制为每人每月不超过 20 小时。Jumbo 公司现有工人 250 名，并希望维持这一数量。

每辆自行车的原材料成本为 35 美元，库存持有成本为每月每辆 4 美元。Jumbo 公司期初库存为 4 000 辆自行车，并希望在这一年结束时库存仍为 4 000 辆。自行车目前出售给零售商的价格为每辆 80 美元。市场由 Jumbo 公司和它的竞争对手 Shrimpy 公司分享。

Jumbo 公司正在制订生产计划和促销决策。该公司只想考虑没有任何缺货的计划。一种方案是在这一年的某个月降价 3 美元（从 80 美元降至 77 美元）。Jumbo 公司这一行动的结果还要看 Shrimpy 公司会采取什么样的应对行动。如果两个公司都不开展促销活动，那么 Jumbo 公司的需求预测如表 9-5 所示。如果 Jumbo 公司在某月进行促销，而 Shrimpy 公司不促销，则 Jumbo 公司的销售量（其中不包括提前购买）会有 40%的增长，并会使接下来两个月各有 10%的需求提前至该月。如果 Shrimpy 公司在某月进行促销，而 Jumbo 公司不促销，则 Jumbo 公司该月的销售量会下降 40%，其他月份保持不变。如果两家公司都在某月进行促销，则两家公司都不会出现消费增长，但都会使接下来两个月的需求的15%提前至该月。现在，Jumbo内部对是否进行促销以及如果进行促销，选择在4月还是6月存在争议。假定Shrimpy公司与Jumbo公司有着类似的需求，请回答下面的问题。

(a) 假定双方都不进行促销，Jumbo公司的最优生产计划是什么？年利润为多少？

(b) 如果Shrimpy公司在4月进行促销，而Jumbo公司在一年内均不进行促销（因为执行每日低价的策略），Jumbo公司的年利润为多少？如果Jumbo公司在4月进行促销，而Shrimpy公司在一年中都不进行促销，Jumbo公司的年利润又为多少？讨论一下促销的好处，以及竞争对手进行促销而自己不进行促销的损失。

(c) 如果两家公司都在4月进行促销，最优生产计划是什么，年利润为多少？如果两家公司都在6月进行促销呢？如果Jumbo公司在4月进行促销，而Shrimpy公司在6月进行促销呢？反过来，如果Shrimpy公司在4月进行促销，而Jumbo公司在6月进行促销呢？

(d) 如果Jumbo公司可以与竞争对手Shrimpy公司一起合作决策，那么对Jumbo公司来说最优决策是什么？

(e) 如果Jumbo公司希望不论竞争对手怎么做都能使自己的最低利润最大化，那么其最优决策是什么？

5. 现在我们来考虑日用品（如清洁剂）的竞争对手情况和促销问题。这类产品的需求在全年一般都保持相对稳定。Q&H公司是一家大型的清洁剂生产商，其来年的需求预测如表9-6所示。

表9-6 Q&H公司月需求预测 单位：吨

月份	需求	月份	需求
1	280	7	291
2	301	8	277
3	277	9	304
4	302	10	291
5	285	11	302
6	278	12	297

Q&H公司的产能由生产线的运行时间决定，生产线需要一个由100名工人组成的生产小组来操作，工人正常工作时间的小时工资为10美元，加班工资为每小时15美元，每吨清洁剂的生产需要生产线运行1小时。工厂工人每月工作20天，一天两班，正常情况下每班工作8小时，加班时间限制是每人每月不超过20小时。

每吨清洁剂的生产需要耗费1000美元的原材料，清洁剂的库存持有成本为每月每吨100美元，Q&H公司清洁剂期初库存为150吨，并希望期末库存也为150吨。在中间月份，Q&H公司希望至少有100吨的库存，Q&H公司现对零售商的售价为每吨2600美元。市场由Q&H公司和它的竞争对手Unilock公司分享。

Q&H公司正在制订它的生产计划和促销决策，该公司只想考虑没有任何缺货的计划。一种方案是在某月降价260美元（每吨售价从2600美元降至2340美元）进行促销。Q&H公司采取促销行动的结果会受到其竞争对手Unilock公司行动的影响。如果两家公司都不进行促销，Q&H公司的需求预测如表9-6所示。如果Q&H公司在某月进行促销，而Unilock公司不促销，则促销当月Q&H公司的销售量（其中不包括提前购买）会有50%的增长，并使接下来两个月需求的20%提前至该月。如果Unilock公司在某月进行促销，而Q&H公司不促销，则Q&H公司该月的销售量会下降50%。如果两家公司都在某月进行促销，则消费不会增加，但都会使各自接下来两个月需求的25%提前至该月。现在，Q&H公司正在考虑是否进行促销。如果进行促销，选择在4月还是6月进行？假定 Unilock 公司与 Q&H 公司有着类似的需求，请回答下面的问题。

（a）假定双方都不进行促销，Q&H 公司的最优生产计划是什么？年利润为多少？

（b）如果 Unilock 公司在 4 月进行促销，而 Q&H 公司在一年中都不进行促销（因为执行每日低价的策略），Q&H 公司的年利润为多少？如果情况相反，Q&H 公司在 4 月进行促销，而 Unilock 公司在一年内都不进行促销，Q&H 公司的年利润又为多少？讨论一下促销的好处，以及竞争对手进行促销而自己不进行促销的损失。

（c）如果两家公司都在 4 月进行促销，最优生产计划是什么，年利润为多少？如果两家公司都在 6 月进行促销呢？如果 Q&H 公司在 4 月而 Unilock 公司在 6 月进行促销呢？反过来，如果 Q&H 公司在 6 月而 Unilock 公司在 4 月进行促销呢？

（d）如果 Q&H 公司可以与竞争对手 Unilock 公司一起合作决策，最优决策是什么？

（e）如果 Q&H 公司希望不论竞争对手怎么做都能使自己的最低利润最大化，那么其最优决策是什么？

6. 仍使用第 5 题中的数据，如果假定第三方制造商能够以每吨 2 300 美元的价格为 Q&H 公司生产所需的清洁剂，重新分析第 5 题（a）～（e）的所有问题。

参考文献

Brandel, William. "The Persistent Gap Between Supply and Demand." *CSMP's Supply Chain Quarterly* (Q4/2007): 52–57.

Chen, Clarence, and Nirmal Hasan. "How to Succeed with Supply Chain Planning." *Supply Chain Management Review* (July–August 2008): 30–36.

Iyengar, Charanyan, and Sandeep Gupta. "Building Blocks for Successful S&OP." *Supply Chain Management Review* (November 2013): 10–17.

Karrenbauer, Jeff. "Advancing the Cause of Supply Chain Management and S&OP Through Advanced Analytics." *Supply Chain Management Review* (May–June 2015): 10–18.

Marien, Edward J. "Why Focus on Demand Usage Management?" *Supply Chain Management Review* (October 2008): 42–48.

Martin, André J. "Capacity Planning: The Antidote to Supply Chain Constraints." *Supply Chain Management Review* (November–December 2001): 62–67.

Mitchell, Pierre. "Supply Analytics: An Overlooked Opportunity." *Supply Chain Management Review* (July–August 2012): 26–33.

Prokopets, Len. "S&OP: What You Can Learn from the Top Performers." *Supply Chain Management Review* (May–June 2012): 28–35.

Upton, Harold, and Harpal Singh. "Balanced S&OP: Sunsweet Growers' Story." *Supply Chain Management Review* (March 2007): 51–59.

案例分析 1

Mintendo 公司的“游戏女孩”

6 月下旬的一天，Mintendo 公司的运作部门经理桑德拉（Sandra）和 We “R” Toys 公司的销售部门经理比尔（Bill）正在一起讨论未来 6 个月的生产和营销计划。Mintendo 是“游戏女孩”这款流行的掌上电子游戏机的生产商，该产品全部通过 We “R” Toys 公司的零售店进行销售。“游戏女孩”的大部分销售发生在假日销售季。所以，下半年对“游戏女孩”的成功非常重要。

桑德拉对即将来临的假期需求高峰对生产线产生的影响感到担心。“游戏女孩”的转包成本预计会增加。而桑德拉则一直努力降低成本，因为这与她的奖金直接挂钩。

比尔担心的是圣诞节期间，与其竞争的其他玩具商店会抢占掌上电子游戏机的市场份额。他曾见过很多企业由于未能根据产品的销售表现调整产品价格而失去市场份额。比尔希望使“游戏女孩”在掌上电子游戏机市场上的份额最大化。

桑德拉的团队和比尔的团队一起对未来 6 个月的需求进行了预测，如表 9-7 所示。

表9-7 “游戏女孩”的需求

月份	需求预测（台）
7	100 000
8	110 000
9	130 000
10	180 000
11	250 000
12	300 000

We “R” Toys 公司以每台 50 美元的价格销售“游戏女孩”。6 月底，公司有 50 000 台“游戏女孩”库存。生产设施的产能完全取决于生产线上装配工人的数量。在 6 月底，Mintendo 拥有工人 300 名。工人每月正常工作 20 天，每天工作 8 小时。正常工作时间的工资为每小时 15 美元，劳动法规定每名工人每月的加班时间不得超过 40 小时，各项成本费用如表 9-8 所示。

表9-8 Mintendo 公司和 We “R” Toys 公司的成本项目

项目名称	成本
原材料成本	12 美元/单位
库存持有成本	2 美元/(单位·月)
缺货的边际成本	10 美元/(单位·月)
雇用或培训员工的成本	3 000 美元/人
解雇员工的成本	5 000 美元/人
需要的劳动小时数	0.25 小时/单位
正常工作成本	15 美元/小时
加班成本	22.50 美元/小时
转包成本	18 美元/单位

考虑到假期需求高峰时期的成本控制问题，桑德拉向比尔提议在 9 月将产品价格降低 5 美元。这样会吸引新的顾客，从而有可能使 9 月的需求增长 50%，此外还会使接下来两个月的需求各有 30%提前至 9 月。她坚信这样调节需求能给公司带来好处。

比尔则反对这一意见，并希望在销售旺季 11 月开展这样的促销活动。在这种情况下，吸引新顾客使得 11 月的需求将增长 50%，此外还会使 12 月需求的 30%提前至 11 月。比尔希望增加销售收入，认为最好的途径就是在需求旺季促销。

◆ **思考题**

1. 假设期末库存都为 0，谁的选择能给供应链带来最大利润，桑德拉的计划、比尔的计划，还是根本不进行促销？

2. 如果只有在降价 10 美元时才能获得案例中假设的降价 5 美元促销的效果，答案会发生怎样的变化？

3. 假定桑德拉关于转包成本增加的担心最终发生了，且转包成本增加到每单位 22 美元。当折扣为 5 美元时，这一变化是否会使决策改变？

案例分析2

Gulmarg 滑雪器材公司的促销挑战

Gulmarg 滑雪器材公司的管理层惊讶于上个销售季其竞争对手 Kitz 公司在 10 月将滑雪板降价 50 美元所带来的影响。Kitz 公司的举动不同寻常，因为在滑雪板市场上，降价出售非常少见。结果是，Gulmarg 公司的滑雪板在去年 10 月到今年 1 月的销售量急剧下滑。Gulmarg 公司不希望在即将来临的销售季仍措手不及，正在制订应对计划。

Gulmarg 公司考虑了两种应对方案，在 10 月或 12 月开展促销。Gulmarg 公司无法精确预测 Kitz 公司的促销举措，但是感觉由于去年的成功，Kitz 公司可能会延续其去年 10 月的促销策略。

Gulmarg 公司和 Kitz 公司在高性能滑雪板市场上展开竞争，它们的产品都直接销售给最终消费者。这两家公司均有杰出的工艺、优质的选材，都以生产高质量滑雪板并允许顾客自行设计顶片而闻名。虽然两家公司都有一些忠诚的拥护者，但很大一部分顾客无所谓选择哪一家的产品，而这些顾客也正是 Gulmarg 公司和 Kitz 公司希望通过价格促销争夺的群体。

滑雪板的销售具有高度季节性，几乎所有需求均发生在 10 月到次年 3 月，如表 9-9 所示。Gulmarg 公司制造工厂的产能受限于其所雇用的工人数量。工人正常工作时间的工资为每小时 15 美元，加班工资为每小时 23 美元。每对滑雪板需要一个工人花费 4 小时完成。工厂工人每月正常工作 20 天，每天工作 8 小时，每个工人每月加班不得超过 40 小时。Gulmarg 公司共雇用了 60 名工人，并且即使在 60 名工人提供的产能大于需求时也不会解雇工人。由于滑雪板的生产需要很高的技能，公司很难找到合格的工人，因此可雇用的临时工人至多不超过 10 人。也就是说，工人总数可以在 60～70 人之间波动。雇用一名临时工人的成本为 500 美元，辞退这些工人又需另外花费 800 美元。

表 9-9 Gulmarg 公司滑雪板的需求预测

月份	需求预测（对）
10	1 600
11	2 400
12	4 200
1	3 800
2	2 200
3	2 200

每对滑雪板的材料成本为 300 美元，材料主要是昂贵的碳纤维、塑料、合金等。每对滑雪板的月库存持有成本为 10 美元。考虑到需求的季节性，Gulmarg 公司 10 月初持有 2 000 对滑雪板库存，并希望来年 3 月末无滑雪板库存。所有在 3 月末未出售的库存都会造成大约每对 500 美元的成本，因为需要降价将其售出。如果某月的生产量和库存不足以满足该月的需求，那么公司将会失去部分销售机会，因为顾客不愿意等待。Gulmarg 公司的滑雪板通常定价每对 800 美元。

在制订生产计划前，为全面了解促销对顾客购买行为的影响，Gulmarg 公司进行了市场研究。如果每对滑雪板的价格从 800 美元下降至 750 美元，会吸引到新的顾客，同时会导致现有顾客为了利用价格折扣而提前购买。顾客行为还会受到竞争对手 Kitz 公司所采取行动的影响。如果某月这两家公司中仅有一家公司进行促销，那么该月开展促销的公司销售量会增加 40%，并且该公司接下来三个月的需求将各有 20% 会提前到该月。也就是说，如果 Gulmarg 公司在 10 月进行促销而 Kitz 公司不进行促销，那么 Gulmarg 公司 10 月的需求将会有 40% 的增加，并且该公司 11 月、12 月、次年 1 月各有 20% 的需求提前到 10 月。此时，未进行促销的一方在该月的需求将下降 20%，并且接下来三个月的需求将各下降 10%。如果一家公司在 10 月促销，另一家公司在 12 月促销，那么需求会受到双重影响，10月的促销产生第一重影响，12月的促销产生第二重影响。也就是说，在10月的促销下，各家公司的需求会在表9-9的需求预测基础上发生改变。而12月的促销又会对改变后的需求造成影响。例如，如果Kitz公司在10月促销，Gulmarg公司在12月促销。那么，Gulmarg公司将观察到相较于表9-9中的数据，该公司10月的需求下降20%，11月、12月、次年1月的需求各下降10%。12月，Gulmarg公司开始促销，那么该公司12月的需求将在减少的需求（由于10月Kitz公司的促销）的基础上增加40%。同样，从次年1月提前至12月的需求也应基于1月由于Kitz公司促销而减少的需求。但是，由于2月和3月的需求没有受到Kitz公司10月促销的影响，因此2月和3月的提前购买数量仍基于表9-9中的数据。如果两家公司在某月一起进行促销，那么在该月两家公司的需求均将增加10%，两家公司接下来三个月的需求各有20%提前至该月。

Gulmarg公司应当进行促销吗？如果进行，应在几月进行促销呢？如果不进行，为什么？

第 10 章

供应链的协调

Coordination in a Supply Chain

学习目标

通过本章学习，你应当能够：

1. 描述供应链协调、牛鞭效应及其对供应链绩效的影响。
2. 识别供应链协调的障碍因素。
3. 讨论有助于实现供应链协调的管理杠杆。
4. 了解一些改善供应链协调的实践方法。

本章将对第 9 章提出的一些思想予以延伸，重点探讨如何改善供应链的协调。我们将讨论供应链缺乏协调会如何导致响应性水平的降低和成本的增加。首先，将描述导致这种失调和加剧供应链波动的各种障碍因素；然后，将给出有助于克服这些障碍并实现协调的管理杠杆。我们还将特别讨论协调会如何提高供应链绩效。

10.1 供应链失调及其对绩效的影响

如果供应链的各个环节采取一致的、增加供应链总盈余的行动，那么供应链的协调（supply chain coordination）就会得到改善。供应链协调要求供应链的每个环节都共享信息并且考虑自身的行为对其他环节的影响。

如果供应链不同环节的目标互相冲突或者各个环节之间的信息传递存在延迟和扭曲，就会造成供应链失调。如果每个环节都试图让自身的利润最大化，那么供应链不同环节的目标就可能相互冲突，从而导致一些往往会降低供应链总利润的行为（见第 11 章、第 13 章和第 15 章）。如今，供应链中的各个环节通常归属于不同的所有者。例如，福特公司有着成千上万的供应商，从固特异（Goodyear）到摩托罗拉，每一家供应商又有许多供应商。不仅每个环节都专注于自己的目标，而且由于各环节之间并未实现完全的信息共享，因此信息在供应链上传递的过程中常常会发生扭曲。如今供应链生产的产品种类繁多，这进一步加剧了信息的扭曲。福特公司生产许多车型，每种车型又有许多不同的配置。产品多样性的增加使得福特公司很难协调与成千上万的供应商和经销商之间的信息交换。目前供应链面临的最根本挑战是，在众多所有者和产品多样性日益增加的情况下实现供应链的协调。

供应链缺乏协调的后果之一就是牛鞭效应，也就是订单的波动沿着供应链从零售商到批发商、制造商再到供应商不断加剧，如图 10-1 所示。牛鞭效应扭曲了供应链中的需求信息，每个环节对需求的估计各不相同。

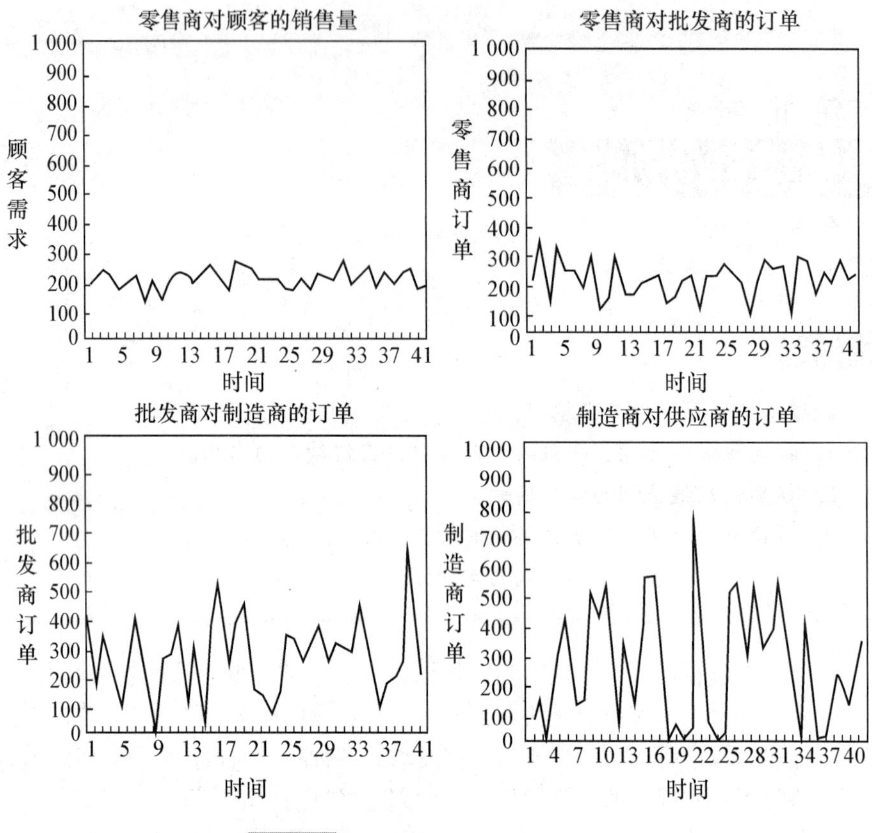

图 10-1 供应链不同环节的需求波动

宝洁公司在其帮宝适（Pampers）纸尿裤的供应链中观察到了牛鞭效应（Lee, Padmanabhan, and Whang, 1997)。宝洁发现其对供应商的原材料订单随着时间的推移波动非常剧烈。但当对零售商店的销售情况进行研究时，发现尽管存在需求的波动，但是波动幅度很小。可以合理地假设，在供应链的最后环节，纸尿裤的消费者（婴儿）以稳定的速度消耗着纸尿裤。虽然最终产品的消费平稳，但是原材料订单的波动巨大，从而导致成本增加，供需难以匹配。

惠普也发现当订单从经销商沿供应链向上传递到打印机部门再到集成电路板部门时，其波动也急剧增加（Lee, Padmanabhan, and Wang, 1997)。同样，虽然产品需求显示出一定的波动，但是集成电路板部门接到的订单的波动要大得多。这使惠普很难按时完成订单，或者需要增加成本才能完成。

对服装和杂货业的研究也发现了类似的现象，订单的波动沿着供应链向上从零售商到制造商处不断增大。意大利通心粉制造商百味来公司发现，当地配送中心每周下达的订单在一年内的波动高达 70 倍，而此配送中心每周的销售量（即来自超市的订单）的波动不到 3 倍（Hammond, 1994)。因此，百味来公司所面临的来自配送中心的需求的波动远远大于顾客需求的波动，这导致库存增加，产品可获性降低，利润下降。

比较容易出现“繁荣与萧条”周期的几个行业，在较长的时间内也出现了类似的现象。一个很好的例子就是个人电脑的存储芯片的生产。1985—1998 年，至少存在两个周期，存储芯片的价格波动大于 3 倍。价格的这种巨大波动是产能的极度缺乏或极度过剩造成的。而产能的短缺又被抢购和超额订购进一步放大，接着就是需求的突然下降。

供应链的失调会增加需求的波动，损害供应链盈余。下面将讨论牛鞭效应对宝洁公司纸尿裤供应链的成本和响应性的影响。

10.1.1　生产成本

失调将增加供应链中的生产成本。由于存在牛鞭效应，宝洁及其供应商必须满足比顾客需求变化更大的订单流。为了应对这种增大的波动性，宝洁公司要么建立过剩的产能，要么持有过量库存（见第 8 章），这两种做法都会增加单位产品的生产成本。

10.1.2　库存成本

失调将增加供应链中的库存成本。为了应对增大了的需求波动，宝洁公司不得不保持比供应链协调时更高的库存水平。因此，供应链中库存成本将增加。库存增加还会导致所需的仓储空间增加，从而造成仓储成本上升。

10.1.3　补货提前期

失调将使供应链中的补货提前期延长。牛鞭效应导致的需求波动加大使得宝洁公司及其供应商的生产计划比需求平稳时更难安排。有时会出现产能和库存无法满足订单的情况，从而导致补货提前期延长。

10.1.4　运输成本

失调将增加供应链中的运输成本。宝洁公司及其供应商的运输需求与所满足的订单密切相关。由于牛鞭效应的存在，运输需求随时间会有很大波动。为了满足高峰期的需求，需要保持过剩的运输能力，从而增加了运输成本。

10.1.5　发货和收货的劳动力成本

供应链失调将增加供应链中发货和收货的劳动力成本。宝洁公司及其供应商发货所需的劳动力随着订单的波动而波动。分销商和零售商收货所需的劳动力也会发生类似的波动。供应链中的各个环节要么保持过剩的劳动力产能，要么根据订单的波动改变劳动力产能。这两种办法都会增加劳动力成本。

10.1.6　产品可获性水平

供应链失调将降低产品的可获性水平，导致供应链出现更多缺货。过大的订单波动使得宝洁公司很难按时满足所有的分销商和零售商订单。这增加了零售商缺货的概率，从而导致供应链失售的发生。

10.1.7　供应链中的各种关系

供应链失调对供应链各个环节的绩效都有负面影响，从而损害供应链不同环节之间的关系。每个环节都认为自己已尽最大努力，而倾向于把责任归咎于供应链的其他环节。因此供应链失调将导致供应链中各个环节互不信任，使得潜在的协调努力更加困难。

综上所述，可以得到如下结论：供应链失调将造成成本增加和响应性降低，从而对供应链绩效产生巨大的负面影响。供应链失调对不同绩效指标的影响如表10-1所示。

表10-1 供应链失调对供应链绩效的影响

绩效指标	供应链失调的影响
生产成本	增加
库存成本	增加
补货提前期	增加
运输成本	增加
发货和收货成本	增加
产品可获性水平	降低
盈利能力	降低

学习目标1小结

供应链协调要求所有环节都采取使供应链总利润最大化的行为。如果各环节只注重优化自己的局部目标或者信息在供应链中传递时发生扭曲，就会出现失调。订单波动沿着供应链向上从零售商到分销商、制造商再到供应商不断放大的现象称为牛鞭效应。牛鞭效应将导致供应链中所有成本增加和顾客服务水平下降。牛鞭效应使供应链中的各方都偏离了效率边界，从而导致顾客满意度和供应链盈利能力下降。

10.2 供应链协调的障碍因素

任何导致供应链不同环节局部优化或供应链中信息延迟、扭曲和波动增加的因素都是实现供应链协调的障碍因素。如果供应链的管理者能够识别关键的障碍因素，那么他们就可以采取适当的行动来帮助改善供应链协调。我们将主要的障碍因素分为五类：

- 激励障碍；
- 信息处理障碍；
- 运作障碍；
- 定价障碍；
- 行为障碍。

10.2.1 激励障碍

当供应链中不同环节或参与者受到的激励导致了加剧需求波动和降低供应链总利润的行为时，激励障碍就出现了。

供应链内各职能部门或各环节的局部优化 只注重某一行动局部影响的激励将

导致无法使供应链总盈余最大化的决策。例如，如果某个企业的运输经理的酬金与单位平均运输成本挂钩，那么他可能会采取一些降低运输成本的行动，即使这么做会增加库存成本或降低顾客服务水平。供应链参与者会很自然地采取一些优化其绩效评价指标的行动。例如，家乐福（Carrefour）门店的经理制定的所有采购和库存决策都是为了使家乐福的利润最大化，而不是使整条供应链的总利润最大化。基于供应链单个环节利润最大化的购买决策所导致的订货策略也无法实现供应链利润最大化（见第 11、13 和 15 章）。

销售人员激励 不适当的销售人员激励制度是实现供应链协调的一个重大障碍。在许多企业中，销售人员激励基于销售人员在一个评估期（一个月或一个季度）内完成的销售量。制造商通常以销售给分销商或零售商的数量（sell-in，购入），而不是销售给最终顾客的数量（sell-through，售出）作为销售业绩的评估指标。基于购入来衡量销售业绩通常是因为制造商的销售人员无法控制实际售出。例如，百味来公司基于销售人员在 4～6 周的促销期内销售给分销商的产品数量来提供奖励。为了尽可能多拿奖金，百味来公司的销售人员会鼓励分销商在评估期期末购买更多通心粉，即使分销商并没有向零售商出售那么多通心粉。销售人员利用自己权限内的折扣来刺激促销期期末的销售量。这增加了订单的波动，在评估期期末订单数量突然上升，而在下一个评估期期初，订单却很少。分销商发给百味来公司的周订单量波动达到 70 倍。因此，基于购入的销售人员激励导致订单波动远大于实际顾客需求的波动，因为销售人员倾向于在评估期期末强推产品。

10.2.2 信息处理障碍

如果需求信息在供应链各环节之间传递时发生扭曲，就发生了信息处理障碍，导致供应链中订单波动增大。

基于订单而不是顾客需求的预测 当供应链中各环节根据自己所接收到的订单进行预测时，随着订单沿着供应链向上传递到制造商和供应商，顾客需求的任何波动都会放大。当供应链中不同环节之间的基本沟通方式就是所下达的订单时，信息在沿着供应链向上传递的过程中会发生扭曲（Chen，Drezner，Ryan，and Simchi-Levi，2000）。每一个环节都认为自己在供应链中的主要任务就是完成下游合作伙伴的订单，因此，每个环节都把接收到的订单视为需求，并基于此信息进行预测。

在这种情况下，当顾客需求以订单的形式向供应链上游传递时，它的任何细微波动都会被放大。以零售商处顾客需求的随机增长的影响为例。零售商可能会将部分随机增长解释为需求增长趋势。这一理解将导致零售商发出超过实际需求增长的订单，因为零售商预期这一增长趋势在将来会继续，所以为了满足提前期内预期增长的需求会订购更多的产品。因此，其向批发商发出的订单的增加量大于零售商所观察到的需求增长。零售商所观察到的需求增长中部分为一次性增长，但批发商无从正确理解订单的增加。批发商只是观察到订单大幅增加，从而推断需求出现了增长趋势。批发商所推断的增长趋势大于零售商所推断的增长趋势（回想一下，零售商增加订货批量，以考虑未来提前期内的需求增长）。因此，批发商会向制造商下达更大的订单。所以沿着供应链逐级向上，订货批量不断放大。

现在假设需求随机增长期之后紧接着是需求随机减少期。使用与之前相同的预测逻辑，如今零售商会预期出现需求下降趋势，并减少订货批量。当沿着供应链逐级向上移动时，这种减少也将被逐级放大。

缺乏信息共享　供应链各环节之间缺乏信息共享会加大信息扭曲。例如，家乐福等零售商可能会因为有计划的促销而增加某次订货的订货批量。如果制造商对于促销活动一无所知，它就可能将较大的订单解释为出现了需求的永久增长，从而向供应商发出更大的订单。因此，在家乐福结束促销活动后，制造商和供应商将会积压大量库存。由于持有过量的库存，当后来家乐福的订单恢复正常时，制造商的订货量将比以前减少。因此，零售商与制造商之间缺乏信息共享，将导致制造商订单的大幅波动。

10.2.3　运作障碍

当发出订单和履行订单过程中所采取的行为导致波动加剧时，运作障碍就出现了。

大批量订货　当企业发出订货的批量远远超出需求的数量时，订单的波动就会沿着供应链向上不断放大。由于与订单发出、收货或运输相关的固定成本非常高，因此企业可能会大批量订货（见第11章）。当供应商提供基于批量的数量折扣时，也会出现大批量订货（见第11章）。图10-2显示了某企业每5周发出一次订货的订单流和需求流。可以看到订单流的波动远远超过了需求流的波动。

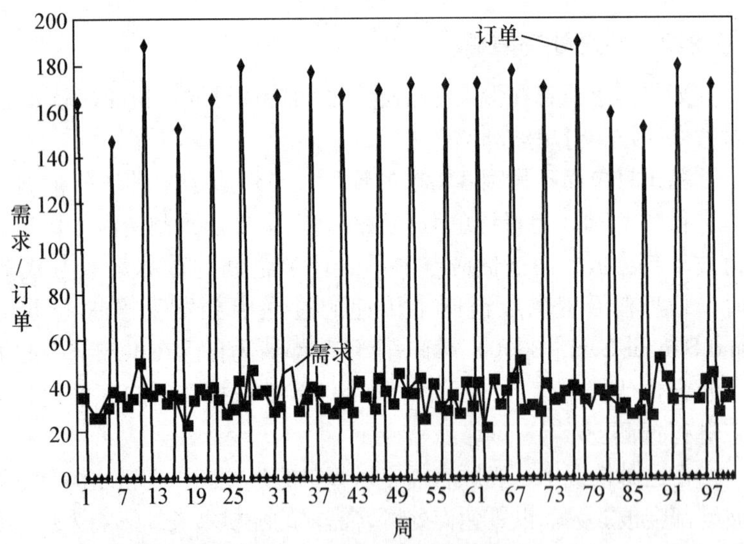

图10-2　每5周订一次货时的需求流和订单流

由于企业是成批订货，每5周发出一次订货。因此，订单流中有4周没有订单，紧接着是一个相当于5周需求量的大订单。对于为多家批量订货的零售商供货的制造商来说，它所面对的订单流波动比零售商所面对的需求波动要大得多。如果制造商也是批量向供应商订货，这一影响将进一步放大。在许多情况下，都有一些特定的焦点时段，例如一个月的第一周或最后一周，订单往往较多。订单的集中进一步加剧了批量订货的影响。

补货提前期长　如果各环节之间的补货提前期较长，则信息扭曲会加大。考虑这样一种情况，零售商将某次需求的随机增长误认为是一种增长趋势。如果零售商的补货提前期为两周，那么它下订单时会将两周的预期需求增长考虑在内。相反，如果零售商的补货提前期为两个月，那么它下订单时就会将两个月的预期需求增长考虑在内（这个量肯定大得多）。当需求的随机减少被解释为出现了需求下降的趋势时，其理亦然。

定量配给和短缺博弈　定量配给是指将有限的产量按照零售商所下订单的大小按比例进行分配。定量配给会导致信息扭曲加大。当畅销产品供不应求时，就会出现这种情况。在这种情况下，制造商想出各种机制将稀缺的产品在不同的分销商或零售商之间进行分配。一种常用的配给方案是，根据所下的订单来分配产品的可用供给量。在这种方案下，如果可用供给量是接收到的总订单量的 75%，那么每个零售商只能得到所下订单量的 75%。

这种配给方案将导致一种博弈的出现，零售商为了增加自己可获得的供给量会尽量提高订货量。原本需要 75 单位产品的零售商会下 100 单位的订单，以期最终获得 75 单位。这种配给方案的负面影响是人为放大了产品的订货量。而且，基于预期销售量进行订购的零售商得到较少的供给，从而出现失售，而那些虚报订货量的零售商却受益了。

如果制造商根据订单来预测未来的需求，就会将订单的增加解释为是由于需求的增长，而实际上顾客需求并没有变化。制造商可能会扩大产能以满足接收的订单。一旦拥有了足够的产能，订单却又恢复到正常水平，因为此前的订单是零售商为应对配给方案而夸大的，制造商就会出现过剩的产品和产能。这些繁荣—萧条周期往往会循环出现。这种现象在电子行业很常见，零部件短缺和零部件过剩经常交替出现。

10.2.4　定价障碍

当产品的定价策略导致订单波动加大时，定价障碍就出现了。

基于批量的数量折扣　基于批量的数量折扣增加了供应链内的订货批量（见第 11 章），因为订货批量越大，所获得的价格越低。正如前面所讨论的，这种折扣导致的大批量订货加剧了供应链中的牛鞭效应。

价格波动　制造商发起的商业促销和其他短期折扣导致了提前购买，批发商或零售商在折扣期内会大批量采购来满足未来的需求。提前购买导致在促销期内出现大量订单，而在促销期后只有少量订单（见第 11 章），正如图 10-3 所示的鸡汤面的例子。

从图 10-3 中可以看到，由于开展了促销，高峰期制造商发货量远远超过高峰期零售商的销售量。发货高峰期过后，制造商发货量锐减，这表明分销商有大量的提前购买行为。因此，促销活动导致制造商发货量的波动远高于零售商销售量的波动。

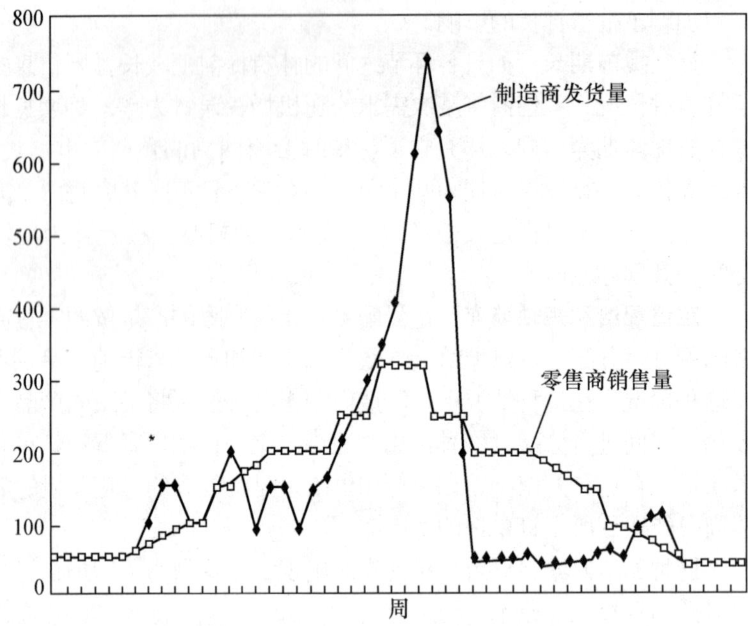

图 10-3 鸡汤面零售商销售量和制造商发货量

资料来源：Based on Marshall L. Fisher, "What Is the Right Supply Chain for Your Product?" by Harvard Business Review (March-April 1997): 83-93.

10.2.5 行为障碍

行为障碍是指组织内部导致信息扭曲的认知问题。这些问题通常与供应链结构和各环节之间的沟通方式有关。其中的一些行为障碍如下：

1. 供应链的每个环节只是局部地看待自己的行为，无法看到其行为对其他环节的影响。

2. 供应链的不同环节只是对当前的局部情况做出反应，而不是努力找出问题的根源。

3. 基于局部分析，对于造成波动的原因，供应链的不同环节相互指责，以至于供应链中的相邻环节成为敌人而不是合作伙伴。

4. 供应链的任何一个环节都不能从它的行为中吸取教训，因为它采取的行为所造成的最严重后果通常发生在其他地方。结果就是一个恶性循环：各个环节将自身行为所造成的问题归咎于其他环节。

5. 供应链伙伴之间缺乏信任导致它们经常做出以牺牲整条供应链绩效为代价的机会主义行为。缺乏信任还会导致工作的大量重复。更重要的是，由于彼此缺乏信任，各个环节之间的信息不能共享或者被忽略。

学习目标 2 小结

供应链协调的一个关键障碍是不适当的激励机制，它导致供应链中不同环节只注重自己局部目标的优化，而不是供应链总利润的最大化。其他障碍则包括缺乏信息共享、导致较长补货提前期和较大批量的低效运作、鼓励提前购买的销售人员激励、导致人为放大订货量的定量配给方案、鼓励提前购买的促销以及缺乏信任造成的协调困难等。

10.3 改善协调的管理杠杆

在识别了供应链协调的障碍因素之后，现在来重点讨论管理者可以采取哪些行动帮助克服障碍从而改善供应链的协调。下面的管理行为可以增加供应链总利润并缓解信息扭曲。

- 使目标和激励保持一致；
- 提高信息的可视性和准确性；
- 改善运作使供需同步；
- 设计有助于稳定订单的定价策略；
- 构建战略伙伴关系和信任机制。

10.3.1 使目标和激励保持一致

管理者可以通过使目标和激励保持一致来改善供应链的协调，使供应链活动的每一个参与者共同努力实现供应链总利润最大化。

协调整个供应链的目标 协调要求供应链的每一个环节关注整个供应链盈余或者做大整个蛋糕，而不是仅仅关注自己所分配到的份额。协调的关键是提出能够创造双赢的机制，即供应链盈余随着所有供应链环节利润的增长而增长。这种机制的一个例子是，沃尔玛为售出的每台打印机向惠普付款，并赋予惠普制定补货决策的权力，但同时明确说明店内要求达到的服务水平。这一安排改善了供应链的协调，因为如果店内的打印机供应与需求相匹配，双方都会获益。

协调各职能之间的激励 在企业内实现决策协调的关键是确保各个职能部门用于评估决策的目标与企业的总目标保持一致。所有设施、运输和库存决策都应根据其对供应链盈利能力或总成本的影响进行评估，而不是基于其对职能成本的影响来评估。这有助于避免类似运输经理制定的决策降低了运输成本却增加了供应链总成本的情况发生（见第 14 章）。

协调定价 在许多情况下，适当的定价方案可以帮助协调供应链。如果制造商生产一批产品的固定成本较高，那么它可以使用基于批量的数量折扣来实现日用商品的协调（详见第 11 章）。如果制造企业对某产品拥有市场支配力，就可以用两部定价和总量折扣来帮助实现协调（详见第 11 章）。由于需求存在不确定性，制造商可以使用回购合同、收入分享合同以及数量柔性合同来激励零售商提供可最大化供应链总利润的产品可获性水平（详见第 15 章）。出版业就是利用回购合同来提高供应链总利润的。数量柔性合同帮助贝纳通公司提高了供应链利润。

将销售人员的激励依据由购入转变为售出 任何能够减少销售人员向零售商强推产品的动机的改变都会减轻牛鞭效应。制造商应该将销售人员的激励与零售商的售出量而不是购入量联系起来。这有助于消除销售人员鼓励提前购买的动机。消除提前购买有助于减少订单流的波动。如果销售人员的激励是基于滚动周期的销售量，那么强推产品的动机还会进一步减弱。这有助于减少提前购买及其引发的订单波动。

10.3.2　提高信息的可视性和准确性

管理者可以通过提高供应链不同环节可获得信息的可视性和准确性来改善协调。

共享顾客需求数据　供应链各环节共享顾客需求数据有助于减轻牛鞭效应。信息扭曲的主要原因是供应链的每个环节都使用订单来预测未来需求。由于不同环节接收的订单各不相同，因此不同环节的预测也各不相同。实际上，供应链需要满足的唯一需求是来自最终顾客的需求。如果零售商与其他供应链环节共享需求数据，那么供应链中所有环节就都可以基于顾客需求来预测未来需求。共享需求数据有助于减轻牛鞭效应，这是因为所有环节现在只对相同的顾客需求变化做出反应。我们观察到，共享综合的需求数据就足以减轻牛鞭效应，不一定要共享详细的销售点数据。

沃尔玛经常与供应商分享其销售点数据。戴尔通过互联网与许多供应商分享需求数据以及当前的零部件库存状态信息，从而有助于避免供应和订单的不必要波动。宝洁说服了许多零售商共享需求数据，继而宝洁又与供应商分享这些数据，从而改善了供应链的协调性。

实施协同预测和计划　在共享顾客需求数据之后，为了实现完全协调，供应链各环节还必须协同预测和计划。没有协同计划，顾客需求数据的共享就不能保证协调。由于在1月开展促销活动，因此零售商会观察到此月的需求剧增。如果在下一年的1月没有促销计划，零售商的预测就会与制造商的预测不同，即使它们共享了过去的销售点数据。要实现协调，制造商必须了解零售商的促销计划。关键是确保整条供应链基于共同的预测进行运作。为了促进供应链环境下的这种协调，美国产业共同商务标准协会（VICS Association）成立了协同计划、预测和补货（CPFR）委员会来识别协同预测和计划的最佳实践并设计指南。后面章节将详细介绍这些方法。

设计补货的单环节控制　设计一条由单环节控制整条供应链补货决策的供应链有助于消除信息扭曲。正如前面所提到的，信息扭曲的主要原因是供应链的每个环节都将来自下一环节的订单作为历史需求。因此，每个环节都认为自己的作用就是为下一环节补货。实际上，关键的补货发生在零售商处，因为那里是最终顾客购买产品的地方。当由单一环节控制整条供应链的补货决策时，就可以消除多头预测的问题，随之供应链的协调就可以得到改善。

本章后面将详细讨论一些单环节控制的实践，如持续补货计划和供应商管理库存。沃尔玛通常会为每一种主要商品类别指定其中一个供应商作为该商品类别的领导者来管理店铺一级的补货。这让供应商可以了解实际销售情况，并且使得补货决策只有一个制定者。

10.3.3　改善运作使供需同步

为了更好地实现供需同步，管理者还可以通过提高运作绩效和针对产品短缺的情况设计适当的产品分配方案来减少信息扭曲。

缩短补货提前期　通过缩短补货提前期，管理者可以减少提前期内需求的不确定性（见第 12 章）。缩短提前期对季节性商品尤其有益，因为它允许在销售季内多次下达订单，大大提高预测的精确性（见第 13 章）。如果提前期足够短，则可以根据实际消耗量安排补货，从而无须进行预测。

管理者可以在供应链的不同环节采取多种措施来缩短补货提前期。通过电子方式订货，无论是在线订货还是通过电子数据交换（EDI）系统进行订货，都可以显著缩短与下单和信息传递相关的提前期。如果每个环节与供应商分享其长期计划，那么潜在的订单可以提前安排进生产计划，然后在更接近实际生产时再确定精确的数量。这会减少计划时间，而计划时间通常是提前期的最大组成部分。在制造工厂，提高柔性和实行单元制造可以大幅缩短提前期。减少信息扭曲会进一步缩短提前期，因为它稳定了需求进而改进了生产计划。对于生产多种产品的制造企业来说尤其如此。企业可以利用提前发货通知（ASN）来缩短提前期并简化收货工作，还可以利用越库作业来缩短在供应链不同环节之间运输产品的提前期。沃尔玛使用上述多种方法大幅缩短了供应链内的提前期。

减小批量　管理者可以通过实施一些能够减小批量的运作改善来减少信息扭曲。批量的减小可以降低供应链任意两环节之间的波动，从而减少了信息扭曲。为了减小批量，管理者必须采取措施降低与每批产品的订货、运输以及收货相关的固定成本（见第 11 章）。沃尔玛和日本 7－11 通过集中多种产品和多个供应商的发货，成功减小了补货批量。

计算机辅助订货（CAO）是指用技术替代零售订货人员，通过计算机整合有关产品销售、影响需求的市场因素、库存水平、产品收据和期望服务水平的信息。计算机辅助订货和电子数据交换有助于减少每次订货的固定成本。

在某些情况下，管理者可以通过取消使用采购订单来简化订货。在汽车行业，一些供应商是根据生产的汽车数量而不是一张张采购订单来获得货款的，这样就不需要单独的采购订单了，从而消除了与每次补货相关的订单处理成本。信息系统还有助于财务交易的结算，消除了与每份采购订单相关的处理成本。

整车运输和零担运输的巨大价格差使得企业更多地采用整车运输。事实上，通过努力，企业的订单处理成本已大幅降低。运输成本现在成为大多数供应链减小批量的主要障碍。通过将小批量的多种产品集中在一辆卡车上，管理者可以减小批量而不增加运输成本（见第 11 章）。例如，宝洁公司要求零售商的所有订单都能够以整车运输，不过这一整车可以组合装运各种产品。因此，零售商可以小批量订购各种产品，只要种类多到可以装满一辆卡车就行。日本 7－11 公司采用了这一策略，其组合装运是基于保存运输的货物所需的温度，需要在某特定温度下运输的产品装载在同一辆卡车上。这使得日本 7－11 公司可以减少为零售网点送货的卡车的数量，同时保证了产品的多样化。食品杂货业的一些企业使用带有多个隔间的卡车送货，每个隔间的温度不同，装运不同的产品，从而有助于减小批量。

管理者还可以通过集货配送的方式将多个零售商的货物集中装载到一辆卡车上来减小批量（见第 14 章）。在许多情况下，第三方承运人将运往相互竞争的零售网点的货物组合装运在一辆卡车上。这降低了每个零售商的固定运输成本，使每个零售商能够以较小的批量订货。在日本，丰田使用来自供应商的同一辆卡车为多个组装厂送货，这使管理人员能够减少各组装厂所接收到的货物的批量大小。管理者也可以通过在一辆卡车上组合装运多家供应商的货物来减小批量。在美国，丰田就是使用这一方法来减少它所接收的、来自每一个供应商的货物批量的。

随着订货和发货批量的减小，收货的压力和成本都会显著增加。因此，管理者必须应用技术来简化收货过程并降低收货相关成本。例如，提前发货通知以电子方式确认运输内容、数量和发货时间，从而有助于减少卸货时间，提高越库作业的效率。提前发货通知还可以用电子方式更新库存记录，从而降低收货成本。托盘条码和射频识别技术（RFID）的使用可进一步简化收货工作。

降低批量订货影响的另一种简单方法是，打破同时下订单的情形。通常，每周订一次货的顾客往往会在周一或周五订货，每月订一次货的顾客往往会在月初或月底订货。在这种情况下，对于每周订一次货的顾客，最好让他们平均分散在一周中的每一天进行订货；而对于每月订一次货的顾客，最好让他们平均分散在一月中的每一天进行订货。事实上，可以事先安排每个顾客的常规订货日，从而使到达制造商的订单流更加均衡。

基于过去的销售量进行配给并共享信息以限制博弈　为了减少信息扭曲，管理者可以设计定量配给方案来防止零售商在供应短缺时人为提高订货量。其中一种方法称为周转获利（turn-and-earn），就是根据零售商以往的销售量而不是当期的订货量来分配供给。将配给与前期销售量相结合，消除了零售商扩大订单规模的动机。实际上，周转获利方法可以促使零售商在需求淡季尽可能多地出售产品，以增加自己在供给短缺时可获得的产品配给。包括通用汽车在内的多家企业，都曾使用周转获利机制在供给短缺时对产品进行分配。惠普等其他一些企业过去是根据零售商的订单进行配给，如今也开始基于过去的销售量来分配产品了。

还有一些企业致力于在整个供应链中分享信息以尽可能地避免短缺情况发生。像Sport Obermeyer这样的企业会给它们的大客户提供激励，鼓励它们至少提前订购一部分年度订单。此信息可以让Sport Obermeyer提高预测的准确性，并合理分配产能。一旦产能在不同产品之间得到合理分配，就不太可能出现短缺的情况，从而抑制了人为扩大订单。柔性产能也有助于防止短缺，因为柔性产能可以很容易地进行生产转换，从需求低于预期的产品的生产转移到需求高于预期的产品的生产。

10.3.4　设计有助于稳定订单的定价策略

管理者可以通过设计鼓励零售商小批量订货和减少提前购买的定价策略来减少信息扭曲。

将基于批量的数量折扣转变为基于总量的数量折扣　提供基于批量的数量折扣时，零售商为了获得折扣会增大订货批量。提供基于总量的数量折扣则消除了零售商增加每一次订货批量的动机，因为基于总量的折扣考虑的是某一段时间（如一年）内的总购买量，而不是一次订货的批量的大小（见第11章）。

基于总量的折扣可以减少订货批量，从而减少供应链中的订单波动。当基于总量的数量折扣有一个固定的折扣评估截止日期时，在接近截止日期时可能会出现大批量订货。基于滚动时期的销售量来提供折扣有助于减弱这种影响。

稳定价格　管理者可以通过取消促销活动和实施每日低价策略来削弱牛鞭效应。取消促销可以消除零售商的提前购买，使订单更能反映顾客的实际需求。宝洁公司、金宝汤公司（Campbell Soup）和其他一些制造商都通过实施每日低价策略来削弱牛鞭效应。

管理者可以通过限制促销期间的采购数量来减少提前购买。这一限制应针对具体的零售商，并与该零售商的历史销售量挂钩。另一种方法是将支付给零售商的促销激励与零售商的售出量而不是购入量挂钩。因此，零售商从提前购买中无法获得任何好处。只有当他们能够卖出更多时，才会加大采购量。基于售出量的促销极大地减少了信息扭曲。

10.3.5　构建战略伙伴关系和信任机制

管理者会发现，当供应链内构建了信任和战略伙伴关系时，可以更容易地利用前面所讨论的管理杠杆来实现协调。共享各环节都信任的准确信息可以使整条供应链的供给和需求更好地相匹配。融洽的关系也有助于降低供应链各环节之间的交易成本。例如，如果供应商信任来自零售商的订单和预测信息，那么供应商就可以不必再进行预测了。同样，如果零售商信任供应商的质量和发货，零售商就可以减少清点和验收工作。一般来说，供应链各个环节可以在增进信任和改善关系的基础上消除重复工作。交易成本的降低以及准确的共享信息，有助于增进协调。沃尔玛和宝洁公司一直在努力构建战略伙伴关系，以更好地协调它们的行动并实现双赢。

库玛（Kumar，1996）的研究表明，零售商越信任它们的供应商，它们越不可能去开发替代供应源，而是会大幅增加现有供应商产品的销售。一般来说，高水平的信任可以让供应链以更低的成本实现更高的响应性。共享信息、改变激励、改进运作和稳定价格等行动通常有助于提高信任水平。要提高供应链中的合作和信任水平，需要明确界定各方的作用和决策权，需要有效的合同和良好的冲突解决机制。

在实践中，为了建立信任，各方都必须相信，任何改善协调所带来的好处都会被公平分享。供应链关系中强势一方的管理者必须对这一事实保持敏感，并确保各方都认为利益分享的方式是公平的。

10.3.6　在实践中改善协调

所有改善协调的管理杠杆都是跨职能、跨企业的。因此，在实践中，必须确保满足以下条件以帮助改善协调。

1. **得到高层管理者对协调的承诺**。与供应链管理的任何其他方面相比，供应链协调更需要高层管理者的承诺。没有高层管理者的承诺不可能实现协调。协调要求供应链的各个环节的管理者让自己的局部利益服从企业的甚至是供应链的更大利益。协调通常需要权衡取舍，这就要求供应链中的许多职能部门改变其传统的做法。这些改变通常与每个职能部门只关注其局部目标时所采用的方法正好相反。如果没有高层管理者强有力的承诺，供应链中的这种变化就无法实施。高层管理者的承诺曾是帮助沃尔玛与宝洁公司建立协同预测和补货团队的一个关键因素。

2. **投入资源以实现协调**。没有有关各方为这项努力投入大量管理资源，就不可能实现协调。企业往往不会把资源用于协调上，因为它们要么认为失调是它们必须面对的事情，要么希望协调能够自行实现。这种问题的根源在于，所有管理者只负责他们所控制的各自领域，没有一个人指出一个管理者的行为对供应链其他部分的影响。解决协调问题的最佳方法之一是由来自供应链各个企业的员工组成协调团队。这个团队负责协调，并被赋予实施所需变革的权力。如果团队没有执行权力的话，那么建立团队将是徒劳的，因为团队很可能与只关注局部目标最大化的职能部门的管理者发生冲突。只有在来自不同企业的成员之间建立起足够的信任，协调团队才能发挥作用。如果使用得当，协调团队可以带来巨大的效益，就像沃尔玛与宝洁成立的协同预测和补货团队那样。

3. **注重与其他环节的沟通**。与供应链其他环节的良好沟通往往会使各方更重视协调的价值。企业通常不会与供应链的其他环节进行沟通，也不愿意共享信息。但是，供应链中的所有企业经常会因为缺乏协调而遭受挫折。如果协调能帮助供应链更有效地运作，各方会很高兴地来共享信息。相关各方之间的定期沟通有助于改变这种情况。例如，某大型计算机公司一直是一次批量订购几个星期生产所用的微处理器。该公司正试图转向按订单生产，这种情况下，它需要每天订购微处理器。计算机公司认为微处理器供应商不会愿意接受这一做法。但是，在与供应商进行沟通后，结果恰恰相反。供应商也希望减小订货批量，增加订货的频率。只不过此前供应商一直以为该计算机公司希望大批量订货，因此才从未要求改变。定期沟通有助于供应链不同环节分享各自的目标，并确定共同的目标和互利的行动以改善协调。

学习目标3小结

管理者可以通过协调供应链中不同职能、不同环节的目标和激励机制来帮助改善供应链的协调。管理者可以采取的、有助于改善协调的其他行动包括共享销售信息、协同预测和计划、实施单环节补货控制、改进运作以缩短补货提前期和减小订货批量、每日低价及其他限制提前购买的定价策略，以及在供应链中构建信任和战略伙伴关系等。在实践中，高层管理者的承诺、投入资源以实现协调以及注重整个供应链的沟通是改善协调的必要条件。

10.4 改善供应链协调的一些实践方法

从20世纪80年代食品杂货行业的“有效顾客反应”（efficient customer responses，ECR）开始，业界就一直在努力改善供应链协调。管理者已经意识到，仅靠一个企业的努力不可能改善协调，这需要行业内的所有参与者都同意这一想法。我们现在讨论一些实践方法，这些方法在业界得到了广泛的应用并取得了积极的效果。

10.4.1 持续补货与供应商管理库存

将整条供应链的补货责任指派给一个实体的做法可以减少信息扭曲。由单个实体做出补货决策确保了可视性和驱动整个供应链订单的共同预测。指定单一责任实体的两种常见的行业实践是持续补货计划和供应商管理库存。

在持续补货计划（continuous replenishment programs，CRP）中，批发商或制造商基于销售点数据定期为零售商补货。持续补货计划可以由供应商、分销商或第三方来管理。大多数情况下，持续补货计划系统是由零售商仓库中库存的实际提取驱动的，而不是由零售商门店层面的销售点数据来驱动的。将持续补货计划系统与仓库提货联系起来更容易实施，零售商通常也更愿意共享这一层面的信息。贯穿整条供应链的 IT 系统为持续补货计划提供了一个良好的信息平台。在持续补货计划中，零售商处的库存归零售商所有。

在供应商管理库存（vendor-managed inventory，VMI）中，制造商或供应商负责零售商处产品库存的所有决策。因此，补货决策的控制权由零售商转移给了制造商。在许多供应商管理库存的应用实例中，库存在被零售商售出之前一直归供应商所有。供应商管理库存要求零售商与制造商共享需求信息以便制造商制定库存补货决策。这有助于提高制造商的预测精度，并更好地将制造商的生产与顾客需求相匹配。如果在制定库存决策时可以同时考虑到零售商和制造商的边际利润，那么供应商管理库存可以让制造商在增加自身利润的同时增加整条供应链的利润。

供应商管理库存已经被凯马特（Kmart，大约有 50 家供应商）和 Fred Meyer 等企业成功实施。凯马特发现其季节性商品的库存周转率从 3 提高到 9～11，非季节性商品的库存周转率从 12～15 提高到 17～20。Fred Meyer 公司发现其库存降低了 30%～40%，订单满足率提高到 98%。其他成功实施供应商管理库存的企业还有金宝汤公司、菲多利公司（Frito-Lay）及宝洁公司等。

零售商经常会销售来自相互竞争的制造商的产品，而这些产品在消费者心目中是可以相互替代的。这也体现了供应商管理库存的一个缺点。例如，顾客可能会用联合利华公司（Unilever）生产的洗涤剂代替宝洁公司生产的洗涤剂。如果零售商与这两家制造商都签有供应商管理库存的协议，那么这两家制造商在制定库存决策时都会忽视替代效应。这样一来，零售商处的库存会超出最优水平。在这种情况下，最好由零售商来决定补货策略。另一种可能做法是零售商从所有供应商中选出品类领导者，并由其管理该品类中所有供应商的补货决策。沃尔玛采用的就是这种方法，它对大多数产品都指定了产品品类领导者。沃尔玛设定了所有产品的目标可获性水平，而品类领导者则负责设计可实现这一水平的补货政策。这确保了品类领导者不会偏袒任何一个供应商的产品。例如，惠普就是沃尔玛打印机品类的领导者，管理所有打印机的补货。

10.4.2 协同计划、预测和补货

美国产业共同商务标准协会（VICS）将协同计划、预测和补货（CPFR）定义为“在制订计划和满足顾客需求的过程中集合各方智慧的商业实践”。本节将介绍协同计划、预测和补货以及一些成功的实践。重要的是要了解，只有双方实现数据同步并建立信息交换标准后，协同计划、预测和补货才能成功实施。

供应链中的买卖双方可能就以下四种供应链活动中的一项或所有各项开展合作。

1. **战略和计划**。合作伙伴确定合作范围，并分配角色、责任和明确的检查点。在联合商业计划中，它们共同确定影响供给和需求的重要事件，如促销、推出新产品、开店/闭店及库存政策的调整。

2. **需求和供给管理**。协同销售预测给出了合作伙伴对于销售点的顾客需求的最佳估计。然后协同销售预测被转化为协同订货计划。根据销售预测、库存状况和补货提前期，协同订货计划确定了未来订单和交货要求。

3. **执行**。需求预测确定后，就将转化为实际的订单。订单的履行涉及产品的生产、运输、接收和储存。

4. **分析**。主要的分析任务是确认例外情况以及评估用来衡量绩效或识别趋势的指标。

成功合作的关键之一是识别和解决例外情况。例外情况是指双方的预测差异或其他一些落在或可能落在可接受范围之外的绩效指标。这些指标可能包括超过目标的库存或低于目标的产品可获性。对于成功的 CPFR，重要的是要有一个允许双方解决例外情况的流程。《VICS CPFR 指导手册 2.0 版（2002）》（VICS CPFR Voluntary Guidelines version 2.0（2002））中介绍了识别和解决例外情况的详细流程。

CPFR 的成功实践之一来自德国清洁用品制造商汉高公司（Henkel）与西班牙食品零售商 Eroski 公司之间的合作。在实施协同计划、预测和补货之前，Eroski 经常发现汉高的产品缺货，尤其是在促销期间。在 1999 年 12 月开始实施 CPFR 时，70%的销售预测的平均误差超过 50%，仅 5%的销售预测的误差低于 20%。在实施 CPFR 仅 4 个月后，70%销售预测的误差低于 20%，仅 5%的销售预测的误差高于 50%。实施 CPFR 后，顾客服务水平达到 98%，平均库存周转时间缩短到了 5 天。而这一切都是在每个月有 15～20 种产品开展促销的情况下实现的。

另一个成功的例子是强生公司（Johnson & Johnson）与英国药妆连锁零售商 Superdrug 的合作。在 2000 年 4 月开始的为期 3 个月的 CPFR 试运行期后，Superdrug 发现其配送中心的库存下降了 13%，而产品可获性却提高了 1.6%。正如斯蒂尔曼（Steerman，2003）所报告的，西尔斯（Sears）和米其林（Michelin）在 2001 年实施 CPFR 后也获得了巨大的利益。西尔斯的现货水平提高了 4.3%，配送中心对门店的订单满足率提高了 10.7%，总库存降低了 25%。

VICS 将表 10-2 中所示的四种形式确定为零售商和制造商之间大规模应用 CPFR 的最常见领域。

表 10-2　四种常见的 CPFR 形式

CPFR	供应链中的应用领域	应用的行业
零售活动协同	经常促销的渠道或品类	除实施每日低价策略外的所有行业
配送中心补货协同	零售配送中心或分销商配送中心	药店、硬件、杂货业
商店补货协同	向商店直接送货或零售配送中心向商店送货	大宗批发店、会员店
协同分类计划	服装和季节性产品	百货商店、专业零售店

零售活动协同　在许多零售环境中，例如超市，促销及其他零售活动对需求有显著影响。这些活动中的缺货、过量库存和计划外的物流成本影响了零售商和制造商的财务绩效。在这种情况下，零售商和供应商合作进行促销的计划、预测和补货将非常有效。

零售活动协同要求双方确定合作涉及的品牌和具体的最小库存单位。双方还必须共享活动细节，如时间安排、持续时间、价格点、广告及展示策略等。当发生变化时，零售商必须更新信息；然后针对具体活动进行预测，并共享此信息；之后根据这些预测来计划订货和交货。随着活动的进行，不断对销售情况进行监控以识别任何变化或例外情况，这些变化和例外情况由双方多次协商解决。

宝洁公司与包括沃尔玛在内的许多合作伙伴实施了某种形式的零售活动协同。

配送中心补货协同　配送中心补货协同可能是实践中最常见也是最容易实施的协同形式。在这种情形中，交易双方合作预测配送中心的出货或配送中心对制造商的预期需求。这些预测将被转化为从配送中心向制造商发出的、在指定时间范围内被承诺或锁定的订单流。这一信息使制造商能够将这些预期的订单纳入未来的生产计划，并根据需求履行承诺的订单。其结果是降低了制造商的生产成本，也降低了零售商的库存和缺货数量。

配送中心补货协同相对容易实施，因为它只需要基于综合数据进行协同预测、计划和补货，而不需要共享详细的销售点数据。因此，它通常是开始协同的最佳情形。随着时间的推移，这种形式的协同可以扩展到从零售商货架到原材料仓库的供应链的所有储存点。据哈蒙德（Hammond，1994）的介绍，百味来公司与其分销商实施了这种形式的协同。

商店补货协同　在商店补货协同方式下，商业伙伴合作开展门店层面的销售点预测。这些预测转化为在指定时间范围内被承诺的一系列门店层面的订单。与配送中心补货协同相比，这种形式的协同较难实施，特别是当门店规模较小时。对于开市客和家得宝等大型商店来说，商店补货协同较容易实施。门店层面协同的好处包括：制造商更了解销售情况，补货准确性更高；产品可获性水平更高，库存减少。史密斯（Smith，2013）讨论了商店补货协同是如何让加拿大零售商西方海洋公司（West Marine）的供应商将“准时发货率从可怜的 30%提高到 90%”的。[①] 这使西方海洋公司的产品可获性维持在 98%的高水平。

协同分类计划　时装和其他季节性产品的需求呈现出一种季节性模式。因此，这些品类产品的协同计划的计划期只有一个季节，并且是按季节间隔执行的。由于需求的季节性，预测对历史数据依赖较少，更多地依赖于对行业趋势、宏观因素和顾客喜好的合作分析。在这种协同形式中，商业伙伴共同制订分类计划，最终生成包含样式/颜色/尺寸的计划采购订单。计划的订单在展示会前以电子方式共享，然后在展示会上查看样品并做出最终的销售决定。计划订单有助于制造商采购那些提前期较长的原材料和安排产能。如果产能具有足够的柔性，能够生产多种产品，而且原材料在不同最终产品间具有一定的通用性，此时这种协同形式最有效。

成功实施 CPFR 的组织和技术要求　成功实施 CPFR 需要改变组织结构，为了实现可扩展性，还需要采用适当的技术。没有高层管理者的承诺，所有这些都将无法实现。有效的合作需要制造商针对具体顾客，至少针对大客户，建立包括销售人员、需求计划人员和物流人员在内的跨功能团队。随着零售业的整合，这样的资源集中已切实可行。对于较小的客户，可以按照地域或销售渠道来组建这样的团队。零售商也应围绕供应商建立商品计划、采购和补货团队。由于整合后的零售商有大量供应商，因此实施起来可能会比较困难。因此，可以按照产品品类来组织团队，每个品类中包括多个供应商。对于拥有多级库存（如配送中心库存和零售门店库

---

① Smith，Larry. “Connecting the Consumer to the Factory.” *Supply Chain Management Review* (May-June 2013)：10-17.

存）的零售商来说，合并这两级的补货团队非常重要。如果没有两级的协同库存管理，那么经常会出现重复库存。推荐的组织结构如图10-4所示。

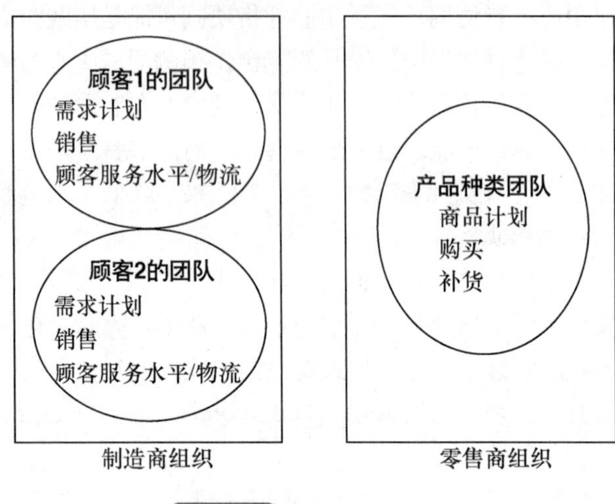

图10-4 协同的组织结构

资料来源：Based on Voluntary Interindustry Commerce Standards，CPFR：An Overview，2004.

CPFR过程不依赖于技术，但是要求技术具有可扩展性。现已开发的CPFR技术可以促进预测和历史信息的共享，评估例外情况，并支持修订。这些解决方案必须与记录所有供应链交易的企业系统整合起来。

实施协作计划、预测和补货的风险和障碍 认识到成功实施CPFR存在风险和障碍非常重要。由于信息的大规模共享，因此存在信息滥用的风险。通常CPFR合作伙伴的一方或双方往往与合作伙伴的竞争对手也有合作关系。另一个风险就是如果合作双方的一方改变其规模或技术，另一方将被迫改变以适应，否则就会失去合作关系。最后，CPFR实施和例外情况的解决要求双方密切互动，然而双方的文化可能存在巨大的差异。无法在合伙伙伴的组织内培育合作文化是CPFR成功实施的主要障碍。成功的最大障碍之一是合伙伙伴企图在门店层面进行合作，而这需要更多组织和技术上的投资。通常最好的做法是，先从活动层面或配送中心层面开始合作，因为这样焦点更集中，更容易合作。成功实施CPFR的另一个主要障碍是，与合作伙伴共享的需求信息通常并未以整合的方式应用于组织内部。为了使合作伙伴在CPFR方面的努力所带来的好处最大化，在组织内部整合需求、供给、物流和企业计划非常重要。

学习目标4小结

VMI和CPFR是改善供应链协调的两种实践方法。在VMI下，供应商负责管理零售商处的产品库存，同时确保达到约定的服务水平。在CPFR下，供应链成员以协同的方式管理预测、计划和补货。合作伙伴可以建立CPFR关系，在零售活动、配送中心补货、商店补货或产品分类计划方面进行合作。配送中心补货协同通常最容易实施，因为它只需要综合的数据。商店补货协同的成功需要更多的技术投资和信息共享。

讨论题

1. 什么是牛鞭效应？它与供应链失调有何关系？
2. 供应链失调对供应链绩效有何影响？
3. 不适当的激励机制是如何导致供应链失调的？哪些补救措施可以消除这种影响？
4. 如果供应链各环节都把自己的需求看成是下游环节所下的订单会导致什么问题？供应链内的企业应该如何交流以促进协调？
5. 哪些因素会导致供应链内的批量订货？这对协调有何影响？哪些措施可以减小批量并促进协调？
6. 促销和价格波动会如何影响供应链协调？哪些定价和促销策略能够促进协调？
7. 在供应链中构建战略伙伴关系和信任机制有何价值？
8. CPFR 的形式有哪些？它们是如何使供应链合作伙伴受益的？

参考文献

Cederlund, Jerold P., Rajiv Kohli, Susan A. Sherer, and Yuiling Yao. "How Motorola put CPFR into Action." *Supply Chain Management Review* (October 2007): 28–35.

Chen, Frank, ZviDrezner, Jennifer K. Ryan, and David Simchi-Levi."Quantifying the Bullwhip Effect in a Simple Supply Chain: The Impact of Forecasting, Lead Times, and Information." *Management Science* (2000): 46, 436–443.

Continuous Replenishment: An ECR Best Practices Report. Washington, DC: Grocery Manufacturers Association, 1994.

Crum, Colleen, and George E. Palmatier. "Demand Collaboration: What's Holding Us Back?" *Supply Chain Management Review* (January–February 2004): 54–61.

Dawson, John. "How They Did It: Multi-Enterprise Collaboration at Intel." *Supply Chain Management Review* (September–October 2014): 18–25.

Disney, S. M., and D. R. Towill. "The Effect of Vendor Managed Inventory (VMI) Dynamics on the Bullwhip Effect in Supply Chains." *International Journal of Production Economics* (2003): 85, 199–215.

Fawcett, Stanley E., Amydee M. Fawcett, Sebastian Brockhaus, and A. Michael Knemeyer. "The Collaboration Journey: Are We There Yet?" *Supply Chain Management Review* (November 2016): 20–27.

Hammond, Janice H. 1994. *Barilla Spa (A–D).* Harvard Business School Case 9–694–046.

Kumar, Nirmalya. "The Power of Trust in Manufacturer–Retailer Relationships."*Harvard Business Review* (November–December 1996): 92–106.

Lee, Hau L., V. Padmanabhan, and Seungjin Whang."The Bullwhip Effect in Supply Chains." *Sloan Management Review* (Spring 1997): 93–102.

Mariotti, John L. "The Trust Factor in Supply Chain Management." *Supply Chain Management Review* (Spring 1999): 70–77.

Sabath, Robert E., and John Fontanella."The Unfulfilled Promise of Supply Chain Collaboration." *Supply Chain Management Review* (July–August 2002): 24–29.

Seifert, Dirk. *Collaborative Planning, Forecasting, and Replenishment: How to Create a Supply Chain Advantage.* New York: AMACOM, 2003.

Senge, Peter M. *The Fifth Discipline.* New York: Currency and Doubleday, 1990.

Smeltzer, Larry R. "Integration Means Everybody—Big and Small." *Supply Chain Management Review* (September–October 2001): 36–44.

Smith, L. "West Marine: A CPFR Success Story." *Supply Chain Management Review* (March 2006): 29–36.

Smith, Larry. "Connecting the Consumer to the Factory." *Supply Chain Management Review*(May–June 2013): 10–17.

Steerman, Hank. "A Practical Look at CPFR: The Sears-Michelin Experience." *Supply Chain Management Review* (July–August 2003): 46–53.

Voluntary Interindustry Commerce Standards. *Collaborative Planning, Forecasting, and Replenishment,* Version 2.0, 2002.

Voluntary Interindustry Commerce Standards. *CPFR: An Overview,* 2004.

第Ⅳ篇 供应链库存的计划和管理

Planning and Managing Inventories in a Supply Chain

第 11 章

供应链的规模经济管理：周转库存

Managing Economies of Scale in a Supply Chain：Cycle Inventory

学习目标

通过本章学习，你应当能够：

1. 描述周转库存在供应链中的作用。
2. 给定固定订货成本时选择供应链最优订货批量。
3. 评估如何最好地实现集中，以减少供应链中的周期库存。
4. 了解数量折扣对订货批量和周转库存的影响。
5. 为供应链设计适宜的折扣方案。
6. 了解商业促销对订货批量和周转库存的影响。
7. 制定补货政策，提高多级供应链的同步性。
8. 识别那些能够在不增加成本的前提下减少供应链订货批量和周转库存的管理杠杆。

周转库存之所以存在，是因为大批量地生产或采购可以让供应链的某个环节利用规模经济降低成本。与订货和运输相关的固定成本、产品定价中的数量折扣、短期折扣或促销活动，都促使供应链的不同环节为了利用规模经济而大批量订货。本章将研究上述因素对供应链中订货批量和周转库存的影响，目的在于识别那些能减少供应链周转库存而不增加成本的管理杠杆。

11.1 供应链中周转库存的作用

批量（lot size 或 batch size）是指供应链某一环节一次生产或采购的数量。例如，一家电脑商店平均每天售出 4 台打印机，而商店经理每次从制造商处订购 80 台打印机，这种情况下批量就为 80 台。由于每天销售 4 台打印机，那么销售完整批的产品并进行补货，平均需要 20 天。由于打印机的采购批量大于日销售量，因此电脑商店持有一定的打印机库存。周转库存（cycle inventory）是指供应链中因为生产或采购的批量大于顾客需求而产生的平均库存。

本章将使用以下两个符号：

Q：批量

D：单位时间的需求

在本章中，不考虑需求波动的影响并假设需求是稳定的。第 12 章将介绍需求波动及其对安全库存的影响。

以百货公司 Jean-Mart 的牛仔裤周转库存为例进行分析。牛仔裤的需求相对稳定，为每天 $D=100$ 条，目前 Jean-Mart 公司的订货批量为 $Q=1\,000$ 条。图 11－1 所示的 Jean-Mart 公司牛仔裤的库存状况图描绘了库存水平随时间变化的情况。

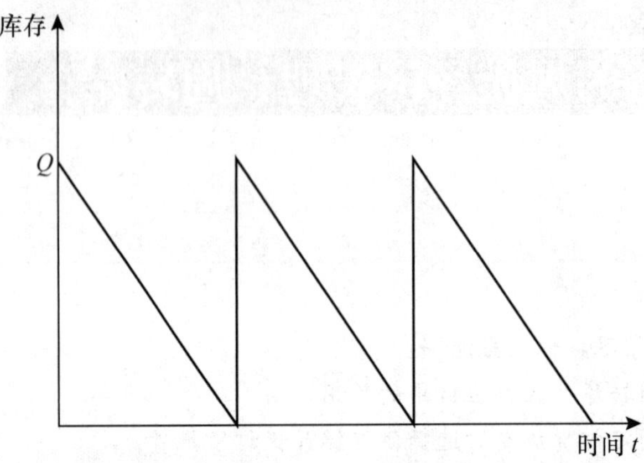

图 11－1 Jean-Mart 公司牛仔裤的库存状况图

由于订货批量 Q 为 1 000 条，每天需求 D 仅为 100 条，因此整批售完需要 10 天。在这 10 天时间里，Jean-Mart 公司的牛仔裤库存从 1 000 条（货物送达时）平稳地下降到 0（最后一条牛仔裤售出时）。如图 11－1 所示，货物到达、需求消耗库存、另一批货物到达，依次发生，并每 10 天重复一次。

当需求稳定时，周转库存与批量的关系如下：

$$\text{周转库存}=\frac{\text{批量}}{2}=\frac{Q}{2} \tag{11.1}$$

批量为 1 000 条，则 Jean-Mart 公司持有的周转库存为 $Q/2=500$（条）。由式 (11.1) 看到，周转库存与批量成比例。与一个各环节生产或采购批量较小的供应链相比，各环节生产或采购批量较大的供应链持有更多的周转库存。例如，假设另一家与 Jean-Mart 竞争的百货公司面对相同的牛仔裤需求，但该百货公司的采购批量为 200 条牛仔裤，则其周转库存仅为 100 条牛仔裤。

批量和周转库存还影响着物料在供应链中的流动时间。让我们回忆一下利特尔法则：

$$\text{平均流动时间}=\frac{\text{平均库存}}{\text{平均流转速度}}$$

对于任何一条供应链来说，平均流转速度等于需求。因此

$$\text{由周转库存导致的平均流动时间}=\frac{\text{周转库存}}{\text{需求}}=\frac{Q}{2D}$$

对于 Jean-Mart 公司来说，牛仔裤订货批量为 1 000 条，日需求为 100 条，我们可以求得：

$$\text{由周转库存导致的平均流动时间}=\frac{Q}{2D}=\frac{1\,000}{2\times 100}=5(\text{天})$$

因此，Jean-Mart 公司的周转库存使得每条牛仔裤在供应链中平均多停留了 5

天时间。周转库存越多，产品从生产出来到销售出去之间的时间间隔越长。在不增加成本的情况下减少周转库存会给企业带来很多好处。较低水平的周转库存使企业不容易受市场需求变化的影响。较低的周转库存还能减少企业所需营运资金。例如丰田公司在工厂和大多数供应商之间仅保持数小时生产所需的周转库存，丰田公司从不存放多余的零部件，其流动资金的需求也比竞争对手低。丰田工厂中分配用于存放库存的空间也很小。

日本 7－11 公司就将其战略建立在店铺小批量补货能力之上。在日本，7－11 便利店内的生鲜食品每天补货三次。较小的补货批量使得 7－11 便利店总是能够提供非常新鲜的食品。通过小批量补货，日本 7－11 确保其供货能密切跟踪顾客的需求趋势。

在讨论管理者可以采取何种行动降低周转库存前，必须了解为什么供应链的各环节会大批量生产或采购以及减小批量会如何影响供应链绩效。

在供应链中持有周转库存是为了利用规模经济从而降低成本。例如，用集装箱满箱装运服装从亚洲到北美以降低单位运输成本。一家综合钢厂每批生产数百吨钢材以分摊高额的生产调整准备成本。要理解供应链如何实现规模经济，必须首先确定受批量影响的供应链成本。

单位采购的平均价格（average price paid per unit purchased）是批量决策中的一个关键成本要素。倘若增加批量可以降低单位采购的平均价格，那么采购者可能会加大订货批量。例如，若牛仔裤制造商对牛仔裤的报价是 500 条以下 20 美元/条，500 条以上 18 美元/条，那么 Jean-Mart 公司的门店经理为获得更低的价格至少要订购 500 条牛仔裤。单位支付价格被称为材料成本（material cost），用 C 表示，其单位是美元/单位。在许多实际情况下，材料成本表现出规模经济性，增加订货批量可以降低材料成本。

固定订货成本（fixed ordering cost）是不随订货批量大小变化、每次下订单时都要发生的所有成本的总和。例如，每次下达订单时可能发生的固定管理费用、运输产品时的固定卡车运输成本、接收订货时的固定人工成本。Jean-Mart 公司用卡车运输牛仔裤时，不管运量多少，每辆卡车都要支付 400 美元的运输成本。如果一辆卡车最多能装载 2 000 条牛仔裤，那么批量为 100 条时每条牛仔裤的运输成本为 4 美元，而批量为 1 000 条时每条牛仔裤的运输成本仅为 0.4 美元。由于每批货物的运输成本是固定的，门店经理可以通过增加批量来降低单位运输成本。每批货物的固定订货成本用 S 表示（通常被视为一种调整准备成本），其单位是美元/批。订货成本同样表现出规模经济性，增加批量可以降低单位采购的固定订货成本。

库存持有成本（holding cost）是指一定时间（通常为一年）内持有一个单位产品的库存所发生的成本。它包括资金成本、实际仓储成本和产品陈旧带来的成本。库存持有成本用 H 表示，单位是美元/单位/年。它也可以用产品单位成本的百分比 h 来表示。假设单位成本为 C，则库存持有成本 H 可表示为：

$$H=hC \tag{11.2}$$

总库存持有成本随着订货批量和周转库存的增加而上升。

总之，在任何批量决策中都必须考虑以下成本：

- 单位采购的平均价格，C 美元/单位；
- 每批货物的固定订货成本，S 美元/批；
- 每单位产品每年的库存持有成本，H 美元/(单位·年)，$H=hC$。

本章接下来的部分将讨论在实践中如何估算上述各种成本。但这里为了便于讨论，假设这些成本已知。

周转库存的主要作用在于可以使供应链中的不同环节，在能够使材料成本、固定订货成本、库存持有成本的总和最小的批量下购买产品。如果管理者只考虑库存持有成本，那么他将减少订货批量和周转库存。然而，采购和订货的规模经济会促使管理者增大订货批量和周转库存。在确定订货批量时，管理者必须进行权衡以使总成本最小化。因此，在以下三种典型情况下，供应链的所有环节都会在补货决策中利用规模经济。

1. 每次订货或生产时，都会发生固定成本。
2. 供应商会基于每批的订货量给予价格折扣。
3. 供应商提供短期价格折扣或进行商业促销。

后面几节将分析采购主管可以如何有效利用上述三种情况。理想情况下，制定周转库存决策时应考虑整条供应链的总成本。然后，实际情况往往是供应链中的每一个环节各自独立地制定周转库存决策。正如本章后面所讨论的，这种做法会增加周转库存和供应链总成本。

学习目标1小结

供应链中之所以存在周转库存，是因为大批量生产或采购可以利用规模经济来降低材料成本、订货成本和库存持有成本。当每次订货或生产都会发生固定成本，供应商会提供基于订货批量的价格折扣与短期价格折扣时，利用规模经济的机会也就出现了。减少周转库存可以提高供应链供需匹配的能力。

11.2 利用固定成本获得规模经济

为了更好地理解本节中讨论的权衡，让我们想想日常生活中经常发生的一种情况：食品杂货和家庭用品的采购。我们可以在附近的便利店购买，也可以去距离很远的开市客超市（一家大型消费品仓储式会员制连锁超市）采购。购物的固定成本是去各个购物地点所花的时间。去附近的便利店购买时固定成本要低很多，然而便利店中物品的价格较高。考虑到固定成本，我们往往倾向于相应地调整批量决策。当购买量较少时，选择去附近的便利店，因为较低的固定成本所带来的好处可以弥补便利店产品售价较高的不足；当购买量大时去开市客超市，因为能够以较低的价格购买大量商品，这足以补偿较高的固定成本。

本节将重点讨论每次订货时所产生的与下达订单、收货和运输相关的固定成本。采购经理希望满足需求所需的总成本最小化，因此在制定订货批量决策时必须合理进行成本权衡。为了进行批量决策，假设有如下输入：

D＝产品的年需求

S＝每次订货的固定成本

C＝产品的单位成本

h＝单位产品的年库存持有成本费率（年库存持有成本相当于产品成本的百分比）

11.2.1　与周转库存相关的成本估算实践

实践中，在设定周转库存水平时，经常遇到的一个障碍是订货成本和库存持有成本的估算。由于周转库存模型具有稳健性，我们最好是快速得到一个合理的近似值，而没有必要花费太多时间去精确估算这些成本。

在实践中，应当确定随批量决策变化的那些增量成本，而忽略那些在订货批量发生变化时保持不变的成本。例如，如果一家工厂以 50%的产能运转，所有员工均为全职且不加班，那么可以认为劳动力的增量准备成本为 0。这种情况下，降低批量不会对准备成本产生任何影响，除非劳动力完全满负荷工作（并且加班）或设备完全满负荷充分利用（从而导致产能损失）。

库存持有成本　库存持有成本通常按产品成本的百分比进行估算，它由以下几个主要部分组成：

● **资本成本**。对于那些不会很快陈旧的物品来说，资本成本是库存持有成本的最重要组成部分。计算资本成本的一种适当方法是计算加权平均资本成本（weighted-averaged cost of capital，WACC），它考虑了所要求的企业净资产收益率和债务成本（Brealey and Myers，2000）。加权平均资本成本是对企业资产净值和债务融资加权平均计算得到的，其公式为：

$$WACC=\frac{E}{D+E}(R_f+\beta\times MRP)+\frac{D}{D+E}R_b(1-t)$$

式中，E 为资产净值总额；D 为债务总额；R_f 为无风险收益率（通常为 5%左右的个位百分数，如 5%，6%）；β 为企业 β 系数，衡量股票价格的波动；MRP 为市场风险溢价（为接近 10%的高个位百分数，如 8%，9%）；R_b 为债务资本成本（与债务评级有关）；t 为税率。

以上公式中大部分数据都可以在企业年报和有关该企业的资产研究报告中找到。借贷利率可以借用具有相同信用评级的企业的债券利率。无风险收益率为美国国债的收益率。市场风险溢价是市场收益率与无风险收益率的差额。如果无法了解到企业的财务结构，那么可以用同行业内规模相似的上市企业的数据作为近似值。

● **陈旧（或变质）成本**。陈旧成本是指市场价值或质量下降导致的所储存产品价值的下降率。陈旧成本的变化范围可能会很大。根据物品类型的不同，陈旧成本可以从百分之几千到几乎为零。易腐品具有较高的陈旧成本。对于非易腐品，如果生命周期很短，也可能具有很高的陈旧成本。生命周期为 6 个月的某产品的陈旧成本高达 200%。相反，像原油这样很难陈旧或变质的产品，陈旧成本就比较低。

● **搬运成本**。搬运成本应当只包括那些随收货数量变化而变化的增量收货成本和储存成本。那些和订货数量无关，仅随订货次数变化而变化的搬运成本应当包括在订货成本中。当数量仅在一定范围内变化时，与数量相关的搬运成本往往是不变的。如果数量变化未超过此范围（如在一定时间内，一个由 4 名工人组成的小组的卸货能力范围），那么库存持有成本中的增量搬运成本为零。如果需搬运的货物量较大，需要增加人手，那么增加的搬运成本应计入库存持有成本中。

- **空间占用成本**。空间占用成本反映的是周转库存变化导致的空间成本的增量变化。如果企业是根据实际存放的货物数量来支付仓储费用，就可以直接得到空间占用成本。企业通常是租用或购买一定仓储空间。只要周转库存的增加不改变对仓储空间的需求，那么空间占用成本增量为零。空间占用成本通常表示为分段函数的形式，当已有空间被完全利用，需要获取新的空间时，成本会突然上升。
- **杂项成本**。库存持有成本中还包括其他一些相对细微的成本。这些成本包括盗窃、安保、损坏、税收和其他一些额外的保险费用。这里再次强调，我们需要估算的是周转库存变动时引起的成本增加部分。

订货成本　订货成本包括与发出或接收一笔额外订单相关的所有增量成本，这些增量成本与订货批量无关。订货成本包括以下组成部分：

- **采购员的时间成本**。采购员的时间是指采购员下达额外订单所增加的时间。只有在采购员全负荷工作时，才需要考虑该成本。让一个空闲的采购员进行订货所产生的增量成本为零，不会增加订货成本。电子订货可以大幅降低采购员的订货时间。
- **运输成本**。无论订货批量多大，一般都会发生固定的运输成本。例如，如果每次货物交付都安排一辆卡车，那么装运半车货和卡车满载时的成本是完全一样的。零担运输定价也包括固定部分和可变部分。固定部分与所装运货物量无关，可变部分随装运数量的变化而变化。其中固定部分应当包括在订货成本中。
- **收货成本**。无论订货批量大小，都会发生一些收货成本。包括对单等管理工作以及与更新库存记录相关的工作。随数量变动的收货成本不应当包括在订货成本中。
- **其他成本**。每一种情况下都可能存在一些仅和订货次数有关而与订货批量无关的需要考虑的特殊成本。

订货成本可用以上所有组成部分的总和来估算。

11.2.2　单一产品的最优订货批量（经济订货批量）

本节将介绍稳定需求下如何确定单一产品的最优采购或生产批量。以百思买的采购主管为例，每次百思买门店售完其现有库存中的苹果电脑时，采购主管都会发出一个批量为 Q 台的补货订单。包括运输成本在内，百思买每次订货的固定成本为 S 美元。采购主管必须决定每次从苹果公司订购的电脑数量。

假设苹果公司不提供价格折扣，且无论订单数额多大，每台电脑的成本均为 C 美元。因此库存持有成本 $H=hC$。首先，给定基本假设条件如下：

1. 需求是稳定的，单位时间需求为 D。
2. 不允许缺货，也就是说库存可以满足所有需求。
3. 补货提前期为常量（最初假设为零）。

采购主管要确定订货批量以使门店总成本最小。在确定批量时，必须考虑以下三种成本：

- 年材料成本；

- 年订货成本；
- 年库存持有成本。

由于采购价格与批量无关，因此

$$\text{年材料成本}=CD$$

订货次数必须能够满足年需求 D。给定订货批量为 Q，那么

$$\text{年订货次数}=\frac{D}{Q} \tag{11.3}$$

由于每次订货时都会发生订货成本 S，可推出：

$$\text{年订货成本}=\left(\frac{D}{Q}\right)S \tag{11.4}$$

给定订货批量为 Q，那么平均库存为 $Q/2$。因此，年库存持有成本为持有 $Q/2$ 单位库存一年的成本，其表达式为：

$$\text{年库存持有成本}=\left(\frac{Q}{2}\right)H=\left(\frac{Q}{2}\right)hC$$

年总成本 TC 即为上述三项成本之和：

$$\text{年总成本 } TC=CD+\left(\frac{D}{Q}\right)S+\left(\frac{Q}{2}\right)hC$$

图 11-2 显示了各种成本随着订货批量变化的情况。注意到，年库存持有成本随着订货批量的增大而升高。相反，年订货成本则随订货批量的增大而降低。因为我们假设产品价格固定不变，所以材料成本与订货批量无关。因此，随着订货批量的增加，年总成本先是下降，然后上升。

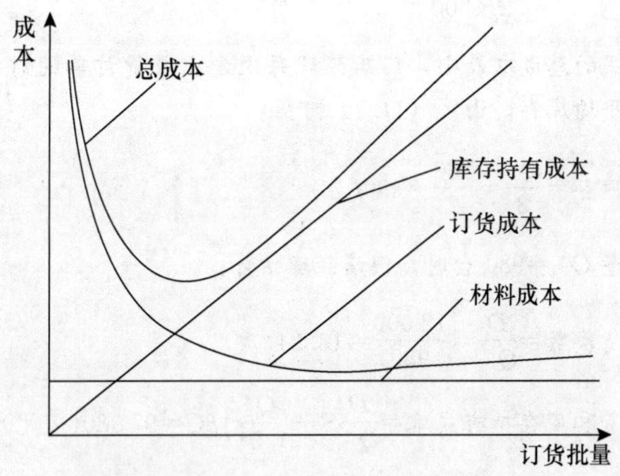

图 11-2　订货批量对百思买成本的影响

在百思买的管理者看来，最优订货批量即能够使总成本最低的那个批量。将年总成本函数对 Q 求一阶导数，并令一阶导数为 0，可得最优订货批量（参见本章末附录 11A）。最优订货批量又称经济订货批量（economic order quantity，EOQ），用 Q^* 表示，其计算公式如下：

$$Q^*=\sqrt{\frac{2DS}{hC}} \tag{11.5}$$

应用上述公式时需注意的是，库存持有成本费率 h 和需求 D 的时间单位应一致，这点非常重要。订货批量为 Q^*，则系统中周转库存为 $Q^*/2$。单位产品在系统中的流动时间则为 $Q^*/(2D)$。当最优订货批量增大时，周转库存和流动时间也随之增加。最优订货次数用 n^* 表示，且

$$n^*=\sqrt{\frac{DhC}{2S}} \tag{11.6}$$

在例 11－1 中（参见电子数据表 Chapter 11-examples 1-6 中的工作表 Example 11-1），我们将说明经济订货批量公式的应用和确定订货批量的过程。

例 11－1

经济订货批量

百思买对 Deskpro 电脑的月需求为 1 000 台。每次订货的固定订货、运输和收货成本为 4 000 美元。每台电脑的成本为 500 美元，零售商的年库存持有成本费率为 20%。计算门店经理每次补货应订购多少台电脑。

分析：

本例中，门店管理者已知数据如下：年需求 $D=1\,000\times12=12\,000$ 台，每批订货成本 $S=4\,000$ 美元，每台电脑的单位成本 $C=500$ 美元，年库存持有成本费率 $h=0.2$。

运用经济订货批量公式，即式（11.5）计算，求得最优订货批量为：

$$Q^*=\sqrt{\frac{2\times12\,000\times4\,000}{0.2\times500}}=980(\text{台})$$

为使百思买的总成本最小，门店经理每次发出补货订单的订货批量为 980 台。周转库存为对应的平均库存，由式（11.1）可得：

$$\text{周转库存}=\frac{Q^*}{2}=\frac{980}{2}=490(\text{台})$$

当订货批量 $Q^*=980$ 台时，门店经理估计：

$$\text{年订货次数}=\frac{D}{Q^*}=\frac{12\,000}{980}=12.24(\text{次})$$

$$\text{年订货和库存持有成本}=\frac{D}{Q^*}S+\left(\frac{Q^*}{2}\right)hC=97\,980(\text{美元})$$

$$\text{平均流动时间}=\frac{Q^*}{2D}=\frac{980}{2\times12\,000}=0.041(\text{年})=0.49(\text{月})$$

因此，当订货批量为 980 台时，每台电脑售出前在百思买平均存放 0.49 个月。

由例 11－1（见工作表 Example 11-1）可获得一些关键的启示。若订货批量为 1 100 台（而不是 980 台），则年成本将从 97 980 美元上升至 98 636 美元。尽管该订货批量比最优订货批量多 10%以上，但总成本仅增加 0.67%。这一

结果对于实践非常有用。例如，百思买可能发现闪存驱动器的经济订货批量为 6.5 箱。但制造商可能不太愿意运输半箱货物，并可能要对此收取额外费用。讨论表明，百思买的订货批量为 6 箱或者 7 箱可能更好，因为这种改变对与库存相关成本的影响很小，但节省了制造商运输半箱货物要收取的额外费用。

要点

在经济订货批量附近，订货成本和库存持有成本相对稳定。与完全按经济订货批量进行订货相比，按一个接近经济订货批量的合适批量进行订货通常会更好一些。

如果百思买电脑的月需求增加为 4 000 台（需求增加为原来的 4 倍），由经济订货批量公式求得的最优订货批量和年订货次数都将增加为原来的 2 倍。然而，平均流动时间却缩短为原来的 1/2。也就是说，如果订货批量取最优订货批量，那么随着需求的增加，以满足需求的天数（或月）来表示的周转库存会降低。以上观察结果可表述为如下要点。

要点

如果需求增加 k 倍，最优订货批量将增加为原来的$\sqrt{k}$倍，年订货次数也将增加为原来的$\sqrt{k}$倍。周转库存流动时间将下降为原来的 $1/\sqrt{k}$。

让我们回到对 Deskpro 电脑的月需求为 1 000 台的情况。现在假设经理为了缩短流动时间而将订货批量减少为 $Q=200$ 台。假设只有订货批量减少，其他条件均不变，则有：

$$年库存持有成本=\frac{D}{Q}S+\left(\frac{Q}{2}\right)hC=250\,000(美元)$$

这明显高于例 11－1 中百思买订货批量为 980 台时的总成本 97 980 美元。因此，显而易见，基于财务方面的考虑，门店经理不会愿意将订货批量减少为 200 台。要使得降低订货批量可行，门店经理应努力减少固定订货费用 S。倘若每次订货的固定成本（从目前的 4 000 美元）降为 1 000 美元，则最优订货批量将（从目前的 980 台）减少至 490 台。下面用例 11－2（见工作表 Example 11-2）说明期望的订货批量与订货成本之间的关系。

例 11－2

期望的订货批量与订货成本之间的关系

百思买的门店经理希望将最优订货批量从 980 台降低至 200 台。门店经理想知道，要使 200 台的订货批量成为最优订货批量，每批订货成本应降低到多少。

分析：

依题意，已知：期望的订货批量 $Q^*=200$ 台，年需求 $D=1\,000\times12=12\,000$ 台，每台电脑的单位成本 $C=500$ 美元，年库存持有成本费率 $h=0.2$。

由经济订货批量公式，即式（11.5），可得期望的订货成本为：

$$S=\frac{hC(Q^*)^2}{2D}=\frac{0.2\times 500\times 200^2}{2\times 12\,000}=166.7(美元/批)$$

因此，要想使200台成为最优订货批量，门店经理必须将每批订货的成本由4 000美元降低为166.7美元。

正如稍后将讨论的，将多种产品集中在一个订单进行订货通常有助于降低固定订货成本。例11-2中得出的观察结果可表述如下。

要点

要将最优订货批量减少为原来的$1/k$，固定订货成本S必须降低为原来的$1/k^2$。

11.2.3 经济生产批量

在经济订货批量模型中，隐含假设是整批产品同时到货。虽然对于零售商接收补货订单来说这可能是一个合理的假设，但这一假设不符合企业生产过程的实际。在生产环境下，产品是以一定的速率P逐渐生产出来的。那么，在生产正在进行时，库存以$P-D$的速率上升。当生产停止时，库存按速率D下降。

在这种情况下，经济订货批量模型可以变形为经济生产批量（EPQ）模型，公式如下所示，其中D，h，C，S的定义与前面相同。

$$Q^P=\sqrt{\frac{2DS}{(1-D/P)hC}}$$

$$年调整准备成本=\left(\frac{D}{Q^P}\right)S$$

$$年库存持有成本=(1-D/P)\left(\frac{Q^P}{2}\right)hC$$

从以上公式可以观察到，经济生产批量模型就是经济订货批量模型乘以一个校正系数。当生产速率远快于需求消耗速率时，该校正系数趋近于1。

由于在多数供应链环境下整批货物多是同时到货的，因此本章后面的内容主要研究整批订货同时到达的情况。

11.2.4 能力约束条件下的订货批量

到目前为止，我们的讨论都假定零售商按经济订货批量订购的所有产品均能装上一辆卡车。但事实上，卡车的运输能力K是有限的。如果经济订货量Q小于K，零售商应在每一订单中每次订购Q单位产品。如果经济订货批量Q大于K，那么零售商就必须支付多于一辆卡车的运输费用。在这种情况下，需要将订购K单位产品（满车）的成本与订购Q单位产品（Q/K辆卡车）的成本进行比较，然后确定最优订货批量。如果订货成本S主要是来自卡车的成本，那么订货批量超过一辆卡车的运输能力绝对不是最优选择。在这种情况下，最优订货批量应选择经济订货批量和卡车运输能力（K）中的较小者。

学习目标 2 小结

在确定最优订货批量时，供应链的目标是使总成本（订货成本、库存持有成本和材料成本）最小。年库存持有成本随着订货批量的增大而增加，年订货成本随着订货批量的增大而减少。在某些情况下，年材料成本也会随着订货批量的增加而减少。经济订货批量就是对年订货成本、年库存持有成本、年材料成本这三种成本进行平衡后得到的最优订货批量。订货和运输成本越高，订货批量和周转库存越高。如果与每次订货相关的固定成本下降的话，最优订货批量也会减少。

11.3　一个订单中集中订购多种产品

正如之前所指出的，减少批量的关键是降低每批订货的固定成本。固定成本的一个主要来源就是运输。在一些企业，所出售的产品被划分为产品族或产品群，每个产品群都单独由一位产品主管专门负责。这导致每个产品族也都是单独进行订货和运送的，从而增加了总的周转库存。集中不同产品族的订货和运输能降低每一产品族的固定运输成本，是一个降低周转库存的有效机制。下面将举例说明集中装运的好处。

仍然使用例 11－1 中的数据。假设百思买购买四种不同型号的电脑，四种型号每个月的需求均为 1 000 台。在这种情况下，如果每个产品主管单独订货，那么每个型号的订货批量均为 980 台（见工作表 Example 11－1）。因此，四种型号电脑的总周转库存为 $4\times980/2=1\,960$ 台。

现在考虑这样一种情况，百思买的门店经理意识到四种型号的电脑都是从同一供应商处采购装运来的，因此要求产品主管协调采购，以确保四种型号电脑可以用同一辆卡车运来。在这种情况下，四种型号电脑的最优联合订货批量变为 1 960 台（把 $S=4\,000$，$D=4\times12\,000=48\,000$，$hC=500\times0.2=100$ 代入式（11.5）求得）。这相当于每种型号电脑的订货批量为 490 台。通过集中来自同一供应商的不同产品的订单，可以使固定运输成本分摊到多种不同的产品上。这使得百思买的门店经理可以将每种型号电脑的订货批量由 980 台减少至 490 台，实现财务上的最优。这一举措大大降低了百思买的周转库存和成本。

另一种可以实现集中的方法是，将来自多个供应商的不同货物集中在一起运输（固定运输成本分摊到多个供应商），或由一辆卡车给多个零售商送货（让固定运输成本在多个零售商间分摊）。那些从亚洲进口产品到美国的企业，一直努力集中来自不同供应商的货物运输（通常做法是在亚洲建立一个转运中心，所有供应商都把货物运至转运中心，这样可以实现运输的规模经济，同时实现每个供应商更少量、更频繁的交付）。

沃尔玛和其他一些零售商（如日本 7－11 公司）都利用越库作业，在无须中转库存的情况下实现了多个供应点和交付点的集中。每个供应商都将整车的货物运送至配送中心，车上集中装载着将送往多个零售店的货物。在配送中心，进站货车卸货，产品经过越库作业直接转运到出站货车上。每辆出站货车上装载的是将运往同一零售店的货物，其中集中了多家供应商的产品。

在考虑固定成本时，不能忽视收货成本或装货成本。单个订单中包括的产品种类越多，一辆卡车上装载的产品种类也就越多，从而收货仓库不得不为每辆卡车上更多的产品更新库存记录。此外，由于不同的货物要分别存放在不同的地方，把库存产品放入储存区的费用也会有所提高。因此，当试图减少订货批量时，减少这些随货物多样性而增加的成本非常重要。提前发货通知是供应商通过电子方式发送给顾客的、包括卡车上所装载物品的准确记录的文件。这些电子通知方便了库存记录的更新和仓储空间的选定，有助于降低固定收货成本。射频识别技术同样可以帮助降低收货产品种类增加导致的相关固定成本。固定收货成本的降低使得减少每种产品的订货批量成为最佳选择，从而减少了周转库存。

接下来将讨论在固定成本不仅有与每批订货相关，而且与订货中货物的种类相关的情况下，如何确定最优订货批量。

通常，一个订单的订货、运输、收货成本会随着产品种类或装载点数目的增加而增加。例如，沃尔玛接收一辆只装载一种产品的卡车的成本要比接收一辆装载多种产品的卡车的成本低很多，这是因为单一产品的库存更新和存放工作量要少得多。一次订货的固定成本中包括运输成本（这部分成本仅与装载量有关，而与货车装载的产品种类多少无关），另外还包括装货和收货成本（这部分成本随着装载产品种类的增加而增加）。现在，我们来讨论这种情况下应该如何确定最优订货批量。

我们的目标是找到使总成本最小化的订货批量和订货政策。假定以下条件已知：

D_i＝产品 i 的年需求

S＝每次订货时的成本，与订单中的产品种类无关

s_i＝订单中包括产品 i 时产生的额外订货成本

在百思买订购多种机型的情况下，门店经理可以考虑以下三种确定订货批量的方法。

1. 每位产品主管分别订购自己负责型号的产品。

2. 产品主管联合订货，每批订单都订购所有型号的产品。

3. 产品主管联合订货，但并非每批订单都包含所有型号的产品；或者说，每批订单只订购所选的部分产品。

第一种方法没有使用任何集中，因此成本最高。第二种方法在每次订货中都集中了所有产品，因此订货成本 S 被分摊到多种产品上。其缺点是低需求产品和高需求产品一样都集中到每一次订货中，从而导致每个订单都会产生额外订货成本 s_i。如果低需求产品的特定订货成本很高，那么采用这种完全集中的策略将导致较高的总成本。在这种情况下，低需求产品的订货频率低于高需求产品的订货频率的做法可能更有利，因为它可以减少与低需求产品相关的特定订货成本。因此，第三种方法的成本可能最低，但这种方法实施起来也更复杂。

我们以百思买采购电脑的例子来说明以上三种方法对供应链成本的影响。

每种产品单独订货和运输　在此方法中，每种产品的订货相互独立。在这种情形下计算订货批量时，对每种产品都采用经济订货批量公式，如例 11－3 所示（参

见电子数据表 Chapter 11-examples 1-6 中的工作表 Example 11-3)。

例 11-3

多产品分别订货和运输

百思买销售三种型号的电脑：Litepro，Medpro 和 Heavypro。三种产品的年需求分别为：Litepro 的年需求 $D_L=12\ 000$ 台，Medpro 的年需求 $D_M=1\ 200$ 台，Heavypro 的年需求 $D_H=120$ 台。单台电脑的成本均为 500 美元。每次订货的固定运输成本为 4 000 美元。另外，订购并装载在同一辆卡车上运送的每种型号电脑都会因为收货和储存而产生额外的固定成本 1 000 美元。百思买的年库存持有成本费率为 20%。如果每种产品分别订货和运输，计算百思买的经营者应当选择的订货批量，同时计算上述订货策略下的年成本。

分析：

本例中，已知如下信息：需求 $D_L=12\ 000$ 台/年，$D_M=1\ 200$ 台/年，$D_H=120$ 台/年；共同订货成本 $S=4\ 000$ 美元；产品特定订货成本 $s_L=1\ 000$ 美元，$s_M=1\ 000$ 美元，$s_H=1\ 000$ 美元；年库存持有成本费率 $h=0.2$；单位成本 $C_L=500$ 美元，$C_M=500$ 美元，$C_H=500$ 美元。

由于每种型号产品分开订货和运输，因此不同的卡车分别运送不同的产品。所以，对于每种产品的交付，固定订货成本为 5 000 美元（4 000+1 000）。最优订货策略及其产生的成本（当三种产品分开订货时）可用经济订货批量公式（式（11.5））求出，如表 11-1 所示。

表 11-1　独立订货时的订货批量和成本

	Litepro	Medpro	Heavypro
年需求（台）	12 000	1 200	120
每次订货的固定成本（美元/次）	5 000	5 000	5 000
最优订货批量（台）	1 095	346	110
周转库存（台）	548	173	55
年库存持有成本（美元）	54 772	17 321	5 477
订货频率（次/年）	11	3.5	1.1
年订货成本（美元）	54 772	17 321	5 477
平均流动时间（周）	2.4	7.5	23.7
年总成本（美元）	109 544	34 642	10 954

注：虽然这些数据是正确的，但由于四舍五入，有些数据可能与计算结果有差异。

一年中，Litepro 型号电脑订货 11 次，Medpro 型号订货 3.5 次，Heavypro 型号订货 1.1 次。如果三种型号电脑分别单独订货，百思买的年订货和库存持有成本为 155 140 美元。

每种产品单独订货易于实施，但忽视了集中订单可以带来的降低成本的机会。因此，百思买的产品主管可以通过将所有不同型号产品集中在同一辆卡车上运输来降低成本。接下来我们考虑每次订货都同时订购三种型号产品并集中装载到同一辆卡车上进行运输的情况。

三种型号产品联合订货和运输　若每次订货都包括所有三种机型，则联合订货的固定订货成本为：

$$S^*=S+s_L+s_M+s_H$$

下一步是确定最优订货频率。设 n 为年订货次数，于是

$$年订货成本=S^* n$$

$$年库存持有成本=\frac{D_L hC_L}{2n}+\frac{D_M hC_M}{2n}+\frac{D_H hC_H}{2n}$$

因此，年总成本为：

$$年总成本=\frac{D_L hC_L}{2n}+\frac{D_M hC_M}{2n}+\frac{D_H hC_H}{2n}+S^* n$$

将年总成本函数对 n 求一阶导数，并令一阶导数为 0，可以得到使年总成本最小化的最优订货频率。最优订货频率 n^* 为：

$$n^*=\sqrt{\frac{D_L hC_L+D_M hC_M+D_H hC_H}{2S^*}} \tag{11.7}$$

式（11.7）可以推广至单个订单中包含 k 种产品的情形：

$$n^*=\sqrt{\frac{\sum_{i=1}^{k} D_i hC_i}{2S^*}} \tag{11.8}$$

在这种情形下，通过比较最优订货频率 n^* 下的总负荷与卡车运输能力，还能将卡车的运输能力纳入统筹考虑。如果最优载货量超过了卡车的运载能力，就需要增大 n^* 直到载货量与卡车运载能力相等为止。通过将不同的 k 值代入式（11.8），还可以确定在一次运输中联合运输的产品种类或供应商的最优数量。

在例 11-4 中，我们将考虑百思买的产品主管每次订货都包括三种型号产品的情形（见工作表 Example 11-4）。

例 11-4

多产品联合订货和运输

使用例 11-3 中百思买的数据。产品主管决定在每次订货时联合订购三种型号产品，计算每种型号产品的最优订货批量。

分析：

由于每次订货中都包含三种型号产品，因此联合订货成本为：

$$S^*=S+s_L+s_M+s_H=7\,000(美元/次)$$

利用式（11.7），可得最优订货频率为：

$$n^*=\sqrt{\frac{12\,000\times100+1\,200\times100+120\times100}{2\times7\,000}}=9.75(次)$$

因此，如果每次订货和运输都包括三种机型，百思买的产品主管每年应订货 9.75 次。这种情况下的订货策略和成本如表 11-2 所示。

表 11-2　百思买联合订货时的批量和成本

	Litepro	Medpro	Heavypro
年需求 D（台）	12 000	1 200	120
订货频率 n^*（次/年）	9.75	9.75	9.75
最优订货批量 D/n^*（台）	1 230	123	12.3
周转库存（台）	615	61.5	6.15
年库存持有成本（美元）	61 512	6 151	615
平均流动时间（周）	2.67	2.67	2.67

由于每年订货 9.75 次，每次订货总成本为 7 000 美元，因此

年订货成本＝9.75×7 000＝68 250(美元)

在上述订货策略下，三种型号的年订货和库存持有成本如下：

年订货和库存持有成本＝61 512＋6 151＋615＋68 250＝136 528(美元)

通过联合订购所有产品，百思买的产品主管将年总成本从 155 140 美元降至 136 528 美元，降低了大约 12%。

在例 11-5 中（参见工作表 Example 11-5），我们将考虑存在能力约束时的最优集中订货和运输策略。

例 11-5

能力约束下的聚集

固安捷公司有数百家供应商，正在考虑通过集中内向运输降低成本。一卡车货物的运输成本为 500 美元，装货成本为 100 美元。对每个供应商的平均年需求均为 10 000 单位货物。货物的单位成本为 50 美元，固安捷的年库存持有成本费率为 20%。如果固安捷公司决定将每 4 家供应商的货物集中在一辆卡车上进行运输，那么最优订货批量和最优订货频率分别为多少？若每辆卡车的装载能力为 2 500 单位货物，那么最优订货批量和最优订货频率又为多少？

分析：

本例中，固安捷公司已知以下数据：每种产品的需求 $D_i=10\,000$ 单位，年库存持有成本费率 $h=0.2$，每种产品的单位成本 $C_i=50$ 美元，共同订货成本 $S=500$ 美元，供应商特定订货成本 $s_i=100$ 美元。

4 家供应商联合订货的成本为：

$$S^*=S+s_1+s_2+s_3+s_4=900(\text{美元/次})$$

利用式（11.8），可得最优订货频率为：

$$n^*=\sqrt{\frac{\sum_{i=1}^{4}D_ihC_i}{2S^*}}=\sqrt{\frac{4\times 10\,000\times 0.2\times 50}{2\times 900}}=14.91(\text{次})$$

因此固安捷公司每年最优订货次数为 14.91 次。每家供应商的年订货成本为：

$$年订货成本=14.91\times\frac{900}{4}=3\,355(美元)$$

从每家供应商订货的批量 $Q=10\,000/14.91=671$ 单位/次，每家供应商的年库存持有成本为：

$$每家供应商的年库存持有成本=\frac{hC_iQ}{2}=0.2\times50\times\frac{671}{2}=3\,355(美元)$$

然而，在这种策略下，要求每辆卡车的总装载能力为 4×671=2 684（单位）。如果一辆卡车的装载能力为 2 500 单位，就必须增加订货频率以保证从每家供应商的订货量为 2 500/4=625（单位）。因此，固安捷公司应该增加订货频率至 10 000/625=16（次）。由于卡车的装载能力有限，年最优订货次数从未考虑卡车装载能力时的 14.91 次增加到 16 次。这将使每家供应商的年订货成本增加至 3 600 美元，年库存持有成本降为 3 125 美元。

全部产品联合订货的主要优点是易于管理和实施，缺点是没有足够的选择性，无法有选择性地将特定型号产品组合在一起订货。如果特定产品订货成本较高且各产品的销售量差异很大，那么可以在一次订货中有选择性地将某些产品进行联合订货来降低成本。

下面将考虑这样一种策略，即产品主管仍彼此协调订货，但不需要每次都订购所有型号的产品。

选定的部分产品联合订货和运输　首先说明在一次订货中有选择地进行产品联合订货是如何降低成本的。让我们回到例 11－4，管理者决定在每次订货时都订购三种型号的电脑。由例 11－4 可知，最优的策略是每年订货 9.75 次。该策略的缺点在于，对于 Heavypro 型号的电脑，虽然年需求仅为 120 台，但也订购了 9.75 次。由于每种型号电脑每次订货的特定订货成本均为 1 000 美元，那么每台 Heavypro 电脑的特定订货成本达 1 000/(120/9.75)=81.25 美元。如果每 4 次订货订购一次 Heavypro 电脑（而不是每次订货都订购该型号），将节省 9 750×(3/4)=7 312.5（美元）的特定产品订货成本（每 4 次订货中节省 3 次特定产品订货成本）。但是库存持有成本增加了 500×0.2×[(120/9.75)/2]×3=1 846.15（美元），因为 Heavypro 电脑的批量从 120/9.75 上升到 120×(4/9.75)。相对于所有型号产品完全联合订货，该策略的年总成本降低了 5 466 美元以上。这说明了联合订货中有选择地进行产品联合订货的价值。

现在讨论有选择地实施产品联合订货的具体步骤。这里讨论的步骤并不一定会带来最优方案，但由此确定的订货策略的成本接近最优。首先确定每次都需订购的“订货频率最高”的产品，然后将共同固定成本 S 全部分配给该产品。对于其他“订货频率较低”的每种产品 i，订货频率仅由各种产品的特定订货成本 s_i 决定。然后调整频率，使产品 i 每 m_i 次订货一次，m_i 为整数。下面详细介绍具体的步骤。

首先描述一般过程，然后再具体举例说明。假设产品用 i 来标记，i 在 $1\sim l$ 之间取值（假定共有 l 种产品）。产品 i 的年需求为 D_i，单位成本为 C_i，产品特定订

货成本为 s_i，共同订货成本为 S。

步骤 1：找出每种产品单独订货时订货频率最高的产品。在这种情况下，分配给每种产品的固定成本均为 $S+s_i$。利用式（11.6），计算每种产品 i 的订货频率如下：

$$\overline{n}_i=\sqrt{\frac{hC_iD_i}{2(S+s_i)}}$$

以上计算的是产品 i 单独订货时的订货频率（每次订货产生的固定成本为 $S+s_i$）。取 $\overline{n}$ 为订货频率最高的产品 i^* 的订货频率，也就是说 $\overline{n}_{i^*}$ 是所有 $\overline{n}_i$ 中的最大值（$\overline{n}=\overline{n}_{i^*}=\max\ \{\overline{n}_i,\ i=1,\ \cdots,\ l\}$）。订货频率最高的产品 i^* 每次都订货。

步骤 2：对于所有 $i\neq i^*$ 的产品，计算订货频率如下：

$$\overline{\overline{n}}_i=\sqrt{\frac{hC_iD_i}{2s_i}}$$

$\overline{\overline{n}}_i$ 代表当产品 i 每次订货仅产生特定固定成本 s_i 时的期望订货频率。

步骤 3：我们的目标是让每种产品 $i(i\neq i^*)$ 每隔几次（整数次）就与订货频率最高的产品 i^* 一起订购一次。对于所有 $i\neq i^*$ 的产品 i，计算产品 i 的订货频率相对于订货频率最高的产品的订货频率 i^* 的关系值 m_i：

$$m_i=\lceil \overline{n}/\overline{\overline{n}}_i \rceil$$

这里，$\lceil\ \rceil$是向上取整运算符号，即将小数向上圆整为最接近的整数。产品 i 将每 m_i 次订货与最频繁订货的产品一起订购一次。由于订货频率最高的产品 i^* 每次都订货，因此 $m_{i^*}=1$。

步骤 4：确定每种产品 i 的订货频率后，重新计算订货频率最高的产品 i^* 的订货频率 n：

$$n=\sqrt{\frac{\sum_{i=1}^{l}hC_im_iD_i}{2(S+\sum_{i=1}^{l}s_i/m_i)}} \tag{11.9}$$

注意，步骤 4 计算出的订货频率最高的产品 i^* 的订货频率 n 优于步骤 1 计算出的 $\overline{n}$。这是因为步骤 4 的计算考虑到其他每一种产品 i 是每 m_i 次与产品 i^* 一起订货采购一次。

步骤 5：对每一种产品，计算订货频率 $n_i=n/m_i$ 和该订货策略下的总成本。年总成本计算公式如下：

$$TC=nS+\sum_{i=1}^{l}n_is_i+\sum_{i=1}^{l}\left(\frac{D_i}{2n_i}\right)hC_i$$

通过上述过程，可以得到定制化集中（tailored aggregation）策略。在该策略下，高需求产品的订货频率较高，低需求产品的订货频率较低。在例 11－6 中（参见工作表 Example 11-6），考虑使用定制化集中策略来分析例 11－3 中百思买公司的订货决策问题。

例 11-6

随订货批次变化的、选定的部分产品联合订货和运输

此处使用例 11-3 中的数据。产品主管决定联合订货，但对于每次订货中包含哪些产品将有所选择。根据以上介绍的步骤，制定订货策略并计算成本。

分析：

回顾前例，$S=4\,000$ 美元，$s_L=1\,000$ 美元，$s_M=1\,000$ 美元，$s_H=1\,000$ 美元。实施步骤 1，可得：

$$\bar{n}_L=\sqrt{\frac{hC_LD_L}{2(S+s_L)}}=11.0(\text{次/年})$$

$$\bar{n}_M=\sqrt{\frac{hC_MD_M}{2(S+s_M)}}=3.5(\text{次/年})$$

$$\bar{n}_H=\sqrt{\frac{hC_HD_H}{2(S+s_H)}}=1.1(\text{次/年})$$

显然，Litepro 是订货频率最高的产品。因此，设 $\bar{n}=11.0$（次）。

实施步骤 2，计算 Medpro 和 Heavypro 分别与 Litepro 一起订货的频率。首先我们可以得到：

$$\bar{\bar{n}}_M=\sqrt{\frac{hC_MD_M}{2s_M}}=7.7(\text{次/年})$$

$$\bar{\bar{n}}_H=\sqrt{\frac{hC_HD_H}{2s_H}}=2.4(\text{次/年})$$

下面实施步骤 3 可以计算出：

$$m_M=\left\lceil\frac{\bar{n}}{\bar{\bar{n}}_M}\right\rceil=\left\lceil\frac{11.0}{7.7}\right\rceil=2(\text{次/年})$$

$$m_H=\left\lceil\frac{\bar{n}}{\bar{\bar{n}}_H}\right\rceil=\left\lceil\frac{11.0}{2.4}\right\rceil=5(\text{次/年})$$

因此，Medpro 应当隔次订货，而 Heavypro 每 5 次订货仅订 1 次（订货频率最高的产品 Litepro 每次都订货）。确定了每种产品的订货频率后，下面需要实施步骤 4（式(11.9)）重新计算订货频率最高的产品的订货频率，即：

$$n=\sqrt{\frac{hC_Lm_LD_L+hC_Mm_MD_M+hC_Hm_HD_H}{2(S+s_L/m_L+s_M/m_M+s_H/m_H)}}=11.47(\text{次/年})$$

因此，Litepro 每年订货 11.47 次。接下来，实施步骤 5 得到每种型号产品的订货频率：

$$n_L=11.47(\text{次/年})$$

$$n_M=11.47/2=5.74(\text{次/年})$$

$$n_H=11.47/5=2.29(\text{次/年})$$

上述三种型号产品的订货策略及相应的成本如表 11-3 所示。

表 11-3　定制化集中订货策略下的订货批量和成本

	Litepro	Medpro	Heavypro
年需求 D（台）	12 000	1 200	120
订货频率 n（次/年）	11.47	5.74	2.29
订货批量 D/n（台）	1 046	209	52
周转库存（台）	523	104.5	26
年库存持有成本（美元）	52 307	10 461	2 615
平均流动时间（周）	2.27	4.53	11.35

该策略下的年库存持有成本为 65 383.5 美元。年订货成本为：

$$nS+n_Ls_L+n_Ms_M+n_Hs_H=65\ 383.5(\text{美元})$$

因此，年总成本等于 130 767 美元。与将所有机型全部联合订货相比，定制化集中策略节省了大约 5 761 美元（约 4%）。成本下降的原因在于每种产品 1 000 美元的特定产品订货成本并不是每次订货时都发生。

从百思买的例子中看到，集中订货可以大大节约成本，降低供应链的周转库存。当相对于固定成本 S 来说，特定产品订货成本 s_i 较低时，采取完全集中策略，也就是每次订货都联合订购所有产品将非常有效。在这种情况下定制化集中策略带来的价值很有限，有可能得不偿失。如果取 s_i 为 300 美元（在工作表 Example 11-3 中将单元格 D5：D7 数据改为 300），然后重复计算例 11-3、例 11-4、例 11-5 发现，与完全集中策略相比，定制化集中策略仅节约了 1%的成本。而相对于没有集中订货的情况，完全集中策略节约了 25%以上的成本。但是，特定产品订货成本越高，定制化集中越有效。如果取 s_i 为 3 000 美元，然后重复计算例 11-3、例 11-4、例 11-5（工作表 Example 11-3 中单元格 D5：D7 数据改为 3 000）发现，相较于没有集中订货的情况，完全集中策略实际上增加了成本，但定制化集中相较于没有集中订货的情况则节约了大约 10%的成本。一般来说，当特定产品订货成本很低时，应该采用完全集中策略；当特定产品订货成本很高时，则应当采用定制化集中策略。

学习目标 3 小结

在不增加成本的前提下减少订货批量的关键是减少每次订货相关的固定成本。可以通过集中多种产品、多个顾客、多家供应商的订货来达到减少固定成本的目的。如果特定产品订货成本很低，宜采用完全集中策略，也就是每次订货中都包括所有不同的产品。如果特定产品订货成本很高，定制化集中策略会更有效，也就是每次订货中只是有选择性地包括部分产品。

11.4　利用数量折扣获取规模经济

现在来看鼓励买方大批量购买的定价方案。在 B2B 交易中，定价方案很多呈现出规模经济，价格随着订货批量的增加而下降。如果定价时视一次订货多少提供折扣，这种以订货批量为基础的折扣称为基于批量的数量折扣（lot-size based）。如果定价时视给定时期内采购总量多少提供折扣，而不管该期间的采购次数如何，这种以总订货量为基础的折扣称为基于总量的数量折扣（volume based）。在本节中将看到，基于批量的数量折扣往往会导致订货批量和供应链中周转库存增加。两种常用的基于批量的数量折扣方案为：

- 全部单位数量折扣；
- 边际单位数量折扣或多区间价目表。

为了研究这种数量折扣对供应链的影响，必须回答以下两个基本问题：

1. 基于有数量折扣的定价方案，追求利润最大化的买方的最优采购决策是什么？该决策将如何影响供应链订货批量、周转库存和流动时间？

2. 供应商应当在怎样的情况下提供数量折扣？对于追求利润最大化的供应商而言，应提供的适宜的定价方案是什么？

首先我们研究以下问题：面对制造商（或供应商）提供的两种基于批量的数量折扣方案，零售商（买方）的最佳反应是什么？零售商的目标是选择能使年材料成本、订货成本与库存持有成本的总和最小化的订货批量。下面计算全部单位数量折扣情况下的最优订货批量。

11.4.1 全部单位数量折扣

在全部单位数量折扣的情况下，定价方案中包含特定的分割点 q_0，q_1，…，q_r，其中 $q_0=0$。若某一订单的订货批量大于等于 q_i 但小于 q_{i+1}，那么每单位产品的成本为 C_i。通常，单位产品成本随着订货批量的增加而降低，即 $C_0 \geqslant C_1 \geqslant \cdots \geqslant C_r$。在全部单位数量折扣的情况下，单位平均成本随着订货批量的变化而变化，如图 11-3 所示。零售商的目标是确定可以实现利润最大化的订货批量。换句话说，就是确定能使其材料成本、订货成本与库存持有成本总和最小化的订货批量。求解过程是，计算每个价格下的最优订货批量，然后选出能使总成本最小的订货批量。

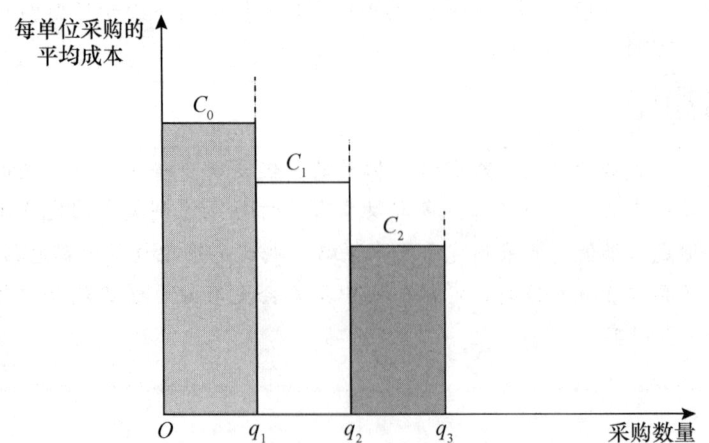

图 11-3 全部单位数量折扣下的平均单位成本

步骤 1：计算每个价格 $C_i(0 \leqslant i \leqslant r)$ 下的经济订货批量，计算公式如下：

$$Q_i = \sqrt{\frac{2DS}{hC_i}} \tag{11.10}$$

步骤 2：选择每一价格 C_i 下的订货批量 Q_i^*。对于 Q_i，存在以下三种可能的情况：

1. $q_i \leqslant Q_i < q_{i+1}$
2. $Q_i < q_i$
3. $Q_i \geqslant q_{i+1}$

对于 Q_i 的第三种情况可以忽略，因为它在 Q_{i+1} 时已经考虑到了。因此，我们只需要考虑前两种情况。如果 $q_i \leqslant Q_i < q_{i+1}$，那么取 $Q_i^* = Q_i$。如果 $Q_i < q_i$，那么以 Q_i 为订货批量不能获得折扣。在这种情况下，取 $Q_i^* = q_i$，以获得单位折扣价格 C_i。

步骤 3：对每个 i，计算订购 Q_i^* 单位产品时的年总成本（包括订货成本、库存持有成本和材料成本）。计算如下：

$$TC_i = \left(\frac{D}{Q_i^*}\right)S + \frac{Q_i^*}{2}hC_i + DC_i \tag{11.11}$$

步骤 4：选择总成本 TC_i 最低的批量 Q_i^* 作为订货批量。

戈亚尔（Goyal，1995）的研究显示，上述步骤可以进一步简化，方法是找出一个截止价格 C^*，高于这个价格将不存在最优解。让我们回想一下，C_r 是高于最后价格分割点 q_r 进行订货时的最低单位成本，截止价格 C^* 可通过下面的公式得到：

$$C^* = \frac{1}{D}\left(DC_r + \frac{DS}{q_r} + \frac{h}{2}q_rC_r - \sqrt{2hDSC_r}\right)$$

在例 11-7 中，将说明全部单位数量折扣条件下最优订货批量的求解（参见工作表 Example 11-7 和电子数据表 Chapter 11-examples 7-8 中的工作表 Example 11-7 check）。

例 11-7

全部单位数量折扣

Drugs Online（DO）是一家在线销售处方药和营养品的零售商。维生素在其销售中占有相当高的比例。维生素的月需求为 10 000 瓶。DO 每次向制造商订购维生素的固定订货成本、运输成本和收货成本为 100 美元。DO 的年库存持有成本费率为 20%。制造商使用以下全部单位数量折扣的定价方案。计算 DO 的管理者每次应该订购多少瓶维生素？

订货批量（瓶）	单位价格（美元）
0～4 999	3.00
5 000～9 999	2.96
10 000 或以上	2.92

分析：

本例中，管理者已知以下数据：$q_0=0$，$q_1=5\,000$ 瓶，$q_2=10\,000$ 瓶；$C_0=3$ 美元，$C_1=2.96$ 美元，$C_2=2.92$ 美元；$D=120\,000$ 瓶/年，$S=100$ 美元/批，$h=0.2$。

实施步骤 1，利用式（11.10），可得：

$$Q_0=\sqrt{\frac{2DS}{hC_0}}=6\,325(\text{瓶})$$

$$Q_1=\sqrt{\frac{2DS}{hC_1}}=6\,367(\text{瓶})$$

$$Q_2=\sqrt{\frac{2DS}{hC_2}}=6\,411(\text{瓶})$$

实施步骤 2，忽略 $i=0$，因为 $Q_0=6\,325>q_1=5\,000$。对于 $i=1$，2，可得：

$$Q_1^*=Q_1=6\,367(\text{瓶})$$

$$Q_2^*=q_2=10\,000(\text{瓶})$$

实施步骤 3，利用式（11.11）计算总成本：

$$TC_1=\left(\frac{D}{Q_1^*}\right)S+\frac{Q_1^*}{2}hC_1+DC_1=358\,969(\text{美元})$$

$$TC_2=354\,520(\text{美元})$$

可以看到，$i=2$ 时总成本最低。因此，对于 DO 来说，每批最优订货批量为 $Q_2^*=10\,000$ 瓶，可以获得每瓶 2.92 美元的折扣价格。

如果例 11-7 中制造商不提供折扣，以每瓶 3 美元的价格出售维生素，那么对于 DO 而言，最优订货批量为 6 325 瓶。数量折扣刺激 DO 公司将批量提高到 10 000 瓶，其结果是增加了周转库存和流动时间。如果 DO 公司努力将固定订货成本从当前的 100 美元降至 4 美元，那么价格折扣的影响将会进一步放大。固定订货成本降低后，没有数量折扣情况下的最优订货批量为 1 265 瓶。在全部单位数量折扣的情况下，最优订货批量仍是 10 000 瓶。在这种情况下，数量折扣的存在导致 DO 公司的平均库存和流动时间增加到 8 倍。

全部单位数量折扣增加了供应链的平均库存和流动时间，从而引出一个需要思考的重要问题：实行数量折扣会给供应链带来多大价值？在考虑这个问题之前，我们先讨论边际单位数量折扣。

11.4.2 边际单位数量折扣

边际（或增量）单位数量折扣又称多区间价目表（multi-block tariffs）。在这种情况下，定价方案包含特定的价格分割点 q_0，q_1，…，q_r。然而这些价格分割点对应的价格并不是每单位产品的平均成本，而是随分割点逐次下降的单位边际成本（这与全部单位数量折扣方案不同）。如果订货批量为 q，那么最初的 q_1-q_0 单位产品的价格为 C_0，接下来 q_2-q_1 单位的价格为 C_1，依此类推，$q_{i+1}-q_i$ 单位的价格为 C_i。如图 11-4 所示，单位边际成本随采购数量的变化而变化。

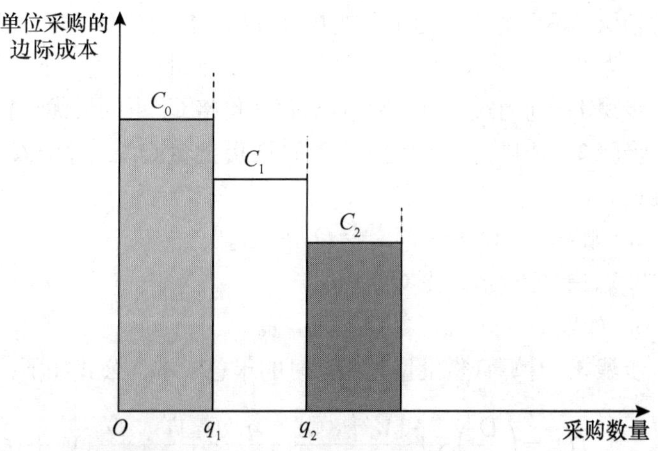

图 11-4　边际单位数量折扣下的边际单位成本

面对这样的定价方案，零售商的目标是确定可以使利润最大化的订货批量。换句话说，就是确定使其材料成本、订货成本与库存持有成本总和最小化的订货批量。

在求解过程中，首先计算每个边际价格 C_i 下的最优订货批量（这使得订货批量必须处于 q_i 和 q_{i+1} 之间），然后选择使总成本最小化的订货批量。

对于每个 i 值，$0 \leqslant i \leqslant r$，设 V_i 表示订购 q_i 单位的成本。定义 $V_0=0$，$V_i(0 \leqslant i \leqslant r)$ 的计算公式如下：

$$V_i=C_0(q_1-q_0)+C_1(q_2-q_1)+\cdots+C_{i-1}(q_i-q_{i-1}) \tag{11.12}$$

对于每个 i 值，$0 \leqslant i \leqslant r-1$，假定订货批量 Q 在 $q_i \sim q_{i+1}$ 单位范围内，即 $q_{i+1} \geqslant Q \geqslant q_i$。每次以批量 Q 订货的材料成本为 $V_i+(Q-q_i)C_i$。与该次订货相关的各项成本如下：

$$年订货成本=\left(\frac{D}{Q}\right)S$$

$$年库存持有成本=\frac{[V_i+(Q-q_i)C_i]h}{2}$$

$$年材料成本=\frac{D}{Q}[V_i+(Q-q_i)C_i]$$

年总成本等于上述三项成本之和，即：

$$年总成本=\left(\frac{D}{Q}\right)S+\frac{[V_i+(Q-q_i)C_i]h}{2}+\frac{D}{Q}[V_i+(Q-q_i)C_i]$$

将总成本函数对订货批量 Q 求一阶导数，并令一阶导数为 0，可得价格 C_i 下的最优订货批量。由此得到的最优订货批量为：

$$价格为\ C_i\ 时的最优订货批量是\ Q_i=\sqrt{\frac{2D(S+V_i-q_iC_i)}{hC_i}} \tag{11.13}$$

可以看到，上述求解最优订货批量的表达式与经济订货批量公式（式 (11.5)）

非常相似。不同的是，由于存在数量折扣，每次订货的固定成本增加 $V_i - q_iC_i$（由 S 上升为 $S + V_i - q_iC_i$）。总体的最优订货批量可通过以下步骤求得：

步骤1： 利用式（11.13）计算每一价格 C_i 下的最优订货批量。

步骤2： 选择每一价格 C_i 下的订货批量 Q_i^*。对于 Q_i，有以下三种可能的情况：

1. 如果 $q_i \leqslant Q_i \leqslant q_{i+1}$，令 $Q_i^* = Q_i$；
2. 如果 $Q_i < q_i$，令 $Q_i^* = q_i$，
3. 如果 $Q_i > q_{i+1}$，令 $Q_i^* = q_{i+1}$。

步骤3： 计算订货批量为 Q_i^* 时的年总成本，公式如下：

$$TC_i = \left(\frac{D}{Q_i^*}\right)S + \frac{[V_i + (Q_i^* - q_i)C_i]h}{2} + \frac{D}{Q_i^*}[V_i + (Q_i^* - q_i)C_i] \quad (11.14)$$

步骤4： 选择使年总成本最低的订货批量 Q_i^* 为最优订货批量。

在例11-8中，我们将计算边际单位数量折扣下的最优订货批量（参见电子数据表 Chapter 11-examples 7-8 中的工作表 Example 11-8 和 Example 11-8 check）。

例 11-8

边际单位数量折扣

让我们回到例11-7中关于DO公司的讨论。假设制造商采用如下边际单位数量折扣定价方案：

订货批量（瓶）	边际单位价格（美元）
0～5 000	3.00
5 001～10 000	2.96
10 000 以上	2.92

这意味着如果订购7 000瓶维生素，前5 000瓶的单位成本为3.00美元，余下2 000瓶的单位成本为2.96美元。DO公司每批应该订购多少瓶维生素？

分析：

本例中，已知：$q_0 = 0$，$q_1 = 5\ 000$ 瓶，$q_2 = 10\ 000$ 瓶；$C_0 = 3.00$ 美元，$C_1 = 2.96$ 美元，$C_2 = 2.92$ 美元；$D = 120\ 000$ 台/年，$S = 100$ 美元/批，$h = 0.2$。

利用式（11.12），可得：

$$V_0 = 0$$

$$V_1 = 3 \times (5\ 000 - 0) = 15\ 000(\text{美元})$$

$$V_2 = 3 \times (5\ 000 - 0) + 2.96 \times (10\ 000 - 5\ 000) = 29\ 800(\text{美元})$$

实施步骤1并利用式（11.13），可得：

$$Q_0 = \sqrt{\frac{2D(S + V_0 - q_0C_0)}{hC_0}} = 6\ 325(\text{瓶})$$

$$Q_1 = \sqrt{\frac{2D(S + V_1 - q_1C_1)}{hC_1}} = 11\ 028(\text{瓶})$$

$$Q_2=\sqrt{\frac{2D(S+V_2-q_2C_2)}{hC_2}}=16\,961(\text{瓶})$$

实施步骤 2，因为 $Q_0=6\,325>q_1=5\,000$，所以令 $Q_0^*=q_1=5\,000$。同样，可得 $Q_1^*=q_2=10\,000$（因为 $Q_1=11\,208>q_2=10\,000$），$Q_2^*=Q_2=16\,961$。

实施步骤 3，利用式（11.14）计算 $i=0$，1，2 时的总成本。

$$TC_0=\left(\frac{D}{Q_0^*}\right)S+\frac{[V_0+(Q_0^*-q_0)C_0]h}{2}+\frac{D}{Q_0^*}[V_0+(Q_0^*-q_0)C_0]=363\,900(\text{美元})$$

$$TC_1=\left(\frac{D}{Q_1^*}\right)S+\frac{[V_1+(Q_1^*-q_1)C_1]h}{2}+\frac{D}{Q_1^*}[V_1+(Q_1^*-q_1)C_1]=361\,780(\text{美元})$$

$$TC_2=\left(\frac{D}{Q_2^*}\right)S+\frac{[V_2+(Q_2^*-q_2)C_2]h}{2}+\frac{D}{Q_2^*}[V_2+(Q_2^*-q_2)C_2]=360\,365(\text{美元})$$

可以看到，当 $i=2$ 时对应的年总成本最低。因此 DO 的最优订货批量为 $Q_2^*=16\,961$ 瓶。该批量远远高于制造商不提供任何折扣时的最优订货批量 6 325 瓶。

如果固定订货成本为 4 美元，相较于没有折扣时的订货批量 1 265 瓶而言，存在价格折扣时 DO 的最优订货批量为 15 755 瓶。以上讨论表明，即使没有任何正式的固定订购成本，订货批量和周转库存仍可能很高。因此，数量折扣将导致供应链中的周转库存大量累积。在许多供应链中，数量折扣比固定订货成本对周转库存的影响更大。这迫使我们再次质疑供应链中数量折扣的价值。

学习目标 4 小结

基于批量的数量折扣促使买方大量采购以获取低价，从而导致供应链中订货批量和周转库存的增加。随着买方每次订货固定成本的降低，数量折扣导致的周转库存的相对增长更大。

11.5　为什么供应商提供数量折扣

我们已经看到基于批量的数量折扣会导致供应链周转库存增加，尤其当买方降低其固定成本时。这就提出了一个问题：为什么供应链中供应商会提供基于批量的数量折扣。在某些情况下，基于批量的数量折扣会增加供应链和供应商的利润。在这种情况下，供应商提供数量折扣可能是合理的。数量折扣能提高供应链利润主要有以下两个原因：

1. 改善供应链的协调性，从而提高供应链整体利润。
2. 供应商通过差别定价获取盈余。

芒森和罗森布拉特（Munson and Rosenblatt，1998）还提出，营销等其他一些因素也会刺激卖方提供数量折扣。现在，我们详细讨论以上给出的两种原因。

11.5.1　提供数量折扣以提高供应链总利润

如果零售商与供应商的决策能够使得供应链总利润最大化，那么供应链就实现了协调。实际上，供应链中的每个环节都有各自的所有者，它们总在试图使其自身利润最大化。例如，供应链的每个环节都可能以自身总成本最小化为目标来进行批量决策，而并不关心供应链总成本。这种各自单独决策的结果是使供应链缺乏协调，因为零售商采取的自身利润最大化的行为并不一定能够使整个供应链的利润最大化。本小节将讨论在零售商采取最大化自身利润行为的情况下，制造商如何利用合适的数量折扣来确保供应链总利润最大化。

对日用商品实行数量折扣 经济学家提出，诸如牛奶之类的日用商品，存在一个竞争性的市场，价格被压低到产品的边际成本。在这种情况下，市场决定价格，企业的目标是降低成本以增加利润。例如，前面提到的在线零售商 DO 公司，其销售的维生素就可以被认为是一种日用商品。在其供应链中，DO 每次订货，制造商和 DO 都会产生与此次订货相关的成本。假设制造商固定成本为 S_M，单位产品成本为 C_M，年库存持有成本费率为 h_M。固定成本 S_M 主要与订单的调整准备和履行有关。制造商必须建立库存以完成订单的交付（假设建立库存的速率与需求率相同），所以存在库存持有成本 h_MC_M。假设零售商的固定成本为 S_R，单位产品成本为 C_R，年库存持有成本费率为 h_R，DO 每次下订单都会产生固定成本 S_R。而每次订购的商品都是慢慢销售出去的，因此会产生库存持有成本 h_RC_R。尽管双方都会发生与 DO 订货批量决策相关的成本，但零售商完全是基于自身成本最小化来确定订货批量，从而导致做出的订货批量决策是局部最优的，无法最大化供应链盈余。在例 11-9 中（参见电子数据表 Chapter 11-quantity discounts 中的工作表 Example 11-9），我们将具体举例说明。

例 11-9

局部最优的订货批量对供应链的影响

每月的维生素需求为 10 000 瓶。DO 公司每次向制造商订购维生素的固定订货成本、运输成本、收货成本为 100 美元。DO 的年库存持有成本费率为 20%。制造商为每瓶维生素定价 3 美元。计算 DO 的最优订货批量。

DO 每次订货，制造商都必须进行订单处理、包装和装运工作。制造商有一条生产线，以与需求相匹配的稳定速度装瓶。制造商的固定订单履行成本为 250 美元，每瓶维生素的生产成本为 2 美元，年库存持有成本费率为 20%。在 DO 的订货策略下，制造商的年订单履行成本和库存持有成本为多少？

分析：

本例中，已知：$D=120\ 000$ 瓶/年，$S_R=100$ 美元/批，$h_R=0.2$，$C_R=3$ 美元，$S_M=250$ 美元/批，$h_M=0.2$，$C_M=2$ 美元。

使用经济订货批量公式（式（11.5）），可得到 DO 的最优订货批量和年成本为：

$$Q_R=\sqrt{\frac{2DS_R}{h_RC_R}}=\sqrt{\frac{2\times 120\ 000\times 100}{0.2\times 3}}=6\ 325(\text{瓶})$$

$$\text{DO 的年成本}=\left(\frac{D}{Q_R}\right)S_R+\left(\frac{Q_R}{2}\right)h_RC_R=3\ 795(\text{美元})$$

如果 DO 以 $Q_R=6\ 325$ 瓶的批量进行采购，那么制造商的年成本计算如下：

$$\text{制造商的年成本}=\left(\frac{D}{Q_R}\right)S_M+\left(\frac{Q_R}{2}\right)h_MC_M=6\ 008(\text{美元})$$

那么，供应链年成本（制造商+DO）为 6 008+3 795=9 803（美元）。

在例 11－9 中，DO 以 6 325 瓶为订货批量，以使其自身的成本最小化。从整个供应链的角度来看，在确定最优订货批量时应该考虑这样一个事实，每次补货时制造商和 DO 都会产生与此次补货相关的成本。如果我们假设，制造商以满足需求的速率进行生产（如例 11－9 中的假设一样），订货批量为 Q 时供应链总成本为：

$$制造商和\text{ DO }的年成本=\left(\frac{D}{Q}\right)S_R+\left(\frac{Q}{2}\right)h_RC_R+\left(\frac{D}{Q}\right)S_M+\left(\frac{Q}{2}\right)h_MC_M$$

将总成本函数对批量求一阶导数，并令一阶导数为 0，可得供应链最优订货批量 Q^*。

$$Q^*=\sqrt{\frac{2D(S_R+S_M)}{h_RC_R+h_MC_M}}=9\ 165(瓶)$$

如果 DO 以 $Q^*=9\ 165$ 瓶进行订货，那么 DO 和制造商的总成本分别为：

$$\text{DO }的年成本=\left(\frac{D}{Q^*}\right)S_R+\left(\frac{Q^*}{2}\right)h_RC_R=4\ 059(美元)$$

$$制造商的年成本=\left(\frac{D}{Q^*}\right)S_M+\left(\frac{Q^*}{2}\right)h_MC_M=5\ 106(美元)$$

我们可以看到，如果 DO 以 9 165 瓶为批量订货，供应链成本就能从 9 803 美元（DO 以自己的最优订货批量 6 325 瓶进行采购时对应的供应链成本）下降至 9 165 美元。因此，DO 将订货批量从 6 325 瓶提高到 9 165 瓶，供应链有机会节省 638 美元。但是，我们可以看到，以 9 165 瓶为批量订货会使 DO 的年成本上升 264 美元，即从 3 795 美元上升到 4 059 美元（尽管供应链整体成本有所下降）。相反，制造商的年成本则下降 902 美元，即从 6 008 美元降至 5 106 美元。因此，制造商必须给予 DO 适当的激励（至少每年 264 美元），以促使 DO 提高订货批量。在这种情况下，基于批量的数量折扣就是一种合适的激励方法。例 11－10（参见工作表 Example 11-10）详细说明了制造商应怎样设计合适的数量折扣，以使 DO 即使是出于自身利润（而不是供应链整体利润）最大化的目的也会选择以 9 165 瓶为批量进行订货。

例 11－10

设计合适的、基于批量的数量折扣

此处仍然使用例 11－9 的数据。设计合适的数量折扣，使 DO 在追求自身成本最小化时选择 9 165 瓶作为订货批量。

分析：

前面提到，相对于以 6 325 瓶为订货批量，以 9 165 瓶为订货批量会使 DO 每年的订货和库存持有成本上升 264 美元。因此，如果要使 DO 以 9 165 瓶为批量进行订货，制造商需要通过降低材料成本，至少为 DO 提供 264 美元/年的激励。每年销售量为 120 000 瓶，那么每年减少 264 美元的材料成本意味着材料成本从每瓶 3 美元，降低为每瓶 2.997 8 美元（3－264/120 000＝2.997 8）。

因此，对于制造商来说，合适的数量折扣政策为：如果DO的订货批量小于9 165瓶，那么每瓶维生素定价为3美元；如果订货批量大于等于9 165瓶，则提供价格折扣，每瓶定价为2.997 8美元。

我们可以看到，在这个例子中，提供基于批量的数量折扣降低了供应链的总成本。然而，它也增加了零售商的订货批量，从而增加了供应链中的周转库存。

关于日用商品供应链协调性的讨论，强调制造商所提供的基于批量的数量折扣与制造商订货成本之间的重要联系。当制造商努力降低订货成本或调整准备成本时，它提供给零售商的折扣也应有所变化。当调整准备成本或订货成本很低时，基于批量的数量折扣对于制造商来说没有多大意义。在例11－9中，如果制造商将固定订货成本由250美元降低为100美元，那么在没有任何价格折扣的情况下的供应链总成本也是接近最低值的，即使DO试图使自身成本最小化。因此，如果制造商的固定订货成本降至100美元，那么应当取消所有的数量折扣。然而在大多数企业，市场营销和销售部门负责制定数量折扣，生产部门负责降低调整准备成本或订货成本，其结果是，未能随着调整准备成本的降低及时对价格策略进行调整。因此两个职能部门协调行动至关重要。

11.5.2 企业拥有市场控制权的产品的数量折扣

现在考虑这样一种情况，生产商研发了一种新的维生素药片Vitaherb。它提取自草药成分，并且其他一些特性也得到了市场的高度认可。由于很少有竞争对手生产类似的产品，因此可以认为DO对于Vitaherb的售价将会影响市场需求。假设DO面临的年需求服从需求曲线360 000－60 000p，其中p表示DO销售Vitaherb的价格。制造商生产每瓶Vitaherb的成本为$C_M=2$美元。制造商必须确定向DO出售这种维生素的价格C_R，DO也要决定向顾客出售这种维生素的价格p。该策略下DO的利润（$Prof_R$）和制造商的利润（$Prof_M$）分别为：

$$Prof_R=(p-C_R)(360\,000-60\,000p)$$

$$Prof_M=(C_R-C_M)(360\,000-60\,000p)$$

DO选择售价p以使利润$Prof_R$最大化。将DO的利润函数对售价p求一阶导数，并令一阶导数为0，可得p和C_R的关系如下：

$$p=3+\frac{C_R}{2} \tag{11.15}$$

假定制造商意识到DO的目标是最大化其自身的利润，那么制造商可以利用p和C_R的关系式求得自身的利润：

$$Prof_M=(C_R-C_M)\left[360\,000-60\,000\left(3+\frac{C_R}{2}\right)\right]$$

$$=(C_R-C_M)(180\,000-30\,000C_R)$$

制造商选择价格C_R以使利润$Prof_M$最大化。将利润函数$Prof_M$对售价C_R求一阶导数，并令一阶导数为0，可得$C_R=4$美元。把$C_R=4$美元代回到式（11.15）

中，可得 $p=5$ 美元。因此，当 DO 和制造商双方各自独立地做出定价决策时，最优的选择是 DO 制定每瓶零售价 $p=5$ 美元，制造商制定每瓶批发价 $C_R=4$ 美元。在这种情况下，市场的总需求为 $360\,000-60\,000p=60\,000$（瓶）。DO 的利润为 $Prof_R=(5-4)(360\,000-60\,000\times5)=60\,000$（美元），制造商的利润为 $Prof_M=(4-2)(360\,000-60\,000\times5)=120\,000$（美元）（参见工作表 Chapter 11-quantity discounts 中的 2-stage）。

现在考虑以上供应链两个环节为实现供应链利润 $Prof_{SC}$ 最大化而协同定价的情况。供应链利润 $Prof_{SC}$ 为：

$$Prof_{SC}=(p-C_M)(360\,000-60\,000p)$$

将利润函数 $Prof_{SC}$ 对售价 p 求一阶导数，并令一阶导数为 0，可得协调后的零售价格为：

$$p=3+\frac{C_M}{2}=3+\frac{2}{2}=4(\text{美元})$$

如果双方共同制定价格并且 DO 的零售价为 $p=4$ 美元，那么市场需求为 $360\,000-60\,000p=120\,000$（瓶），则协同情况下供应链利润为 $Prof_{SC}=120\,000\times(4-2)=240\,000$（美元）。可以看到，供应链每个环节独立定价使供应链损失了 60 000（240 000－180 000）的利润。此现象称为双重边际化（double marginalization）。双重边际化之所以会导致供应链利润损失，是因为供应链利润在两个环节成员之间分配，但每个成员在定价决策时只考虑各自的利润。

由于供应链各环节各自独立进行定价决策会减少供应链利润，那么重要的是要设计一个合理的定价方案。即使在供应链每环节成员独立行动的情况下，这种定价方案仍有助于弥补一些利润的损失。下面给出两种制造商可以用来实现协调决策并且即使在 DO 采取自身利润最大化的行为时仍能使供应链利润最大化的定价方案。

两部定价（two-part tariff） 在这种情况下，制造商先向零售商收取预付使用许可费用 ff 作为其全部利润。ff 可以在未协调时的制造商利润 $Prof_M$ 和协调后的供应链利润与未协调时零售商利润的差值（$Prof_{SC}-Prof_R$）之间任意取值。然后，制造商再将产品以成本价出售给零售商，也就是说制造商设定批发价为 $C_R=C_M$。因为同时设定了前期预付使用许可费用和批发价格，所以这种定价方法称为两部定价。然后，零售商基于其利润($(p-C_M)(360\,000-60\,000p)-ff$)最大化进行定价。在两部定价的情况下，使用许可费用 ff 是提前支付的，因此属于不随零售价 p 变化的固定成本。这样一来，零售商 DO 实际上有效地最大化了协调后的供应链利润 $Prof_{SC}=(p-C_M)(360\,000-60\,000p)$。将利润函数 $Prof_{SC}$ 对售价 p 求一阶导数，并令一阶导数为 0，可得最优协调后的零售价格为：

$$p=3+\frac{C_M}{2}$$

对于 DO 来说，当和制造商协调定价时，DO 每瓶 Vitaherb 零售价为 4 美元，供应链总利润 $Prof_{SC}$ 为 240 000 美元。双方没有协调时，DO 的利润 $Prof_R$ 为 60 000 美元。对于制造商而言，一个可行的选择是使用两部定价，即向 DO 收取使用许可费用 180 000 美元（$ff=Prof_{SC}-Prof_R=180\ 000$，参见工作表 Chapter 11-quantity discounts 中的 2-part-tariff），然后按 $C_R=C_M=2$ 美元/瓶收取材料成本。如果 DO 将每瓶维生素的零售价格设为 4 美元（$p=3+C_M/2=3+2/2=4$），则可最大化自己的利润。其年销售量为 $360\ 000-60\ 000p=120\ 000$（瓶），利润为 60 000 美元。制造商的利润为 180 000 美元，即其前期收取的使用许可费用。从上例中可以观察到，利用两部定价，尽管 DO 做出的仍是使其自身利润最大化的价格决策，但供应链利润从 180 000 美元上升到 240 000 美元。只要制造商设定使用许可费用 ff 是在 120 000～180 000 美元之间的任一数值并且批发价 $C_R=C_M=2$ 美元，都会得到类似的结果。

基于总量的数量折扣（volume-based quantity discount） 可以观察到，两部定价实际上就是基于总量的数量折扣。零售商 DO 的年采购量越大，其单位平均成本就越低（使用许可费用 ff 被分摊到更多的产品上）。更直接的方法是，设计基于总量的数量折扣方案，该方案下零售商 DO 的采购和销售数量与双方协调行动时的数量一致。

让我们回忆一下，当供应链的两个环节协调定价时，零售价为 $p=3+C_M/2=3+2/2=4$（美元）。该零售价下的市场总需求为 $d^{coord}=360\ 000-60\ 000\times 4=120\ 000$（瓶）。制造商的目标就是设计一个基于总量的数量折扣方案以使零售商 DO 每年采购并销售 $d^{coord}=120\ 000$ 瓶。该定价方案必须至少能让零售商获得 60 000 美元的利润，制造商获得 120 000 美元的利润（也就是在双方没有协调行动时各自所能获得的利润）。

可以设计几种这样的定价方案。一种方案是，当年销售量低于 $d^{coord}=120\ 000$ 瓶时，制造商开出的批发价为每瓶 $C_R=4$ 美元（这与两个环节在没有协调的情况下得到的最优批发价一样）。当年销售量≥120 000 瓶时，制造商开出的批发价为每瓶 $C_R=3.5$ 美元（可取 3～3.5 美元之间的任意值）（参见工作表 Chapter 11-quantity discounts 中的 Volume Discount）。那么，DO 的最优选择就是一年订购 120 000 瓶，以零售价 $p=4$ 美元销售（以保证产品全部售出）。DO 的总利润为 $(360\ 000-60\ 000\times p)\times(p-C_R)=60\ 000$（美元）。当 $C_R=3.5$ 美元时，制造商的利润为 $120\ 000\times(C_R-2)=180\ 000$（美元），供应链总利润为 240 000 美元，比双方没有协调行动时的供应链利润 180 000 美元要高。

如果销售量大于等于 120 000 瓶时，制造商开出的批发价为每瓶 $C_R=3$ 美元（而不是 3.5 美元），那么，DO 的最优选择仍是一年订购 120 000 瓶，以零售价 $p=4$ 美元进行销售。唯一的不同在于，这时 DO 的利润上升为 120 000 美元，制造商的利润下降为 120 000 美元，供应链利润仍为 240 000 美元。当销售 120 000 瓶或更多产品时，制造商可以每瓶收取 3～3.5 美元的价格，具体价格取决于双方的相对议价能力。

这时我们会发现，数量折扣在协调供应链、提高总利润方面仍起到了一定作用，尤其在不考虑与库存相关的成本时。除非制造商每次订货的固定成本很大，否则最优的方案是提供基于总量的数量折扣而非基于批量的数量折扣。可以证明，即使在制造商存在很大的固定成本的情况下，若需求随着零售商价格的升高而降低，采取两部定价和基于总量的数量折扣，制造商将一部分固定成本转移给零售商，仍能最优地协调供应链并使利润最大化。

基于批量的数量折扣与基于总量的数量折扣的最大区别在于：基于批量的数量折扣是基于每批购买的数量而不是购买率来计算。与此相反，基于批量的数量折扣是基于每个特定时期（如一个月、一个季度、一年）内的平均购买率或购买量计算的。基于批量的数量折扣鼓励零售商提高订货批量，往往会增加供应链的周转库存。相反，基于总量的数量折扣适用于降低周转库存的小批量订货。只有当制造商每次订货的固定成本很高时才适合采用基于批量的数量折扣。在其他情况下，更适合采用基于总量的数量折扣。

可以说，即使在总量折扣方案下，零售商也往往会在接近评估期期末时增加订货批量。例如，假设制造商在 DO 每季度 Vitaherb 的采购量超过 40 000 瓶时为其提供 2%的折扣。这一政策不会影响 DO 在该季度前期的订货批量，DO 会小批量进行订货以使订货量与需求量相匹配。但是，让我们考虑这样一种情况，离该季度结束只有一周了，但 DO 仅卖了 30 000 瓶。为了获得数量折扣，DO 可能在最后一周订购 10 000 瓶，尽管它的预计销售量仅为 3 000 瓶。在这种情况下，尽管制造商并未采用基于批量的数量折扣，供应链的周转库存仍将上升。这种订购峰值出现在财务期末的情况称为曲棍球棒现象（hockey stick phenomenon）。这是因为需求在临近期末时急剧增加，非常类似于曲棍球棒越接近末端越向上弯曲的形状。在许多行业都可以观察到曲棍球棒现象。消除这一现象的一种办法是，基于滚动的时期提供总量折扣。例如，每周制造商可以基于过去 12 周销售量给予 DO 总量折扣。这样，每一周都变成了某个 12 周时间段的最后一周，并以此来确定所给予的总量折扣。这种滚动水平的总量折扣削弱了曲棍球棒现象。

到目前为止，我们只讨论了供应链仅有一个零售商的情况。有人可能要问，我们的观点是否有广泛的适用性？它是否同样适用于供应链中有多个零售商，每个零售商有不同的需求曲线，而且所有零售商都由同一家制造商供货的情况？正如人们所预料的，在这些情况下折扣方案的形式会变得更为复杂（通常，基于总量的数量折扣并不是只有一个价格分割点，而是有多个分割点）。然而，最优定价方案的基本形式没有改变。最优折扣方案仍然是基于总量的数量折扣，向零售商收取的平均价格随着购买率（每单位时间的订购量）的增加而下降。

11.5.3　利用差异定价使供应商的利润最大化

差异定价（price discrimination）是指企业对不同顾客制定不同的价格从而实现利润最大化的行为。差异定价的最好例子是航空运输业：乘坐同一航班的乘客为座位支付的价格往往是不同的。

如在第 16 章将要讨论的，对全部单位产品设定固定的价格，并不能使制造商实现利润最大化。原则上，制造商可以基于顾客在每一数量上的边际支付意愿来对每一单位产品进行区别定价，获取在需求曲线之下、边际成本之上的全部面积的利润。数量折扣是差异定价的一种，因为顾客为不同的购买数量支付不同的价格。

学习目标 5 小结

当供应链各方独立进行批量决策导致次优的结果时，利用数量折扣可以增加供应链的整体利润。如果供应商固定成本很高，制定适当的基于批量的数量折扣较为合理，因为它有助于增加供应链利润。对于企业具有市场控制权的产品，可以采用两部定价或基于总量的数量折扣来实现供应链的协调并使供应链利润最大化。与基于批量的数量折扣相比，基于总量的数量折扣能更有效地增加供应链的利润，而且不会导致订货批量和周转库存的增加。

11.6 短期折扣：商业促销

制造商常利用商业促销（trade promotion）为零售商提供价格折扣，并设定折扣有效的时间期限。例如，一家罐头汤制造商对在 12 月 15 日至次年 1 月 25 日间发货的产品提供 10%的价格折扣。对于这段时间内采购的所有罐头汤，零售商均可获得 10%的折扣。有时，制造商也可能会要求零售商采取一些特定的行动，如展示、广告、促销等，以获得商业促销价格折扣的资格。商业促销在包装消费品行业非常普遍，制造商在一年的不同时期对不同的产品开展促销。

商业促销的目的是影响零售商的行为，使零售商的行为有利于制造商实现自己的目标。以下是商业促销的一些关键目标（从制造商的角度来看）（Blattberg and Neslin，1990）：

1. 引导零售商通过价格折扣、展示、广告等手段来刺激销售。
2. 将制造商的库存转移至零售商和顾客。
3. 在竞争中保护品牌。

虽然以上这些可能是制造商的目标，但商业促销是否总能实现这些目标尚不明确。本节的目的是研究商业促销对零售商行为和供应链整体绩效的影响。理解这一影响的关键在于关注零售商对制造商的商业促销做何反应。对于商业促销，零售商有如下选择：

1. 将某些或全部的促销优惠让渡给顾客，以刺激销售。
2. 几乎不将促销优惠让渡给顾客，但在促销期间大量采购以利用这种价格的暂时下降。

第一种行为降低了最终顾客支付的产品价格，导致顾客购买量增加，并因此带动整条供应链销售量的增长。第二种行为并没有增加顾客购买量，而是增加了零售商的购买量和库存持有量。因此，供应链的周转库存增加，流动时间延长。

提前购买（forward buy）是指零售商在促销期间大量采购以用于未来销售的行为。提前购买有助于降低零售商在促销结束后将要销售的产品的成本。尽管提前购买是零售商在面对价格促销时的合理反应，但它会导致需求变动增大，从而造成供应链库存增加、流动时间增长、供应链利润降低。

为了理解零售商在面对商业促销时的最佳反应，我们将识别出影响提前购买行为的因素，确定零售商的提前购买量，还将找出影响零售商传递给顾客的促销优惠大小的因素。

首先要说明商业促销对零售商提前购买行为的影响。下面以幼仔食品杂货店（Cub Foods）为例进行分析。该店销售金宝汤公司生产的鸡汤面。顾客对鸡汤面的需求为每年 D 罐。金宝汤公司通常向零售商收取每罐 C 美元的价格。幼仔食品杂货店的库存持有成本费率（一美元的库存产品持有一年）为 h。利用经济订货批量公式（式（11.5）），幼仔食品杂货店通常的订货批量为：

$$Q^*=\sqrt{\frac{2DS}{hC}}$$

金宝汤公司宣布在未来 4 周对每罐产品提供 d 美元的短期折扣。幼仔食品杂货店必须决定与正常情况下的订货批量 Q^* 相比，折扣价格下的订货批量应为多少。设 Q^d 为折扣价格下的订货批量。

在进行批量决策时，零售商必须考虑的成本包括材料成本、库存持有成本和订货成本。增加订货批量 Q^d 将降低幼仔食品杂货店的材料成本，因为它以折扣价格购买了更多的产品（供现在和将来销售）。增加订货批量也会增加库存持有成本，因为库存增加了。增加订货批量 Q^d 将降低幼仔食品杂货店的订货成本，因为订货次数减少了。幼仔食品杂货店的目标是在上述成本之间进行权衡，使总成本最小化。

图 11－5 所示的是以批量 Q^d 订货后紧接着以批量 Q^* 订货时的库存状况。我们的目标是确定 Q^d 的值，以使在促销期间订购的 Q^d 数量的产品被消耗的时间段内产生的总成本（材料成本＋订货成本＋库存持有成本）最小化。

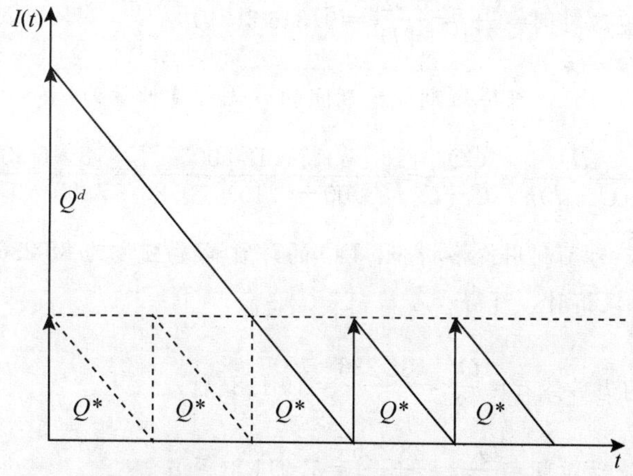

图 11－5　进行提前购买的库存状况图

对这种情况进行精确分析十分复杂，因此这里仅介绍在一些限制条件下得到的结果（更详细的讨论参见 Silver，Pyke，and Petersen，1998）。第一个重要假设是，折扣仅提供一次，以后都不再提供折扣。第二个重要假设是，零售商不采取任何行动来影响顾客需求（如将部分商业促销的折扣优惠让渡给顾客），因此顾客需求保持不变。第三个重要假设是，我们所分析的时期内需求为 Q^* 的整数倍。在这些假设条件下，可得出折扣价格下的最优订货批量为：

$$Q^d=\frac{dD}{(C-d)h}+\frac{CQ^*}{C-d} \tag{11.16}$$

现实中，零售商通常知道下次促销的时间。如果在下一个预期商业促销之前的需求为Q_1，则零售商的最优订货批量为 $\min\{Q^d, Q_1\}$。可以看到，短期促销时的订货批量Q^d通常大于平常的订货批量Q^*。在这种情况下，提前购买量为：

$$提前购买量=Q^d-Q^*$$

正如例11-11中所示的（参见电子数据表 Chapter 11-examples 11-12），即使较小的折扣也会使订货批量大幅增加。

例 11-11

商业促销对订货批量的影响

DO公司是销售Vitaherb这种广受欢迎的维生素补充剂的零售商。Vitaherb的年需求为120 000瓶。制造商目前每瓶的报价为3美元，DO的年库存持有成本费率为20%。DO目前的订货批量Q^*为6 325瓶。接下来的一个月，制造商将为零售商提供每瓶0.15美元的折扣。在短期促销期间，DO应该购买多少瓶Vitaherb?

分析：

在没有任何促销活动的情况下，DO的订货批量为$Q^*=6\,325$瓶。假设市场的月需求为10 000瓶，DO通常情况下每0.632 5个月进行一次订购。在没有商业促销的情况下，可得：

$$\text{DO的周转库存}=\frac{Q^*}{2}=\frac{6\,325}{2}=3\,162.50(\text{瓶})$$

$$\text{平均流动时间}=\frac{Q^*}{2D}=\frac{6\,325}{2D}=0.316\,2(\text{月})$$

利用式（11.15），可得短期促销期间的最优订货批量为：

$$Q^d=\frac{dD}{(C-d)h}+\frac{CQ^*}{C-d}=\frac{0.15\times120\,000}{(3.00-0.15)\times0.20}+\frac{3\times6\,325}{3.00-0.15}=38\,236(\text{瓶})$$

促销期间，为了利用价格折扣，DO的订货批量应该为38 236瓶（而非通常的6 325瓶）。存在商业促销时，可得：

$$\text{DO的周转库存}=\frac{Q^d}{2}=\frac{38\,236}{2}=19\,118(\text{瓶})$$

$$\text{平均流动时间}=\frac{Q^*}{2D}=\frac{38\,236}{20\,000}=1.911\,8(\text{月})$$

在这种情况下，提前购买量为：

$$\text{提前购买量}=Q^d-Q^*=38\,236-6\,325=31\,911(\text{瓶})$$

由于提前购买，DO在未来的3.823 6个月内不会再下任何订单（若没有提前购买，DO在上述期间内还将另外进行31 911/6 325=5.05次订货，每次订货6 325瓶）。可见，5%的折扣使订货批量增加超过500%。

正如上面例子所说明的，由商业促销导致的提前购买使得零售商的订货批量大幅增加。而大量订货之后是零售商为了消化其前期建立起来的大量库存而带来的低订货期。由商业促销导致的订单波动是第 10 章讨论的牛鞭效应产生的重要原因之一。零售商有充分的理由在商业促销期间进行提前购买，因为这降低了零售商的总成本。然而，只有把这种短期促销行为看作回应竞争对手促销的竞争需要时，或由于疏忽造成大量的过量库存时，或提前购买可以让制造商将旺季的需求转移到淡季从而平滑需求时，制造商才应支持提前购买行为。在实践中，制造商通常根据预先制订的促销计划建立库存。在商业促销期间，这些库存主要以提前购买的形式转移给零售商。如果商业促销期间的提前购买量在总销售量中所占的比重很大，那么制造商销售收入会减少，因为这种情况下大多数产品都是以折扣价格售出的。商业促销会使库存增加和收入下降，从而导致制造商的利润和供应链整体利润下降(Blattberg and Neslin，1990)。

现在让我们看看零售商可能会认为将多少折扣让渡给最终顾客以刺激销售是最优的。如同将在例 11－12 中看到的，零售商将全部折扣优惠让渡给消费者的做法并非最优。也就是说，零售商的最佳选择是，自己享受一部分折扣优惠，将另一部分折扣优惠让渡给顾客。

例 11－12

零售商应当让渡多少折扣优惠

假设 DO 所面临的 Vitaherb 的需求曲线为 300 000－60 000p，制造商向零售商的正常报价为 C_R＝3 美元/瓶，不考虑与库存有关的所有成本，DO 在制造商提供的短期折扣为 0.15 美元/瓶时的最优反应是什么？

分析：

零售商 DO 的利润为：

$$Prof_R=(300\,000-60\,000p)p-(300\,000-60\,000p)C_R$$

将零售商的利润函数对 p 求一阶导数，并令一阶导数为 0，可求出使零售商利润最大化的最优零售价格，即

$$300\,000-120\,000p+60\,000C_R=0$$

或

$$p=(300\,000+60\,000C_R)/120\,000 \tag{11.17}$$

将 C_R＝3 美元代入式 (11.17)，可得零售价 p＝4 美元。因此，若没有促销活动，零售商的市场需求为：

$$D_R=300\,000-60\,000p=60\,000(\text{瓶})$$

在商业促销期间，制造商提供 0.15 美元的折扣，从而使零售商的订货价格 C_R＝2.85 美元。将其代入式 (11.17)，得到 DO 的最优零售价为：

$$p=(300\,000+60\,000\times 2.85)/120\,000=3.925(\text{美元})$$

可以看到，零售商的最佳反应是，仅将 0.15 美元折扣优惠中的 0.075 美元让渡给消费者，零售商并未将全部折扣让渡出去。在每瓶 3.925 美元的折扣价格下，DO 面临的市场需求为：

$$D_R = 300\,000 - 60\,000p = 64\,500\text{(瓶)}$$

这意味着，与没有促销活动时相比，需求增加了7.5%。在这种情况下，DO的最优选择是将折扣优惠的一半让渡给顾客，这一举措使得顾客需求增长了7.5%。

由例11-11和例11-12可见，相对于零售商提前购买导致的采购量的增长（在例11-11中增长了500%），商业促销带来的顾客需求的增长（在例11-12中，需求增加了7.5%）微不足道。另外，商业促销对顾客需求的影响还可能由于顾客行为而进一步削弱。对于许多产品，如洗涤剂和牙膏，顾客采购量的增长很大程度上是由于顾客的提前购买，顾客并不会因为购买了大量的牙膏就增加刷牙的次数。对于这类产品，商业促销并没有真正增加需求。

制造商一直在努力应对这样一个事实，即零售商仅将一小部分折扣优惠让渡给顾客。全球零售业顾问集团嘉思明咨询公司（Kurt Salmon Association，1993）的一项研究表明，干货供应链中所有分销商库存中的近1/4是由提前购买所导致的。

前面的讨论支持这样一个观点：商业促销会使供应链中的周转库存增加并使绩效受损。这一认识使得包括世界上最大的零售商沃尔玛和一些制造商（如宝洁）在内的许多企业，采取每日低价的定价策略。在该定价策略下，价格长期保持不变，并且不提供短期折扣，从而消除了任何提前购买的动机。其结果是，供应链的所有环节只采购与其需求相匹配的产品量。

通常，零售商让渡给消费者的折扣优惠受零售商交易弹性的影响。零售商交易弹性是指每单位价格折扣带来的零售量的增量。交易弹性越大，零售商可能让渡给消费者的折扣优惠就越多。因此，制造商的商业促销可能适用于高交易弹性和高库存持有成本的产品。高交易弹性可以确保零售商将更多的折扣优惠让渡给消费者，高库存持有成本会抑制提前购买行为。布拉特伯格和内斯林（Blattberg and Neslin，1990）指出，纸制品就是这样一种具有较高的交易弹性和库存持有成本的产品。他们还指出，相比弱势品牌，强势品牌的商业促销更有效果。

商业促销也可作为一种竞争性的反应。对于某些品类的产品，如可乐，一些顾客忠于自己所喜爱的品牌，而另一些顾客则会选择价格最低的品牌。让我们来看这样一种情况，其中一家竞争者，如百事公司，向零售商开展商业促销。零售商增加对百事可乐的采购量并将一部分折扣优惠让渡给了顾客。价格敏感型的顾客因此增加了对百事可乐的购买量。倘若竞争对手，如可口可乐，对此不予回应，它将丢失价格敏感型顾客群的市场份额。事实证明，在这种情况下，作为竞争性反应，可口可乐也应开展商业促销。然而我们可以看到，除非顾客消费量增加，否则两个竞争者同时开展商业促销并不会带来产品需求的实际增长，而供应链中两个品牌的库存却都增加了。因此，在这种情况下，商业促销是一种竞争的需要，但增加了供应链中的库存，导致所有竞争者的利润都出现下滑。

商业促销的设计应能使零售商限制自身提前购买行为，并将更多的折扣优惠让渡给最终顾客。制造商的目标是增加市场份额和销售量，同时又不让零售商提前采购过多的产品。实现这一目标的一种方法是，按照零售商实际出售给消费者的产品数量提供折扣，而不是根据零售商所购产品数量提供折扣。因此，价格折扣仅适用于促销期内销售给顾客的数量（售出量），而非零售商购买的数量（购入量）。这就消除了所有提前购买的动机。

如今，信息技术高速发展，许多制造商提供基于扫描仪的促销，通过这种方式为零售商所售出的每单位产品提供促销折扣。制造商也会基于以往的销售量，限制促销期间零售商所能购买促销产品的数量。这也是限制零售商提前购买的一种方式。然而，对于弱势品牌来说，让零售商接受这样的方案是不大可能的。

学习目标 6 小结

面对短期折扣，零售商的最优选择是，自己享受一部分折扣优惠，将另一部分折扣优惠让渡给顾客。同时，对于零售商来说，增加采购批量、为未来时期进行提前购买是最优的。因此，商业促销通常会使供应链中周转库存增加，但顾客需求并没有大幅增长。除非可以减少需求的波动，否则商业促销通常会导致供应链利润减少。当由于竞争的需要或一次性折扣可以消除供应商所积累的库存时，开展商业促销是合理的。对于消费者需求对价格折扣非常敏感的产品来说，开展商业促销也是合理的。

11.7　管理多级周转库存

一个多级（multiechelon）供应链有多个环节，并且每个环节可能有多个参与者。供应链各环节间在进行订货批量决策时缺乏协调会导致高成本和超出需要的、更多的周转库存。多级系统的目标是通过协调供应链中的订货来降低总成本。

让我们考虑只有一个制造商为一个零售商供货的简单多级系统。假设生产是即时的，即制造商可在顾客有需要的任何时候马上生产出大批产品。如果这两个环节不同步，制造商可能会在向零售商发运了批量为 Q 的产品后立即生产新的批量 Q 的产品。这时两环节中的库存如图 11 - 6 所示。此时，零售商持有的平均库存为 $Q/2$，而生产商持有的平均库存约为 Q。

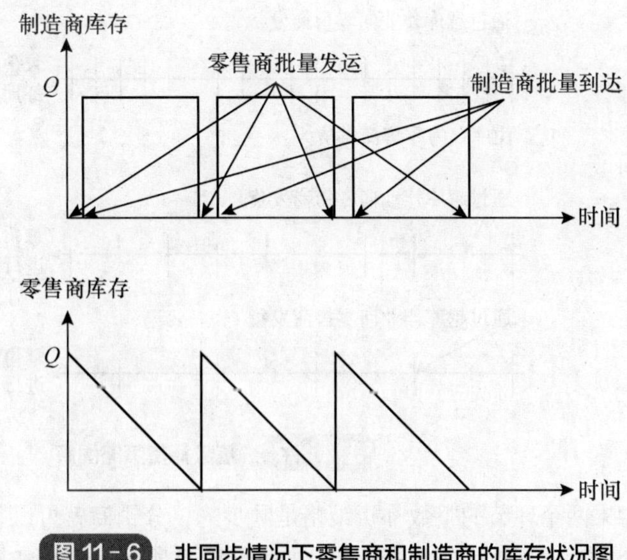

图 11 - 6　非同步情况下零售商和制造商的库存状况图

如果制造商每批产品的生产完成时点与将产品发运给零售商的时点完全同步，供应链的总库存将会降低。在这种情况下，生产商持有的库存为0，而零售商持有的平均库存为$Q/2$。生产和补货的同步使供应链的总周转库存由$3Q/2$降为$Q/2$。

对于每个环节仅有一名参与者的简单多级供应链，每个环节的订货批量都是其直接顾客的订货批量的整数倍数，这种订货策略被证实是非常接近最优的。当订货批量为整数倍关系时，通过各环节之间的订货协调，使得交付给某一环节的部分货物可以直接越库配送至下一环节。越库配送的实施程度取决于每一环节固定订货成本S与库存持有成本H的比值。两个环节之间该项比值越接近，实施越库作业的产品的最优百分比就越高。芒森、胡和罗森布拉特（Munson，Hu，and Rosenblatt，2003）研究了仅有一个制造商向一个零售商供货的多级供应链的最优订货批量。

如果供应链的一方（分销商）向处于供应链下一环节的多方（零售商）供货，那么将需求高的零售商和需求低的零售商进行区分尤为重要。朗迪（Roundy，1985）给出了这种情况下的一种次优策略。那就是，将零售商进行分组，使得每一组中的所有零售商都一起订购，并且对于任何一家零售商，要么其订货频率是分销商订货频率的整数倍，要么分销商的订货频率是其订货频率的整数倍。整数补货策略要求每个参与者都周期性订货，同时每个参与者的订货时间间隔的长度都是某个基本周期的整数倍。图11-7给出了这一策略的一个例子。在这一策略下，批发商每两周发出一次补货订单。一些零售商每周发出一次补货订单，而另一些零售商则每两周或每四周发出一次补货订单。可以看到，对于订货频率高于分销商的零售商，零售商的订货频率是分销商的订货频率的整数倍。对于订货频率低于分销商的零售商，分销商的订货频率是零售商的订货频率的整数倍。

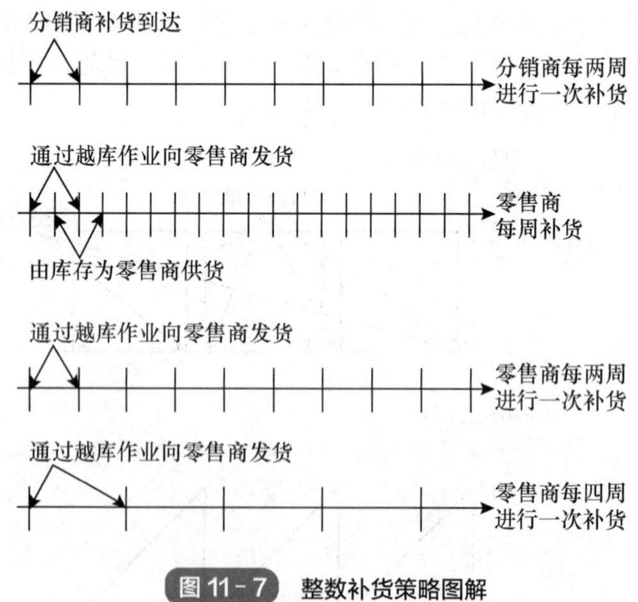

图11-7　整数补货策略图解

如果两个环节的整数补货策略是同步的，分销商就可以将其供应给下一个环节的部分货物通过越库作业来完成。如图11-7所示，当零售商的订货频率不高于分销商的订货频率（每两周或者每四周）时，所有产品都通过越库作业向零售商发货。如果零售商的订货频率（每周订货）高于分销商的订货频率，则有一半的订货通过越库作业发送，而另一半订货则来自库存。

图 11－8 所示的整数补货策略可总结如下：

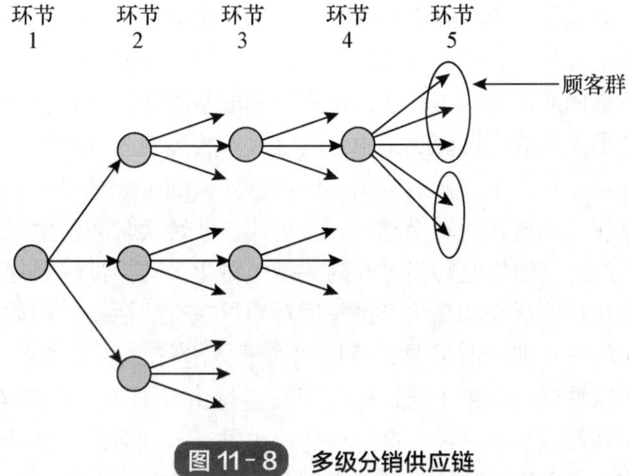

图 11－8　多级分销供应链

- 将同一环节的全部参与者划分为多个组，使得同一组的全部参与者都向相同的供应商订货，并且它们的订货间隔时间相同。
- 确定各环节间的再订货间隔时间，使每一个环节收到补充订货的时点至少与其向一个顾客发出补充订货的时点同步。上述同步部分的产品可以实施越库作业。
- 若顾客的再订货间隔时间比供应商的再订货间隔时间长，则令顾客的再订货间隔时间为供应商再订货间隔时间的整数倍数，使两个环节的补货同步化以促进越库作业。也就是说，供应商应该对再订货频率比自己低的顾客的全部订单都实施越库作业。
- 若顾客的再订货间隔时间比供应商的再订货间隔时间短，则令供应商的再订货间隔时间为顾客再订货间隔时间的整数倍数，同时将两个环节的补货同步化，以促进越库作业。也就是说，对于那些订货频率比自己高的顾客，供应商每 k 次出货装运中就有 1 次实施越库作业，这里 k 为整数。
- 再订货的相对频率取决于不同参与者的调整准备成本、库存持有成本和需求。

尽管上面讨论的整数补货策略使供应链中的补货实现了同步并降低了周转库存，但正如我们将在第 12 章讨论的，由于补货时点缺乏灵活性，安全库存会增加。因此，这种策略对于周转库存很大且需求相对可预测的供应链来说最有意义。

学习目标 7 小结

在多级供应链中，同步化的整数补货策略可以降低周转库存和成本。在这一策略下，每一环节的再订货间隔时间都为某一基本订货间隔时间的整数倍数。同步化整数补货策略有助于供应链实施高水平的越库作业。

11.8 降低周转库存的管理杠杆

本章的重点在于理解供应链中为什么会存在周转库存。对于管理者来说，第一步应了解以下三个因素中的哪一个驱动了供应链中的批量决策——与生产或采购相关的固定成本、供应商提供的数量折扣、供应商提供的短期价格折扣。这将有助于管理者选择适当的管理杠杆，在不增加成本的情况下减少周转库存。

如果大多数周转库存是由于固定成本较高而大量订货所造成的，那么关键的管理杠杆就是专注于降低这些固定成本。如果固定成本存在于生产过程中，那么管理者应专注于缩短作业转换时间。较短的作业转换时间使生产过程能更经济地小批量进行生产。缩短作业转换时间的关键是将生产转换过程划分为只能在生产过程停止时才能执行的活动和在生产过程运行中可执行的活动。例如，冲压机更换模具需要四个步骤——取出旧模具，将旧模具放入仓库，从仓库中取出新模具，安装新模具。可以看到，如果生产过程在正常运行中，则第一步和第四步无法执行。然而，第二步和第三步可以在生产过程运行中进行。确保在生产过程运行中执行第二步和第三步，可以缩短转换时间。丰田非常重视在其供应链中减少作业转换时间，对缩短作业转换时间的重视使得丰田在供应链中可以大幅减小批量。

如果固定成本主要是由于运输产生的，那么管理者应重视促进货物的集中。可以通过以下方法来实现集中：协调来自同一供应商的产品订单、使用中间设施集中来自多个供应商的产品、采用集货配送来接送货物。正如11.3节所讨论的，当与品种相关的固定成本很高，且对不同产品和不同供应商的采购量差异很大时，应注意使用定制化集中策略。

通过使用适当的技术，可以减少订货和收货的固定成本。电子订货有助于减少订货的固定成本。通过使用提前发货通知和RFID等扫描技术，可以减少收货的固定成本。

如果大批量采购主要是基于批量的数量折扣所造成的，管理者应检查一下供应商是否有较大的固定成本。在这种情况下，管理者应当专注于减少供应商的固定成本，然后让供应商过渡到提供基于总量的数量折扣。虽然基于总量的数量折扣消除了大批量订货的动机，但如果折扣是基于一个固定期限内的订货数量来进行评估的，那么在评估期末时，仍可能导致大批量订货。在这种情况下，最好基于滚动水平而非固定时期来提供总量折扣。

如果大量购买是短期折扣所造成的，管理者可以考虑多种选择来限制提前购买的数量。一种方法是取消短期折扣，实行“每日低价”（EDLP）。此时，重要的是要建立一个适当的、公平的EDLP。在存在短期折扣的情况下，大多数买方可能都会以折扣价进行购买。在这种情况下，供应商应将EDLP设置为接近折扣价格而不是正常价格。另一种方法是将以折扣价提供给零售商的产品数量与零售商的售出量而非购入量挂钩。这种方法消除了买方购买量超过其预计出售量的动机。最后，管理者可以考虑限制买方能够以折扣价格购买的产品数量，以限制提前购买。

学习目标 8 小结

能减少供应链订货批量和周转库存而不增加成本的主要管理杠杆如下：

- 减少每次订货的固定订货成本和运输成本。
- 采取总量折扣方案而不是批量折扣方案。
- 取消或减少商业促销，并鼓励每日低价。基于零售商实际售出的产品数量而非购进的产品数量对零售商进行商业促销。

讨论题

1. 一家超市正在决定从宝洁公司补充订货的批量。决策时应考虑哪些成本？

2. 随着向宝洁公司补货的订货批量的减少，第 1 题中超市的各种成本将发生哪些变化？

3. 随着第 1 题中连锁超市的市场需求逐渐增加，你认为其周转库存（用库存天数来衡量的）将怎样变化？为什么？

4. 第 1 题中超市的经理希望在不增加成本的前提下减少订货批量。为实现这一目标，他可以采取哪些行动？

5. 为什么当零售商仅本着其自身成本最小化的目标进行订货批量决策时，供应链利润可能会受到损害？如果整条供应链可以协调决策，会带来什么好处？

6. 什么情况下供应链中的数量折扣是合理的？

7. 基于批量的数量折扣与基于总量的数量折扣的区别是什么？

8. 为什么像卡夫（Kraft）和莎莉（Sara Lee）这样的制造商会进行商业促销？商业促销对供应链会产生怎样的影响？应如何设计商业促销才能既使其影响最大化，又使其给供应链带来的额外成本最小？

9. 为什么在估算一家企业的库存持有成本和订货成本时，仅考虑增量成本较为合适？

练习题

1. 哈雷-戴维森公司（Harley-Davidson）在密尔沃基有一家发动机装配厂，在宾夕法尼亚有一家摩托车组装厂。发动机在两家工厂之间的运输依靠卡车来完成，每次运输的成本为 1 000 美元。摩托车厂每天组装并销售 300 辆摩托车。每台发动机的成本为 500 美元，哈雷-戴维森公司的年库存持有成本费率为 20%。哈雷-戴维森公司应在每辆卡车上装载多少台发动机？该公司发动机的周转库存为多少？

2. 由于第 1 题中哈雷-戴维森公司的摩托车组装厂实施准时制生产（JIT）的需要，哈雷-戴维森公司将每辆卡车装载的发动机数削减为 100 台。如果每辆卡车的运输成本仍为 1 000 美元，上述决策对哈雷-戴维森公司年库存成本会产生怎样的影响？如果 100 台发动机的装载量对哈雷-戴维森公司而言是最优决策，那么每辆卡车的运输成本应该为多少？

3. 芝加哥的北面（North Face）品牌零售店每个月销售 500 件夹克。每件夹克的成本为 100 美元，该公司的年库存持有成本费率为 25%，补充订货的固定成本（包括运输）为 100 美元/次。目前该零售店每个月补充订货一次，订货批量为 500 件。该零售店的年订货和库存持有成本为多少？一件夹克在库存中平均停留多长时间？如果零售店希望使订货和库存持有成本最小化，你建议最优订货批量应为多少？相对于目前的订货策略，利用这个最优订货批量进行订货能使订货和库存持有成本减少多少？

4. 塔吉特公司向一家中国供应商购买家居用品。塔吉特公司在美国的商店每个月销售 200 000 件家居用品。每件家居用品的成本为 10 美元，该公司的年库存持有成本费率为 20%。补充订货的办公费用为 500 美元/次。每次运输，运输公司要收取 5 000 美元的固定成本和每件 0.10 美元的可变成本。塔吉特公司的最优订货批量应为多少？此时的年库存持有成本为多少？每年该公司需补货多少次？年固定运输成本为多少？年可变运输成本为多少？年补充订货的办公费用为多少？

5. 亚马逊每月销售 20 000 件三星公司的消费电子产品。每件产品的成本为 100 美元，亚马逊的库存持有成本费率为 20%。亚马逊向三星公司每次订货的固定办公和运输费用为 4 000 美元。亚马逊的最优订货批量为多少？为了实现降低库存的目标，亚马逊意欲将每次向三星公司订货的批量减少至 2 500 件（每月下达 8 次补货订单）。为了使 2 500 件为最优订货批量，亚马逊应当将每次订货的固定成本降至多少？

6. 亚马逊每月销售 10 000 台联想个人电脑。每台个人电脑的成本为 500 美元，亚马逊的库存持有成本费率为 20%。固定订货成本为多少时最优订货批量为 10 000 台？固定订货成本为多少时最优订货批量为 2 500 台？

7. 一家轧钢厂每周可生产 20 吨工字钢。工字钢的市场需求为每周 5 吨。为了生产工字钢，工厂每次都必须进行调整准备，需要更换适当的轧钢模具。每次调整准备都会产生人工费用和停工造成的生产损失，因此轧钢厂每次调整准备成本为 10 000 美元。每吨工字钢的成本为 2 000 美元，轧钢厂的年库存持有成本费率为 25%。工字钢的最优生产批量为多少？此时的年调整准备成本为多少？年库存持有成本为多少？

8. 一家轧钢厂每周可生产 20 吨工字钢。工字钢的市场需求为每周 5 吨。每吨工字钢的成本为 2 000 美元，轧钢厂的年库存持有成本费率为 25%。为了生产工字钢，工厂每次都必须进行调整准备，需要更换适当的轧钢模具。轧钢厂希望每批生产 40 吨工字钢（每 8 周生产一批）。要使生产批量 40 吨为最优生产批量，此时作业转换成本应为多少？

9. 一家电子公司在亚洲有两家合同制造商：富士康和伟创力。富士康负责组装平板电脑和智能手机，伟创力负责组装笔记本电脑。平板电脑和智能手机的月需求为 10 000 部，笔记本电脑的月需求为 4 000 台。平板电脑的成本为 100 美元，笔记本电脑的成本为 400 美元。该公司的年库存持有成本费率为 25%。目前，该公司分别向富士康和伟创力下达订单，并分开进行运输。每次运输的固定成本为 10 000 美元。该公司向富士康订货的最优订货批量、订货频率应为多少？向伟创力订货的最优订货批量、订货频率又为多少？

该公司正考虑将所有产品交给一家合同制造商进行组装，这样就可以通过一次运输将所有产品从亚洲运至美国。如果每次运输的固定成本仍为 10 000 美元。那么统一订货的最优订货批量和订货频率为多少？通过统一订货和运输，该公司的周转库存预计能下降多少？

10. 哈雷-戴维森公司从三家供应商采购零部件。从供应商 A 采购的零部件单价为 5 美元，每月使用 20 000 单位。从供应商 B 采购的零部件单价为 4 美元，每月使用 2 500 单位。从供应商 C 采购的零部件单价为 5 美元，每月使用 900 单位。当前，哈雷-戴维森公司采购的产品从三家供应商处分别运送。作为实施 JIT 的努力之一，哈雷-戴维森公司决定对三家供应商的产品采取集中订货的方式。卡车公司收取的每辆卡车固定费用为 400 美元，每停车一次的附加费用为 100 美元。因此，假如哈雷-戴维森公司仅要求从一家供应商取货，卡车公司的报价为 500 美元；从两家供应商取货，报价为 600 美元；从三家供应商取货，报价为 700 美元。请提出一项使哈雷-戴维森公司年成本最小化的补货策略建议。假设年库存持有成本费率为 20%。哈雷-戴维森公司的当前策略是从每家供应商分别订货，将你建议的策略所产生的成本与哈雷-戴维森公司当前策略的成本进行比较。哈雷-戴维森公司每种零部件的周转库存是多少？

11. 福特公司和通用汽车公司（GM）均在北密歇根一家第三方仓库中持有为其经销商准备的备

件库存。福特公司每月的备件需求为 100 件，通用汽车公司每月的备件需求为 120 件。每种备件的成本均为 100 美元，并且两家公司的年库存持有成本费率均为 20%。目前，两家公司分别使用不同的卡车运输这些备件。每辆卡车的固定成本为 500 美元。此时，福特公司和通用汽车公司的最优订货批量和频率各为多少？两家公司的年订货和库存持有成本各为多少？

一家第三方物流提供商可以为两家公司提供联合运输服务，用一辆卡车运送福特公司和通用汽车公司的备件。联合运输将使每辆卡车的固定成本上升为 600 美元。如果福特公司和通用汽车公司均同意联合运输，那么最优订货频率和批量为多少？联合运输后两家公司的年订货和库存持有成本为多少？福特公司和通用汽车公司应当接受这个第三方物流提供商的建议吗？福特公司和通用汽车公司之间应如何分摊每辆卡车的固定成本？

12. Prefab 公司是一家家具生产商，其胶合板的月使用量为 20 000 平方英尺。运输公司每次运输收费 400 美元，该价格与采购的数量无关。胶合板制造商提供全部单位数量折扣：订货批量少于 20 000 平方英尺，每平方英尺 1 美元；订货批量超过 20 000 平方英尺但不足 40 000 平方英尺，每平方英尺 0.98 美元；订货批量超过 40 000 平方英尺，每平方英尺 0.96 美元。Prefab 公司的年库存持有成本费率为 20%。Prefab 公司的最优订货批量是多少？该策略下的年成本为多少？Prefab 公司胶合板的周转库存是多少？如果制造商不提供数量折扣，而是以 0.96 美元/平方英尺的价格出售所有胶合板，此时 Prefab 公司的周转库存为多少？比较以上两种定价方案下 Prefab 公司胶合板的周转库存。

现在考虑这样一种情况。胶合板制造商提供边际单位数量折扣：一个订单的前 20 000 平方英尺，每平方英尺 1 美元；超过 20 000 平方英尺但不超过 40 000 平方英尺的部分，每平方英尺 0.98 美元；超过 40 000 平方英尺的部分，每平方英尺 0.96 美元。这种价格框架下 Prefab 公司的最优订货批量是多少？如果实施该订货策略，Prefab 公司胶合板的周转库存将是多少？

13. 固安捷公司对紧固件的需求为每月 20 000 盒。该公司的年库存持有成本费率为 20%。每次订货的固定成本为 400 美元。供应商提供全部单位数量折扣：订货批量少于 30 000 盒，每盒 5 美元；订货批量大于等于 30 000 盒，每盒 4.9 美元。固安捷公司每次补货应订购多少盒？

14. 若第 13 题中供应商提供的是边际单位数量折扣。固安捷公司对紧固件的需求为每月 20 000 盒。该公司的年库存持有成本费率为 20%。每次订货的固定成本为 400 美元。供应商提供边际单位数量折扣：一个订单的前 30 000 盒，每盒 5 美元；超过 30 000 盒的部分，每盒 4.9 美元。固安捷公司每次补货应订购多少盒紧固件？

15. 亚马逊对电话机的需求为每月 5 000 部。亚马逊的年库存持有成本费率为 25%。每次订货的固定成本为 500 美元。供应商提供全部单位数量折扣：订货批量少于 10 000 部，每部 200 美元；订货批量大于等于 10 000 部但小于 20 000 部，每部 195 美元；订货批量大于等于 20 000 部，每部 190 美元。亚马逊每次补货应订购多少部电话机？

16. 亚马逊对电话机的需求为每月 5 000 部。亚马逊的年库存持有成本费率为 25%。每次订货的固定成本为 500 美元。供应商提供边际单位数量折扣：一个订单中的前 10 000 部，每部 200 美元；接下来的 10 000 部，每部 195 美元；超过 20 000 部的部分，每部 190 美元。亚马逊每次补货应订购多少部电话机？

17. Dominick's 连锁超市销售由 Tastee 公司生产的一种名为 Nut Flakes 的畅销谷类食品。Nut Flakes 的周需求为 1 000 盒。Dominick's 超市的年库存持有成本费率为 25%，每次公司向 Tastee 公司补充订货，使用卡车运货的固定运输成本为 200 美元。假设 Tastee 公司对 Nut Flakes 的正常报价为 2 美元/盒，Dominick's 超市每次的补货批量应为多少？

若 Tastee 公司开展商业促销，将 Nut Flakes 的价格降为 1.80 美元，为期一个月。在短期价格下降的情况下，Dominick's 超市应订货多少？

18. Flanger 公司是一家工业品分销商，产品来源于数百家供应商。其内向运输有两种模式：零担和整车。零担运输的单位运输成本为 1 美元，整车运输的成本为每车 400 美元。每辆卡车最多能装载 1 000 单位货物。Flanger 公司希望知道如何基于年需求判别产品应使用何种运输模式（整车或零担）。产品单位成本为 50 美元，Flanger 公司的年库存持有成本费率为 20%。Flanger 公司每次向供应商发出订货的固定成本为 100 美元。

（a）确定一个临界值，年需求大于该临界值时采用整车模式，年需求低于该临界值时采用零担模式。

（b）如果产品单位成本为 100 美元（而不是 50 美元）且所有其他数据不变，相对于问题（a），此时的临界值会如何变化？单位成本增加时，哪种模式更优？

（c）如果零担运输的单位运输成本变为 0.8 美元（而不是 1 美元），相对于问题（a），临界值将发生怎样的变化？

19. SuperPart 公司是一家汽车配件分销商，其在芝加哥地区有一个很大的仓库，该公司正在制定一项利用整车运输或零担运输完成内向运输的策略。零担运输的单位运输成本为 1 美元，整车运输的运输成本为每车 800 美元，且每次停站附加费用为 100 美元。因此，用一辆卡车从三家供应商取货的成本为 800 + 3 × 100 = 1 100 美元。一辆卡车最多运载 2 000 单位的货物。SuperPart 公司从每家供应商订货的固定成本为 100 美元/次。因此，一个涉及三家不同供应商的订单的订货成本为 300 美元。产品单位成本为 50 美元，SuperPart 公司的年库存持有成本费率为 20%。假设每家供应商产品的年需求均为 3 000 单位。SuperPart 公司有数千家供应商，如果使用整车运输，该公司必须决定每辆卡车集中运输多少家供应商的产品。

（a）如果使用零担运输，最优订货批量和年成本分别是多少？订货间隔时间为多少？

（b）如果使用整车运输且各家供应商的产品使用不同卡车分别运输，最优订货批量和年成本分别是多少？订货间隔时间为多少？

（c）如果使用整车运输策略且将两家供应商的产品集中在一辆卡车上进行运输，每种产品的最优订货批量和年成本各是多少？

（d）将多少家供应商的产品集中在一辆卡车上进行运输是最优的？在这种情况下，每种产品的最优订货批量和年成本分别是多少？订货间隔时间为多少？

（e）如果每种产品的年需求均为 3 000 单位，你建议应采取什么样的运输策略？如果每种产品的年需求为 1 500 单位，应该采取什么样的运输策略？如果每种产品的年需求为 18 000 单位，又应该采取什么样的运输策略？

20. PlasFib 公司是一家生产家具装饰材料用合成纤维的企业。PlasFib 公司在一条生产线上生产 50 种不同颜色的纤维。当生产由一种颜色的纤维转换为另一种颜色的纤维时，部分生产线需要进行清理，从而造成原材料损失。每次生产转换的原材料损失和人工成本共 200 美元。假设每次生产转换需要生产线停产 0.5 小时。生产线运行时，每小时可以生产 100 磅纤维。

PlasFib 公司销售的纤维分为三大类。有 5 种颜色的纤维非常畅销，每种颜色的年平均销售量为 30 000 磅；有 10 种颜色销量中等，每种颜色的年平均销售量为 12 000 磅；剩下的是销售量较低的颜色，每种颜色的年平均销售量为 2 400 磅。已知每磅纤维的成本为 5 美元，PlasFib 公司的年库存持有成本费率为 20%。

（a）畅销/销量中等/销量较低的颜色，生产批量分别应为多少？分别相当于多少天的产品需求？

（b）在问题（a）得出的策略下的年调整准备和库存持有成本是多少？

（c）以上策略要求工厂每年运行多少小时（包括每批次 0.5 小时的生产调整准备时间）？

21. TopOil 公司是印第安纳州一家石油炼制企业，服务于田纳西州纳什维尔附近的三个客户，并且在每个客户所在区域都持有寄售库存（所有权归 TopOil 公司）。现在，TopOil 公司采用整车运输方式分别为每个客户送货。每辆卡车的运输成本为 800 美元，另外每次停站的附加费用为 250 美元。因此，分别为每个客户送货时每辆卡车的运输成本为 1 050 美元。TopOil 公司正在考虑用一辆卡车为纳什维尔地区的客户送货。最大客户的年需求为 60 吨，中等客户的年需求为 24 吨，而最小客户的年需求为 8 吨。TopOil 公司每吨产品的生产成本为 10 000 美元，其年库存持有成本费率为 25%。卡车的运载能力为 12 吨。

(a) 如果 TopOil 公司每当一个客户的库存耗尽时都为其采用整车送货，则年运输成本和库存持有成本是多少？在这种策略下，每个客户持有的库存可以满足多少天的需求？

(b) 如果 TopOil 公司为客户分别送货，对每个客户的最优送货策略是什么？此时的年运输成本和库存持有成本是多少？该策略下每个客户持有的库存各可以满足多少天的需求？

(c) 如果 TopOil 公司在每次向纳什维尔地区送货时都将三个客户的货物合并由一辆卡车送货，这时对每个客户的最优送货策略是什么？此时的年运输和库存持有成本是多少？该策略下每个客户持有的库存可以满足多少天的需求？

(d) 你能否给出比 (b) 或 (c) 中的策略成本更低的定制化策略？你所给出的策略下的成本和库存分别是多少？

22. Crunchy 公司是一家谷类食品生产商，该公司有一个工厂专门为一家大型零售连锁企业供货。该零售连锁企业的月平均销售量为 20 000 盒，工厂的生产与该平均需求保持同步。Crunchy 公司每盒产品的成本为 3 美元，对零售商的批发报价为 5 美元。Crunchy 公司和零售商的年库存持有成本费率均为 20%。零售商每次订货的固定成本为 200 美元。Crunchy 公司每批货物的运输成本和装货成本共计 1 000 美元。

(a) 假设零售商试图将订货和库存持有成本最小化，零售商每次的订货批量应为多少？此时，零售商的年订货和库存持有成本是多少？Crunchy 公司的年订货和库存持有成本又是多少？在此策略下，双方的总库存成本是多少？

(b) 假如希望使 Crunchy 公司和零售商的库存成本（订货成本、运输成本、库存持有成本）之和最小化，此时零售商的订货批量应为多少？与 (a) 中的策略相比，该策略下成本下降了多少？

(c) 设计一个全部单位数量折扣方案，使得零售商以 (b) 中的批量进行订货。

(d) 要想让零售商以 (b) 中的批量进行订货，Crunchy 公司应将每批货物 1 000 美元运输成本中的多少转嫁给零售商？

23. 一家钢铁服务中心以每吨 2 000 美元的价格从一家综合钢厂购买钢材。钢铁服务中心对于钢材的需求为每月 50 吨，年库存持有成本费率为 25%，每次订货的固定成本为 2 000 美元。钢铁服务中心每次补货应订购多少吨钢材？年订货和库存持有成本是多少？

钢铁服务中心每次订货，综合钢厂都会产生 4 000 美元的固定成本。综合钢厂每吨钢材的成本为 1 000 美元，钢厂的年库存持有成本费率为 20%。假定该钢厂每月为钢铁服务中心生产 50 吨钢材。在钢铁服务中心的订货策略下，钢厂的年订货和库存持有成本是多少？钢铁服务中心和钢厂的年成本之和为多少？

如果钢铁服务中心和钢厂可以相互协调工作，那么能使其订货和库存持有成本之和最小化的最优订货批量为多少？通过双方协调工作，供应链年成本可以节约多少？请为综合钢厂设计一个全部单位数量折扣，使钢铁服务中心在不增加年成本的情况下以协调后的批量进行订货。

24. Orange 公司推出了一种名为 J-Pod 的新型音乐播放设备。产品通过一家名为 Good Buy 的大型电子产品零售商销售。Good Buy 公司估计 J-Pod 的需求取决于最终零售价 p。需求曲线为：

需求 $D = 2\,000\,000 - 2\,000p$

每部 J-Pod 的生产成本为 100 美元。

（a）Orange 公司应该将 J-Pod 的批发价格定为多少？在这一批发价格下，Good Buy 公司的零售价应该为多少？在均衡状态下，Orange 公司和 Good Buy 公司的利润是多少？

（b）假设 Orange 公司决定对批发价给予 40 美元的折扣，Good Buy 公司倘若想使自身的利润最大化，应该给予顾客多少折扣优惠？Good Buy 公司将 Orange 公司所提供的折扣优惠中的多大比例让渡给了顾客？

25. Orange 公司对每部 J-Pod 的报价为 550 美元。Good Buy 公司销售 J-Pod 的零售价为 775 美元。在该零售价格下年需求为 450 000 部。Good Buy 公司每次订购 J-Pod 的订货成本、收货成本和运输成本为 10 000 美元。该零售商的年库存持有成本费率为 20%。

（a）Good Buy 公司的最优订货批量为多少？

（b）Orange 公司对 J-Pod 开展 40 美元的短期折扣（未来两周内）。Good Buy 公司决定零售价不变，但改变向 Orange 公司订货的批量。在这种折扣方案下，Good Buy 公司应怎样调整其订货批量？由于折扣，订货批量增加了多少？

26. MRO 分销商 MCParts 从亚特兰大地区的三家不同供应商处采购产品。目前，MCParts 使用整车运输分别从每个供应商处采购。每辆卡车的运输成本为 1 000 美元，且每次停站附加费用为 400 美元。因此，向每个供应商分别采购并送货时每辆卡车的费用为 1 400 美元。MCParts 正在考虑集中采购，将所有采购的产品装载在一辆卡车上进行运输。销售量最大的产品的需求量为每年 120 000 单位，中等销量的产品的需求量为每年 60 000 单位，销售量最少的产品的需求量为每年 12 000 单位。每单位产品成本为 10 美元，MCParts 的年库存持有成本费率为 25%。每辆卡车的运载能力为 12 000 单位。

（a）如果 MCParts 每次订货都从每个供应商处采购一整车的产品，那么其年运输和库存持有成本是多少？在这一策略下，每种产品持有的库存能满足多少天的需求？

（b）如果 MCParts 分别从每个供应商处采购，则每种产品的最佳订货批量是多少？年运输和库存持有成本是多少？这一策略下，每种产品持有的库存能满足多少天的需求？

（c）如果 MCParts 将三家供应商的产品集中装载在一辆卡车上从亚特兰大运出，那么每种产品的最佳订货批量是多少？年运输和库存持有成本是多少？这一策略下，每种产品持有的库存能满足多少天的需求？

（d）你能想出一个比（b）或（c）中提出的策略成本更低的定制化策略吗？你所建议策略的成本和库存各为多少？

27. 欧洲洗涤剂制造商 AZOR 有一家工厂专门为一家大型零售连锁店供货。该零售连锁店平均每月销售约 10 000 桶洗涤剂，AZOR 工厂的生产与这一平均需求相同步。AZOR 每罐洗涤剂的成本为 5 欧元，并以 10 欧元的批发价出售给零售商。AZOR 和零售商的年库存持有成本费率均为 25%。零售商每次订货都会产生 100 欧元的订货成本。每次订货，AZOR 会产生运输成本和装货成本，共计 1 600 欧元。

（a）零售商正在努力最小化其订货和库存持有成本，零售商的订货批量将会是多少？在这一策略下，零售商的年订货和库存持有成本是多少？在这一策略下，AZOR 的年订货和库存持有成本是多少？在这一策略下，双方的总库存成本是多少？

（b）当订货批量为多少时，可以使 AZOR 和零售商的总库存成本（订货、运输和库存持有成本）最小？相较于（a）中提出的策略，这一策略下的成本下降了多少？

（c）设计一个全部单位数量折扣，使零售商按（b）中提出的订货批量进行订货。

参考文献

Blattberg, Robert C., and Scott A. Neslin. *Sales Promotion: Concepts, Methods, and Strategies*. Upper Saddle River, NJ: Prentice Hall, 1990.

Brealey, Richard A., and Stewart C. Myers. *Principles of Corporate Finance*. Boston, MA: Irwin McGraw-Hill, 2000.

Buzzell, Robert, John Quelch, and Walter Salmon. "The Costly Bargain of Trade Promotions." *Harvard Business Review* (March–April 1990): 141–149.

Crowther, John F. "Rationale for Quantity Discounts." *Harvard Business Review* (March–April 1964): 121–127.

Dolan, Robert J. "Quantity Discounts: Managerial Issues and Research Opportunities." *Marketing Science* (1987): 6, 1–24.

Federgruen, Awi, and Yu-Sheng Zheng. "Optimal Power-of-Two Replenishment Strategies in Capacitated General Production/Distribution Networks." *Management Science* (1993): 39, 710 –727.

Goyal, Suresh K. "A Simple Procedure for Price Break Models." *Production Planning & Control* (1995): 6, 584 –585.

Gupta, Sandeep, and Charanyan Iyengar. "The Tip of the (Inventory) Iceberg." *Supply Chain Management Review* (November 2014): 28–35.

Hu, Jianli, and Charles L. Munson. "Dynamic Demand Lot-sizing Rules for Incremental Quantity Discounts." *Journal of the Operational Research Society* (2002): 53, 855–863.

Kurt Salmon Associates, Inc. *Efficient Consumer Response*. Washington, DC: Food Marketing Institute, 1993.

Lee, Hau L., and Corey Billington. "Managing Supply Chain Inventories: Pitfalls and Opportunities." *Sloan Management Review* (Spring 1992): 65–73.

Maxwell, William L., and John A. Muckstadt. "Establishing Consistent and Realistic Reorder Intervals in Production-Distribution Systems." *Operations Research* (1985): 33, 1316 –1341.

Munson, Charles L., Jianli Hu, and Meir J. Rosenblatt. "Teaching the Costs of Uncoordinated Supply Chains." *Interfaces* (2003): 33, 24 –39.

Munson, Charles L., and Meir J. Rosenblatt. "Theories and Realities of Quantity Discounts." *Production and Operations Management* (1998): 7, 352–369.

Roundy, Robin. "98%-Effective Integer-Ratio Lot-Sizing for One-Warehouse Multi-Retailer Systems." *Management Science* (1985): 31, 1416 –1429.

Roundy, Robin. "A 98%-Effective Lot-Sizing Rule for a Multi-Product, Multi-Stage Production Inventory System." *Mathematics of Operations Research* (1986): 11, 699–727.

Silver, Edward A., David Pyke, and Rein Petersen. *Inventory Management and Production Planning and Scheduling*. New York: Wiley, 1998.

Zipkin, Paul H. *Foundations of Inventory Management*. Boston, MA: Irwin McGraw-Hill, 2000.

案例分析 1

MoonChem 公司的运输策略

MoonChem 公司的供应链副总裁约翰 · 克雷斯吉（John Kresge）离开会议室时满腹心事。MoonChem 公司是一家特种化学品制造商，此次年终会议评估了财务绩效，并讨论了公司一年中库存仅周转两次的事实。经过进一步观察发现，MoonChem 公司拥有的一半以上库存是为顾客建立的寄售库存。这是非常令人吃惊的，因为仅有 20% 的顾客持有寄售库存。约翰负责库存成本和运输成本。他决定仔细研究寄售库存的管理，并提出一个合适的计划。

MoonChem 公司的运作

MoonChem 公司是一家特种化学品制造商，拥有 8 个生产厂和 40 个分销中心。工厂生产基本的化学制品，分销中心将它们混合配制出数百种最终产品，以满足不同顾客的特殊要求。在特种化学品市场，MoonChem 公司决定通过为顾客提供寄售库存实现其在中西部地区的差异化。倘若该策略被证明是成功的，该公司希望在全美范围内推广此策略。在中西部地区，MoonChem 公司在顾客所在地以寄售的方式持有顾客需要的化学品。顾客根据需要使用这些化学品，MoonChem 公司管理补货以保证产品的可获性。大多数情况下，顾客对化学品的消费是稳定的。MoonChem 公司拥有所有寄售库存的所有权，顾客在使用时才向 MoonChem 公司付费。

MoonChem 公司的分销系统

MoonChem 公司所有的货物都通过 Golden 卡车公司进行运输，Golden 卡车公司是一家整车承运商（full-truckload carrier）。每辆卡车的运输能力为 40 000 磅。不论每车装载量是多少，只要运输的起始地和目的地一样，Golden 卡车公司收取的运输费率就是固定的。MoonChem 公司将满车化学品运送至每个顾客，以补充寄售库存。

对伊利诺伊州的初步研究

约翰决定仔细分析公司分销系统的运作。他将注意力放在了伊利诺伊州，该州由芝加哥分销中心负责供货。他按照邮政编码将伊利诺伊州划分成不同的区域，并重点研究了皮奥里亚地区。约翰仔细研究后发现，皮奥里亚地区有2个大客户、6个中等客户和12个小客户。每种类型客户的消费量如表11-4所示。目前，由芝加哥到皮奥里亚，Golden卡车公司每次运输收费400美元。MoonChem公司的策略是：当需要时，运送整车货物至客户。

表11-4 皮奥里亚地区MoonChem公司的客户概况

客户类型	客户数量	消费量（磅/月）
小	12	1 000
中	6	5 000
大	2	12 000

约翰与Golden卡车公司进行了核实，以了解如果将发送给多个客户的货物集中在一辆卡车上进行运输的话费用将是多少。Golden卡车公司告诉约翰，每辆卡车的使用费为350美元，每次停站卸货加收50美元。因此，Golden卡车公司的一辆卡车一次为一个客户送货的价格是400美元，若一辆卡车给4个客户送货，总费用将是550美元。

MoonChem公司寄售的每磅化学品的成本为1美元，MoonChem公司的年库存持有成本费率为25%。约翰希望对皮奥里亚地区可实施的不同分销方案进行分析，以确定最优分销策略。其中一种方案是，在每辆驶往皮奥里亚的卡车上都集中装载所有20个客户的货物。另一种方案是，将20个客户分为两组，每组均包括1个大客户、3个中等客户、6个小客户，然后每组货物集中装运到一辆卡车上运至皮奥里亚。对皮奥里亚地区的详细研究将为MoonChem公司计划在全美推广的分销策略提供一个蓝本。

◆ **思考题**

1. 若MoonChem公司在皮奥里亚地区对每个顾客都采用满载运输方式进行寄售库存的补货，该策略下的年成本是多少?
2. 考虑不同的运输方案，并计算每种方案的成本。你将向MoonChem公司推荐哪种运输方案?
3. 你的建议将对MoonChem公司的寄售库存有何影响?

案例分析2

KAR食品公司的定价和运输

KAR食品公司的供应链经理卡洛斯·拉莫斯（Carlos Ramos）想弄明白，为什么他的团队处理顾客的混装和小批量订单的能力有了极大改善，但公司库存仍居高不下。他觉得问题可能出在销售团队提供的鼓励顾客大批量购买的折扣方案上。卡洛斯安排了一次与销售和营销部门经理凡妮莎·雷贝洛（Vanessa Rebelo）的会议，讨论未来的计划安排。

KAR食品公司的历史定价和成本

KAR食品公司是巴西一家大型食品加工企业，生产新鲜肉类和加工由食品，总部位于巴西圣保罗。经过数次全球收购后，该公司从一家屠宰场发展成为一家全球化的企业。公司的产品销往巴西数家连锁超市。连锁超市通常每月从KAR食品公司以每千克4巴西雷亚尔的价格采购10 000千克肉类。KAR食品公司的肉类生产成本为每千克2.5巴西雷亚尔。KAR食品公司按照满足市场需求的速率进行生产。长期以来，KAR食品公司都通过提供数量折扣的形式鼓励顾客大批量订货。如果顾客每次的订货批量大于等于27 500千克，公司将提供2%的数量折扣（价格由4巴西雷亚尔/千克降为3.92巴西雷亚尔/千克）。由于KAR食品公司完成一个订单的加工、装货、运输的固定成本非常高，需要4 000巴西雷亚尔，因此提供数量折扣是合理的。

KAR 食品公司供应链的改进

随着企业的发展，KAR 食品公司认识到，要与进入巴西市场的其他跨国企业竞争，必须大幅改进其供应链运作。由于卡洛斯·拉莫斯在消费包装品行业具有丰富的经验，因此被 KAR 食品公司聘请来负责这项工作。在快速了解 KAR 食品公司的现状后，卡洛斯发现了一些改进供应链的机会。他决定把重点放在为满足顾客订单而建立的大量库存上。降低库存可以释放企业资金，减少对昂贵的冷藏空间的需求，并且简化企业运作。目前，在企业的年库存持有成本费率为 20% 的情况下，降低库存将为企业节省大量库存持有成本。卡洛斯很快认识到，当前企业分销系统缺乏柔性，从而导致高达 4 000 巴西雷亚尔的加工、装货、运输等订单履行成本。卡洛斯改变了流程，投资了新的技术以提高柔性，从而能以更低的成本处理混装的情况。他还引进了路径选择软件，使得公司更易于进行运输规划，用一辆卡车为多个顾客提供运输。这有助于减少每次订货的固定成本，使固定成本降低为 400 巴西雷亚尔/次。卡洛斯希望这些改进能大幅降低订货批量，从而减少库存。

顾客面临的成本

由于实际上订货批量和库存降低非常少，卡洛斯想了解为什么情况并没有改观。在与凡妮莎开会之前，他设法了解了从 KAR 食品公司订货的连锁超市的成本。他了解到，每家连锁超市每次与订货相关的固定成本为 100 巴西雷亚尔。这一固定成本主要包括下达订单和收货的成本。他还了解到，每家连锁超市的年库存持有成本费率均为 20%。

◆ **思考题**

1. 你认为 KAR 食品公司一直采用的折扣方案如何？在目前的状况下，这种折扣方案合理吗？

2. 如果 KAR 食品公司每次订货的固定成本降低为 400 巴西雷亚尔，仍使用原来的折扣方案有何负面影响？

3. 在即将召开的会议上，卡洛斯应向凡妮莎提出什么建议？从这一建议中，KAR 食品公司可以获得什么潜在收益？

附录 11A　经济订货批量

目标：推导经济订货批量的计算公式。

分析：假设年需求为 D，订货成本为 S，单位成本为 C，年库存持有成本费率为 h，我们的目标是计算使年总成本最小化的订货批量 Q。订货批量为 Q 时的年总成本 TC 为：

$$TC=\left(\frac{D}{Q}\right)S+\left(\frac{Q}{2}\right)hC+CD$$

为了使总成本最小化，将年总成本函数对批量 Q 求一阶导数，并令一阶导数为 0。通过对 Q 求一阶导数，得到：

$$\frac{\mathrm{d}(TC)}{\mathrm{d}Q}=-\frac{DS}{Q^2}+\frac{hC}{2}$$

令一阶导数为 0，则经济订货批量为：

$$Q^2=\frac{2DS}{hC}\quad\text{或}\quad Q=\sqrt{\frac{2DS}{hC}}$$

第 12 章 供应链的不确定性管理：安全库存

Managing Uncertainty in a Supply Chain：Safety Inventory

学习目标

通过本章学习，你应当能够：

1. 理解安全库存在供应链中的作用。
2. 识别影响安全库存水平的因素。
3. 评估供应链的适当安全库存水平。
4. 讨论供应链不确定性对安全库存的影响。
5. 了解集中如何有助于降低供应链所需的安全库存。
6. 确定补货策略对安全库存的影响。
7. 改善多级供应链的安全库存管理。
8. 识别能降低安全库存且不影响产品可获性的管理杠杆。

本章将讨论在供给和需求波动的情况下，安全库存如何帮助供应链提高产品可获性。我们将讨论度量产品可获性的各种测度指标，以及管理者如何设置安全库存水平以提供所期望的产品可获性。我们还将探讨管理者可以采取什么措施，在维持甚至提高产品可获性的同时，减少所需的安全库存。

12.1 安全库存在供应链中的作用

安全库存（safety inventory）是指为了满足超出预期水平的顾客需求而持有的库存。之所以持有安全库存，是因为需求和供应的不确定性。如果实际需求超过预测需求或者供应晚于预期，则可能导致产品短缺。例如，布鲁明戴尔（Bloomingdale）是一家高档百货公司。该公司销售意大利时尚品牌古驰（Gucci）生产的钱包。由于从意大利进货的运输成本很高，布鲁明戴尔的经理每次订货的批量为 600 个钱包。布鲁明戴尔平均每周钱包的需求为 100 个。收到订单后，古驰需要 3 周的时间才能将钱包交付给布鲁明戴尔百货。如果市场需求不存在不确定性，布鲁明戴尔每周正好售出 100 个钱包，那么其经理可以在店内钱包正好还剩 300 个时发出采购订单。在市场需求不存在不确定性时，这种订货策略可以确保新一批订货恰好在上一批钱包售完时到达。

但是，由于需求是波动的并且存在预测误差，那么 3 周的实际需求可能大于或小于预测值 300 个。如果实际需求高于 300 个，那么一部分顾客就无法买到钱包，导致布鲁明戴尔的潜在利润损失。于是布鲁明戴尔的经理决定在店内还剩 400 个钱包时就向古驰下订单。该策略能够改善产品的可获性，因为只有当 3 周的钱包需求超过 400 个时，才会出现缺货。由于钱包每周的平均需求为 100 个，因此当补充订货到达时，仍平均有 100 个钱包库存。安全库存就是指当补充订货到达时剩余的平均库存。因此，布鲁明戴尔钱包的安全库存为 100 个。

考虑到订货批量为 Q=600 个，那么上一章重点讨论过的周转库存就为 $Q/2$=300 个。在考虑安全库存的情况下，布鲁明戴尔的库存状况如图 12－1 所示。从图 12－1 可以看出，布鲁明戴尔百货的平均库存是其周转库存与安全库存之和。

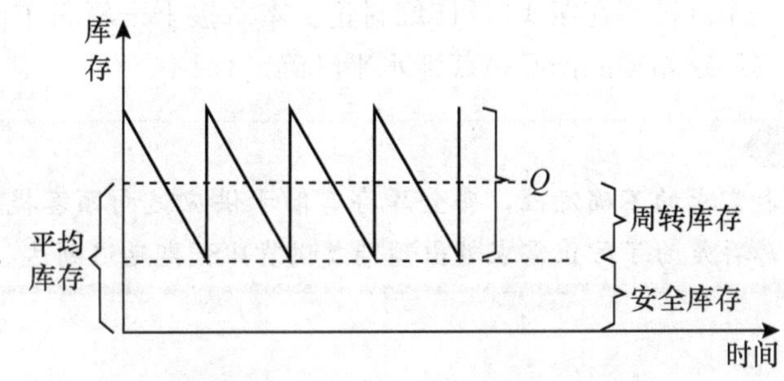

图 12－1　设置安全库存时的库存状况

这个例子说明，供应链管理者在设置安全库存时必须进行权衡。一方面，提高安全库存水平能够提高产品可获性，从而从顾客购买中获利；另一方面，提高安全库存水平会增加库存持有成本。上述问题在产品生命周期很短且产品需求极不稳定的行业尤为突出。持有过多的库存有助于应对需求波动，但如果新产品上市，则库存的旧产品的需求就会萎缩，从而造成损失。此时，企业持有的库存将变得毫无价值。

在当前的商业环境下，顾客在不同商店中寻找所需商品变得越来越容易。当顾客在网上购书时，如果购买的书在亚马逊脱销，他可以很容易地查看 barnesandnoble.com 上是否有这本书。顾客搜寻产品越来越容易，这使得企业在提高产品可获性方面面临巨大的压力。与此同时，随着定制化程度的提高，产品种类也不断增加。因此，市场日趋多样化，单个产品的市场需求变得更加不稳定和难以预测。产品多样性的增加以及提高产品可获性的压力，促使企业提高所持有的安全库存水平。在大多数高科技产品的供应链中，由于产品多样性和需求高度不确定性，安全库存在库存中所占的比例非常高。

然而，随着产品多样性的增加，产品生命周期也在不断缩短。因此，今天还很畅销的产品很可能明天便过时了，这增加了持有过多库存的企业的成本。因此，供应链成功的关键是，在不损害产品可获性的前提下，找到降低安全库存水平的有效途径。

在 2008—2009 年经济衰退期间，诺德斯特龙、梅西百货、萨克斯第五大道精品百货店（Saks Fifth Avenue）的经历说明了降低安全库存水平的重要性。由于库存周转速度是其他两个竞争对手的两倍，诺德斯特龙的效益明显优于另外两家百货公司。2008 年（2009 年），诺德斯特龙持有大约满足 2 个月平均需求的库存，梅西百货持有大约 4（4.15）个月的库存，萨克斯第五大道精品百货持有大约 4.24（4.67）个月的库存。诺德斯特龙成功的关键之一是，它能够为顾客提供高水平的产品可获性，同时在其供应链中维持较低的安全库存水平。这也是沃尔玛和日本 7－11 取得成功的一个重要原因。

对于任何一条供应链来说，在设置安全库存时，都需要考虑以下三个重要问题：

1. 合理的产品可获性水平应该为多少？
2. 要达到希望的产品可获性水平，需要设置多少安全库存？
3. 在不影响产品可获性的前提下，可以采取哪些措施来减少安全库存？

第一个问题将在第13章详细讨论。本章接下来将着重回答第二个问题和第三个问题（假定希望的产品可获性水平已确定）。

学习目标1小结

面对供给和需求的不确定性，安全库存有助于供应链向顾客提供高水平的产品可获性。持有安全库存是为了防止需求超出预期或供货比预期延迟到达。

12.2 影响安全库存水平的因素

合理的安全库存水平由以下因素决定：

- 期望的产品可获性水平；
- 需求的不确定性；
- 供给的不确定性；
- 库存补货策略。

随着期望的产品可获性水平的提高，所需的安全库存水平也随之增加。如果超市希望某种香料具有更高的产品可获性，那么必须对这种香料持有更高水平的安全库存。

随着需求的不确定性增加，所需的安全库存水平也随之增加。超市中牛奶的需求很容易预测，因此相较于牛奶的需求，超市可以持有较低水平的安全库存。相反，同一家超市中香料的需求较难预测，因此相较于实际需求来说超市需要持有更高水平的香料安全库存。超市中大部分牛奶库存是周转库存（非常小一部分属于安全库存），而大部分香料库存是用于应对需求不确定性的安全库存。

同样，随着供给的不确定性增加，所需的安全库存水平也随之增加。当供应变得不确定时，零售商必须通过持有额外的安全库存来应对可能出现的供应延迟。

所需的安全库存还受到买方下补充订单的灵活性的影响。如果可以随时发出补货订单，那么所需的安全库存低于只能在指定时间（如每月月初）下达补货订单的情况。订货的灵活性使买方能够对意外的需求增长更快地做出响应，从而减少所需的安全库存的数量。

我们将以B&M办公用品公司对智能手机的不确定需求为例来阐述以上观点。下面，首先讨论度量产品可获性的一些指标。

12.2.1 产品可获性的度量

产品可获性反映了企业用现有库存来满足顾客订单的能力。如果顾客订单到达而企业没有存货，就出现了缺货（stockout）。有多种方法可以用来度量产品可获性。以下列出了几个反映产品可获性的重要度量指标。

1. **产品满足率**（product fill rate，fr）是指利用库存满足的产品需求的比例，也就是利用现有库存满足产品需求的可能性。产品满足率应以一特定的需求量而非时间为基准来测算。因此，用每百万单位需求而非每月需求为基准来度量产品满足率更为合适。假设 B&M 公司利用库存为 90%的顾客提供智能手机，剩余 10%的顾客则由于现有库存不足而流失给了邻近的竞争对手。这时，B&M 公司的产品满足率就为 90%。

2. **订单满足率**（order fill rate）是指利用现有库存满足的订单的比例。同样，订单满足率也应以一特定的订单数量而非时间为基准来测算。在多产品的情况下，只有当订单中的所有产品都能利用现有库存满足时，才可以说订单通过库存得到了满足。在 B&M 公司的例子中，某顾客可能同时订购了一部手机和一台笔记本电脑。只有店内既有手机又有笔记本电脑现货时，该订单才通过库存得到了满足。订单满足率通常低于产品满足率，这是因为一份订单被满足的前提是该订单中需要的所有产品必须有库存。

3. **周期服务水平**（cycle service level，CSL）是指所有顾客需求都得到满足的补货周期所占的比例。补货周期（replenishment cycle）是指连续两次补货交付之间的时间间隔。CSL 相当于一个补货周期内不出现缺货的概率。CSL 应当以特定的补货周期次数为基准进行测算。如果 B&M 公司补充订购 600 部智能手机，连续两批次补货到达的时间间隔就是一个补货周期。如果 B&M 公司的管理者在管理库存的过程中，使得公司在 10 个补货周期中有 6 个补货周期没有出现缺货，那么 B&M 公司的 CSL 就为 0.6 或 60%。可以观察到，CSL 为 0.6 时，满足率通常会高于 0.6。因为在 60%的没有出现缺货的补货周期内，所有顾客需求都通过现有库存得到了满足；而在另外 40%出现缺货的补货周期内，大多数的顾客需求还是可以通过库存得到满足的。只有在 B&M 公司补货周期期末、库存耗尽后到达的一小部分顾客需求订单才会流失。因此，产品满足率远远高于 60%。

在单一产品的情况下，产品满足率和订单满足率之间的差别并不明显。然而，当企业经销多种产品时，两者之间的差别可能非常显著。例如，如果大多数订单都包括 10 种或 10 种以上的不同产品，那么只要有一种产品缺货就会导致订单无法通过库存得到满足。在这种情况下，即使公司的产品满足率很高，订单满足率也可能很低。如果顾客重视整个订单的同时满足，那么跟踪订单满足率就非常重要。

12.2.2　需求不确定性的度量

正如第 7 章所讨论的，需求包含系统成分和随机成分。随机成分就是对需求不确定性的一种测量。预测的目的就是预测系统成分，并对随机成分进行估计。通常用预测误差的标准差来估计随机成分。让我们回到 B&M 办公用品公司的例子，假设 B&M 公司智能手机的周期性需求服从均值为 D、标准差为 σ_D 的正态分布。

D：每期的平均需求

σ_D：每期需求的标准差（预测误差）

虽然需求的标准差并不一定就等同于预测误差，但是在我们的讨论中把两者视为可以互换。事实上，安全库存的计算应该是建立在预测误差的基础之上的。

提前期（lead time）是指从发出订单到订货到达之间的时间间隔。在讨论中，用 L 表示提前期。在 B&M 公司的例子中，L 表示从 B&M 公司发出智能手机的订单到收到手机之间的时间间隔。在此例中，B&M 公司在提前期内需要面临需求的不确定性。B&M 公司的库存能否满足所有需求，取决于提前期内手机的需求以及 B&M 公司在发出补货订单时的库存。因此，B&M 公司必须预测提前期内的需求不确定性，这里的不确定性并非仅指单个时期的需求不确定性。现在，如果已知提前期为一固定值 L 且已知每个时期的需求分布，就可以估计出 L 个时期的需求分布。

估计 L 个时期的需求分布 假设第 i 期（$i=1, 2, \cdots, L$）的产品需求服从均值为 D_i、标准差为 σ_i 的正态分布。用 ρ_{ij} 表示第 i 期和第 j 期的需求相关系数。这样，L 个时期的总需求服从均值为 D_L、标准差为 σ_L 的正态分布，其中：

$$D_L=\sum_{i=1}^{L}D_i, \quad \sigma_L=\sqrt{\sum_{i=1}^{L}\sigma_i^2+2\sum_{i>j}\rho_{ij}\sigma_i\sigma_j} \tag{12.1}$$

若 $\rho_{ij}=1$，则两个时期的需求完全正相关。若 $\rho_{ij}=-1$，则两个时期的需求完全负相关。若 $\rho_{ij}=0$，则两个时期的需求相互独立。假设 L 个时期内每个时期的需求都相互独立，且都服从均值为 D、标准差为 σ_D 的正态分布。那么由式（12.1）可以看出，L 个时期的总需求服从均值为 D_L、标准差为 σ_L 的正态分布，其中：

$$D_L=D\times L, \quad \sigma_L=\sqrt{L}\sigma_D \tag{12.2}$$

不确定性的另一个重要度量指标是变异系数（coefficient of variation，cv），它是标准差与均值之比。假设需求的均值为 μ，标准差为 σ，那么

$$cv=\sigma/\mu$$

变异系数用于衡量不确定性相对于需求的程度大小。用变异系数可以说明：需求的均值为 100、标准差为 100 的产品的需求不确定性要高于需求的均值为 1 000、标准差为 100 的产品。仅考虑标准差这一个指标是无法捕捉到这一不同的。

12.2.3 供给不确定性的度量

供给不确定性主要表现在订单未能按时送达或订单中所订产品未能全数送达。在我们的讨论中，假设用提前期的不确定性来描述供给的不确定性。也就是说，假设订货全数送达但货物送达的时点是不确定的。为了表示 B&M 公司的供给不确定性，假设提前期服从均值为 L，标准差为 s_L 的正态分布。

L：平均提前期

s_L：提前期的标准差

现在，我们来估计提前期不确定时的需求分布。

估计提前期不确定时的需求分布 假设第 i 期的产品需求服从均值为 D_i、标准差为 σ_i 的正态分布且各期需求相互独立。假设提前期服从均值为 L，标准差为 s_L

的正态分布。那么，提前期（不确定的）内的总需求服从均值为 D_L、标准差为 σ_L 的正态分布，其中：

$$D_L = D \times L, \quad \sigma_L = \sqrt{L\sigma_D^2 + D^2 s_L^2} \tag{12.3}$$

可以看到，相较于提前期为固定值时的 σ_L（式（12.2）），提前期的不确定性使得提前期内需求的标准差 σ_L（式（12.3））增大。

12.2.4　补货策略

补货策略包括何时提出补充订货及每次订货多少的决策。这些决策决定了周转库存、安全库存以及产品满足率和周期服务水平。补货策略可以采取多种形式。这里仅介绍以下两种：

1. **连续盘点**（continuous review）：这种方法是随时检查库存，当库存下降至再订货点（reorder point，ROP）时，就发出批量为 Q 的订货。例如，假设 B&M 公司的门店经理连续观测智能手机的库存，当库存低于再订货点为 400 部时，他就订购 600 部智能手机。在这种情况下，每次订货的订货量保持不变。由于需求的波动性，相邻两次补充订货的时间间隔可能会有所不同。

2. **周期盘点**（periodic review）：这种方法是按照预先规定的时间间隔定期对库存进行盘点，并随即提出订货，将库存水平补充到指定目标库存水平。让我们来看 B&M 公司采购闪存盘的例子。门店经理不是连续地检查闪存盘的库存。每周四，店员会对闪存盘的库存进行盘点，然后门店经理会订购足够的闪存盘以使得现有库存和补充订货量之和达到 1 000 个。在这种情况下，订货的时间间隔是固定的。然而在需求不断变动的情况下，每次订货的批量会出现波动。

虽然这两种补货策略不够全面，但足以用来阐述与安全库存相关的主要管理问题。我们将在 12.6 节讨论周期盘点策略。本章其他部分则主要讨论连续盘点策略。

学习目标 2 小结

安全库存受所期望的产品可获性水平、需求不确定性、补货提前期和提前期的变化的影响。产品可获性用满足率或周期服务水平来度量。需求不确定性用预测误差来度量。对于提前期，既要度量其均值又要度量其标准差。所需安全库存还会受到所实施的补货策略的影响。连续盘点策略下，订货批量保持不变，但补货间隔期可能会有所不同；周期盘点策略下，补货间隔期保持不变，但每次的订货量可能会有所不同。

12.3　确定合理的安全库存水平

现在，我们讨论安全库存与所期望的周期服务水平和产品满足率之间的关系。本节仅关注连续盘点的情况。连续盘点策略是，当持有库存下降至再订货点时，按订货批量 Q 进行订货。假设每周的需求服从均值为 D、标准差为 σ_D 的正态分布，补货提前期为 L 周。

12.3.1 安全库存与周期服务水平

首先，我们将介绍如何在给定再订货点（以及相应的安全库存）的情况下计算周期服务水平。然后，我们将介绍在给定所期望的周期服务水平的情况下如何确定所需的安全库存。

计算给定再订货点时的安全库存 在B&M公司的例子中，安全库存相当于补货订单到达时库存中剩余的智能手机的平均数量。假设提前期为L周，且平均周需求为D，利用式（12.2），可得：

$$\text{提前期内的期望需求}=D\times L$$

假设当手机的现有库存下降到再订货点时门店经理发出补货订单，则

$$\text{安全库存 } ss=ROP-D\times L \tag{12.4}$$

这是因为在订单发出到订货到达这段时间内，平均有$D\times L$部手机售出。因此，当补充订货到达时，平均安全库存为$ROP-D\times L$。给定再订货点时的安全库存的计算如例12－1所示（参见电子数据表Chapter 12-examples中的工作表Example 12-1）。

例12－1

给定补货策略下安全库存的计算

假设B&M办公用品公司手机的周需求服从正态分布，且均值为2 500部，标准差为500部。制造商满足B&M公司的订单需要2周时间。门店经理采用连续盘点策略，每当店内手机库存下降至6 000部时就发出批量为10 000部的采购订单。计算B&M公司持有的安全库存和平均库存，以及每部手机在B&M公司的平均存放时间。

分析：

在连续盘点策略下，已知：每周平均需求$D=2\,500$部，周需求的标准差$\sigma_D=500$部，平均的补货提前期$L=2$周，再订货点$ROP=6\,000$部，平均订货批量$Q=10\,000$部。利用式（12.4），可得：

$$\text{安全库存 } ss=ROP-D\times L=6\,000-5\,000=1\,000(\text{部})$$

因此，B&M公司手机的安全库存为1 000部。回顾第11章的内容，可得：

$$\text{周转库存}=\frac{Q}{2}=\frac{10\,000}{2}=5\,000(\text{部})$$

因此，可得：

$$\text{平均库存}=\text{周转库存}+\text{安全库存}=5\,000+1\,000=6\,000(\text{部})$$

因此，B&M公司持有的平均库存为6 000部。根据利特尔法则（式（3.1）），可得：

$$\text{平均流动时间}=\frac{\text{平均库存}}{\text{产销率}}=\frac{6\,000}{2\,500}=2.4(\text{周})$$

因此，每部手机在B&M公司的平均存放时间为2.4周。

下面讨论在给定补货策略的情况下如何计算周期服务水平。

计算给定再订货点时的周期服务水平 在给定补货策略下，我们的目标是计算这一策略下的 CSL，即在一个补货周期内不出现缺货的概率。让我们回到 B&M 公司的连续盘点策略，即当现有库存降至再订货点时，就订购 Q 单位的产品。提前期为 L 周，每周的需求服从均值为 D，标准差为 σ_D 的正态分布。注意到，当提前期内的需求大于 ROP 时，补货周期内就会有缺货发生。因此：

$$CSL=Prob(L\text{ 周提前期内的需求}\leqslant ROP)$$

为计算这一概率，需要了解提前期内的需求分布。由式（12.2）可知，提前期内的需求服从正态分布，且均值为 D_L，标准差为 σ_L。利用附录 12A 关于正态分布的标记符号和附录 12B 中式（12.22）给出的等价的 Excel 函数，CSL 可表示如下：

$$CSL=F(ROP,D_L,\sigma_L)=\text{NORMDIST}(ROP,D_L,\sigma_L,1) \tag{12.5}$$

现在通过例 12－2 来说明 CSL 的计算。

例 12－2

给定再订货点时的周期服务水平的计算

B&M 公司智能手机的周需求服从正态分布，均值为 2 500 部，标准差为 500 部。补货提前期为 2 周。假设每周的需求相互独立。当手机现有库存下降到 6 000 部时进行补充订货，订货批量为 10 000 部，求该策略下的 CSL。

分析：

依题意，已知：$Q=10\,000$ 部，$ROP=6\,000$ 部，$L=2$ 周，$D=2\,500$ 部/周，$\sigma_D=500$ 部。

可以看到，从订单发出到订货到达的这 2 周时间内，B&M 公司存在缺货风险。是否发生缺货取决于 2 周的提前期内的需求。

由于每周的需求相互独立，利用式（12.2），可得提前期内的需求服从均值为 D_L、标准差为 σ_L 的正态分布。其中：

$$D_L=D\times L=2\times 2\,500=5\,000(\text{部}),\quad \sigma_L=\sqrt{L}\sigma_D=\sqrt{2}\times 500=707(\text{部})$$

利用式（12.5），可得：

$$\begin{aligned}CSL=F(ROP,D_L,\sigma_L)&=\text{NORMDIST}(ROP,D_L,\sigma_L,1)\\&=\text{NORMDIST}(6\,000,5\,000,707,1)=0.92\end{aligned}$$

CSL 为 0.92 意味着在 92%的补货周期内，B&M 公司的库存能够满足所有的需求。而在余下的 8%补货周期内，有缺货现象发生，库存不足将导致一些需求无法得到满足。

12.3.2 计算给定期望周期服务水平下所需的安全库存

在许多实际情况下，企业有其所期望的产品可获性水平，并希望通过补货策略的设计来实现这一期望水平。例如，家乐福对其超市出售的每种商品都确定了期望的产品可获性水平。门店经理必须设计相应的补货策略以及合理的安全库存，以实现这一目标。期望的产品可获性水平可以通过权衡库存持有成本与缺货成本来确定。第 13 章将详细讨论如何进行权衡。在另一些情况下，期望的产品可获性水平（用周期服务水平或满足率表示）会在合同中明确说明，管理者必须设计补货策略以实现这一期望的目标。

给定期望周期服务水平下所需安全库存的计算 我们的目标是在给定期望周期服务水平的情况下，求出合理的安全库存水平。假设企业采用连续盘点策略。以负责为店中所有产品设计补货策略的家乐福门店经理为例。他已经为乐高（Lego）积木设定了目标 *CSL*。假设提前期为 L，门店经理希望确定合适的再订货点和安全库存以实现所期望的服务水平。假设家乐福乐高积木的需求服从正态分布，且每周的需求相互独立。假定已知以下变量：

期望周期服务水平 $=CSL$

提前期内的平均需求 $=D_L$

提前期内需求的标准差 $=\sigma_L$

由式（12.4），可得 $ROP=D_L+ss$。门店经理需要确定合理的安全库存，以使下式成立：

$$Prob(\text{提前期内的需求}\leqslant D_L+ss)=CSL$$

假设需求服从正态分布，由式（12.5）可知，门店必须确定合理的安全库存，以使下式成立：

$$F(D_L+ss,D_L,\sigma_L)=CSL$$

由附录 12A 给出的正态分布函数的反函数的定义和附录 12B 中给出的等价的 Excel 函数，可得：

$$D_L+ss=F^{-1}(CSL,D_L,\sigma_L)=\text{NORMINV}(CSL,D_L,\sigma_L)$$

或

$$ss=F^{-1}(CSL,D_L,\sigma_L)-D_L=\text{NORMINV}(CSL,D_L,\sigma_L)-D_L$$

由附录 12A 中标准正态分布函数及其反函数的定义，以及附录 12B 中给出的等价的 Excel 函数，同样可得：

$$\begin{aligned} ss &= F_S^{-1}(CSL)\times\sigma_L=F_S^{-1}(CSL)\times\sqrt{L}\sigma_D \\ &= \text{NORMSINV}(CSL)\times\sqrt{L}\sigma_D \end{aligned} \tag{12.6}$$

在例 12－3 中（参见工作表 Example 12-3），我们将详细说明在给定所期望的 *CSL* 的情况下如何计算安全库存。

例 12－3

给定期望周期服务水平下安全库存的计算

家乐福乐高积木每周的需求服从正态分布，均值为 2 500 盒，标准差为 500 盒。提前期为 2 周。假设家乐福采用连续盘点策略，要达到 90%的周期服务水平，应该持有多少安全库存？

分析：

依题意，已知：$D=2\,500$ 盒，$\sigma_D=500$ 盒，$CSL=0.9$，$L=2$ 周。

由于不同时期需求相互独立，由式（12.2）可知提前期内的需求服从均值为 D_L、标准差为 σ_L 的正态分布，其中：

$$D_L=D\times L=2\times 2\,500=5\,000(\text{盒})$$

$$\sigma_L=\sqrt{L}\sigma_D=\sqrt{2}\times 500=707(\text{盒})$$

利用式（12.6），可得：

$$\begin{aligned}ss&=F_S^{-1}(CSL)\times\sigma_L=\text{NORMSINV}(CSL)\times\sigma_L\\&=\text{NORMSINV}(0.90)\times 707\\&=906(\text{盒})\end{aligned}$$

因此，为实现 90%的周期服务水平，需要的安全库存为 906 盒。

12.3.3 安全库存与满足率

现在讨论给定再订货点（以及相应安全库存）时满足率的计算，然后将介绍给定期望满足率时如何确定所需的安全库存。

计算给定再订货点时的满足率　回顾前面提到的满足率，它是指现有库存可满足的顾客需求的比例。在实践中，满足率是一种比周期服务水平更为适宜的产品可获性度量指标，因为零售商据此可估算出真正转化为销售量的那部分需求所占的比例。周期服务水平和满足率这两种度量指标密切相关，因为提高企业的周期服务水平，也会带来满足率的提高。我们重点讨论连续盘点策略下满足率的计算。在连续盘点策略下，当现有库存下降至再订货点时，企业就发出批量为 Q 的补货订单。

为了计算满足率，我们需要了解在补货周期内发生缺货的过程。若提前期内需求超过再订货点，则发生缺货。因此，我们需要计算每个补货周期内超过再订货点的平均需求量。

补货周期平均预期缺货量（expected shortage per replenishment cycle，ESC）表示每个补货周期内无法由现有库存满足的那部分市场需求的平均值。假设订货批量为 Q（这也是一个补货周期内的平均需求），那么需求流失率就等于 ESC/Q。因此，满足率可计算如下：

$$fr=1-\frac{ESC}{Q}=\frac{(Q-ESC)}{Q} \tag{12.7}$$

只有当提前期内的需求超过再订货点时补货周期中才会发生缺货。设 $f(x)$ 为提前期内需求分布的密度函数，则补货周期平均预期缺货量可用以下公式表示：

$$ESC=\int_{x=ROP}^{\infty}(x-ROP)f(x)\mathrm{d}x \tag{12.8}$$

当提前期的需求服从均值为 D_L、标准差为 σ_L 的正态分布时，假设安全库存为 ss，式（12.8）可简化为：

$$ESC=-ss\left[1-F_S\left(\frac{ss}{\sigma_L}\right)\right]+\sigma_L f_S\left(\frac{ss}{\sigma_L}\right) \tag{12.9}$$

式中，F_S为累积标准正态分布函数；f_S为标准正态分布密度函数。标准正态分布的均值为0，标准差为1。附录12A对正态分布进行了详尽描述。附录12C给出了式(12.9)简化的具体步骤。利用附录12B给出的Excel函数（式（12.25）和式(12.26)），可计算补货周期平均预期缺货量（利用式（12.9））如下：

$$ESC=-ss[1-\text{NORMDIST}(ss/\sigma_L,0,1,1)]+\sigma_L\text{NORMDIST}(ss/\sigma_L,0,1,0) \tag{12.10}$$

给定补货周期平均预期缺货量，可利用式（12.7）计算满足率。下面用例12-4说明满足率的计算（参见工作表Example 12-4和图12-2）。

	A	B	C	D	E
1	输入				
2	Q	D	σ_D	L	ss
3	10 000	2 500	500	2	1 000
4	提前期内的需求分布				
5	D_L	σ_L			
6	5 000	707			
7	周期服务水平和满足率				
8	CSL	ESC	fr		
9	0.92	25.13	0.997 5		

单元格	单元格操作函数	公式
A6	=B3*D3	(12.2)
B6	=SQRT(D3)*C3	(12.2)
A9	=NORMDIST(A6+E3,A6,B6,1)	(12.5)
B9	=-E3*(1-NORMDIST(E3/B6,0,1,1)) +B6*NORMDIST(E3/B6,0,1,0)	(12.10)
C9	=(A3-B9)/A3	(12.7)

图12-2 例12-4的Excel求解

例12-4

给定再订货点时满足率的计算

回顾例12-2，B&M公司智能手机每周的需求服从均值为2 500部，标准差为500部的正态分布。补货提前期为2周。假设每周的需求相互独立。当店内智能手机库存下降到6 000部时进行补充订货，订货批量为10 000部。计算这种订货策略下的满足率。

分析：

从例12-2的分析中，已知：批量Q=10 000部，提前期内的平均需求D_L=5 000部，提前期内需求的标准差σ_L=707部。

由式（12.4），可得：

安全库存 $ss=ROP-D_L=6\,000-5\,000=1\,000$(部)

由式（12.10），可得：

$$ESC=-1\,000[1-\text{NORMDIST}(1\,000/707,0,1,1)]+707\text{NORMDIST}(1\,000/707,0,1,0)=25(\text{部})$$

因此，在每个补货周期内，平均有 25 部手机由于库存缺货无法满足顾客需求。利用式（12.7），可以得到满足率如下：

$$fr=\frac{Q-ESC}{Q}=\frac{10\,000-25}{10\,000}=0.997\,5$$

也就是说，现有库存可以满足 99.75%的市场需求。这比例 12-2 中相同补货策略下得出的 92%的 CSL 要高很多。

从例 12-4 中，可以观察到几个重要问题。首先，在相同的补货策略下，例 12-4 中得出的满足率（0.997 5）远高于例 12-2 中得出的周期服务水平（0.92）。其次，如果使用不同的订货批量重新完成上面例子的计算（参见工作表 Example 12-4），可以观测到订货批量的变化对服务水平的影响。将手机的订货批量由 10 000 部增加至 20 000 部，周期服务水平没有发生变化（仍为 0.92），但满足率增加至 0.998 7。这是因为订货批量的增加引起补货周期数的减少。在 B&M 公司的例子中，订货批量从 10 000 部增加至 20 000 部时，补货由每 4 周一次变为每 8 周一次。对于 92%的周期服务水平，若订货批量为 10 000 部，平均每年有一个补货周期会出现缺货。若订货批量为 20 000 部，平均每两年有一个补货周期出现缺货。因此，当订货批量从 10 000 部增加到 20 000 部时，满足率提高了。

计算给定期望满足率下所需的安全库存　现在计算连续盘点的补货策略下，给定期望的满足率时所需的安全库存。以家乐福为例，家乐福门店经理设定了乐高积木满足率的目标，当前的补货批量为 Q。第一步是利用式（12.7）算出补货周期平均预期缺货量。

第二步是在得到上面计算出的补货周期平均预期缺货量的情况下，利用式（12.9）（及 Excel 等价公式（12.10））求出安全库存。在此无法给出最终结果的直接计算公式。利用 Excel 并尝试代入不同的安全库存值进行试算，可以很容易地求出满足式（12.10）的安全库存。如例 12-5 所示（参见工作表 Example 12-5），在 Excel 中可以直接通过工具 GOALSEEK 计算安全库存。

例 12-5

给定期望满足率下安全库存的计算

家乐福门店乐高积木每周的需求服从均值为 2 500 盒、标准差为 500 盒的正态分布。补货提前期为 2 周。门店经理目前从乐高补货的批量为 10 000 盒。假设采用连续盘点补货策略，为达到 97.5%的满足率，家乐福门店应该持有多少安全库存？

分析：

依题意，已知：期望满足率 $fr=0.975$，批量 $Q=10\,000$ 盒，提前期内需求的标准差 $\sigma_L=\sqrt{2}\times 500=707$ 盒。

由式（12.7），可得：

$$ESC=(1-fr)Q=(1-0.975)\times 10\,000=250(\text{盒})$$

为计算安全库存，现在我们需要求解式（12.9），则

$$ESC=250=-ss\left[1-F_S\left(\frac{ss}{\sigma_L}\right)\right]+\sigma_L f_S\left(\frac{ss}{\sigma_L}\right)=-ss\left[1-F_S\left(\frac{ss}{707}\right)\right]+707f_S\left(\frac{ss}{707}\right)$$

利用式（12.10），上式可以用 Excel 函数重新表示如下：

$$250=-ss[1-\text{NORMDIST}(ss/707,0,1,1)]+707\text{NORMDIST}(ss/707,0,1,0) \quad (12.11)$$

式（12.11）的计算可以利用 Excel，通过代入不同的安全库存值 ss 进行试算，直到等式成立为止。求解式（12.11）另一个更简便的方法是利用 Excel 的 GOALSEEK 工具来求解。具体步骤如下：

在工作表 Example 12-5 中，利用数据→假设分析→单变量调出 GOALSEEK 对话框。在 GOALSEEK 对话框中输入如图 12-3 所示的数据，然后点击“确定”按钮。在本例中，这时单元格 E3 中的数据会不断变化，直到单元格 A6 中的公式的值等于 250。

	A	B	C	D	E
1	输入			计算	变量
2	fr	σ_L	Q	期望ESC	ss
3	0.975	707	10 000	250	67
4	方程				
5	实际ESC				
6	250				
7					
8					
9					
10					
11					
12					
13					

单变量求解 ? ×
目标单元格(E): $A$6
目标值(V): 250
可变单元格(C): $E$3
确定 取消

单元格	单元格操作函数	公式
A6	=－E3＊(1－NORMSDIST(E3/B3,0,1,1)) ＋B3＊NORMDIST(E3/B3,0,1,0)	(12.10)

图 12-3 利用 GOALSEEK 求解安全库存的工作表

如图 12-3 所示，利用 GOALSEEK，可以算出安全库存（ss＝67 盒）。因此，要实现 97.5%的期望满足率，家乐福门店经理应将安全库存设定为 67 盒。

12.3.4 期望的产品可获性水平、提前期、需求的不确定性对安全库存的影响

影响所需安全库存水平的三个关键因素是：期望的产品可获性水平、提前期和需求的不确定性。现在分别讨论这三个因素对安全库存的影响。

随着期望的产品可获性水平的增加，所需的安全库存水平也会增加，因为此时供应链必须能够应对一些异常的需求飙升。表 12－1 给出了例 12－5 中家乐福在不同满足率下所需的安全库存。

表 12－1　不同满足率所需的安全库存

满足率（%）	安全库存（箱）
97.5	67
98.0	183
98.5	321
99.0	499
99.5	767

可以看到，满足率从 97.5%上升到 98%，所需的安全库存增加 116 盒；满足率从 99%上升到 99.5%，所需的安全库存则增加 268 盒。因此，安全库存的边际增加量随着产品可获性水平的提高而增大。这一现象说明了选择合理产品可获性水平的重要性。供应链管理者必须清楚哪些产品需要有较高的可获性水平，并仅为这些产品持有较高的安全库存。武断地认为对所有产品都需要保持很高的产品可获性水平是不合理的。

由式（12.6）可以看到，所需的安全库存还受提前期内需求的标准差 σ_L 的影响。而提前期内需求的标准差又受提前期 L 的长短和周期性需求的标准差 σ_D 的影响，如式（12.2）所示。安全库存和 σ_D 之间呈线性关系，即 σ_D 增加 10%，安全库存也将增加 10%。同时，提前期 L 的延长也会导致安全库存的增加。然而，安全库存与提前期的平方根成正比（如果需求是相互独立的），因此安全库存的增加要慢于提前期的增长。

供应链管理者的目标是，在不影响产品可获性水平的情况下尽量降低所需的安全库存水平。上述讨论说明了可以用于实现这一目标的两个重要的管理杠杆。

1. **缩短供应商的提前期 L**：如果提前期缩短为原来的 $1/k$，则所需安全库存将减少为原来的 $1/\sqrt{k}$。这里唯一需要提醒注意的是，缩短提前期需要供应商付出巨大的努力，但安全库存的降低却发生在零售商那里。因此，正如第 10 章所讨论的，零售商应将提前期缩短所带来的一部分利益与供应商分享，这一点十分重要。沃尔玛、日本 7－11 以及其他许多零售商，都对自己的供应商施加了很大的压力，迫使其缩短补货提前期，在维持所期望的产品可获性水平的同时，通过降低安全库存获取利益。

2. **降低需求的潜在不确定性（用 σ_D 表示）**：如果 σ_D 下降为原来的 $1/k$，则所需的安全库存也将下降为原来的 $1/k$。更好地运用市场情报、使用更先进的预测方法以及供应链可视性的提高，能够实现 σ_D 的降低。日本 7－11 为其门店经理提供详细的有关历史需求、天气及其他有可能影响需求的因素的相关数据。这些市场情报可以帮助门店经理更好地进行预测，降低不确定性。然而，对于大多数供应链来说，降低潜在不确定性的关键在于，供应链中所有的预测都应以顾客需求数据作为基础。许多需求不确定性存在的原因仅仅是供应链的每一环节都独立进行计划和预测，从而扭曲了整条供应链的需求。正如第 10 章中所讨论的，提高供应链的可视性和协调能够大幅降低需求不确定性。沃尔玛和日本 7－11 都与其供应商共享需求信息，从而降低了不确定性，进而减少了供应链中的安全库存。

在例 12－6 中，我们将说明缩短提前期和降低需求不确定性的好处（参见工作表 Example 12-6）。

例 12－6

缩短提前期和降低需求不确定性的好处

在一家塔吉特零售店，每周白衬衫的需求服从均值为 2 500 件、标准差为 800 件的正态分布。目前供应商补货的提前期为 9 周。假设门店经理力求达到 95%的周期服务水平。如果供应商把提前期缩短为 1 周，那么预计该零售店的安全库存可以减少多少？如果需求不确定性降低，需求的标准差减少为 400 件，那么该零售店的安全库存可以减少多少？

分析：

依题意，已知：$D=2\ 500$ 件，$\sigma_D=800$ 件，$CSL=0.95$。

由式（12.6），可得原有安全库存为：

$$ss=\text{NORMSINV}(CSL)\times\sqrt{L}\sigma_D=\text{NORMSINV}(0.95)\times\sqrt{9}\times 800=3\ 948(\text{件})$$

如果供应商将提前期缩短为 1 周，所需的安全库存为：

$$ss=\text{NORMSINV}(CSL)\times\sqrt{L}\sigma_D=\text{NORMSINV}(0.95)\times\sqrt{1}\times 800=1\ 316(\text{件})$$

因此，将提前期从 9 周缩短为 1 周，可以使所需白衬衫的安全库存减少 2 632 件。

下面分析降低预测误差所带来的好处。如果塔吉特将需求标准差从 800 件减少为 400 件（提前期为 9 周），所需的安全库存可计算如下：

$$ss=\text{NORMSINV}(CSL)\times\sqrt{L}\sigma_D=\text{NORMSINV}(0.95)\times\sqrt{9}\times 400=1\ 974(\text{件})$$

因此，把需求的标准差（相当于预测误差）从 800 件减少为 400 件，所需白衬衫的安全库存减少了 1 974 件。

12.3.5 根据块状化和季节性需求调整安全库存

在实践中，制造商和分销商不是一次仅订购一件产品，而是大批量订货。因此，供应链各环节所观察到的需求往往是块状的。块状化增加了需求的波动。例如，当采用连续盘点策略时，块状化可能导致产品库存在补货订单发出之前就远远低于再订货点。平均而言，库存将降至再订货点以下，降幅为平均订货批量的一半。在实践中，可以通过将前面讨论的模型所建议的安全库存提高到顾客平均订货批量的一半来解决块状化问题。

实践中，产品需求往往具有季节性，需求的均值和标准差在一年中随时间会有所变化。因此，全年都采用一个固定的再订货点可能导致旺季发生缺货。因为给定的再订货点可能在需求淡季相当于 10 天的需求，而在需求旺季仅相当于 2 天的需求。如果提前期为 1 周，那么在需求旺季肯定会发生缺货。存在季节性时，所有库存参数，如再订货点等，最好用再订货点所满足需求的天数来表示。保持（用需求天数表示的）再订货点不变，这有助于根据季节性需求自动调整再订货点（从而调整安全库存），以达到考虑季节性波动的效果。

学习目标 3 小结

给定所需的周期服务水平 CSL、提前期 L 和周期性需求的标准差 σ_D，连续盘点策略下所需的安全库存 $ss=\text{NORMSINV}(CSL)\times\sqrt{L}\sigma_D$。给定再订货点 ROP、提前期 L、周期性需求的标准差 σ_D 和周期性需求 D，可得出周期服务水平 $CSL=\text{NORMDIST}(ROP, D\times L, \sqrt{L}\sigma_D, 1)$。给定安全库存水平，可以计算出满足率。给定期望的满足率，可以计算出所需的安全库存。所需的安全库存随着所期望的产品可获性、提前期和周期性需求的不确定性的增加而增加。在实践中，考虑到需求的季节性，最好用能够满足需求的天数来评估安全库存。

12.4　供给不确定性对安全库存的影响

到目前为止，我们的讨论都集中在以预测误差形式表现出来的需求不确定性。其实，在许多实际情况中，供给不确定性也会产生很大的影响。2007 年 1 月集装箱货船 MSC Napoli 在英国南海岸搁浅的事故充分说明了供给不确定性的影响。这艘集装箱货船装载有 1 000 多吨镍，镍是不锈钢的关键组成成分。1 000 吨镍几乎占到全球仓库中储存的镍总量（5 052 吨）的 20%。这次镍供货的延迟导致市场上缺货严重，使得镍的价格在 2007 年 1 月的前 3.5 周上涨了约 20%。很多因素都会导致供给不确定性，如生产延迟、运输延迟和质量问题等。在计划安全库存时，供应链必须考虑供给的不确定性。

本节将考虑供给不确定性，假设提前期是不确定的，并识别提前期不确定性对安全库存的影响。假设在亚马逊，每个时期顾客对平板电脑的需求、供应商的补货提前期都服从正态分布。我们已知以下条件：

D＝每个时期的平均需求

σ_D＝每个时期需求的标准差

L＝平均补货提前期

s_L＝提前期的标准差

假设亚马逊采取连续盘点策略管理平板电脑的库存，考虑这种情况下该公司所需的安全库存。如果提前期内的需求超过再订货点（亚马逊发出补货订单时的现有库存），亚马逊就会出现缺货，因此，我们需要识别不确定的提前期内顾客需求的分布情况。已知提前期和每期的需求都是不确定的，提前期内的需求服从均值为 D_L、标准差为 σ_L 的正态分布，由式（12.3）可得：

$$D_L=D\times L,\quad \sigma_L=\sqrt{L\sigma_D^2+D^2 s_L^2}$$

已知提前期内需求的分布（式（12.3））和期望 CSL，亚马逊可以利用式（12.6）求出所需的安全库存。如果产品可获性用满足率表示，亚马逊可以按照例 12－5 给出的步骤求出所需的安全库存。在例 12－7 中（参见工作表 Example

12-7)，我们将以亚马逊为例说明提前期不确定性对所需安全库存的影响。

例 12-7

提前期的不确定性对安全库存的影响

在亚马逊，平板电脑的日需求服从均值为2 500台、标准差为500台的正态分布，平板电脑供应商为亚马逊补货的平均提前期为7天。亚马逊对其平板电脑库存设定的CSL为90%（满足率接近100%）。如果提前期的标准差为7天，计算亚马逊必须持有多少平板电脑安全库存。亚马逊正与供应商合作，希望将提前期的标准差降为0。如果上述目标实现，计算亚马逊的安全库存预计可以降低多少。

分析：

依题意，已知：每个时期的平均需求 $D=2\ 500$ 台，每个时期需求的标准差 $\sigma_D=500$ 台，平均补货提前期 $L=7$ 天，提前期的标准差 $s_L=7$ 天。

首先计算提前期内的需求分布。利用式（12.3），可得：

$$\text{提前期内的平均需求 } D_L=D\times L=2\ 500\times 7=17\ 500(\text{台})$$

$$\text{提前期内需求的标准差 } \sigma_L=\sqrt{L\sigma_D^2+D^2 s_L^2}=\sqrt{7\times 500^2+2\ 500^2\times 7^2}=17\ 550(\text{台})$$

利用式（12.6）和式（12.27）可得所需安全库存为：

$$ss=\text{NORMSINV}(CSL)\times\sigma_L=\text{NORMSINV}(0.90)\times 17\ 550=22\ 491(\text{台})$$

如果提前期的标准差为7天，亚马逊必须持有22 491台平板电脑的安全库存，这相当于约9天的平板电脑需求。

表12-2中给出了亚马逊通过与供应商合作将提前期的标准差（s_L）从6天逐渐降低至0时所需的安全库存。由表12-2可以看出，降低提前期不确定性可使亚马逊的平板电脑安全库存大幅下降。随着提前期的标准差由7天降为0，安全库存量也由相当于9天的需求量减少到相当于不到1天的需求量。

表 12-2 所需安全库存作为提前期不确定性的函数

提前期的标准差（天）	提前期内需求的标准差（台）	安全库存（台）	安全库存（天）
6	15 058	19 298	7.72
5	12 570	16 109	6.44
4	10 087	12 927	5.17
3	7 616	9 760	3.90
2	5 172	6 628	2.65
1	2 828	3 625	1.45
0	1 323	1 695	0.68

以上例子强调了提前期的波动对安全库存需要量（进而对物料流动时间）的影响，以及缩短提前期的波动或提高准时配送带来的巨大潜在利益。实践中，安全库存的计算往往并不包括对供给不确定性的度量，这导致安全库存水平有可能低于实际需要量。这将会对产品可获性造成不利影响。

在实践中，供给提前期的波动往往是由供应商和收货方双方的行为导致的。有时，供应商的计划手段非常落后，导致其制订的生产计划难以执行。如今，大部分供应链计划软件包都提供了很好的生产计划工具，使供应商可以承诺能够实现提前期。这有助于减少提前期的波动。供应商对未来的顾客计划缺乏可视性，也是使供应链不确定性增加的一个重要因素。通过与供应商分享未来的计划，固安捷公司使其供应商缩短了提前期、降低了提前期的不确定性。固安捷公司的供应商可以不用等到订单实际到达就提前安排固安捷公司订单的生产计划，而且计划生产量也更接近实际产量。另外，顾客的行为通常也会增加提前期的不确定性。例如，分销商在一周的同一天向所有供应商发出采购订单。其结果是，所有供应商的送货都在这一周的同一天到达。送货的蜂拥而至使得分销商无法在货物到达当天完成所有货物的入库登记，从而使人感觉提前期很长且不断变化。那么，只要将订单分散在一周的不同时间发出，就可以大幅缩短提前期，减少提前期的波动，从而有助于分销商降低其安全库存水平。

学习目标 4 小结

供给不确定性的增加会大大增加实现给定产品可获性水平所需的安全库存量。提前期的不确定性比提前期本身对所需安全库存的影响更大。减少供给不确定性有助于大幅减少所需的安全库存，同时不会降低产品的可获性。

12.5 集中策略对安全库存的影响

集中是供应链减少所需安全库存的最重要方法之一。实践中，供应链有着不同程度的库存集中水平。例如，美国最大的图书零售商巴诺书店通过实体门店销售书籍，库存分布在全美各地；与之相反，亚马逊则由少数仓库设施完成所有书籍和音像制品的发送。日本 7-11 拥有很多小型便利店，遍布全日本；相反，超级市场通常规模很大，但网点较少，不会密集布局。红盒子公司数以万计的出租影碟的小摊亭遍布美国；而在线影片租赁提供商网飞公司则把 DVD 集中储存在不到 50 个中心。我们的目标是了解这些情况下的集中会如何影响预测准确性和安全库存。

假设有 k 个地区，每个地区的需求都服从正态分布。已知变量如下：

D_i＝地区 i 的每期平均需求，$i=1, 2, \cdots, k$

σ_i＝地区 i 每期需求的标准差，$i=1, 2, \cdots, k$

ρ_{ij}＝地区 i 与地区 j 每期需求的相关性，$1 \leqslant i \neq j \leqslant k$

有两种方法可用来满足 k 个地区的需求。一种方法是在每个地区设立本地库存，另一种方法是将所有库存都集中放在一个中心仓库。我们的目标是对比这两种情况下的安全库存。设补货提前期为 L，期望周期服务水平为 CSL，利用式 (12.6) 可得出：

$$\text{非集中策略下所需的总安全库存} = \sum_{i=1}^{k} F_S^{-1}(CSL) \times \sqrt{L} \times \sigma_i \qquad (12.12)$$

如果全部库存都集中在一个中心仓库，首先需要估算集中后需求的分布情况。集中后的需求服从正态分布，其均值 D^C、标准差 σ_D^C 和方差 $\text{var}(D^C)$ 分别为：

$$D^C=\sum_{i=1}^{k}D_i\ ,\quad \mathrm{var}(D^C)=\sum_{i=1}^{k}\sigma_i^2+2\sum_{i>j}\rho_{ij}\sigma_i\sigma_j\ ,\quad \sigma_D^C=\sqrt{\mathrm{var}(D^C)} \tag{12.13}$$

可以发现，式（12.13）和式（12.1）很相似，但式（12.13）是 k 个区域需求的集中而不是 L 个时期需求的集中。如果全部 k 个地区的需求分布相同，均值为 D，标准差为 σ_D，且相关系数 ρ 相同，则式（12.13）可简化为：

$$D^C=kD,\quad \sigma_D^C=\sqrt{k\sigma^2+k(k-1)\rho\sigma^2} \tag{12.14}$$

如果所有 k 个区域的需求相互独立（$\rho_{ij}=0$）且分布相同，分布的均值为 D，标准差为 σ_D。则式（12.14）可简化为：

$$D^C=kD,\quad \sigma_D^C=\sqrt{k}\sigma_D \tag{12.15}$$

由式（12.6）和式（12.13）可得：

$$\text{集中策略下所需的安全库存}=F_S^{-1}(CSL)\times\sqrt{L}\times\sigma_D^C \tag{12.16}$$

集中策略带来的单位销售量的库存持有成本的节约，可以通过将库存持有成本的节约额除以总需求 kD 得出。如果用 H 表示单位库存持有成本，由式（12.12）和式（12.16）可得单位销售量的库存持有成本节约为：

$$\text{集中策略带来的单位销售量的库存持有成本的节约}=\frac{F_S^{-1}(CSL)\times\sqrt{L}\times H}{D^C}\times\left(\sum_{i=1}^{k}\sigma_i-\sigma_D^C\right) \tag{12.17}$$

由式（12.13）可知，$\left(\sum_{i=1}^{k}\sigma_i-\sigma_D^C\right)$的差值受相关系数 ρ_{ij} 的影响。当相关系数接近－1（负相关）时，这种差异很大；当相关系数接近＋1（正相关）时，这种差异就会缩小。只要相关系数小于1，集中策略就可以带来库存的节约。因此，由式（12.17）可以得出以下有关集中策略价值的结论：

- 集中策略带来的安全库存节约随期望周期服务水平 CSL 的提高而增加；
- 集中策略带来的安全库存节约随提前期 L 的延长而增加；
- 集中策略带来的安全库存节约随单位库存持有成本 H 的增加而增加；
- 集中策略带来的安全库存节约随需求变异系数（σ_D/D）的增加而增加；
- 集中策略带来的安全库存节约随相关系数的增加而减少。

在例12-8中（参见工作表 Example 12-8），我们将说明集中策略带来的库存节约以及相关系数对库存节约的影响。

例12-8

相关性对集中策略价值的影响

一家宝马汽车经销商有4个零售店，服务于整个芝加哥地区（分散策略）。每个零售店的周需求均服从正态分布，均值 $D=25$ 辆，标准差 $\sigma_D=5$ 辆。制造商的补货提前期 $L=2$ 周。每家零售店负责一个独立的区域，每两个不同区域之间的需求的相关系数为 ρ。经销商正在考虑将4家零售店整合成1家零售店的可能性（集中策略）。假设整合后的中央零售店的需求为 4 个区域的需求之和。经销商周期服务水平的目标值为 0.90。当相关系数 ρ 的值在 0～1 之间变动时，比较这两种策略下的安全库存。

分析：

我们给出当每个区域的需求相互独立（即 $\rho=0$）时的详细分析。

对每家零售店，已知：周需求的标准差 $\sigma_D=5$ 辆，补货提前期 $L=2$ 周。

由式（12.12）可得分散策略下 CSL 为 0.90 时所需的安全库存为：

$$ss=k\times F_S^{-1}(CSL)\times\sqrt{L}\times\sigma_D=4\times F_S^{-1}(0.90)\times\sqrt{2}\times 5$$
$$=4\times \mathrm{NORMSINV}(0.90)\times\sqrt{2}\times 5=36.25(\text{辆})$$

现在考虑集中策略。由式（12.14）可得集中策略下周需求的标准差：

$$\text{中央零售店周需求的标准差 }\sigma_D^C=\sqrt{4\times 5^2+4\times 3\times 5^2\times\rho}$$

当 CSL 为 0.90 且 $\rho=0$ 时，集中策略下所需的安全库存为（利用式（12.16））：

$$ss=F_S^{-1}(0.90)\times\sqrt{L}\times\sigma_D^C=\mathrm{NORMSINV}(0.90)\times\sqrt{2}\times 10=18.12(\text{辆})$$

由式（12.12）至式（12.16），利用工作表 Example 12-8，可以求得在不同 ρ 值下分散策略和集中策略分别需要的安全库存，如表 12－3 所示。通过观察我们可以发现，除非所有区域的需求都完全正相关，否则分散策略下所需的安全库存比集中策略下所需的安全库存高。不同区域需求的正相关性越强，集中策略带来的收益就越小。

表 12－3　分散策略下和集中策略下所需的安全库存

ρ	分散策略下所需的安全库存	集中策略下所需的安全库存
0	36.25	18.12
0.2	36.25	22.93
0.4	36.25	26.88
0.6	36.25	30.33
0.8	36.25	33.42
1.0	36.25	36.25

例 12－8 以及前面的讨论表明，只要被集中的需求非完全正相关，集中策略就能够降低需求不确定性，进而减少所需的安全库存。大多数产品在不同区域间的需求都是非完全正相关的。燃油等产品的需求在邻近地区间可能呈现出正相关，而牛奶和糖等产品在不同地区的需求可能更为独立。如果不同地区的需求规模接近且相互独立，那么集中策略将使所需的安全库存减少为原有安全库存除以所集中的地区数的平方根。换句话说，如果独立的库存地点数量减少为原来的 $1/n$，则所需平均安全库存将减少为原有安全库存的 $1/\sqrt{n}$。这就是平方根法则（square-root law），如图 12－4 所示。

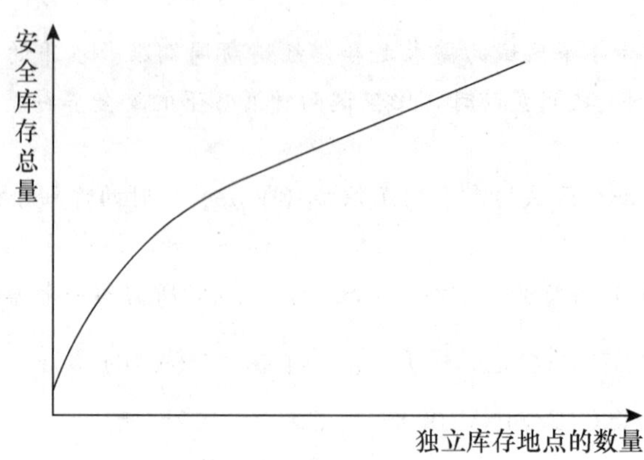

图 12-4 平方根法则

许多在线零售商都充分利用集中来降低库存。例如，在线钻石珠宝销售商 Blue Nile 公司通过一个仓库为全美供货。因此，与蒂芙尼和 Zales 公司等在每个零售门店都保有库存的珠宝连锁店相比，Blue Nile 公司的钻石库存要低得多。

然而在某些情况下，将库存集中到一个地方并不一定是最优选择。将所有库存集中到一个地方可能带来以下两个缺点：

1. 延长对顾客订单的响应时间；
2. 增加了将产品运送到顾客的运输成本。

上述两个缺点都源于集中策略加大了库存与顾客之间的平均距离。在这种情况下，要么顾客跑更远的路程购买产品，要么产品需要更长的运输距离送达顾客。例如，像盖璞这样的零售连锁店，可以选择建立许多小型零售店，也可以选择建立少数几个大型商店。盖璞往往在一个地区拥有均匀分布的许多小型零售店，因为该策略能够缩短顾客到零售店的距离。如果只有一个大型中央店铺，顾客到店铺的平均距离会增加，进而延长顾客响应时间。盖璞希望缩短顾客响应时间，因此设立了许多零售网点。再如 McMaster-Carr 公司，这是一家 MRO 用品分销商。McMaster-Carr 公司利用 UPS 为顾客运送产品。由于运费取决于运输的距离，只设立一个中心仓库会增加平均运输成本和企业对顾客的响应时间。因此，McMaster-Carr 公司设立了五个仓库，以确保通过地面运输向美国大部分地区提供次日送达服务。如果只设立一个仓库，通过 UPS 进行次日送达的成本将很高。亚马逊在发展初期仅在西雅图设立了一个仓库，但随着企业的发展，它又在美国的其他地区增设了一些仓库，以缩短对顾客的响应时间，降低运输成本。我们将通过例 12-9（参见工作表 Example 12-9）来说明对集中的权衡。

例 12-9

实物集中的权衡

一家在线零售商正在讨论，是通过四个区域性配送中心还是通过一个全国配送中心来为美国本土顾客提供服务。每个地区的周需求服从均值为 1 000、标准差为 300 的正态分布。每个地区的需求都相互独立，供货提前期为 4 周。该在线零售商的年库存持有成本费率为 20%，每件产品的成本为 1 000 美元。零售商向顾客承诺次日送达。在拥有四个区域性配送中心的情况下，零售商通过地面运输能够以 10 美元/单位的运输成本为顾客提供次日送达服务。如果仅设置一个全国配送中心，零售商将不得不使用更为昂贵的运输方式以实现次日送达，运输成本为 13 美元/单位。建设和运营四个区域性配送中心每年的成本比建设和运营一个全国配送中心高出 150 000 美元。你建议使用何种配送网络？假定期望 CSL 为 0.95。

分析：

可以观察到，集中可以减少设施成本和库存成本，但运输成本会有所增加。因此，需要评估集中策略下每项成本的变化情况。首先来计算库存成本。对于每个地区，已知：$D=1\,000$ 单位/周，$\sigma_D=300$ 单位，$L=4$ 周。

给定期望 CSL 为 0.95，则四个区域性配送中心所需的总安全库存可利用式（12.12）求得：

$$ss=4\times F_S^{-1}(CSL)\times\sqrt{L}\times\sigma_D=4\times\text{NORMSINV}(0.95)\times\sqrt{4}\times300=3\,948(\text{单位})$$

现在考虑集中策略的情况。由于四个区域的需求相互独立，因此 $\rho=0$。利用式（12.15），可得集中后周需求的标准差：

$$\text{全国配送中心的周需求的标准差}\ \sigma_D^C=\sqrt{4}\times300=600(\text{单位})$$

当期望 CSL 为 0.95 时，利用式（12.16），可得集中策略下所需的安全库存为：

$$ss=F_S^{-1}(0.95)\times\sqrt{L}\times\sigma_D^C=\text{NORMSINV}(0.95)\times\sqrt{4}\times600=1\,974(\text{单位})$$

现在，可以计算集中策略下库存、运输和设施成本的变化。计算如下：

$$\begin{aligned}\text{集中策略下年库存持有成本减少量}&=(3\,948-1\,974)\times1\,000\times0.2\\&=394\,800(\text{美元})\end{aligned}$$

$$\text{集中策略下年设施成本减少量}=150\,000(\text{美元})$$

$$\text{集中策略下年运输成本增加量}=4\times52\times1\,000\times(13-10)=624\,000(\text{美元})$$

本例中我们可以看到，在集中策略下在线零售商的年成本增加了 624 000－394 800－150 000＝79 200（美元）。因此，在线零售商应设置四个区域性配送中心。

例 12－9 和前面的讨论都强调指出，将库存集中到一个地方可能并非最优策略。然而，将安全库存集中存放所带来的好处也是显而易见的。下面将讨论几种方法，它们既能帮助供应链获得集中效应，又不需要把所有实物库存集中存放到一个地方。

12.5.1　信息集中

尽管拥有数万台 DVD 自动租赁机，红盒子公司仍通过信息集中（information centralization）实现了对 DVD 库存的虚拟集中。该公司建立了一个在线信息系统，顾客可通过该系统定位距离自己最近的、存放有其正在寻找的 DVD 的自动租赁机。与顾客走到某自动租赁机前才知道是否有自己所需的 DVD 相比，这一系统使红盒子公司能够提供更高水平的产品可获性。信息集中的好处在于，大多数顾客可以从离家最近的自动租赁机获得自己想要的 DVD。在最近的自动租赁机缺货的情况下，顾客可以从附近的其他自动租赁机获取所需的 DVD，因此在没有增加库存的情况下提高了产品可获性。

像盖璞这样的零售商同样有效地利用了信息集中来管理库存。如果某个门店没有顾客想要的尺寸或颜色的货品，那么店员可以利用信息系统告知顾客最近的哪家店铺有其所需的货品。顾客可以直接前往该店铺购买，也可以选择让盖璞直接送货至家中。这样，盖璞利用信息集中实现了对所有零售店库存的虚拟集中，尽管实际上这些库存是分散储存的。信息集中使盖璞在提供高水平产品可获性的同时减少了安全库存。

沃尔玛也有一套信息系统，利用该系统，门店经理能够查看在其他门店过剩而在本店有可能热卖的商品。沃尔玛为各店铺之间调换产品提供运输服务，把产品送到需求最高的的店铺。在这种情况下，沃尔玛利用信息集中和及时响应的运输系统，在确保高水平产品可获性的同时减少了安全库存。

12.5.2 专业化

大多数供应链向顾客提供多种产品。当在多个地方设有库存时，供应链管理者将面临的一个关键决策就是，是否应在每一个地方都储存所有产品。显然，一个地区的仓库或零售店不应该存放在该地区卖不出去的产品。例如，在南佛罗里达的西尔斯零售店储存雪地靴是毫无意义的。

在进行库存决策时，另一个必须考虑的重要因素是集中策略所带来的安全库存的减少量。如果集中可以大幅减少某产品所需的安全库存，则最好将这种产品集中存放在某一中心地点。如果集中策略只能小幅降低某产品所需的安全库存，则最好将该产品分散存放在多个地点，以缩短响应时间、降低运输成本。

集中带来的安全库存的减少在很大程度上取决于需求的变异系数。对于需求变异系数小的产品来说，我们可以准确预测分散的需求。因此，集中能够带来的好处非常有限。对于需求变异系数大的产品，分散的需求难以预测。在这种情况下，集中可以显著提高预测的准确性，从而为企业带来巨大的好处。我们将通过例 12－10（参见工作表 Example 12-10）说明这一结论。

例 12－10

变异系数对集中价值的影响

固安捷公司是一家 MRO 用品供应商，在美国各地拥有 1 600 家分店。这里，我们考虑两种产品——大型电动机和工业清洁剂。大型电动机是高价值、低需求的产品，工业清洁剂是低价值、高需求的产品。每台电动机的成本为 500 美元，每罐清洁剂的成本为 30 美元。每个分店电动机的周需求都服从均值为 20 台、标准差为 40 台的正态分布，每个分店清洁剂的周需求服从均值为 1 000 罐、标准差为 100 罐的正态分布。每家分店的需求相互独立，电动机和清洁剂的供货提前期均为 4 周。固安捷公司的年库存持有成本费率为 25%。如果这两种产品的库存不在各零售店存放，而是集中存放在一个中央配送中心，两种产品的安全库存各将减少多少？假设期望 CSL 为 0.95。

分析：

安全库存的计算以及集中策略给每种产品带来的价值如表 12－4 所示。所有计算均采用前文及例 12－8 中介绍过的方法得出。如表 12－4 所示，电动机集中存放所带来的安全库存减少的好处远大于清洁剂集中存放所带来的好处。通过以上分析，固安捷公司应将清洁剂存放在零售店，而将电动机集中存放在配送中心。由于清洁剂是高需求产品，顾客到店采购，当天提货。电动机是低需求产品，顾客可能愿意多等一天，等待产品从配送中心运送过来。

表 12-4　集中给固安捷公司带来的价值

	电动机	清洁剂
库存分散储存于每家店铺		
每家店铺每周的平均需求	20 台	1 000 罐
标准差	40 台	100 罐
变异系数	2.0	0.1
每家店铺的安全库存	132 台	329 罐
总安全库存	211 200 台	526 400 罐
安全库存的价值	105 600 000 美元	15 792 000 美元
将库存集中到配送中心		
集中后每周的平均总需求	32 000 台	1 600 000 罐
集中后总需求的标准差	1 600 台	4 000 罐
变异系数	0.05	0.002 5
集中后的安全库存	5 264 台	13 159 罐
安全库存的价值	2 632 000 美元	394 770 美元
成本节约		
集中策略下节约的库存总量	102 968 000 美元	15 397 230 美元
集中策略下节约的库存持有成本总量	25 742 000 美元	3 849 308 美元
已售每单位产品节约的库存持有成本	15.47 美元	0.046 美元
节约价值占产品成本的百分比	3.09	0.15

低需求产品又称为滞销品（slow-moving items），通常具有较高的变异系数。而高需求产品又称为快销品（fast-moving items），通常具有较低的变异系数。在许多供应链的专业化配送网络中，快销品储存在靠近顾客的各个分散的地点，而滞销品则集中存放在一个地方，这样可以在不影响顾客响应时间或不增加运输成本的同时，大幅降低安全库存。因此，集中的仓储地点专门用于存放滞销品。

当然，在确定各种产品的库存位置时，还需要考虑一些其他因素。例如，顾客急需的产品，即使其变异系数较高，也可以将其存放在零售店中。在这种情况下，顾客愿意为在店内立即购得该商品支付更高的价格。另一个需要考虑的因素是产品的成本。高价值产品采用集中策略能比低价值产品获益更多。

在表 12-5 中，我们对例 12-10 和以上讨论中获得的启示进行了总结。一般来说，像开市客超市这样的分散网络为洗涤剂等可预测、低价值的快销品提供了低成本的供应链。而像 Blue Nile 公司那样的集中网络为钻石等高价值、不可预测的滞销品提供了低成本的供应链。当然，只要顾客愿意为他们的选择支付更高的价格，也可以像蒂芙尼那样对钻石这样的滞销品使用分散式供应链。同样，当顾客愿意支付更高的价格时，像亚马逊那样的集中式供应链也可以用于洗涤剂这样的快销品。可以说，亚马逊无法为其销售的快销品从顾客那里获得足够的溢价，从而影响了其盈利能力。

表 12-5　基于产品类型的库存专业化

产品类型	集中库存	分散库存
可预测、低价值的快销品	顾客是否愿意支付溢价?	低成本
不可预测、高价值的滞销品	低成本	顾客是否愿意支付溢价?

对于拥有实体店铺的企业来说，将在线渠道纳入全渠道战略时，必须要考虑专业化，如第 4 章所讨论的。例如，像巴诺书店这样的图书连锁店，其每个门店都储存有大约 10 万种书籍。这些书籍可分成两大类：需求大的畅销书和需求小的其他图书。巴诺书店可以设计一种全渠道战略，各零售门店主要储存畅销书。而其他图书，每种持有一册或最多两册，以方便顾客浏览。顾客还可以通过书店中的电子售卖亭了解 barnesandnoble. com 上所有的库存信息，查询到零售门店中不销售的所有书目。这一策略使得顾客可以在巴诺书店接触到更多的书籍。顾客可以通过 barnesandnoble. com 订购滞销图书，而在实体店内直接购买畅销书。在这一专业化策略下，巴诺书店将全部滞销图书集中储存，并在网上销售。所有畅销书则分散在靠近顾客的零售门店内存放。因此，供应链减少了滞销图书的库存成本，尽管为此运输成本有所增加。对于畅销书，通过将其储存于接近顾客的零售门店，降低了运输成本，缩短了响应时间。

家得宝也采用了类似的战略并实现了在线渠道和实体零售店的整合。实体零售店出售畅销类产品，顾客可在网上订购滞销类商品。这样，家得宝在实现供应链库存下降的同时，为顾客提供了更多种类的商品。沃尔玛的网站（walmart. com）同样采用了在线销售滞销类产品的策略。

12. 5. 3　产品替代

替代（substitution）是指利用一种产品去满足顾客对另一种不同产品的需求。替代可能发生在以下两种情况下：

1. **制造商驱动型替代**：在这种情况下，制造商或供应商做出替代决定。通常，制造商会用高价值产品替代库存中缺货的低价值产品。例如，如果顾客定制电脑中所需的 1TB 硬盘缺货，则戴尔公司可能会用 1. 2TB 硬盘替代。

2. **顾客驱动型替代**：在这种情况下，顾客做出替代决定。例如，一个顾客走进沃尔玛超市准备购买一加仑装的洗涤剂，如果这种规格的洗涤剂已经卖完，他就可能购买半加仑装的洗涤剂。这里，顾客用半加仑装的产品替代了一加仑装的产品。

在这两种情况下，都是通过替代使供应链能够利用库存集中来满足需求，使供应链在不降低产品可获性的前提下，减少了安全库存。通常，给定两种产品或零部件，替代可能是单向的（one-way，只能用一种产品或零部件替代另一种），也可能是双向的（two-way，两种产品或零部件可以相互替代）。下面简要讨论制造商驱动的单向替代和顾客驱动的双向替代。

制造商驱动的单向替代　一家采取直销模式的服务器制造商，其所提供驱动器容量从 0. 8TB 到 1. 2TB 不等。顾客选择不同容量的驱动器需要支付不同的价格，驱动器容量越大，价格就越高。如果顾客订购的是一个 1TB 的驱动器而制造商正好缺货，则制造商有两种可能的选择：（1）延期交货或拒绝该订单；（2）用现有库存中更大容量的驱动器（如 1. 2TB 的驱动器）进行替代以按时履行顾客订单。在第一种情况下，企业可能会蒙受潜在的销售损失，或者由于延期交货而失去顾客未来的订货。在第二种情况下，制造商用高成本零部件替代低成本零部件，侵蚀了企业的利润。制造商对每种规格的驱动器进行库存决策时必须考虑以上这些因素，以及只能用更大容量的驱动器替代较小容量的驱动器这一事实。

替代使服务器制造商可以集中不同零部件的需求，降低所需安全库存。替代的价值随着需求不确定性的增加而增加。因此，制造商对需求不确定性高的零部件应当考虑实施替代策略。

期望的替代程度受高价值零部件与低价值零部件之间的成本差异的影响。如果成本差异小，制造商就应当集中大部分需求，并大量持有高价值零部件库存。随着成本差异逐渐增加，替代所能带来的好处将逐渐减少。在这种情况下，制造商将发现，对两种零部件都持有库存、减少替代的数量更有利可图。

期望的替代程度还受不同产品之间需求相关性的影响。如果两种零部件的需求高度正相关，替代的价值就很小。随着两种产品的需求的正相关性逐渐减弱（甚至是负相关），替代所能带来的好处也将随之增加。

顾客驱动的双向替代　让我们来看固安捷公司销售 GE 和 SE 两种品牌的发动机的例子。GE 和 SE 两种品牌的发动机性能非常接近。通常顾客不会介意购买哪个品牌的发动机，哪种品牌发动机有货顾客就会购买哪种。如果固安捷公司的管理者没有意识到顾客替代的存在，他们就不会鼓励这种顾客替代行为。因此，在给定的产品可获性水平下，他们不得不对两种品牌的发动机都持有较高的安全库存。如果管理者意识到并鼓励顾客购买替代品，他们就可以合并两种品牌发动机的安全库存，从而提高产品可获性水平。

固安捷公司及时意识到了顾客替代的存在。顾客通过电话或在线进行订货，当他所需产品缺货时，会被立即告知有哪些性能相似的替代产品可供选择。在这种情况下，大多数顾客最终会购买替代产品。固安捷公司通过联合管理所有彼此可替代的产品的安全库存来利用这种顾客驱动的替代。对顾客替代的认识和利用使固安捷公司以较少的安全库存提供了较高水平的产品可获性。

在零售业，准确把握顾客驱动的替代非常重要。在销售时，必须利用产品的替代，确保将替代产品摆放在彼此相邻的位置，以便顾客在一种产品缺货时可以购买另一种产品。在在线渠道，替代要求零售商在顾客所需产品缺货时，给出另一种可以替代的产品供其选择。这样供应链就能够在提供高水平的产品可获性的同时，减少所需的安全库存水平。

需求的不确定性和相互替代产品之间的需求相关性，会影响零售商可以从替代中获得的好处。需求不确定性越强，替代能带来的好处就越大。替代产品之间的需求正相关性越弱，实施替代所带来的好处就越大。

12.5.4　零部件通用化

在任何一条供应链中，都有相当数量的库存是以零部件的形式存在的。比如，一台服务器是由数百个零部件构成的。当一条供应链生产大量不同产品时，很容易形成大量的零部件库存。在多种产品中使用通用零部件是一种有效的供应链策略，它能利用集中效应并减少零部件库存。

戴尔公司向顾客出售数千种不同配置的服务器。对戴尔来说，一种极端的选择是为每一种特定配置的服务器设计专门的零部件。这样一来，对每种不同的最终产品，戴尔公司都将使用不同的内存、硬盘和其他零部件。另外一种选择是，通过产品设计，在不同的最终产品中使用通用零部件。

倘若不使用通用零部件，那么任何一种零部件的需求不确定性与使用该零部件的产成品的需求不确定性是一致的。由于每种最终产品都是由大量零部件组成的，那么需求不确定性将会很高，从而导致大量的安全库存。如果产品设计时使用通用零部件，那么每种零部件的需求是使用该零部件的所有产品的需求之和。因此，零部件的需求比任何一种最终产品的需求更易于预测，从而使供应链的零部件库存得以减少。上述理念是电子行业成功的重要因素之一，在汽车行业中也开始逐渐发挥重要作用。随着产品多样性的增加，零部件通用化成为在不损害产品可获性的前提下减少供应链库存的关键。在例 12－11 中（参见工作表 Example 12-11），我们将说明零部件通用化的基本思想。

例 12－11

零部件通用化的价值

假设戴尔公司制造 27 种不同型号的服务器，需要用到 3 种零部件：处理器、内存和硬盘。在分散策略下，戴尔公司为每种服务器设计专用的零部件，从而有 3×27＝81 种不同的零部件。若采用通用件策略，戴尔公司设计了 3 种处理器、3 种内存和 3 种硬盘，并通过这些零部件的组合产生 27 种不同型号的服务器。因此，每一种零部件可用于 9 种不同型号的服务器中。27 种不同型号服务器的月需求相互独立且服从均值为 5 000、标准差为 3 000 的正态分布。每种零部件的补货提前期均为一个月。戴尔公司零部件库存的期望 *CSL* 为 95%。分别计算采用通用件和不采用通用件两种策略下所需的安全库存。同时计算当使用某一零部件的最终产品种类由 1 种增加到 9 种时，所需安全库存的变化情况。

分析：

先计算分散策略的情况，该策略下每一种零部件都专门用于某一款服务器。对于每一种零部件：月需求的标准差＝3 000（单位）。

已知提前期为 1 个月，27 种不同型号服务器的零部件共有 81 种，利用式（12.12）可得：

$$\text{所需总安全库存}=81\times \text{NORMSINV}(0.95)\times\sqrt{1}\times 3\,000=399\,699(\text{单位})$$

在采用通用件的情况下，每种零部件都用于 9 种最终产品。因此，每种零部件的需求就是 9 种最终产品的需求之和。由式（12.15）和式（12.16）可得：

$$\begin{aligned}\text{每种通用件的安全库存}&=\text{NORMSINV}(0.95)\times\sqrt{1}\times\sqrt{9}\times 3\,000\\&=14\,803.68(\text{单位})\end{aligned}$$

在采用通用件的情况下，由于有 9 种不同型号的零部件，因此 9 种零部件的总安全库存为：

$$\text{所需总安全库存}=9\times 14\,803.68=133\,233(\text{单位})$$

因此，将 1 种通用件用于 9 种不同最终产品可使戴尔公司的安全库存由 399 699 单位减少到 133 233 单位。

在表 12－6 中，我们计算了零部件通用性增加带来的安全库存的减少。从计算每一种零部件仅用于 1 种最终产品时的安全库存开始，逐渐将每一种零部件适用的最终产品数量增加到 9 种，逐一计算出每种情况下所需的安全库存。我们可以观察到，零部件通用化帮助戴尔降低了安全库存。但随着每种零部件所适用的最终产品数量逐渐增加，零部件通用化带来的边际收益呈下降趋势。

表 12-6 零部件通用化的边际收益

每种零部件可用于最终产品数量	安全库存	安全库存减少的边际数量	安全库存的减少总量
1	399 699		
2	282 630	117 069	117 069
3	230 766	51 864	168 933
4	199 849	30 917	199 850
5	178 751	21 098	220 948
6	163 176	15 575	236 523
7	151 072	12 104	248 627
8	141 315	9 757	258 384
9	133 233	8 082	266 466

随着零部件被用于更多的最终产品中，零部件需要具有更高的柔性。因此，零部件的生产成本通常随其通用性的增加而增加。由于随着通用性的增加，通用零部件所带来的边际收益会逐渐减少，因此在确定合理的零部件通用性水平时，需要在零部件成本增加和安全库存减少之间进行权衡。

12.5.5 延迟

延迟（postponement）是指供应链将产品差异化或定制化推迟至接近产品销售时点的能力。

其目标是在供应链推动阶段的大部分时间使用通用零部件，而将产品的差异化尽量推迟至供应链的拉动阶段。例如，如今油漆的最终混合都是顾客选择好所需的颜色后在零售店完成的。这样，只有在明确了解需求后，才进行油漆的最终混合，形成多样化的最终产品。与过去在工厂完成油漆的混合工作相比，延迟和零部件通用性使油漆零售店持有的安全库存大大减少。过去，工厂管理者在计划生产时就必须预测不同颜色油漆的需求。如今，由于混合工序已被延迟到了知晓顾客需求后才进行，工厂管理者只需要预测各种颜色油漆的总需求量即可。这样一来，每个零售店主要以基漆的形式持有总的库存，然后再根据顾客的需求调成所需的颜色。

另一个延迟的经典案例是贝纳通公司（Benetton）生产彩色针织服装的工艺流程。最初的工艺流程是先将纱线染色，然后编织，最后裁剪缝制为成衣。整个生产流程需要 6 个月。由于成衣的颜色在纱线染色的时候就确定了，因此必须提前很长时间（提前 6 个月）对每种颜色的成衣需求进行预测。贝纳通公司开发了一种制造技术，可以对成衣染色。如今，胚布线（术语，表示尚未染色的线）的采购、编织和裁剪缝制都可以在染色前完成。成衣的染色工序可以在更接近销售季的时点来完成。事实上，部分染色工作是在销售季开始后需求信息更加准确的情况下完成的。这样贝纳通公司就实现了针织服装颜色定制的延迟。在进行纱线采购时，只需要预测所有颜色的总体需求。由于需要提前很长时间进行需求预测，预测的准确性非常低，故而这种集中具有很大的优势。随着销售的临近，贝纳通公司需求预测的不确定性也逐渐降低。当贝纳通公司对针织服装进行染色时，已经能够非常准确地了解需求了。因此，延迟帮助贝纳通公司利用集中策略大大降低了安全库存。图12-5列示了采用延迟策略和不采用延迟策略时的供应链流程。

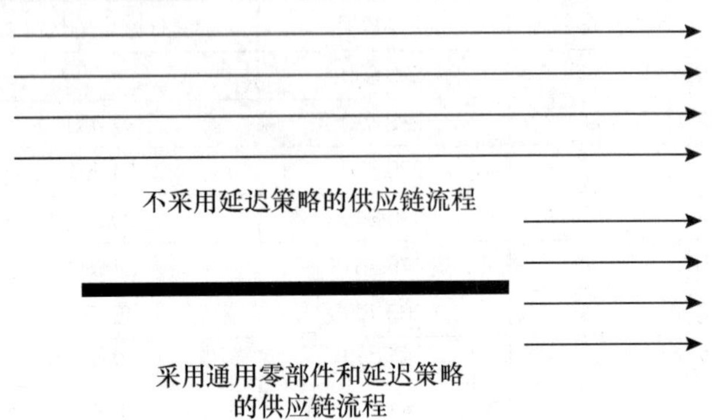

图12-5 不同策略下的供应链流程

若不采用通用零部件和延迟策略，则产品差异化出现在供应链的早期阶段，供应链中大部分的库存是分散的。延迟策略使供应链中的产品差异化被推迟。因此，供应链的大部分库存是集中的。延迟使供应链能够通过集中，在不损害产品可获性的同时降低安全库存。在例12-12中（参见工作表 Example 12-12），我们将说明延迟带来的好处。在第13章，还将进一步讨论延迟的价值。

例12-12

延迟带来的好处

某油漆零售商销售100种不同颜色的油漆。假设每种颜色油漆的周需求相互独立且都服从均值为30、标准差为10的正态分布。油漆工厂的补货提前期为2周。零售商的期望 CSL 为0.95。如果油漆在工厂就混合好，零售商持有每种颜色油漆的库存，那么零售商应持有多少安全库存？如果零售商仅持有基漆（由油漆工厂供应），然后根据需求再进行混合，所需的安全库存会有何变化？

分析：

我们先计算未采取延迟策略的情况，该策略下零售商持有每种颜色油漆的安全库存。对每种颜色，已知：$D=30$ 单位/周，$\sigma_D=10$ 单位，$L=2$ 周。

给定期望 CSL 为0.95，利用式（12.12）可得100种颜色油漆所需总安全库存为：

$$ss=100\times F_S^{-1}(CSL)\times\sqrt{L}\times\sigma_D$$
$$=100\times\text{NORMSINV}(0.95)\times\sqrt{2}\times10=2\ 326(\text{单位})$$

现在，考虑将混合工序延迟到收到顾客订单之后的情况。安全库存以基漆的形式持有，基漆的需求是100种颜色油漆的需求之和。由于所有100种油漆的需求相互独立，因此 $\rho=0$。由式（12.15）可得基漆每周总需求的标准差：

$$\sigma_D^C=\sqrt{100}\times10=100(\text{单位})$$

当 CSL 为 0.95 时，由式（12.16）可得集中策略下所需的安全库存为：

$$ss = F_S^{-1}(0.95) \times \sqrt{L} \times \sigma_D^C = \text{NORMSINV}(0.95) \times \sqrt{2} \times 100 = 233(\text{单位})$$

可以看到，延迟使零售商所需的安全库存从 2 326 单位减少为 233 单位。

当顾客愿意为所订的产品等待更长一段时间时，延迟可能是一种非常有用的思想。这种延迟使得供应链有机会通过将产品差异化推迟至顾客订单到达以后而减少库存。这里重要的是，生产流程的设计必须保证装配可以迅速完成。由于顾客通常愿意等待，一些家具和窗户生产商也将其产品的部分装配流程进行了延迟。

学习目标 5 小结

只要所集中区域的需求不是完全正相关，集中就可以减少所需的安全库存。集中所能带来的安全库存的减少随着所期望的 CSL、补货提前期、库存持有成本和需求的变异系数的增加而增加。集中所能带来的安全库存的减少随着各区域需求相关性的增加而减少。企业可以通过产品实物的集中、信息集中、专业化、产品替代、零部件通用化和延迟来实现库存的集中。

12.6　补货策略对安全库存的影响

本节将分别讨论连续盘点策略和周期盘点策略下安全库存的计算。这里需要重点指出的是，在相同的产品可获性水平下，周期盘点策略比连续盘点策略需要更多的安全库存。为简化讨论，仅用 CSL 作为产品可获性的度量指标。如果使用满足率作为测度指标，最后得到的管理启示是一样的，但分析起来更为复杂。

12.6.1　连续盘点策略

我们已经在 12.2 节讨论了连续盘点策略，在此仅重述几个要点。当采用连续盘点策略时，管理者在库存降至再订货点时以批量 Q 进行订货。显然，连续盘点策略要求企业具备监控库存水平的技术。沃尔玛、戴尔等许多企业都采用这一策略，对库存进行连续监控。

给定期望 CSL，我们的目标是确定安全库存和再订货点。假设需求服从正态分布，并已知：

D：每个时期的平均需求

σ_D：每个时期需求的标准差

L：平均补货提前期

再订货点表示提前期 L 内用于满足需求的现有库存。若提前期内的需求超过再订货点，则会出现缺货。如果各个时期的需求相互独立，提前期内的需求服从如下正态分布：

提前期内需求均值 $D_L = D \times L$

提前期内需求的标准差 $\sigma_L = \sqrt{L}\sigma_D$

给定期望CSL，利用式（12.6）和式（12.4）可分别求得安全库存和再订货点：

$$ss=F_S^{-1}(CSL)\times\sigma_L=\text{NORMSINV}(CSL)\times\sqrt{L}\sigma_D$$
$$ROP=D_L+ss$$

管理者采用连续盘点策略只需要考虑提前期内的需求不确定性。这是因为对库存的连续监控使管理者能够根据需求情况调整下达补货订单的时点。如果需求非常大，库存很快降至再订货点，则需要很快进行补货。如果需求非常低，库存会缓慢下降到再订货点，则补货订单将延迟发出。但是，一旦补货订单发出，管理者在提前期内就别无他法了。因此，持有的安全库存必须足以应对提前期内需求的不确定性。

通常，连续盘点策略下每次补货的订货批量都是固定的。利用第11章讨论的经济订货批量公式可算出最优订货批量。

12.6.2 周期盘点策略

在周期盘点策略中，每隔一段固定的时间间隔T盘点一次库存，并随即进行一次订货，使现有库存加上补货批量达到一个预先设定的水平，即目标最大库存水平（order-up-to level，OUL）。盘点间隔期（review interval）也就是连续两次订货的时间间隔T。可以看到，每次的订货批量可能会不同，这取决于连续两次订货之间的需求和发出订单时的剩余库存。对于零售商来说，周期盘点策略更易于实施，因为它不要求零售商具备连续监控库存的能力。由于该策略下补货订单是以固定的时间间隔发出，所以供应商可能也更愿意接受这种策略。

来看下面一个例子。家乐福的门店经理正负责制定乐高积木的补货策略。他想要分析如果他决定采用周期盘点策略，安全库存会受到什么影响。乐高积木的周需求服从正态分布且各周需求相互独立。假设已知以下参数：

D＝每个时期的平均需求
σ_D＝每个时期需求的标准差
L＝平均补货提前期
T＝盘点间隔期
CSL＝期望周期服务水平

为确定所需的安全库存，让我们按照事件发生的顺序来追踪门店经理发出订单的全过程。门店经理在时点0下达第一个订单，订货批量和现有库存之和达到目标最大库存水平。订单一旦发出，经过提前期L补充订货将送达。下一次盘点库存的时点为T，这时，门店经理下达第二个订单，订货在$T+L$时点送达。目标最大库存水平表示满足时点0到时点$T+L$期间需求的库存量。如果在时点0到时点$T+L$期间的需求超过目标最大库存水平，家乐福门店将出现缺货。因此，门店经理必须确定一个目标最大库存水平以使下式成立：

$$Prob(L+T\text{ 期间的需求}\leqslant OUL)=CSL$$

接着，求$T+L$期间的需求分布。由式（12.2）可知，$T+L$期间的需求服从正态分布，且

$$T+L\text{ 期间需求的均值 }D_{T+L}=(T+L)D$$

$T+L$ 期间需求的标准差 $\sigma_{T+L}=\sqrt{L+T}\sigma_D$

本例中的安全库存即为家乐福在 $T+L$ 期间所持有的、超过需求均值 D_{T+L} 的库存量。目标最大库存水平和安全库存有如下关系：

$$OUL=D_{T+L}+ss \tag{12.18}$$

给定期望 CSL，所需的安全库存计算如下：

$$ss=F_S^{-1}(CSL)\times\sigma_{T+L}=\text{NORMSINV}(CSL)\times\sigma_{T+L} \tag{12.19}$$

平均批量等于盘点间隔期 T 内的平均需求，即

$$平均批量\ Q=D_T=D\times T \tag{12.20}$$

图 12－6 是提前期 $L=4$ 天、订货间隔期 $T=7$ 天的周期盘点策略下的库存状态图。在第 7 天，企业下达了一个订单，这也就决定了到第 18 天为止的可用库存（如图 12－6 中从点 1 到点 2 的虚线所示）。因此，安全库存必须足够缓冲 $T+L=7+4=11$ 天的需求波动。

在例 12－13 中（参见工作表 Example 12-13），我们将说明家乐福的周期盘点策略。

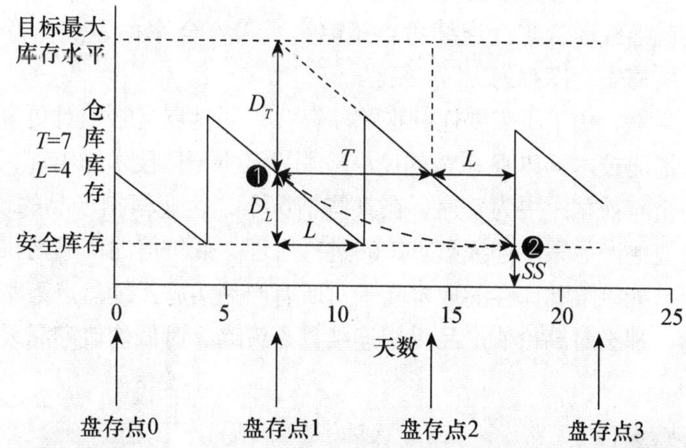

图 12－6　L= 4、T= 7 的周期库存盘点策略下的库存状态图

例 12－13

周期盘点策略下安全库存的计算

家乐福超市乐高积木的周需求服从均值为 2 500 箱、标准差为 500 箱的正态分布。补货提前期为 2 周。门店经理决定每 4 周盘点一次库存。假设超市实行周期盘点策略，计算超市要想提供 90% 的 CSL，应持有多少安全库存，并计算该策略下的目标最大库存水平。

分析：

依题意，已知：每个时期的平均需求 $D=2\,500$ 箱，每个时期需求的标准差 $\sigma_D=500$ 箱，平均补货提前期 $L=2$ 周，盘点间隔期 $T=4$ 周。

首先要了解 $T+L$ 间隔期内的需求分布。由式（12.2）可知，$T+L$ 期间的需求服从正态分布，且

$T+L$ 期间的平均需求 $D_{T+L}=(T+L)D=(2+4)\times 2\,500=15\,000$（箱）

$T+L$ 期间需求的标准差 $\sigma_{T+L}=\sqrt{T+L}\sigma_D=\sqrt{4+2}\times 500=1\,225$（箱）

由式（12.19）可得 CSL 为 0.90 时所需的安全库存为：

$$ss=F_S^{-1}(CSL)\times\sigma_{T+L}=\text{NORMSINV}(CSL)\times\sigma_{T+L}$$
$$=\text{NORMSINV}(0.90)\times 1\,225=1\,570\text{（箱）}$$

由式（12.18）可得目标最大库存水平如下：

$$OUL=D_{T+L}+ss=15\,000+1\,570=16\,570\text{（箱）}$$

因此，门店经理每 4 周下一次订单，订货批量为 16 570 减去现有库存的差值。

现在，可以对比一下连续盘点策略和周期盘点策略下所需的安全库存。在连续盘点策略下，安全库存用于应对提前期 L 内的需求不确定性。在周期盘点策略下，安全库存用于应对提前期和盘点间隔期 $L+T$ 内的需求不确定性。由于周期盘点策略下必须应对更高的需求不确定性，因此周期盘点策略下要求的安全库存水平更高。这一论断可以通过对比例 12-3 和例 12-13 的结论得到证实。在 90%的 CSL 下，门店经理若实行连续盘点策略，所需安全库存为 906 箱。若实行周期盘点策略，所需安全库存为 1 570 箱。

当然，由于不需要连续跟踪库存，周期盘点策略相对更容易实施。但如今，由于条形码技术、POS 系统的广泛应用以及 RFID 技术的出现，对所有库存的连续跟踪与十年前相比更为普遍。在某些情况下，企业根据产品的价值对产品进行区分。高价值的产品采用连续盘点策略进行管理，低价值的产品则采用周期盘点策略进行管理。如果跟踪库存的成本高于对所有产品实施连续盘点策略所带来的安全库存的节约，那么对高价值产品采用连续盘点策略、对低价值产品采用周期盘点策略是合理的。

学习目标 6 小结

连续盘点策略下所需的安全库存与 $\sqrt{L}$ 成正比，周期盘点策略下所需的安全库存与 $\sqrt{T+L}$ 成正比，其中 T 为订货间隔期。因此，在提前期和产品可获性相同的条件下，采用周期盘点策略比采用连续盘点策略需要更多的安全库存。

12.7 多级供应链中安全库存的管理

到目前为止，我们在讨论中都假设，供应链的每一个环节都有明确定义的需求和供给分布，以用于设定安全库存水平。然而在实践中，对于多级供应链而言，情况并非如此。让我们来看一个简单的多级供应链，其中只有一个供应商为一个零售商供货，零售商再销售给最终消费者。零售商需要了解需求和供给的不确定性以设定安全库存水平。然而，供给不确定性会受到供应商所选择持有的安全库存水平的影响。如果零售商的采购订单到达时供应商有足够库存，则供给提前期很短。相反，如果零售商的采购订单到达时供应商正好缺货，那么零售商的补货提前期就会延长。因此，如果供应商提高其安全库存水平，零售商就可以减少其持有的安全库存。这意味着，多级供应链所有环节的安全库存水平是相互关联的。

供应链某一环节至最终顾客之间的所有库存称为梯级库存（echelon inventory）。零售商的梯级库存仅为零售商持有或者为零售商供货的渠道中的库存，分销商的梯级库存则包括分销商自己持有的库存及由此分销商供货的所有零售商持有的库存。在这种情况下，供应链任一环节的再订货点和目标最大库存的确定都应基于梯级库存而非本地库存。因此，分销商在确定其安全库存水平时，应该考虑它所供货的所有零售商持有的安全库存水平。零售商持有的安全库存越多，分销商需要持有的安全库存就越少。随着零售商减少它们所持有的安全库存水平，分销商必须增加自己的安全库存以确保对零售商的定期补货。

如果供应链中所有环节都试图共同管理其梯级库存，那么如何在各个环节之间分配库存非常重要。在供应链上游持有库存可以更好地实现集中，从而减少所需库存量。然而，在上游持有库存会增加最终顾客等待的可能性，因为在接近顾客的环节没有设置库存。因此，多级供应链中的库存决策必须考虑各个环节所持有的安全库存水平。如果持有库存的成本很高而且顾客也愿意容忍延期收货，那么最好是增加远离最终顾客的、供应链上游的安全库存的数量，以利用集中效应。如果持有库存的成本低且顾客对时间非常敏感，那么最好在接近最终顾客的供应链下游设置更多的安全库存。

学习目标 7 小结

在多级供应链中，以协调的方式跨环节管理安全库存非常重要。在上游环节增加安全库存可以使下游环节减少其所持有的安全库存数量。

12.8 减少安全库存的管理杠杆

本章主要讨论了供应链中安全库存的设置。管理者必须了解提前期、供给不确定性和需求不确定性对供应链中安全库存的数量的相对影响。

降低供给不确定性是减少安全库存的一种重要管理杠杆。事实上，如果能大幅降低提前期的不确定性，企业应该愿意容忍更长的提前期。共享信息和协调需求、供给计划能帮助供应链减少供给的不确定性。

另一种有助于减少安全库存的管理杠杆是缩短提前期。补货提前期由生产时间、运输时间和各种形式的延迟组成。订单下达过程、生产计划过程和运输计划过程中都可能会出现延迟。公平地说，在大多数供应链中，延迟比生产和运输时间对交付周期的贡献更大。公平地说，在大多数供应链中，补货提前期中延迟所占时间的比重甚至高于生产和运输时间。重视减少这些延迟有助于缩短提前期。英国快时尚企业 Boohoo. com 是通过在欧洲柔性的本地化生产大幅缩短提前期的例子。本地化生产缩短了运输提前期，柔性生产使企业能够以小批量安排生产。这使得企业可以在收到订单后立刻小批量生产任何款式。在大批量生产的、不具柔性的设施中，通常需要很长时间来安排特定款式服装的生产。

减少安全库存的最后一种管理杠杆是降低供应链的需求不确定性。如第10章所讨论的，通过信息共享减少信息失真是减少不确定性的重要方法。降低需求不确定性的一种非常重要的机制是有效设计供应链实现需求的集中。供应链中需求集中的主要方法有：实物集中、信息集中、产品替代、零部件通用化和延迟。

学习目标8小结

如果供应链能够降低需求不确定性、缩短补货提前期并减少提前期的波动，则可以减少所需的安全库存水平，提高产品可获性。将对库存的周期监控改为连续监控也能帮助企业降低库存。另一种可以减少所需安全库存的重要管理杠杆是集中策略的运用。具体手段包括：库存的实物集中、信息集中所带来的库存虚拟集中、基于需求量对库存进行专业化管理、产品替代、使用通用零部件和延迟产品差异化。

讨论题

1. 安全库存在供应链中的作用是什么？
2. 请解释为什么缩短提前期能帮助供应链在不损害产品可获性的同时降低安全库存。
3. 分析产品可获性各种度量指标的优缺点。
4. 描述两种订货策略及其对安全库存的影响。
5. 供给不确定性对安全库存会产生哪些影响？
6. 与True Value这类拥有许多小型店铺的五金连锁企业相比，为什么仅拥有少数大型卖场的家得宝能够以更低库存提供更高水平的产品可获性？
7. 与通过零售店销售的连锁书店相比，为什么亚马逊能够以更少的安全库存提供种类繁多的图书和音像制品？
8. 20世纪80年代，油漆店销售不同颜色和规格的油漆。如今，油漆店根据顾客对颜色的要求在店内进行油漆混合调色。讨论这种改变对供应链安全库存的影响。
9. 一项新技术使得一本书可以在10分钟内打印出来。巴诺书店决定为其每个店铺购买数台这种机器。它必须决定哪些图书以库存的形式存放，哪些图书利用这一技术按需印制。你建议对畅销图书或其他图书进行按需印制吗？为什么？
10. 在一个企业能够很好地实施延迟策略时（可以以更低的成本实现延迟），它应该增加、保持不变还是减少它所提供产品的多样性？为什么？
11. 如果位于高成本国家的本地供应商想要与来自低成本国家的海外供应商有效地竞争，它们应发展哪些能力？讨论每种能力对于供应链中库存的影响。

练习题

1. 一家苹果专卖店的智能手机的周需求服从正态分布，且均值为500部，标准差为300部。智能手机的装配商完成一个苹果公司的订单的供货需要4周时间。苹果公司设定的目标*CSL*为95%，并对库存进行连续监控。苹果专卖店应持有多少手机安全库存？再订货点应当设为多少？

2. 一家盖璞门店的牛仔裤的周需求服从正态分布，且均值为100条，标准差为50条。供应工厂供货的提前期为3周。门店经理对库存进行连续监控，在现有库存下降至350条时发出补充订货。该门店应持有多少安全库存？*CSL*能够达到多少？如果门店经理希望*CSL*达到95%，应当持有多少安全库存？再订货点应为多少？

3. 在百思买商场，手机的周需求服从正态分布，且均值为 300 部，标准差为 200 部。供应商为百思买供货的提前期为 2 周。百思买商场设定的目标 *CSL* 为 95%，并对库存进行连续监控。百思买商场应该持有多少手机安全库存？再订货点应设为多少？

4. 假设第 3 题中百思买商场的管理者决定采用周期盘点策略管理手机库存。她计划每 3 周进行一次订货。假定期望 *CSL* 为 95%，商店应该持有多少安全库存？目标最大库存应当设为多少？

5. 假设第 3 题中百思买商场从供应商订购手机的批量为 500 部。手机的周需求服从正态分布，且均值为 300 部，标准差为 200 部。供应商供货的提前期为 2 周。如果门店经理采取连续盘点策略，且设定目标满足率为 99%，商场应该持有多少安全库存？再订货点应设为多少？

6. 山姆会员店惠普打印机的周需求服从正态分布，且均值为 250 台，标准差为 150 台。商店管理者连续监控库存，当打印机的库存降至 600 台时，就发出批量为 1 000 台的订单。惠普公司当前供货的提前期为 2 周。商店应该持有多少安全库存？在这种策略下，山姆会员店能够达到的 *CSL* 为多少？商店能够实现的满足率是多少？

7. 回到第 6 题山姆会员店的例子。假设惠普公司的供货提前期服从正态分布，且均值为 2 周，标准差为 1.5 周。如果山姆会员店的期望 *CSL* 为 95%，应持有多少安全库存？如果提前期的标准差以 0.5 的间隔由 1.5 逐步降至 0，安全库存将发生怎样的变化？

8. 家乐福商店洗涤剂的需求服从正态分布，且均值为 3 000 单位，标准差为 700 单位。商店管理者连续监控洗涤剂的库存，当库存下降至 7 000 单位时发出补货订单，订货批量为 10 000 单位。供应商补货的提前期为 2 周。该商店的 *CSL* 能达到多少？满足率能达到多少？

9. 一家塔吉特商店的纸巾的周需求服从正态分布，均值为 1 000 单位，标准差为 300 单位。订货批量为 5 000 单位时，供应商供货的提前期为 2 周。塔吉特的满足率目标值为 99%，并对库存进行连续监控。塔吉特公司应当持有多少安全库存？再订货点应为多少？

10. 一家日本发动机制造商的电机周需求服从正态分布，且均值为 1 000 台，标准差为 1 000 台。目前，电机是在中国组装的，每台成本为 20 000 元。中国供应商供货的提前期为 8 周。一家日本本土供应商提出以每台 20 400 元的价格进行供货，供货的提前期为 1 周。该发动机制造商的目标 *CSL* 为 99%，且对库存进行连续监控。该制造商的年库存持有成本费率为 25%。该制造商应当接受日本本土供应商的报价吗？

11. 德国百货连锁店卡尔施泰特公司（Karstadt）自营品牌洗衣机的周需求服从均值为 500 台、标准差为 300 台的正态分布。目前，卡尔施泰特公司的供应源在中国，一台洗衣机的成本为 200 欧元。中国供应商供货的提前期服从均值为 9 周、标准差为 6 周的正态分布。有一家欧洲供应商能保证以 1 周的提前期供货，但成本为 210 欧元。卡尔施泰特公司的年库存持有成本费率为 25%，目标 *CSL* 为 99%。卡尔施泰特公司应当接受欧洲供应商的报价吗？

12. 印度消费电子产品零售连锁企业 Croma 目前在主要的大都市区拥有 25 家门店。每家门店的智能手机周需求均服从均值为 300 部、标准差为 300 部的正态分布。供应商目前供货的提前期为 4 周。每个门店分别进行订货。Croma 公司的目标 *CSL* 为 95%，并对库存进行连续监控。Croma 在每个门店应持有多少安全库存？Croma 公司正考虑通过在线渠道销售智能手机，并将手机储存在一个全国性仓储中心中。假设 Croma 公司能够在不丧失需求（在线需求等于每个门店需求的总和）的情况下将智能手机的销售转移到在线渠道。如果每个门店的需求相互独立，通过在线渠道销售可以使 Croma 的安全库存减少多少？如果门店间的需求相关系数 $\rho = 0.5$，通过在线渠道销售可以使 Croma 的安全库存减少多少？

13. 巴西消费电子产品连锁企业 Magazine Luiza 目前在巴西拥有 100 家门店。它同时也拥有自己的在线销售渠道。现在它正考虑销售一种新型打印机，但需要决定是通过实体门店还是通过在线渠道销售。预计每家门店的这种新型打印机的周需求均服从均值为 100 台、标准差为 80 台的正态分布布。该公司预测在线渠道的需求为所有 100 家实体门店的需求总和。不管是每个门店分别订货还是由在线配送中心订货，供应商的补货提前期均为 4 周。Magazine Luiza 的目标 *CSL* 为 95%，并采取连续监控库存的策略。如果在 100 个门店中均持有打印机库存，则该公司将持有多少打印机安全库存？如果打印机通过在线渠道销售且各个门店的需求相互独立，该公司将持有多少打印机安全库存？如果打印机通过在线渠道销售且各个门店的需求相关系数 $\rho=0.3$，该公司将持有多少打印机安全库存？

14. 盖璞开始同时在在线渠道和零售店销售产品。管理者需要决定哪些产品应存放在零售门店，哪些产品应存放在中央仓库仅通过在线渠道销售。盖璞目前在美国拥有 900 家零售店。每家店的大号卡其布裤子的周需求均服从正态分布，且均值为 800 条，标准差为 100 条。每条裤子的成本为 30 美元。每家店的紫色羊绒衫的周需求也服从正态分布，且均值为 50 件，标准差为 50 件。每件羊绒衫的成本为 100 美元。盖璞的年库存持有成本费率为 25%。该公司采用连续盘点策略管理所有库存，且两种产品供货提前期均为 4 周。*CSL* 目标值为 95%。若盖璞将两种产品从店铺销售转移到在线渠道销售，单位销售量的库存持有成本预计能减少多少？上述两种产品中，哪种应存放在零售店中销售，哪种应该存放在中央仓库通过在线渠道销售？为什么？假设各门店间的需求相互独立，产品各周的需求也相互独立。

15. 爱普生公司（Epson）在中国的工厂生产打印机，然后销往欧洲。销往不同国家的打印机在电源插座以及使用手册的语言方面有所不同。目前，爱普生直接将销往各国的打印机组装并包装好。不同国家的周需求均服从正态分布，均值和标准差如表 12-7 所示。

表 12-7　爱普生打印机在欧洲的周需求

国家	均值（台）	标准差（台）
法国	3 000	2 000
德国	4 000	2 200
西班牙	2 000	1 400
意大利	2 500	1 600
葡萄牙	1 000	800
英国	4 000	2 400

假设不同国家的需求相互独立。已知中国工厂供货的提前期为 8 周，如果目标 *CSL* 为 95%，那么爱普生公司需要在欧洲持有多少安全库存？

爱普生公司决定在欧洲建立一个配送中心。爱普生将尚未安装电源的打印机运至配送中心。收到订单后，配送中心再安装电源、附上使用手册，然后将打印机运送到相应的国家。未安装电源的打印机仍在中国工厂生产，且供货的提前期为 8 周。在这种情况下，爱普生公司预计可以节省多少安全库存？

16. 仍然使用第 15 题中爱普生公司的数据。爱普生公司每台打印机的成本为 200 美元，年库存持有成本费率为 25%。在欧洲建立配送中心预计能够帮助爱普生公司节省多少库存持有成本？如果在欧洲配送中心进行最终装配会使每台打印机的生产成本增加 5 美元，你会推荐采取这一新的方案吗？假设利用先进的信息系统，爱普生可以将中国工厂的生产和配送提前期缩短为 4 周。在不设立欧洲配送中心的情况下，爱普生公司的库存持有成本将节省多少？在设立欧洲配送中心的情况下，库存持有成本又将节省多少？

17. 仍使用第 15 题中爱普生公司的数据。假设不同国家的需求相互并不独立。任意两个国家之间的需求相关系数为 ρ。在建立欧洲配送中心的情况下，计算当 ρ 以 0.2 为幅度由 0（需求不相关）逐步增加到 1（需求完全正相关）时，爱普生公司能节省多少库存持有成本。

18. 摩托罗拉公司销往美国市场的手机是外包给中国的合同制造商生产的。美国市场由位于田纳西州孟菲斯市的仓库负责供货。孟菲斯仓库每天的需求服从正态分布，且均值为 5 000 部，标准差为 4 000 部。仓库的目标 *CSL* 为 99%。公司内部目前正在讨论从中国进货是应该采用海运还是空运。海运的提前期为 36 天，每部手机的运输成本为 0.50 美元。空运的提前期为 4 天，每部手机的运输成本为 1.50 美元。每部手机的成本为 100 美元，摩托罗拉公司的年库存持有成本费率为 20%。如果通过海运，每次订货的最小批量为 100 000 部（平均每 20 天订购一次）；如果通过空运，每次订货的最小批量为 5 000 部（平均每天订购一次）。假设摩托罗拉公司对在途库存拥有所有权。

(a) 假设摩托罗拉公司采取连续盘点策略，在海运或者空运情况下仓库的再订货点和安全库存分别应设定为多少？在每种运输方式下，摩托罗拉分别应持有多少天的安全库存？

(b) 在每种运输方式下，摩托罗拉分别应持有多少天的周转库存？

(c) 若采取连续盘点策略，如果摩托罗拉公司对在途库存不拥有所有权，你会建议采取哪种运输方式？如果摩托罗拉公司对在途库存拥有所有权，你的建议会改变吗？

19. 墨西哥百货连锁店 Liverpool 公司的游戏机周需求服从均值为 1 000 部、标准差为 400 部的正态分布。供应商补货的提前期为 4 周。Liverpool 公司的目标 *CSL* 为 95% 并采取周期盘点策略，每 8 周补充订货 1 次。请问该百货店平均订货批量为多少，应持有多少安全库存，目标最大库存应为多少？如果 Liverpool 公司采取连续盘点策略，需要多少安全库存？

20. 墨西哥百货连锁店 Liverpool 公司的手提包的周需求服从均值为 3 000 个、标准差为 1 000 个的正态分布。供应商补货的提前期为 4 周。Liverpool 公司采取周期盘点策略，每 12 周补充订货 1 次。目前 Liverpool 公司设定的目标最大库存为 50 000 个。请问该百货店平均订货批量为多少，应持有多少手提包安全库存，可达到的 *CSL* 为多少？如果 Liverpool 公司希望 *CSL* 达到 99%，目标最大库存水平应设定为多少？

21. 回到第 18 题中的数据。假设摩托罗拉公司采取周期盘点策略。给定海运和空运两种运输方式下的订货批量，在海运方式下摩托罗拉每 20 天进行一次订货，空运方式下摩托罗拉每天订一次货。

(a) 假设摩托罗拉公司采取周期盘点策略。在海运和空运情况下仓库的目标最大库存和安全库存分别应设定为多少？每种运输方式下，摩托罗拉公司分别需持有多少天的安全库存？

(b) 每种运输方式下，摩托罗拉应持有多少天的周转库存？

(c) 若采取周期盘点策略，你建议采取空运还是海运？如果摩托罗拉公司对在途库存拥有所有权，你的建议会改变吗？

22. 红门药业公司（DoorRed Pharmacy）采用连续盘点策略为某种畅销药品进行补货。该药每天的需求服从正态分布，且均值为 300 单位，标准差为 100 单位。批发商补货的提前期为 2 天。现行补货策略是，库存降为 750 单位时发出批量为 1 500 单位的订货。

(a) 上述策略下红门药业公司可实现的周期服务水平为多少？

(b) 上述策略下红门药业公司可实现的满足率为多少？

(c) 如果再订货点由 750 单位提高到 800 单位，红门药业公司的满足率会发生怎样的变化？

23. 仍回到第 22 题中的红门药业公司。对于所讨论的药物，红门药业公司希望对原有 750 单位的再订货点进行调整，以使满足率达到 99.9%。该公司新的再订货点应设为多少？

24. 红门药业公司在芝加哥地区拥有 25 家零售店。现行策略是在每家零售店都持有全部药品。红门药业公司正在调研将部分药品集中到一个中央仓库的可能性。若某种药品被集中存放在中央仓库，该药品的单位运输成本将增加 0.02 美元。运输成本的增加是由于运输车辆往来于中央仓库和各个零售店之间所引起的额外费用。对每家零售店，红门药业公司都采取周期盘点策略，每周进行 1 次补货（每 7 天订货 1 次），补货提前期为 3 天。红门药业公司计划即使集中存放药品，也仍沿用每周 1 次的补货策略。公司的年库存持有成本费率为 20%，目标 *CSL* 为 99%。假设各店铺的需求相互独立。

(a) 如果某种药品在每个零售店的日需求服从正态分布，且均值为 300，标准差为 50。药品的单位成本为 10 美元。求所有零售店每年安全库存的持有成本。如果药品被集中到一个地方储存，年安全库存持有成本是多少？年运输成本将增加多少？你认为应该采取集中策略吗？

(b) 现在，假设某种药品在每家零售店的日需求服从正态分布，且均值为 5，标准差为 4。药品的单位成本为 10 美元。所有零售店的年安全库存持有成本是多少？如果药品被集中到一个地方储存，年安全库存持有成本是多少？年运输成本将增加多少？你认为应该采取集中策略吗？

(c) 如果各零售店之间需求的相关系数为 0.5，你对问题 (a) 和问题 (b) 的答案会发生变化吗？

25. 丰田公司决定设立地区仓库，在地区仓库可以根据需求对不同型号的赛恩（Scion）汽车实现个性化定制，然后运送给经销商。根据需求进行定制和运输将使每辆车的生产和运输成本增加 100 美元。每辆汽车的成本为 20 000 美元，丰田公司的年库存持有成本费率为 20%。位于经销商处的汽车在前 90 天内其所有权归丰田公司。因此，实际上丰田公司拥有全部库存，不管这些库存是位于经销商处还是位于地区仓库。假设某个地区有 5 家大型经销商和 30 家小型经销商。丰田公司将不同的车型分为两类——畅销车型和小众车型。两类经销商对两类车型的周需求情况如表 12-8 所示。公司采取连续盘点策略，目标 *CSL* 为 95%。对所有经销商和地区仓库补货的提前期都为 4 周。定制生产并将产品从地区仓库运至经销商可在 1 天内完成，因此这个时间可以忽略不计。假设各经销商的需求相互独立。

表 12-8 汽车经销商的周需求 单位：辆

	畅销车型		小众车型	
	均值	标准差	均值	标准差
大型经销商	50	15	8	5
小型经销商	10	5	2	2

(a) 在大型经销商或小型经销商处畅销车型所需的安全库存分别是多少？

(b) 如果丰田公司将畅销车型（不管大型经销商还是小型经销商）的库存都集中到地区仓库，那么畅销车型需要多少安全库存？

(c) 如果丰田公司将小型经销商处的畅销车型的库存都集中到地区仓库，而大型经销商的库存采取分散策略，那么畅销车型所需的安全库存为多少？

(d) 考虑到定制生产和运输的附加成本，你建议对畅销车型采取哪种库存结构？

(e) 对于小众车型，重新回答 (a)～(d) 中的问题。

(f) 在设立地区仓库的情况下，丰田公司应该如何安排其库存结构？

26. Orion 是一家经销复印机的全球化公司。公司目前销售 10 种型号的复印机，且所有库存都是以成品形式持有。不同型号复印机的印刷组件不同。目前公司正在讨论能否引入通用印刷组件，以延迟最终装配时间并以零部件的形式持有库存。目前，每台复印机的零部件成本为 1 000 美元。引入通用印刷组件将使零部件成本增加至 1 025 美元。10 种型号复印机中有 1 种型号的复印机的需求占据了总需求的 80%。这种型号复印机的周需求服从正态分布，且均值为 1 000 台，标准差为 200 台。另外 9 种型号复印机的平均周需求均为 28 台，标准差均为 20 台。Orion 公司设定的目标 *CSL* 为 95%。零部件补货的提前期为 4 周。复印机的装配只需要数小时。Orion 采取连续盘点策略管理全部库存，且年库存持有成本费率为 20%。

(a) 在未实施零部件通用化的情况下，Orion 公司每种型号复印机的安全库存为多少？年库存持有成本为多少？

(b) 如果 Orion 公司对所有型号的复印机都使用通用零部件，以零部件形式持有的安全库存应该是多少？年库存持有成本是多少？使用通用件使零部件成本增加了多少？对所有型号复印机都使用通用零部件是否合理？

（c）当实施通用化的成本为多少时，采取完全通用化的做法才合理？

（d）现在假设 Orion 公司仅对 9 种低需求的型号实行零部件通用化。这种情况下，Orion 的安全库存将下降多少？年库存持有成本将节省多少？这种有限的通用化策略是否可取？

（e）当实施通用化的成本为多少时，低需求型号的复印机采用通用零部件是合理的？

参考文献

Barnes, Jim. "The Myths and Truths About Inventory Optimization." *Supply Chain Management Review* (March/April 2014): 10–19.

Federgruen, Awi, and Yu-Sheng Zheng. "An Efficient Algorithm for Computing an Optimal (r,Q) Policy in Continuous Review Stochastic Inventory Systems." *Operations Research* (July–August 1992): 40, 808–813.

Feitzinger, Edward, and Hau L. Lee. "Mass Customization at Hewlett Packard." *Harvard Business Review* (January–February 1997): 116–121.

Gallego, Guillermo. "New Bounds and Heuristics for (Q,r) Policies." *Management Science* 44 (February 1998): 219–233.

Gupta, Sandeep, and Charanyan Iyengar. "The Tip of the (Inventory) Iceberg." *Supply Chain Management Review* (November 2014): 28–35.

Kopczak, Laura, and Hau L. Lee. *Hewlett-Packard Co.: Deskjet Printer Supply Chain (A)*. Stanford University Case GS3A, 2001.

Lee, Hau L. "Design for Supply Chain Management: Concepts and Examples." In R. Sarin, ed. *Perspectives in Operations Management*. Norwell, MA: Kluwer Academic Publishers, 1993, pp. 45–65.

Lee, Hau L., and Corey Billington. "Managing Supply Chain Inventory." *Sloan Management Review* (Spring 1992): 65–73.

Lee, Hau L., Corey Billington, and Brent Carter. "Hewlett-Packard Gains Control of Inventory and Service Through Design for Localization." *Interfaces* (July–August 1993): 1–11.

Nahmias, Steven. *Production and Operations Analysis*. Burr Ridge, IL: Richard P. Irwin, 1997.

Signorelli, Sergio, and James L. Heskett. 1984. "Benetton (A)." Harvard Business School Case 9–685–014, 1984.

Silver, Edward A., David Pyke, and Rein Petersen. *Inventory Management and Production Planning and Scheduling*. New York: Wiley, 1998.

Strang, Randy. "Retail Without Boundaries." *Supply Chain Management Review* (November 2013): 32–39.

Tayur, Sridhar, Ram Ganeshan, and Michael Magazine, eds. *Quantitative Models for Supply Chain Management*. Boston: Kluwer Academic Publishers, 1999.

Trent, Robert J. "Managing Inventory Investment Effectively." *Supply Chain Management Review* (March–April 2002): 28–35.

Zipkin, Paul H. *Foundations of Inventory Management*. Boston: Irwin McGraw-Hill, 2000.

案例分析1

艾尔科公司的库存管理

艾尔科公司（ALKO）是约翰·威廉姆斯（John Williams）于 1943 年创办的。最初只是其设在克利夫兰家中的一个车库工作室。约翰一直喜欢修修补补，1948 年 2 月他获得了一项照明装置设计专利。他决定在自己的工作室里进行生产，并尝试在克利夫兰地区销售。产品的销路很好，到 1957 年，艾尔科公司已经发展成拥有 300 万美元资产的企业。该公司生产的照明装置以卓越的质量闻名。那时，该公司销售的产品共有 5 种。

1963 年，艾尔科公司成功上市。从那时起，艾尔科公司一直发展顺利，并且已经开始在全美范围内销售产品。进入 21 世纪，随着竞争的加剧，艾尔科公司引入了许多新的照明装置设计。然而，该公司的盈利能力却开始恶化，尽管艾尔科公司始终努力确保产品的质量不受影响。问题是，随着市场竞争的加剧，利润率开始缩水。到 2015 年，董事会决定从高层开始进行全面重组。盖瑞·费舍尔（Gary Fisher）受聘负责公司的重组和结构调整。

2017 年盖瑞到任时，发现公司已濒临倒闭。最初的几个月里，他一直在努力了解公司的业务和组织结构。盖瑞意识到该公司的主要问题在于运作绩效。虽然该公司一直在新产品开发和生产方面表现突出，但长期忽视分销体系。在公司内部，人们普遍认为，只要有好的产品，剩下的事情便会水到渠成。盖瑞成立了一个工作小组来审查公司现行的分销系统，并提出整改建议。

现行的分销系统

工作小组发现，艾尔科公司在 2017 年共生产 100 种产品。所有产品都由位于克利夫兰地区的 3

家工厂生产。为了便于开展销售，公司将美国本土划分为5个地区。在每个地区，艾尔科公司都设有一个配送中心。顾客向配送中心下达订单，配送中心则通过库存为顾客供货。当某种产品的库存减少时，配送中心会从工厂订货。工厂基于配送中心的订单安排生产。由于订货批量较大，工厂采取整车运输方式将所订产品运送至配送中心。而由配送中心到顾客的产品运输则采取零担运输方式。艾尔科公司的所有运输都交给第三方卡车运输公司完成。2017年，从工厂到配送中心的整车运输的单位运输成本为0.09美元，从配送中心到顾客的零担运输的单位运输成本为0.10美元。从配送中心向工厂发出订单到货物送达平均需要5天时间。

2017年，公司采取的库存策略是在每个配送中心都储存所有种类的产品。公司对产品线进行深入调研后发现，按照销售量可将所有产品分为3类，即高需求产品、中等需求产品和低需求产品。每种类别中的代表产品的需求数据如表12-9所示。产品1、产品3、产品7分别代表高需求产品、中等需求产品和低需求产品。在艾尔科公司销售的100种产品中，有10种属于高需求产品（与产品1具有相同的需求分布），20种属于中等需求产品（与产品3具有相同的需求分布），70种属于低需求产品（与产品7具有相同的需求分布）。

表12-9 艾尔科公司产品日需求的分布

	地区1	地区2	地区3	地区4	地区5
产品1的均值	35.48	22.61	17.66	11.81	3.36
产品1的标准差	6.98	6.48	5.26	3.48	4.49
产品3的均值	2.48	4.15	6.15	6.16	7.49
产品3的标准差	3.16	6.20	6.39	6.76	3.56
产品7的均值	0.48	0.73	0.80	1.94	2.54
产品7的标准差	1.98	1.42	2.39	3.76	3.98

工作小组发现，工厂的产能能够保证在5天内完成任何合理的订单的生产和交付。因此，补货提前期为5天。配送中心采取周期盘点策略进行订货，且订货间隔期为6天。不管产品是在运输途中还是处于储存状态，单位产品每天的库存持有成本均为0.15美元。所有配送中心持有的安全库存都要保证周期服务水平达到95%。

备选分销系统方案

工作小组建议艾尔科公司在芝加哥郊外建立一个全国配送中心，还建议艾尔科公司关闭原有的5个配送中心，并将全部库存转移到全国配送中心。仓库能力是根据每年处理货物的总单位数来衡量的（也就是说仓库能力是根据仓库所满足的年需求量来确定的）。仓库的建设成本如图12-7所示。艾尔科公司预计每关闭一个仓库可收回50 000美元。全国配送中心的*CSL*仍将保持在95%。

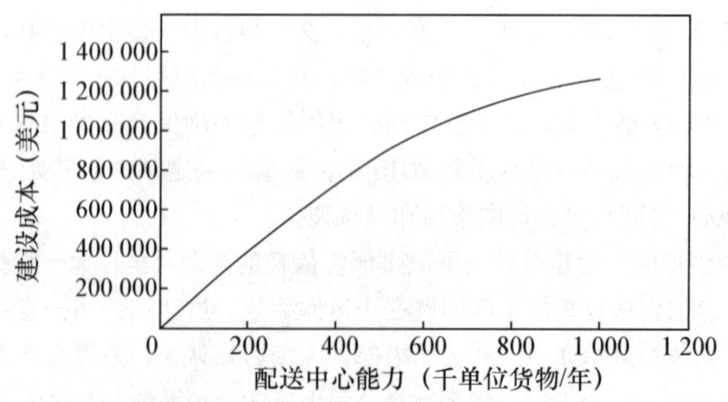

图12-7 全国配送中心的建设成本

由于芝加哥靠近克利夫兰，因此从工厂到全国配送中心的内向运输成本将下降为每单位 0.05 美元。对于芝加哥全国配送中心的订单，工厂补货的提前期仍然为 5 天。全国配送中心将仍沿用订货间隔期为 6 天的周期盘点策略。但是，由于平均运输距离增加了，从全国配送中心到顾客的外向运输成本上升至每单位 0.24 美元。

工作小组考虑的其他可能方案还包括在保留地区配送中心的同时，建立一个全国配送中心。在这种情况下，某些产品将存放在地区配送中心，另一些产品则存放在全国配送中心。

盖瑞·费舍尔的决定

盖瑞·费舍尔思索着工作小组的报告。但报告中并没有提供任何可以支持其做出结论的详细数据。费舍尔决定计算出所需数据之后再做决定。

◆ **思考题**

1. 现行分销系统下的年库存成本和配送成本是多少？

2. 按照工作小组的建议设立全国配送中心，从中可获得多少成本节约？当任意两地区间需求的相关系数分别为 0、0.5 和 1 时，可节约的费用分别是多少？你会建议设立全国配送中心吗？

3. 为盖瑞·费舍尔提出可考虑的其他方案。对每种备选方案进行计算，并给艾尔科公司推荐一种盈利水平最高的分销体系。各地区需求间的相关系数对你所建议的方案有何影响？

案例分析2

包装工序应该延迟到配送中心进行吗？

PE 公司是一家合同制造商，它为包括塔吉特、百思买、史泰博（Staples）、办公用品连锁公司 Office Max 等在内的一些零售连锁企业生产和包装自有品牌产品。PE 为每家零售连锁企业提供的基本产品都是一样的，只是在标签和包装上有所不同。因此，为塔吉特贴标并包装好的产品是不能发送到百思买的。

目前，PE 公司位于马来西亚槟城的生产设施负责生产、贴标、包装所有产品。然后，由生产设施给位于圣路易斯的配送中心补货，再由配送中心来负责履行所有顾客的订单。从马来西亚槟城到圣路易斯的生产和运输提前期为 9 周。PE 配送中心采取连续盘点策略管理库存，目标是使提供给每个顾客的每种产品达到 95% 的周期服务水平。

上个月对于 PE 来说非常具有挑战性，因为百思买要求在配送中心当前提供的货物的基础上加购 5 000 单位产品，而塔吉特减少了 3 500 单位，史泰博减少了 4 000 单位。尽管在配送中心有足够的基本产品库存，但 PE 仍不能满足百思买的要求，因为现有多余的库存都已为其他顾客贴标和包装。配送中心对塔吉特、史泰博有多余的库存，遗憾的是这些多余的库存却不能用于满足百思买的需求。虽然持有多余的库存，但由于标签和包装不同，PE 失去了这笔生意。

在配送中心进行贴标和包装

PE 负责供应链的副总裁建议把最后的贴标和包装工序延迟到配送中心进行。她的逻辑是，把贴标和包装工序延迟到配送中心进行，这将允许 PE 使用所有可用的库存为任何顾客服务。尤其是，通过延迟，像上个月百思买的订单不能完全满足的情况完全可以避免。如果包装工序转移到配送中心进行，从马来西亚制造和运输基本产品的提前期大约仍为 9 周。贴标和包装工序所花作业时间很少，从配送中心到顾客的响应时间预计没有改变。

配送中心的管理者反对这个提案，因为这将给配送中心额外增加一些以前从未做过的工作。对生产工艺进行详细研究后显示，在配送中心进行贴标和包装的单位成本比在马来西亚进行该工作的成本高 2 美元。配送中心的管理者认为，一旦工艺变更造成成本上升，将会对其产生影响，因为他们将面临不断降低成本的压力。他们还认为，这会使他们的工作复杂化，从而影响顾客服务。

两种方案的评价

为了评估这两种方案，PE 成立了一个由来自制造部门和配送中心的人员组成的小组。小组决定对三种主要产品类型（计算机、打印机、扫描仪）和四个主要顾客（塔吉特、百思买、史泰博和 Office Max）进行分析。每个顾客对每种产品的周需求如表 12-10 所示。其中，均值代表周平均需求，标准差代表周需求的标准差。假定所有需求均服从正态分布。PE 生产每台计算机的成本为 1 000 美元，每台打印机的成本为 300 美元，每台扫描仪的成本为 100 美元。考虑到这些产品的生命周期较短，在进行库存决策时，公司使用的年库存持有成本费率为 30%。假设无论在哪里进行包装和贴标，批量和周转库存都保持不变。因此，小组在提出最终建议之前分析了延迟对安全库存的影响。

表 12-10　按产品和顾客划分的周需求的分布　　单位：台

	计算机		打印机		扫描仪	
	均值	标准差	均值	标准差	均值	标准差
塔吉特	1 000	700	2 000	1 000	4 000	1 000
百思买	700	600	1 500	800	4 500	900
Office Max	800	600	1 200	600	2 000	700
史泰博	500	400	900	500	1 400	500

◆ **思考题**

1. 在目前产品运送到配送中心前在马来西亚生产、贴标、包装的情况下，PE 的年安全库存持有成本为多少？

2. 如果贴标和包装工作转移到配送中心进行，安全库存持有成本将有何变化？当任两个顾客之间的需求相关系数从 0 变化到 0.5，再到 1.0 时，计算各种情况下库存成本的变化。

3. PE 应如何安排生产、贴标和包装过程？如果在配送中心进行贴标和包装所增加的成本从目前的 2 美元减少到 1 美元，你的答案会有所变化吗？

附录 12A　正态分布

一个随机连续变量 X，如果它的概率密度函数表示为：

$$f(x,\mu,\sigma)=\frac{1}{\sigma\sqrt{2\pi}}\exp\left[\frac{(x-\mu)^2}{2\sigma^2}\right] \tag{12.21}$$

那么该随机变量服从均值为 μ、标准差为 $\sigma>0$ 的正态分布（normal distribution）。

正态分布密度函数如图 12-8 所示。

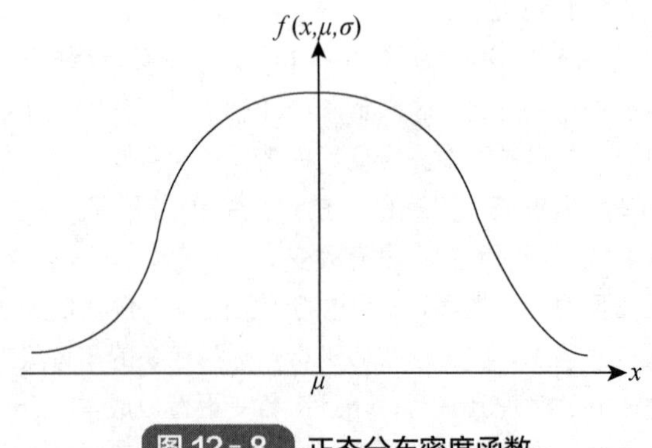

图 12-8　正态分布密度函数

累积正态分布函数（cumulative normal distribution function）用 $F(x, \mu, \sigma)$ 表示，它表示对于均值为 μ、标准差为 σ 的正态分布，随机变量取值小于或等于 x 的概率。累积正态分布函数与正态分布密度函数之间的关系如下：

$$F(x,\mu,\sigma)=\int_{X=-\infty}^{x} f(X,\mu,\sigma)\,\mathrm{d}X$$

均值为 $\mu=0$、标准差为 $\sigma=1$ 的正态分布称为标准正态分布（standard normal distribution）。标准正态分布密度函数用 $f_S(x)$ 表示，累积标准正态分布函数用 $F_S(x)$ 表示，则

$$f_S(x)=f(x,0,1) \quad 和 \quad F_S(x)=F(x,0,1)$$

已知正态分布随机变量的值小于等于 x 的概率为 p，那么正态分布函数的反函数 $F^{-1}(p, \mu, \sigma)$ 的值为 x。因此，如果 $F(x, \mu, \sigma)=p$，那么 $x=F^{-1}(p, \mu, \sigma)$。标准正态分布的反函数用 $F_S^{-1}(p)$ 表示，则

$$F_S^{-1}(p)=F_S^{-1}(p,0,1)$$

附录 12B 利用 Excel 求解正态分布

下列 Excel 函数可用于求解各种正态分布函数：

$$F(x,\mu,\sigma)=\text{NORMDIST}(x,\mu,\sigma,1) \tag{12.22}$$

$$f(x,\mu,\sigma)=\text{NORMDIST}(x,\mu,\sigma,0) \tag{12.23}$$

$$F^{-1}(p,\mu,\sigma)=\text{NORMINV}(p,\mu,\sigma) \tag{12.24}$$

以下 Excel 函数可用于求解各种标准正态分布函数：

$$F_S(x)=\text{NORMDIST}(x,0,1,1)\text{或 NORMSDIST}(x) \tag{12.25}$$

$$f_S(x)=\text{NORMDIST}(x,0,1,0) \tag{12.26}$$

$$F_S^{-1}(p)=\text{NORMSINV}(p) \tag{12.27}$$

附录 12C 补货周期平均预期缺货量

目标：

建立可用 Excel 求解的补货周期平均预期短缺量（ESC）的替代公式。

分析：

已知再订货点 $ROP=D_L+ss$，则补货周期平均预期缺货量为：

$$ESC=\int_{x=ROP}^{\infty}(x-ROP)f(x)\mathrm{d}x=\int_{x=D_L+ss}^{\infty}(x-D_L-ss)f(x)\mathrm{d}x$$

假设提前期内的需求服从均值为 D_L、标准差为 σ_L 的正态分布，则由式 (12.21) 可得：

$$ESC=\int_{x=D_L+ss}^{\infty}(x-D_L-ss)\frac{1}{\sqrt{2\pi}\sigma_L}\mathrm{e}^{-(x-D_L)^2/2\sigma_L{}^2}\mathrm{d}x$$

代入下式

$$z=\frac{(x-D_L)}{\sigma_L}$$

这意味着

$$dx=\sigma_L dz$$

由此可得

$$ESC=\int_{z=ss/\sigma_L}^{\infty}(z\sigma_L-ss)\frac{1}{\sqrt{2\pi}}e^{-z^2/2}dz$$
$$=-ss\int_{z=ss/\sigma_L}^{\infty}\frac{1}{\sqrt{2\pi}}e^{-z^2/2}dz+\sigma_L\int_{z=ss/\sigma_L}^{\infty}z\frac{1}{\sqrt{2\pi}}e^{-z^2/2}dz$$

已知均值为0、标准差为1的标准正态分布密度函数用 $f_S(.)$ 表示，累积标准正态分布函数用 $F_S(.)$ 表示。由式（12.21）和标准正态分布的定义可得：

$$1-F_S(y)=\int_{z=y}^{\infty}f_S(z)dz=\int_{z=y}^{\infty}\frac{1}{\sqrt{2\pi}}e^{-z^2/2}dz$$

将 $w=z^2/2$ 代入 ESC 的表达式，得

$$ESC=-ss[1-F_S(ss/\sigma_L)]+\sigma_L\int_{w=ss^2/2\sigma_L{}^2}^{\infty}\frac{1}{\sqrt{2\pi}}e^{-w}dw$$

或

$$ESC=-ss[1-F_S(ss/\sigma_L)]+\sigma_L f_S(ss/\sigma_L)$$

由式（12.25）和式（12.26），ESC 可利用 Excel 计算如下：

$$ESC=-ss[1-\text{NORMDIST}(ss/\sigma_L,0,1,1)]+\sigma_L\text{NORMDIST}(ss/\sigma_L,0,1,0) \qquad (12.28)$$

附录 12D　滞销商品的安全库存计算

目标：

设计一个需求近似泊松分布的滞销商品的安全库存的计算步骤。

分析：

对于滞销商品，需求的分布不能用正态分布来近似。更好的方法是使用需求到达率为 D 的泊松分布。在这种情况下，(Q, r) 策略被认为是最优的。在 (Q, r) 策略下，只要库存下降到或低于再订货点 r，就发出订货，订货批量为 nQ。其中，n 是指为了把库存水平提高到 $(r, r+Q)$ 之内，所需的批量 Q 的倍数。

对于泊松分布，假定提前期为固定值 L，则提前期内的平均需求为 LD，方差 $\sigma^2=LD$。费德格鲁恩和郑（Federgruen and Zheng，1992）提出了求解 Q 和 r 的有效算法。我们给出的结果是基于加莱戈（Gallego，1998）提出的启发式算法得

到的。

如果单位时间的单位库存持有成本为 H，单位时间的单位固定缺货损失成本为 p，S 为每次订货的固定订货成本。加莱戈建议订货批量 Q^* 为：

$$Q^* = \text{Min}\left\{\sqrt{2}, \sqrt[4]{1+\left[\frac{(H+p)L}{2S}\right]^2}\right\}\sqrt{\frac{2DS}{H}} \tag{12.28}$$

加莱戈证明，使用批量 Q^* 进行订货产生的成本与最优订货批量相比最多仅高出 7%。再订货点 r^* 可利用费德格鲁恩和郑（Federgruen and Zheng，1992）提出的方法求得。当需求服从泊松分布时，(r, Q) 策略下的长期平均成本 $C(r, Q)$ 为：

$$C(r,Q) = \frac{DS}{Q} + \frac{1}{Q}\sum_{y=r+1}^{r+Q}\left[H\sum_{i=0}^{y}(y-i)P_i + p\sum_{i=y+1}^{\infty}(i-y)p_i\right] \tag{12.29}$$

其中

$$p_i = \frac{e^{DL}(DL)^i}{i!}, \quad i=0,1,\cdots$$

订货点 r^* 是通过将由式（12.28）求得的批量 Q^* 代入式（12.29），然后寻找使成本 $C(r, Q^*)$ 最小化的 r^* 值得到的。由于 $C(r, Q^*)$ 是单峰的（Federgruen and Zheng，1992），r^* 可以用整数二分法查找求得。

第 13 章

产品可获性与利润

Linking Product Availability to Profits

学习目标

通过本章学习，你应当能够：

1. 识别影响产品最优可获性水平的因素。
2. 评估能使利润最大化的周期服务水平。
3. 利用基本的管理杠杆，提高供应链盈利能力。
4. 讨论速度是如何提高供应链利润的。
5. 了解供应链中延迟策略的实施条件。
6. 在多种产品之间分配有限的供应能力以最大化期望利润。

本章将探讨为顾客提供的产品可获性水平是如何影响期望利润的，并考察最优周期服务水平的影响因素，还将讨论并证明，如何使用各种管理杠杆在降低库存的同时提高产品可获性水平，从而提高供应链的盈利能力。

13.1 影响产品可获性水平的因素

产品可获性水平可以用周期服务水平或满足率来度量，是用来衡量现有库存可以满足的顾客需求量的指标。产品可获性水平（level of product availability）又称顾客服务水平（customer service level），是衡量供应链响应性的主要指标之一。供应链可以通过高水平的产品可获性来提升其响应能力并吸引顾客，从而增加供应链的收入。然而高水平的产品可获性需要保有大量库存，从而增加供应链成本。因此，供应链需要在产品可获性水平和库存成本之间取得平衡。最优的产品可获性水平应能使供应链期望利润最大化。

2008 年第四季度，美国零售商和制造商的需求急骤下降，导致美国库存激增 62 亿美元。对于一些制造商，情况更糟糕。因为它们预计价格将会上涨所以囤积了过量的钢铁和塑料等原材料库存。零售商也受到重创，萨克斯第五大道百货等零售商在假日销售季降价 70%以刺激需求。过量的库存和需求的下降导致一些零售商在此期间宣布破产，例如美国服装零售商史蒂夫贝瑞（Steve and Barry's）和美国电子产品零售商电路城。任天堂（Nintendo）在 2007 年的假日销售季中，由于无法满足全球对 Wii 游戏机日益增长的需求，损失了约 13 亿美元的销售收入。这些例子表明，产品可获性水平过高或过低都会极大影响供应链利润。

最优产品可获性水平是高还是低取决于企业认为怎样的产品可获性水平能使利润最大化。诺德斯特龙致力于提供高水平的产品可获性，并凭借自己在响应性方面的良好声誉成为非常成功的百货连锁企业。然而，诺德斯特龙的定价高于折扣店，后者的产品可获性水平较低。发电厂必须确保绝不出现燃料供应短缺，因为停产的代价极高，会导致数天的生产损失。一些发电厂试图维持数月的燃料供应以避免任何短缺的可能。相反，大多数超市仅维持几天的产品供应，缺货情况时有发生。

互联网使得顾客可以在一家商店缺货时很容易地到另一家商店购买。这种竞争环境使在线零售商面临巨大的提高产品可获性水平的压力。同时，激烈的价格竞争又迫使在线零售商不断降低价格。库存过多的在线零售商会发现很难盈利。因此，提供最优的产品可获性水平是在线经营成功的关键。

为了理解最优产品可获性水平的影响因素，我们以销售服装的大型邮购公司里昂·比恩为例。里昂·比恩销售的产品之一是滑雪服。滑雪服的销售季是从 11 月到次年 2 月。里昂·比恩公司的采购员在销售季到来之前，会从制造商那里直接购进整个销售季所需的滑雪服。要提供高水平的产品可获性，公司需要采购大量的滑雪服。尽管高水平的产品可获性有可能满足所有的需求，但同样可能导致在销售季结束时出现大量的滑雪服积压，从而使里昂·比恩公司在经济上遭受损失。相反，低水平的产品可获性可以避免未售出而积压，但很可能使里昂·比恩公司因为产品缺货而无法满足顾客的需求。在这种情况下，里昂·比恩公司会由于顾客流失而丧失潜在利润。里昂·比恩公司的采购员在确定产品可获性水平时，必须在过多滑雪服未售出所带来的成本损失（所订购的滑雪服数量超过需求）和顾客流失所造成的利润损失（所订购的滑雪服数量小于需求）之间进行权衡。

如果需求是可预测的，里昂·比恩公司完全可以使供求相匹配。因此，只有在需求不确定的情况下，确定最优产品可获性水平才是有意义的。传统上，许多企业只是对市场平均需求做出预测，而忽视了对需求不确定性的度量。在这种情况下，企业不会就产品可获性水平做出决策，只是简单地根据平均预测值来订货。进入 21 世纪以来，企业对不确定性有了更好的认识，并开始研究包含不确定性度量的预测方法。相较于仅使用对需求均值的预测进行决策，将需求的不确定性考虑其中并确定最优产品可获性水平，能够增加企业利润。

里昂·比恩公司设有一个采购委员会，负责确定每种产品的订货量。根据过去几年的需求情况，采购员估计一款红色女式滑雪服的需求分布如表 13－1 所示。这不同于其传统做法——使用历史需求数据的平均值作为未来需求的预测值。为简化讨论，假设所有的需求都以百为单位计。制造商还要求里昂·比恩公司以 100 的倍数为批量进行采购。在表 13－1 中，p_i 表示需求等于 D_i 的累积概率，P_i 表示需求小于或等于 D_i 的累积概率。由表 13－1 可以计算滑雪服的预期需求为：

$$预期需求=\sum D_i p_i=1\,026$$

表 13－1　里昂·比恩公司滑雪服的需求分布

需求 D_i（百件）	概率 p_i	需求小于或等于 D_i 的累积概率 P_i	需求大于 D_i 的概率（$1-P_i$）
4	0.01	0.01	0.99
5	0.02	0.03	0.97
6	0.04	0.07	0.93
7	0.08	0.15	0.85

续表

需求 D_i（百件）	概率 p_i	需求小于或等于 D_i 的累积概率 P_i	需求大于 D_i 的概率（$1-P_i$）
8	0.09	0.24	0.76
9	0.11	0.35	0.65
10	0.16	0.51	0.49
11	0.20	0.71	0.29
12	0.11	0.82	0.18
13	0.10	0.92	0.08
14	0.04	0.96	0.04
15	0.02	0.98	0.02
16	0.01	0.99	0.01
17	0.01	1.00	0.00

在传统的订货策略下，采购员会订购1 000件滑雪服。然而，需求是不确定的，如表13-1所示，需求小于或等于1 000件的概率为51%。因此，在滑雪服订购量为1 000件的策略下，里昂·比恩公司的周期服务水平为51%。采购委员会必须确定订货量和周期服务水平，以使公司滑雪服销售获得的利润最大化。

每件未售出的滑雪服给公司带来的损失以及每件售出的滑雪服给公司带来的收益，会影响公司的采购决策。里昂·比恩公司每件滑雪服的成本 $c=45$ 美元，其零售价 $p=100$ 美元。季末，每件未售出的滑雪服将以50美元的价格在折扣店销售。每件滑雪服的库存成本以及运输到折扣店的成本合计为10美元。因此，季末未售出的每件滑雪服残值 $s=40$ 美元。里昂·比恩公司销售每件滑雪服的利润 $p-c=55$ 美元，未售出的滑雪服在折扣店销售将使公司损失 $c-s=5$ 美元。

滑雪服订货量为1 000件时的预期利润为：

$$
\begin{aligned}
\text{预期利润} &= \sum_{i=4}^{10}[D_i(p-c)-(1\,000-D_i)(c-s)]p_i+\sum_{i=11}^{17}1\,000(p-c)p_i \\
&=(400\times 55-600\times 5)\times 0.01+(500\times 55-500\times 5)\times 0.02 \\
&\quad +(600\times 55-400\times 5)\times 0.04+(700\times 55-300\times 5)\times 0.08 \\
&\quad +(800\times 55-200\times 5)\times 0.09+(900\times 55-100\times 5)\times 0.11 \\
&\quad +(1\,000\times 55-0\times 5)\times 0.16+1\,000\times 55\times 0.20 \\
&\quad +1\,000\times 55\times 0.11+1\,000\times 55\times 0.10+1\,000\times 55\times 0.04 \\
&\quad +1\,000\times 55\times 0.02+1\,000\times 55\times 0.01+1\,000\times 55\times 0.01 \\
&=49\,900(\text{美元})
\end{aligned}
$$

为了决定是否要订购1 100件滑雪服，采购委员会必须确定多购买100件滑雪服的影响。在订购1 100件滑雪服的情况下，如果需求大于等于1 100件，那么多购买的100件将全部售出（并获得5 500美元的利润）；否则，多购买的100件将送往折扣店，并使公司损失500美元。从表13-1中我们发现，需求大于等于1 100件的概率为49%，需求小于等于1 000件的概率为51%。因此，可推导如下：

$$\text{多购买 100 件滑雪服的预期利润} = 5\,500 \times \text{Prob(需求} \geqslant 1\,100) - 500 \times \text{Prob(需求} < 1\,100)$$

$$= 5\,500 \times 0.49 - 500 \times 0.51 = 2\,440\text{(美元)}$$

因此，订购 1 100 件滑雪服的总预期利润为 52 340 美元，比订购 1 000 件时的预期利润高出近 5%。采用相同的方法，我们可以计算出订货量每增加 100 件的边际贡献，如表 13-2 所示（参见电子数据表 Chapter 13-examples 中的工作表 Table 13-1，2）。我们注意到，在订货量小于 1 300 件之前，预期边际贡献始终为正值，而在该点之后则为负值。因此，滑雪服的最优订货量为 1 300 件。由表 13-2 可得：

$$\text{订购 1 300 件滑雪服的预期利润} = 49\,900 + 2\,440 + 1\,240 + 580$$
$$= 54\,160\text{(美元)}$$

这比按照 1 000 件的期望值进行订货的订货政策相比，可获利润增加了 8% 以上。

表 13-2 每增加 100 件滑雪服带来的边际贡献 单位：美元

每多购 100 件	预期边际收益	预期边际成本	预期边际贡献
第 11 个 100 件	5 500×0.49=2 695	500×0.51=255	2 695-255=2 440
第 12 个 100 件	5 500×0.29=1 595	500×0.71=355	1 595-355=1 240
第 13 个 100 件	5 500×0.18=990	500×0.82=410	990-410=580
第 14 个 100 件	5 500×0.08=440	500×0.92=460	440-460=-20
第 15 个 100 件	5 500×0.04=220	500×0.96=480	220-480=-260
第 16 个 100 件	5 500×0.02=110	500×0.98=490	110-490=-380
第 17 个 100 件	5 500×0.01=55	500×0.99=495	55-495=-440

图 13-1 所示的是订货量与总预期利润的关系曲线。最优订货量应能使期望利润最大化。里昂·比恩公司的最优订货量为 1 300 件，该订货量下的周期服务水平为 92%。可以看到，周期服务水平为 0.92，里昂·比恩公司的满足率要高得多。如果需求小于或等于 1 300 件，里昂·比恩公司的满足率就达到 100%，因为所有需求均得到了满足。如果需求超过 1 300 件（假设为 D），则部分需求（$D-1\,300$）得不到满足。在这种情况下，满足率为 $1\,300/D$。总之，当里昂·比恩公司的订货量为 1 300 件时，可实现的满足率为：

$$\begin{aligned} fr &= 1 \times Prob(\text{需求} \leqslant 1\,300) + \sum_{D_i > 1\,300} (1\,300/D_i) p_i \\ &= 1 \times 0.92 + (1\,300/1\,400) \times 0.04 + (1\,300/1\,500) \times 0.02 \\ &\quad + (1\,300/1\,600) \times 0.01 + (1\,300/1\,700) \times 0.01 \\ &= 0.99 \end{aligned}$$

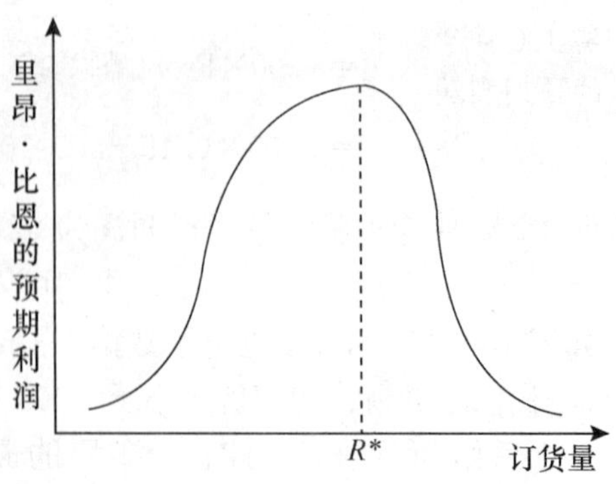

图13-1 里昂·比恩公司的预期利润作为订货量的函数

因此，在订货量为1 300件的策略下，里昂·比恩公司库存的滑雪服平均能够满足99%的顾客需求。

可以看到，有两个关键参数会影响里昂·比恩公司的最优周期服务水平。第一个参数是里昂·比恩公司在销售季结束时每件未售出产品带来的损失。我们将这一参数称为超储成本（cost of overstocking）并用C_o表示。里昂·比恩公司的超储成本$C_o=c-s=5$美元。第二个参数是每件滑雪服的利润，它表示里昂·比恩公司滑雪服缺货造成的机会损失。我们将这一参数称为欠储成本（cost of understocking）并用C_u表示。里昂·比恩公司的欠储成本$C_u=p-s=55$美元。一般来说，欠储成本应包括当前的利润损失和未来失去回头客而造成的损失。总而言之，影响产品最优可获性水平的两个关键因素是：

- 产品超储成本C_o；
- 产品欠储成本C_u。

学习目标1小结

最优产品可获性水平受超储成本和欠储成本的影响。超储成本是指当供应链有一个单位未售出的产品时所带来的损失。欠储成本是指当供应链由于缺货而拒绝了一个单位的需求时所带来的当前和未来利润损失。

13.2 计算最优产品可获性水平

最优产品可获性水平应使预期利润最大化，并且是在权衡超储成本和欠储成本的基础上确定的。本节将介绍季节性产品（如圣诞装饰品）和连续补货产品（如洗涤剂）的最优服务水平的计算公式。

13.2.1 每季只进行一次订货的季节性产品的最优周期服务水平

本小节重点研究滑雪服这样的季节性产品，所有剩余产品必须在季节结束时处理掉。假设季节开始时的可用库存就是所订货物量，在季节结束时任何剩余库存都以折扣价格处理掉。假设单位产品的零售价为p，成本为c，残值为s。我们已知以下条件：

C_o：单位产品的超储成本，$C_o=c-s$

C_u：单位产品的欠储成本，$C_u=p-c$

CSL^*：最优周期服务水平

O^*：相应的最优订货量

CSL^* 表示销售季中需求小于或等于 O^* 的概率。在最优周期服务水平 CSL^* 下，额外采购一单位产品的边际贡献为零。如果订货量由 O^* 增加到 O^*+1，那么只有当需求大于 O^* 时，额外的一单位产品才能被售出。这种情况发生的概率为 $1-CSL^*$，带来的贡献为 $p-c$。因此，我们得到：

多订购一单位产品的预期收益 $=(1-CSL^*)(p-c)$

如果需求小于或等于 O^*，则额外订购的一单位产品将无法售出。这种情况发生的概率为 CSL^*，带来的成本为 $c-s$。因此，我们得到：

多订购一单位产品的预期成本 $=CSL^*(c-s)$

因此，订货量从 O^* 增加到 O^*+1 的预期边际贡献可表示如下：

$$(1-CSL^*)(p-c)-CSL^*(c-s)$$

由于在最优周期服务水平下预期边际贡献一定等于零，故

$$CSL^*=Prob(\text{需求}\leqslant Q^*)\frac{p-c}{p-s}=\frac{C_u}{C_u+C_o}=\frac{1}{1+(C_o/C_u)} \tag{13.1}$$

最优周期服务水平是超储成本与欠储成本之比的函数，其变化关系如图 13-2 所示。可以看到，最优周期服务水平随着超储成本与欠储成本比值的减小而增大。这也就解释了高端零售店（如诺德斯特龙）和折扣店在产品可获性水平上的差异。诺德斯特龙的利润率更高，因此欠储成本也更高。与利润率较低的折扣店相比，诺德斯特龙应该提供更高水平的产品可获性，从而降低缺货成本。

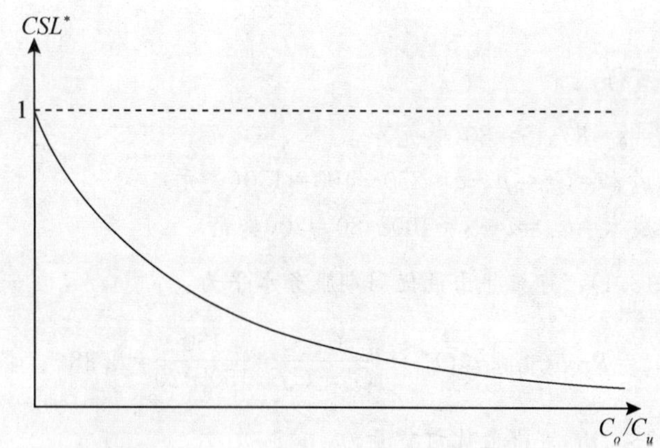

图 13-2 改变 C_o/C_u 对最优周期服务水平的影响

式（13.1）的推导过程详见附录 13A。最优 CSL^* 又称为临界点（critical fractile）。由此产生的最优订货量能够使企业利润最大化。如果销售季的需求服从正态分布，且均值为 μ，标准差为 σ，则最优订货量为：

$$O^* = F^{-1}(CSL^*, \mu, \sigma) = \text{NORMINV}(CSL^*, \mu, \sigma) \tag{13.2}$$

当需求服从正态分布，且均值为μ，标准差为σ时，订购O单位产品的预期利润为：

$$\text{预期利润} = (p-s)\mu F_S\left(\frac{O-\mu}{\sigma}\right) - (p-s)\sigma f_S\left(\frac{O-\mu}{\sigma}\right) - O(c-s)F(O,\mu,\sigma) + O(p-c)[1-F(O,\mu,\sigma)]$$

以上公式的详细推导参见附录13B和附录13C。这里F_S和f_S分别是第12章附录12A中讨论的累积标准正态分布函数和标准正态分布密度函数。利用式(12.22)、式（12.25）和式（12.26），计算订货量为O单位时的期望利润如下：

$$\begin{aligned}\text{预期利润} = &(p-s)\mu\text{NORMDIST}[(O-\mu)/\sigma,0,1,1] \\ &-(p-s)\sigma\text{NORMDIST}[(O-\mu)/\sigma,0,1,0] \\ &-O(c-s)\text{NORMDIST}(O,\mu,\sigma,1) \\ &+O(p-c)[1-\text{NORMDIST}(O,\mu,\sigma,1)]\end{aligned} \tag{13.3}$$

例13-1阐述了如何利用式（13.1）和式（13.2）获得最优周期服务水平和订货量（参见电子数据表Chapter 13-examples中的工作表Example 13-1)。

例13-1

季节性产品最优服务水平的计算

Sportmart是一家体育用品商店，商店经理正在考虑为冬季销售季购买多少副滑雪板。根据以往的需求数据和今年的天气预报，管理层预测需求服从正态分布，且均值$\mu=350$副，标准差$\sigma=100$副。每副滑雪板的成本$c=100$美元，商店零售价$p=250$美元。销售季结束时未售出的滑雪板都将以85美元的价格处理掉。假设销售季每副滑雪板的库存持有成本为5美元。经营者要想最大化期望利润，应订购多少副滑雪板？

分析：

依题意，可得：

残值$=s=85-5=80$(美元)

欠储成本$=C_u=p-c=250-100=150$(美元)

超储成本$=C_o=c-s=100-80=20$(美元)

利用式（13.1），可推导出最优周期服务水平为：

$$CSL^* = Prob(\text{需求} \leqslant O^*) = \frac{C_u}{C_u+C_o} = \frac{150}{150+20} = 0.88$$

利用式（13.2），可得最优订货量为：

$$O^* = \text{NORMINV}(CSL^*, \mu, \sigma) = \text{NORMINV}(0.88, 350, 100) = 468(\text{副})$$

因此，尽管预期销售量为350副，但对于Sportmart商店的经理而言，最优选择是订购468副滑雪板。本例中，由于欠储成本远远高于超储成本，所以管理者应该订购高于预期销售量的数量，以应对需求不确定性。

利用式（13.3），可得订货量为 O^* 时的预期利润为：

$$\begin{aligned}\text{预期利润}=&(p-s)\mu\text{NORMDIST}[(O^*-\mu)/\sigma,0,1,1]\\&-(p-s)\sigma\text{NORMDIST}[(O^*-\mu)/\sigma,0,1,0]\\&-O^*(c-s)\text{NORMDIST}(O^*,\mu,\sigma,1)\\&+O^*(p-c)[1-\text{NORMDIST}(\sigma^*,\mu,\sigma,1)]\\=&170\times350\times\text{NORMDIST}(1.18,0,1,1)\\&-170\times100\times\text{NORMDIST}(1.18,0,1,0)\\&-468\times20\times\text{NORMFIST}(468,350,100,1)\\&+468\times150\times[1-\text{NORMDIST}(468,350,100,1)]\\=&49\,146(\text{美元})\end{aligned}$$

可求出订购 350 副滑雪板时的预期利润为 45 718 美元。因此，订购 468 副滑雪板的预期利润比订购 350 副滑雪板的预期利润高出 7.5%。

在上述例子中，如果经理订购 420 副（520 副）滑雪板而不是按最优订货量 468 副进行采购，那么期望利润将为 48 671 美元（48 789 美元），下降约 1%。因此，企业应避免为了计算产品的最优可获性水平而花费过多的精力来获得各种成本的准确估计。利用成本的合理近似值进行估算通常可以得到接近最优的预期利润。

企业设定产品可获性水平时常常陷入对缺货成本的争论。缺货成本有时具有争议性，而且有些部分难以量化（如顾客商誉的损失），使得不同职能部门的人员很难达成一致。然而，通常没有必要估算出缺货的精确成本。只要确定缺货成本变化的一个范围，经理就可以确定适当的可获性水平和相关利润。通常情况下，在此范围内利润不会有显著变化，因此没有必要非常精确地估计缺货成本。

当订购 O 单位产品时，企业的库存是过多还是过少取决于需求。若需求服从正态分布，且均值为 μ，标准差为 σ，则销售季结束时的预期超储量为：

$$\text{预期超储量}=(O-\mu)F_S\left(\frac{O-\mu}{\sigma}\right)+\sigma f_S\left(\frac{O-\mu}{\sigma}\right)$$

该式的推导参见附录 13D。该式可以利用 Excel 计算如下：

$$\begin{aligned}\text{预期超储量}=&(O-\mu)\text{NORMDIST}[(O-\mu)/\sigma,0,1,1)]\\&+\sigma\text{NORMDIST}[(O-\mu)/\sigma,0,1,0]\end{aligned}\qquad(13.4)$$

销售季结束时的预期欠储量为：

$$\text{预期欠储量}=(\mu-O)\left[1-F_S\left(\frac{O-\mu}{\sigma}\right)\right]+\sigma f_S\left(\frac{O-\mu}{\sigma}\right)$$

该式的推导参见附录 13E。该式可以利用 Excel 计算如下：

$$\begin{aligned}\text{预期欠储量}=&(\mu-O)\{1-\text{NORMDIST}[(O-\mu)/\sigma,0,1,1]\}\\&+\sigma\text{NORMDIST}[(O-\mu)/\sigma,0,1,0]\end{aligned}\qquad(13.5)$$

例 13-2 阐述了在给定订货策略下，如何利用式（13.4）和式（13.5）计算预期超储量和预期欠储量（参见工作表 Example 13-2）。

例 13-2

计算预期超储量和欠储量

Sportmart 商店滑雪板的需求服从正态分布，且均值 $\mu=350$ 副，标准差 $\sigma=100$ 副。商店经理决定为即将到来的销售季订购 450 副滑雪板。计算该订货策略下的预期超储量和预期欠储量。

分析：

已知订货量 $O=450$ 副。如果销售季中产品的需求低于 450 副，那么将出现库存积压。利用式（13.4），可得预期超储量为：

$$\begin{aligned}\text{预期超储量}&=(O-\mu)\text{NORMDIST}[(O-\mu)/\sigma,0,1,1]\\&\quad+\sigma\text{NORMDIST}[(O-\mu)/\sigma,0,1,0]\\&=(450-350)\text{NORMDIST}[(450-350)/100,0,1,1]\\&\quad+100\text{NORMDIST}[(450-350)/100,0,1,0]\\&=108(\text{副})\end{aligned}$$

因此，在 450 副滑雪板的订货策略下，预期超储量为 108 副。

如果销售季中产品的需求高于 450 副，那么将出现缺货。利用式（13.5）可求得预期欠储量为：

$$\begin{aligned}\text{预期欠储量}&=(\mu-O)\{1-\text{NORMDIST}[(O-\mu)/\sigma,0,1,1]\}\\&\quad+\sigma\text{NORMDIST}[(O-\mu)/\sigma,0,1,0]\\&=(350-450)\{1-\text{NORMDIST}[(450-350)/100,0,1,1]\}\\&\quad+100\text{NORMDIST}[(450-350)/100,0,1,0]\\&=8(\text{副})\end{aligned}$$

因此，在 450 副滑雪板的订货策略下，预期欠储量为 8 副。请注意，预期超储量和预期欠储量的值均为正。这一结果似乎有违直觉，但它是合理的，因为用于计算预期欠储量和预期超储量的值总是大于或等于 0。例如，如果滑雪板的需求为 500 副而库存为 450 副，那么欠储量就为 50 副而超储量为 0（不是 −50 副）。这就使得预期超储量和预期欠储量始终大于等于 0。

13.2.2 数量折扣下的一次性订货

本小节考虑当卖方提供数量折扣时，采购人员进行一次性订货的情形。对于服装等季节性产品，当订货量超过了某一给定的数量时，制造商通常会提供价格折扣。这时便会出现这种数量折扣下的一次性订货的情形。数量折扣下的一次性订货决策还会出现在某种产品或备件的生命周期的最后阶段。这种产品或备件的未来需求是不确定的，采购人员只有一次性订购机会。采购人员在选择订货量时必须考虑折扣。

假设某备件零售商在制造商停止生产某种零部件前只有最后一次订货机会。这种零部件的单位零售价为 p，零售商的成本（无折扣的情况下）为 c，残值为 s。如果零售商的订货量不小于 K 单位，制造商提供的折扣价为 c_d。零售商可按照如下步骤确定订货量：

1. 由$C_o=c-s$和$C_u=p-c$，分别利用式（13.1）和式（13.2）计算无折扣下的最优周期服务水平CSL^*和最优订货量O^*。利用式（13.3）计算订货量为O^*时的预期利润。

2. 由$C_o=c_d-s$和$C_u=p-c_d$，分别用式（13.1）和式（13.2）计算有数量折扣下的最优周期服务水平CSL_d^*和最优订货量O_d^*。如果$O_d^*\geqslant K$，利用式（13.3）计算订货量为O_d^*时的预期利润。如果$O_d^*<K$，利用式（13.3）计算订货量为K时的预期利润。

3. 如果第1步得出的利润较高，则订货量取O^*。如果第2步得出的利润较高，若$O_d^*\geqslant K$，订货量取O_d^*；若$O_d^*<K$，订货量取K。

接下来，通过例13-3来阐述上述步骤（参见工作表Example 13-3）。

例13-3

计算数量折扣下的服务水平

SparesRUs是一家汽车配件零售商，目前要确定一种上市20年的老款制动器的订货量。制造商计划在最后一次生产运行后停止这款制动器的生产。SparesRUs公司预测该制动器的剩余需求服从正态分布，且均值为150件，标准差为40件。制动器的零售价为200美元。未售出的制动器将全部报废，残值为0。制造商计划，如果订货量少于200件，每件制动器的售价为50美元；如果订货量不少于200件，则每件制动器的售价为45美元。SparesRUs公司应该订购多少制动器？

分析：

第1步，计算在正常价格$c=50$美元下的最优订货量：

欠储成本$=C_u=p-c=200-50=150$(美元)
超储成本$=C_o=c-s=50-0=50$(美元)

由式（13.1），可得无折扣时的最优周期服务水平为：

$$CSL^*=Prob(\text{需求}\leqslant O^*)=\frac{C_u}{C_u+C_o}=\frac{150}{150+50}=0.75$$

由式（13.2），可得最优订货量为：

$$O^*=\text{NORMINV}(CSL^*,\mu,\sigma)=\text{NORMINV}(0.75,150,40)=177(\text{件})$$

由公式（13.3），可得SparesRUs公司在不享受折扣时的预期利润为：

订购177件制动器的期望利润＝19 958(美元)

第2步，考虑折扣价$c_d=45$美元，可得：

欠储成本$=C_u=p-c_d=200-45=155$(美元)
超储成本$=C_o=c_d-s=45-0=45$(美元)

由式（13.1），可得折扣价格下的最优周期服务水平为：

$$CSL_d^*=Prob(\text{需求}\leqslant O_d^*)=\frac{C_u}{C_u+C_o}=\frac{155}{155+45}=0.775$$

由式（13.2），可得折扣价格下的最优订货量为：

$$O_d^* = \text{NORMINV}(CSL_d^*, \mu, \sigma) = \text{NORMINV}(0.775, 150, 40) = 180(\text{件})$$

由于180<200，零售商想要获得折扣必须至少订购200件制动器。因此，由式（13.3），可得：

以45美元单价订购200件制动器的预期利润＝20 595（美元）

因此，SparesRUs公司的最优选择是订购200件制动器以获得数量折扣，从而使公司获得最大利润。利用式（13.4），可得预期超储量为52件。

13.2.3 连续补货产品的期望周期服务水平

本小节重点关注沃尔玛等零售商会反复订货的产品，如清洁剂。沃尔玛利用安全库存提高产品可获性水平并降低相邻两次补货之间缺货的概率。如果清洁剂在一个补货周期内有剩余，它还可以在下一个补货周期内销售，不必低价处理。但是，产品从一个周期持有到下一个周期将产生库存持有成本。沃尔玛的经理面临的问题是如何确定目标*CSL*。

有两种极端的情况应当考虑：

1. 产品缺货期间的所有需求都被延迟交付，在库存得到补充之后再予以满足。
2. 产品缺货期间的所有需求都将失去。

大多数实际情况往往介于以上两者之间，在产品缺货时，会失去一部分需求，另一些顾客在有货时会再次光顾。在此，我们只考虑两种极端的情况。

假设单位时间内的需求服从正态分布，并设定以下参数：

Q＝ 补货批量

S＝ 每次订货的固定成本

ROP＝再订货点

D＝单位时间内的平均需求

σ_D＝单位时间内需求的标准差

ss＝安全库存＝$ROP-D_L$

CSL＝周期服务水平

C＝单位成本

h＝单位时间库存持有成本费率

H＝单位时间内单位产品的库存持有成本＝hC

缺货期间的所有需求均延迟交付 首先考虑产品缺货期间的所有需求均被延迟交付的情况。由于没有失去任何需求，因此成本最小化等同于利润最大化。以沃尔玛销售清洁剂为例。超市经理对清洁剂缺货期间每位仍然愿意购买产品的顾客提供延期折扣C_u。假设这种延期折扣可以确保库存补充后顾客都会再次光顾。因此，C_u是单位延期交货成本或欠储成本。

如果超市经理提高了安全库存水平，更多的订单可以通过库存来满足，从而降低了延迟交付的数量。这样可以减少延期交付或欠储成本，但库存持有成本会增加。首先考虑每个补货周期内多持有一单位安全库存的成本和收益。如果安全库存从 ss（提供了周期服务水平）增加到 $ss+1$，供应链就要为补货周期内（持续时间为 Q/D）多持有一单位库存付出成本。当补货周期内的需求大于 ss 单位的安全库存（其发生概率是 $1-CSL$）时，增加一单位安全库存是有益的（收益等于欠储成本 C_u）。因此，可以得到：

额外一单位安全库存在每个补货周期内增加的成本 $=(Q/D)H$

额外一单位安全库存在每个补货周期内带来的收益 $=(1-CSL)C_u$

在这种情况下，最优周期服务水平可以通过令额外的成本与收益相等来求得：

$$CSL^{*}=1-\frac{HQ}{DC_u} \tag{13.6}$$

已知最优周期服务水平，若需求服从正态分布，利用式（12.5）可算出所需的安全库存。

由式（13.6）可知，增加订货批量 Q 可以让沃尔玛超市经理降低周期服务水平，从而减少安全库存。这是因为增加订货批量可以提高满足率，从而减少延期交付的数量。但是，需要注意的是，订货批量的增加将导致周转库存增加。一般来说，增加订货批量并不是企业提高产品可获性水平的有效手段。

如果欠储成本已知，那么能够利用式（13.6）得出合理的周期服务水平（从而求出适当的安全库存水平）。在很多实际情况中，很难估计欠储成本。在这种情况下，管理者可能需要评估当前库存策略所隐含的缺货成本。当无法获得确切的缺货成本时，这种隐含的缺货成本至少可以让管理者知道库存究竟是应该增加、减少还是维持现有水平。在例 13－4 中，我们将说明在给定库存策略下如何利用式（13.6）求出缺货成本（参见工作表 Examples 13-4，5）。

例 13－4

给定库存策略下缺货成本的计算

沃尔玛超市清洁剂的周需求服从正态分布，且均值 $D=100$ 加仑，标准差 $\sigma_D=20$ 加仑。补货提前期 $L=2$ 周。当清洁剂的现有库存降至 300 加仑时，沃尔玛超市经理会订购 400 加仑。每加仑清洁剂的成本为 3 美元。沃尔玛的年单位库存持有成本费率为 20%。假设全部未满足的需求都将延迟交付，延期到下一周期再予以满足，计算现行补货策略下隐含的缺货成本。

分析：

依题意，可得：批量 $Q=400$ 加仑，再订货点 $ROP=300$ 加仑，周平均需求 $D=100$ 加仑，周需求的标准差 $\sigma_D=20$ 加仑，单位成本 $C=3$ 美元，年单位库存持有成本费率 $h=0.2$，年单位库存持有成本 $H=hC=0.6$ 美元，提前期 $L=2$ 周。

因此，可得：

提前期内的平均需求 $D_L=DL=200$(加仑)

提前期内需求的标准差 $\sigma_L=\sigma_D\sqrt{L}=20\sqrt{2}=28.3$(加仑)

因为需求服从正态分布，利用式（12.4）和式（12.22）可得现行库存策略下的CSL：

$$CSL=F(ROP,D_L,\sigma_L)=\text{NORMDIST}(300,200,28.3,1)=0.9998$$

因此，利用式（13.6）可推出缺货的估算成本为：

$$C_u=\frac{HQ}{(1-CSL)D}=\frac{0.6\times400}{(1-0.9998)\times100\times52}=230.77(\text{美元/加仑})$$

这意味着沃尔玛每加仑清洁剂的欠储成本为230.77美元，目前CSL的最优值为0.999 8。在本例中，可以认为超市经理持有库存过多，因为每加仑清洁剂的缺货成本不太可能高达230.77美元。

管理者可以利用前面的分析方法确定估算的缺货成本以及相应的库存策略是否合理。

缺货期间的所有需求均失去 缺货期间未满足的需求全部失去，这种情况下的最优周期服务水平为：

$$CSL^*=1-\frac{HQ}{HQ+DC_u} \tag{13.7}$$

假设C_u为缺货期间每失去一单位需求的成本。比较式（13.6）和式（13.7）可知，对于相同的欠储成本，如果销售是彻底失去而不是延期交货，那么供应链应提供更高的周期服务水平。在例13-5中，我们将计算缺货期间所有需求全部失去情况下的最优周期服务水平（参见工作表Examples 13-4，5）。

例13-5

未满足需求全部失去情况下最优服务水平的计算

仍考虑例13-4中的情况，但假设缺货期间的所有需求都将失去。设失去一单位需求的成本为2美元。计算沃尔玛超市的经理应该设定的最优周期服务水平。

分析：

依题意，可得：订货批量$Q=400$，加仑年平均需求$D=100\times52=5200$加仑，年单位库存持有成本$H=0.6$美元，欠储成本$C_u=2$美元。

由式（13.7），可得最优周期服务水平为：

$$CSL^*=1-\frac{HQ}{HQ+DC_u}=1-\frac{0.6\times400}{0.6\times400+2\times5200}=0.98$$

沃尔玛超市经理应该将最优周期服务水平设定为98%。

学习目标 2 小结

对于季节性产品，最优产品可获性水平可由 $C_u/(C_u+C_o)$ 求出，其中 C_o 表示超储成本，C_u 表示欠储成本。对于连续补货的产品，如果所有未满足的需求均延期交付，则最优产品可获性水平可由式 $1-HQ/(DC_u)$ 求出。对于连续补货的产品，如果所有未满足的需求均失去，则最优产品可获性水平可由式 $1-HQ/(HQ+DC_u)$ 求出。当超储成本增加时，最好降低目标产品可获性水平。当缺货所导致的利润损失增加时，最好提高目标产品可获性水平。

13.3 提高供应链盈利能力的管理杠杆

前面我们识别了最优产品可获性水平的影响因素，现在重点讨论管理者可以采取哪些措施来提高供应链的盈利能力。13.2 节中曾说明超储成本和欠储成本对最优周期服务水平和盈利能力都有直接影响。盈利能力还会受到需求不确定性的影响。因此，提高盈利能力的三个基本管理杠杆是：

1. 提高单位残值以增加盈利能力（和最优周期服务水平）。
2. 降低缺货所造成的利润损失以增加盈利能力（通过允许较低的最优周期服务水平）。
3. 减少需求的不确定性增加盈利能力（通过减少预期超储量和预期欠储量）。

提高残值的策略包括将剩余产品销往折扣店，而不是将之丢弃。Sport Obermeyer 等一些在美国销售冬季服装的企业，通常将多余的产品销往南美，因为那里的季节正好和北美相反。剩余产品残值的增加使 Sport Obermeyer 公司在美国能向顾客提供更高水平的产品可获性，并增加利润。Overstock. com 等在线清算机构的增加有助于零售商提高积压产品的残值。提高积压库存的残值让企业可以通过提高产品可获性水平来增加利润，因为超储成本降低了。

降低缺货所造成的利润损失的策略包括为顾客安排后备资源（有可能成本较高）以避免顾客永久流失。在现实中可以看到有企业在公开市场上向竞争对手采购产品以满足顾客需求，此前的推理也证明了这种做法的合理性。在 MRO 用品供应行业，McMaster-Carr 公司和固安捷公司这两家主要竞争对手同时也是彼此最大的客户。通过向顾客提供替代产品也能降低欠储成本。降低欠储成本使企业能够通过提供较低水平的产品可获性（因为有其他可供选择的产品来服务客户）来增加利润，从而减少销售季末的过剩库存量。

另一种能提高供应链盈利能力的重要管理杠杆是降低需求不确定性。随着需求不确定性的降低，供应链管理者能够通过减少超储库存和欠储库存来更好地使供给和需求相匹配。预测精度的提高可以帮助企业显著提升盈利能力，同时减少超储带来的库存积压和欠储造成的销售损失。在例 13-6 中，我们将说明提高预测精度的影响。

例 13-6

提高预测精度的影响

布鲁明戴尔百货公司的一位采购员负责购买带有圣诞节图案的餐具。这些餐具只在圣诞节期间销售，采购员在 11 月初下采购订单。每套餐具的成本 $c=100$ 美元，零售价 $p=250$ 美元。圣诞节期间未售出的餐具都将在圣诞节后以很低的折扣清仓销售，残值 $s=80$ 美元。采购员估计需求服从正态分布，且均值 $\mu=350$ 套。以往预测误差的标准差 $\sigma=150$ 套。采购员决定实施进一步的市场调研以提高预测准确性。如果采购员将 σ 以 30 为幅度从 150 逐渐降低为 0，计算预测精度的提高对盈利能力和库存的影响。

分析：

依题意，可得：

$$欠储成本=C_u=p-c=250-100=150(美元)$$

$$超储成本=C_o=c-s=100-80=20(美元)$$

由式（13.1），可得：

$$CSL^*=Prob(需求量\leqslant O^*)=\frac{150}{150+20}=0.88$$

由式（13.2）和式（13.3）可分别求出最优订货量和预期利润。各种预测精度（用预测误差的标准差表示）下的最优订货批量和预期利润如表 13-3 和图 13-3 所示。可以观察到，随着预测误差的减小，预期利润增加，预期超储量和欠储量减少。

表 13-3 布鲁明戴尔百货公司的订货量和预期利润

预测误差的标准差 σ（套）	最优订货量 Q^*（套）	预期超储量（套）	预期欠储量（套）	预期利润（美元）
150	526	186.7	8.6	47 469
120	491	149.3	6.9	48 476
90	456	112.0	5.2	49 482
60	420	74.7	3.5	50 488
30	385	37.3	1.7	51 494
0	350	0	0	52 500

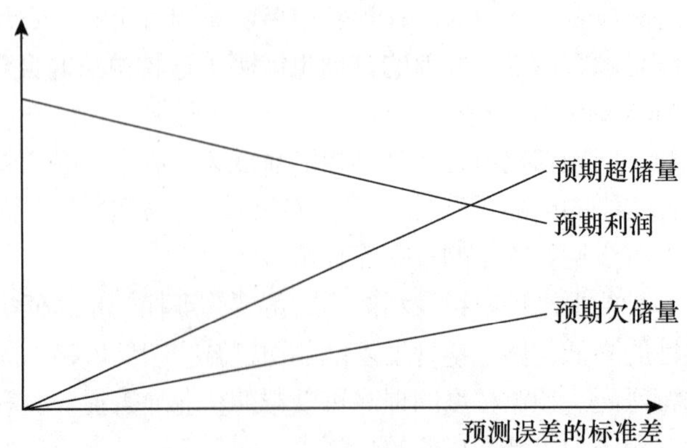

图 13-3 利润和库存随预测精度的变化

学习目标 3 小结

通过利用折扣店渠道来降低超储成本，可以提高供应链利润。通过提供替代产品或安排紧急供应源（即使成本可能更高）来减少欠储成本也可以实现利润的增加。如果能够降低需求的潜在不确定性，也可以提高供应链的利润。减小预测误差能同时减少预期超储量和预期欠储量。

13.4　季节性供应链中速度的价值

快速响应（quick response）是供应链为了缩短补货提前期而采取的一系列措施。随着提前期的缩短，供应链管理者能够提高预测精度，这使得他们能够更好地匹配供需并提高供应链的盈利能力。我们已经讨论了缩短清洁剂等定期补货的产品的提前期的好处，接下来，重点关注速度对于季节性产品的好处。

为阐明这一问题，来看萨克斯第五大道百货公司的例子。该百货公司从印度和尼泊尔购买羊绒披肩。羊绒披肩的销售季大概有 14 周。以往，补货提前期为 25～30 周。当提前期为 30 周时，萨克斯第五大道的采购员必须在销售季开始前订购全部披肩。提前期过长使采购员难以对需求进行准确预测。这就导致了高度的需求不确定性，采购员每年订购的披肩不是过多就是过少。

一般来说，采购员只要观察了销售季前 1～2 周的销售情况后就能准确预测需求。如果能够缩短提前期，以方便在下达一部分季节性订单时可以使用实际销售数据，那么可以给供应链带来显著的好处。假设制造商能将提前期缩短为 6 周。这使萨克斯第五大道的采购员可以将整个销售季的采购分为两次进行，每一次订单覆盖 7 周的需求。第一次订单在销售季开始之前 6 周发出，订货量为商店在销售季前 7 周的预计销售量。第一次订单必须在未观察到任何实际销售的情况下下达。销售季开始后，采购员观测第一周的销售情况，并在这一周结束后为该销售季的后 7 周进行第二次订货。下第二次订单时，采购员可以利用第一周的销售信息进行更精确的需求预测。快速的补货使得萨克斯第五大道可以使用第二个订单来更好地匹配供需，从而获得更高的利润。

当在销售季内可以进行多次订货时，就无法给出式（13.1）到式（13.5）那样的公式来确定最优订货量、预期利润、预期超储量和预期欠储量，必须使用模拟（见附录 13F）或近似来识别不同订货策略的影响。我们用前面讨论的萨克斯第五大道的例子，使用近似的方法来说明一个销售季内能够多次订货的影响。

萨克斯第五大道的采购员必须决定为即将到来的冬季销售季从印度和尼泊尔订购多少条羊绒披肩。每条披肩的成本为 40 美元，零售价格为 150 美元。在 14 周的销售季后，剩下的披肩都将以 30 美元的单价出售给折扣店。

在销售季开始前，采购员预测周需求服从正态分布，均值 $D=20$ 条，标准差 $\sigma_D=15$ 条。下面比较以下两种订货策略的影响：

1. 供货提前期大于 15 周。因此，在销售季开始前，必须一次性订购满足整个销售季需求的产品。

2. 提前期缩短到 6 周。这样一来，可以为销售季进行两次订货。一次订货在销售季开始时送达，另一次订货在第1周结束时发出并在第8周开始时送达。

对于策略2，假设采购员观测到第一周的销售量后，就能够精确地预测第一个7周的需求（这种近似使我们能够量化第二个订单的收益）。即便如此，他仍然无法预测第二个7周的销售量。就采购员对第二个7周期间的需求的预测能力而言，我们考虑了两种情况。一种情况是，采购员对于第二次订货的预测精度没有改进（例如，需求预测的标准差仍为15）；另一种情况是，采购员提高了预测精度，预测的标准差从15降低为3。同时假设各周需求相互独立。

13.4.1　只能一次订货的情况

首先考虑采购员只能一次订货的情况。由于销售季持续14周且各周需求相互独立，可以使用式（12.2）得到：

本季披肩的预期需求 $\mu=14D=14\times20=280$（条）

本季需求的标准差 $\sigma=\sqrt{14}\sigma_D=\sqrt{14}\times15=56.1$（条）

由式（13.1），可得最优周期服务水平为：

$$CSL^*=\frac{p-c}{p-s}=\frac{150-40}{150-30}=0.92$$

由式（13.2），可得一次订货的最优订货量为：

$O^*=\text{NORMINV}(CSL^*,\mu,\sigma)=\text{NORMINV}(0.92,280,56.1)=358$（条）

订货量为358条时可得：

一次订货的预期利润（利用式（13.3））＝29 767（美元）

预期超储量（利用式（13.4））＝79.8（条）

预期欠储量（利用式（13.5））＝2.14（条）

由于每条披肩的超储成本为10美元，欠储成本为110美元，则：

预期超储成本＝79.8×10＝798（美元）

预期欠储成本＝2.14×110＝235（美元）

如果不存在需求不确定性，整个销售季的披肩需求为280条，利润是280×110＝30 800（美元）。可以看到，由于需求存在不确定性，预期利润减少了30 800－29 767＝1 033（＝798＋235）（美元）。因此，由于存在预期超储成本和欠储成本，不确定性导致预期利润减少。

由上面的分析可以看到，缩短提前期带来的不确定性降低，将最多使整个销售季的利润增加1 033美元。

13.4.2　能够下达第二个订单的价值

现在介绍用来估计在一个销售季内下达两次订单的价值的方法。假设第一个订单的目标是满足前7周的需求，第二个订单的目标是满足后7周的需求。由于采购员在下达第二个订单前可以观测到第一周的需求，因此假设采购员将能精确地预测前7周的销售量。因此，他的第二个订单能够将第一个订单未满足的需求或剩余库存考虑进去。

首先，考虑在观测第一周需求后预测精度没有改进的情况（周需求的标准差仍为 15)。对于每 7 周的时间，可得：

7 周的披肩预期需求$=\mu_7=7\times20=140$(条)

7 周的需求标准差$\sigma_7=\sqrt{7}\times15=39.7$(条)

最优周期服务水平仍为 0.92。由式（13.2）可得第一次订货的订货量为：

$$O_1=\text{NORMINV}(CSL^*,\mu_7,\sigma_7)=\text{NORMINV}(0.92,140,39.7)=195(\text{条})$$

当订货量为 195 时，可得：

7 周的预期利润(利用式(13.3))＝14 670(美元)

预期超储量(利用式(13.4))＝56.4(条)

预期欠储量(利用式(13.5))＝1.51(条)

回想一下，在第一周结束时下第二次订单时，购买者能够精确预测前 7 周的销售量。因此，第一个订单导致的任何过量库存都可用于调整第二次订单的订货量。我们还假设，前 7 周的任何缺货都可用第二批订购的披肩来满足。由于第二个 7 周的预期起始库存是 195 条，并且第一个 7 周结束时的预期超储量是 56.4 条，预期欠储量是 1.51 条，因此第二个订单的平均订货量应为 195－56.4＋1.51＝ 140.11(条)。由于第一个 7 周的所有超储量被用来降低第二个 7 周的订货量，所有的欠储量都通过第二次订单来满足，因此，第一次订单不会产生超储成本或欠储成本。销售季结束时的预期超储量是 56.4 条（这是当第二个 7 周起始库存为 195 条时的预期超储量)，预期欠储量是 1.51 条。

因此，销售季结束时的期望利润等于每个 7 周间的期望利润加上从第一个 7 周补回的预期超储成本和欠储成本之和，即：

$$\begin{aligned}\text{销售季的期望利润}&=14\,670+56.4\times10+1.51\times110+14\,670\\&=30\,070(\text{美元})\end{aligned}$$

将前 7 周的预期利润加上（56.4×10＋1.51×110)，是因为在前 7 周结束时，实际上不存在必须出售给折扣店的积压库存，也没有因为库存不足而造成的利润损失。分析表明，即使对于第二个 7 周的预测精度没有改进，在销售季内允许下第二次订单也使利润增加了 30 070－29 767＝303（美元)。但是，如果假设那些在前 7 周结束时没有买到披肩的顾客不愿意等待第二批订货的到来，那么利润的增长会少一些。可以看到，由于可以下第二次订单，总订货量从 358 下降为 195＋140.1＝335.1（条)。销售季结束时的预期超储量从 79.8 下降为 56.4，预期欠储量下降为 1.51 条。

从以上分析中可以得出在销售季中观察到销售情况后能够第二次订货的三个重要结论：

1. 在相同周期服务水平下，在销售季中分两次订货的预期总订货量小于一次订货的预期总订货量。换句话说，如果允许在观察到一些销售情况后进行后续第二次订货，企业就能以更少的库存为顾客提供相同的产品可获性水平。

2. 如果允许在观测到一些销售情况后再进行后续订货，那么在销售季结束时要处理的平均积压库存和预期缺货将减少。

3. 允许在销售季进行后续订货时，利润会更高。

换句话说，快速补货使得销售季的总订货量可以分解为多个较小的订单，可以在观察到一些销售情况后再确定每个订单的订货量，这样的话采购员能够更好地匹配供需，从而提高萨克斯第五大道的盈利能力。以上关系如图13-4和图13-5所示。

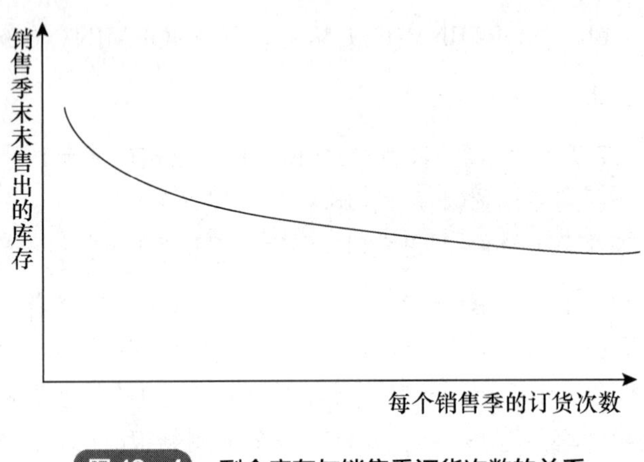

图13-4 剩余库存与销售季订货次数的关系

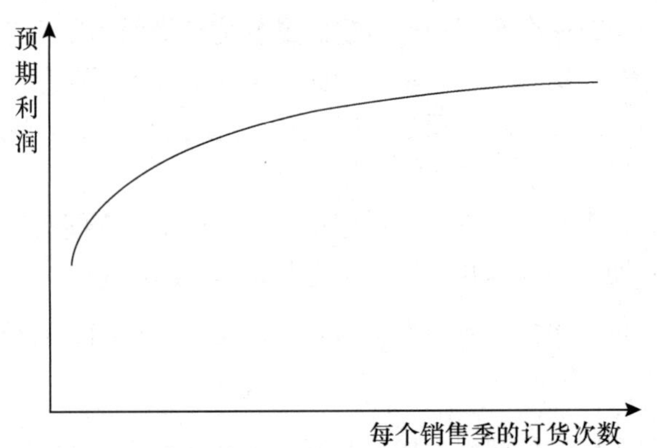

图13-5 预期利润与销售季订货次数的关系

接下来，考虑采购员在观察到一些需求情况后提高了第二次订货的预测精度的情况。因此，第二个7周的周需求预测的标准差由15降至3。在这种情况下，第一个订单的订货批量仍为前面所讨论的195条。但是，对于第二个订单，必须考虑到周需求的标准差降至3这一事实。因此，可得：

$$7\text{周的披肩预期需求}=\mu_7=7\times 20=140(\text{条})$$

$$\text{第一个}7\text{周的需求的标准差}=\sigma_7=\sqrt{7}\times 15=39.7(\text{条})$$

$$\text{第二个}7\text{周的需求的标准差}=\sigma_7^2=\sqrt{7}\times 3=7.9(\text{条})$$

最优周期服务水平仍为0.92。由式（13.2），我们可得第一个7周开始时所需披肩的数量与之前一样，为$O_1=195$条。第二个7周开始时所需的披肩数量O_2为：

$$O_2 = \text{NORMINV}(CSL^*, \mu_7, \sigma_7^2) = \text{NORMINV}(0.92, 140, 7.9) = 151(条)$$

和前面的分析一样，假设采购员在观察到第一周的销售后能够精确预测第一个7周的销售量。因此，他在下第二个订单时会考虑第一个7周结束时的超储量和欠储量。由于第一个订单的预期超储量为56.4条，预期欠储量为1.51条，那么第二个订单的净订货量应该为151－56.4＋1.51＝96.11（条）。由于在第二个7周开始时有151条披肩，可得：

第二个订单的预期利润(利用式(13.3))＝15 254(美元)
预期超储量(利用式(13.4))＝11.3(条)
预期欠储量(利用式(13.5))＝0.30(条)

再一次观察到，在第一个7周结束时没有超储成本，并且假设第一次订货中由于缺货没有满足的顾客需求可以通过第二次订货来满足，因此，销售季的净利润＝14 670(第一个7周的预期利润)＋56.4×10(第一个7周没有超储)＋1.51×110(前7周缺货未满足的需求由第二次订货满足)＋15 254(第二个7周的预期利润)＝30 654(美元)。如果观测到销售季早期的需求进而改进了预测精度，销售季的利润将增加30 654－29 767＝887（美元)。销售季结束时的预期超储量降至11.3条，预期欠储量降至0.3条。因此，观察到销售季早期的销售情况后再进行第二次订货，提高了预测精度，从而增加了利润，降低了超储量和欠储量。

快速反应对供应链中的零售商显然是有利的，但要注意一个问题。当制造商缩短提前期使零售商能够进行二次订货时，我们看到零售商的订货量减少了。实际上，制造商出售给零售商的产品数量减少了（至少短期内是这样)。因此，如果其他所有条件不变，快速响应将导致制造商的短期利润减少。这一点需要引起重视，因为缩短提前期需要制造商付出巨大的努力，然而却似乎是以牺牲制造商为代价来造福零售商。快速响应所带来的好处应当在整个供应链中适当分享。

学习目标 4 小结

快速补货使零售商在一个销售季内可以多次订货。多次补货使供应链能够对趋势做出反应，而不是去预测趋势，从而更好地使供给与需求相匹配。另外，快速补货可以减少积压和缺货，从而提高利润。

13.5 季节性供应链中延迟的价值

正如第12章所讨论的，延迟是指将产品差异化推迟到接近产品销售的时点。在延迟策略下，产品差异化之前的所有活动都需要集中预测，这使得预测的准确性相对于单个产品来说大大提高。单个产品的预测需要在接近销售时点、更确切地了解需求时进行。因此，延迟使供应链能更好地匹配供给与需求，是提高盈利能力的有效管理杠杆。如果顾客愿意等待交货，延迟尤其有价值。如果供应链能够将产品差异化推迟到收到顾客订单之后，就能实现库存和失售的大幅减少。本节的目标是了解延迟何时可以带来更高的利润。

延迟的主要好处来自供给与需求的更好匹配。但是，延迟也是有成本的，采用延迟策略时的生产成本通常高于不采用延迟策略时的生产成本。例如，在贝纳通的生产过程中，对已编织好的服装进行染色的成本要比先给纱线染色再进行编织的成本高出大约10%。类似地，当零售商在店内混合油漆而不是在工厂混合时，生产成本会增加，因为油漆混合的规模经济丧失了。由于延迟带来了生产成本的增加，因此企业应确保延迟带来的好处超出其所产生的额外成本。

对于生产的产品需求规模大致相当，产品需求彼此独立、不可预测且产品品种繁多的企业来说，延迟尤其有价值。以贝纳通销售纯色针织服装的例子来说明这一点。从纱线开始，完成制衣的两个步骤依次是染色、编织。传统工艺是先对纱线染色，然后编织成衣服（方案1）。贝纳通公司开发了一种新的生产流程，将染色推迟到衣服编织完成之后再进行（方案2）。

贝纳通公司每件针织衫的零售价 $p=50$ 美元。方案1（没有延迟）下每件针织衫的生产成本为20美元，方案2（有延迟）下每件针织衫的生产成本为22美元。销售季结束时，贝纳通公司将以每件 $s=10$ 美元的清仓价格将所有未售出针织衫处理掉。编织或生产过程共需要花费20周的时间。为了便于讨论，假设贝纳通公司销售4种颜色的针织衫。公司提前20周对每种颜色针织衫的市场需求进行预测，预测需求均服从均值 $\mu=1\,000$ 件、标准差 $\sigma=500$ 件的正态分布。每种颜色针织衫的需求相互独立。若采用方案1，贝纳通公司要在销售季开始前20周就制定各种颜色纱线的采购决策，并对每种颜色纱线都持有库存。若采用方案2，贝纳通公司只需提前20周预测未染色纱线的总需求并采购。所持有的库存是基于所有四种颜色的总需求。在需求已知后，再确定每种颜色针织衫的数量。现在，来定量分析延迟对贝纳通的影响。所有分析参见电子数据表 Chapter 13-postponement-Benetton。

若采用方案1，贝纳通公司必须决定每种颜色纱线的采购量。对于每种颜色，我们有：

零售价 $p=50$ 美元
生产成本 $c=20$ 美元
残值 $s=10$ 美元

由式（13.1）可得每种颜色针织衫的最优周期服务水平：

$$CSL^*=\frac{p-c}{p-s}=\frac{50-20}{50-10}=0.75$$

由式（13.2）可得每种颜色纱线的最优采购量为：

$$O^*=\text{NORMINV}(CSL^*,\mu,\sigma)=\text{NORMINV}(0.75,1\,000,500)$$
$$=1\,337(\text{件})$$

因此，贝纳通公司每种颜色针织衫最好生产1 337件。由式（13.3）可得每种颜色针织衫的预期利润为：

预期利润=23 644(美元)

由式（13.4）和式（13.5）可得每种颜色针织衫的预期超储量和预期欠储量分别为：

预期超储量＝412(件)

预期欠储量＝75(件)

采用方案 1，贝纳通公司 4 种颜色针织衫的生产总量为 4×1 337＝5 348（件）。这种策略下的预期利润为 4×23 644＝94 576（美元），季末清仓处理的针织衫平均为 4×412＝1 648（件）。由于针织衫缺货，将有 300 名（4×75）顾客流失。

采用方案 2，贝纳通公司只需确定 4 种颜色针织衫总产量，因为可以在已知需求后再染成合适的颜色。在这种情况下，我们有：

零售价 p＝50 美元

生产成本 c＝22 美元

残值 s＝10 美元

由式（13.1）可得每种颜色针织衫的最优周期服务水平为：

$$CSL^* = \frac{p-c}{p-s} = \frac{50-22}{50-10} = 0.70$$

由于每种颜色针织衫的需求相互独立，由式（12.15）可得 4 种颜色针织衫的总需求服从正态分布，且均值为 μ_A，标准差为 σ_A，则

$$\mu_A = 4\times 1\,000 = 4\,000(\text{件})$$

$$\sigma_A = \sqrt{4}\times 500 = 1\,000(\text{件})$$

由式（13.2）可得贝纳通公司的最优总产量为 O_A^* 为：

$$O_A^* = \text{NORMINV}(0.7, \mu_A, \sigma_A) = \text{NORMINV}(0.7, 4\,000, 1\,000) = 4\,524(\text{件})$$

采用方案 2，贝纳通公司最优决策是生产 4 524 件未染色的针织衫，等到各种颜色针织衫的需求已知后再进行染色。由式（13.3）可得延迟策略下的预期利润为：

预期利润＝98 092(美元)

由式（13.4）和式（13.5），可得预期超储量为 715 件，预期欠储量为 190 件。因此，延迟策略使贝纳通公司的预期利润由 94 576 美元增加到 98 092 美元。预期超储量由 1 648 件下降为 715 件，预期欠储量由 300 件下降为 190 件。很明显，方案 2 下的延迟和生产安排对于贝纳通公司而言是一个好的选择。

如果不同颜色针织衫之间的需求正相关，那么延迟的好处会大幅降低。在贝纳通公司的例子中，当不同颜色针织衫之间相关系数 ρ＝0.2 或更高时，延迟就没有价值了，如表 13-4 所示。一般来说，当不同产品之间的需求正相关程度较低时，延迟更具价值。

表 13-4　需求的不确定性和相关性对延迟价值的影响

每种颜色的平均需求（件）	每种颜色需求的标准差（件）	相关系数 ρ	无延迟时的预期利润（美元）	有延迟时的预期利润（美元）
1 000	500	0	94 576	98 092

续表

每种颜色的平均需求（件）	每种颜色需求的标准差（件）	相关系数 ρ	无延迟时的预期利润（美元）	有延迟时的预期利润（美元）
1 000	500	0.15	94 576	95 253
1 000	500	0.20	94 576	94 408
1 000	500	0.25	94 576	93 602
1 000	350	0	102 205	102 265
1 000	300	0	104 747	103 655
1 000	250	0	107 289	105 046

如果需求更容易预测，那么延迟的好处也会大幅降低。表 13－4 的分析表明，如果每种颜色针织衫的需求的标准差降至 300 件或以下，采用延迟策略的第 2 种方案的利润低于不采用延迟的第 1 种方案。一般来说，当需求的不确定性较高时，延迟更具价值。

13.5.1 主导产品延迟的价值

如果很大一部分需求来自一种产品，那么延迟策略就不是很有效了。因为在这种情况下，从集中效应中获得的好处很少，而所有产品的生产成本都会增加。仍以贝纳通公司为例来进行说明（参见工作表 Chapter 13-postponement-Benetton 中的 Postponement with dominant prod）。

假设贝纳通公司预测红色针织衫的需求服从正态分布，且均值 $\mu_{red}=3\,100$ 件，标准差 $\sigma_{red}=800$ 件。公司预测其他 3 种颜色针织衫的需求也服从正态分布，且均值 $\mu=300$ 件，标准差 $\sigma=200$ 件。可见，红色毛衣约占到总需求的 80％。

采取方案 1 时，如前面所计算的，最优周期服务水平 CSL^* 为 0.75。利用式 (13.2) 可得红色针织衫的最优生产量为：

$$O_{red}^* = \text{NORMINV}(CSL^*, \mu_{red}, \sigma_{red}) = \text{NORMINV}(0.75, 3\,100, 800)$$
$$= 3\,640(\text{件})$$

利用式（13.3）可得红色针织衫的预期利润为 82 831 美元。利用式（13.4）可得红色针织衫的预期超储量为 659 件，利用式（13.5）可得红色针织衫的预期欠储量为 119 件。对于其他 3 种颜色的针织衫，可类似得出最优生产量 O^* 为：

$$O^* = \text{NORMINV}(CSL^*, \mu, \sigma) = \text{NORMINV}(0.75, 300, 200) = 435(\text{件})$$

由此得到，其他 3 种颜色针织衫每种的预期利润为 6 458 美元，每种的预期超储量为 165 件，预期欠储量为 30 件。对全部 4 种颜色的针织衫，方案 1 的结果是：

总产量＝3 640＋3×435＝4 945(件)

期望利润＝82 831＋3×6 458＝102 205(美元)

预期超储量＝659＋3×165＝1 154(件)

预期欠储量＝119＋3×30＝209(件)

采取方案 2 时，贝纳通公司只需确定 4 种颜色针织衫的总产量。由于每种颜色针织衫的需求相互独立，由式（12.13）可得 4 种颜色针织衫的总需求服从正态分布，且均值为 μ_A，标准差为 σ_A，其中：

$$\mu_A = 3\ 100 + 3 \times 300 = 4\ 000(\text{件})$$

$$\sigma_A = \sqrt{800^2 + 3 \times 200^2} = 872(\text{件})$$

在方案 2 下，重复先前的计算步骤，可得：

总产量＝4 457(件)

预期利润＝99 876(美元)

预期超储量＝623(件)

预期欠储量＝166(件)

在这种情况下，尽管延迟策略降低了超储量和欠储量，但贝纳通公司的利润下降了。这是因为大部分需求来自红色针织衫，而这部分需求已经可以相当准确地预测出来。因此，延迟和由此带来的集中效应对于提高红色针织衫的预测精度意义不大。虽然延迟提高了其他 3 种颜色针织衫的需求预测的准确性，但是这些针织衫的需求只占总需求的很小一部分。而与此同时，（包括红色针织衫在内的）所有针织衫的生产成本增加了。因此，生产成本的增加超过了所有颜色的延迟所带来的好处。

接下来，我们讨论当完全延迟不适用时，定制延迟（tailored postponement）如何成为一种有效的策略。

13.5.2　定制延迟：对利润和库存的影响

在定制延迟中，企业利用延迟生产满足一部分需求，而其余需求则不采用延迟策略。与不采用延迟策略或所用产品都使用延迟生产相比，定制延迟更为复杂但利润更高。在定制延迟下，对于可预测的那部分需求采用无延迟的、低成本生产方法，而对不确定的那部分需求则采用延迟策略。对于可预测的那部分需求，延迟对于提高预测精度来说价值不大。因此，企业应采用成本较低的方法来生产这部分产品以降低生产成本。对于不确定的那部分需求，延迟可以大幅提高预测精度。因此，企业愿意承担较高的生产成本，以实现更好的供需匹配并从中受益。下面，仍以贝纳通公司为例来说明定制延迟的思想（参见工作表 Chapter 13-postponement-Benetton 中的 Tailored postponement）。

实施定制延迟的一种方法是，不采用延迟方法来生产高需求、可预测的产品，仅采用延迟方法生产需求不可预测的产品。让我们再回到贝纳通公司的例子中。红色针织衫占需求的 80%，且贝纳通公司红色针织衫的需求服从正态分布，均值 μ_{red}＝3 100 件，标准差 σ_{red}＝800 件。预测其他 3 种颜色针织衫的需求均服从均值 μ＝300 件、标准差 σ＝200 件的正态分布，且据估算，延迟所有颜色的针织衫使贝纳通公司的利润降低了 2 000 多美元（从 102 205 美元到 99 876 美元）。但是，如果采用定制延迟，仍然使用传统的方法生产红色针织衫，只是对其他颜色针织衫进行延迟生产，利润实际上会增加 1 009 美元，上升到 103 213 美元。

另一种更复杂的延迟方法是将所有需求分成基本部分和变化部分。基本部分的需求采用没有延迟的低成本方法进行生产，只有变化部分采用延迟生产。正如接下来将说明的（见工作表 Table 13-5），这种更复杂的定制延迟实施起来更为困难，但是即使所有被延迟的产品都有类似的需求，这种方法仍非常有用。考虑以下情形。贝纳通公司销售 4 种颜色的针织衫，预测每种颜色针织衫的需求均服从正态分布，且均值 $\mu=1\,000$ 件，标准差 $\sigma=500$ 件。前面已经看到，使用完全延迟（每种颜色针织衫均采用延迟生产）策略将使贝纳通公司的利润从 94 576 美元增加到 98 092 美元。

现在，我们考虑贝纳通公司采用定制延迟的情况，即同时使用方案 1（先染色再编织）和方案 2（对编织好的成衣进行染色）进行生产。对每种颜色的针织衫，贝纳通公司确定采用方案 1 生产的数量为 Q_1（基本部分），采用方案 2 生产的四种颜色针织衫的合计数量为 Q_A，并等需求确定之后再进行颜色分配。下面就来确定合理的定制延迟策略及其对利润和库存的影响。在这种情况下，没有现成的公式可用来估算最优策略和利润。因此我们借助模拟来研究不同策略的影响。表 13－5 列出了各种模拟的结果。由表 13－5 可以看到，贝纳通公司采用定制延迟可提高预期利润。具体策略是，采用方案 1 生产每种颜色针织衫各 Q_1 单位，采用方案 2 生产 Q_A 单位。此时的利润比将全部产品都按方案 1（没有延迟）或方案 2（有延迟）进行生产要高。在选择 Q_1 时，最好使每种颜色的需求都很可能大于等于 Q_1。定制延迟策略利用了这一事实，采用方案 1 生产 Q_1 单位产品，因为其成本低；采用方案 2 生产 Q_A 单位产品，从而利用集中效应降低了需求不确定性。

表 13－5　定制延迟策略 500 次模拟的平均值

生产策略		平均利润（美元）	平均超储量（件）	平均欠储量（件）
Q_1（件）	Q_A（件）			
0	4 524	97 847	510	210
1 337	0	94 377	1 369	282
700	1 850	102 730	308	168
800	1 550	104 603	427	170
900	950	101 326	607	266
900	1 050	101 647	664	230
1 000	850	100 312	815	195
1 000	950	100 951	803	149
1 100	550	99 180	1 026	211
1 100	650	100 510	1 008	185

正如讨论所表明的，管理者应当认识到，当潜在的不可预测性非常大时，快速响应和延迟等响应策略最为有效。因此，对于相对可预测的那部分需求，应该关注低成本的生产方法，即使这种方法缺乏响应性。然而，对于不可预测的那部分需求，应采用更具响应性的方法（延迟或快速响应）来满足，即使这些方法的成本更高。

学习目标 5 小结

当企业生产的产品种类繁多，且各种产品需求不可预测、非正相关且需求规模相当时，采用延迟策略可以提高企业利润，并更好地匹配供给与需求。延迟的价值随着不确定性的降低或最终产品的需求之间呈正相关而降低。如果大部分需求来自某一主导产品，那么延迟可能会使企业整体利润减少，这种情况下延迟为主导产品所带来的收入的增加非常小，低于延迟所导致的生产成本的增加。在这种情况下，定制延迟通过只延迟不确定的那部分需求的生产，对可预测的部分仍采用低成本、非延迟的方式进行生产，能给企业带来更多的利润。相较于完全无延迟或完全延迟，定制延迟能给企业带来更多利润，但其实施起来更为复杂。

13.6 产能约束下多种产品可获性水平的设定

在前面的讨论中，我们假设企业可以不受任何约束地设定自己所期望的产品可获性水平。但通常会出现这样一种情况，达到期望产品可获性水平所需的订货量超过了供应商的可用产能。此时，以上假设就不成立了。当仅订购一种产品时，采购员最好的做法是选取可用产能和最优订货量之中的较小值作为订货量。但当订购多种产品时，采购员需要权衡不同产品的订货量。

假设某百货店计划从一家意大利供应商那里订购两款毛衣。预测高档毛衣的需求服从正态分布，且均值 $\mu_1=1\ 000$ 件，标准差 $\sigma_1=300$ 件。中档毛衣的需求也服从正态分布，且均值 $\mu_2=2\ 000$ 件，标准差 $\sigma_2=400$ 件。高档毛衣的零售价 $p_1=150$ 美元，成本 $c_1=50$ 美元，残值 $s_1=35$ 美元。中档毛衣的零售价 $p_2=100$ 美元，成本 $c_2=40$ 美元，残值 $s_2=25$ 美元。（以下分析在工作表 Section 13.6 中的 No constraint 里有详细说明。）由式（13.1）可得高档毛衣的最优产品可获性水平为 $(150-50)/(150-35)=0.87$，中档毛衣的最优产品可获性水平为 $(100-40)/(100-25)=0.80$。因此，在没有产能约束的情况下，百货店的最优订货量为 1 337 件（NORMINV(0.87, 1 000, 300)）高档毛衣和 2 337 件（NORMINV（0.80, 2 000, 400)）中档毛衣。但是，如果供应商的产能约束为 3 000 件，则上述期望的订货策略将不可行，百货店必须将其订货量减少至少 674 件。这一减少应该来自哪里？减少量应该在两种产品之间平均分配吗？

先考虑简单的方法，即将每款毛衣的订货量都减少 337 件，也就是订购 1 000 件高档毛衣和 2 000 件中档毛衣（参见工作表 Section 13.6 中的 capacity constraint)。这一订货量满足产能约束，预期利润为 194 268 美元（由式（13.3）可得)。为检验这一订货量是否最优，可以从产能在这两款毛衣之间是如何分配的这一角度来进行思考。假设决定将 1 000 件产能分配给高档毛衣，1 999 件产能分配给中档毛衣，这样就只剩下最后 1 单位产能可供分配。那么这 1 单位产能应分配给哪款毛衣呢？合理的做法是根据这一产能分配给每款毛衣所能得到的对利润的预期边际贡献来决策。最后 1 单位产能应该分配给预期边际贡献更高的毛衣。回顾一下，$F_i(Q_i)$ 表示产品 i 的需求等于或小于 Q_i 的概率。设 $MC_i(Q_i)$ 表示订货量为 Q_i 时，款式 i 毛衣的期望边际贡献。用类似表 13－2 的方法，计算预期边际贡献如下：

$$\text{高档毛衣的预期边际贡献} = MC_1(1\,000) = p_1[1-F_1(1\,000)] + s_1F_1(1\,000) - c_1$$
$$= 150\times(1-0.5) + 35\times 0.5 - 50$$
$$= 42.50(\text{美元})$$

$$\text{中档毛衣的预期边际贡献} = MC_2(1\,999) = p_2[1-F_2(1\,999)] + s_2F_2(1\,999) - c_2$$
$$= 100\times(1-0.499) + 25\times 0.499 - 40$$
$$= 22.57(\text{美元})$$

显然，最后1单位产能应该分配给高档毛衣。事实上，将高档毛衣的订货量改为1 001件，中档毛衣的订货量改为1 999件能使预期利润增加约20美元。接下来，可以将中档毛衣的订货量减少为1 998件，然后考虑最后1单位产能应如何分配。重复上述过程，可发现高档毛衣的订货量至少应增至1 002件。事实上，高档毛衣的订货量应该一直增加，直到高档毛衣的预期边际贡献等于中档毛衣的预期边际贡献为止。在这一点上，将产能从一款毛衣转移到另一款毛衣将不再有任何意义。产能的最优分配结果是高档毛衣1 089件，中档毛衣1 911件（参见工作表Section 13.6中的Optimization)。该订货量下的预期利润为195 152美元。观察发现，在最优情况下，高档毛衣分配到了相对更多的可用产能，这是因为与中档毛衣相比，相对于超储成本，高档毛衣的利润率更高。

将可用产能分配给预期边际贡献最大的产品的观点可以转变为以下求解步骤。设产品i的平均需求为μ_i，标准差为σ_i，零售价为p_i，成本为c_i，残值为s_i。如果将Q_i分配给产品i，则预期边际贡献为：

$$MC_i(Q_i) = p_i[1-F_i(Q_i)] + s_iF_i(Q_i) - c_i \tag{13.8}$$

通过以下步骤将每单位产能分配给预期边际贡献最大的产品。设B为总可用产能。

1. 设所有产品i的产量$Q_i=0$。

2. 利用式（13.8）计算每种产品i的预期边际贡献$MC_i(Q_i)$。

3. 如果预期边际贡献均不为正，则结束；否则，设产品j为预期边际贡献最大的产品。将Q_j的值增加1单位。

4. 如果所有产品的生产总量小于B，返回步骤2；否则，受到产能约束，当前数量为最优。

应用上述步骤对百货店的数据进行分析的部分结果如表13-6所示。（表13-6的更详细版本参见工作表Section 13.6中的Capacity allocation。）

表13-6 应用求解步骤求得的产能约束下的订货量

剩余产能	预期边际贡献		订货量	
	高档毛衣	中档毛衣	高档毛衣	中档毛衣
3 000	99.95	60.00	0	0
2 900	99.84	60.00	100	0
2 100	57.51	60.00	900	0

续表

剩余产能	预期边际贡献		订货量	
	高档毛衣	中档毛衣	高档毛衣	中档毛衣
2 000	57.51	60.00	900	100
800	57.51	57.00	900	1 300
780	54.59	57.00	920	1 300
300	42.50	43.00	1 000	1 700
200	42.50	36.86	1 000	1 800
180	39.44	36.86	1 020	1 800
40	31.89	30.63	1 070	1 890
30	30.41	30.63	1 080	1 890
10	29.67	29.54	1 085	1 905
1	29.09	29.18	1 089	1 910
0	29.09	29.10	1 089	1 911

产能约束下的订货量同样可以利用求解最优化问题得到（参见工作表 Section 13.6 中的 Optimization）。令 $\Pi_i(Q_i)$ 为利用式（13.3）求得的、当产品 i 的订货量为 Q_i 时的预期利润。通过求解以下最优化问题可求得合理的订货量。

$$\max \sum_{i=1}^{n} \Pi_i(Q_i)$$

约束条件为：

$$\sum_{i=1}^{n} Q_i \leqslant B$$

$$Q_i \geqslant 0$$

学习目标 6 小结

在有限的供应能力下订购多种产品时，产品的产能分配应当基于每种产品对利润的预期边际贡献。这种分配方法将使相对于超储成本来说利润率更高的产品获得更多的产能。在最优的分配方案下，每种产品的预期边际贡献是相同的。当没有产能约束时，在最优方案下，每种产品的预期边际贡献为零。

讨论题

1. 如果两种产品成本相同，但利润率不同，哪种产品应该具有更高的产品可获性水平？为什么？

2. 如果零售店持有两种利润率相同的产品。其中一种产品积压后将毫无价值，另一种产品在积压后可被售往折扣店。哪种产品应该具有更高的产品可获性水平？为什么？

3. 某企业利用更为准确的市场信息提高了预测精度，这将给供应链库存和盈利能力带来怎样的影响？为什么？

4. 如何利用产品差异化的延迟策略提高供应链盈利能力？

5. 在什么情况下，对所有产品进行产品差异化的延迟并不能增加利润？在这种情况下，定制延迟有何帮助？

6. 有限的供应能力应如何在多个季节性产品之间进行分配？

练习题

1. Green Thumb 公司是一家草地养护设备制造商，该公司引进了一种新产品。每单位产品的生产成本为 150 美元，推广价为 200 美元。该价格下的预期需求服从正态分布，且均值 $\mu=100$ 台，标准差 $\sigma=40$ 台。在销售季结束时未售出的产品将以每单位 50 美元的价格在淡季销售中处理掉。单位产品整个销售季的库存持有成本为 20 美元。Green Thumb 公司应该生产多少单位产品？该策略下的预期利润为多少？平均而言，Green Thumb 公司由于缺货将流失多少顾客？

2. Green Thumb 公司的总经理决定对新产品进行广泛的市场调研。市场调研结束后，总经理估计需求服从正态分布，且均值 $\mu=100$，标准差 $\sigma=15$。经过市场调研，Green Thumb 公司应对第 1 题中的生产计划做怎样的调整？调整后利润可能提高多少？预测准确性的提高对 Green Thumb 公司因缺货而造成的需求流失有何影响？利用第 1 题中的成本和价格信息。

3. 好石轮胎公司（Goodstone Tires）是伊利诺伊州一家轮胎分销商，公司管理者采取连续盘点策略管理库存。目前，当轮胎库存降为 6 000 个时，管理者将发出 10 000 个轮胎的采购订单。轮胎的周需求服从正态分布，且均值为 2 000 个，标准差为 500 个。轮胎的补货提前期为 2 周。好石轮胎公司每个轮胎的成本为 40 美元，零售价为 80 美元。好石轮胎公司的年库存持有成本费率为 25%。好石轮胎公司目前持有多少安全库存？当欠储成本为多少时，管理者现行的库存策略是合理的？如果欠储成本为每个轮胎 80 美元（含当前和未来的边际损失），好石轮胎公司应该持有多少安全库存？

4. Champion 公司生产冬季羊毛夹克并在美国销售。销售季内夹克的需求服从正态分布，且均值为 20 000 件，标准差为 10 000 件。每件夹克的零售价为 60 美元，生产成本为 30 美元。销售季结束时所有未售出的夹克将在年末清仓促销中以每件 25 美元的价格出售。将每件夹克持有至年末的库存持有成本为 5 美元。最近一位新来的员工建议不要搞清仓甩卖，而是将剩下的夹克运往南美，在那里的冬季进行销售。所有运往南美的夹克都有可能被卖出，每件夹克在南美的售价为 35 美元。夹克运往南美的运输成本为 5 美元/件。你赞成将夹克销往南美的建议吗？这一决定将如何影响 Champion 公司的生产决策？将如何影响 Champion 公司的盈利能力？平均而言，Champion 公司每个销售季会向南美运送多少件夹克？

5. Snoblo 公司是一家除雪机生产商，其销售的产品有 4 种型号。基本型号 Reguplo 在销售季的需求服从正态分布，且均值为 10 000 台，标准差为 1 000 台。另外 3 种型号带有附加功能，每种型号的需求都服从正态分布，且均值为 1 000 台，标准差为 700 台。当前，全部 4 种型号的产品都在同一条生产线上生产，且 Reguplo 的生产成本为 100 美元，其余 3 种型号产品的生产成本为 110 美元。Reguplo 的零售价为 200 美元，而其余 3 种型号产品的零售价均为 220 美元。所有在销售季结束时未售出的除雪机都将以处理价 80 美元出售。Snoblo 公司正在考虑建立两条不同的生产线以实施定制生产策略，一条生产线专门生产 Reguplo，另一条生产线则生产其余 3 种型号的产品。由于 Reguplo 生产线不需要进行生产转换，因此 Reguplo 的生产成本预计可降至 90 美元。然而，另外 3 种产品的生产成本却会上升为 120 美元。不考虑除雪机的库存持有成本，你是否建议 Snoblo 公司实施定制生产？定制生产将对生产和利润产生怎样的影响？

6. AnyLogo 公司为企业提供促销活动时穿着的印有企业标识的服装。AnyLogo 有 4 个主要客户——IBM、AT&T、惠普和思科。在假日销售季，企业的标识都会添加圣诞节图案。每家企业对于印有圣诞节图案的服装的需求均服从正态分布，如表 13-7 所示。

表 13-7　AnyLogo 公司的需求分布

	IBM	AT&T	惠普	思科
均值（件）	5 000	7 000	4 000	4 000
标准差（件）	2 000	2 500	2 000	2 200

AnyLogo 公司目前的做法是，在假日销售季开始之前在斯里兰卡生产全部印有企业标识的服装。AnyLogo 公司单位成本为 15 美元，售价为 50 美元。假日销售季结束时剩余的库存基本上毫无价值，不能重新加工给其他企业使用。因此 AnyLogo 公司会将其捐赠给慈善机构。服装的库存持有成本将使捐赠给慈善机构的每件服装的成本再增加 3 美元。然而，AnyLogo 公司每捐赠 1 件服装将获得 6 美元的税收减免。你认为 AnyLogo 公司的生产量应为多少？该策略下的预期利润是多少？平均而言，AnyLogo 预计每年向慈善机构捐赠多少件服装？

7. AnyLogo 公司的管理者正考虑购买高速刺绣机，以便根据需求进行刺绣。这样，就可以在斯里兰卡生产不带企业标识的服装，企业标识刺绣工序被延迟在美国本土根据需求进行。这将使单位成本增加至 18 美元。但 AnyLogo 公司在假日销售季结束时再不会有任何印有特定节日图案或企业标识的服装需要处理了。未印有标识的服装可以按每件 18 美元的价格销售给零售商。假日销售季结束后未售出的服装将因为库存持有成本和运输成本而增加 4 美元的成本。第 6 题中的其他所有信息不变，你是否建议 AnyLogo 公司的管理者实施延迟策略？延迟将对公司的利润和库存产生怎样的影响？

8. 一家大型快餐公司正在推广儿童餐，活动期间购买儿童餐的顾客可免费获得一个鲨鱼玩具。公司将对该玩具进行一次性采购。每件玩具的成本为 0.50 美元，促销活动结束后所有未送出的玩具将报废。每份儿童餐（包括玩具）的利润为 1.00 美元，如果快餐公司的玩具缺货，孩子们很可能会选择到其竞争对手那里就餐。据预测，附送玩具的儿童餐的需求服从均值为 50 000 份、标准差为 15 000 份的正态分布。

(a) 在促销活动之前，应采购多少个鲨鱼玩具？

(b) 有人提出了这样一个问题，即到竞争对手那里就餐的顾客可能会长期流失。据估计，由于当前和未来的销售损失，玩具的缺货成本是每单位 5 美元。这一信息将对鲨鱼玩具的订货量有何影响？

9. Highland 公司正计划采购冬季销售的产品。公司会在销售季开始时进行一次订货。公司销售的一种夹克的需求预计服从均值为 5 000 件、标准差为 2 000 件的正态分布。每件夹克的采购成本为 100 美元，销售季结束时未售出的夹克将以 75 美元的价格在折扣店销售。在该价格下，预计所有夹克都将被售出。每件在销售季未售出夹克还要花费 Highland 公司 15 美元的库存持有成本和运送到折扣店的运输成本。采购委员会的成员对于缺货的影响以及夹克的订货量存在分歧。其中一位成员认为应该订购 6 000 件夹克，而另一位认为应该订购 8 000 件。

(a) 当缺货成本为多少时，两位成员提出的订货量是合理的？

(b) 如果计划的售价为 200 美元，请说明在什么情况下订购 6 000 件夹克更合理，在什么情况下订购 8 000 件夹克更合理。

10. SO 公司是一家滑雪服零售商。一件滑雪服的采购成本为 80 美元，售价为 125 美元。SO 公司在销售季开始时进行一次订货。目前，SO 公司在销售季结束时，会将未售出的滑雪服以 70 美元/件的价格处理给折扣店。将一件滑雪服持有至销售季结束并发运给折扣店的成本为 10 美元。预测滑雪服的需求服从均值为 4 000 件、标准差为 1 750 件的正态分布。

(a) 假设只进行一次订货，SO 公司应为销售季订购多少件滑雪服?

(b) 上述策略下的预期利润为多少?

(c) 销售季结束时，预期有多少积压库存将销往折扣店?

(d) SO 公司正在考虑是否要将销售季结束时剩余的滑雪服运往南半球销售。在考虑所有成本的情况下，SO 公司预计这一方案下的残值将增至 75 美元。上述策略转变将对订货量、预期利润和将销往南半球的预期超储量产生怎样的影响? 你是否建议采用这一策略方案?

11. 红门药业公司经销的阿司匹林的日需求服从正态分布，且均值为 40 瓶，标准差为 5 瓶。供应商的补货提前期为 1 天。红门药业公司现行的库存策略是，每当库存降至 45 瓶以下时订购 200 瓶。红门药业公司每瓶阿司匹林的成本为 4 美元，公司的年库存持有成本费率为 25%。

(a) 假设所有未满足的需求都延迟交付，并顺延至下一周期予以满足，那么在欠储成本为多少时，现行策略是合理的?

(b) 假设所有未满足的需求都将流失，那么欠储成本为多少时，现行策略是合理的?

(c) 红门药业公司认为如果对需求未满足的顾客在其下次购买时给予 1.50 美元的折扣（产生了 1.50 美元的欠储成本)，那么当期未满足的所有需求都将选择延期交付。你会建议红门药业公司采用怎样的库存策略?

12. LGC 公司在假日销售季销售包装精美的巧克力。公司设计了 4 种不同的包装盒。目前的做法是所有的包装都随巧克力的生产一起在工厂完成。所有供假日销售季出售的巧克力的生产与包装均在销售季开始之前完成。预计每种包装的巧克力的需求都服从均值为 2 0000 盒、标准差为 8 000 盒的正态分布。每盒巧克力的成本为 10 美元，售价为 20 美元。销售季末未售出的巧克力将打折以 8 美元的价格出售，在该价格下所有巧克力都可售出。将巧克力持有至最终打折促销的库存持有成本为 1 美元。

(a) LGC 公司每种包装的巧克力应该分别生产多少盒?

(b) 上述策略下的预期利润是多少?

(c) LGC 公司预计有多少巧克力将通过打折销售?

(d) LGC 公司正在考虑一种新的方案，将巧克力的生产与包装分开进行。巧克力在销售季开始之前生产，但包装将在收到订单后由快速生产线完成。建设快速生产线和工序分离会使巧克力的单位生产成本增加 2 美元。如果采取延迟包装策略，LGC 公司应生产多少盒巧克力? 预期利润是多少? 如果采用延迟策略，LGC 公司有多少巧克力将通过折扣销售?

(e) 当延迟带来的附加成本为多少时（不是目前的 2 美元)，是否采用延迟策略对于 LGC 公司而言将变得无关紧要?

13. TKC 公司正在计划其在圣诞节期间流行的 4 款毛衣的生产。4 款毛衣的需求均服从正态分布。最畅销的一款毛衣的预期需求为 30 000 件，标准差为 5 000 件。其余 3 款毛衣的预期需求均为 10 000 件，标准差为 4 000 件。当前，所有毛衣都在销售季开始之前生产。每件毛衣的生产成本为 20 美元，卖给批发商的价格为 35 美元。销售季结束时，每件未售出的毛衣都以 15 美元的价格打折销售，并将以该价格全部售出。未售出的毛衣在整个销售季的库存持有成本为 2 美元。

(a) TKC 公司每种款式的毛衣应生产多少件?

(b) 上述策略下的预期利润为多少?

(c) 预计 TKC 公司有多少毛衣将通过打折销售?

（d）TKC 公司正考虑延迟编织工艺并使用更具柔性的生产设备。在这种情况下，公司提前生产毛衣的基本型（4 款毛衣都是一样的），之后再编织成最终样式。这么做将使每件毛衣的生产成本增加至 21.40 美元。在延迟策略下，TKC 公司毛衣的生产量应为多少？这一策略下的预期利润是多少？

（e）另一种选择是采用非延迟策略生产畅销款型的毛衣，其余款型采取延迟策略。此时的预期利润是多少？

14. 某设计师正计划购买年度限量版装饰品。需求预计服从均值为 20 000 件、标准差为 8 000 件的正态分布。每件装饰品的成本为 30 美元，销售价格为 95 美元。销售季结束时未售出的装饰品都将被销毁，以确保限量版的价值。

（a）设计师应该订购多少件装饰品？预期利润是多少？

（b）如果订货量不少于 25 000 件，制造商将对每件装饰品给予 28 美元的折扣价。设计师对此该如何回应？

15. 某出版商正在印制下一年的日历。日历的需求服从正态分布，且均值为 70 000 份，标准差为 25 000 份。日历的单位成本为 3 美元，售价为 10 美元。到 1 月末，所有未售出的日历将被回收。

（a）出版商应该印制多少份日历？预期利润是多少？

（b）如果出版商的订货量不少于 100 000 份，印刷商将提供印制折扣，每份日历折扣后的成本为 2.75 美元。这时出版商应该采取什么样的订货策略？

16. 一家电子产品制造商将最新款的 MP3 播放器外包给亚洲的合同制造商生产。MP3 播放器的需求已经超出预期，而合同生产商的产能有限。该电子产品制造商销售 3 种型号的播放器——40G 播放器、20G 播放器和 6G 播放器。对于即将到来的假日销售季，预计 40G 播放器的需求服从正态分布，且均值为 20 000 个，标准差为 7 000 个；20G 播放器的需求均值为 40 000 个，标准差为 11 000 个；6G 播放器的需求均值为 80 000 个，标准差为 16 000 个。40G 播放器的售价为 200 美元，生产成本为 100 美元，残值为 80 美元；20G 播放器的售价为 150 美元，生产成本为 90 美元，残值为 70 美元；6G 播放器的售价为 100 美元，生产成本为 70 美元，残值为 50 美元。

（a）如果不存在产能约束，电子产品制造商每种型号播放器应分别订购多少个？

（b）合同制造商的可用产能仅为 140 000 个。如果电子产品制造商订购 20 000 个 40G 播放器、40 000 个 20G 播放器、80 000 个 6G 播放器，那么预期利润为多少？

（c）如果可用产能为 140 000 个，电子产品制造商每种型号播放器应分别订购多少个？预期利润是多少？

17. 一家滑雪夹克制造商已将生产外包给亚洲的供应商。该制造商销售三种夹克——高档夹克、中档夹克和低档夹克。对于即将到来的冬季，高档夹克的需求预计服从均值为 600 件、标准差为 400 件的正态分布；中档夹克的需求预计服从均值为 1 000 件、标准差为 500 件的正态分布；低档夹克的需求预计服从均值为 2 000 件、标准差为 600 件的正态分布。高档夹克的售价为 300 美元，生产成本 120 美元，残值 100 美元。中档夹克售价 200 美元，生产成本 100 美元，残值为 85 美元。低档夹克的售价为 110 美元，生产成本为 70 美元，残值为 50 美元。

（1）如果没有产能限制，制造商每种夹克应该各订购多少件？

（2）假设供应商的可用生产能力仅为 3 600 件。如果制造商订购 600 件高档夹克、1 000 件中档夹克和 2 000 件低档夹克，预期利润是多少？

（3）如果可用产能为 3 600 件，制造商每种夹克应各订购多少件？预期利润是多少？

参考文献

Cachon, Gerard P., and Marshall L. Fisher. "Campbell Soup's Continuous Product Replenishment Program: Evaluation and Enhanced Decision Rules." *Production and Operations Management* (1997): 6, 266–276.

Cachon, Gerard P., and Martin A. Lariviere. "Turning the Supply Chain into a Revenue Chain." *Harvard Business Review* (March 2001): 20–21.

Clark, Theodore H., and Janice H. Hammond. "Reengineering Channel Reordering Processes to Improve Total Supply Chain Performance." *Production and Operations Management* (1997): 6, 248–265.

Fisher, Marshall L., Janice H. Hammond, Walter R. Obermeyer, and Ananth Raman. "Making Supply Meet Demand in an Uncertain World." *Harvard Business Review* (May–June 1994): 83–93.

Ghemawat, Pankaj, and Jose Luis Nueno. "Zara: Fast Fashion." Harvard Business School Case 9–703–497, 2006.

Nahmias, Steven. *Production and Operations Analysis*. Burr Ridge, IL: Richard P. Irwin, 1997.

Padmanabhan, V., and Ivan P. L. Png. "Returns Policies: Making Money by Making Good." *Sloan Management Review* (Fall 1995): 65–72.

Pasternack, Barry A. "Optimal Pricing and Return Policies for Perishable Commodities." *Marketing Science* (1985): 4, 166–176.

Signorelli, Sergio, and James L. Heskett. *Benetton (A)*. Harvard Business School Case 9–685–014, 1984.

Silver, Edward A., David Pyke, and Rein Petersen. *Inventory Management and Production Planning and Scheduling*. New York: Wiley, 1998.

Tayur, Sridhar, Ram Ganeshan, and Michael Magazine, eds. *Quantitative Models for Supply Chain Management*. Boston: Kluwer Academic Publishers, 1999.

Willems, Sean P. "Demystifying Inventory Optimization." *Supply Chain Management Review* (March–April 2015): 24–30.

案例分析

Winner 服装公司对速度的需要

蒂芙妮·陈（Tiffany Chen）对 Winner 服装公司上一季的销售业绩表示担忧。对于一些产品，该公司不得不以大幅折扣的价格出售其销售季采购量的大约 1/3。而其他一些产品，则在销售季结束前就缺货了。蒂芙妮希望改善供需的匹配。一家当地供应商曾表示可以在销售季中期进行第二次交货，但希望采购价格提高 5%。蒂芙尼必须确定这个价格的上涨是否值得，也就是要确定在销售季进行第二次订货带来的收益是否高于价格上涨所增加的成本。

Winner 公司的上个销售季

Winner 公司的销售年度分为四个销售季，每个销售季约为三个月。公司已实施了低成本采购战略，并且在亚洲的低成本国家确定了供应商。虽然这些供应商提供了较低的采购价格，但是它们要求 Winner 公司在销售季开始前很早就下达订单。为了降低成本，供应商仅在销售季开始前几周交一次货。这就要求采购部门进行精确的预测。蒂芙妮有一支经验丰富的采购团队，他们基于历史销售情况和当前销售季的新设计来确定对每个供应商的订货量。但遗憾的是，他们匹配供求的结果相当差。Winner 公司总是出现销售好的产品缺货、销售不好的产品却积压的情况。

蒂芙尼决定把重点放在上个销售季出现问题的几种产品上。"Trendy" 是女士衬衣系列，正如名字所示，它包含最前沿的时尚。采购委员会一直看好这个新设计，并为销售季订购了 570 件。糟糕的是，这批货中有 250 件在销售季末仍未售出。"Trendy" 衬衫以全价 100 美元出售，但对于在销售季结束时未售出的 250 件衬衫，Winner 只能收回 20 美元/件的残值。这是巨大的损失，因为每件衬衫的采购价是 40 美元。相反，"Basic" 是 T 恤系列，一直保留在 Winner 公司的产品组合中。采购委员会订购了 1 080 件 "Basic" T 恤，但是它在销售季结束前就缺货了。蒂芙妮的团队估计如果还有库存的话，公司可以再销售 60 件。由于 Winner 公司每销售一件 "Basic" T 恤的利润为 20 美元，因此由于缺货公司损失了 1 200 美元的利润。

来自响应型供应商的建议

一家当地的供应商听说蒂芙妮正在重新考虑产品采购。它建议通过两次交货满足 Winner 公司的需求。第一批货在销售季开始前送达，满足约半个销售季的销售量。第二批货将在销售季中期左右送达，但时间和数量可以根据前半个销售季的销售情况进行调整。供应商承诺交货，以确保前半个销售季没有缺货。也就是说，如果前半个销售季的销售量高于预期，供应商会提前发第二批货（发货数量更大）。如果前半个销售季的销售量低于预期，Winner 公司可以减少第二次订货的数量。因为能够提供这种柔性，当地供应商要求比低成本供应商高 5% 的溢价。如果从当地供应商购买，则 "Trendy" 系列的成本将为 42 美元/件（而不是 40 美元/件），"Basic" 系列的成本将为 31.50 美元/件（而不是 30 美元/件）。蒂芙妮认为有了销售季中期的补货，在前半个销售季未买到产品的顾客会在后半个销售季购买该产品。因此，在前半个销售季不会出现失售。她的团队准备了需求和成本数据，如表 13-8 和表 13-9 所示。蒂芙妮必须确定当地供应商的响应性是否值得另外付出 5% 的单位成本。

表 13-8　销售季的需求和从低成本供应商采购的成本

产品	销售价格 p	采购成本 c	残值 s	销售季的平均需求 μ	销售季需求的标准差 σ
Trendy	100 美元	40 美元	20 美元	400 件	250 件
Basic	50 美元	30 美元	20 美元	1 000 件	200 件

表 13-9　半个销售季的需求和从响应型供应商采购的成本

产品	销售价格 p	采购成本 c	残值 s	半个销售季的平均需求 μ_H	半个销售季需求的标准差 σ_H
Trendy	100 美元	42.00 美元	20 美元	200 件	177 件
Basic	50 美元	31.50 美元	20 美元	500 件	141 件

附录 13A　最优产品可获性水平

目标：

计算能够使利润最大化的产品可获性水平。

分析：

假设需求为连续非负随机变量，其密度函数为 $f(x)$，累积分布函数为 $F(x)$。C_u 是单位利润，也就是单位欠储成本。C_o 为单位超储成本。

假设采购量为 Q 单位，而需求量为 x 单位。若 $Q \leqslant x$，全部 Q 单位都将售出，利润为 QC_u。相反，若 $Q > x$，则只有 x 单位产品被售出，利润为 $xC_u-(Q-x)C_o$。因此，预期利润 $P(Q)$ 为：

$$P(Q)=\int_0^Q [xC_u-(Q-x)C_o]f(x)\mathrm{d}x+\int_Q^\infty QC_u f(x)\mathrm{d}x$$

为了确定能使预期利润 $P(Q)$ 最大化的 Q 值，我们有：

$$\begin{aligned}\frac{\mathrm{d}P(Q)}{\mathrm{d}(Q)}&=-C_o\int_0^Q f(x)\mathrm{d}x+C_u\int_Q^\infty f(x)\mathrm{d}x\\&=C_u[1-F(Q)]-C_oF(Q)=0\end{aligned}$$

这意味着存在最优订货量 Q^*，且

$$F(Q^*)=\frac{C_u}{C_u+C_o}$$

可以验证二阶导数为负值，这意味着在 Q^* 时总预期利润最大。

附录 13B　中间推导过程

目标：

假设 x 服从正态分布，均值为 μ，标准差为 σ，于是

$$A=\int_{x=-\infty}^{a} xf(x)\mathrm{d}x=\mu F_S\left(\frac{a-\mu}{\sigma}\right)-\sigma f_S\left(\frac{a-\mu}{\sigma}\right) \tag{13.8}$$

这里，$f(x)$ 是正态分布密度函数，$f_S()$ 是标准正态分布密度函数，$F_S()$ 是标准正态累积分布函数。

分析：

由式（12.21），可得：

$$A=\int_{x=-\infty}^{a} xf(x)\mathrm{d}x=\int_{-\infty}^{a} x\,\frac{1}{\sqrt{2\pi}\sigma}\mathrm{e}^{-(x-\mu)^2/2\sigma^2}\mathrm{d}x$$

将 $z=(x-\mu)/\sigma$ 代入。那么 $\mathrm{d}x=\sigma\mathrm{d}z$。因此，可得：

$$\begin{aligned}A&=\int_{z=-\infty}^{(a-\mu)/\sigma}(z\sigma+\mu)\,\frac{1}{\sqrt{2\pi}}\mathrm{e}^{-z^2/2}\mathrm{d}z\\&=\mu\int_{z=-\infty}^{(a-\mu)/\sigma}\frac{1}{\sqrt{2\pi}}\mathrm{e}^{-z^2/2}\mathrm{d}z+\sigma\int_{z=-\infty}^{(a-\mu)/\sigma}z\,\frac{1}{\sqrt{2\pi}}\mathrm{e}^{-z^2/2}\mathrm{d}z\end{aligned}$$

已知累积分布函数和概率密度函数之间的关系。利用标准正态分布的定义和式（12.21）可得：

$$F_S(t)=\int_{z=-\infty}^{t} f_S(z)\mathrm{d}z=\int_{z=-\infty}^{t}\frac{1}{\sqrt{2\pi}}\mathrm{e}^{-z^2/2}\mathrm{d}z$$

将 $w=z^2/2$ 代入 A 的表达式，则 $\mathrm{d}w=z\mathrm{d}z$。因此

$$A=\mu F_S\left(\frac{a-\mu}{\sigma}\right)+\sigma\int_{w=-\infty}^{(a-\mu)^2/2\sigma^2}\frac{1}{\sqrt{2\pi}}\mathrm{e}^{-w}\mathrm{d}w$$

或

$$A=\mu F_S\left(\frac{a-\mu}{\sigma}\right)-\sigma f_S\left(\frac{a-\mu}{\sigma}\right)$$

附录 13C　订货的预期利润

目标：

假设需求服从正态分布，且均值为 μ，标准差为 σ。每单位的零售价为 p，成本为 c。未售出单位的残值为 s。如果订货量为 O，求预期利润的表达式。

分析：

如果订购 O 单位产品，而需求 $x\leqslant O$，则 x 单位产品每单位的销售贡献为 $p-c$，而（$O-x$）单位未售出产品每单位的损失为 $c-s$。如果需求$>O$，则 O 单位产品每单位的销售贡献为 $p-c$。因此，可得：

$$\text{预期利润}=\int_{x=-\infty}^{O}[(p-c)x-(c-s)(O-x)]f(x)\mathrm{d}x+\int_{x=O}^{\infty}O(p-c)f(x)\mathrm{d}x$$
$$=\int_{x=-\infty}^{O}[(p-s)x-O(c-s)]f(x)\mathrm{d}x+\int_{x=O}^{\infty}O(p-c)f(x)\mathrm{d}x$$

由式（13.8），可得：

$$\int_{x=-\infty}^{O}xf(x)\mathrm{d}x=\mu F_S\left(\frac{O-\mu}{\sigma}\right)-\sigma f_S\left(\frac{O-\mu}{\sigma}\right)$$

因此，可以计算预期利润如下：

$$\text{预期利润}=(p-s)\mu F_S\left(\frac{O-\mu}{\sigma}\right)-(p-s)\sigma f_S\left(\frac{O-\mu}{\sigma}\right)-O(c-s)F(O,\mu,\sigma)$$
$$+O(p-c)[1-F(O,\mu,\sigma)]$$

附录 13D 订货的预期超储量

目标：

假设需求服从正态分布，且均值为 μ，标准差为 σ。如果订货量为 O，求预期超储量的表达式。

分析：

如果订货量为 O，只有当需求 $x<O$ 时才出现超储。因此有：

$$\text{预期超储量}=\int_{x=-\infty}^{O}(O-x)f(x)\mathrm{d}x=\int_{x=-\infty}^{O}Of(x)\mathrm{d}x-\int_{x=-\infty}^{O}xf(x)\mathrm{d}x$$
$$=OF_S\left(\frac{O-\mu}{\sigma}\right)-\int_{x=-\infty}^{O}xf(x)\mathrm{d}x$$

由式（13.8）可得

$$\text{预期超储量}=OF_S\left(\frac{O-\mu}{\sigma}\right)-\mu F_S\left(\frac{O-\mu}{\sigma}\right)+\sigma f_S\left(\frac{O-\mu}{\sigma}\right)$$
$$=(O-\mu)F_S\left(\frac{O-\mu}{\sigma}\right)+\sigma f_S\left(\frac{O-\mu}{\sigma}\right)$$

附录 13E 订货的预期欠储量

目标：

假设需求服从正态分布，且均值为 μ，标准差为 σ。如果订货批量为 O，求预期欠储量的表达式。

分析：

如果订货批量为 O，只有当需求 $x>O$ 时才出现欠储。因此有：

$$\text{预期欠储量}=\int_{x=O}^{\infty}(x-O)f(x)\mathrm{d}x=\int_{x=O}^{\infty}xf(x)\mathrm{d}x-\int_{x=O}^{\infty}Of(x)\mathrm{d}x$$
$$=\int_{x=-\infty}^{\infty}xf(x)\mathrm{d}x-\int_{x=-\infty}^{O}xf(x)\mathrm{d}x-O\left[1-F_S\left(\frac{O-\mu}{\sigma}\right)\right]$$
$$=(\mu-O)+OF_S\left(\frac{O-\mu}{\sigma}\right)-\int_{x=-\infty}^{\infty}xf(x)\mathrm{d}x$$

由式（13.8），可得

$$预期欠储量=(\mu-O)+OF_S\left(\frac{O-\mu}{\sigma}\right)-\mu F_S\left(\frac{O-\mu}{\sigma}\right)+\sigma f_S\left(\frac{O-\mu}{\sigma}\right)$$
$$=(\mu-O)\left[1-F_S\left(\frac{O-\mu}{\sigma}\right)\right]+\sigma f_S\left(\frac{O-\mu}{\sigma}\right)$$

附录 13F 利用 Excel 电子表格进行模拟

模拟是一种复制现实生活场景的计算机模型，让使用者能够估计每一种行动方案可能产生的结果。模拟是一种有效的工具，可以帮助估计在不确定环境下商业决策对企业绩效的影响。在某些情况下，我们可以不借助模拟，而是通过数学模型描述未来场景，并且可以获得不同策略对绩效的影响的公式。而在另一些情况下，很难或根本不可能建立数学模型，此时就必须使用模拟。模拟方法非常强大，因为它可以应用于任何复杂的情形。一些无法通过分析解决的问题，通过模拟通常可以很容易地得到解决。好的模拟方法是一种低成本的方法，可以用来检测不确定环境下的不同行为并从中找出最有效的解决方法。

以一家通过邮购方式销售服装的公司 Lands' End 为例。Lands' End 面临不确定的市场需求，并且要制定有关产品目录的印制量和邮寄量、每种产品的订购量、与供应商签订的合同等方面的决策。Lands' End 公司的总经理希望在实施各项策略之前先对其进行评估。模拟要求管理者创建一个计算机模型来模拟订单发出、库存持有、顾客需求及 Lands' End 供应链中的其他流程。

需求实例是指从需求分布中获得的随机需求。每次从需求分布函数中产生一个需求，就会产生一个新的需求实例。根据对未来需求分布的估计，随机生成不同产品的需求实例。对生成的每一个需求实例，评估订货策略的影响。基于大量的需求实例，管理者就可以评估一项策略的绩效均值和波动。然后可以对不同策略进行比较。

利用 Excel 生成随机数

模拟中的一个基本步骤是生成与分布函数相对应的随机数，这些分布函数是为未来需求或一些其他参数而估计的。例如，若 Lands' End 公司预计冬季目录中的羊绒衫的需求服从均值为 3 000 件、标准差为 1 000 件的正态分布，那么管理者需要从该分布函数中生成若干需求实例。Excel 提供了多种可生成随机数的函数。

RAND() 函数可生成在 0～1 之间均匀分布的随机数。因此，RAND() 函数生成的随机数落在 0～0.1 之间的概率为 10%，落在 0～0.5 之间的概率为 50%，落在 0～0.9 之间的概率为 90%。RAND() 函数可用于从多种分布中生成随机数。

Excel 中的 NORMINV[RAND()，μ，σ] 函数生成服从正态分布的随机数，且均值为 μ，标准差为 σ。Excel 的 NORMSINV(RAND()) 函数生成服从正态分布的随机数，且均值为 0，标准差为 1。事实上，NORMINV 和 NORMSINV 都可能生成负数，因此在用它们生成需求参数时常常出现问题。一种解决上述问题的办法是使用 0 和 NORMINV(RAND()，μ，σ) 中的最大值来生成需求参数。如果变异系数 cv 小于 0.4，这种方法是合适的。对于较大的变异系数，最好使用对数正态分布，因为它只生成非负数。Excel 中的 LOGINV(RAND()，μ，σ) 函数生成服从对数正态分布的随机数 X，$\ln(X)$ 服从均值为 μ，标准差为 σ 的正态分布。利用另外一些 Excel 函数还可以生成其他一些需求分布。

建立模拟模型

Lands' End 公司计划在其冬季目录中以 150 美元的价格销售羊绒衫。管理者预计羊绒衫的需求服从均值 $\mu=3\ 000$ 件、标准差 $\sigma=1\ 000$ 件的正态分布。在冬季销售季即将结束时，Lands' End 会发出一份清仓促销目录，销售季未售出商品都将以折扣价出售。折扣价格将决定促销目录上各种产品的需求。管理者预计促销目录将带来的羊绒衫的需求服从正态分布，均值为 $1\ 000-5p$，标准差为 $(1\ 000-5p)/3$，其中 p 是折扣价格。清仓促销后仍未售出的羊绒衫将捐赠给慈善机构。Lands' End 公司每件羊绒衫的成本为 50 美元，捐赠给慈善机构的每件羊绒衫可使 Lands' End 公司获得 25 美元的税收减免。每件未售出羊绒衫的储存成本和运往慈善机构的运输成本为 5 美元，因此，每件捐赠给慈善机构的羊绒衫的残值 $s=20$ 美元。管理者决定将折扣价定为 $\max(25,\ 150-n/20)$，其中 n 为冬季销售结束后剩余的羊绒衫数量。管理者希望确定在冬季销售季开始时应订购的羊绒衫的数量。

第一步是建立模拟模型以求出冬季销售季中需求实例的净利润。所建立的模拟模型如图 13-6 所示（参见电子数据表 Chapter 13-LandsEnd-simulation）。

	A	B	C	D	E	F	G	H	I
1	Lands' End 公司的订货批量和定价								
2									
3	羊绒衫的成本=			50 美元					
4	冬季目录上的销售价格=			150 美元					
5	冬季需求的均值=			3 000件					
6	冬季需求的标准差=			1 000件					
7	打折后需求的均值=			348件					
8	打折后需求的标准差=			115.83件					
9									
10	采购的初始数量=			3 000件		羊绒衫的采购成本=			150 000美元
11	冬季的需求=			2 610件		来自冬季销售的收入=			391 500美元
12	将以折扣价出售的羊绒衫数量=			390件		来自折扣销售的收入=			25 187美元
13	折扣价格 p=			130.5 美元		来自捐赠的净收益=			3 940美元
14	折扣价格下的需求=			193件		净利润=			270 627美元
15	以折扣价格出售的数量=			193件					
16	捐给慈善机构的数量=			197件					
17									
18	平均利润=		266 688.33 美元			打折出售的羊绒衫的平均数量=365件			
19	利润的标准差=		62 588.49 美元			捐赠给慈善机构的平均数量= 179件			

单元格编号	单元格操作函数	单元格编号	单元格操作函数
D7	=1 000-5*D13	D16	=D12-D15
D8	=D7/3	I10	=D3*D10
D11	=INT(MAX(0,NORMINV(RAND(),D5,D6)))	I11	=MIN(D10,D11)*D4
D12	=MAX(0,D10-D11)	I12	=D15*D13
D13	=MAX(25,150-D12/20)	I13	=D16*20
D14	=INT(MAX(0,NORMINV(RAND(),D7,D8)))	I14	=SUM(I11:I13)-I10
D15	=MIN(D12,D14)		

图 13-6 Lands' End 公司的 Excel 模拟模型

利用数据表创建多个实例

建立模拟模型后，下一步是建立多个随机需求实例，并计算订货量为3 000单位时的平均利润。在Excel中，可使用数据表进行多次重复模拟。目的是计算多次重复模拟的利润均值和标准差、打折出售的羊绒衫的平均数量、捐赠给慈善机构的羊绒衫的平均数量。在A23:D522区域内构建数据表如下，以针对500个需求实例经过多次重复得出模拟结果。

1. 在单元格B23中输入公式“＝I14”，在单元格C23中输入公式“＝D12”，在单元格D23中输入公式“＝D16”。这样一来，利润就被复制到单元格B23中，折扣销售数量就被复制到单元格C23，捐赠给慈善机构的数量就被复制到单元格D23中。

2. 选定A23:D522的区域。从工具栏下拉菜单中选择（Data→What-If analysis→Data Table）。在运算表（Table）对话框中，将单元格A23作为输入引用列的单元格。然后点击“确认”。

数据表创建在A23:D522区域。数据表中每一行给出了随机需求实例下的利润、打折销售数量和捐赠给慈善机构的数量。Excel运用新的随机数，重新计算数据表中每一行的结果。接下来，就可以从数据表中得到平均利润、打折销售的平均数量，以及捐赠给慈善机构的羊绒衫的平均数量。这些分别在电子数据表Chapter 13-LandsEnd-simulation中的单元格C18、I18和I19中计算（见图13-6）。

每按一次F9键，就会生成一个新的随机数，并重新计算所有的相关数值。Lands' End公司的管理者可以通过改变单元格D10的输入值，利用模拟来评估不同初始订货策略对公司绩效的影响。

SUPPLY CHAIN
MANAGEMENT
第V篇
运输网络的
设计和规划
Designing and Planning
Transportation Networks

第 14 章 供应链中的运输

Transportation in a Supply Chain

学习目标

通过本章学习，你应当能够：

1. 了解各种运输方式在供应链中的作用。
2. 讨论运输中基础设施和政策的作用。
3. 识别各种运输网络设计方案的优缺点。
4. 了解当天交付的响应性网络的成功因素。
5. 评估托运人在设计运输网络时需要权衡的因素。
6. 在供应链中设计定制运输网络。

本章将讨论运输在供应链中的作用，并识别制定运输决策时必须权衡的各种因素。我们的目标是使管理者能够做出运输战略和设计、计划和运作决策，并了解其选择方案的所有重要利弊。

14.1 运输方式及其在供应链中的作用

运输是为了使产品从供应链的源头转移到顾客手中所发生的产品的空间位移。运输是一个重要的供应链驱动因素，因为产品的生产和消费极少发生在同一地点。在绝大多数供应链中，运输成本都是供应链成本的重要组成部分。根据美国运输统计局（Bureau of Transportation Statistics，BTS）的资料："美国在 2002 年运输了超过 190 亿吨、价值 13 万亿美元的货物，运输量超过 4.4 万亿吨英里。"[①] 仅住房、医疗保健和食品这三个部门在美国国内生产总值（GDP）中所占比重高于运输部门。2002 年，与运输有关的工作岗位雇用了近 2 000 万人，占美国就业总人数的 16%。

在全球供应链中，运输的作用更为重要。据美国运输统计局的资料，在 2004 年，美国货物运输网络发运的进出口货物的价值超过 2.2 万亿美元，比 1990 年的 8 220 亿美元增长了 168%。同一时期，美国进出口总量占国内生产总值的比重从 12%增加到 21%。

任何供应链的成功都与合理利用运输来支持其竞争战略密切相关。企业应当设计针对运输职能的激励来帮助实现这一目标。过去，对企业内部运输职能的评价往往是基于其能够降低运输成本的程度来评估的。这种对成本的关注虽然降低了运输成本，但损害了顾客的响应水平，并可能使企业总成本增加。如果仅根据卡车的装

① Bureau of Transportation Statistics，*Freight in America*，January 2006.

载程度来对配送中心调度员进行评价的话，为了实现更大的装载量，调度员很可能会延迟发货从而损害对顾客的响应水平。因此，为了更好地支持竞争战略，企业应当根据总成本和所实现的顾客响应性水平来评估运输职能。

北欧的家具零售商宜家（IKEA）就是一个运输战略支持其竞争战略的例子。宜家建立了一个全球网络，在 42 个国家和地区拥有 350 家门店，而这一切都是建立在高效运输的基础之上的。宜家在截至 2013 年 8 月的财政年度的销售额达到 292 亿欧元。宜家的战略是以低价格提供优质的产品。事实上，其目标是每年降价 2%～3%。因此，宜家努力为每一种产品寻求最便宜的全球供应源。家具的模块化设计使宜家比传统家具制造商更经济地在世界范围内运输其货物。大规模的店铺和庞大的货运量，使宜家可以低成本地运输家具至零售店。模块化设计、有效的采购和低成本的运输使宜家能够在全球以较低的价格提供高质量的家具。

日本 7-11 是另一家利用运输来实现战略目标的企业。日本 7-11 的目标是，无论何时何地，都要保证店内的产品满足顾客的需求。为实现这一目标，日本 7-11 利用响应性的运输系统为其店铺进行每日数次的补货，确保产品的供给能够满足顾客的需求。为了能以合理的成本实现频繁送货，日本 7-11 会根据对温度的要求，将不同供应商的产品进行集并运输。日本 7-11 利用响应性的运输系统和产品集并运输方式，既降低了运输和收货成本，又确保了产品供给与顾客需求的匹配。

供应链还可以利用具有响应性的运输方式来实现库存集中，减少运营设施。例如，亚马逊依靠包裹承运人和邮政系统将货物从中央仓库发运给顾客。McMaster-Carr 公司使用地面运输和包裹承运人从 5 个配送中心向约 90%的美国企业提供各种 MRO 产品的次日送达服务。配送中心的选址和有效的运输网络使得 McMaster-Carr 公司在使用低成本运输方式的同时实现了快速响应。

托运人（shipper）是供应链中需要将产品由一个地点运往另一个地点的一方。承运人（carrier）是移动或运输产品的一方。例如，当 McMaster-Carr 公司使用 UPS 将其产品从仓库运给顾客时，McMaster-Carr 是托运人，UPS 是承运人。除托运人和承运人外，还有另外两方也对运输有着重大影响：（1）公路、港口、运河、机场等运输基础设施的所有者和经营者；（2）世界各地制定运输政策的相关组织。以上四方的行为都会影响运输的有效性。

要理解供应链中的运输，重要的是要考虑所有四方的观点。承运人制定涉及运输工具（如铁路机车、卡车、飞机等）的投资决策，在某些情况下对基础设施（如铁路）的投资决策，然后制定运作策略以尽可能从这些投资中获得最大回报。相反，托运人则要利用运输在为顾客提供适当的响应性水平的同时，最小化总成本（包括运输、库存、信息、采购、设施等）。承运人的有效性受港口、公路、航道和机场等基础设施的影响。全世界大多数运输基础设施都作为公共产品由政府所有和经营。重要的是，对基础设施的管理应确保在需要时能够有足够的资金用于设施维护和未来能力投资。运输政策为用于改善运输基础设施的国家资源明确了方向。制定运输政策的目的还在于防止出现行业垄断，促进公平竞争，平衡运输中的环境、能源和社会问题。

供应链通常综合运用以下几种运输方式：

- 航空；

- 包裹承运人；
- 卡车；
- 铁路；
- 水路；
- 管道；
- 多式联运。

表 14-1 概括了美国 2011 年各种运输方式下的商业货运活动，以及 2009 年各种运输方式对 GDP 的贡献。

表 14-1 运输情况

方式	2011 年的货物价值（10 亿美元）	2011 年的货物吨数（百万）	2011 年的吨英里数（10 亿）	2009 年对 GDP 的贡献（10 亿美元）
航空	394	6	11	61.9
卡车	12 181	11 924	2 337	113.1
铁路	588	2 053	1 518	30.8
水路	201	645	434	14.3
管道	889	1 912	1 018	12.0
多式联运	1 985	583	489	

资料来源：*Freight Shipments Within the U.S. by Mode*，Bureau of Transportation Statistics，Retrieved April 19，2017.

在讨论不同运输方式之前，有必要先了解美国经济中的一些重要趋势。按 2000 年的美元价值计算，1970—2002 年美国的实际 GDP 增长了 176%。在同一时期，用吨英里数衡量的美国货物运输仅增长了 73%。在 1970 年，2.1 吨英里的货物运输对 GDP 的贡献仅为 1 美元。而 2002 年，1.1 吨英里的货物运输对 GDP 贡献就达到了 1 美元。这一趋势反映了新技术使得产品的尺寸缩小了，货物运输系统的效率也有所提高。2002 年以来这一趋势仍在持续。

运输方式的有效性受承运人的设备投资和运作决策、可用的基础设施情况、运输政策的影响。承运人的主要目标是确保资产的良好利用，同时为顾客提供可接受的服务水平。承运人的决策受设备成本、固定运营成本、变动运营成本、承运人试图提供给目标顾客群的响应性水平以及市场可承受的价格等因素的影响。接下来，我们讨论各种运输方式及其在供应链中的作用。

14.1.1 航空运输

航空公司的成本由三项组成：(1) 基础设施和设备的固定成本；(2) 劳动力和燃油成本，这些成本对于某次航班来说是固定的，与航班上的乘客或货物量无关；(3) 取决于所搭乘的乘客或货物量的可变成本。由于某次航班的大部分成本在起飞时就已发生，因此航空公司的一个重要目标是使每次航班的收入最大化。因此，收入管理（详见第 16 章）是航空公司成功的一个重要因素。

航空承运人提供了一种快速、费用相对较高的货物运输方式。价值高的小件货物，或时间敏感性高但又需要长距离运输的紧急货物最适合采用航空运输。航空承运人通常运送 500 磅[①]以下的货物，包括高价值但重量轻的高科技产品。随着高科

① 1 磅≈0.45 千克。——译者

技的不断发展，在过去20年间，尽管空运货物的价值有所增加，但空运货物的重量有所下降。2002年，美国企业通过航空运输的货物价值为每吨7.5万美元，到目前为止是所有运输方式中最高的。

航空承运人面临的主要问题包括：确定航空港的数量和位置，为各个航线指派飞机，制订飞机的维修保养计划，调配机组人员，管理机票价格和不同价格下座位或货物空间的分配。

14.1.2 包裹承运人

包裹承运人（package carriers）是指承运小到信件，大到重约150磅的物品的运输企业，如联邦快递、UPS、美国邮政服务公司等。包裹承运人利用航空、卡车、铁路等运输方式运送对时间要求比较严格的小件货物。包裹承运人收费很高，因此在大件货运上无法与零担承运人竞争。它们给托运人提供的主要服务是快速、可靠地交付。因此，托运人选择包裹承运人来运送时间敏感性高的小件物品。包裹承运人还提供其他增值服务，如包裹跟踪，某些情况下还提供产品的加工及组装服务。

对于亚马逊等电子商务企业和固安捷、McMaster-Carr等通过小件包裹向顾客寄送产品的企业，包裹承运人是首选的运输方式。随着在线销售的增长，过去几年间包裹承运人的业务量有了极大增长。与航空货运承运人相比，包裹承运人承接的是体积更小、时间更敏感的货物，尤其当货物跟踪和其他增值服务对托运人很重要时。

由于包裹较小且要经过多个转运点，因此对于包裹承运人来说，通过集并运输来提高利用率和降低成本非常关键。包裹承运人使用卡车在当地送货和取件，然后包裹被运往大型分拣中心，经过分拣再通过整车、铁路或空运送往距离交货地最近的分拣中心。最后，包裹由交货地附近的分拣中心通过小型货车以集货配送的方式（将在本章后面的部分介绍）送往顾客。该行业面临的关键问题包括转运点的选址和产能以及跟踪在途包裹状态的信息能力。为了将货物最终送到顾客手中，包裹承运人还必须考虑配送卡车的路线和日程安排。

14.1.3 卡车运输

在世界上的大多数地方，卡车运输占据了货物运输的绝大部分份额。2002年，卡车运输占美国商业货运总价值的69.5%，占货运总重量的60.1%。[①] 卡车运输业由两个主要部门组成——整车运输和零担运输。卡车运输比铁路运输费用高，但它的优势在于能实现门到门运输且运输时间更短。卡车运输的另一个优势是取货和送货之间不需要中转。

整车运输方式的固定成本相对较低，而且只需拥有几辆卡车就可以从事整车运输。该行业的特点是装运量在10 000磅或以上，在美国有超过50 000家承运人提供整车运输服务。整车运输业务遇到的挑战是，在大多数市场都存在内向运输量和外向运输量不平衡的问题。例如，纽约的物资流入量明显高于流出量。整车承运人

① Bureau of Transportation Statistics，*Freight in America*，2006.

的目标是合理安排能带来高收入的货物运输，同时尽量减少卡车的闲置和空行程时间（放空车）。

零担运输业务的定价旨在鼓励小批量运输，通常小于整车的一半，因为整车运输对于大批量货物来说往往更便宜。零担运输适用于不能用小包裹运送（通常超过150 磅）而又不足整车的一半的货物。零担运输承运人通常经营着地区性或全国性的枢纽和轮辐式运输网络，从而可以对零散的货物进行集并。零担运输的时间比整车运输长，因为在运输过程中需要装卸其他货物。

因疲劳驾驶引起的事故与司机驾驶小时数有关，并随着司机驾驶行程的总长度的增加而增多。为了减少司机疲劳导致的交通事故，美国交通部（U. S. Department of Transportation）颁布了限制卡车司机工作时间的服务时间条例。所有整车和零担承运人在设计运输路线时都必须考虑这些规定。因此，自动驾驶卡车可能对卡车行业产生重大影响。

14. 1. 4　铁路运输

2002 年，美国铁路承运人运送的货物占货运总价值的 3%左右，占货运总重量的 10%，占总吨英里数的 30%以上。这些数据反映出铁路通常用于长距离货物运输。铁路承运人在铁轨、机车、车厢、场站方面投入了大量的固定成本。与行驶里程相关的大量的劳动力和燃料成本与车厢数量无关（燃料成本由于车厢数量的不同会有少许变化），但会随运输距离和运送时间的变化而变化。一旦列车发动，任何时间上的闲置都会带来高昂的成本支出，因为在这期间即使列车没有行进，仍会有劳动力和燃料成本发生。时间闲置主要发生在列车交换去往不同目的地的车厢时和轨道交通堵塞时。劳动力和燃料成本占铁路运输成本的 60%以上。因此从运作的角度看，保证机车和车组人员的有效利用非常重要。

铁路运输的价格结构及其对重型货物的运载能力，使得它成为远距离、大体积、高密度、高吨位货物的理想运输方式。当然，铁路运输的时间较长。因此，铁路运输通常适用于重量大、价值低、时间敏感性低的产品。例如，煤炭运输是铁路运输的重要组成部分。体积小、时间敏感性高、距离短或提前期短的货物则极少通过铁路运输。

铁路企业的主要目标是保证机车和车组人员的有效利用。铁路运输中的主要运作问题涉及机车和车组人员安排、线路和站点延误、准点率。由于每次转运都会花费大量时间，因此铁路的绩效会受到负面影响。通常行车时间只占铁路运输总时间的一小部分。由于现在的列车通常不是按日程表编排，而是等待“组合成车”，因而延误会更加严重。换句话说，只有当挂有足够多的车厢时，列车才能发车。车厢需要等待列车“成车”，这就增加了托运人交货时间的不确定性。铁路公司可以通过为某些车次安排发车计划而不是所有的车辆都等待“成车”来提高准点率。在这种情况下，必须对编制好发车时刻的列车采用更复杂的定价策略，如收入管理（详见第 16 章）。

14. 1. 5　水路运输

由于自然条件的限制，水路运输只能在特定的区域进行。在美国，水路运输一般是利用内河运输系统（五大湖和河流）或沿海水域。水路运输最适合低成本的大宗货物运输。在美国，水路运输主要用于大宗商品运输，是运输此类货物最为廉价的方式。然而，水路运输也是最慢的一种运输方式，并且在港口和码头容易发生严重的延迟。这使得水路运输不适用于短距离运输，不过在日本和欧洲部分地区，水路运输被有效地用于几英里的日常短途运输。

在全球贸易中，水路运输是占据主导地位的运输方式。各种产品都可以通过这种方式进行运输，如汽车、谷物、服装等都可采用海运。2001 年，价值超过 7 180 亿美元的商品贸易往来于美国和外国海港之间。2002 年海运货物的重量占美国国际商品货运总重量的 78%。从国际贸易中的运输量和运输距离来看，水路运输是目前最便宜的运输方式。全球海上贸易的一个重要趋势是集装箱使用的增长。这引发了对更大、更快和更专业的货运船舶的需求以提高集装箱运输的经济性。在港口和海关的延误、所使用的集装箱的安全和管理通常是全球海洋运输面临的主要问题。

14.1.6　管道运输

管道主要用于原油、精炼石油产品和天然气的运输。在美国，2002 年管道运输吨英里数占货运总吨英里数的 16%。建设管道和相关基础设施的初始固定成本非常高，这些成本不会随管道直径的变化而显著变化。当运输货物量达到管道运输能力的 80%～90%时，管道的运行效果通常最优。管道运输的成本特性决定了其最适用于需求相对稳定、流量较大的物资。管道运输是将原油运往港口或炼油厂的一种有效的运输方式。而投资建设一条管道将汽油送往加油站就不合理了，此时更适合采用卡车运输。管道运输的定价通常包括两部分——与托运人最大运量相关的固定部分和与实际运量相关的变动部分。这种定价结构鼓励托运人使用管道运输来运输可预测的那部分需求，而波动的那部分需求则通常使用其他运输方式。

14.1.7　多式联运

多式联运（intermodal）是指采用一种以上的运输方式将一批货物运往目的地。多式联运可以有多种组合方式，其中最常见的是卡车/铁路联运。随着海运集装箱使用的增加和全球贸易的发展，多式联运大大增加。对于全球贸易来说，多式联运往往是唯一的选择，因为工厂和市场可能并不位于港口旁边。随着越来越多的货物采用集装箱运输，卡车/水路/铁路的联运组合也有所增加。到 2001 年，多式联运在铁路收入中所占比重超过了 20%。[①] 在内陆，铁路/卡车联运系统的运作成本比卡车整车运输低，交货时间比铁路运输短。因此组合使用不同的运输方式，能在价格、服务方面创造任何单一运输方式无法比拟的竞争优势。同时，联运也为托运人带来了便利，现在托运人只需要和一个实体打交道，这个实体代表提供多式联运服务的所有承运人。

多式联运行业面临的关键问题是：如何通过信息交换使货物在不同运输方式之间顺利转移，因为货物在不同承运人之间转移的过程中，常常会发生严重的延迟，

① "The Value of Rail Intermodal to the U. S. Economy." accessed on April 29, 2011, from http://intermodal.transportation.org/Documents/brown.pdf.

从而影响交货时间。

大多数托运人在整个供应链中使用多式联运，这取决于产品价值和销售量以及所期望的响应性水平。例如，沃尔玛使用水路运输以低成本将进口产品从亚洲运至美国。然后，使用卡车和铁路运输将产品运至其配送中心和零售门店。沃尔玛还使用更昂贵的包裹承运人为网购顾客提供响应性的送货到家服务。

学习目标 1 小结

运输决策影响供应链的盈利能力，并影响供应链中的库存和设施决策。运输方式包括水路、铁路、卡车、航空、管道、多式联运和包裹承运人。水路运输通常是价格最低但速度最慢的运输方式，而航空运输和包裹承运人则是价格最高但速度最快的运输方式。铁路运输和水路运输适用于价值低、非紧急的大批量货物。航空运输和包裹承运人最适合体积小、价值高的紧急货物。多式联运和整车承运人比铁路和水路运输的速度更快，但价格也相对更高。零担运输承运人最适用于对于包裹承运人而言体积太大而对于整车运输而言体积又太小的货物。

14.2 运输基础设施和运输政策

公路、海港、机场、铁路、运河是运输网络节点和连线中的一些重要基础设施。在几乎所有国家，交通基础设施都被视为公共设施，政府在其建设和维护方面发挥着重要作用。基础设施的改善促进了运输的发展并由此带来了贸易的增长。有大量资料可以证明铁路和运河在美国经济发展中的作用。最近，道路、航空和港口基础设施的改善对中国经济发展的影响也有目共睹。

在考虑与运输基础设施相关的政策问题之前，有必要回顾一下美国铁路和道路基础设施的历史，了解其中涉及的一些问题。我们总结了埃利森（Ellison，2002）对公路发展史和行业规则的讨论中的一些要点。在 19 世纪 50 年代，美国的铁路建设发展迅猛。美国的铁路属于私有，但其建设时政府给予了大量补贴，这些补贴往往是以土地划拨的形式给予的。到 19 世纪 70 年代，铁路网已经覆盖了美国大部分地区。每一个铁路公司都是其所在路径上唯一的运输提供者。这种垄断使铁路公司能够自行定价并决定为顾客提供的服务水平。刚开始，新铁路的建设引发了一些运价竞争。之后各铁路公司间达成协议，结束了竞争，运价再次抬高。由于农场主和其他使用者对铁路垄断的抗议，美国州际商务委员会（Interstate Commerce Commission，ICC）成立，该委员会禁止差别定价。州际商务委员会要求各铁路公司向其报送运输价格并予以公示。为了应对这一政策，各铁路公司成立了卡特尔以限制运力供应。这导致了 1890 年《谢尔曼反托拉斯法案》（Sherman Antitrust Act）的通过。20 世纪 40 年代，由于铁路公司普遍面临财务危机，政府允许其在一定程度上进行联合并解除了对它们的反垄断条例。随着其他运输方式的发展以及铁路公司自身盘活资产的需要，到 20 世纪 70 年代初，铁路公司陷入严重的财务困境。1980 年通过的《斯塔格斯铁路法案》（Staggers Rail Act）全面放松了对铁路运输业的管制，赋予了它们一定的定价权，并且放松了市场准入和退出的管制。该法案还取消了铁路的反垄断豁免。美国放松管制之后，铁路行业出现了一波重组和合并浪潮。

总体而言，放松管制改善了铁路行业的财务状况，有更多的托运人选择利用铁路来运输货物。

莱文森（Levinson，1998）对公路建设和定价的历史给出了精彩论述。18世纪末，在弗吉尼亚州、马里兰州和宾夕法尼亚州，使用公共资金修建了收费公路，但这些公路后来被移交给收取通行费的私营公司。随着时间的推移，各个城市为了赢得贸易竞争也修建了其他一些收费公路。与联邦政府划拨土地修建的那些公路不同，这些公路通常是由地方政府支持并集资修建的。这些公路的收费模式一般是，区域内免费通行，但途经这一区域则需要支付费用。随着铁路和运河的发展，19世纪中期，收费公路面临财务困境，并最终转变为公共道路。随着运输方式的改变，需要更高质量的道路。因此建立了全美免费高速公路网络，主要使用燃油税作为资金来源。同时，隧道和桥梁等其他设施往往为收费设施。在其他许多国家，如法国和西班牙，一些私营公司被授予特许权收取通行费。最近，马来西亚、印度尼西亚、泰国等也修建了私营收费公路。

从上面的例子可以看出，政府将运输基础设施国有化，或者对垄断运输基础设施资产进行监管似乎是合理的。当运输基础设施资产在同种运输方式内部或不同运输方式之间存在竞争时，私有制、放松管制和鼓励竞争等措施似乎都能收到较好的效果。美国国内对运输业的放松管制就是一个很好的例子。然而，请记住，由于这些运输基础设施资产固有的垄断属性，道路、港口和机场基本上是公有的而非私有的。在这种情况下，对这些资产进行公有化是合理的。这就引发了为这些公有运输资产建设和维护筹集资金的政策问题：是通过收取燃油税进行融资，还是有其他更合适的筹资方式（如收取通行费）？

一些经济学家主张这些资产的公有制，并通过设定准市场价格来提高整体效率。准市场价格需要考虑到使用运输基础设施的个人的激励与拥有基础设施的公众之间的差异。之所以出现这种差异，是因为运输资产的每个使用者也会影响到资产的所有其他使用者。图14-1反映了公路交通的这一差异。

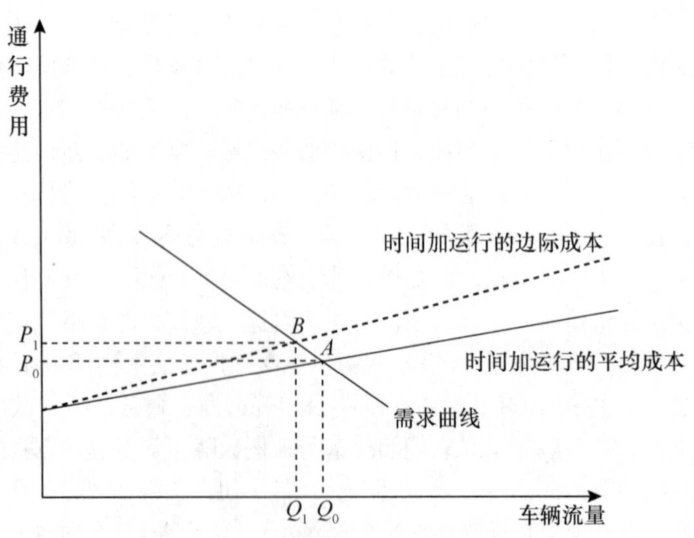

图14-1 车辆流量对平均成本和边际成本的影响

一位汽车驾驶者基于成本-收益分析决定是否走高速公路。图 14-1 假设这次出行对于不同的人价值不一样，且这些价值均匀地分布于某一区间。因此，需求曲线定义了某次出行的价值超过特定成本的驾驶者数量。我们假设一条简单的需求曲线：交通流量 $f=1\,000-$成本。汽车驾驶者的成本包括所有高速通行费、在高速上花费的时间成本、车辆运行和维修成本。众所周知，在高速公路上花费的时间随着拥堵程度的增加而增加。因此，每个驾驶者的平均成本随着交通流量的增加而增加，如图 14-1 所示。首先讨论没有通行费，汽车驾驶者只发生与拥堵、运行和维修相关的成本。假设总成本随着交通流量增加而增加，且总成本$=3f^2$。因此，每名驾驶者的平均成本可表示为：成本$=3f^2/f=3f$。由于没有高速公路通行费，需求取决于公路上行驶的驾驶者的平均拥堵、运行和维修成本。给定人们出行的价值，使用高速公路的驾驶者人数就由需求曲线与平均成本曲线的交点 A 决定，如图 14-1 所示。因为需求曲线 $f=1\,000-$成本，平均成本函数为成本$=3f$，因此我们可得 $f=1\,000-$成本$=1\,000-3f$。求解该方程，可以得到均衡时的驾驶者人数 $f=1\,000/4=250$。从而可以得出，驾驶者的平均成本 $P_0=3f=3\times250=750$，交通流量 $Q_0=f=250$。

然而，从公众的角度来看，考虑每增加 1 名驾驶者对总成本而非平均成本有何影响似乎更合理。可以看到，每增加 1 名驾驶者导致平均成本小幅增加 $3f$，但使全部驾驶者的总成本增加更多，增加了 $3f^2$（因为每增加 1 名驾驶者都会影响所有驾驶者的延迟）。图 14-1 中的边际成本曲线说明了这一点，边际成本曲线度量的是交通流量额外增加 1 单位时总成本的增加量。对于总成本$=3f^2$ 的总成本曲线，通过求导可得到边际成本，即 d（总成本）/d$f=6f$。可以看到，边际成本曲线 $6f$ 高于平均成本曲线 $3f$。换句话说，一位汽车驾驶者对总成本的边际影响远远高于他对平均成本的影响。为了让汽车驾驶者内部化其对他人的影响，应该根据驾驶者给系统增加的边际成本对其收取公路使用费。如果本例中这样做的话（以某种方式收取 $3f$ 作为额外费用，从而将总边际成本提高到 $6f$），由需求曲线可得 $f=1\,000-$边际成本$=1\,000-6f$。利用这个方程可求解 f，从而得到均衡交通流量 $f=1\,000/7=143$ 名。汽车驾驶者应被收取 $3f$ 的通行费，这个通行费取决于公路上的交通量。如果交通流量低于 143，驾驶者支付较低的通行费。随着交通流量的增加，通行费成比例增加，这个成本的增加使汽车驾驶者放弃进入高速公路。在均衡状态下，高速公路上有 $f=143$ 名汽车驾驶者，每人被收取与拥堵相关的通行费 $3f=3\times143=429$，每个人的平均拥堵相关成本为 $3f=429$，从而每位汽车驾驶者的总成本为 858。由于收取通行费，汽车驾驶者必须承担他们给高速公路系统带来的实际成本，因而进入高速公路的汽车驾驶者减少。收取通行费使交通流量从 $Q_0=250$ 降低到 $Q_1=143$，并使得每位驾驶者的平均拥堵成本从 750 降低到 429。可以看到，不收取拥堵费用导致运输基础设施的超负荷使用，并导致全部使用者的拥堵成本增加。

维克里（Vickrey）给出的一个简单的例子很好地说明了这个问题（Button and Verhoef，1998）。外出就餐的一群人，如果计划最后采取均摊付款（按平均成本收费）而不是每个人按自己的实际消费支付餐费（按边际成本收费）的话，那么每一位成员都很可能会点一道价格昂贵的菜品。因此，可以公平地说，与每个人按照自己的实际消费支付相比，均摊付账的总账单会更高。如果公路定价没有考虑拥堵情况的话，那么同样的情况也会发生在运输基础设施的使用上。

因此，对运输基础设施的准市场定价会导致高峰地段和高峰时段的价格上涨，否则价格降低。除了在新加坡和一些欧洲城市的中心城区，这种运输基础设施的定价策略并不多见。拥堵是一些港口和机场面临的首要问题。例如洛杉矶的长滩港在2004年就经历了严重的拥堵。造成拥堵的因素包括铁路运送集装箱的运输能力问题、劳动力短缺和技术问题。然而，许多托运人希望在周末从亚洲运送能够确保一整周产品供应所需的货物，这也导致了拥堵。这种做法人为地造成了一个拥堵的高峰时段。随着集装箱船越来越大，高峰时段的工作量也进一步加大。在这种情况下，通过收取高峰通行费以平衡货物的到达，是缓解拥堵的有效策略。总之，必须谨记运输基础设施面临与拥堵相关的许多问题，除非有办法迫使设施使用者内部化其行为的边际影响。收取拥堵费，并将所获得的资金用于提高交通基础设施的有效性可能是最有效的方法。

学习目标2小结

港口、公路、机场等基础设施对运输有重要影响。由于其固有的垄断属性，大部分运输基础设施需要公有化或被监管。在公有的情况下，根据平均成本进行定价会导致设施的超负荷使用和拥堵。有必要采取某种形式的拥堵定价，迫使使用者将其造成的网络成本的增加内部化。

14.3 运输网络的设计选择

运输网络设计将对供应链绩效产生影响，因为在运输网络中建立的基础设施会影响有关运输线路和运输计划安排的运输运作决策。设计良好的运输网络使供应链能够以低成本实现所期望的响应水平。在设计供应链两个环节之间的运输网络时需要考虑如下三个基本问题：

1. 运输应直接送达还是通过中间站点？
2. 应在中间站点库存产品还是仅将其作为一个越库设施？
3. 每条送货路线应为一个目的地服务还是为多个目的地服务？

基于对这些问题的不同回答，最终会存在多种多样的供应链运输网络。我们将讨论一个在不同地点拥有多个设施的买方从多个供应商处进行采购时，有哪些运输网络设计方案可供选择以及各种选择的优缺点。

14.3.1 单一目的地的直接运输网络

单一目的地的直接运输网络下，所有货物直接从供应商运送到买方不同地点的各个设施，如图14-2所示。每次装运的起点和终点都已确定，供应链管理者只需要决定装运的数量和使用的运输方式。如本章后面将讨论的，这一决定涉及运输成本和库存成本之间的权衡。

直接运输网络的最大优势在于无需中间仓库，使运作和协调简单化。装运决策完全是局部性的决策，对一次装运所做出的决策不会影响其他装运的决策。从供应商到买方所在地的运输时间很短，因为每批货物都是直接送达的。

只有当买方各个所在地的需求非常大，足以使每个供应商对每个所在地的最优补货批量接近卡车满载时，才适合采用单一目的地的直接运输网络。美国家居用品连锁店家得宝此前一直采用直接运输网络，因为 2002 年前它开设的都是大型卖场。每个卖场的订货量非常大，因此订货都是由每个卖场自已管理，货物直接从供应商运至卖场。但当家得宝开始开设小规模卖场时，单一目的地的直接运输网络就不适用了，因为小型卖场的订货量不够大，采用直接运输网络得不偿失。

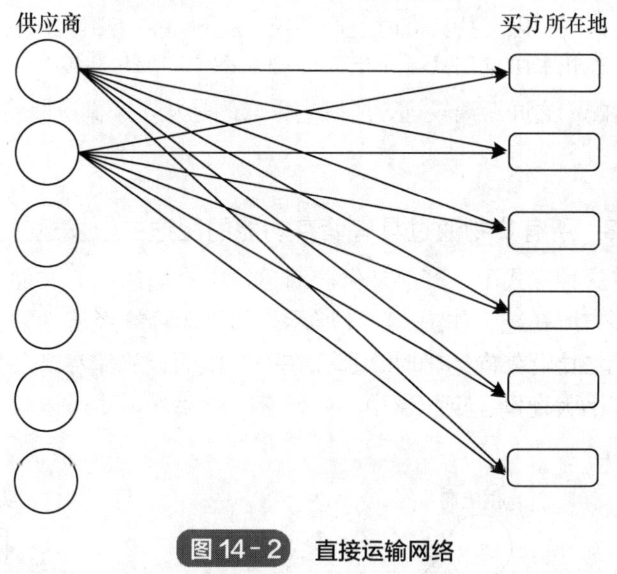

图 14-2　直接运输网络

14.3.2　集货配送的直接运输

集货配送（milk run）是指一辆卡车将产品从一个供应商送往多个零售商，或者是将产品从多个供应商运送到单一的买方所在地，如图 14-3 所示。集货配送的直接运输方式下，供应商用一辆卡车直接给多个买方所在地送货，或用一辆卡车从多个供应商处取货然后直接运送到同一个买方所在地。使用该策略时，供应链管理者必须决定每次集货配送的路线。

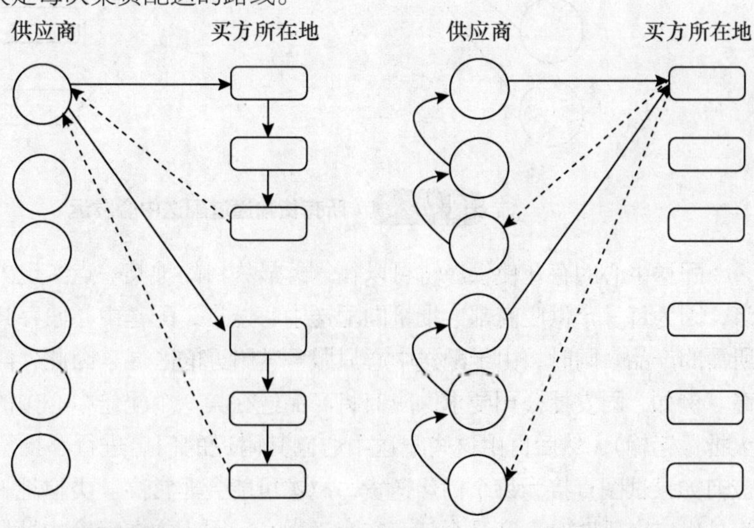

图 14-3　来自多个供应商或到多个买方所在地的集货配送

集货配送通过将送往多个地点的货物集中到一辆卡车上，降低了运输成本。当送往每个地点的货物量太小，不足以装满一辆卡车，而运往多个彼此邻近地点的货物集并起来可以装满一车的话，很适合采用集货配送。菲多利等公司就是采用集货配送方式为店铺直接送货以降低运输成本的。如果需要定期进行小批量频繁送货，且多个供应商或多个零售商在地理位置上非常靠近，那么采取集货配送方式可以大大降低运输成本。例如，丰田公司在日本和美国都对来自多个供应商的货物采取集货配送方式，以支持其准时生产系统。在日本，丰田公司有许多装配厂都是邻近分布的，因此丰田采用从一个供应商到多个工厂的集货配送方式。而在美国，因为丰田各装配厂之间距离较远，所以它采取的是从多家供应商到单一装配厂的集货配送方式。

14.3.3 所有货物通过具有储存功能的配送中心发运

在这种方式下，产品从供应商运往中央配送中心并储存，直到买方需要时再运至买方所在地，如图 14-4 所示。如果运输的经济性需要进行大量的内向运输或者无法协调外向运输时，那么在一个中间设施储存产品是合理的。在这种情况下，产品大批量运至配送中心并储存，然后在需要时以较小的补货批量送至买方所在地。

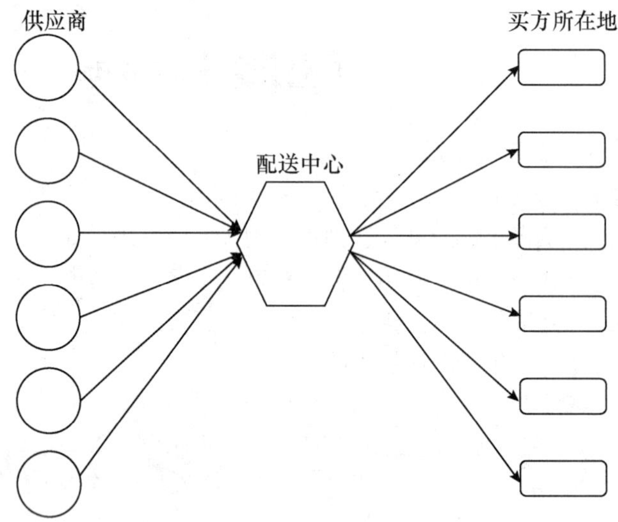

图 14-4 所有货物通过配送中心发运

配送中心的存在使供应链可以在靠近最终目的地某一点实现内向运输的规模经济，因为每一个供应商都大批量向配送中心送货，配送中心储存其服务的所有地点所需的产品。同时，由于配送中心只服务其附近的区域，因此外向运输成本不会太高。例如，固安捷公司要求供应商将产品送往其 9 个配送中心中的某一个（通常以大批量运输），然后再由这些配送中心向其附近的门店进行小批量的按需补货。供应商如果试图直接为每个门店送货，成本可能会非常高。类似地，当家得宝从一家海外供应商采购时，产品会储存在配送中心，因为内向运输的批量远远大于配送中心所服务的各个门店的补货批量的总和。

14.3.4　所有货物通过中间转运点进行越库运输

在这种方式下，供应商将货物发送到中间转运点（也可以是配送中心），在那里，货物不用储存，而是通过越库作业直接运给买方。此时的产品流与图 14-4 所示的类似，但在中间设施没有库存。当在配送中心越库运输产品时，每辆内向运输卡车上装有来自供应商的、要运往多个买方所在地的货物，而每辆外向运输卡车上装有来自多个供应商的、运往同一个买方所在地的货物。越库运输的主要优势在于它几乎不需要持有库存，产品在供应链中的流动速度加快。由于产品不再需要从储存区域搬进搬出，因此越库运输还可以节约搬运成本。当内向运输和外向运输都能达到规模经济并且能够协调内向货物和外向货物时，适合采用越库运输。

沃尔玛成功地运用越库运输，在不增加运输成本的前提下，降低了供应链中的库存水平。沃尔玛围绕配送中心建立许多大型门店。因此，从内向运输来看，这些门店对于每一个供应商的产品的总需求足够大，可以实现整车运输达到规模经济。从外向运输来看，所有供应商发往同一门店的产品也可以集中装载到一辆卡车上，从而实现规模经济。

利用中间转运点进行越库运输的另一个例子是芝加哥地区的在线食品杂货商 Peapod 公司。Peapod 的某配送中心通过集货配送方式为顾客送货，这种方法被证明对芝加哥北部和西部郊区的顾客是有效的。但是，Peapod 希望将配送中心的服务范围扩大到芝加哥市和密尔沃基市。这两个地方离该配送中心很远，以至于集货配送过程中要浪费两个小时在路上，使得运输效率低下。而这两个地区的市场又太小，不足以为其单独设立本地的配送中心。针对这一情况，Peapod 公司决定在每个地区建立一个越库设施（因为无须保有库存，其成本往往低于配送中心）。这样，Peapod 公司先用大型卡车将货物运送到当地的越库设施，然后再使用小型卡车进行当地配送。通过在中转站实施越库运输，Peapod 公司在没有大幅增加运输费用的情况下扩大了该配送中心的服务范围。

14.3.5　通过配送中心进行集货配送

如图 14-5 所示，如果要运送到每个买方所在地的货物批量较小，那么可以通过配送中心采取集货配送方式进行送货。集货配送可以通过集并小批量送货来降低外向运输成本。例如，由于发往一家店铺的总货物量无法装满一辆卡车，因此日本 7-11 公司在配送中心对来自新鲜食品供应商的货物实施越库作业，并采取集货配送方式向零售网点送货。越库运输和集货配送使得日本 7-11 能以更低的运输成本对各门店实现小批量补货。使用越库运输和循环送货，需要高度的协调以及合理的路径和计划安排。

在线食品杂货商 Peapod 公司就是采用集货配送方式从配送中心为其顾客提供送货上门服务，这有助于降低小批量送货的运输成本。OshKosh B'Gosh 公司是一家儿童服装生产商，它也利用配送中心的集货配送方式，基本消除了由配送中心到位于田纳西州的零售店的零担运输。

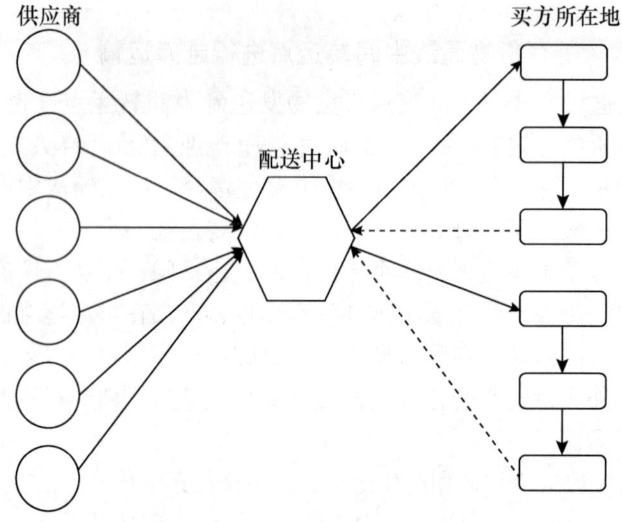

图 14-5 通过配送中心进行集货配送

14.3.6 定制网络

定制网络是对上述各种运输方案的适当组合，它能够降低供应链成本，提高供应链的响应性。这种方式下的运输会组合使用越库运输、集货配送、整车运输承运人、零担运输承运人，甚至某些情况下还会使用包裹承运人。其目的是针对具体的情况选择合适的方案。高需求的产品可以直接运往高需求的零售网点，而低需求的产品或运往低需求的零售网点的货物可以集并运输至配送中心后再集并配送。由于对每种产品或每个零售网点采取的送货流程都不一样，因此这种运输网络管理起来非常复杂。定制网络的运作需要在信息基础设施方面投入大量资金以促进协调。然而，这种定制网络使企业可以有选择地使用各种运输方法，以实现运输成本和库存成本的最小化。

表 14-2 概括了各种运输网络的优缺点。我们将在例 14-1 中讨论其中的一些选择。

表 14-2 各种运输网络的优缺点

网络结构	优点	缺点
直接运输	无中间仓库，便于协调	高库存（由于批量大）
集货配送的直接运输	降低小批量运输的成本，低库存	增加了协调的复杂性
所有货物通过具有储存功能的配送中心发运	通过整合降低了内向运输成本	库存成本增加，配送中心的搬运成本增加
所有货物通过中间转运点进行越库运输	库存需求低，通过整合降低了运输成本	增加了协调的复杂性
通过配送中心进行集货配送	降低了小批量运输的外向运输成本	进一步增加了协调的复杂性
定制网络	选择的运输方案最符合每种产品和每家商店的需要	协调的复杂性最高

例 14-1

选择运输网络

一家零售连锁店在某地区拥有 8 家门店，由 4 家供应商供货。卡车的运输能力为 40 000 单位，卡车运输成本为每年 1 000 美元加上 100 美元/次的送货费。也就是说，一辆卡车如果给两个地方送货则收费 1 200 美元。零售门店的年单位库存持有成本为 0.20 美元。

供应链副总裁正在考虑从供应商到零售门店是采用直接运输还是集货配送。如果每家门店每种产品的年销售量均为 960 000 单位，你建议选择哪种运输网络？如果每家门店每种产品的年销售量均为 120 000 单位，你建议选择哪种运输网络？

分析：

我们对每家门店每种产品的年销售量均为 960 000 单位的情况进行了详细的分析。分析假设所有卡车都是满载运输。还可以进行更复杂的分析，计算并在分析中使用每辆卡车的最佳载荷。（电子数据表 Chapter 14-examples 中的 Example 14-1 进行了此分析。）

首先分析直接运输网络，并假设从供应商到零售门店是满载运输。在本例中有：

从每个供应商到每家门店的运输批量＝40 000(单位)

从每个供应商到每家门店的年运输次数＝960 000/40 000＝24(次/年)

直接运输网络的年卡车运输成本＝24×1 100×4×8＝844 800(美元)

每家门店每种产品的平均库存＝40 000/2＝20 000(单位)

直接运输网络的年库存成本＝20 000×0.2×4×8＝128 000(美元)

直接运输网络的年总成本＝844 800＋128 000＝972 800(美元)

接下来，分析供应商采用集货配送方式向零售门店送货的情况。集货配送方式增加了运输成本，但是降低了每家门店必须持有的库存水平。我们提供一个详细的分析实例，假设供应商使用一辆卡车采用集货配送方式向两家门店送货。在本例中有：

从每个供应商到每家门店的运输批量＝40 000/2＝20 000(单位)

从每个供应商到每家门店的年运输次数＝960 000/20 000＝48(次/年)

每家门店每次运输的运输成本(两家门店/卡车)＝1 000/2＋100＝600(美元)

集货配送网络的年卡车运输成本＝48×600×4×8＝921 600(美元)

每家门店每种产品的平均库存＝20 000/2＝10 000(单位)

集货配送网络的年库存成本＝10 000×0.2×4×8＝64 000(美元)

集货配送网络的年总成本＝921 600＋64 000＝985 600(美元)

分析表明，当每家门店每种产品的需求为 960 000 单位时，采用直接运输方式的成本低于每条路线有两家门店的集货配送方式。增加集货配送的门店数量会使成本更高，因为采用集货配送所导致的运输成本的增加超过其所带来的库存持有成本的节约。

当每家门店每种产品的需求为 120 000 单位时，先提供直接运输网络下的详细成本分析（假设所有卡车都是满载运输）：

从每个供应商到每家门店的运输批量＝40 000(单位)
从每个供应商到每家门店的年运输次数＝120 000/40 000＝3(次/年)
直接运输网络的年卡车运输成本＝3×1 100×4×8＝105 600(美元)
每个门店每种产品的平均库存＝40 000/2＝20 000(单位)
直接运输网络的年库存成本＝20 000×0.2×4×8＝128 000(美元)
直接运输网络的年总成本＝105 600＋128 000＝233 600(美元)

对于直接运输网络，分析表明，为了使年总成本最小，最好不要将每辆卡车都装满，而是每辆卡车仅运送 36 332 单位。这个最优装载量只是稍稍增加了运输成本，但使年总成本降低至 232 524 美元。

下面分析供应商采用集货配送方式向零售门店送货的情况。我们提供一个详细的分析实例，假设供应商使用一辆卡车采用集货配送方式向四家门店送货且每次都是满载运输。在本例中，我们有：

从每个供应商到每家门店的运输批量＝40 000/4＝10 000(单位)
从每个供应商到每家门店的年运输次数＝120 000/10 000＝12(次/年)
每家门店每次运输的运输成本(四家门店/卡车)＝1 000/4＋100＝350(美元)
集货配送网络的年卡车运输成本＝12×350×4×8＝134 400(美元)
每家门店每种产品的平均库存＝10 000/2＝5 000(单位)
集货配送网络的年库存成本＝5 000×0.2×4×8＝32 000(美元)
集货配送网络的年总成本＝134 400＋32 000＝166 400(美元)

分析表明，当每家门店每种产品需求为 120 000 单位时，每条路线上有四家门店的集货配送网络的成本比直接运输网络（即使装载量被优化）要低。之所以采用直接运输网络的成本更高，是因为虽然其运输成本较低，但库存持有成本增加了。可见，当流经系统的货物量减少时，集货配送更具吸引力。

学习目标 3 小结

运输网络可以设计成从起点到目的地的直接运输，也可以在起点和目的地之间设立一个整合点，所有产品在移动过程中需经过整合点。当每个目的地的需求较大时，直接运输方式最为有效。当每个目的地的需求较小时，使用中间仓库或配送中心，通过整合流入配送中心的内向运输，可降低内向运输成本。同样，可以通过集货配送，整合来自多个地点或发往多个地点的货物的运输。

14.4 孟买达巴瓦拉：一个成功的当天交付网络

想象一下，在一个交通拥堵的城市里，每天都试图按时接送 15 万份热午餐。许多初创的互联网公司，如在伦敦和纽约等城市运营的 Urbanfetch 和 Kozmo.com，都未能在当天配送服务业务上实现盈利。但是，孟买达巴瓦拉（dabbawalas）已经成功运行了一个多世纪这样的配送网络。达巴瓦拉每月向顾客收取大约 10 美元的费用，并且提供逆向物流：所有空午餐盒都在午餐后送回。他们使用了我们前面讨论过的一些办法，从集货配送到越库运输，创建了一个高度响应性的配送网络。

每个工作日的早上 9 点左右，大约 5 000 名达巴瓦拉骑着自行车采用集货配送方式开始取餐，每名达巴瓦拉大约会去 30 个地方取餐。这些刚做好的午餐被装入钢制或塑料容器中。每个地方都有几分钟的取货时间窗口，每个工作日的这一时间安排都完全一样。集货配送后所有的午餐都会被送至当地的火车站，在那里，根据目的地，收集到的午餐被分类放入木箱中。在孟买有几个车站，是多条铁路线交汇的换乘站。在这些车站，达巴瓦拉在木箱间对午餐进行越库作业，以确保每个木箱内都装着至同一目的地的午餐。这些午餐盒大约在上午 11：30 到达目的地火车站。目的地火车站起到枢纽作用，从这里出发，每名达巴瓦拉大约将 40 份午餐送往其最终消费地。达巴瓦拉通常在下午 1 点前用自行车或手推车以集货配送方式送餐。顾客就餐后，整个过程会逆向重复，在下午 5 点前空的午餐盒会被送回至各家中。这个复杂的网络，每天管理着 150 000 次个性化的取餐和送餐服务，达巴瓦拉的平均延误率为 1 600 万分之一！

除了惊讶于他们的成就，重要的是要弄清为什么达巴瓦拉取得了成功，而 Urbanfetch 和 Kozmo. com 等其他试图提供当天送货上门服务的企业却惨遭失败。除了纪律和承诺，有三个因素促成了达巴瓦拉配送网络的成功：

1. 需求不确定性低；
2. 需求的时间集中；
3. 利用非高峰期的交通资源。

达巴瓦拉的取货点和送货点是固定的，而且每天不变。需求的可预测性使其可以设计每天重复的、最优的集货配送和运输路线。相反，Kozmo. com 收到的送货上门订单的目的地每天都不一样。由于达巴瓦拉只运送一种产品（午餐），每名顾客的取货和送货时间都非常接近。需求在时间上的集中使达巴瓦拉可以确保一栋楼中的所有取货或送货能够一起处理。但 Kozmo. com 却享受不到这种“奢侈”，由于来自同一栋楼的多个订单往往在时间上是分散的，因此它不得不经常回到相同的地方。最后，达巴瓦拉是在非高峰期使用孟买的铁路系统。孟买的铁路系统是世界上负荷最大的系统之一。2015 年，它每天运送 750 万名乘客，火车在高峰时段拥挤不堪。达巴瓦拉在早高峰后和晚高峰前利用这些火车。火车在非高峰时段也相当拥挤，但高峰时段的人群密集到使乘客很难随身携带饭盒（这也是人们使用达巴瓦拉的一个常见原因）。

没有不确定性、订单的时间集中以及在非高峰时段使用火车使得达巴瓦拉能够经济地提供具有响应性的服务，而这对许多提供送货上门服务的公司来说是一大挑战。

学习目标 4 小结

当天交付网络的主要挑战是获得足够高的运输资产利用率以降低成本。孟买达巴瓦拉利用需求的可预测性、需求的时间集中（所有午餐都是在同一个时间前后取货和送货）并且使用未充分利用的运输资产，以合理的成本实现了快速的响应。

14.5 运输设计中的权衡

供应链网络中托运人的所有运输决策都需要考虑其对库存成本、设施和处理成本、协调运作成本以及为顾客提供的响应性水平的影响。例如，使用包裹承运人为顾客运送产品的做法增加了亚马逊的运输成本，但使亚马逊可以集中设施，降低库存成本。如果亚马逊希望减少运输成本，那么它必须牺牲对顾客的响应性水平，或增加设施数量以及使用库存以便更接近顾客。

协调运作成本通常很难量化。托运人应根据各种成本和收益来评估各种运输方案，然后根据协调的复杂程度对它们进行排序。接下来，管理者就可以做出合理的运输决策了。管理者在制定运输决策时必须进行以下权衡：

- 运输成本与库存成本的权衡；
- 运输成本与顾客响应水平的权衡。

14.5.1 运输成本与库存成本的权衡

在设计供应链网络时，权衡运输成本与库存成本至关重要。涉及这种权衡的两个基本供应链决策是：

- 运输方式的选择；
- 库存集中。

运输方式的选择 运输方式的选择既是供应链中的计划决策也是运作决策。决定与哪个承运人签订合同的决策属于计划决策，而特定货物的运输方式的选择属于运作决策。对于这两种决策，托运人都必须权衡运输成本与库存成本。能使运输成本最小化的运输方式不一定能降低供应链总成本。较廉价的运输方式通常提前期较长、所要求的最低货运量更高，而这都将导致更高的供应链库存水平。允许小批量运输的运输方式可以降低库存水平，但往往费用更高。例如，苹果公司的部分产品是从亚洲空运至美国的。单从运输成本方面考虑的话，这种做法显然是不合理的。苹果公司之所以这么做，是因为使用更快捷的运输方式来运输高价值的产品使苹果公司在持有较少库存的同时仍能很好地响应顾客需求。

使用不同运输方式对于供应链库存、响应性和成本的影响如表14-3所示，我们从不同的维度对各种运输方式进行了排名，1表示最低，6表示最高。

表14-3 各种运输方式的供应链绩效排名

运输方式	周转库存	安全库存	在途库存	运输成本	运输时间
包裹	1	1	1	6	1
空运	2	2	2	5	2
零担	3	3	3	4	4
整车	4	4	4	3	3
铁路	5	5	5	2	5
水运	6	6	6	1	6

对于价值重量比高的产品（智能手机就是此类产品的一个很好例子），应采取更快速的运输方式，因为对于这类产品来说，降低库存至关重要；反之，对于价值

重量比低的产品（例如宜家公司进口的家具），适合采取更廉价的运输方式，因为对于这类产品来说，降低运输成本更加重要。在选择运输方式时，除考虑运输成本外，还应该考虑潜在的失售和周转库存、安全库存和在途库存的成本。失售和库存成本受运输方式的速度、柔性和可靠性的影响。如果采购价格随运输方式的选择而有所变化（有可能是由于批量的变化），那么还必须考虑采购价格。在进行运输决策时忽略库存成本可能会导致做出有损于供应链绩效的决策，如例 14－2 所示（参见工作表 Example 14-2）。

例 14－2

选择运输方式时的权衡

东方电气公司（Eastern Electric）是一家大型电器制造商，该公司在芝加哥地区有一家大型工厂。东方电气公司从位于达拉斯附近的 Westview Motors 公司购买所需的所有电机。东方电气公司目前以 120 美元/台的价格每年从 Westview Motors 公司购进 120 000 台电机。多年来需求相对稳定，预计未来需求仍将保持不变。每台电机平均重量约为 10 磅，东方电气公司一直以 3 000 台的订货批量进行采购。Westview Motors 公司收到订单后会在 1 天内发货（补货提前期比运输时间多 1 天）。若使用卡车运输，运输时间为 3 天；若使用铁路运输，运输时间为 5 天。东方电气公司的装配工厂持有的安全库存量，相当于补货提前期内电机平均需求的 50%。东方电气公司的年库存持有成本费率为 25%。

东方电气公司的工厂管理者现在收到了几份有关运输方案的建议，表 14－4 列出了各项建议的具体内容，其中 1 英担（cwt）等于 100 磅。

表 14－4 对东方电气公司运输方案的建议

承运人	运输量范围（英担）	运输成本（美元/英担）
AM 铁路公司	200＋	6.50
Northeast 货运公司	100＋	7.50
Golden 货运代理公司	50～150	8.00
Golden 货运代理公司	150～250	6.00
Golden 货运代理公司	250＋	4.00

Golden 货运代理公司的定价提供的是一种边际单位数量折扣（见第 11 章）。Golden 货运代理公司的代表建议将数量超过 250 英担的货物的边际费率从 4 美元/英担降低到 3 美元/英担，并建议东方电气公司将其采购批量增加到 4 000 台，以利用较低的运输成本。对此，工厂管理者该如何选择？

分析：

如果工厂管理者决定以 4 000 台的订货批量进行订货，Golden 货运代理公司的这个新建议将使东方电气公司的运输成本大大降低。不过，工厂管理者认为在进行运输决策时应将库存成本也考虑其中。东方电气公司每台电机的年单位库存持有成本为 $H=120\times 0.25=30$（美元）。运输决策将影响东方电气公司的周转库存、安全库存和在途库存。因此，工厂管理者决定评估每种运输方案的运输和库存总成本。

AM铁路公司的建议要求最低货运量为20 000磅或2 000台电机。采用铁路运输的补货提前期为$L=5+1=6$（天）。当电机的订货批量$Q=2\,000$台时，工厂管理者得到以下数据：

周转库存$=Q/2=2\,000/2=1\,000$(台)

安全库存$=L/2$天的需求$=(6/2)\times(120\,000/365)=986$(台)

在途库存$=120\,000\times5/365=1\,644$(台)

平均总库存$=1\,000+986+1\,644=3\,630$(台)

采用AM铁路公司方案的年库存持有成本$=3\,630\times30=108\,900$(美元)

AM铁路公司每英担运输的报价为6.50美元，由于每台电机重10磅，故每台电机的运输成本为0.65美元。在这里，对库存持有成本取近似值，因为我们没有在产品成本中包括运输成本。

更精确的计算应是将在途库存的持有成本设为30美元（因为运输成本尚未发生），而将周转和安全库存的持有成本设为$120.65\times0.25=30.16$（美元），因为此时已经发生了运输成本。因此，准确的库存持有成本应为：

$$1\,644\times30+1\,986\times30.16=109\,218(\text{美元})$$

年运输成本计算如下：

选择AM铁路公司的年运输成本$=120\,000\times0.65=78\,000$(美元)

因此，选择AM铁路公司的年库存和运输总成本为186 900美元（108 900+78 000）。

接下来，工厂管理者评估了每种运输方案下的相应成本，结果如表14-5所示（分析中使用的是近似的库存成本，即计算库存持有成本时仅考虑了单位成本，而未加上单位运输成本）。（表14-5的详解见工作表Example 14-2。）基于表14-5（库存已被四舍五入为最接近的整数）中的分析，工厂管理者决定与Golden货运代理公司签订合同，订货批量为500台。该方案下的运输成本最高，但总成本最低。如果在选择运输方案时仅考虑运输成本，那么Golden货运代理公司提出的降低大批量运输价格的新建议可能看上去更有吸引力。但事实上，由于该方案的库存成本很高，东方电气公司在该方案下总成本最高。考虑库存成本和运输成本之间的权衡，工厂管理者可以做出使东方电气公司总成本最小的运输决策。

表14-5 对东方电气公司各运输方案的分析

方案	批量（台）	运输成本（美元）	周转库存（台）	安全库存（台）	在途库存（台）	库存成本（美元）	总成本（美元）
AM铁路公司	2 000	78 000	1 000	986	1 644	108 900	186 900
Northeast货运公司	1 000	90 000	500	658	986	64 320	154 320
Golden货运代理公司	500	96 000	250	658	986	56 820	152 820
Golden货运代理公司	1 500	96 000	750	658	986	71 820	167 820
Golden货运代理公司	2 500	86 400	1 250	658	986	86 820	173 220
Golden货运代理公司	3 000	80 000	1 500	658	986	94 320	174 320
Golden货运代理公司（老建议）	4 000	72 000	2 000	658	986	109 320	181 320
Golden货运代理公司（新建议）	4 000	67 500	2 000	658	986	109 320	176 820

库存集中 通过将库存集中储存到一个地方，企业可以大幅减少其所需的安全库存（见第 12 章）。在与那些在多地拥有设施的企业进行竞争时，大多数在线企业采用这种方法赢得了优势。例如，亚马逊通过将库存集中放置在少数几个仓库来降低设施和库存成本，而巴诺书店等则不得不在很多零售店中持有库存。

但库存集中时，运输成本通常会增加。如果库存是高度分散的，一定程度的集中也可以降低运输成本。但是，超过某一临界点，库存集中将导致总运输成本增加。以巴诺书店这样的连锁书店为例。巴诺书店的内向运输成本是出于书店补充新书的需要。由于顾客自行将所购书籍带回家，因此不存在外向运输成本。如果巴诺书店决定关闭其所有书店而仅通过网络售书，那么会同时有内向运输成本和外向运输成本。运至仓库的内向运输成本将低于运至各个书店的内向运输成本。然而，由于运至每位顾客的外向运输货物量小，并且需要使用包裹承运人这样的昂贵的运输方式，因此外向运输成本将大幅增加。在库存集中时总运输成本将增加，因为库存集中时虽然每本书的运输距离与通过零售书店销售时是一样的，但其中大部分距离是使用昂贵的运输方式的外向运输。随着库存集中程度的增加，总运输成本将上升。我们再来比较一下网飞和红盒子这两家视频租赁公司。网飞公司采取集中库存，从而降低了设施和库存成本，但是不得不支付 DVD 在配送中心和顾客之间运输的成本。相反，红盒子公司设置了许多 DVD 自动租赁机，但是其运输成本较低。因此，所有计划实施库存集中策略的企业在决策时，都必须考虑运输成本、库存成本和设施成本之间的权衡。

当库存成本和设施成本在供应链总成本中占很大比重时，采取库存集中策略是很好的选择。价值重量比高的产品以及需求不确定性高的产品，也适于采用库存集中策略。例如，库存集中对于钻石行业非常有价值，因为钻石的价值重量比很高且需求不确定性也很高。如果顾客订单足够大，足以确保外向运输的规模经济，此时库存集中也是一个好主意。与钻石相比，畅销书籍的价值重量比低、需求更易于预测，库存集中的价值较低。

下面通过例 14 - 3 来说明做出集中决策时所涉及的权衡（参见工作表 Example 14-3）。

例 14 - 3

库存集中时的权衡

HighMed 公司是位于威斯康星州麦迪逊的一家医疗设备制造商，其生产的医疗设备用于心脏手术，并直接出售给北美各地的心脏病专家。HighMed 公司目前将美国划分为 24 个地区，每个地区都有一支专门的销售队伍。在每个地区都有所有产品的库存，每 4 周使用 UPS 从麦迪逊进行一次补货。使用 UPS 的平均补货提前期为 1 周。UPS 的收费是 $0.66+0.26x$ 美元，其中 x 表示所装运的磅数。HighMed 公司销售的产品分为两类——HighVal 和 LowVal。HighVal 产品每台重 0.1 磅，单位成本为 200 美元。LowVal 产品每台重 0.04 磅，单位成本为 30 美元。

每个地区 HighVal 产品的周需求服从均值 $\mu_H=2$ 台、标准差 $\sigma_H=5$ 台的正态分布。每个地区 LowVal 产品的周需求服从均值 $\mu_L=20$ 台、标准差 $\sigma_L=5$ 台的正态分布。HighMed 公司在每个地区都持有充足的安全库存，以保证每种产品的 CSL 达到 0.997。

该公司的年库存持有成本费率为25%。

除了目前采取的方法，HighMed公司的管理团队还在考虑以下两种方案：

方案A：维持现有的结构，只是将每4周补一次货改为每周补一次货。

方案B：取消各地区的库存，将全部库存集中到位于麦迪逊的成品仓库，每周给该仓库补一次货。

如果库存都被集中到麦迪逊，公司将通过联邦快递发运货物。联邦快递的收费是 $5.53+0.53x$ 美元，其中 x 表示所装运的磅数。工厂给麦迪逊仓库补货的提前期为1周。顾客对HighVal产品和LowVal产品的平均订货量分别为1台和10台。HighMed公司该如何决策？

分析：

HighMed公司可以通过集中一次装运的数量来降低运输成本，因为UPS和联邦快递的价格都体现了规模经济性。将方案A与现行系统进行比较，管理团队必须在较低频率的补货带来的运输成本节约与较高频率的补货带来的库存成本节约之间进行权衡。当考虑方案B时，管理团队必须在库存集中和使用更快速但费用更高的承运人（联邦快递）所带来的运输成本增加与库存成本下降之间进行权衡。

管理团队首先分析了当前的情况。对于每个地区：

补货提前期 $L=1$(周)

订货间隔期 $T=4$(周)

$CSL=0.997$

1. HighMed公司的库存成本（当前情况下）。对于每个地区的HighVal产品，管理团队得出的结果如下：

$$\text{平均订货批量 } Q_H = T\text{ 周内的预期需求} = T\mu_H = 4\times 2 = 8\text{(台)}$$

$$\text{安全库存 } ss_H = F^{-1}(CSL)\times\sigma_{T+L} = F^{-1}(CSL)\times\sqrt{T+L}\times\sigma_H$$
$$= \text{NORMSINV}(0.997)\times\sqrt{4+1}\times 5 = 30.7\text{(台)(见式(12.19))}$$

$$\text{HighVal产品的总库存} = Q_H/2 + ss_H = 8/2 + 30.7$$
$$= 34.7\text{(台)}$$

因此，HighMed公司全部24个地区的HighVal产品的总库存为 $24\times 34.7=832.8$（台）（如果未将库存值四舍五入到小数点后一位，那么实际的数值为833.3台）。

对于每个地区的LowVal产品，管理团队得出的结果是：

$$\text{平均订货批量 } Q_L = T\text{ 周内的预期需求} = T\mu_L = 4\times 20 = 80\text{(台)}$$

$$\text{安全库存 } ss_L = F^{-1}(CSL)\times\sigma_{T+L} = F^{-1}(CSL)\times\sqrt{T+L}\times\sigma_L$$
$$= \text{NORMSINV}(0.997)\times\sqrt{4+1}\times 5 = 30.7\text{(台)}$$

$$\text{LowVal产品的总库存} = Q_L/2 + ss_L = 80/2 + 30.7 = 70.7\text{(台)}$$

因此，HighMed公司全部24个地区LowVal产品的总库存为 $24\times 70.7=1\,696.8$（台）（如果未将库存值四舍五入到小数点后一位，则实际的数值为1 697.3台）。

因此，管理团队得出以下结果：

HighMed 公司的年库存持有成本
=(HighVal 产品的平均库存×200+LowVal 产品的平均库存×30)×0.25
=(832.8×200+1 696.8×30)×0.25
=54 366(美元)(如果没有四舍五入,则为 54 395 美元)

2. HighMed 公司的运输成本（当前情况下）。每个地区的平均补货量包括 $Q_H=8$ 台 HighVal 产品和 $Q_L=80$ 台 LowVal 产品。因此：

每笔补货订单的平均重量 $=0.1Q_H+0.04Q_L=0.1\times8+0.04\times80=4$(磅)
每笔补货订单的运输成本 $=0.66+0.26\times4=1.70$(美元)

每个地区每年要补货 13 次，共有 24 个地区。因此：

年运输成本 $=1.7\times13\times24=530$(美元)

3. HighMed 公司的总成本（当前情况下）。HighMed 公司的年库存成本和运输成本=库存成本+运输成本=54 366+530=54 896 美元（如果没有四舍五入，则为 54 926 美元）。

HighMed 公司的管理团队用类似的方法评估了方案 A 和方案 B 的成本，结果如表 14-6 所示。表 14-6 中的结果均未四舍五入（可从相关的工作表 Example 14-3 中获得）。

表 14-6　不同运输方案下 HighMed 公司的成本

	当前情况下	方案 A	方案 B
库存地点数量（个）	24	24	1
订货间隔期（周）	4	1	1
HighVal 产品的周转库存（台）	96	24	24
HighVal 产品的安全库存（台）	737.3	466.3	95.2
HighVal 产品的库存（台）	833.3	490.3	119.2
LowVal 产品的周转库存（台）	960	240	240
LowVal 产品的安全库存（台）	737.3	466.3	95.2
LowVal 产品的库存（台）	1 697.3	706.3	335.2
年库存成本（美元）	54 395	29 813	8 473
运输类型	补货	补货	顾客订货
运输批量	8 台 HighVal 产品+80 台 LowVal 产品	2 台 HighVal 产品+20 台 LowVal 产品	1 台 HighVal 产品+10 台 LowVal 产品
运输重量（磅）	4	1	0.5
年装运次数	13	52	2 496
年运输成本（美元）	530	1 148	14 464
年总成本（美元）	54 926	30 961	22 938

由表 14-6 可见，方案 A 增加了补货频率，从而降低了 HighMed 公司的总成本。由于运输成本的增加远远小于批量减小所带来的库存成本的降低，将所有的库存集中起来并使用联邦快递进行运输，能够使 HighMed 公司最大限度地降低总成本，因为库存集中所带来的库存节约超过了运输成本的增加。

集中的价值受到运输成本、需求不确定性、库存持有成本和顾客订货批量的影响。如果 HighMed 公司的运输成本增加一倍，那么分散库存的方案 A 将比集中库存的方案 B 更为节省成本（此时，方案 A 的成本是 32 109 美元，而方案 B 的成本是 37 402 美元）。随着运输成本的增加，尽管库存成本有所增加，但分散库存的成本会更低。

如果需求的不确定性降低（例如 HighVal 的周需求的标准差从 5 台降低到 2 台），那么分散库存的方案 A 也会比集中库存的方案 B 成本更低。随着需求不确定性的降低，分散库存的成本会更低。

如果库存持有成本下降（例如库存持有成本费率从 25%降低到 12.5%），那么分散库存的方案 A 也会比集中库存的方案 B 成本更低。随着产品价值或库存持有成本的降低，分散库存的成本会更低。

如果顾客订货批量很小，库存集中导致的运输成本增加将非常明显，因此库存集中可能导致总成本上升。重新回到 HighMed 公司的例子中，不过现在假设每位顾客平均订购 0.5 台 HighVal 和 5 台 LowVal（为此前的订货量的一半）。因为当前方案及方案 A 下，HighMed 公司不用支付外向运输成本，而仅发生补货的运输成本，因此这两种方案下公司的成本保持不变。但是，由于外向运输成本随着顾客订货批量的减少而增加，所以方案 B 的成本将增加。在这种情况下，采取方案 B 的成本为：

每笔顾客订单的平均重量＝0.1×0.5＋0.04×5＝0.25(磅)

每笔顾客订单的运输成本＝5.53＋0.53×0.25＝5.66(美元)

每个地区每周的顾客订单数＝4

每年的顾客订单总量＝4×24×52＝4 992

年运输成本＝4 992×5.66＝28 255(美元)(如果没有四舍五入,则为 28 267 美元)

年总成本＝库存成本＋运输成本

＝8 474＋28 255＝36 729(美元)(如果没有四舍五入,则为 36 740 美元)

因此，在顾客订货批量较小时，由于运输成本大幅增加，库存集中不再是 HighMed 公司成本最低的方案。此时，HighMed 公司最好采取方案 A，在每个地区持有库存。此方案下，总成本最低。

表 14-7 列出了从例 14-3（及第 12 章）中总结出的关于库存集中的结论。当运输成本低、需求不确定性高、库存持有成本高、顾客订货批量大时，适合采用集中库存。当运输成本高、需求不确定性低、库存持有成本低、顾客订货批量小时，适合采用分散库存。

表 14-7　集中或分散库存的适用条件

项目	集中库存	分散库存
运输成本	低	高
需求不确定性	高	低
库存持有成本	高	低
顾客订货批量	大	小

14.5.2 运输成本与顾客响应性水平的权衡

供应链的运输成本与其旨在提供的响应性水平有着密切联系。如果企业具有很高的响应性水平，在收到顾客订单后一天内就完成所有订单的发货，那么其外向运输的批量较小，从而导致较高的运输成本。如果企业降低响应性水平，将较长一段时间内的订单集中起来一起发货，那么它将能够实现规模经济，由于运输批量加大，使运输成本降低。时间集中（temporal aggregation）是指跨时间合并订单的过程。由于发货的推迟，时间集中降低了企业的响应性水平，但是运输批量增加带来的规模经济有助于降低运输成本。因此，正如例 14－4 所示，企业在设计运输网络时，必须考虑响应性水平和运输成本之间的权衡。

例 14－4

运输成本与响应性水平之间的权衡

Alloy 钢铁公司是位于克利夫兰地区的一个钢铁服务中心。该公司所有订单都通过零担承运人运送给顾客，运输费用为 $100+0.01x$ 美元，其中 x 表示卡车所运输钢铁的磅数。目前，Alloy 钢铁公司在收到订单的当天发货。货物的在途运输时间为 2 天，因此现行策略下 Alloy 钢铁公司的响应时间为 2 天。表 14－8 给出了 Alloy 钢铁公司 2 周内的日需求。

表 14－8 Alloy 钢铁公司 2 周内的日需求 单位：磅

	周一	周二	周三	周四	周五	周六	周日
第一周	19 970	17 470	11 316	26 192	20 263	8 381	25 377
第二周	39 171	2 158	20 633	23 370	24 100	19 603	18 442

Alloy 钢铁公司总经理认为，顾客并不真正看重 2 天的响应时间，他们对 4 天的响应时间也会感到满意。延长响应时间会有哪些成本优势？

分析：

由于响应时间延长，Alloy 钢铁公司有机会将数天的需求集中在一起送货。若响应时间为 3 天，Alloy 钢铁公司可以聚集连续 2 天的需求一起发货。若响应时间为 4 天，Alloy 钢铁公司可以集中连续 3 天的需求一起发货。管理者评估了 2 周内不同响应时间下的发货量和运输成本，如表 14－9 所示（参见工作表 Example 14-4）。

表 14－9 不同响应时间下的送货量和运输成本

天	需求（磅）	响应时间为 2 天		响应时间为 3 天		响应时间为 4 天	
		送货批量（磅）	运输成本（美元）	送货批量（磅）	运输成本（美元）	送货批量（磅）	运输成本（美元）
1	19 970	19 970	299.70	0	—	0	—
2	17 470	17 470	274.70	37 440	474.40	0	—
3	11 316	11 316	213.16	0	—	48 756	587.56
4	26 192	26 192	361.92	37 508	475.08	0	—
5	20 263	20 263	302.63	0	—	0	—
6	8 381	8 381	183.81	28 644	386.44	54 836	648.36
7	25 377	25 377	353.77	0	—	0	—
8	39 171	39 171	491.71	64 548	745.48	0	—
9	2 158	2 158	121.58	0	—	66 706	767.06
10	20 633	20 633	306.33	22 791	327.91	0	—
11	23 370	23 370	333.70	0	—	0	—
12	24 100	24 100	341.00	47 470	574.70	68 103	781.03
13	19 603	19 603	296.03	0	—	0	—
14	18 442	18 442	284.42	38 045	480.45	38 045	480.45
			4 164.46		3 464.46		3 264.46

从表14－9中可以看到，随着响应时间的延长，Alloy钢铁公司的运输成本将下降。但是，随着响应时间的增加，时间集中带来的收益迅速减少。当响应时间由2天延长为3天时，2周内的运输成本降低了700美元。当响应时间由3天延长到4天时，运输成本仅下降200美元。因此，Alloy钢铁公司将响应时间确定为3天可能更好，因为这时若再延长响应时间的话，所获得的边际收益将很少。

一般来说，一定程度的时间集中可以有效降低供应链的运输成本。然而，在确定响应时间时，企业必须在时间集中所带来的运输成本的降低与响应性水平下降所导致的收益损失之间进行权衡。时间集中还可以提高运输绩效，因为它可以使运输量更稳定。例如，在表14－9中，当Alloy钢铁公司每天发货时，运输量的变异系数为0.44，而集中3天需求（响应时间为4天）时，运输量的变异系数仅为0.16。更稳定的运输量有助于托运人和承运人更好地制订运作计划并提高资产利用率。

学习目标5小结

由于供应链的目标是在为顾客提供所期望的响应性水平的同时使总成本最小化，因此在选择运输方式、库存集中程度、旨在满足的顾客响应性水平时，必须考虑运输成本、库存成本、设施成本、运作成本和响应时间之间的权衡。如果选择成本高的运输方式能够带来库存成本的大幅降低，那么选择此运输方式是合理的。如果产品的价值重量比高、需求不确定性高、运输成本低且顾客订货批量大，则库存集中可以降低供应链成本。如果产品的价值重量比低、需求不确定性低、运输成本高且顾客订货批量小，则库存集中可能会使供应链成本增加。需求的时间集中虽然降低了响应性水平，但可以减少运输成本，因为它使运输批量增大并使每次运输批量的波动减小。时间集中所带来的边际效益随着集中的时间窗口的延长而减少。

14.6 定制运输

定制运输（tailored transportation）是指根据顾客和产品的特点，采用不同的运输网络与运输方式。大多数企业销售多种产品，服务于许多不同的细分顾客。例如，固安捷公司向小型承包商和大企业销售40多万种MRO产品。产品的尺寸和价值各有不同，顾客的购买量、要求的响应性水平、订单的不确定性以及与固安捷公司的分支机构和分销中心的距离也不一样。由于上述差异的存在，像固安捷这样的公司不应仅设计一种通用的运输网络来满足所有的需求。企业可以采取定制运输，根据顾客和产品的特点选择合理的运输方式，从而以较低的成本满足顾客需求。接下来将讨论供应链中各种形式的定制运输。

14.6.1 基于顾客密度和距离的定制运输

企业在设计运输网络时，必须考虑顾客密度及其与仓库的距离。表14－10列出了基于顾客密度和距离的各种理想的运输选择。

表 14-10　基于顾客密度和距离的理想运输选择

	短距离	中等距离	长距离
高密度	自有车队集货配送	越库运输与集货配送	越库运输与集货配送
中等密度	第三方集货配送	零担承运人	零担或包裹承运人
低密度	第三方集货配送或零担承运人	零担或包裹承运人	包裹承运人

当服务于距离配送中心较近的高密度的顾客时，企业最好拥有自营车队，采取集货配送方式从配送中心向顾客送货。因为在这种情况下卡车的利用率非常高，并且可以和顾客直接接触。如果顾客密度较大但距离仓库较远，则不适合从仓库出发进行集货配送，因为此时卡车返程的空驶里程较长。这种情况下最好通过公共承运人用大型卡车将货物运至距离顾客较近的越库中心，在那里货物被转移到小型卡车上，然后采取集货配送方式将产品运送给顾客。在这种情况下，企业拥有自己的车队可能并不理想。随着顾客密度的降低，对企业而言选择零担承运人或第三方承运人集货配送更为经济，因为第三方承运人能够集中多个企业的货物。如果希望服务于一个顾客密度小同时又远离仓库的地区，此时零担承运人也未必是一个可行的选择，如果货物较小，使用包裹承运人可能是最好的选择。Boise Cascade Office Products 是一家办公用品分销企业，其所设计的运输网络与表 14-10 中的建议相一致。

企业在决定为顾客送货时所使用的时间集中（会影响响应时间）的程度时，也应考虑顾客密度和距离。企业应该对顾客密度高的地区进行更频繁的补货，这些地区可以提供足够的运输规模经济，时间集中的意义不大。当顾客密度较低时，为了降低运输成本，企业应使用更高程度的时间集中并稍微降低响应能力。

14.6.2　基于顾客规模的定制运输

在设计运输网络时，企业必须考虑顾客的规模（就购买量而言）和地点。对于大顾客，可以使用整车承运人，而小顾客则采用零担承运人或集货配送方式。采用集货配送时，托运人需要承担以下两项成本：

- 基于总里程的运输成本；
- 基于交付次数的交付成本。

无论是为大顾客送货还是为小顾客送货，运输成本都是不变的。如果在为大顾客送货时，在同一辆卡车上加载一些发送给其他小顾客的货物就可以节约运输成本。然而，对于小顾客来说，其单位交付成本要高于大顾客。因此，以相同的价格和相同的频率为大顾客和小顾客送货并非最优的方式。一种解决办法是，企业对小顾客收取较高的交付费用。另一种办法是设计定制的集货配送，为大顾客送货的频率高于小顾客。企业可以根据顾客的需求将其划分为大（L）、中（M）、小（S）三类。最优送货频率可根据运输成本和交付成本估算出来（见 11.2 节）。如果每次集货配送都要为大顾客送货，每隔一次集货配送为中等顾客送货一次，每三次集货配送为低需求的顾客送一次货，那么可以通过在每次集货配送时整合大、中和小顾客的送货，设计出合理的集货配送方案。假设中等顾客又被划分为两个子类（M_1，M_2），小顾客又被划分为三个子类（S_1，S_2，S_3），企业可以按顺序采用以下六种集货配送方式，确保以合理的频率为每个顾客送货：(L，M_1，S_1)，(L，M_2，S_2)，(L，M_1，S_3)，(L，M_2，S_1)，(L，M_1，S_2)，(L，M_2，S_3)。这一定制化的顺序的优势在于每辆卡车的载货量大致相同，且大顾客的送货频率高于小顾客，与各类顾客的相对交付成本相一致。

14.6.3 基于产品需求和价值的定制运输

供应链网络中库存聚集的程度以及所使用的运输方式应随产品需求和价值的不同而不同，如表14-11所示。对于高价值、高需求产品，应将其周转库存分散存放以节省运输成本，因为这样可以降低补货订单的运输成本。而这类产品的安全库存可以集中存放以减少库存（见第12章），如果需要用安全库存来满足顾客需求，可使用快速的运输方式。对于低价值、高需求的产品，所有库存应分散储存在靠近顾客的地方以降低运输成本。对于高价值、低需求的产品，所有库存应集中储存以降低库存成本。对于低价值、低需求的产品，周期库存可以储存在靠近顾客的地方，而安全库存可以集中存放，以降运输成本，同时利用聚集的一些优势。周转库存的补货可以使用低成本的运输方式以节约运输成本。

表14-11 基于价值/需求的集中策略

产品类型	高价值	低价值
高需求	分散周转库存，集中安全库存。使用低成本运输方式补充周转库存，使用快速运输方式补充安全库存	分散所有库存并使用低成本运输方式进行补货
低需求	集中所有库存。在需要的时候，使用快速运输方式满足顾客订单	只集中安全库存。使用低成本运输方式补充周转库存

对于管理者来说，设计适合的定制运输网络非常重要。因此，管理者应考虑合理组合运用自营运输和外包运输以满足自身的需要。企业应基于其管理运输的能力及运输对于企业成功的战略重要性来做出这一决策。一般来说，当货运量较小时适合选择外包；货运量较大且响应性非常重要时，适合使用自有运输车队。例如，沃尔玛利用响应性的运输来减少供应链中的库存。鉴于运输对于其战略成功的重要性，沃尔玛拥有并管理着自己的运输车队。这是因为沃尔玛的货运量很大，运输资产利用率非常高。相反，固安捷和McMaster-Carr等公司向顾客发送的货物量较小，库存管理而非运输管理是其成功的关键。第三方承运人可以通过将其货物与其他公司的货物集中运输来降低成本。因此，这两家公司都使用第三方承运人进行外向运输。

在设计运输网络时，管理者应考虑到需求的不确定性以及运输的可获性。忽视不确定性会导致企业更多地使用廉价和缺乏柔性的运输方式。当一切按计划进行时，这些运输方式运行良好。然而，当计划发生变化时，这些运输网络的表现将非常糟糕。当管理者考虑到不确定性时，他们更有可能在其网络中选择使用更具柔性（尽管可能更昂贵）的运输方式。虽然对某次运输来说，这些运输方式可能成本更高，但在运输方案中选择这些运输方式使企业能够降低提供高响应水平所需的总成本。

学习目标 6 小结

根据顾客密度和距离、顾客规模、产品需求和价值来定制运输，可以使供应链实现适当的响应性水平和低成本。虽然企业可以使用自有车队来服务于配送中心附近的、高密度顾客，但对于远离配送中心的、低密度顾客可能使用包裹承运人更为合适。虽然可以很容易地为大顾客提供更频繁的送货，但为小顾客高频次送货成本会非常高。低价值、高需求的产品应分散库存以降低运输成本，但高价值、低需求的产品应集中库存以降低库存成本。

讨论题

1. 哪些运输方式最适合体积大、价值低的货物？为什么？
2. 为运输基础设施制定使用价格时为什么必须考虑到拥堵因素？
3. 沃尔玛在设计运输网络时，往往一个配送中心为多个大型零售店供货。请解释沃尔玛是如何利用这样的网络在为零售店频繁补货的同时降低运输成本的。
4. 比较电子商务（如亚马逊）和零售（如家得宝）这两种类型的企业在销售家居产品时的运输成本。
5. 在线食品杂货商 Peapod 公司面临什么样的运输挑战？请比较在线食品杂货商和连锁超市的运输成本。
6. 戴尔公司销售电脑或者亚马逊销售书籍时，将库存集中到一个地方是否会更加有效？
7. 讨论定制运输的关键驱动因素。实施定制运输有何好处？
8. 影响当日交付成败的关键因素有哪些？

参考文献

Ampuja, Jack, and Ray Pucci. "Inbound Freight: Often a Missed Opportunity." *Supply Chain Management Review* (March–April 2002): 50–57.

Bowersox, Donald J., David J. Closs, and Omar K. Helferich. *Logistical Management.* New York: Macmillan, 1986.

Button, Kenneth J., and Erik T. Verhoef, eds. *Road Pricing, Traffic Congestion and the Environment.* Northampton, MA: Edward Elgar, 1998.

Congestion and the Environment, Northampton, MA: Edward Elgar, 1998, pp. 14–38.

Levinson, Marc. *The Box: How the Shipping Container Made the World Smaller and the World Economy Bigger.* Princeton, NJ: Princeton University Press, 2006.

Robeson, James F., and William C. Copacino. *The Logistics Handbook.* New York: The Free Press, 1994.

Coyle, John J., Edward J. Bardi, and Robert A. Novack. *Transportation.* Cincinnati, OH: South-Western College Publishing, 2000.

Ellison, Anthony P. *Entrepreneurs and the Transformation of the Global Economy.* Northampton, MA: Edward Elgar, 2002.

Levinson, David M. "Road Pricing in Practice." In Kenneth J. Button and Eric T. Verhoef, eds. *Road Pricing, Traffic*

Thomke, Stefan, and Mona Sinha. *The Dabbawala System: On-Time Delivery, Every Time.* Harvard Business School Case 9-610-059, 2013.

Tyworth, John. E., Joseph L. Cavinato, and C. John Langley Jr. *Traffic Management: Planning, Operations, and Control.* Prospect Heights, IL: Waveland, 1991.

案例分析 1

为迈克尔硬件公司设计配送网络

迈克尔硬件公司（Michael's Hardware）的供应链副总裁艾伦·林（Ellen Lin）正在阅读上个季度的财务报表，认为公司可以大大降低配送成本，特别是考虑到最近对亚利桑那州的扩张。公司运输成本一直很高，艾伦认为将货物运往亚利桑那州时不使用零担运输可以降低运输成本，同时也不会大幅增加库存。

迈克尔硬件公司在伊利诺伊州和亚利桑那州分别拥有32家商店，并从位于中西部的8家供应商采购产品。该公司原本位于伊利诺伊州，并且在该州的商店销售强劲。伊利诺伊州的每家商店平均每年从每家供应商购入并销售50 000单位的产品（每家商店的年销售量为400 000单位）。公司最近才开始进入亚利桑那州，仍然有很大的发展空间。亚利桑那州的每家商店平均每年从每家供应商购入并销售10 000单位产品（每家商店的年销售量为80 000单位）。由于伊利诺伊州的商店的销售量大，因此迈克尔硬件公司采用直接运输模式，使用小型卡车（装载能力为10 000单位）从每家供应商直接送货至每家伊利诺伊州的商店。每辆小型卡车从供应商到伊利诺伊州的商店送一次货的成本为450美元，可以运送10 000单位产品。但是，在亚利桑那州，公司希望保持低库存并使用零担运输。零担运输要求每家商店的最低运输量仅为500单位，每单位的成本为0.50美元。迈克尔硬件公司的库存持有成本为每年每单位1美元。

艾伦要求她的员工为伊利诺伊州和亚利桑那州提出不同的配送选择方案。

伊利诺伊州的配送方案

艾伦的员工为伊利诺伊州的商店提出了两种配送方案：

1. 使用运载能力为40 000单位的大型卡车直接运输。这些卡车每次送货到伊利诺伊州商店的收费仅为1 150美元。使用大型卡车可以降低运输成本，但由于运输批量加大，会增加库存。

2. 使用集货配送，从每家供应商向伊利诺伊州的多个商店送货以降低库存成本，即使运输成本会有所增加。大型卡车（装载能力为40 000单位）每次运输收费1 000美元，每停站交付一次收费150美元。小型卡车（装载能力为10 000单位）每次运输收费400美元，每停站交付一次收费50美元。

亚利桑那州的配送方案

艾伦的员工为亚利桑那州的商店提出了三种配送方案：

1. 和伊利诺伊州目前所采用的方式一样，使用小型卡车（装载能力为10 000单位）直接运输。每辆小型卡车每次运输收费2 050美元，从每家供应商运送10 000单位的货物到每家亚利桑那州的商店。这比目前零担承运人所收取的运输费用低得多。但是，由于大批量，这种方案会增加亚利桑那州的库存成本。

2. 使用小型卡车（装载能力为10 000单位）和集货配送从每家供应商向亚利桑那州的多家商店送货。小型卡车每次运输收费2 000美元，每停站交付一次收费50美元。因此，从1家供应商到4家商店的集货配送要花费2 200美元。集货配送比直接运输方式的运输成本高，但是可以降低库存成本。

3. 在亚利桑那州使用第三方越库设施，越库服务收费为每单位0.10美元。这种方式可以让所有供应商使用一辆大型卡车将（运往亚利桑那州所有32家商店的）产品送至越库设施，在那里经过越库作业，再使用小型卡车（每辆卡车将包含来自所有8家供应商的货物）运送至各个商店。大型卡车（装载能力为40 000单位）将产品从每个供应商送到越库设施收费4 150美元。小型卡车（装载能力为10 000单位）将产品从越库设施送至亚利桑那州每家商店收费250美元。

艾伦想知道如何最好地构建其配送网络，并使节省的费用大于其所付出的努力。如果在某个地区采用集货配送，她还得决定每次集货配送应包括多少家商店。

◆ **思考题**

1. 包括运输和库存成本，目前配送网络的年配送成本是多少？
2. 艾伦应该如何构建从供应商到伊利诺伊州商店的配送网络？预期每年可节省多少费用？
3. 艾伦应该如何构建从供应商到亚利桑那州商店的配送网络？预期每年可节省多少费用？
4. 随着两个市场的增长，你会建议对配送网络（如果有的话）做出什么改变？

案例分析2

当天交付的未来：历史会重演吗？

在美国，尽管几十年来比萨饼的家庭配送一直都非常成功，但大多数其他当天交付的业务都失败了。2012 年前后，当天交付的战斗再次升温，亚马逊、沃尔玛和 eBay 都试图实施当天交付计划，而 Instacart 这样的新企业也进入这一业务领域。

2017 年，亚马逊宣称在 5 000 多个城市为其 Prime 会员提供当天交付服务。“只要 Prime 会员订单中合格产品金额超过 35 美元，亚马逊将提供当日免费送货服务。该服务适用于 100 多万种商品。”[①] 虽然目前尚不清楚亚马逊是否在这类交付中获利，但一些专家认为，如果亚马逊能够成功地以低成本向顾客提供当天交货服务，那么亚马逊将会对实体零售商的未来构成威胁。

沃尔玛在 2012 年对亚马逊的努力做出了回应，宣布在弗吉尼亚州北部、费城、明尼阿波利斯、圣何塞和旧金山等几个城市试行当天交付服务。到 2017 年，沃尔玛的送货政策转变为，顾客下单后可享受 2 日内免费送货上门或当日免费到店取货服务。[②]

与此同时，eBay 也尝试对不一定有库存的产品实行当天交付。《华尔街日报》曾报道，eBay 为了满足一份顾客订单，专门派了一名快递员到梅西百货购买，然后在一小时内将产品交付给顾客。[③] 报道中提及，eBay 在旧金山有一个由 50 名快递员组成的团队。这一团队可以“在一小时内，直接将网购货物送达顾客”。2015 年，eBay 取消了当天交付服务，这表明这项服务不太可能盈利。

总部设在旧金山的 Instacart 公司估值超过 30 亿美元，Instacart 公司员工为顾客购买食品杂货并送达顾客。Instacart 的业务已遍布美国大多数主要城市，并与包括全食超市（Whole Foods）和开市客在内的 100 多家杂货零售商建立了合作伙伴关系。这一伙伴关系为零售商提供了在响应性送货上门方面与亚马逊竞争的机会。虽然 Instacart 公司发展迅速，但直至 2017 年才开始盈利。

澳大利亚销售服装、鞋子和配饰的 Iconic 公司在悉尼提供 3 小时速递服务，运费为 9.95 美元。该公司承诺在营业日早上 7：00 到下午 6：00 之间，3 小时内完成货物的拣选、包装，并运送到悉尼市区。虽然这家公司成立时间不长，但它所提供的这项服务极受欢迎。日本 7-11 也提供送货上门服务，它所提供的“7-Meal”配送服务的目标群体是日本的老年人。该服务提供了一份高质量的菜单，顾客可以选择在 7-11 便利店取货，也可以选择送货到家或办公室。

从过去的经验来看，提供当天交付服务同时又能够获利将是一项挑战。在 20 世纪 90 年代末的互联网繁荣时期，Urbanfetch 和 Kozmo.com 采用了这种商业模式。Urbanfetch 在伦敦、曼哈顿、布鲁克林等人口稠密的地区开展业务，但由于缺乏资金，于 2000 年秋季被迫关闭。Kozmo.com 筹集了 2.8 亿美元资金，在 11 个城市开展业务，也于 2001 年年初倒闭。

关于当天交付的成功潜力，人们的意见明显有分歧。一位作家认为“亚马逊的这一举动将动摇零售业”[④]。而《纽约时报》的一篇文章反驳说：“一些零售分析师正在质疑，提供当天交付服务是否值得，因为其费用高且实施困难。”[⑤]

---

① Sunil Chopra, *Supply Chain Management: Strategy, Planning, and Operation*, 7th Ed., © 2019. Pearson Education, Inc., New York, NY.

② Ibid.

③ Greg Bensinger, “Order It Online, and … Voilà.” *Wall Street Journal*, December 3, 2012.

④ Farhad Manjoo, “I Want It Today: How Amazon's Ambitious New Push for Same-Day Delivery Will Destroy Local Retail.” *Slate*, July 11, 2012.

⑤ Stephanie Clifford, “Same-Day Delivery Test at Wal-Mart.” *New York Times*, October 9, 2012.

◆ 思考题

1. 为什么比萨饼的当天交付能够取得成功，而在其他情况下（例如 Kozmo. com），当天交付服务却失败了？

2. 在什么条件下能够以低成本提供当天交付服务？

3. 能够成功实施当天交付服务的企业有哪些特点？亚马逊、沃尔玛或 Instacart 能够成功实施当天交付吗？哪种模式可能做得更好？为什么？

案例分析3

ABC 进口公司的运输方式选择

ABC 进口公司副总裁杰基·陈（Jackie Chen）正在设计一个框架，为从中国进口的各种产品选择运输方式。他的基本选择是空运或使用 20 英尺集装箱进行海运。空运更快、更可靠，但是海运更便宜。他决定对两种完全不同的产品类别的运输决策进行评估。一种是消费电子产品，如智能手机；另一种是装饰五金，如门把手和铰链。

ABC 进口公司通过加利福尼亚长滩附近的仓库向其顾客提供各种产品。该公司所有库存的年库存持有成本费率均为 25%，期望的产品周期服务水平是 98%。高服务水平与公司所进口的产品的高质量相匹配。

从中国进口的运输选择

空运和海运是将产品从中国运至美国的两种可用方式。空运的成本是每千克 10 美元，最低运输量 50 千克。除了速度快，空运也相当可靠。空运的平均提前期是 1 周，标准差是 0. 2 周。海运更便宜，每个 20 英尺集装箱运输费用为 1 200 美元。由于每个集装箱可装运 15 000 千克货物，因此每千克的海运运输成本不到空运的 1%。但是，海运时间更长，可靠性低。海运的平均提前期是 9 周，标准差是 3 周。

产品特点

智能手机周需求的均值为 1 000 部，标准差为 400 部。每部智能手机的成本是 300 美元，重 0. 1 千克。智能手机的生命周期一般约为 1 年。在生命周期的早期，避免缺货导致的失售非常关键。装饰五金周需求的均值是 5 000 单位，标准差是 1 000 单位。装饰五金的平均单位成本是 20 美元，重 1 千克。装饰五金通常有较长的生命周期，公司现在仍在销售 10 年前推出的门把手和铰链。

◆ 思考题

1. 使用空运进口智能手机的年成本是多少？使用海运进口智能手机的年成本是多少？

2. 使用空运进口装饰五金的年成本是多少？使用海运进口装饰五金的年成本是多少？

3. 在选择运输方式时还应考虑其他因素吗？你会为每种产品推荐什么运输方式？为杰基提供一个可以用于所有产品种类的通用框架。

SUPPLY CHAIN MANAGEMENT

第Ⅵ篇

供应链跨职能驱动因素的管理

Managing Cross-Functional Drivers in a Supply Chains

第 15 章

供应链的采购决策

Sourcing Decisions in a Supply Chain

学习目标

通过本章学习，你应当能够：

1. 了解影响供应链职能外包决策的因素。
2. 识别影响总成本的供应商绩效维度。
3. 设计定制的供应商组合。
4. 描述激励对供应链中第三方行为的影响。
5. 讨论供应链中风险共担和奖励的好处。

本章将探讨影响供应链某项活动是在企业内部完成还是外包出去的决策的各种因素。我们还将讨论影响总成本的供应商绩效特征，描述供应链不同成员对局部优化的关注将如何损害供应链盈余。我们的目标是使管理者在制定采购决策时能够考虑到所有因素的权衡，以最大化采购关系各个环节所能产生的价值。

15.1 供应链中的采购决策

购买（purchasing），也称作购置（procurement），是指企业从供应商处获取原材料、零部件、产品、服务或其他资源以执行其业务的过程。采购（sourcing）是指购买产品和服务所需的一整套业务流程。对于任何供应链职能来说，最重要的决策都是将其外包还是在企业内部完成。外包（outsourcing）就是让第三方执行供应链职能。外包决策非常重要，而且往往因企业和行业各不相同。例如，美国 MRO 用品分销商固安捷公司一直拥有并管理自己的分销中心，而从分销中心发往顾客的包裹的外向运输却一直外包给第三方。哪些因素可以用来解释固安捷公司的决策呢？

直到 2005 年，戴尔一直都是自营零售职能，直接对顾客进行销售，从而提高了利润。但 2007 年以来，戴尔公司开始将零售外包给沃尔玛等企业。而且，戴尔公司还提高了外包给合同制造商的组装业务比例。为什么在 2005 年以前零售业务的垂直整合对于戴尔来说是个好主意，而在 2007 年以后却发生了变化？戴尔公司将更多的组装业务外包给合同制造商是正确的吗？与戴尔相反，苹果公司在同一时期通过增开苹果专卖店大幅提高了自营零售业务。宝洁公司从未想过向消费者直销清洁用品，也没有人建议它自营零售。为什么零售职能的垂直整合对戴尔来说是个好主意，而对宝洁却不是呢？消费电子行业大多数企业都将组装业务外包。相反，汽车行业的大多数公司都是在企业内部自己完成车辆的组装工作。什么因素可以解释这一差异？

回想一下，供应链盈余是指产品对顾客的价值与将产品提供给顾客的过程中所有供应链活动的总成本之差。我们的基本前提是，当外包增加了供应链盈余（假设我们可以保留部分增加的盈余）且未带来风险的显著增加时，外包才是有意义的。

例如，宝洁公司一直都将产品的零售外包给其他公司。第三方通过在一家店铺中集中顾客需要的许多产品（而不仅仅是宝洁公司的产品）来提高供应链盈余。这种集中可以让第三方在许多消费品制造商之间分摊设施成本、销售成本、人力成本和运输成本。这种集中也让零售商提高了顾客价值，即可以让顾客在商店一次性采购他们需要的许多产品。很明显，相较于宝洁公司管理自己的零售，将零售外包给第三方极大地提高了供应链创造的价值。好的采购决策通过将供应链中的每一项活动分配给能够增加最大价值的一方来增加价值。

企业外包供应链活动的决策应基于对以下三个问题的回答：

1. 相较于在企业内部执行这项活动，第三方能增加供应链盈余吗？
2. 外包会带来多大的风险？
3. 是否有战略性的原因需要将这项活动保留在企业内部完成？

如果外包能够带来盈余的大幅增加，而风险增加较小，企业应考虑外包。如果外包带来的盈余增加较小，而风险却大幅增加，或者有非常重要的战略原因需要将该职能保留在企业内部，则最好在企业内部执行该职能。

接下来，我们将讨论第三方是如何增加供应链盈余的。

15.1.1　第三方如何提高供应链盈余

如果相较于在企业内部完成某项工作，第三方提高了顾客价值或者降低了供应链成本，那么第三方就增加了供应链盈余。如果与企业自身相比，第三方能够将供应链的资产或者“流”集中至一个更高的水平，那么第三方可以有效地提高供应链盈余。这里，我们讨论第三方可以用来提高盈余的各种机制。

1. **产能集中**。第三方可以通过集中多家企业的需求并获得单独一家企业所不可能拥有的生产规模经济来提高供应链盈余。这是供应链中生产外包的最常见原因。所有智能手机制造商都将显示屏的玻璃制造外包出去的原因之一就是第三方可以达到任何一家智能手机制造商自身所达不到的规模经济。当企业的需求远远低于获得规模经济所需的数量时，外包所带来的盈余增加最高。其中一个很好的例子是麦格纳斯太尔公司（Magna Steyr），它作为第三方为多家制造商组装汽车。麦格纳斯太尔公司设计了柔性的装配线，可以在一条装配线上组装5种不同的车型，这种柔性产能使其可以经济地小批量生产多种汽车。2013年，在同一个工厂中，麦格纳斯太尔公司为梅赛德斯生产G系列，为标致生产RCZ系列，为宝马生产Mini Countryman和Mini Paceman。上述每种车型的需求相对都比较低。上述每一家企业如果自行组装这些车型的话，都无法获得足够的规模经济。通过将这些车型集中在一家柔性工厂中进行生产，麦格纳斯太尔公司增加了供应链盈余。如果企业的需求量很大并且稳定，那么第三方不太可能通过产能集中来增加盈余。没有汽车制造商将其畅销车型的生产外包给第三方这一事实，可以证实上面的观点。

2. **库存集中**。第三方可以通过集中大量顾客的库存来增加供应链盈余。固安捷公司和McMaster-Carr公司等MRO用品分销商，都主要是通过集中成千上万顾客的库存来提供价值的。集中让它们极大降低了整体不确定性，增加了采购和运输的规模经济。因此，这些 MRO 分销商持有的安全库存和周转库存比每一个顾客决定自己持有 MRO 用品库存时所需的要低得多。另一个库存集中的例子是 Brightstar 公司，它是提供手机延迟制造服务的分销商。这些手机在远东生产，然后运送到 Brightstar 位于美国迈阿密的仓库，再根据南美顾客的订单加装软件和附件。产品多样化和众多的小顾客使得 Brightstar 公司可以通过库存集中和延迟来增加供应链盈余。当顾客需求分散且不确定时，执行库存集中的第三方将大大提高供应链盈余。当需求很大且可预测时，第三方通过持有库存并不能带来多少供应链盈余的增加。

3. **运输中介的运输集中**。第三方可以通过集中运输职能，将运输职能集中至任何托运人自己所无法达到的更高水平来增加盈余。UPS、联邦快递及很多零担承运人都是通过集中不同托运人的运输来提高供应链盈余的运输中介。以上运输中介提供的价值都是由运输的内在规模经济驱动的。当托运人想要发送少量货物时，运输中介可以集中多个托运人的货物，从而使每批货物的运输成本低于每个托运人自己单独运输的成本。当托运人运输包裹或者零担货物给地理位置分散的顾客时，运输中介可以增加供应链盈余。运输中介也可以通过在运输流不平衡的多个企业之间进行集中来增加整车运输的盈余，这些运输流不平衡的企业发送到某地区的货物数量与从该地区运离的货物量相差悬殊。运输中介大幅增加供应链盈余的一个很好例子是克莱斯勒和福特发起的一个实验项目。Exel 公司是一家第三方物流提供商，为克莱斯勒安排了一个专用车队运输备件。在密歇根州和墨西哥的实验中，福特将自己的卡车零件也交给该车队运输。由于密歇根州北部和墨西哥（墨西哥城外）的经销商密度相对较低，因此 Exel 公司提供的这种运输集中对福特和克莱斯勒都有利。但对于像沃尔玛这样的公司，运输中介不会增加多少供应链盈余，因为沃尔玛的运输量较大，它可以通过自己拥有的许多零售门店来实现集中效应。在这种情况下，运输中介存在的唯一可能性是获得比沃尔玛更好的回程货运。

4. **储存中介的运输集中**。储存库存的第三方也可以通过集中内向和外向运输来提高供应链盈余。例如，固安捷公司和 McMaster-Carr 等储存中介储存的产品来自上千家制造商，并将产品销售给成千上万的顾客。在内向运输方面，它们能够将几家制造商的货物集中到一辆卡车上，从而使得运输成本低于每个制造商自行运输的成本。在外向运输方面，它们将来自多个供应商的产品集中到同一个包裹中发往顾客，从而使运输成本大大低于每个供应商分别装运其产品给每个顾客的成本。例如，固安捷的芝加哥配送中心将运往相邻各州的包裹集中装载到不同的卡车上。驶往密歇根州（这里只是举例说明）的卡车装满后，将开往密歇根州的 UPS 分拣设施。单个供应商或顾客是无法达到这种集中水平的。因此，固安捷公司和 McMaster-Carr 公司的货物储存通过集中内向和外向运输增加了供应链盈余。印度等国家的分销商也提供类似的服务。由于零售网点的规模较小，分销商集中了几家制造商的发货量，大幅降低了外向运输成本。当储存中介储存了许多供应商的产品并服务于每次小批量订货的许多顾客时，这种形式的集中最为有效。随着从供应商到顾客的运输量的增加，这种形式的集中效应越来越不明显。美国的连锁超市逐渐减少使用分销商就说明了这一点。连锁超市通常自己就能够实现至配送中心或各个门店的整车装运，不需要分销商来进一步集中。

5. **仓储集中**。第三方可以通过集中多家企业的仓储需求来提高供应链盈余。盈余的增加是通过降低房地产成本和降低仓库内的处理成本来实现的。如果企业的仓储需求较小，或者其仓储需求随时间波动较大，那么可以通过仓储集中来节约成本。在这两种情况下，仓储中介都可以通过集中多个顾客的仓储需求来利用仓库建设和运作的规模经济。例如，印度的第三方物流提供商 Safexpress 公司的仓库遍及印度各地，供很多顾客使用。它的大多数顾客都没有足够大的仓储需求，因此没有必要在每个地区都建造自己的仓库。中介提供的仓储集中为许多小供应商和刚刚在某一地区开展业务的企业大幅增加了盈余。对于较大的供应商或者仓库需求较大且长期相对稳定的顾客来说，仓库集中不太可能为其增加盈余。沃尔玛、亚马逊和固安捷公司的仓储需求都足够大且稳定，因此它们拥有自己的仓库是合理的，第三方不太可能为其增加盈余。

6. **采购集中**。如果第三方为许多小企业集中采购并促进了订货、生产和内向运输的规模经济，那么它能增加供应链盈余。对于许多小购买方来说，采购集中是最有效的。印度的小零售商从分销商那里购买商品，而分销商从制造商那里集中购买。对于仅有少数大顾客的情况，采购集中的作用不大。例如，沃尔玛有足够的规模来管理自己的采购，它认为通过第三方采购没有增加价值。

7. **信息集中**。第三方通过将信息集中到在内部执行该职能的企业无法达到的更高水平来增加供应链盈余。零售商在一个地方集中了众多制造商的产品信息。这种信息集中降低了顾客的搜寻成本。eBags 就是一家主要提供信息集中的在线零售商。eBags 持有很少的库存，但它是许多制造商生产的箱包的产品信息的一个展示点。通过集中产品信息，eBags 大大降低了网购顾客的搜寻成本。如果不依托 eBags 的平台，而是由每个制造商建立自己的网站和网店，那么顾客的搜寻成本将会增加，同时每个制造商还得投资建设信息基础设施。因此，eBags 公司通过信息集中降低了搜寻成本并减少了对信息技术的投资，增加了供应链盈余。另外两个信息集中的例子是固安捷公司和 McMaster-Carr 公司。这两家公司都提供产品目录和包含非常详细的产品信息的网站。这简化了顾客搜索 MRO 产品的过程，集中了上千家制造商的产品信息。各种在线网站也是信息集中的很好例子。如 Freight Zone 和 Echo Global Logistics，它们将寻找货物的卡车司机和托运人集中在一起。信息集中减少了搜寻成本，使卡车司机与货物更好地匹配。如果买卖双方是分散的，而且购买也是零星的，信息集中就可以增加供应链盈余。对于一家经常从单一供应商那里购买钢铁的汽车制造商来说，信息集中的作用不大。

8. **应收账款集中**。如果第三方较之一家企业可以将应收账款风险集中到更高水平，或者具有更低收账成本，它就可能增加供应链盈余。例如，Brightstar 公司是摩托罗拉在除巴西以外的大部分拉丁美洲国家的分销商。在这些地区，手机是通过许多小型、私营的零售店销售的。对于制造商来说，从每个零售店收回应收账款是一项成本高昂的任务。由于零售商从许多制造商那里进货，因此每个制造商的收款权力也就被削弱了。Brightstar 公司作为分销商，能够将它所服务的所有制造商的收款任务集中起来，从而降低了收款成本。通过把收款任务集中到任何一个制造商无法达到的更高水平，Brightstar 公司还降低了违约风险。相对于制造商自己收款，Brightstar 公司降低了收款成本和风险，从而增加了供应链盈余。向同一零售商销售众多制造商的产品的印度分销商也是如此。由于它们能够集中许多制造商和小零售商，印度分销商通常负责从零售商那里收款。如果零售网点规模小、数量多，而且每个零售网点销售同一分销商所服务的许多制造商的产品，那么应收账款集中就可能增加供应链盈余。这种情形更多发生在发展中国家，因为那里的零售业务分散。而在零售业高度整合的发达国家，这种情形不太可能发生。

9. **关系集中**。中介可以通过减少多个买方和卖方之间所需的关系数量来增加供应链盈余。如果没有中介的话，连接 1 000 个卖家与 100 万个买家需要建立 10 亿个关系。中介的存在可以使所需关系的数量降至百万个。许多零售商及类似固安捷这样的 MRO 用品分销商通过关系集中来增加供应链盈余。关系集中通过增加每次交易的规模、降低交易的次数来提高供应链盈余。当众多购买者较分散、每次的购买量较小，而每个订单又包括许多供应商的产品时，关系集中最有效。因此，固安捷公司可以通过成为 MRO 用品的关系集中者来增加供应链盈余。但是，当少数买方和卖方之间存在长期、深远的关系时，第三方不能通过成为关系集中者来增加盈余。例如，在线汽车零部件交易企业 Covisint 公司就未能成为汽车行业的关系集中者，特别是对于直接材料而言。

10. **更低的成本和更高的质量。**如果与企业相比，第三方能够提供更低的成本和更高的质量，那么它就能够增加供应链盈余。如果这些好处来自专业化和学习能力，那么它们可能持续很长时间。在某些供应链活动的学习曲线上走得较远的、专业化的第三方很可能长期保持自己的优势。然而，一个常见的情况是，第三方拥有企业所没有的低成本地点。在这种情况下，较低的劳动力成本和管理费用只是外包的暂时原因，因为如果工资差异是长期的，而第三方不具备前面讨论的其他优势，那么公司最好保留所有权并将生产搬到海外低成本的地方。

15.1.2 影响第三方带来的盈余增加的因素

影响第三方带来的盈余增加的四个重要因素是：规模、不确定性、资产专用性、可用资金的成本和数量。如果规模较大，那么企业内部就可以达到足够的规模经济。在这种情况下，第三方不太可能进一步扩大规模经济并增加盈余。沃尔玛有着足够规模的运输需求，因此它自己就能够达到卡车运输的规模经济。寻求第三方不会增加盈余，反而会导致一些控制权的丧失。相反，如果企业的需求不能达到足够的规模经济，第三方就能大幅增加盈余。即使固安捷有大量向外发送的包裹，但是由于收货地点非常分散，因此也无法实现送货上门运输的规模经济。因此第三方包裹承运人在这种情况下可以增加供应链盈余。

第二个重要因素是企业需求的不确定性。如果需求可预测，那么第三方提供的供应链盈余增加将非常有限，尤其是当企业具有足够的规模时。相反，如果企业的需求随着时间变化非常大，那么第三方就能够通过与其他顾客的集中来增加供应链盈余。例如，固安捷公司可以预测其所需的仓库空间的大小。由于其对仓库空间的需求具有足够的规模，固安捷拥有并运作着自己的配送中心。相反，大多数企业对 MRO 用品的需求是高度不确定的。它们不愿意持有这些产品的库存，而使用固安捷作为中介。

盈余的增加还受到第三方所需资产专用性的影响。如果所需资产是专用的，不能被用于其他企业，那么第三方就不太可能增加供应链盈余，因为它所做的只是将资产从一个企业转移到另一个企业。第三方就没有机会实现与其他顾客的集中。例如，如果分销商所持库存是某顾客专用的，那么分销商就无法将其集中到比顾客更高的水平。在这种情况下，分销商的存在不会通过减少库存来增加盈余。同样的道理，如果第三方物流提供商专门为一家公司管理仓库，那么它就没有多少机会来增加盈余，除非它能够在多个仓库的管理或信息系统的使用上实现集中。相反，如果资产（前面例子中的库存或仓库）是非专用性的，可以用于多个企业，那么第三方就能够通过集中多个顾客的不确定性或提高规模经济来增加盈余。

企业可能外包给第三方（即使以上提到的建议外包的因素都不存在）的另一种情况是资金短缺或第三方的资金成本比企业要低得多。在这两种情况中，第三方可以通过为供应链带来低成本的资金来增加盈余。表 15-1 对以上关于第三方如何以及何时能够增加供应链盈余的讨论进行了总结。

表 15-1　第三方所带来的盈余增长作为规模、不确定性和专用性的函数

		资产专用性	
		小	大
企业规模	小	盈余高增长	盈余低—中增长
	大	盈余低增长	盈余不增长，除非第三方的资金成本更低
企业需求的不确定性	低	盈余低—中增长	盈余低增长，除非第三方的资金成本更低
	高	盈余高增长	盈余低—中增长

15.1.3　使用第三方的风险

企业将任何职能外包给第三方时，都必须评估以下风险：

1. **流程中断**。当企业将其供应链职能外包出去仅仅是因为自己丧失了对流程的控制时，问题最为严重。请记住，在一个中断的供应链流程中引入第三方只会使其变得更糟和更难控制。第一步应当使流程得到控制，然后进行成本-收益分析，然后再决定是否外包。

2. **低估协调成本**。外包时经常发生的一个错误是低估了在执行供应链任务的多个实体之间进行协调所需的努力。尤其当企业计划将特定的供应链职能外包给不同的第三方时，情况更是如此。如果企业认为协调是自己的核心优势之一，那么将供应链职能外包给多个第三方是可行的（也可能是非常有效的）。思科公司就是一个出色的协调者。但 21 世纪初期思科公司也曾陷入困境，因为协调问题带来了大量剩余库存。2000 年，耐克与 i2 Technologies 公司之间出现了协调问题。耐克责怪 i2 Technologies 公司提供的供应链计划软件致使自己在库存管理上损失了 1 亿美元。而 i2 Technologies 公司则把问题归咎于耐克对软件的执行上。显然，两家公司之间缺乏充分的协调是造成这一失败的原因之一。

3. **减少了同顾客/供应商的接触**。引进第三方后企业可能会失去与顾客/供应商接触的机会。当那些向顾客直销的企业决定使用第三方来接收订单或发送产品时，顾客接触的丧失尤为严重。Boise Cascade 公司就是一个很好的例子。Boise Cascade 公司将所有的对外配送都外包给了第三方，导致了明显的顾客接触缺失。Boise Cascade 公司于是决定自己为配送中心周边的顾客提供送货服务。由于配送中心周边的顾客密度很大，第三方可以提供的供应链盈余的增加相当小，而改善顾客接触所带来的收益却非常显著。Boise Cascade 公司没有将距离配送中心较远的顾客的配送业务收回到企业内部完成，因为由第三方来做可以极大地增加供应链盈余。

4. **丧失内部能力和增加第三方的权力**。如果外包将大大增加第三方的权力，那么企业可能会选择将这一供应链职能保留在企业内部完成。在电子行业可以找到这样的例子。惠普和摩托罗拉等企业将大部分制造业务外包给了合同制造商，但不愿意将采购或设计外包，即使合同制造商已开发了这两种能力。由于零部件的通用性，可以说合同制造商能够在采购和设计资产方面实现更高水平的集中。然而，惠普和摩托罗拉不愿意将采购外包给合同制造商，因为权力丧失的潜在损失非常大，而且两家企业的规模相对较大，集中带来的收益很小。如果某项能力的完全丧失将极大地加强第三方讨价还价的能力，那么在企业内部保留一部分该供应链职能也非常重要。此时，内部能力作为一种选择，可在需要时加以利用。这一选择也限制了第三方可以为自己保留的供应链盈余的数量。

5. **敏感数据和信息的泄露**。使用第三方需要企业共享需求信息，有些时候还需要共享知识产权。如果第三方同时还为企业的竞争对手提供服务，那么总会有泄露的危险。企业经常会坚持在第三方内部设置防火墙，但是防火墙增加了资产的专用性，从而限制了第三方可以提供的供应链盈余增长。如果担心泄露问题，尤其是担心知识产权的泄露，企业往往会选择自己执行这项职能。

6. **无效的合同**。如果合同的绩效指标扭曲了对第三方的激励，这种合同一般会大幅降低外包的收益。例如，对第三方的服务采用成本加成的定价方法，即使第三方公开账目也会导致激励问题。这种定价形式使第三方没有动力去进一步创新以降低成本，改进的责任又落到了企业身上。另一个例子是，企业在合同中要求供应商或分销商保持一定数量的库存。这样的合同减少了第三方采取行动以减少库存的动机。在这种情况下，企业最好在合同中规定所期望的服务水平，让第三方有更多的自由来决定库存的数量。这样第三方就有动力减少提供一定服务水平所需的库存。

7. **供应链可视性的丧失**。引进第三方会降低供应链运作的可视性，使企业更难以快速地响应当地顾客和市场需求。丧失可视性对较长供应链的危害更大。

8. **负面声誉的影响**。在许多情况下，第三方在劳动力或环境方面所采取的行动会对企业的声誉造成巨大的负面影响。耐克就曾因为它的一些供应商的劳工雇用行为和环境问题而遇到麻烦。2008 年，耐克发布了其第一份关于供应商的报告，披露了若干有问题的雇用行为，包括使用未成年劳工、欠薪和资料造假。供应商的行为带来的声誉损失可能对耐克等拥有强大品牌的企业造成严重的影响。

15.1.4　采购的战略因素

除了经济因素和风险，在制定外包决策时还必须考虑战略的因素。

1. **支持商业战略**。美国哈雷-戴维森公司的例子就说明将商业战略与自制或外购决策联系起来的重要性。为了维持其强大的“美国制造”的品牌形象，该公司的大部分生产均在美国完成，即使在海外可以找到更便宜的零部件。一个更极端的例子是成功的意大利奢侈品牌 Brunello Cucinelli。该公司将自己定位为提供出色的、意大利手工制作的产品。为了支持这一战略，该公司将大部分生产集中在意大利翁布里亚的一个中世纪小村庄索罗梅奥。在索罗梅奥，该公司建立了创始者所说的“人文工厂”，在那里“员工像他们所创造的衣服那样被珍视”。

2. **提高公司核心能力**。在当今复杂的世界里，企业不可能什么事情都自己做。企业自己完成所有的工作而导致缺乏核心能力，则可能是一个重要问题。在需要从事的所有活动中，公司必须识别出那些核心的、提供战略优势的活动。将其他所有活动外包有助于提高核心能力，从而改进绩效。汽车工业是增加外包的一个好例子。以往，多数汽车制造商都在企业内部自己生产所需的许多零部件。然而，随着汽车结构的日益复杂，现在汽车企业都将大多数零部件外包，只专注于设计、组装和协调。

15.1.5 成功的第三方供应商的例子

下面将讨论几个成功的第三方供应商以前面所提及的方式增加供应链盈余的例子，其中一个例子是消费电子产品的组装。20 世纪 90 年代之前，消费电子产品的组装大部分由企业在内部完成。但是现在，类似苹果公司这样的原始设备制造商（OEM）将大部分组装工作外包。20 世纪 90 年代，苹果公司的 Macintosh 计算机是在苹果公司自己的一个工厂中组装的。现在，苹果平板电脑和智能手机都是由富士康等电子制造服务（EMS）提供商组装的。一项关于 EMS 行业发展的研究分析了为什么组装外包在电子行业有所增加，以及第三方 EMS 提供商为进一步增加其提供的价值而发展的能力。

EMS 提供商是在 20 世纪 80 年代从一些小加工车间开始发展起来的。IBM 等原始设备制造商使用这些小加工车间来补充自己的印刷电路板产能，或者将电缆等被认为不能提供任何战略优势的物品交给它们来生产。20 世纪 90 年代，IBM、摩托罗拉、朗讯等大部分原始设备制造商出售了产能，不断将大部分生产外包给 EMS 提供商。EMS 提供商提供的早期制造服务包括电路板组装、最终组装和测试。由于表面贴装技术需要昂贵的拾取机器，因此将电路板组装外包给 EMS 提供商是有意义的。尽管这些机器非常昂贵，但它有足够的柔性，可以通过重新编程为许多原始设备制造商提供产品。因此，EMS 提供商可以通过向相互竞争的原始设备制造商提供这种服务来更好地利用这些设备。尽管每个原始设备制造商都无法确定自己的产品是否成功，但整个行业的销售是稳定的。随着电子产品的生命周期不断缩短，EMS 提供商集中不确定性的能力变得更加重要。

随着时间的推移，伟创力和天弘（Celestica）等 EMS 提供商率先开始提供设计服务，以增加顾客的感知价值。它们提供印刷电路板设计、可测性设计，还提供手机、打印机、网络和消费品设计的专业知识。伟创力公司声称，让设计团队和制造团队在同一屋檐下的一个巨大好处是，新设计的产品可以有效地集成到现有的制造和供应链流程中。① EMS 提供商还可以将其为一家顾客设计产品的经验用于同一行业的其他顾客。例如，天弘公司很快为 IBM 汽车应用程序设计了一种通用的“黑匣子”，因为它曾为英国公司完成过类似的工作。这使得 IBM 的产品上市时间大大缩短。②

EMS 提供商为顾客处理大部分零部件的采购。超过 95%的采购是全包式合同，意味着 EMS 提供商发出零部件的采购订单。③ 由于电子行业零部件的通用性，EMS 提供商可以为顾客争取到更低的价格（尤其与较小的原始设备制造商相比），因为它们在零部件上的支出非常大。例如，伟创力每年在零部件上的支出远远超过 100 亿美元，从而使其能够从供应商那里获得更好的价格。

随着时间的推移，EMS 提供商也开始提供仓储和运输服务。例如，伟创力为顾客提供“设计、组装和配送”产品的能力。由于电子行业的零部件和供应源的通用性，EMS 提供商可以在内向运输上获得一家原始设备制造商不可能达到的规模经济。在外向运输方面，大部分电子产品从组装工厂发往欧洲和北美相同的港口，这使 EMS 提供商可以通过将外向运输集中到任何一家原始设备制造商无法达到的水平而增加价值。

零部件的通用性、产品的短生命周期及每代新产品成功的不可预测性使 EMS 提供商在电子行业中可以增加巨大的价值。需求的快速变化和不确定性使 EMS 提供商可以通过集中设计、采购、运输和制造来增加价值。一个有趣的问题是，第三方所有这些能力的发展是否足够降低这个行业的准入门槛，以让新进入者能有效地与现有企业进行竞争。不管怎样，EMS 提供商的发展导致了这一行业价格的不断下降，这对消费者来说是一大好处。

虽然 EMS 提供商增加了物流服务，但 UPS 是一个增加了基本制造服务以进一步提高顾客价值的物流提供商的例子。2010 年的一篇新闻报道讨论了 UPS 在其位于路易斯维尔的全球航空枢纽附近“为一家著名的计算机制造商建立了一个笔记本电脑维修的内部设施”的问题。在 24 小时内，该设施可以“修理、翻新并将笔记本电脑返还给它的主人”。UPS 在其航空枢纽处建立修理设施，不仅相较于制造商自己修理来说减少了运输，还建立了为几家相互竞争的制造商集中此服务的能力。另一个例子是，UPS 接管了一家大型电信公司的成套、包装和运输业务。结果，UPS 将服务于该顾客的 16 个订单处理和配送设施集中于其一个设施中，这带来了更快的订单处理流程、更低的成本和更好的顾客体验。

另一个通过有效集中顾客需求和供应商产能来提高供应链盈余的例子是利丰公司（Li & Fung）。它开展了价值数十亿美元的业务，帮助锐步（Reebok）等全球企业管理在发展中国家的采购和生产业务。自 1906 年成立以来，该公司一直是发展中国家供应商和全球买家之间的中介。利丰公司最初从中国出口玉器、瓷器和丝绸到美国。20 世纪 70 年代，该公司扩大了供应商网络，现在可以通过适当的采购来绕过欧盟和《北美自由贸易协定》（NAFTA）等区域贸易保护伞。利丰是一个信

① Based on “The Value of Design.” *Electronics Business*, June 2003.

② Ibid.

③ Heidi Elliott, “OEMs Seek Single Point of Contact for SCM.” *Electronics Business*, June 15, 2003.

息中心，能够以最佳方式将30多个国家的数千家工厂与近千名顾客联系起来。利丰预订了供应商30%～70%的产能。这些工厂习惯了来自利丰的可靠的重复业务，因此愿意承诺提供这些产能。利丰拥有每家工厂的详细产能信息，这样当顾客订单到达时，利丰可以使各家工厂的产能与适当的顾客订单相匹配。对于利丰的顾客来说，利丰公司缩短了生产提前期。这使得顾客可以观察到销售趋势后再下达订单。订单到达时，利丰公司从一家供应商那里采购纱线，然后进入织布厂的生产计划，最后将服装的生产外包出去以确保满足交货期的要求。而所做的这一切都是为了尽量减少生产成本，同时满足交货期的要求。显然，利丰是一个集成商，以任何单个顾客或供应商无法做到的方式增加供应链盈余。该公司集中了数百个顾客的需求和数千个供应商的产能，并使用双方的详细信息，以最具成本效益的方式来匹配供求。

与电子行业相比，最终装配的合同制造在汽车行业中要少得多。大多数汽车企业都建立了自己的组装厂，因为汽车产品的生命周期更长，需求更稳定，而且很难设计出既能生产丰田车又能生产福特车的组装厂。

汽车行业中一个成功的合同制造商是麦格纳斯太尔公司。麦格纳斯太尔公司是麦格纳国际（Magna International）的子公司。该公司的主要装配设施位于奥地利格拉茨。它成功的关键因素是具有“在一条装配线上生产5种不同的汽车车型/变型车辆”的柔性。这种能力使该公司能够比原始设备制造商更有效地生产小批量车型。

学习目标1小结

好的采购决策力求识别可以增加供应链盈余的供应商。如果第三方可以在不导致巨大风险的情况下增加供应链盈余，则应将供应链职能外包出去。第三方可以通过将产能、库存、仓储、运输、信息、应收账款和其他因素集中到企业自己无法达到的更高水平来增加盈余。如果第三方由于专业化或学习能力而具有更低的成本或更高的质量，那么也能带来盈余的增加。企业的需求较小且高度不确定，并且可以与第三方所服务的其他企业共享资源时，外包通常是合理的选择。如果企业缺乏资金或第三方的资金成本较低时，也适合采取外包。

15.2 总体拥有成本

在制定外包决策或比较供应商时，许多企业常犯的一个错误是只考虑报价，而忽视还有许多因素会影响使用一家供应商的总成本这一事实。例如，供应商有着不同的补货提前期，选择一家提前期较短但是价格更高的供应商值得吗？或者供应商有着不同交付绩效，更可靠的供应商值得支付更高的价格吗？

在以上每一种情况下，供应商收取的价格只是影响供应链盈余的众多因素之一。在选择供应商时关注总体拥有成本（total cost of ownership，TCO）很重要。总体拥有成本包括从特定供应商采购商品或服务的所有供应链成本，可以考虑由三个部分组成——采购成本（acquisition costs）、拥有成本（ownership costs）及处理成本（post-ownership costs）。采购成本包括从供应商处购买物料直到物料到达买方并准备好使用为止的所有相关成本，包括供应商价格、影响财务成本的供应商条款、税收和关税、交付成本及来料质量成本。采购成本还应包括管理关系和计划采购的管理成本。拥有成本是指从所采购零部件送达开始到制成产成品出售给顾客为止的所有相关成本。拥有成本包括库存成本、仓储成本、制造或转换成本、生产质量成本和生产周期时间成本。处理成本是指产成品到达最终顾客之后企业发生的所有成本，包括保修成本、环境成本、产品责任成本、声誉成本。可以根据表 15 - 2 所示的影响总体拥有成本的因素对供应商进行评估。

表 15 - 2　影响总体拥有成本的因素

绩效类别	类别构成	可以量化吗
采购成本		
供应商价格	人工、物料、管理费用	可以
供应商条款	付款期限、交付频率、最小批量、数量折扣	可以
税收和关税	所有关税和合规成本	可以
交付成本	从供应源到目的地的所有运输成本、包装成本	可以
来料质量成本	检查、缺陷、返工成本	可以
管理成本	管理和计划采购的成本	难
拥有成本		
库存成本	供应商库存，包括原材料库存、在制品和产成品库存、在途库存、供应链中产成品库存	可以
仓储成本	支持额外的库存所需的仓储和物料搬运成本	可以
制造成本	与所采购的零部件相关的制造成本	可以
生产质量成本	所采购的零部件对产成品质量的影响	难
生产周期时间成本	所采购的零部件对生产周期时间的影响	可以
处理成本		
声誉成本	质量问题的声誉影响	不可以
保修和产品责任成本	与所采购的零部件相关的保修和产品责任成本	难
环境成本	受所采购的零部件影响的环境成本	难
供应商能力	补货提前期、准时性、柔性、信息协调能力、设计协调能力、供应商生存能力	一定程度上可以

根据这些因素来对每个潜在供应源（包括内部自制）的绩效进行评级，因为所有这些因素都会影响总体拥有成本。考虑可能存在的趋势非常重要，尤其是有一些供应源位于海外时。这些趋势包括汇率、当地物料和劳动力成本的通货膨胀、运输成本和关税。当今的情况更是如此，这些因素变化速度非常快。戈尔、穆萨维和斯瑞萨（Goel，Moussavi，and Srivatsan，2008）指出，2003 年在亚洲生产一台中程服务器，与在美国生产相比，可节省大量费用。然而，在 2005—2008 年，海运成本增加，人民币升值，中国制造业工资上涨。至 2008 年，运费和人工成本的增加，使得在美国的生产比在亚洲的生产还便宜。2008 年以前，许多制造商认为离岸生产是必需的，因为离岸生产的价格比当地供应商的价格低 25%～40%。但是，到了 2008 年，许多管理者意识到更长的供应链、可视性的丧失、质量问题、不断增长

的运输成本和发展中国家工资的上涨使得从当地供应商那里采购更具吸引力。从环保的角度来看，较短的运输距离进一步增加了当地供应商的吸引力。由于采购决策不太可能很快改变，在总体拥有成本中考虑趋势和具体情境（见第 6 章）非常重要。

从总体拥有成本的视角来进行分析，帮助多家企业做出了更好的决策。而其他一些企业仅仅关注采购价格，最终导致总成本的增加。

20 世纪 80 年代，基于类似的观点，贝纳通公司在为其针织服装引入延迟生产（见第 12 章）时设计了一种有效的采购策略。传统上，针织服装是通过彩线编织制作的。为了降低成本，编织的各个环节是由几个小家族企业完成的。虽然这一流程降低了成本，但是整个生产流程耗时长达 6 个月。贝纳通公司开发了一个新的流程，先用未染色的线编织成服装，然后再染色，同时保持服装的质量。正如第 12 章所讨论的，染色延迟使所提供的服装颜色能更好地与需求相匹配。虽然延迟可以更好地匹配需求，但是会造成生产成本的增加。然而，在关注总体拥有成本后，贝纳通公司认为定制推迟（见第 13 章）是一种更有效的战略。贝纳通公司将每种颜色服装的可预测的基本需求与不可预测的那部分需求分离开来。像过去一样，贝纳通将可预测的基本需求外包以降低购置成本。供应商的较长提前期不会提高总成本，因为满足基本需求的产品总能售完。然而，对于不可预测的那部分需求，供给与需求的任何不匹配都可能提高总成本。因此，贝纳通公司选择成本更高的延迟生产，将不可预测的那部分需求延迟到接近需要时再进行生产。贝纳通公司在企业内部自己进行延迟染色，因此它可以根据需求快速完成这项工作。这种从低成本的第三方采购以满足可预测需求，并使用极具响应性（但高成本）的流程（自己内部生产）以满足不可预测的那部分需求的战略，使贝纳通公司降低了总体拥有成本。

美泰公司（Mattel）是由于供应商的行为而付出了巨大的处理成本的一个例子。2007 年，该公司宣布召回其供应商生产的一些受铅涂料污染的玩具。一家给玩具上漆的分包商使用了一家未经认可的油漆供应商的油漆。美泰公司宣称为召回付出了 3 000 万美元。该公司还被消费产品安全委员会罚款 230 万美元。尽管这次事件对美泰公司声誉的影响难以量化，但美泰公司很明显为这个降低购置成本的采购决策付出了惨痛的代价。

耐克是努力弥补供应商行为给企业带来的负面声誉影响的另一个例子。耐克的商业模式基于生产外包。20 世纪 80 年代，耐克把生产放在当时被认为是低成本供应源的韩国和中国。随着这些地区劳动力成本的上升，耐克强烈要求其承包商将生产转移到印度尼西亚和越南。20 世纪 90 年代初，有几份报告显示，一家印度尼西亚耐克分包商被多次报道工作环境恶劣，提供的工资低于印度尼西亚最低工资标准。经过几年的抗议、严厉的批评和需求疲软，耐克在 20 世纪 90 年代末开始采取更果断的行动。耐克的 CEO 菲尔·奈特（Phil Knight）宣布提高工人的最低年龄要求、加强对供应商的监控并且在所有供应商工厂采用美国职业安全和健康管理局（U. S. OSHA）的清洁空气标准。该公司进行了许多供应商审计，并公布了与其签订合同的工厂的完整清单。尽管这些行为确实增加了耐克的采购成本，但也帮助耐克挽回了声誉。实行外包的企业应该吸取美泰和耐克的教训，在制定采购决策时将后续处理成本考虑其中非常重要。

学习目标 2 小结

应基于对总体拥有成本的影响来比较供应商的绩效。总体拥有成本包括采购成本、拥有成本和处理成本。除供应商的报价，使用一家供应商的总成本还受到供应商条款、交付成本、库存成本、仓储成本、质量成本、管理和行政工作成本、对声誉的影响、供应商能力（补货提前期、准时绩效、柔性等）以及其他成本（如汇率趋势、税收与关税）的影响。在许多情况下，较高的采购成本可以通过较低的拥有成本和处理成本得到补偿。

15.3　设计采购组合：定制采购

在构建供应商组合时，关于向谁采购和从哪里采购，企业有许多选择。关于向“谁”采购，企业必须决定是自制还是外包给第三方。企业还必须决定供应源是成本效率型的还是响应型的。关于从“哪”采购，企业可以选择在岸、近岸和离岸采购。在岸（onshoring）是指在产品销售的市场内生产产品，即使它是一个高成本的地点。近岸（near-shoring）是指在市场附近的成本较低的地点生产产品。例如对于美国市场来说，在墨西哥生产就是近岸；对于欧洲市场来说，在东欧生产是近岸。离岸（offshoring）是指在远离市场的低成本地点生产产品。

本节将讨论定制采购。企业在采取定制采购策略时会组合使用两个供应源，一个供应源关注成本但无法很好地应对不确定性，另一个供应源关注柔性或响应性以应对不确定性但成本更高。要使定制采购更有效，只是将一个供应源作为另一个供应源的备选是不够的。这两个来源还必须关注不同的能力——成本和响应性。低成本供应源必须注重效率，应被要求满足可预测部分的需求。相反，响应性供应源应被要求满足不可预测的那部分需求。因此，定制采购使企业可以降低总体拥有成本，增加利润，并更好地匹配供求。定制采购的价值取决于，面对稳定需求的供应源所能实现的成本的降低。如果这种好处非常小，那么实施定制采购可能不是很理想，因为定制采购的实施增加了复杂性。基于不确定性的来源，定制采购可以是基于数量的定制采购和基于产品的定制采购。

在基于数量的定制采购（volume-based tailored sourcing）中，产品需求的可预测部分是在高效的设施中生产，而不确定的那部分需求则在具有响应性的设施中生产。贝纳通公司是基于数量的定制采购的一个例子。贝纳通公司要求零售商在销售季开始前大约 7 个月就承诺 65%的订货。贝纳通将这部分确定性的需求的生产分包给低成本供应源，这些供应源的交货期长达数个月。对于另外 35%的订货来说，贝纳通允许零售商在销售季开始之前甚至之后提交订单。所有的不确定性都集中在这一部分订单中。贝纳通在自己的一家极具柔性的工厂里生产这部分订单。贝纳通工厂的生产成本比分包商要高，但该工厂极具响应性，交货提前期仅数周，而分包商的交货提前期需要几个月。组合使用这两种供应源使贝纳通公司能够减少库存，同时仅为一小部分需求的生产采用高成本的生产方式，从而使该公司减少了总成本，增加了利润。

那些将大量生产转移到海外以利用较低成本的企业应考虑基于数量的定制采购。较低的成本往往伴随着较长的交货提前期。在这种情况下，如果本地供应源成本很高，交货提前期短的、具有响应性的本地供应源可作为较长交货提前期的海外供应商的一个有效补充。较长的交货提前期要求更多的安全库存，由此产生的供求不匹配将损害企业利润。本地供应源的存在使企业能够减少安全库存，依靠本地供应源来满足任何过剩的需求。最有效的组合是使用海外供应源补充周转库存，不考虑不确定性。当需求超出可用库存时，使用本地供应源作为备选进行生产。

阿隆和范米格姆（Allon and Van Mieghem，2010）描述了一家在中国和墨西哥拥有设施的无线传输组件的高科技制造商。中国的工厂成本较低，但交货提前期比墨西哥工厂要长5～10倍。一项模拟研究表明，在这种情况下，使用定制采购是最有效的战略。阿隆和范米格姆（2010）建议实施一种定制的基浪（tailored base-surge）库存政策。在这一政策下，固定数量的基本需求采购自成本较低的供应源（本例中的中国），任何时候只要库存下降到阈值以下，就使用响应性供应源（本例中的墨西哥）进行生产。他们的模拟表明，从成本较低的供应源采购大约75%的需求作为基本量，其余需求则在需要时从响应性供应源采购，这是实践中相当有效的一种定制采购策略。他们的研究结果表明，作为基本需求分配给低成本供应源的那部分需求的比例，随着需求的增加和与响应性设施的成本差异的增加而增加；作为基本需求分配给低成本供应源的那部分需求的比例，随着低成本供应源的可靠性降低或需求的波动性和库存持有成本的增加而降低。

在基于产品的定制采购（product-based tailored sourcing）中，需求不确定的低需求产品从响应性供应源采购，而需求不确定性较小的、高需求产品从高效的供应源采购。李维斯（Levi Strauss）采用的就是基于产品的定制采购。李维斯出售标准尺寸的牛仔裤和定制的牛仔裤。标准尺寸牛仔裤的需求相对稳定，而定制牛仔裤的需求是不可预测的。因此，定制牛仔裤是在一个柔性的设施中生产的，而标准尺寸牛仔裤是在一个高效的设施中生产的。

在某些情况下，新产品的需求不确定，而成熟产品的需求更稳定。在基于产品的定制采购策略下，可以用响应性的设施生产新产品，而高效的设施用于生产成熟产品。例如，制药业往往如此。

为了有效地使用定制的供应商组合，应在供应商之间合理分配需求，使需求与供应商的能力相符合，如表15-3所示。不需要大的工程或设计支持的、低价值、成熟产品的大量、稳定的订单应交给低成本供应商来完成。响应性的供应商应负责那些通常处于生命周期的早期、需要大量的工程或设计支持的、高价值、需求波动较大的产品。

表15-3 支持选择响应性供应源或低成本供应源的因素

	响应性供应源	低成本供应源
产品生命周期	早期阶段	成熟阶段
需求变化	大	小
需求数量	低	高
产品价值	高	低
产品陈旧速度	快	慢
期望质量	高	低到中
工程/设计支持	高	低

一般来说，响应性供应源往往是在岸或近岸的，以促进快速响应。低成本供应源可能位于任何地方，但低成本通常是离岸或近岸的主要原因。在表 15-4 中，我们给出了一些影响采购地点决策的因素。

表 15-4 支持在岸、近岸或离岸的因素

	在岸	近岸	离岸
创新速率/产品多样性	高	中到高	低
需求变化	大	中到大	小
劳动含量	低	中到高	高
数量或重量价值比	高	高	低
供应链中断的影响	高	中到高	低
库存成本	高	中到高	低
工程/管理支持	高	高	低

洗衣机和冰箱等体积大、笨重的物品最好在岸或近岸生产，因为相对于价值来说，它们的运输成本较高。相比之下，像消费电子产品这样体积较小的产品，尤其是那些大量销售的产品（如 iPad），可以离岸生产。随着运输成本的增加，在岸和近岸的选择相对于离岸更具吸引力。与表 15-4 所总结的相一致，思科将需求变化大、库存成本高、需要大量管理支持的高价值路由器外包给了一个在岸供应商，将设计稳定且需求波动较小的低价值路由器离岸外包给低成本国家。正如这些例子所表明的，对于一家企业来说，重要的是计划一种定制的采购战略，使产品和市场特征与供应源的响应性和位置相匹配。

1990—2010 年的 20 年间，中国和亚洲其他一些地方一直是受欢迎的离岸供应源所在地。但是，目前的一些变化趋势促使美国管理者开始重新考虑他们的离岸选择。一个趋势是中国薪资水平的变化和人民币的升值，这两个因素都削弱了中国的劳动力成本优势，尤其是与墨西哥等近岸地点相比较时。另一个趋势是油价和运输成本的上升，它们像关税壁垒一样使得离岸不再那么有吸引力。最后，需求波动的加剧和对风险的防御也迫使供应链设计师使用在岸或近岸供应源作为低成本的离岸供应源的补充。

定制供应商组合还应考虑所采购产品的其他一些特点。对所采购的货物进行分类的一种简单方法是将其分为直接材料和间接材料。直接材料（direct materials）是指用于生产最终产品的零部件。例如，处理器就是智能手机制造商的直接材料。间接材料（indirect materials）是指用来支持企业运作的物品。例如，办公用品对于汽车制造商来说就是间接材料。直接和间接材料的主要区别如表 15-5 所示。

表 15-5 直接材料与间接材料的区别

	直接材料	间接材料
用途	生产	维护、修理和支持运行
会计科目	产品销售成本	销售费用、一般性费用和管理费用
对生产的影响	任何延迟都会耽误生产	直接影响较小
处理成本与交易价值的比值	低	高
交易次数	少	多

由于与生产具有直接联系，直接材料供应商的选择应基于其在供应链中的合作和协调能力。合作在设计阶段和生产阶段都非常重要。设计阶段的合作有助于降低零部件成本，而生产阶段的合作可以通过改进计划和可视性来帮助实现供应链更好地协调。Johnson Controls 公司与克莱斯勒公司为了 2002 款自由人吉普车建立的关系就是一个很好的例子。Johnson Controls 公司将来自 35 家供应商的零部件组装成驾驶室模块提供给克莱斯勒。克莱斯勒每发出一辆吉普车的驾驶室模块订单，Johnson Controls 公司就会在 204 分钟内完成所需驾驶室模块的生产和发货。每天这一过程要进行 900 次，驾驶室模块有约 200 种不同颜色和内饰的组合。两家企业之间的密切合作使库存大幅减少，产品的供给与最终顾客的需求实现了更好的匹配。

间接材料通常只占企业支出的一小部分，但间接材料的采购却令采购部门非常头疼。购买间接材料通常涉及许多交易，但每笔交易都很小。由于选择商品（需要从许多目录中进行选择，而且这些目录往往是过时的）、获得审批、生成和发送采购订单的难度较大，所以间接材料的交易成本较高。因此，间接材料供应商的选择应基于其简化交易的能力。作为维修和维护用品（通常属于间接材料）的供应商，McMaster-Carr 公司和固安捷公司都努力使顾客与之交易的过程更加容易。

除了可将材料划分为直接材料和间接材料，还可以基于价值/成本和重要程度对所购买的产品进行分类，如图 15－1 所示。大部分间接材料属于普通物资。直接材料可进一步划分为散货采购物资、关键物资和战略物资。对于大多数散货采购物资，例如包装材料和散装化学品，供应商倾向于制定相同的销售价格。因此，基于供应商所提供的服务及其在影响总体拥有成本的所有维度上的表现，来对供应商进行区分非常重要。关键物资包括提前期较长的零件或特种化学品。关键物资的主要采购目标不是低价格，而是确保可获性。对于关键物资，选择响应性供应源更有价值，即使成本可能会更高些。最后一类是战略物资，例如对于汽车制造商来说，电子元器件等就属于战略物资。对于战略物资，买卖双方的关系是长期的。因此，应基于关系的长期成本/价值对供应商进行评价。目标应是找到能够在设计阶段进行合作，并且能够与供应链中的其他参与者协调设计和生产活动的供应商。

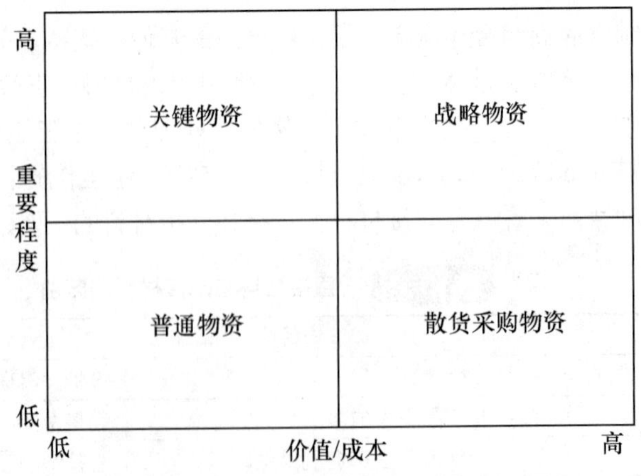

图 15－1　基于价值和重要程度的产品分类

学习目标 3 小结

企业必须考虑定制采购战略，组合使用响应性在岸、近岸供应源和低成本的离岸供应源。响应性的在岸供应源主要负责需求波动大的高价值产品的生产，而低成本离岸供应源应专注于劳动含量高的低价值、高需求产品的生产。还可以根据直接材料和间接材料以及所购买物资的重要性和成本来选择不同的采购策略。

15.4 激励对第三方行为的影响

随着企业将供应链活动外包，了解激励如何影响第三方的行为以及由此对供应链盈余的影响非常重要。激励不当通常会损害供应链绩效。2001 年思科减计 25 亿美元的库存就是不当激励所付出的代价。思科将生产外包给合同制造商并且奖励它们快速交货。供应商为思科储备了半成品，因为这些库存的可获性使供应商在很长一段供不应求的时期能够快速做出响应。当 2000 年需求减缓时，这些供应商所订购的零部件仍源源不断地流入。对快速交货进行奖励，而没有考虑库存的消极影响，导致供应商堆积了 25 亿美元的库存，而这些库存在需求减缓时变得毫无用处。这是一个非常好的警示例子，让我们知道了解供应链中激励的影响非常重要。当企业无法完全观察到第三方的行为或者第三方拥有企业无法获知的信息时，了解激励的影响非常重要。在这两种情况下，很难设计出有效的激励机制，诱使第三方做出有利于供应链的行为。

对第三方行为缺乏可视性的一个很好的例子来自汽车供应链。例如，克莱斯勒公司通过经销商销售汽车。经销商是代表汽车企业（称为委托人）履行销售职能的第三方。经销商也销售其他品牌的汽车和二手车。每个月，经销商都必须将其销售努力（如销售人员、促销等）分配给所销售的所有类型汽车。克莱斯勒的收入取决于其品牌车型的销售量，而车型的销售量又受到经销商销售这种汽车的努力程度的影响。在这种情况下存在的挑战是，虽然克莱斯勒可以直接观察到销售量的情况，但经销商分配给克莱斯勒车型的销售努力却难以观察和衡量。因此，当某个月份的销售量很高时，克莱斯勒公司很难判断这个增长是由于更好的市场环境，还是更大的销售努力。总的来说，克莱斯勒希望鼓励其经销商代表克莱斯勒做出更大的努力。

众所周知，委托人提供的激励可以鼓励代理人更加努力。精心设计的激励措施能使期望绩效顺利达成。然而，设计不当的激励措施可能适得其反，损害供应链的绩效。一种常用的绩效激励是，设定一个最低绩效的“阈值”，如果绩效低于该阈值则没有奖励。2001 年第一季度，克莱斯勒公司就向经销商提供了这样的激励。激励的大致结构如下：如果当月销售量低于商定目标的 75%，经销商只保留从顾客那里获得的利润。但是，如果销售量超过商定目标的 75%而低于 100%，经销商可以额外获得 150 美元/辆的收益。如果销售量达到或超过 100%而低于 110%，经销商可以额外获得 250 美元/辆的收益。如果销量达到或超过 110%，经销商可以额外获得 500 美元/辆的收益。克莱斯勒公司希望通过提高达到较高阈值后的利润来激励经销商增加克莱斯勒汽车的销售力度。

在新合同公布后的第一个月，美国汽车业的销量下滑。但是，克莱斯勒公司销量的下滑是行业平均值的两倍。造成这一现象的原因可能有三个，都与激励结构有关。第一，目标设置得太高。由于无法达到目标，经销商决定减少努力。因为如果目标没有实现，额外的努力不会带来任何利润。第二，在这种激励机制下，相对于每月都销售1 000辆，经销商在某个月销售900辆而在下个月销售1 100辆可以赚得更多。经销商有动机随时间转移需求以达到这样的结果，从而加剧了信息扭曲和可观察到的需求波动。第三，在一个月的第一周，经销商会估计它可能达到的阈值范围。例如，如果经销商认为能轻易超过75%但不太可能达到100%，那么它将减少这个月的努力，将部分需求转移到以后。因为多销售一辆车的边际收益只有150美元。相反，如果这个月的需求相当高，经销商认为可以很容易地超过100%，那么很可能会付出更多的努力来达到110%的阈值，因为达到此阈值的边际收益非常高。克莱斯勒的激励增加了经销商努力的变化，进一步夸大任何现有的市场变化，从而损害供应链盈余。

以下方法可以帮助抑制阈值激励（如克莱斯勒）所引起的扭曲。重要的是要确保目标设定得不要太高或太低。因为在这两种情况下，经销商都会减少所付出的努力。即使目标设置合理，但如果目标是个固定值，未随市场情况的变化而变化，也会出现问题。当市场强劲时，原本合理的目标可能会变得太容易；而市场疲软时，合理的目标又会变得太难。最好是能基于市场情况不断对目标进行调整。但是，如何识别市场情况又是一个挑战。可使用的一种方法是在观察到实际销售情况后，根据所有经销商的平均销售量来调整目标。因此，当汽车市场销售量下降8%时（行业销售量是市场情况的一个很好衡量指标），克莱斯勒公司可以将经销商的目标值降低同样的幅度。假设最初的目标设置合理，并且经销商也知道克莱斯勒公司会根据市场情况对目标进行调整，那么它们会持续稳定地付出努力。根据市场情况调整目标的阈值激励，更有可能实现第三方的稳定努力。

在企业向销售人员提供阈值激励时也会观察到信息扭曲现象。在这种激励下，如果销售人员在某规定时间范围（例如一个季度）内的销售量超过阈值，将会获得奖励。此时观察到的问题是，当销售人员试图超越阈值时，销售努力和订单数量在季度的最后几周将达到峰值。销售量在接近评估期结束时达到峰值的这种现象称为曲棍球棒现象。出现这种信息扭曲是因为基于固定周期的激励使每个季度的最后几周成为所有销售人员积极开展销售活动的一段时间。

企业可以采取的解决曲棍球棒现象的方法之一是，提供滚动周期的阈值激励。例如，如果企业每周根据过去13周的销售情况向销售人员提供奖励，那么每周都将成为13周的最后一周。相较于所有销售人员都在相同的最后一周来进行奖励评估的做法，基于滚动周期的激励能使销售人员的努力更加平均。由于企业资源计划（ERP）系统的广泛应用，执行滚动周期的激励比以前容易很多。解决这一问题的另一种方法是意识到较高的销售量有助于供应链绩效，但销售量的较大波动会损害供应链绩效。因此，可以设计这样一种激励，基于一段给定时间范围内的总销售量来提供奖励，但同时对销售量的波动给予惩罚。尽管设计考虑多个绩效维度的激励非常困难，但是这一点也非常重要。因为它可以让第三方和企业的目标相一致，共同增加供应链盈余。

学习目标 4 小结

当第三方的信息和行为难以观察时，供应链激励可能会带来意想不到的后果。要确保第三方采取增加供应链盈余的行为，理解和应对这些激励措施的负面后果非常重要。

15.5 供应链中的风险分担和收益共享

到目前为止，本章强调了这样一个事实，即所有的采购决策都应当以增加供应链盈余为目标。然而，在实践中，许多企业并不太关心增加盈余，而更关心它们能够获得的盈余份额。当企业在供应链中获得了更大权力时，它们往往试图通过将更多的风险转嫁给供应链伙伴来获取更大份额的盈余。在本节中，我们关注的是以牺牲供应链盈余为代价，专注于企业局部利益所带来的不利影响，还提出了一些可以用来弥补局部优化的不利影响的方法。

15.5.1 风险分担以提高供应链利润

供应链中双方独自采取行动所实现的利润，往往低于各方在供应链整体（而非单个企业）利润最大化这一共同目标下协调彼此的行为所能实现的利润。强大的企业往往倾向于将更多的风险推给供应链合作伙伴，将更多的利润留给自己。这种做法的一个典型例子是美泰公司 1999 年针对 1998 年的不利结果所采取的行动。直到 1998 年，美泰公司都允许它的零售商为圣诞销售季下两次订单。美泰公司在感恩节周末前交付第一批订单，零售商在观察了那个周末的销售情况后，再下第二批订单。了解周末的销售情况使零售商可以在下第二批订单之前对圣诞季有更好的预测。1998 年，由于感恩节周末的销售疲软，许多零售商决定不再下第二批订单。美泰公司报告称，当年最后几周销售额减少了 5 亿美元。因自己愿意承担第二批订单的风险而被伤害，美泰公司因此改变了 1999 年的政策。它要求零售商在感恩节前下达全部订单，美泰在 12 月不再接受订货。美泰宣称，新政策将使该公司“严格按需求定制生产，避免为还未到来的订单建立库存”。

美泰公司的行为意味着风险从美泰公司转移到了零售商。当零售商被允许在 12 月补充订货时，美泰公司吸收了一些预测的不确定性，但要求零售商在感恩节前下达所有订单则将所有预测误差的风险推给了零售商。美泰公司的这种行为（似乎是因为自身利益而采取的）显然伤害了零售商，但我们现在认为这其实也伤害了美泰自己。由于需求的不确定性，像美泰这样的制造商希望零售商持有大量其产品的库存，以确保任何需求的激增都能得到满足。但任何未售出的库存都会让零售商遭受损失。因此，零售商宁愿持有较低水平的库存，尤其当它必须承担预测错误的全部风险时。这种紧张关系导致的后果既伤害了零售商又伤害了制造商，正如例 15－1 所示（参见工作簿文件 Chapter 15-examples 中的工作表 Example 15-1）。

15.5.2 最优服务水平公式

p，销售价格；c，采购成本；s，残值；μ，平均需求；σ，需求的标准差；CSL^*，最优周期服务水平；O^*，最优订货量。

$$CSL^*=Prob(\text{需求}\leqslant O^*)=\frac{p-c}{p-s}=\frac{C_u}{C_u+C_o}=\frac{1}{1+C_o/C_u} \tag{15.1}$$

$$O^*=F^{-1}(CSL^*,\mu,\sigma)=\text{NORMINV}(CSL^*,\mu,\sigma) \tag{15.2}$$

$$\begin{aligned}\text{预期利润}=&(p-s)\mu\text{NORMDIST}[(O-\mu)/\sigma,0,1,1]\\&-(p-s)\sigma\text{NORMDIST}[(O-\mu)/\sigma,0,1,0]\\&-O(c-s)\mu\text{NORMDIST}(O,\mu,\sigma,1)\\&+O(p-c)[1-\text{NORMDIST}(O,\mu,\sigma,1)]\end{aligned} \tag{15.3}$$

$$\begin{aligned}\text{预期超储量}=&(O-\mu)\text{NORMDIST}[(O-\mu)/\sigma,0,1,1]\\&+\sigma\text{NORMDIST}[(O-\mu)/\sigma,0,1,1]\end{aligned} \tag{15.4}$$

$$\begin{aligned}\text{预期欠储量}=&(\mu-O)(1-\text{NORMDIST}[(O-\mu)/\sigma,0,1,1])\\&+\sigma\text{NORMDIST}[(O-\mu)/\sigma,0,1,1]\end{aligned} \tag{15.5}$$

例 15-1

局部优化的影响

以一家销售CD的音乐商店为例。制造商生产CD的成本是1美元/张，以5美元/张的价格销售给音乐商店。零售商再以10美元/张的价格卖给最终顾客。在这个零售价格上，市场需求服从正态分布，均值为1 000张，标准差为300张。在销售期结束时未售出的CD都不再有任何价值。一个独立的零售商应该订购多少张CD？在独立零售商的情况下，供应链利润是多少？如果制造商和零售商是纵向一体化的（属于一家公司），零售商应订多少张CD？当制造商和零售商属于一家公司时，供应链利润是多少？

分析：

首先考虑独立零售商的情况。零售商的利润是5美元/张，未售出CD会导致5美元/张的损失。因此，零售商的超储成本C_o=5美元，欠储成本C_u=5美元。利用式（15.1），零售商的最优周期服务水平为5/(5+5)=0.5，订货量为*NORMINV*(0.5，1 000，300)=1 000（张）。利由式（15.3），可得零售商的预期利润为3 803美元，制造商销售1 000张CD的利润为4 000美元。独立零售商情况下供应链总利润为3 803+4 000=7 803（美元）。

现在，考虑供应链是纵向一体化的情况。供应链利润是10−1=9（美元/张），未售出CD的损失为1美元/张。因此，供应链的超储成本C_o=1美元，欠储成本C_u=9美元。由式（15.1）可得供应链的最优周期服务水平为9/(1+9)=0.9，订货量为*NORMINV*(0.9，1 000，300)=1 384（张）。由式（15.3）可得供应链的预期利润是8 474美元。

因此，相较于零售商独自制定订货决策，纵向一体化的供应链可多赚取671美元。

如例15-1中的分析所示，如果供应链利润是在双方之间分配，则将风险集中在供应链的一个环节会损害整个供应链的利润，每个环节在制定决策时都只会考虑自己的利润。独立的零售商在需求出现之前制定采购决策，因此承担了所有的需求不确定性。如果需求小于零售商的库存，零售商必须以折扣价格清货。在需求不确定的情况下，零售商根据其利润和超储成本决定采购数量。然而，零售商的边际利润低于整个供应链的边际利润，而其超储成本高于整个供应链的超储成本。因此，零售商会比较保守，它的目标产品可获性水平比整条供应链的最优产品可获性水平要低，从而导致供应链盈余损失。正如例15-1所示，如果零售商吸收所有预测误差的风险而仅获取一部分利润（本例中为 5 美元，而供应链利润为 9 美元），那么相比纵向一体化的供应链，零售商的订货决策使整个供应链利润减少。

从讨论中可以明显地看出，美泰公司的行为——将所有风险推给零售商——无疑损害了供应链利润，因为与美泰公司分担风险时相比，此时零售商会更保守。零售商的保守行为使得供应链无法受益于任何需求的上升，从而减少了供应链利润。

我们已经确定了没有分担风险时可能出现的问题，现在的重点是确定潜在的解决方案，允许以提高供应链利润的方式分担风险。为了提高供应链整体利润，供应商必须以鼓励采购方购买更多的产品和提高产品可获性水平的方式分担风险。这要求供应商分担采购方的一些需求不确定性。以下三种风险分担方法可以增加供应链的整体利润。

1. 回购或退货；
2. 收入共享；
3. 数量柔性。

我们使用例 15－1 音乐商店的例子来分别阐述这三种方法，基于以下三个问题讨论每种方法的绩效：

1. 风险分担如何影响企业的利润和供应链总利润？
2. 风险分担会带来信息扭曲吗？
3. 风险分担如何影响供应商的关键绩效指标？

通过回购或退货分担风险　回购或退货条款允许零售商以商定的价格退回一定数量未售出的库存。在这种情况下，供应商通过同意回购零售商未售出的库存来分担风险。在回购合同（buyback contract）中，制造商确定批发价格 c 和零售商在季末时可以退回的未售出产品的回购价格 b。假设制造商可以按 s_M 的单价处理掉零售商退回的所有产品。制造商的单位生产成本是 v，零售价格是 p。

由式（13.1）和式（13.2）可以估计零售商在回购合同下的最优订货量 O^*，其中零售商的残值 $s=b$（回购价格）。零售商的超储成本是 $C_o=c-b$，欠储成本是 $C_u=p-c$。由式（15.1）可得零售商的目标最优周期服务水平 $CSL^*=(p-c)/(p-b)$。由式（15.2）可得零售商的最优订货量 $O^*=\text{NORMINV}(CSL^*, \mu, \sigma)$。利用式（15.3）可以估计零售商的预期利润，其中残值 s 等于回购价格 b。制造商的预期利润取决于零售商退回的超储库存（由式（13.4）估计得出）。我们可以得到：

$$\text{制造商的预期利润}=O^*(c-v)-(b-s_M)\times\text{零售商的预期超储库存}$$

下面，我们用例 15-2 来说明回购对供应链利润的影响（参见工作表 Example 15-2）。

例 15－2

通过回购分担风险的影响

回到例 15－1，仍使用其中给出的所有数据。假设制造商同意以 3 美元/张的价格回购所有未售出的 CD，即使在销售季结束时任何积压的光盘都将毫无价值。有了回购条款，一家独立的零售商应该订购多少光盘？有回购条款的供应链利润是多少？

分析：

根据回购条款，零售商未售出产品的残值为3美元/张。由于批发价为5美元/张，零售价为10美元/张，因此零售商的超储成本 $C_o=5-3=2$（美元），欠储成本 $C_u=10-5=5$（美元）。由式（15.1）可得零售商的目标最优周期服务水平为 $5/(5+2)=0.71$，最优订货量为1 170张（NORMINV(5/7，1 000，300)）。由式（15.3）可得零售商的预期利润为4 286美元。由于预期超储量为233张（由式（15.4）可得），制造商的预期利润为4 011美元（$1\,170\times(5-1)-223\times3$）。因此，有回购条款的供应链的总预期利润为 $4\,286+4\,011=8\,297$（美元）。

可以看到，与例15-1中没有风险分担相比，使用3美元/张的回购条款来分担风险提高了零售商和制造商（及整条供应链）的利润。

例15-2表明，通过一个合理设计的回购条款来分担风险可以提高制造商的利润（相较于没有风险分担的情况），而且零售商也为所有未售出库存得到了补偿。制造商风险分担总能增加零售商的利润，因为零售商的超储成本减少了。尽管以3美元/张回购未售出的库存，在例15-2中制造商的利润仍增加了，这是因为零售商平均售出了更多的产品（而供应商可以从每张CD中赚得4美元）。回购合同对于可变成本低的产品最有效，例如音乐产品、软件、书籍、杂志和报纸。

表15-6（可使用工作表Example 15-2构建）显示了不同批发价格和回购价格下的供应链利润。可以看到，当批发价格为7美元/张时，回购合同的使用使供应链总利润增加了约20%。批发价格固定的情况下，提高回购价格总能增加零售商的利润。一般来说，存在一个小于批发价的正的回购价格，在这个回购价格下，制造商可以赚取比不提供回购时更多的利润。由表15-6还可以看到，相对于5美元的批发价格，当批发价格为7美元时，回购对制造商帮助更大。因此，制造商的边际利润越大，制造商就越能通过使用一些风险分担机制（如回购）受益。

表15-6　不同回购合同下音乐CD供应链的最优订货量和利润

批发价格 c（美元）	回购价格 b（美元）	音乐商店的最优订货量（件）	音乐商店的预期利润（美元）	供应商收到的预期退货量（件）	供应商的预期利润（美元）	供应链的预期利润（美元）
5	0	1 000	3 803	120	4 000	7 803
5	2	1 096	4 090	174	4 035	8 125
5	3	1 170	4 286	223	4 009	8 295
6	0	924	2 841	86	4 620	7 461
6	2	1 000	3 043	120	4 761	7 804
6	4	1 129	3 346	195	4 865	8 211
7	0	843	1 957	57	5 056	7 013
7	4	1 000	2 282	120	5 521	7 803
7	6	1 202	2 619	247	5 732	8 351

在批发价格固定的情况下，随着回购价格的上升，零售商会提高订货量，也会退回更多的产品。在表15-6的分析中，没有考虑与退回相关的成本。随着退回相

关成本的增加，回购合同的吸引力将下降，因为退回成本将减少供应链利润。如果退回成本非常高，相较于没有回购合同的情况，回购合同造成的供应链总利润的降低可能会更高。

1932 年，维京出版公司（Viking Press）成为第一家接受退回的图书出版商。如今，回购合同在图书业非常普遍，出版商接受零售商未售出的图书。为了将退回成本降到最低，零售商不必退回图书，而只需退回图书的封面。如果出版商可以通过电子方式核实零售商的销售情况，零售商可以不用退回任何东西。在以上两种情况下，出版商的目的只是希望得到图书未售出的证据，同时降低退回成本。一直以来，关于出版商的退货政策对图书业利润的影响争议不断。我们的讨论在一定程度上为出版商采取这种做法提供了支持。

在有些情况下，制造商使用持有成本补贴或价格保护来鼓励零售商增加订货量。通过持有成本补贴（holding-cost subsidies），制造商为零售商在一定时期内持有的每一单位库存都提供一定的补贴。持有成本补贴在汽车供应链中非常普遍。在高科技产业，产品贬值速度很快，制造商通过为零售商提供价格支持（price support）来分担产品过时的风险。许多制造商保证，如果自己降价，那么也会降低零售商目前所持有的所有库存的价格并相应对零售商进行补偿。因此，零售商的超储成本只包括资金和实物储存成本，不包括陈旧（过时）成本。对于高科技产品来说，产品陈旧成本在一年之内就可能超过 100%。因此，在价格支持激励下，零售商会提高产品可获性水平。持有成本补贴和价格支持都属于回购的一种形式。

回购条款（或诸如持有成本补贴或价格支持这种等价的形式）的缺点是它导致了必须回收或处理的积压库存。退回未售出的产品会增加供应链成本。如果制造商给零售商一个降价补助，并允许其以很大的折扣出售产品，就可以消除退回成本。现在出版商通常不要求零售商退回未售出的图书，而是为零售商提供降价补贴。零售商将积压的图书以非常大的折扣降价出售。

在零售商给定了产品可获性水平时，约定回购条款也会对销售造成不利影响，因为相对于没有回购条款时，零售商在销售方面投入的努力大大降低了。在约定回购条款的情况下，零售商会降低在销售方面投入的努力。这是因为，在没有回购条款时未售出库存造成的损失更大，迫使零售商付出更大的销售努力。供应商可以采取限制回购数量等手段来防止零售商销售努力的减少。

回购条款的结构导致整条供应链对零售商所下的订单而不是实际的顾客需求做出响应。如果供应商向多个零售商供货，那么它是根据每个零售商所下的订单来进行生产。由于回购条款，每个零售商都会加大自己的订单。因此，当供应商向多个零售商供货时，回购条款的结构会增加信息扭曲。然而，在销售季结束时，供应商确实获得了关于实际销售的信息。信息扭曲主要由于库存是根据需求不确定时所做出的订货决策分散存放于各个零售商处。如果供应商生产出产品后，仅在需要时才发送给零售商，那么可以减少信息的扭曲。通过更具响应性的生产和集中库存，供应商可以利用各零售商需求的独立性来降低所持有的库存水平。但是，在实践中，大多数回购合同都导致库存分散存放在零售商处。因此，造成了严重的信息扭曲。

通过收入共享分担风险 在收入共享合同（revenue-sharing contract）中，制造商提供给零售商一个较低的批发价格 c（与没有风险分担相比），但分享零售商一部分比例 f 的销售收入。在这种情况下，制造商也在分担风险，因为当需求较低时，（相较于没有分担风险时）零售商的成本较低。尽管不允许退回产品，但较低的批发价格仍然降低了零售商的库存积压成本。因此，在合理设计的收入共享合同下，零售商会提高产品可获性水平，从而增加制造商和零售商的利润。

假设制造商的生产成本为 v；零售商的零售价格为 p；积压库存的残值为 s_R。由式（13.1）和式（13.2）可以估计零售商的最优订货量 O^*，其中欠储成本 $C_u=(1-f)p-c$，超储成本 $C_o=c-s_R$。因此可以得到：

$$CSL^*=Prob(\text{需求}\leqslant O^*)=\frac{C_u}{C_u+C_o}=\frac{(1-f)p-c}{(1-f)p-s_R}$$

对于零售商所购买的每一单位产品，制造商获得批发价格 c。同时零售商每售出一单位产品，制造商还将分享一部分收入。由式（15.4）可得零售商的预期超储量。因此，制造商的预期利润为：

$$\text{制造商的预期利润}=(c-v)O^*+fp(O^*-\text{零售商的预期超储量})$$

零售商对所购买的每一单位产品需要支付批发价格 c，每售出一单位产品可获得收入 $(1-f)p$，每单位的超储库存可以获得收入 s_R。因此，零售商的预期利润为：

$$\begin{matrix}\text{零售商的}\\ \text{预期利润}\end{matrix}=(1-f)p\left(O^*-\begin{matrix}\text{零售商的}\\ \text{预期超储量}\end{matrix}\right)+s_R\times\begin{matrix}\text{零售商的}\\ \text{预期超储量}\end{matrix}-cO^*$$

下面，我们用例 15-3 来说明收入共享对供应链利润的影响（参见工作表 Example 15-3）。

例 15-3

通过收入共享分担风险的影响

回到例 15-1，仍使用其中给出的所有数据。假设制造商同意一份收入共享合同。根据该合同，零售商每张 CD 只需向制造商支付 1 美元，但制造商获得 45%的零售收入。由于每张 CD 的零售价为 10 美元，因此零售商每售出一张 CD，制造商获得 4.5 美元，零售商获得 5.5 美元。

在收入共享条款下，一家独立的零售商应订购多少张 CD？在收入共享条款下，供应链利润是多少？

分析：

在规定的收入共享条款下，$c=1$ 美元，$p=10$ 美元，$s_R=0$，收入分享比例 $f=0.45$，制造商生产成本 $v=1$ 美元。因此，音乐商店的超储成本 $C_o=c-s_R=1-0=1$（美元），欠储成本 $C_u=(1-f)p-c=(1-0.45)\times10-1=4.5$（美元）。零售商的目标周期服务水平 $CSL^*=4.5/(4.5+1)=0.818$ 或者 81.8%（见式（13.1）），最优订货量为 1 273 张（NORMINV(4.5/5.5，1 000，300)）。与例 15-1 批发价为 5 美元且没有收入共享条款时的订货量 1 000 张相比，此时的订货量要大得多。订货量的增加是因为，对于每张未售出 CD，零售商仅损失 1 美元（而不是没有收入共享时的 5 美元），同时每售出一张 CD，零售商可赚取 4.5 美元。

由于订货量为 1 273 张，零售商的预期超储量为 302 张（由式（13.4）可得）。因此：

$$制造商的预期利润=(c-v)O^*+fp(O^*-零售商的预期超储量)$$
$$=(1-1)\times 1\,273+0.45\times 10\times(1\,273-302)=4\,369（美元）$$

$$零售商的预期利润=(1-f)p(O^*-零售商的预期超储量)+s_R\times 零售商的预期超储量-cO^*=(1-0.45)\times 10\times(1\,273-302)+0\times 302-1\times 1\,273=4\,068（美元）$$

$$供应链总利润=4\,369+4\,068=8\,437（美元）$$

可以看出，与没有风险分担的例 15-1 相比，通过使用批发价格为 1 美元且供应商分享 45%的销售收入的收入共享条款来分担风险，提高了零售商和制造商（及整条供应链）的利润。

表 15-7（使用电子数据表 Chapter 15-examples 中的 Example 15-3 构建）给出了不同批发价格和收入分享比例 f 下的订货量和利润。从表 15-6 和表 15-7 可以看到，与没有回购且批发价固定为 5 美元的情况相比，收入共享使得制造商和零售商都提高了利润。回想一下，当批发价格为 5 美元时，供应商的利润为 4 000 美元，音乐商店的利润为 3 803 美元（见表 15-6）。

表 15-7 不同收入共享合同下音乐 CD 供应链的最优订货量和利润

批发价格 c（美元）	收入分享比例 f	音乐商店的最优订货量（件）	音乐商店的预期超储量（件）	音乐商店的预期利润（美元）	供应商的预期利润（美元）	供应链的预期利润（美元）
1	0.30	1 320	342	5 526	2 934	8 460
1	0.45	1 273	302	4 064	4 367	8 431
1	0.60	1 202	247	2 619	5 732	8 350
2	0.30	1 170	223	4 286	4 009	8 295
2	0.45	1 105	179	2 881	5 269	8 150
2	0.60	1 000	120	1 521	6 282	7 803

与零售商先支付批发价格并保留全部销售收入相比，收入共享合同也会导致零售商减少销售努力。这是因为零售商从每次销售中仅能获得一部分收入。与回购合同相比，收入共享合同的一个优点是不需要退回产品，从而消除了退回成本。收入共享合同尤其适用于可变成本低而退回成本高的产品。收入共享合同的一个很好的例子是百视达录影带出租连锁店与电影公司之间的合作。电影公司以很低的价格向百视达出售录影带，并分享百视达公司每次的出租收入。由于进价较低，百视达可以购买很多拷贝，从而获得了更多的租金，为百视达公司和电影公司带来了更高的利润。

收入共享合同确实离不开信息基础设施，以确保供应商可以监控零售商的销售情况。这样的基础设施建设成本会很高。因此，对于为许多小型买家供货的供应商来说，收入共享合同可能难以管理。

与回购合同类似，收入分享合同也会导致供应链根据零售商的订单而不是实际的顾客需求来组织生产。这种信息扭曲导致供应链中库存过剩，加剧了供给与需求的不匹配。供应商供货的零售商数量越多，信息扭曲就越严重。与回购合同一样，如果零售商在供应商处预留产能或库存，而不是购买产品后自行持有库存，那么可以减少收入共享合同导致的信息扭曲。这种做法可以集中多个零售商的需求波动，供应商只需要保持较低水平的产能或库存。但是，在实践中，大部分收入共享合同都是在零售商购买并持有库存的情况下实施的。

通过数量柔性分担风险 在数量柔性合同（quantity flexibility contract）下，制造商允许零售商在接近销售时点或观察到需求后改变订货量（在一定限制范围内）。这使零售商能够在更准确地预测需求后再下达最后的订单。如果零售商订购 O 单位，制造商则承诺最多提供 $Q=(1+\alpha)O$ 单位的产品，零售商则承诺至少购买 $q=(1-\beta)O$ 单位产品。α 和 β 均在 0～1 之间。零售商可以根据观测到的需求情况购买介于 q～Q 之间的任何数量的产品。数量柔性合同在本质上类似于美泰公司在1999年之前向零售商提供的合同。在数量柔性合同中，制造商通过允许零售商在获得更好的市场信息时调整其订单来分担风险。由于不需要退回产品，所以当退回成本较高时，数量柔性合同比回购合同更有效。当供应商向多个零售商供货时，数量柔性合同也比回购合同更有效，因为它们使供应商能够集中多个零售商的不确定性，从而减少库存积压。如果设计合理，数量柔性合同可以提高零售商的平均购买量，增加供应链总利润。

假设制造商的单位生产成本为 v，向零售商收取的批发价格为 c。而零售商销售给顾客的零售价格为 p，零售商积压库存的单位残值为 s_R，制造商积压库存的单位残值为 s_M。如果零售商的需求服从均值为 μ、标准差为 σ 的正态分布，那么我们可以估计数量柔性合同的影响。如果零售商订购 O 单位产品，制造商承诺供应 Q 单位，假设制造商生产 Q 单位产品。如果需求 D 小于 q，零售商采购 q 单位产品；如果需求 D 在 q～Q 之间，零售商采购 D 单位产品；如果需求 D 大于 Q，零售商采购 Q 单位产品。在下面的公式中，F_S 是标准正态累积分布函数，f_S 是标准正态分布密度函数（见第12章附录12A）。因此，我们可以得到：

$$\text{零售商的预期购买量}\ Q_R=qF(q)+Q[1-F(Q)]+\mu\left[F_S\left(\frac{Q-\mu}{\sigma}\right)-F_S\left(\frac{q-\mu}{Q}\right)\right]-\sigma\left[f_S\left(\frac{Q-\mu}{\sigma}\right)-f_S\left(\frac{q-\mu}{\sigma}\right)\right]$$

$$\text{零售商的预期销售量}\ D_R=Q[1-F(Q)]+\mu F_S\left(\frac{Q-\mu}{\sigma}\right)-\sigma f_S\left(\frac{q-\mu}{\sigma}\right)$$

$$\text{制造商的预期超储量}=Q_R-D_R$$

$$\text{零售商的预期利润}=D_R\times p+(Q_R-D_R)s_R-Q_R\times c$$

$$\text{制造商的预期利润}=Q_R\times c+(Q-Q_R)s_M-Q\times v$$

下面，我们用例15-4来说明数量柔性对供应链利润的影响（参见工作表 Example 15-4）。

例 15-4

通过数量柔性分担风险的影响

回到例 15-1，仍使用其中给出的所有数据。零售商需要支付的批发价为 5 美元/张，零售价格为 10 美元/张。假设制造商同意数量柔性合同，合同中 $\alpha=0.05$，$\beta=0.05$。对于这个合同，零售商决定订购 1 017 张 CD。在数量柔性条款下，独立的零售商的预期采购量是多少？零售商预期销售多少张 CD？在数量柔性条款下，供应链利润是多少？

分析：

本例中，$v=1$ 美元，$c=5$ 美元，$p=10$ 美元，$s_R=0$，$s_M=0$。基于规定的数量柔性条款和零售商的订货量 $O=1\,017$ 张，制造商承诺供应 $q=(1-\beta)O=(1-0.05)\times1\,017=966$（张）和 $Q=(1+\alpha)O=(1+0.05)\times1\,017=1\,068$（张）之间的任意数量的产品。因此，我们得到：

零售商的预期购买量 $Q_R=1\,015$(张)

零售商的预期销售量 $D_R=911$(张)

零售商的预期超储量$=Q_R-D_R=1\,015-911=104$(张)

零售商的预期利润$=D_R\times p+(Q_R-D_R)s_R-Q_R\times c$

$=911\times10+(1\,015-911)\times0-1\,015\times5=4\,038$(美元)

制造商的预期利润$=Q_R\times c+(Q-Q_R)s_M-Q\times v$

$=1\,015\times5+(1\,068-1\,015)\times0-1\,068\times1=4\,007$(美元)

由于零售商的订货量为 1 017 张 CD（基于实际需求可在 966～1 068 张之间调整），供应链总利润$=4\,038+4\,007=8\,045$（美元）。

可以看出，与例 15-1 没有风险分担时相比，使用高于和低于订货量 5%的数量柔性条款来分担风险提高了零售商和制造商（及整条供应链）的利润。

在数量柔性条款下，零售商能够利用市场情报，从而使零售商的最终采购量更符合实际需求。供应与需求更好地匹配使零售商能够获得更高的利润。如果供应商拥有一定的柔性和响应能力，那么它可以在零售商订单最终确定后再生产订单中的不确定部分，同时使用低成本的生产方法生产基本量（q 单位）。这种定制式生产使供应商能够降低总成本。如果供应商向多个零售商供货且零售商的需求相互独立，数量柔性合同尤其有效，因为它使供应商能够集中不确定性。

表 15-8 给出了当需求服从均值 $\mu=1\,000$ 张、标准差 $\sigma=300$ 张的正态分布时不同数量柔性合同对音乐 CD 供应链利润的影响（参见电子数据表 Chapter 15-examples 中的 Example 15-4）。假设批发价格 $c=5$ 美元，零售价格 $p=10$ 美元。在考虑的所有合同中 $\alpha=\beta$。表 15-8 中的结果由两个步骤得出。首先给定 α 和 β（例如 $\alpha=\beta=0.05$），然后确定零售商的最优订货量。使用 Excel 来选取在给定 α 和 β 值下可以使零售商利润最大的订货量。例如，若 $\alpha=\beta=0.05$，$c=5$ 美元，则订货量 $O=1\,017$ 张时零售商的利润最大。在这一订货量下，可以得到制造商承诺最大供货量 $Q=(1+0.05)\times1\,017=1\,068$（张），零售商承诺的最小购买量 $q=(1-0.05)\times1\,017=966$（张）。在分析中，我们假设制造商生产 $Q=1\,068$ 张并按零售商要求的准确数量（介于 966～1 068 张之间）为零售商供货。在此策略下，零售商的

利润为 4 038 美元，制造商的利润为 4 006 美元。

表 15-8　不同数量柔性合同下音乐 CD 供应链的利润

α	β	批发价格 c（美元）	订货量 O（张）	零售商的预期购买量（张）	零售商的预期销售量（张）	零售商的预期利润（美元）	供应商的预期利润（美元）	供应链的预期利润（美元）
0.00	0.00	5	1 000	1 000	880	3 803	4 000	7 803
0.05	0.05	5	1 017	1 015	911	4 038	4 006	8 044
0.20	0.20	5	1 047	1 023	967	4 558	3 858	8 416
0.00	0.00	6	924	924	838	2 841	4 620	7 461
0.20	0.20	6	1 000	1 000	955	3 547	4 800	8 347
0.30	0.30	6	1 021	1 006	979	3 752	4 711	8 463
0.00	0.00	7	843	843	786	1 957	5 056	7 013
0.20	0.20	7	947	972	936	2 560	5 666	8 226
0.40	0.40	7	1 000	1 000	987	2 873	5 600	8 473

由表 15-8 可以看到，数量柔性合同同时提高了制造商和零售商的利润。可以看到，当制造商提高批发价格时，对其而言最佳的做法是为零售商提供更大的数量柔性。

数量柔性合同在电子和计算机行业的零部件采购中非常普遍。在前面的讨论中，考虑的都是非常简单的数量柔性合同。贝纳通公司与其零售商签订了非常复杂的数量柔性合同，成功地提高了供应链利润。我们用彩色针织服装为例来介绍这种合同（Heskett and Signorelli，1984）。

贝纳通公司的零售商被要求在交货前 7 个月下订单。例如某零售商订购红色毛衣、蓝色毛衣和黄色毛衣各 100 件。交货前 1～3 个月，零售商最多可以将任何颜色订购数量的 30%改变为其他颜色。不过，在这一阶段无法调整总订货量。例如，零售商可以将订单改为 70 件红色毛衣、70 件蓝色毛衣和 160 件黄色毛衣。销售季开始后，零售商可以将任一颜色的订货量在原订货量的基础上增加 10%。例如，零售商可以再增加 30 件黄色毛衣。在这个数量柔性合同中，贝纳通公司的零售商对于所有颜色的总订货量有高达 10%的柔性，对每种颜色的订货量有大约 40%的柔性。零售商最多可以增加 10%的总订货量，而对任一颜色的订货量最多可以调整 40%。这一柔性与零售商的总需求的预测精度高于单个颜色的需求的预测精度是相符合的。因此，零售商可以更好地匹配产品的供给与需求。贝纳通公司采用成本较低但提前期较长的生产流程来生产订单中的固定部分。订单中的柔性部分（约 35%）采用延迟生产。因此，与没有数量柔性合同的情况相比，其结果是能够以较低的成本更好地匹配供给和需求。数量柔性合同使得零售商和贝纳通公司的利润都得到了提升。

数量柔性合同要求供应商持有库存或剩余柔性产能。如果供应商向多个需求相互独立的零售商供货，相较于回购合同和收入共享合同，数量柔性合同所带来的库存集中可减少库存积压（见第 12 章）。如果供应商有剩余柔性产能，那么库存可以进一步减少。对于边际成本较高的产品或者存在剩余产能时，数量柔性合同更为适用。为了更有效，数量柔性合同要求零售商善于收集市场情报，随着销售季的临近提高预测精度。然后，数量柔性合同鼓励零售商以修改订单的形式与供应商分享这些信息。

相较于回购和收入分享合同，数量柔性合同造成的信息扭曲较少。考虑有多个零售商的情况。在回购合同下，供应链必须基于实际需求发生前零售商所下的订单来进行生产，这导致分散在各个零售商处的过剩库存。在数量柔性合同下，零售商在实际需求发生前仅给出它们购买量的范围。如果不同零售商的需求相互独立，供应商就不必按照每个零售商订单的上限来计划生产。供应商可以集中所有零售商的不确定性，相对于库存在各零售商处分散储存，降低了库存积压水平。在接近销售季、需求更明确稳定时，零售商再下达订单。在数量柔性合同下，不确定性的集中效应减少了信息的扭曲。

与我们讨论过的其他合同一样，数量柔性合同会导致零售商在销售方面的努力降低。事实上，任何通过不让零售商对库存积压承担完全责任来促使零售商提高产品可获性水平的合同都会降低零售商在给定库存水平下的销售努力。

15.5.3　收益共享以提高绩效

讨论了风险分担的好处后，现在来关注供应链中收益共享的重要性。在许多情况下，购买方希望供应商改进绩效，而供应商几乎没有改进的动力。如果改进需要供应商做出大量努力，但改进所带来的大部分好处却由购买方所获得，那么供应商可能不太愿意投资于改进。在这种情况下，分享改进所带来的好处能鼓励供应商进行合作，带来更好的供应链结果。

例如，假设购买方希望供应商改进绩效，缩短某季节性产品的提前期。这是供应链中所有快速响应计划的重要组成部分。购买方希望通过缩短提前期来更准确地预测需求，使供给和需求更好地匹配。缩短提前期的大部分工作必须由供应商完成，而由此带来的好处却主要由购买方享有，如库存、积压和失售的减少。事实上，由于提前期缩短、预测更为准确，购买方现在可以持有较少的安全库存，而这会造成供应商销售量下降。为了激励供应商缩短提前期，购买方可以使用节约收益共享合同（shared-savings contract），让供应商可以获得一部分由缩短提前期所带来的收益。只要供应商所获得的收益足以补偿它所付出的任何努力，它的激励就将与购买方的激励一致，从而产生有利于双方的结果。

当购买方希望鼓励供应商提高质量时，也会出现类似的问题。提高供应质量降低了购买方的成本，但是需要供应商付出更多努力。在这种情况下，仍然可以借助节约收益共享合同让购买方和供应商之间的激励保持一致。购买方可以与供应商分享质量改进所带来的好处。这将鼓励供应商将质量提到一个更高的水平（相较于没有节约收益共享的情况下所选择的质量水平）。

另一个例子是制造商可能使用的有毒化学品。制造商希望减少对这些有毒化学品的使用。一般来说，供应商比制造商更有能力找到减少使用这些有毒化学品的方法，因为这毕竟是其核心业务。然而，供应商没有动机与购买方合作以减少这些化学品的使用，因为这会减少供应商的销售量。可以使用节约收益共享合同来使供应商和制造商之间的激励相一致。如果制造商与供应商分享减少有毒化学品使用所带来的好处，那么只要供应商所分享到的好处足以弥补销售量下降所造成的利润损失，供应商就会努力减少有毒化学品的使用。

一般而言，当供应商被要求提高某一指标的绩效而由此产生的绝大部分好处由购买方获得时，节约收益共享合同能够有效地协调供应商和购买方的激励。强势购买方还可以将节约收益共享与惩罚结合起来使用，以进一步激励供应商改进绩效。分享改进所带来的回报增加了购买方和供应商的利润，同时实现了有利于供应链的结果。

学习目标5小结

当供应链未能实现风险分担和收益共享时，局部优化会有损供应链盈余。在实现了风险分担和收益共享时，供应商更有可能以企业的利益行事。在缺乏风险分担的情况下，零售商的目标可获性水平要低于使供应链利润最大化所需的产品可获性水平。对于图书等可变成本较低的产品，回购合同或收入共享合同是供应商和零售商之间有效风险分担的机制。但是，一般来说，数量柔性合同更有效，因为它能使供给和需求更好地匹配。分享改进所带来的回报可以促使供应商在提前期等方面改进绩效，因为购买者是绩效改进的主要受益方，而改进的努力主要来自供应商。

讨论题

1. 像沃尔玛这样的企业可以如何从出色的采购决策中受益？

2. 虽然许多零售商都将运输职能外包，但什么因素促使沃尔玛拥有自己的卡车运输车队？

3. 使用价格较低的供应商最终使得购买方反而比选择价格较高的供应商付出了更多的成本，这是为什么？

4. 解释在相同的库存水平下，相对于零售商支付产品货款并承担所有剩余库存，收入共享合同为什么会导致零售商降低销售努力？

5. 对于向多家零售商供货的制造商，为什么数量柔性合同所造成的信息扭曲程度要低于回购合同？

6. 当销售人员的销售量超过某特定目标时，许多企业会对他们进行货币奖励。这种做法的优缺点是什么？应如何调整来解决其存在的问题？

7. 汽车制造商会从外部采购办公用品和座椅等。对于这两类产品的采购，你是否建议采取不同的战略？

8. 为什么消费电子行业的组装业务由第三方承担，而汽车行业的组装业务却几乎从不外包？

9. 对于家电、玩具、服装和消费电子产品，哪些因素会影响选择在岸、近岸还是离岸供应源？

练习题

1. 出版商以12美元/本的价格向巴诺书店销售图书。出版商的边际生产成本是1美元/本。巴诺书店对顾客的销售价格为24美元/本，并预计未来两个月的需求服从正态公布，均值为20 000本，标准差为5 000本。巴诺书店以每两个月为一个周期，仅在期初向出版商发出一次订单。目前，在每两个月周期期末，巴诺书店以3美元/本的折扣价格处理未售出的所有图书，所有没有按全价售出的图书均按此价出售。

(a) 巴诺书店应订购多少本图书？预期利润是多少？以折扣价销售的图书预期有多少？

(b) 巴诺书店的这一行为下，出版商的利润是多少？

(c) 目前正在讨论的一项计划是，出版商在两个月的周期期末以5美元/本的价格对巴诺书店未售出的图书进行补偿。和以前一样，巴诺书店对未售出的所有图书以3美元/本的价格降价销售。在这个计划下，巴诺书店会订购多少本图书？巴诺书店的预期利润是多少？未售出图书预期有多少？

出版商的预期利润是多少？出版商应该怎么做？

2. 电影公司以 10 美元/张的价格向 VideoRUs 公司销售最新电影的 DVD。电影公司的边际生产成本为 1 美元/张。VideoRUs 公司以 19.99 美元/张的价格向其顾客销售 DVD。第一个月，DVD 放在普通货架上销售，之后将以 4.99 美元/张降价出售（在此价格下 DVD 可全部售出）。VideoRUs 公司只为 DVD 订一次货。目前，VideoRUs 公司的预测是销售量服从正态分布，均值为 10 000 张，标准差为 5 000 张。

(a) VideoRUs 公司应该订购多少张 DVD？它的预期利润是多少？以折扣价销售的 DVD 预期有多少？

(b) 在 VideoRUs 公司这一行为下，电影公司的利润是多少？

(c) 目前正在讨论的一项计划是，电影公司以 4 美元/张的价格对 VideoRUs 公司一个月内未售出的 DVD 进行补偿。和以前一样，VideoRUs 公司对未售出的所有 DVD 以 4.99 美元/张的价格降价出售。在这个计划下，VideoRUs 公司应该订购多少张 DVD？VideoRUs 公司的预期利润是多少？月末未售出的 DVD 预期有多少？电影公司的预期利润是多少？电影公司应该怎么做？

3. Topgun 唱片公司和几家电影公司决定签署一份 CD 收入共享合同。电影公司生产一张 CD 的成本是 2 美元。CD 以 3 美元的价格销售给 Topgun 唱片公司。Topgun 唱片公司然后以每张 15 美元的价格销售给顾客，并预测需求服从正态分布，均值为 5 000 张，标准差为 2 000 张。任何未售出的 CD 将以 1 美元/张的价格降价出售，在此价格下 CD 可全部售出。Topgun 唱片公司与电影公司分享 35%的收入，自己保留 65%。

(a) Topgun 唱片公司应该订购多少 CD？

(b) Topgun 唱片公司以折扣价格销售的 CD 预期有多少？

(c) Topgun 唱片公司的预期利润是多少？

(d) 电影公司的预期利润是多少？

(e) 如果电影公司以 2 美元/张的价格销售 CD（而不是 3 美元/张），同时获得 43%的销售收入，重新回答问题（a）～（d）。

4. 贝纳通与零售商签订了某季节性产品的数量柔性合同。如果零售商的订货量为 O 单位，在需要时贝纳通承诺额外提供最多 35%的供给量。贝纳通的生产成本是 20 美元，它对零售商的批发价是 36 美元。零售商给顾客的零售价是 55 美元。任何未售出的产品由零售商以 25 美元的价格处理。贝纳通剩余库存的残值仅为 10 美元/单位。零售商预测需求服从正态分布，均值为 4 000 单位，标准差为 1 600 单位。

(a) 零售商的订货量 O 应为多少单位？

(b) 零售商的预期购买量是多少（零售商在观察到需求后可以提高 35%的订货量）？

(c) 零售商的预期销售量是多少？

(d) 零售商的预期超储量是多少？

(e) 零售商的预期利润是多少？

(f) 贝纳通的预期利润是多少？

5. 你是一家大型电力公司负责某种型号变压器采购的经理。你的现场工作人员对这些变压器的周需求服从正态分布，均值为 100 台，标准差为 50 台。库存持有成本费率为 25%，你持有的库存水平必须满足 95%的期望周期服务水平。你有两家供应商——Reliable Components 公司和 Value Electric 公司，它们提出了以下合作条款：Reliable Components 公司每台变压器的价格为 5 000 美元，最低订货量为 100 台，提前期为 1 周，提前期的标准差为 0.1 周。Value Electric 公司每台变压器的价格为 4 800 美元，最低订货量为 1 000 台，提前期为 5 周，提前期的标准差为 4 周。

(a) 使用 Reliable Components 公司作为供应商的年成本是多少？

(b) 使用 Value Electric 公司作为供应商的年成本是多少？

(c) 你会选择哪家供应商？

（d）如果你可以同时使用两家供应商，应如何分配订单？

6. 在第5题中，假设你已经选择Reliable Components公司作为供应商。Value Electric公司非常希望得到你的业务，因此向你提供了三个互斥选择方案：将提前期缩短1周；将最低订货量减少至800台；将提前期标准差减少至3周。

（a）每种选择方案的预期年成本是多少？

（b）如果上述三个选项可以同时采用，预期年成本是多少？

（c）你会因为某一选择方案而改变对Reliable Components公司的选择吗？

7. 一家制造商以6美元/张的价格向零售商出售DVD。每张DVD的生产成本是1美元，零售商每张DVD的零售价为10美元。DVD的零售需求服从正态分布，均值为1 000张，标准差为300张。制造商提供给零售商一个数量柔性合同，其中$\alpha=\beta=0.2$。零售商的订货量为1 000张。假设零售商和制造商的产品残值均为0。

（a）零售商和制造商的预期利润是多少？

（b）如果α提高到0.5，零售商的利润会增加多少？

（c）如果β提高到0.5（α仍为0.2），零售商的利润会增加多少？

8. 假设你同时收购了第7题中的零售商和制造商。现在你的兴趣是使新公司的盈利能力最大化，并建立可以实现这一目标的激励系统。你决定仍采用数量柔性合同来为零售商和制造商提供激励。

（a）α提高到0.5会如何影响新公司的盈利能力？

（b）β提高到0.5会如何影响新公司的盈利能力？

（c）为什么其中一个发生变化对企业的盈利能力没有任何影响？

参考文献

Banfield, Emiko. *Harnessing Value in the Supply Chain: Strategic Sourcing in Action*. New York: Wiley, 1999.

Burt, David N., Sheila D. Petcavage, and Richard L. Pinkerton. *Supply Management*. New York: McGraw-Hill/Irwin, 2010.

Billington, Corey, and François Jager. "Procurement: The Missing Link in Innovation." *Supply Chain Management Review* (January–February 2008): 22–28.

Cachon, Gérard P., and Martin A. Lariviere. "Turning the Supply Chain into a Revenue Chain." *Harvard Business Review* (March 2001): 20–21.

Cavinato, Joseph L., and Ralph Kauffman. *The Purchasing Handbook: A Guide for the Purchasing and Supply Professional*. New York: McGraw-Hill, 2000.

Chopra, Sunil, Darren Dougan, and Gareth Taylor. "B2B E-Commerce Opportunities." *Supply Chain Management Review* (May–June 2001): 50–58.

Dekhne, Ashutosh, Xin Huang, and Apratim Sarkar. "Bridging the Procurement–Supply Chain Divide." *Supply Chain Management Review* (September–October 2012): 36–42.

Ellram, Lisa S., and Arnold B. Maltz. "The Use of Total Cost of Ownership Concepts to Model the Outsourcing Decision." *The International Journal of Logistics Management* (1995): 6, 55–66.

Evans, Wayne S., and Sven Blawatt. "The Growth Potential in Managing Supplier Risk." *Supply Chain Management Review* (September–October 2010): 30–35.

Favre, Donavon, and John McCreery. "Coming to Grips with Supplier Risk." *Supply Chain Management Review* (September 2008): 26–32.

Ferreira, John, and Len Prokopets. "Does Offshoring Still Make Sense?" *Supply Chain Management Review* (January–February 2009): 20–27.

Goel, Ajay, Nazgol Moussavi, and Vats N. Srivatsan. "Time to Rethink Offshoring?" *McKinsey on Business Technology* (Winter 2008): 14, 32–35.

Heskett, James L., and Sergio Signorelli. *Benetton (A)*. Harvard Business School Case 685014, 1984.

Jacoby, David, and Bruna Figueiredo. "The Art of High-Cost Country Sourcing." *Supply Chain Management Review* (May–June 2008): 32–38.

Laseter, Timothy M. *Balanced Sourcing: Cooperation and Competition in Supplier Relationships*. San Francisco: Jossey-Bass, 1998.

Murphy, Sean. "Will Sourcing Come Closer to Home?" *Supply Chain Management Review* (September 2008): 33–37.

Narayanan, V.G., and Ananth Raman. "Aligning Incentives in Supply Chains." *Harvard Business Review* (2004): 82(11), 94–102.

Noor, JehanZeb, Aurobind Satpathy, Jeff Shulman, and Chris Musso. "The Power of Supplier Collaboration and Rapid Supplier Qualification." *Supply Chain Management Review* (September–October 2013): 40–47.

Pierson, John C. "Johnson Controls' Journey to e-Procurement." *Supply Chain Management Review* (January–February 2002): 56–62.

Sille, Randm and Sriram Narayan. "Bringin' it All Back Home." *Supply Chain Management Review* (July–August 2016): 40–45.

Smeltzer, Larry R., and Joseph R. Carter. "How to Build an e-Procurement Strategy." *Supply Chain Management Review* (March–April 2001): 76–83.

Vitasek, Kate. "McDonald's Secret Sauce for Supply Chain Success." *Supply Chain Management Review* (December 2016): 4–9.

案例分析

北极星工业有限公司

2010 年 9 月，北极星工业有限公司（Polaris Industries Inc.，以下简称北极星）的运营和整合副总裁苏雷什·克利希那（Suresh Krishna）坐在其位于明尼苏达州梅迪纳的办公室里，正在思考其所提出的建设一座新工厂专门生产全地形车的建议。

美国经济增长放缓给北极星的利润带来了相当大的压力，因此该公司正在考虑效仿其竞争对手，在劳动力成本较低的国家开设工厂。中国和墨西哥是新工厂的可能选址地点，这将是该公司在美国中西部以外建设的第一个生产设施。到年底，克利希那需要向公司首席执行官斯科特·瓦恩（Scott Wine）和董事会提出建议，是在国外建立一个新的工厂还是继续在美国的工厂进行生产。

北极星简介

北极星成立于 1954 年，是一家生产高性能运动产品的制造商，产品包括 ATV 全地形车、SSV 全地形车和雪地车。2010 年，它的销售额接近 20 亿美元。在 100 亿美元的动力体育市场上，北极星与其竞争对手雅马哈（Yamaha）、本田（Honda）、北极猫（Arctic Cat）、庞巴迪（Ski-Doo）和哈雷-戴维森都表现强劲。

北极星的顾客主要位于北美（85%），美国以外的顾客主要集中在欧洲。美国以外的市场对北极星越来越重要。2010 年，其国际收入增长了 21%，预计 2011 年会增长更多。北极星产品通过美国的 1 500 家分销商和世界其他地区的 1 000 家分销商进行销售。

北极星一直植根于动力体育产业。该公司在 20 世纪 50 年代推出了第一辆雪地摩托车，在 1985 年推出了第一辆 ATV。从 1985—2010 年，北极星共售出了 200 多万辆 ATV。1992 年北极星进入个人水上飞机市场，但由于缺乏可持续的分销系统，于 2004 年退出了该业务。1998 年，该公司推出了第一辆越野车（off-orad vehicle，ORV），预计在 2011 年其销量将超过 ATV 。同样在 1998 年，北极星还进入了零件、配件和服装领域，这些领域在接下来的十年都将会有显著增长。为了与哈雷-戴维森竞争，1998 年，北极星推出了 Victory 摩托车。2011 年，所有这些产品预计将给北极星带来 22 亿美元的收入。北极星的总收入在 2010 年增长了 20% 以上，预计在 2011 年将增长 8%～11%。

从市场份额来看，北极星是越野车市场的主导者。在 2010 年，越野车占北极星销售额的 69%，其中全地形车又占了这一领域的大部分销售额。展望未来，该公司对新兴市场的潜在增长感到兴奋。从拉丁美洲到亚洲，北极星已开始大量投资于市场营销以提升大众对其品牌的认知。例如，在中国，该公司在赛车和极限运动爱好者的出版物中刊登了其越野车的广告。在拉丁美洲，北极星正利用其多用途车的品牌，渗透到庞大的农业产业中。

生产

2010 年，北极星所有制造业务都位于美国中西部地区的北部。除了公司总部设在明尼苏达州的梅迪纳，在明尼苏达州的怀俄明市还设有产品开发和创新中心。北极星在明尼苏达州的罗索、威斯康星州的奥西奥拉和艾奥瓦州的斯皮里特莱克经营着 3 家生产设施。罗索是北极星雪地摩托车的诞生地，雪地车、ATV、SSV 的研发和生产部门都设在罗索。在罗索，还有一家小的、最先进的注塑成型工厂，为罗索和斯皮里特莱克的工厂生产塑料零件。随着对 ATV 和公路车辆的需求增加，北极星于 1994 年在斯皮里特莱克又建了一家生产设施。该生产设施主要生产高级 ATV、水上飞机和 Victory 摩托车。奥西奥拉的工厂则为其他两个生产设施提供发动机和零部件。

所有其他部件采购自全球的 450 多家供应商。2010 年，北极星近 40% 的零部件和材料采购自美国境外，2008 年这一比例为 30%。该公司还在增加从低成本国家（LCC）采购的比例，2010 年 LCC 采购支出几乎翻了一番，占到了大约 24%。

为了支持其在美国北部及其周边的生产能力，北极星在明尼苏达州建了3个仓储设施，用于原材料、出口加工和分销。1997年，当对零件、服装和配件的需求超过公司的仓储能力时，该公司又在南达科他州的弗米利恩新建了一个分销中心。除了在美国的设施，北极星公司还在加拿大温尼伯以及北欧和澳大利亚拥有并经营着区域销售和分销中心。

重新设计供应链

在重新设计SSV供应链时，克利希那必须考虑制造成本和运输成本之间的权衡。一方面，在劳动力成本低的市场上进行生产可以大大降低成本。虽然在中国等传统的低成本国家，人工费率一直不断上涨，但美国劳动力成本更高。另一方面，随着油价的不断上涨，克利希那知道，在靠近顾客的地方进行生产会大大降低运输成本。

北极星的高管也对美国制造业人才感到担忧。过去20年来，社区学院和职业学校的经费削减导致技术工人越来越少。此外，职业学校毕业的年轻人也不太愿意搬到北极星的生产设施所在地，因为那里是只有一个大企业的小城镇。相比之下，在许多南美和亚洲国家，相对容易找到训练有素的技术人才。

最后，北极星预计其未来的大部分销售增长将来自海外市场，尤其是新兴市场。进入这些市场有多种途径，包括收购和合资，在新兴市场建立设施可能有助于北极星赢得未来的需求。

选择生产地点

克利希那与其团队考虑了几种优化SSV生产和供应链设计的方案。他们的结论是，最好的选择是要么继续在现有的美国工厂生产，要么在中国或墨西哥建立一座新工厂。

除了每个地点的具体利弊之外，克利希那在做出最终决策时还需要考虑以下几点：

- SSV的需求大部分在美国南部。2010年，得克萨斯州和加利福尼亚州的销售量占比最大。
- SSV是高体积重量比/低价值重量比的产品，这意味着运输成本占其零售价格的很大一部分。
- 北极星的高管高度重视与其生产工厂之间的便捷沟通，认为管理人员、设计工程师和生产人员之间的面对面互动是企业长期产品创新的关键驱动力。
- 如果北极星将SSV的生产转移到国外，该公司计划在罗索工厂解雇60名工人。每名工人将获得一次性2万美元的遣散费。
- 北极星认为，在未来5年，SSV的需求将保持不变。

表15－9至表15－12给出了每个地点的劳动力成本、生产成本、运输成本、资本支出和汇率等数据。

中国

北极星的高管对中国非常感兴趣。但在制造业比较发达的中国东部地区，劳动力成本持续上升。随着时间的推移，该公司可能不得不进一步向中国内陆寻找低成本的劳动力，而这将进一步增加产品运输的距离和可变性。北极星还担心，由于时区差异和文化差异，它是否能够成功地与中国工厂合作。

若在中国建厂，北极星需要在当地雇用60名新员工。这还将导致一次性的资本支出、设备移动成本和启动成本，共计1000万美元。当进口产品到美国时，北极星必须为所有生产和运输成本支付5%的关税。

中国制造的SSV将用集装箱船运往美国，每个集装箱可装载26辆车。从中国向美国运送一部车辆的成本为190美元，即每个集装箱4940美元。尽管运输公司称集装箱可在大约20天内到达美国，但实际上，运输时间变化很大，多在19～33天之间波动。

墨西哥

北极星的高管看到了在墨西哥蒙特雷运营海外工厂的几点优势。蒙特雷离美国相对较近，因此生产设施和北极星的工作人员之间更容易进行面对面的合作。除了地理上的邻近，管理者认为文化上相互熟悉使得与墨西哥员工合作起来会更加容易。最后，虽然北极星相信长期销售增长将来自亚洲的新兴市场，但它相信在美国需求也会有短期增长——特别是在美国南部靠近蒙特雷的一个区域。

若在墨西哥建厂，与中国一样，也需要雇用 60 名新员工。SSV 将用卡车分批运往美国。每批运送 26 辆，每批平均成本为每英里 2.30 美元。尽管卡车运输公司声称它们可以在两天内穿越美国边境并交付产品，但实际上一般需要 2～7 天的时间。

墨西哥工厂的资本支出、设备移动成本和启动成本总计 950 万美元。根据《北美自由贸易协定》(NAFTA) 的规定，从墨西哥进口到美国的货物无须支付关税。

美国

北极星高管的第三个选择是维持 SSV 的生产现状，不产生任何额外费用。北极星一直有着强大的“美国制造”文化，管理层认为该公司的员工和顾客为所有北极星产品都是在美国制造而感到自豪。此外，靠近总部和产品开发部门，使管理人员能够迅速和容易地与制造工厂的设计工程师和技术人员进行合作。

解决方案

当克利希那回顾每个方案的数据时，他知道，要为北极星找到最佳解决方案，需要考虑一些定性和定量的因素。他是应该建议继续在美国生产，还是应该建议在墨西哥或中国建设一座新工厂？

表 15-9 劳动力成本假设

年份	月工资		年工资增长（%）	
	中国（人民币元）	墨西哥（墨西哥比索）	中国	墨西哥
1999	649.5	2 392.0		
2000	729.2	2 910.5	12	22
2001	814.5	3 367.6	12	16
2002	916.8	3 537.5	13	5
2003	1 041.3	3 737.7	14	6
2004	1 169.4	3 858.8	12	3
2005	1 313.1	3 983.8	12	3
2006	1 497.2	4 112.9	14	3
2007	1 740.3	4 246.2	16	3
2008	2 016.0	4 383.7	16	3
美国				
小时工资	26 美元/小时			
每年工作月数	12			

表 15-10 不同地点的运作指标

单位生产成本	
美国	400 美元
墨西哥	4 560 墨西哥比索
中国	1 950 元
资本支出、设备移动成本和启动成本	
美国	—

墨西哥		9 500 000 美元
中国		10 000 000 美元
其他		
SSV 的年需求		14 500 辆
从中国进口的关税		5%
从中国运输至美国的运输成本		
单位成本		190 美元
每个集装箱可装载 SSV 的数量		26 辆
陆运成本		
每英里成本		2.3 美元
每辆卡车可装载 SSV 的数量		26 辆
至分销中心的距离（英里）		
分销中心位置	罗索	蒙特雷
华盛顿州塔科马	1 636	2 261
加利福尼亚州洛杉矶	2 161	1 505
得克萨斯州欧文	1 267	437

表 15-11　需求假设

分销中心位置	年需求（辆）
华盛顿州塔科马	3 650
加利福尼亚州洛杉矶	7 050
得克萨斯州欧文	3 800

表 15-12　美元的历史汇率

年份	人民币元	墨西哥比索
2000	8.28	9.34
2001	8.28	9.66
2002	8.28	10.80
2003	8.28	11.29
2004	9.19	10.90
2005	7.97	10.90
2006	7.61	10.93
2007	6.95	11.16
2008	6.83	13.50
2009	6.77	12.63
2010	6.65	12.40

第 16 章 供应链的定价和收入管理

Pricing and Revenue Management in a Supply Chain

学习目标

通过本章学习，你应当能够：

1. 理解收入管理在供应链中的作用。
2. 确定当服务于多个细分市场时，差异定价如何有助于增加利润。
3. 描述动态定价和超额预订如何有助于增加易逝资产的利润。
4. 讨论当需求具有季节性时，峰值定价和非峰值折扣如何有助于增加利润。
5. 描述当需求不确定时，买卖双方能够如何组合使用长期合同和现货采购来增加利润。
6. 了解实践中收入管理可能带来的负面后果。

由于大多数供应链资产是固定的，而需求是波动的，因此供需匹配是一个持续的挑战。本章将讨论管理者可以如何将定价作为杠杆来更好地匹配供求，并提高从供应链资产中获得的收入。

16.1 定价和收入管理在供应链中的作用

第 9 章讨论了短期价格促销是如何成为更有利地满足季节性需求的有效手段的。本章将进一步讨论如何将定价作为一个重要杠杆，通过更好地匹配供求来增加供应链利润，尤其当有多个顾客类型愿意为同一种资产支付不同的价格（基于响应时间等属性）时。收入管理（revenue management）就是指在有限的供应链资产约束下使用定价来提高供应链盈余和利润。供应链资产以两种形式存在：产能和库存。供应链中产能资产的存在是为了满足生产、运输和储存的需要。库存资产存在于整条供应链中，用来提高产品的可获性。当存在多个顾客细分市场时，收入管理的目的就是通过以合适的价格将合适的资产出售给合适的顾客来增加利润。除了调整产能和库存，收入管理建议对价格进行调整以更好地匹配供求，提高利润。塔卢里和范里津（Talluri and Van Ryzin，2004）及菲利普斯（Phillips，2005）对理论和实践中的收入管理方法进行了精彩的讨论。

以一家拥有 10 辆卡车的运输公司为例。该公司可以为自己提供的服务制定一个固定价格，当有剩余产能时利用广告来刺激需求。如果需求高于预期，运输公司可以通过购买更多的卡车来满足需求。但是，通过收入管理，只要顾客的支付意愿随着某些服务维度（如响应时间）变化，那么企业可以做的远不止于此。第一种方法是对愿意提前订货的顾客收取较低的价格，而对那些在最后一刻才要求立即获得运输服务的顾客收取较高的价格。第二种方法是对长期合同的顾客收取较低的价格，而对希望在最后一刻才来购买运输能力的顾客收取较高的价格。第三种方法是在需求旺季收取较高的价格，在需求淡季收取较低的价格。与制定固定价格并调整可用产能相比，使用差异定价可能会获得更高的利润。产能决策虽然不能轻易逆转，但价格却很容易改变。同样，根据产品的可获性、顾客需求和销售季剩余的时间来调整价格的服装零售商，将比在整个销售季期间都维持固定价格的零售商获得更高的利润。

上述这些收入管理策略都使用差异定价作为实现收益最大化的关键杠杆。收入管理也可以定义为，利用基于顾客细分、使用时间、产品或产能可获性的差异定价来提高供应链盈余和利润。收入管理对供应链绩效的影响可能非常大。最常被引用的例子之一是，20世纪80年代中期，美国航空公司（American Airlines）成功利用收入管理对抗并最终击败人民捷运航空公司（People Express）。人民捷运航空是从新泽西州纽瓦克市起步的，该公司的机票价格比其他航空公司低50%～80%。刚开始的时候，其他航空公司都没有留意人民捷运航空，因为它们对低端票价市场不感兴趣。然而，到1983年，人民捷运航空已经拥有40架飞机，载客率超过74%。人民捷运航空和其他新进入者不断侵蚀着现有航空公司的市场。现有的航空公司无法通过将价格降低到人民捷运航空的水平来竞争，因为它们的运作成本比较高。美国航空是最早通过收入管理进行有效反击的航空公司。美国航空不是降低所有座位的票价，而只是将一部分座位的票价降低到与人民捷运航空相当甚至更低的水平。在可能有空座的航班上有着更多低价座位，否则这些空座不会产生任何收入。这一策略使美国航空吸引了那些看重低价的顾客，而又不会失去从愿意支付更多费用的顾客那里获得的收入。很快，其他航空公司，如联合航空公司，纷纷效仿，吸引了许多人民捷运航空的乘客。最后的结果是，人民捷运航空的载客率降到了50%以下，而在这一水平上人民捷运航空已无法生存。1986年年底，人民捷运航空宣布倒闭。

美国航空之所以成功，主要是因为使用了差异定价，给一部分座位制定了较低的票价，从而吸引了部分原本可能乘坐人民捷运航空的乘客。美国航空并未降低商务旅客的票价，因为这些乘客是不会选择人民捷运航空的。有针对性的差异定价是成功的收入管理的核心。

当以下四个条件中的一个或多个条件被满足时，收入管理对供应链盈利能力会有显著影响：

1. 产品的价值在不同的市场细分中有所不同。
2. 产品具有易逝性或易耗性。
3. 需求具有季节性等高峰。
4. 产品同时在大宗市场和零星市场上销售。

飞机上的座位是产品价值在不同细分市场上存在差异的一个很好例子。商务旅客愿意为符合其行程的航班支付更高的票价。相比之下，休闲旅行者往往会改变他们的行程，以获得较低的票价。与向所有乘客收取同样票价的航空公司相比，能够从商务旅客（通过提供合适的航班）那里获得比休闲旅客更高价格的航空公司肯定利润更高。类似的想法也可以应用于酒店客房和汽车租赁，在这些行业，商务旅客和休闲旅客之间也存在明显不同。

时服和季节性服装是高易逝性产品的代表，因为它们的价值随着时间推移不断下降。顾客通常在销售季开始时更看重这些时装，因为他们想成为第一个穿这些时装的人。在销售季结束时，顾客往往只在大幅打折时才会购买。同样，如果生产能力、仓储能力及运输能力在给定的时间没有得到利用，就会失去其所有的价值，因为流逝的产能是无法追回的。如果一辆卡车一天不使用，那么那一天的运输能力就会永远逝去，而且没有产生任何收入。因此，所有产能都是高度易逝的资产。在这种情况下，收入管理的目标就是随时调整价格，以便在有限的库存和产能下获取最大的利润。

许多旅游目的地的酒店客房的需求表现出高度的季节性模式。例如，泰国普吉岛的度假酒店在夏天淡季的价格比冬天旺季时便宜得多。这样的定价模式使它们可以吸引时间比较灵活的游客在低价的夏天来游玩，而将冬天的接待能力留给那些愿意支付高价来普吉岛享受假期的游客。一些通勤铁路也采用类似的策略来应对乘客出行中明显的高峰，在乘车高峰时段收取较高的票价，而非高峰时段收取较低的票价。重要的是要记住，高峰和非高峰时段的差异定价通过利用顾客偏好增加了利润。如果不采用峰值定价，那么最受欢迎的峰值时段会出现需求过剩，而非峰值时段将出现大量闲置的产能。在差异定价下，真正看重高峰期的顾客支付更高的价格，而那些不受时间限制的顾客则会选择错峰以享受低价。这一举措的结果是可以获得更多的供应链盈余和利润，而顾客可以利用符合其需求的资产。

每件产品和每单位产能都可以同时在大宗市场和零星市场上销售。例如，仓库的所有者必须决定是将整个仓库租赁给愿意签署长期合同的顾客，还是保留一部分仓储空间供零星市场使用。长期合同更安全，但其平均价格通常低于不可预测的零星市场。收入管理通过找到合适的长期顾客和零星市场顾客的组合来增加利润。

收入管理可以成为供应链中每个资产所有者的有力工具。大部分成功应用收入管理的例子来自旅游和酒店业，包括航空公司、汽车租赁公司和酒店。美国航空公司声称收入管理每年至少使其增加了 10 亿美元收入。万豪国际酒店（Marriott）的收入管理每年为其增加超过 1 亿美元的收入。收入管理可以对供应链中满足上述四个条件中的一个或多个的所有环节都带来类似的影响。

本章后面将讨论有效应用收入管理的各种情形，以及每种情形下所使用的具体方法。

学习目标 1 小结

收入管理利用差异定价来更好地匹配供求，增加供应链利润。传统上，企业通过改变资产的可获性来实现供给和需求的匹配。收入管理则是将定价作为杠杆来减少供求的失衡。相较于供应链资产的投资，使用收入管理的一个主要优点是定价的变化更容易逆转。如果运用得当，收入管理可以提高企业利润，同时通过更高的资产可获性使服务敏感的顾客更满意，通过更低的价格让价格敏感的顾客更满意。在供应链中，当产品的价值因细分市场而有所不同、产品具有高度易逝性、产品需求具有季节性或者产品同时在大宗市场和零星市场销售时，运用收入管理最为有效。

16.2 多个顾客细分市场的定价和收入管理

拥有多个顾客细分市场的经典例子是航空业，商务旅客愿意为满足自己行程的机票支付高价，而休闲旅客则愿意改变行程从而享受低价。供应链中还有很多类似的例子。例如，ToFrom 运输公司拥有 6 辆卡车，总运输能力为 6 000 立方英尺[①]，提供芝加哥与圣路易斯之间的运输服务。每辆卡车每月租金、司机工资和维修费用为 1 500 美元，因此每月总成本为 9 000 美元。市场调查显示，这条路线对卡车运输能力的需求曲线是：

$$d=10\,000-2\,000p$$

式中，d 为来自所有细分市场的需求；p 为每立方英尺的运输成本。每立方英尺 2.00 美元的价格对应着 6 000 立方英尺的需求、12 000 美元的收入和 3 000 美元的利润。而每立方英尺 3.50 美元的价格对应着 3 000 立方英尺的需求（只有愿意支付 3.50 美元或更高价格的顾客）、10 500 美元的收入和 1 500 美元的利润。真正的问题是，是否能够将 3.50 美元价格下的 3 000 立方英尺需求与 2.00 美元价格下产生的另外 3 000 立方英尺的需求区分开来。如果 ToFrom 运输公司假定所有需求来自同一个细分市场，无法区分，那么最优价格是每立方英尺 2.50 美元，带来 5 000 立方英尺的需求和 12 500 美元的收入，如图 16-1 所示。

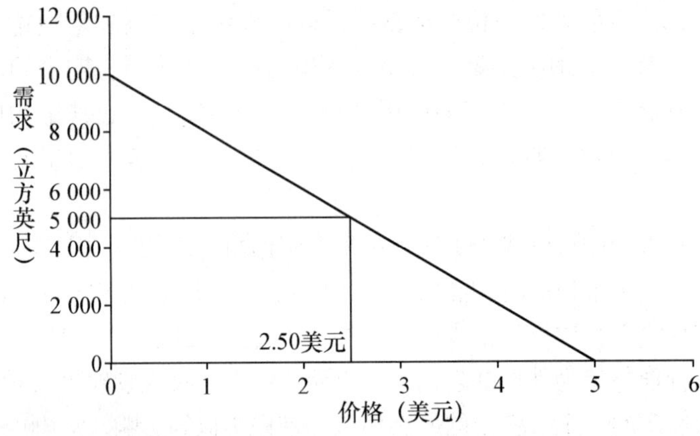

图 16-1 ToFrom 仅针对一个细分市场定价时产生的收入

但是，如果 ToFrom 运输公司能够区分以 3.50 美元价格购买 3 000 立方英尺的细分市场和以 2.00 美元价格购买 3 000 立方英尺的细分市场，那么该公司就可以运用收入管理提高收入和利润。ToFrom 运输公司对愿意支付高价的细分市场制定 3.50 美元的价格，对只愿意支付低价的 3 000 立方英尺的细分市场制定 2.00 美元的价格。因此，该公司可以从愿意支付 3.50 美元价格的细分市场获取 10 500 美元的收入，从仅愿意支付 2.00 美元价格的细分市场获取 6 000 美元的收入，如图 16-2 所示。当存在对运输能力有着不同价值认知的不同细分市场时，收入管理将收入从 12 500 美元提高到了 16 500 美元，从而极大地提高了利润。

---

① 1 立方英尺约等于 0.028 3 立方米。——译者

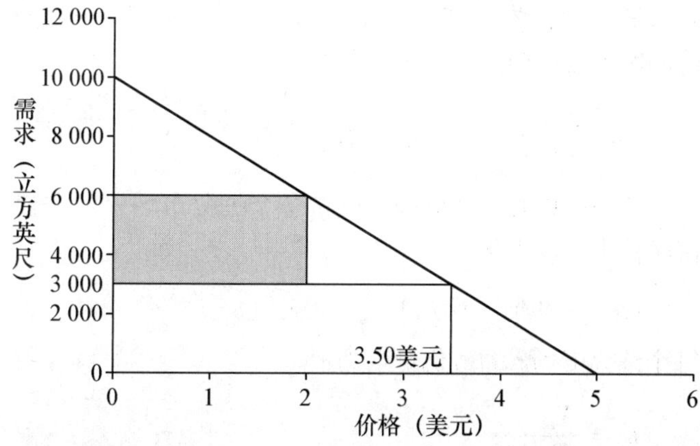

图 16-2　ToFrom 针对两个细分市场定价时产生的收入

理论上，差异定价的思想可以增加企业总利润。但是，在实践中必须处理好两个基本问题。首先，企业如何区分两个细分市场并且构造定价机制，让一个细分市场支付比另一个细分市场更高的价格。其次，企业如何控制需求，从而使支付能力较低的细分市场不会使用掉所有的可用资源。

为了区分不同的细分市场，企业必须识别这些细分市场最看重的产品或服务属性，并基于这些属性来对细分市场进行区分。例如，商务旅客希望在最后一刻订票，并在必要时更改他们的行程；休闲旅客愿意提前预订并调整他们逗留的时间。此外，商务旅客的行程经常发生变化。因此，提前预订和低价票的改签惩罚可以将休闲旅客与商务旅客区分开来。对于像 ToFrom 运输公司这样的运输提供商来说，可以根据顾客预订服务的时间和愿意支付的价格对顾客进行区分。类似的区分也适用于供应链中与生产和储存相关的资产。

根据订单提前到达的时间长短来区分细分市场，通常寻求低价格的顾客会更早下达订单，而愿意支付更高价格的顾客往往较晚下达订单。例如，休闲旅客愿意在航班起飞前提前很长时间购买更便宜的机票。由于未来商务旅客的需求是不确定的，航空公司必须决定将多少可用的能力分配给休闲旅客，而保留多少能力给商务旅客。因此，针对多个细分市场使用收入管理的企业必须解决以下两个问题：

1. 每个细分市场应收取的价格是多少？
2. 如何在各个细分市场之间分配有限的产能？

16.2.1　多个细分市场的定价

首先考虑企业已经确定了可以区分不同细分市场的标准这种最简单的情形。此标准可能是某航空公司要求周六晚上停留过夜，也可能是一家运输公司根据顾客预订运输服务的提前量来区分顾客。现在公司希望为每个细分市场确定合适的价格。假设（某产品或其他供应链职能的）供应商已经确认了 k 个不同的顾客细分市场。假设细分市场 i 的需求曲线如下（为了简化分析，假设需求曲线呈线性）：

$$d_i = A_i - B_i p_i$$

供应商的单位生产成本为 c，它必须确定向每个细分市场收取的价格 p_i；d_i 是

指细分市场 i 在价格 p_i 下的需求。供应商的目标是确定能够使利润最大化的价格。此定价问题可以用公式表示为：

$$\max \sum_{i=1}^{k}(p_i-c)(A_i-B_ip_i)$$

没有产能约束时，此问题可以按各个细分市场分别求解，对于细分市场 i，供应商试图使下式最大化：

$$(p_i-c)(A_i-B_ip_i)$$

每个细分市场 i 的最优价格为：

$$p_i=\frac{A_i}{2B_i}+\frac{c}{2} \tag{16.1}$$

如果可用产能的最大值为 Q，最优价格可通过下式求解：

$$\max \sum_{i=1}^{k}(p_i-c)(A_i-B_ip_i) \tag{16.2}$$

约束条件为：

$$\sum_{i=1}^{k}(A_i-B_ip_i)\leqslant Q$$
$$A_i-B_ip_i\geqslant 0,\quad i=1,2,\cdots,k$$

两式都很简单，可以在 Excel 中求解。例 16－1 说明了针对不同细分市场差异定价的好处（参见电子数据表 Chapter 16-examples 中的 Example 16-1）。

例 16－1

多个细分市场的定价

某合同制造商为其产能确定了两个细分市场：一个市场愿意提前至少一周下订单；另一个市场愿意为在一周内下订单而支付更高的价格。那些不愿意提前下订单的顾客对价格不敏感，其需求曲线为 $d_1=5\,000-20p_1$。那些愿意提前下订单的顾客对价格更敏感，其需求曲线 $d_2=5\,000-40p_2$。单位生产成本为 $c=10$ 美元。如果制造商的目标是使利润最大化，它应如何制定每个细分市场的价格？如果该制造商对两个细分市场制定相同的价格，该价格应为多少？差异定价带来了多少利润增长？如果总产能最高只有 4 000 单位，该合同制造商应如何制定每个细分市场的价格？

分析：

没有产能约束时，由式（16.1）可以计算出每个细分市场的差异价格。因此，我们得到：

$$p_1=\frac{5\,000}{2\times 20}+\frac{10}{2}=125+5=130(\text{美元}) \quad 和 \quad p_2=\frac{5\,000}{2\times 40}+\frac{10}{2}=62.5+5=67.5(\text{美元})$$

两个细分市场的需求分别为：

$$d_1=5\,000-20\times 130=2\,400(\text{单位}) \quad 和 \quad d_2=5\,000-40\times 67.5=2\,300(\text{单位})$$

总利润为：

$$\text{总利润}=130\times 2\,400+67.5\times 2\,300-10\times 4\,700=420\,250(\text{美元})$$

如果合同制造商对两个细分市场制定相同的价格，那么它将试图使下式最大化：

$$(p-10)(5\,000-20p)+(p-10)(5\,000-40p)=(p-10)(10\,000-60p)$$

在这种情况下最优价格为：

$$p=\frac{10\,000}{2\times 60}+\frac{10}{2}=88.33(\text{美元})$$

两个细分市场的需求分别为：

$$d_1=5\,000-20\times 88.33=3\,233.40(\text{单位})$$
$$d_2=5\,000-40\times 88.33=1\,466.80(\text{单位})$$

总利润为：

$$\text{总利润}=(88.33-10)\times(3\,233.40+1\,466.80)=368\,167(\text{美元})$$

由此可见，相较于固定价格的情况，差异定价提高了 50 000 多美元的利润。

可以观察到，差异定价对价格敏感的细分市场收取的价格低于固定价格，对价格敏感程度较低的细分市场收取的价格高于固定价格。

下面考虑总产能最高为 4 000 单位的情况。最优差异定价导致需求超过了总产能。因此应用式（16.2）并求解：

$$\max(p_1-10)(5\,000-20p_1)+(p_2-10)(5\,000-40p_2)$$

约束条件为：

$$(5\,000-20p_1)+(5\,000-40p_2)\leqslant 4\,000$$
$$5\,000-20p_1\geqslant 0$$
$$5\,000-40p_2\geqslant 0$$

约束下优化的结果（在工作表 Example 16-1 中使用规划求解工具）如图 16-3 所示。合同制造商在两个细分市场分别定价为 141.7 美元和 79.2 美元。可以看到，相较于没有产能约束时的定价，在有限产能下合同制造商在两个细分市场上都收取了更高的价格。

	A	B	C	D
3	产能＝	4 000 单位		
4	细分市场	价格（美元）	需求（单位）	利润（美元）
5	1	141.7	2 166.67	285 277.8
6	2	79.2	1 833.33	126 805.6
7	合计		4 000.00	412 083.3

单元格	单元格操作函数	复制到
C5	＝5 000－20 * B5	
C6	＝5 000－40 * B6	
D5	＝(B5－10) * C5	D6
C7	＝SUM(C5:C6)	
D7	＝SUM(D5:D6)	

图 16-3 例 16-1 的规划求解电子表格

我们所描述的方法有两个重要的假设，而这些假设在实践中不太可能成立。第一个假设是，在价格公布以后，高价细分市场的顾客不会转到低价市场。也就是说，假设用来区分市场的属性（如提前期）可以完美地将市场区分开来。而在实践中，情况不太可能如此。第二个假设是一旦价格确定，顾客的需求是可预测的。而在实践中，未来的需求总是不确定的。塔卢里和范里津（Talluri and Van Ryzin, 2004）以及菲利普斯（Phillips, 2005）精辟地讨论了一些考虑不确定性的收入管理模型以及一些考虑到顾客在价格公布之后的策略和行为决策的模型。

16.2.2　不确定情况下细分市场的产能分配

在大多数差别定价的情况下，支付较低价格的细分市场的需求会比支付较高价格的细分市场的需求提前发生，低价的细分市场也通常有足够的需求来用尽全部可用产能。例如，休闲旅客通常比商务旅客更早订票，大多数航线可以用针对休闲旅客的折扣价格售完一架飞机上的所有座位。因此，供应商必须限制承诺给低价购买者的产能数量，即使低价细分市场有足够的需求来使用所有的可用产能。因此，这就引出了一个问题，即应为通常较晚到来的高价市场保留多少产能？如果需求是可预测的，答案将非常简单。但在实践中，需求是不确定的，企业在决策时必须考虑到不确定性。

具有有限产能的供应商要考虑的基本权衡是，接受当前低价购买者的订单还是等待未来高价购买者的到来。在这种情况下，存在两种风险：产能损耗（spoilage）和需求溢出（spill）。当为高价购买者保留了产能但来自高价细分市场的需求不足时，产能损耗就发生了；如果由于产能已经分配给了低价购买者而不得不拒绝高价购买者时，需求溢出就发生了。供应商应当确定为高价购买者预留的产能，以使产能损耗和需求溢出的期望成本最低。应当将来自低价购买者的现有订单与等待高价购买者的预期收入进行比较。如果来自高价购买者的预期收入低于来自低价购买者的现有收入，就应该接受来自低价购买者的订单。

下面建立一个权衡公式，供应商可以用它来解决两个细分市场的产能分配问题。令 p_L 为低价市场的价格，p_H 为需求不确定的高价市场的价格。假设高价市场的预期需求服从正态分布，均值为 D_H，标准差为 σ_H。如果为高价市场保留的产能为 C_H，那么保留更多产能的预期边际收入 $R_H(C_H)$ 为：

$$R_H(C_H)=Prob(\text{来自高价市场的需求}>C_H)\times p_H$$

为高价市场保留的产能数量应当使得来自高价市场的预期边际收入等于目前来自低价市场的边际收入，也就是 $R_H(C_H)=p_L$。换句话说，为高价市场保留的产能 C_H 应使下式成立：

$$Prob(\text{来自高价市场的需求}>C_H)=p_L/p_H \tag{16.3}$$

如果来自高价市场的需求服从正态分布，均值为 D_H，标准差为 σ_H，可以得到为高价市场保留的产能为：

$$C_H=F^{-1}(1-p_L/p_H, D_H, \sigma_H)=\text{NORMINV}(1-p_L/p_H, D_H, \sigma_H) \tag{16.4}$$

如果存在两个以上的顾客细分市场，可以应用相同的原理来计算一组嵌套的保留产能。为最高价格市场的保留产能 C_1 应当使最高价格市场的预期边际收入等于次高价格市场的价格；为最高价格市场和次高价格市场保留的产能之和 C_2 应当使最高价格市场和次高价格市场的预期边际收入等于第三高价格市场的价格。可以利用这种序贯方法求出除最低价格市场之外的所有细分市场的嵌套保留产能。

观察到的重要一点是，采用差别定价提高了高价市场的资产可获性水平。为这些未来的顾客保留产能是因为这些顾客愿意支付更高的价格。因此，有效地使用收入管理可以增加企业的利润，改善为更有价值的顾客细分市场提供的服务，同时为价格敏感的细分市场的部分顾客提供低价格。例 16－2 说明了当需求不确定时如何通过为高价细分市场保留产能来增加利润（参见工作表 Example 16-2)。

例 16－2

为来自多个细分市场的不确定需求分配产能

ToFrom 运输公司服务于两个顾客细分市场。市场 A 愿意为每立方英尺支付 3.50 美元，但是希望下订单后 24 小时内发货；市场 B 只愿意为每立方英尺支付 2.00 美元，但是愿意提前一周下订单。未来两周，细分市场 A 的需求服从正态分布，均值为 3 000 立方英尺，标准差为 1 000 立方英尺。应该为细分市场 A 保留多少产能？如果市场 A 愿意支付 5.00 美元/立方英尺，ToFrom 运输公司应该如何调整决策？

分析：

依题意，已知：

细分市场 A 的价格 $p_A=3.50$ 美元/立方英尺
细分市场 B 的价格 $p_B=2.00$ 美元/立方英尺
细分市场 A 的平均需求 $D_A=3\,000$ 立方英尺
细分市场 A 的需求的标准差 $\sigma_A=1\,000$ 立方英尺

由式（16.4）可得为市场 A 保留的产能为：

$$C_A=\text{NORMINV}(1-p_B/p_A,D_A,\sigma_A)$$
$$=\text{NORMINV}(1-2.00/3.50,3\,000,1\,000)=2\,820(\text{立方英尺})$$

因此，当来自细分市场 A 的顾客为每立方英尺支付 3.50 美元时，ToFrom 运输公司应为该细分市场保留 2 820 立方英尺的产能。如果这些顾客愿意支付的价格从 3.50 美元/立方英尺提高到 5.00 美元/立方英尺，保留的产能应增加到：

$$C_A=\text{NORMINV}(1-p_B/p_A,D_A,\sigma_A)$$
$$=\text{NORMINV}(1-2.00/5.00,3\,000,1\,000)=3\,253(\text{立方英尺})$$

理想情况下，每处理一个顾客订单时，都应当修正所有顾客细分市场的需求预测并计算新的预留产能。但实际上这很难做到。更现实的做法是经过一段时间，当预测的需求或预测精度变化很大时，再修正预测及预留的产能数量。

差异定价的另一种方法是，针对不同的顾客细分市场创建不同版本的产品。出版商会首先以精装的形式发行畅销作者的新书，并制定较高的价格，然后再推出该书的平装版，并以较低的价格出售。采用两种版本，出版商可以为那些想尽早阅读

新书的细分市场制定较高的价格，之后再为价格敏感的顾客提供一个定价较低的版本。通过在相同的产品上捆绑不同的配置和服务也可以创建不同的版本。基于所提供的配置，汽车制造商将最受欢迎的车型区分为高配、中配和低配产品。这个策略使得它们可以针对同一种核心产品对不同的细分市场制定不同的价格。许多隐形眼镜制造商对其所销售的同一种镜片提供不同的保修期，如一周、一个月和六个月。在这种情况下，具有不同保修期的相同的产品被用于进行差异定价。

在服务于多个顾客细分市场时，为了成功应用差异定价，企业必须有效地使用如下策略：

1. 基于某些服务维度（如响应时间）有效地区分顾客细分市场。
2. 基于每个细分市场所赋的价值收取不同的价格。
3. 对细分市场进行需求预测。
4. 为后期到达的高价细分市场预留适当数量的资产。

货运铁路和汽车运输公司还并未有效地针对多个细分市场应用收入管理，航空业则非常有效地应用了这一方法。铁路的一个主要障碍是没有定期的货运列车。没有定期的列车，就很难将高价细分市场和低价细分市场区分开来。要想利用收入管理的机会，供应链中运输资产的所有者必须提供一些定期的服务，作为区分高价细分市场和低价细分市场的机制。没有定期的服务，很难将愿意提前下订单的顾客与希望在最后一分钟下订单的顾客区分开来。

学习目标 2 小结

如果一个供应商以固定的资产服务于多个细分市场，它可以通过对每个细分市场制定不同的价格来提高收入。相较于向所有顾客收取单一的固定价格相比，差异定价使得供应商对价格不太敏感的顾客细分市场收取较高的价格，对价格敏感程度较高的细分市场收取较低的价格。通常基于某一个维度（如提前期）来对细分市场进行区分，这样愿意支付更多费用的细分市场就必须支付更高的价格以利用较短的提前期。由于需求是不确定的，为高价细分市场预留的资产数量应能使从高价细分市场获得的预期边际收入等于对低价细分市场收取的价格。

16.3 易逝资产的动态定价和超额预订

任何随时间推移而失去价值的资产都属于易逝资产。显然，水果、蔬菜和药品都具有易逝性。计算机和智能手机等，每当新型号推出，旧型号就会贬值的产品也属于易逝品。高级时装也属于易逝品，因为过了季的服装无法再以全价出售。易逝资产还包括那些如果没有得到充分利用就被浪费了的所有形式的生产、运输和仓储能力。过去没有得到利用的能力是毫无价值的。因此，所有没有得到利用的能力就相当于逝去的能力。例如，卡车的未使用能力是易逝的，无法保留到第二天再使用。

服装零售业中有关收入管理的一个著名例子是位于波士顿的服装折扣零售商 Filene's Basement。商品首先在主营店铺以全价出售，未售完的商品将被转移到地下室继续销售，并在 35 天内逐渐调低价格，最后仍未售出的商品将被捐给慈善组织。现在，许多百货商店在销售季不断加大商品的打折幅度，然后将仍未售出的库存卖给折扣商店。折扣商店也会采用类似的定价策略。

易逝资产收入管理的另一个例子是航空业使用的超额预订法。一旦起飞，机上未售出的座位就没有了任何价值。由于经常出现顾客预订了座位但并未登机的情况，因此航空公司会接受多于飞机运载能力的预订，以使预期收入最大化。

对于易逝资产，可以使用的两种收入管理策略是：

1. 随时间动态调整价格以使预期收入最大化。
2. 超额预订以抵消预订取消带来的影响。

16.3.1　动态定价

动态定价（dynamic pricing）即随时间改变价格的策略，适用于在某个确定的日期之后失去其大部分价值的资产，如时装。动态定价的成功也需要存在不同的顾客细分市场，一些顾客愿意为产品支付更高的价格。到了 4 月，为冬季设计的服装就没有多少价值了。在 10 月购买了 100 件滑雪服的零售商，在定价策略方面有很多选择。它可以在最开始定一个高价。这种策略只会吸引购买意愿非常强的顾客，导致在销售季初期售出的滑雪服较少（不过价格比较高），留下更多的滑雪服在晚些时候出售。在后期打折能吸引那些认为产品价值较低的顾客。另一种策略是在开始就定一个较低的价格，在销售季初期就售出较多的滑雪服（不过价格比较低），然后剩下的较少的滑雪服以折扣价格出售。这一权衡决定了零售商的利润。为易逝资产进行合理的动态定价，资产所有者必须能够随着时间的推移估计资产的价值，并有效地预测价格对顾客需求的影响。

随着时间的推移，有效的差异定价通常能够提高愿意全价购买产品的顾客的产品可获性水平，增加零售商的总利润。

下面讨论一种简单的动态定价方法。销售者在销售季初期拥有数量为 Q 的单一产品。假设销售者能够将销售季分为 k 个时期，并且可以预测每个时期的需求曲线。这里的隐含假设是，随着时间的推移，顾客对定价的反应是可以预测的，而且顾客不会因为预期的价格发生变化而改变自己行为。为了简化，假设给定时期 i 的价格 p_i，那么时期 i 的需求 d_i 为：

$$d_i = A_i - B_i p_i$$

这是一条线性需求曲线，但一般来说，需求曲线不需要是线性的。在这里介绍线性的情况是为了便于理解和求解。假设在最初阶段购买的顾客对价格的敏感性较低，而那些等待购买的顾客对价格的敏感性较高。零售商希望随时间的推移不断调整价格，以期从销售季初期就拥有的 Q 单位中获取最大的收入。零售商面临的动态定价问题可以用公式表达如下：

$$\max \sum_{i=1}^{k} p_i (A_i - B_i p_i) \tag{16.5}$$

约束条件为：

$$\sum_{i=1}^{k} (A_i - B_i p_i) \leqslant Q$$

$$A_i - B_i p_i \geqslant 0, \quad i=1,2,\cdots,k$$

这个动态定价问题非常简单，可以直接用 Excel 求解，如例 16－3 所示（参见工作表 Example 16-3(dynamic price) 和 Example 16-3 (fixed price))。

例 16－3

动态定价

某零售商在冬季来临之前以 100 美元的单位成本购买了 400 件滑雪服（总成本为 40 000 美元）。销售季会持续三个月，零售商预计这三个月的需求分别是 $d_1=300-p_1$，$d_2=300-1.3p_2$，$d_3=300-1.8p_3$。零售商在这三个月间应如何对滑雪服的价格进行调整以使收入最大化？如果零售商在这三个月收取一个固定的价格，那么这个价格应当是多少？动态定价可以增加多少收入？

分析：

可以看到，在季初购买的顾客对价格的敏感性较低，而在季末购买的顾客对价格的敏感性较高。根据式（16.5），零售商的问题可表述为：

$$\max[p_1(300-p_1)+p_2(300-1.3p_2)+p_3(300-1.8p_3)]$$

约束条件为：

$$(300-p_1)+(300-1.3p_2)+(300-1.8p_3)\leqslant 400$$
$$300-p_1\geqslant 0$$
$$300-1.3p_2\geqslant 0$$
$$300-1.8p_3\geqslant 0$$

此题可用 Excel 中的规划求解工具求解，如图 16－4 所示（参见工作表 Example 16-3 (dynamic price)）。单元格 B5:B7 是价格变量，单元格 C5:C7 是通过各个需求曲线得出的需求，单元格 D5:D7 是每个时期的收入。三个时期的总需求列在单元格 C8 中，总收入则列在单元格 D8 中。销售季开始时的商品数量列在单元格 B3 中。

	A	B	C	D
3	季初数量＝	400 件		
4	时期	价格（美元）	需求（件）	收入（美元）
5	1	162.20	137.80	22 351.28
6	2	127.58	134.15	17 114.36
7	3	95.53	128.05	12 232.30
8	合计		400.00	51 697.94

单元格	单元格操作函数	复制到
C5	＝300－B5	
C6	＝300－1.3＊B6	
C7	＝300－1.8＊B7	
D5	＝B5＊C5	D6:D7
C8	＝SUM(C5:C7)	
D8	＝SUM(D5:D7)	

图 16－4　例 16－3 动态定价的规划求解电子表格

如图 16－4 所示，零售商的最优策略是第一个月定价 162.20 美元，第二个月定价 127.58 美元，第三个月定价 95.53 美元。这个策略为零售商带来了 51 697.94 美元的总收入和 11 697.94 美元的利润。

在为期三个月的销售季确定一个最优固定价格的问题可以用图 16－5 所示的 Excel 来求解（见工作表 Example 16-3（fixed price））。除了单元格 B6 和 B7，其他所有单元格的公式与图 16－4 中的相同。

	A	B	C	D
3	季初数量＝	400 件		
4	时期	价格（美元）	需求（件）	收入（美元）
5	1	121.95	178.05	21 713.27
6	2	121.95	141.46	17 251.64
7	3	121.95	80.49	9 815.59
8	合计		400.00	48 780.49

单元格	单元格操作函数	复制到
B6	＝B5	B7

图 16－5　例 16－3 整个销售季固定价格的规划求解电子表格

如果零售商希望在这三个月内确定一个固定价格，那么它应该以 121.95 美元的价格出售滑雪服，获得 48 780.49 美元的收入和 8 780.49 美元利润。可以看到，动态定价使零售商增加了近 3 000 美元的利润，使利润达到约 11 698 美元。

在明白了如何在销售季为产品动态定价后，就可以返回去看看，在销售季开始时零售商应购买多少产品以使利润最大化，具体如例 16－4 所示（参见工作表 Example 16-4）。

例 16－4

估计动态定价下的产品初始量

回到例 16－3。假设需求曲线如例 16－3 所述。零售商在销售季之初应购买多少件滑雪服？在这三个月应如何定价以使利润最大化？

分析：

在此例中，季初数量也是一个决策变量。现在，零售商的问题可以用公式表述为：

$$\max[p_1(300-p_1)+p_2(300-1.3p_2)+p_3(300-1.8p_3)-100Q]$$

约束条件为：

$$(300-p_1)+(300-1.3p_2)+(300-1.8p_3)\leqslant Q$$

$$300-p_1\geqslant 0$$

$$300-1.3p_2\geqslant 0$$

$$300-1.8p_3\geqslant 0$$

$$Q\geqslant 0$$

为了获得销售季的最优初始量和动态价格，可以在 Excel 中构建整个问题，如图 16－6 所示（参见工作表 Example 16-4）。除了单元格 D9，其他所有单元格的公式均与图 16－4 中的相同。

零售商的最优策略是在季初购进245件滑雪服。第一个月定价200美元，第二个月定价165.38美元，第三个月定价133.33美元。这个最优订货量和动态定价的情况下零售商的总利润为17 557.69美元。可以看到，这时比例16－4零售商在季初购进400件滑雪服时所获的利润要高。

	A	B	C	D
2	每单位成本＝	100.00美元		
3	季初数量＝	245件		
4	时期	价格（美元）	需求（件）	收入（美元）
5	1	200.00	100.00	20 000.00
6	2	165.38	85.00	14 057.70
7	3	133.33	65.00	8 000.01
8	合计		245.00	42 057.71
9			利润＝	17 557.69

单元格	单元格操作函数	复制到
D9	＝B8－B2＊B3	

图16－6　例16－4最优数量和动态定价的规划求解电子表格

只要顾客没有预计到价格会下降而推迟购买，动态定价似乎看起来非常有利可图。但当顾客采取一些策略性的行为，为了等待降价而推迟购买时，情况就会变得更具挑战性了。

战略顾客的挑战　实际的动态定价问题更为复杂，因为需求是不可预测的，而且顾客会采取一些策略性的行动。如果顾客知道价格会下降，他们可能会推迟购买产品。塔卢里和范里津（Talluri and Van Ryzin，2004）对更为复杂情况下的模型进行了更多论述。

高端零售商萨克斯第五大道2008年11月做出的决策很好地反映了不可预测的需求和战略顾客带来的问题。普拉达（Prada）和古驰（Gucci）等奢侈品牌对萨克斯第五大道等高端零售商尤为重要，尽管到2008年年中整体零售额开始下降，但萨克斯第五大道仍保持着强劲的销量。因此，萨克斯第五大道为2008年的假日销售季下了订单并预计这些品牌销售强劲。然而，到了11月，萨克斯第五大道的库存与顾客需求之间存在巨大的脱节。在萨克斯第五大道每年11月初为高端顾客举办的“内部销售之夜”中，通常的40%的折扣没有得到回应。到11月中旬，内曼·马库斯（Neiman Marcus）等竞争对手也将价格降低了40%，一些设计师在“样品销售”中提供了90%的折扣。价格下跌越多，顾客就越会因为预期价格更低而决定推迟购买。随着感恩节的临近，萨克斯第五大道决定提供70%的折扣来减少库存。

当零售商有大量库存时，可以预计，一些顾客将认为未来会降价而推迟购买。忽视顾客的这种策略性行为会大大降低动态定价为零售商带来的好处。例如，考虑例 16－4 中的零售商，如例 16－4 的结果所建议的，在销售季开始时采购 245 件滑雪服。当不存在策略性顾客时，零售商预计在第一个月以 200 美元/件售出 100 件，在第二个月以 165.38 美元/件售出 85 件，在第三个月以 133.33 美元/件售出剩下的 60 件，总销售额为 42 057.71 美元，利润为 17 557.69 美元（假设单位成本为 100 美元）。

下面，考虑策略性顾客的情况（参见工作表 Example 16-4（strategic））。假设策略性顾客推迟购买，决定等到第三个月预计价格大幅下降时再购买。因此，零售商在第一个月只售出了 80 件，在第二个月销售了 50 件，在第三个月会剩下 115 件要出售。为了售出所有 115 件滑雪大衣，零售商被迫在第三个月将价格降至每件 (300－115)/1.8＝102.78（美元）。在这种情况下，总利润降至 11 588.43 美元。随着将购买推迟到第三个月的策略性顾客数量的增加，零售商的利润会下降得更多，因为只有较少的单位是以高价销售的。显然，零售商为忽视策略性顾客而付出了代价。

当存在策略性顾客时（第三个月剩下 115 件待出售），零售商最好采购 245 件并在整个销售季采用 159.76 美元/件的固定价格（参见工作表 Example 16-4（fixed price））。固定价格消除了顾客从策略性行为中获得的任何收益。在这一价格下，第一个月顾客购买约 140 件，第二个月顾客购买约 92 件，只剩下大约 13 件在第三个月销售。零售商采取固定价格时的总利润为 14 640 美元。虽然这一利润低于零售商在动态定价（如果顾客是非策略性的）下实现的利润，但它高于存在策略性顾客时的潜在利润。可信的固定价格是应对策略性顾客的有效对策。蒂芙尼是坚持固定价格策略的一个例子。另一种方法是减少销售季开始时提供的数量，这样顾客就不会等到后期打折时才购买，因为商品很有可能以全价售罄。

16.3.2　超额预订

当产能有限的卖方售出的单位超出其产能时，超额预订就发生了。航空公司经常使用超额预订以确保飞机不会带着空座位起飞。当易逝资产的订单可以被取消时，可以使用可用资产的超额预订或超售策略来增加利润。这类资产的例子包括航空公司的座位和企业的产能。在这些例子中，可用资产的数量有限，顾客有权取消订单，资产会在某一日期后失去价值。

如果可以准确地预测取消率，那么可以很容易地确定超额预订水平。然而，在实践中，取消率是不确定的，可能导致可用产能或库存高于或低于最终需求。在超额预订中要考虑的基本权衡问题是，过多的预订取消而导致的产能（库存）浪费和过少的预订取消而导致的产能（库存）短缺。当出现产能短缺时，需要安排昂贵的后备资源以满足需求。产能浪费的成本等于如果利用这些产能来满足需求本来会产生的利润。产能短缺的成本是必须去寻求后备资源而造成的单位损失。制定超额预订决策的目标是通过减少产能浪费的成本和产能短缺的成本来使供应链利润最大化。

下面利用公式来进行这种权衡。该公式可用于在已知预订取消的分布情况时设定资产的超额预订水平。令 p 为单位资产的销售价格，c 为使用或生产单位资产的成本。当资产短缺时，b 为使用后备资源的单位成本。因此，产能浪费的边际成本

为 $C_w=p-c$，产能短缺的边际成本为 $C_s=b-p$。如果后备资源的成本小于销售价格，那么没有必要限制超额预订。但是当后备资源的成本高于销售价格时，有趣的事情就发生了。获取最优超额预订水平的权衡与由式（13.1）给出的季节性产品的最优周期服务水平的权衡非常相似。令 O^* 为最优超额预订水平，s^* 为取消预订的数量小于等于 O^* 的概率。与式（13.1）的推导类似，最优超额预订水平可由下式获得：

$$s^*=Prob(\text{取消预订的数量}\leqslant O^*)=\frac{C_w}{C_w+C_s} \tag{16.6}$$

如果取消预订的绝对数量服从正态分布，均值为 μ_c，标准差为 σ_c，那么最优超额预订水平为：

$$O^*=F^{-1}(s^*,\mu_c,\sigma_c)=\text{NORMINV}(s^*,\mu_c,\sigma_c) \tag{16.7}$$

如果取消预订的分布是预订水平（产能 L + 超额预订 O）的函数，均值为 $\mu(L+O)$，标准差为 $\sigma(L+O)$，那么最优超额预订水平为：

$$O=F^{-1}[s^*,\mu(L+O),\sigma(L+O)]=\text{NORMINV}[s^*,\mu(L+O),\sigma(L+O)] \tag{16.8}$$

可以看到，当单位产能的利润增加时，最优超额预订水平将上升；当替代产能的成本增加时，最优超额预订水平将下降。还可以看到，超额预订的使用增加了顾客对资产的利用。使用超额预订减少了被拒绝的顾客的数量，从而提高了顾客的资产可获性，同时通过减少产能的浪费而为资产所有者带来了更高的利润。例 16-5 说明了对超额预订的评估（参见工作表 Example 16-5）。

例 16-5

超额预订

一家服装供应商正在处理圣诞服饰的订单。供应商的可用产能为 5 000 件，每销售一件服装可赚 10 美元。供应商正在接收来自零售商的订单，必须决定目前应当接受多少订单。在交货时，如果它所接受的订单超过了产能，就必须安排后备产能，这会导致 5 美元/件的损失。

众所周知，在冬季临近，可以更好地预期需求时，零售商可能会取消订单。如果取消的订单数量服从正态分布，均值为 800 件，标准差为 400 件，那么供应商应该接受多少订单？如果取消的订单数量服从正态分布，均值为所接受订单的 15%，变异系数为 0.5，那么供应商应该接受多少订单？

分析：

供应商各项参数如下：产能浪费的成本 $C_w=10$ 美元，产能短缺的成本 $C_s=5$ 美元。

由式（16.6）可得：

$$s^*=\frac{C_w}{C_w+C_s}=\frac{10}{10+5}=0.667$$

如果取消的订单数量服从正态分布，均值为800件，标准差为400件，则由式(16.7)可得最优超额预订水平为：

$$O^{*}=\text{NORMINV}(s^{*},\mu_{c},\sigma_{c})=\text{NORMINV}(0.667,800,400)=972(\text{件})$$

在这种情况下，供应商应该超额预订972件服装，总计接受5 972件服装的订单。

如果取消的订单数量服从正态分布，均值为所接受订单水平的15%，变异系数为0.5，那么由式(16.8)可得最优超额预订水平为：

$$O=\text{NORMINV}[0.667,0.15(5\,000+O),0.075(5\,000+O)]$$

上式可用Excel中的规划求解工具进行求解（参见工作表Example 16-5），可得最优超额预订水平为：

$$O^{*}=1\,115(\text{件})$$

在这种情况下，供应商应超额预订1 115件服装，总计接受6 115件服装的订单。

超额预订作为一种策略已经在航空、铁路客运和酒店业广泛应用。但是，在诸如生产、仓储、运输能力等供应链情形中，超额预订并未发挥应有的作用。这是因为缺乏适当的后备资源。面向多个顾客出租的第三方仓储公司没有理由不超额出售其仓储空间。如果所有顾客都足量使用了仓储空间，那么显然需要后备资源。在其他情况下，现有仓储能力将足以满足顾客对仓储空间的需求。此时，超额预订将为仓储公司带来更多的收入，同时让更多的顾客可以使用现有的仓储空间。但是，只有在能够快速安排后备仓储空间的情况下，超售才是可行的。

学习目标3小结

对于具有易逝性的资产，如果顾客对价格的敏感性在季节中会发生变化，那么动态定价是增加利润的一种有力工具。时尚产品的情况往往如此，对价格敏感程度较低的顾客愿意在销售季初期支付更高的价格，但价格敏感程度较高的顾客则会在销售季末打折时购买。然而，在动态定价时应仔细考虑顾客的策略性行为，顾客可能会预测到未来价格将下降从而推迟购买。对于策略性顾客，最好采用一个固定价格或减少供应量。对于易逝资产，如果发生订单取消，那么对供应链资产进行超额预订或超售是一种有价值的策略。超额预订的水平是基于对过多的预订取消导致产能浪费的成本与过少的预订取消导致产能短缺而不得不安排后备资源的成本之间的权衡。

16.4 季节性需求的折扣和峰值定价

季节性需求高峰是许多供应链中常见的现象。美国的大多数零售商12月份的销售额占到了全年销售额的很大比例。亚马逊就是一个例子。由于季节性高峰，亚马逊对拣货、包装以及运输能力的需求急剧增加。引入短期产能非常昂贵，会降低亚马逊的利润。正如第9章所讨论的，非高峰期打折促销是一种有效的方法，可以将需求从高峰期转移到非高峰期。亚马逊使用免费送货作为非高峰折扣。只要提前下好订单，在圣诞节会免费准时送达。这一价格折扣鼓励一些顾客将需求转移到12

月初或11月份，从而降低了亚马逊12月的需求峰值，使亚马逊获得了更高的利润。同时，这一策略也为愿意提前订购的顾客提供了价格优惠。

一个有效的收入管理策略就是在高峰期收取更高的价格，在非高峰期收取更低的价格，从而将需求从高峰期转移到非高峰期。如果峰值下降所带来的成本减少和非高峰期收入的增加足以补偿非高峰期所给予的折扣，那么这种做法就是有益的。在第9章我们详细讨论了企业使用定价方法应对季节性高峰时所面临的权衡。

酒店业通常对一周中的某一天或一年中的某个时期使用差异定价。这时，其目标不是转移需求，而是通过吸引对价格敏感的顾客，如外出度假的家庭，来增加低需求时期的需求。万豪国际酒店在这方面做得非常成功。众所周知，对酒店客房的需求在一周内的不同时间是有变化的。对于万豪国际酒店，它的目标顾客是商务顾客，高峰需求通常发生在非周末时间。万豪国际酒店在周末提供低价，鼓励家庭顾客在周末入住。万豪国际酒店使用的另一种收入管理策略是，如果顾客入住时间较长且其中涵盖了低需求时期，那么也可以享受低价。

一个有趣的高峰定价的例子是由明星厨师格兰特·阿卡兹（Grant Achatz）2010年在芝加哥创办的Next餐厅。这家餐厅提前出售不同时间的订位券。订位券的订位价格不仅取决于所订菜单，也取决于顾客预约的时间。因此，星期六晚上8点的订位价格比星期二晚上9：30的订位价格要贵。同样，许多运动队在与热门对手比赛时收取的门票价格比较高，而对与较弱的对手比赛或在不太受欢迎的时间段举行的比赛收取的门票价格则比较低。

另一个例子是，在运输需求的高峰期优步（Uber）和其他类似服务企业所采用的峰值定价。在优步的例子中，定价既影响需求，也会影响现有的供给。在顾客需求超过现有汽车数的高峰期，优步会提高价格。价格的上涨会吸引司机（他们不愿意以正常价格接单）在这段时间提供他们的服务，同时也阻止了一些价格敏感的顾客在高峰期乘坐优步。峰值定价使优步能够更好地匹配供求，从而减少乘客在高峰期的等待时间。如果没有峰值定价，车辆供给将减少，乘客的等待时间将增加。

学习目标4小结

面对季节性高峰时，非峰值折扣和峰值定价的结合使用是供应链中所有生产和运输能力所有者的一种有效的收入管理策略。这一策略增加了资产所有者的利润，为高峰期寻求服务的顾客提供了更好的服务，降低了一小部分顾客的支付价格，还会在非峰值折扣期间吸引到潜在的新顾客。

16.5 大宗合同与零星购买的组合

大多数企业面临的市场状况是，一些顾客以折扣价格大批量购买，另一些顾客则以较高价格单个或小批量购买。我们以供应链中仓储能力的所有者为例。仓储能力可以批量租赁给大企业，也可以少量租赁给大企业以满足其紧急需要或者是租赁给小企业。与其他企业相比，大企业批量租赁仓储空间通常可以获得折扣。仓储空间的所有者因此面临以下权衡：将仓储空间以折扣价格出租给大宗买家，还是保留一部分仓储空间租赁给可能出现的、愿意支付更高价格的、需要少量仓储空间的顾客？

在大多数情况下，供应链资产的所有者更愿意满足来自大宗销售的所有需求，只有有能力剩余时才试着为小顾客提供服务。与此相反，像 McMaster-Carr 这样的企业只针对那些对 MRO 用品有紧急需求的顾客。McMaster-Carr 公司会拒绝任何寻求折扣价的大宗顾客。通过这一策略，McMaster-Carr 成为一家利润丰厚的公司。对于一个想进入利基市场的企业来说，瞄准两个极端市场中的一个是明智的策略。在该策略下，企业或者专注于服务大宗订货市场，或者服务于零星订货市场。然而，对于其他企业来说，同时服务于两个细分市场的混合战略可能更合适。在这种情况下，企业必须确定将多少比例的资产用于大宗订货市场、将多少比例的资产预留给零星订货市场。这里的基本权衡与 16.2 节所讨论的服务于两个细分市场的企业类似。企业需要确定大宗订货市场和零星订货市场的价格，以及为（稍后出现需求的）零星订货市场预留的资产数量。可以用式（16.1）和式（16.2）来确定每个市场的价格。为零星订货市场预留的资产数量应使零星订货市场的预期边际收入等于大宗订货市场的当前收入。预留的资产数量受零星订货市场与大宗销售的利润差异以及零星订货市场需求分布的影响。如果我们认为零星订货市场是高价细分市场，大宗购买者是低价细分市场，则可以使用式（16.3）和式（16.4）来求解应为零星订货市场预留的资产数量。

供应链中生产、仓储和运输资产的购买者也需要制定类似的决策。以一家为全球运作寻找运输能力的公司为例。该公司面临的一个选择是与一家运输公司签订长期大宗合同，另一个选择是在零星订货市场上购买运输能力。长期大宗合同的优点是可以享受固定的低价，缺点是没有利用的能力将浪费。零星订货市场的缺点是平均价格较高，优点是没有任何能力的浪费。购买者在决定签订长期大宗运输合同的数量时，必须考虑这种权衡。

由于零星订货市场的价格和购买者对资产的需求都具有不确定性，可以利用第 6 章讨论的决策树方法来确定所要签订的长期大宗合同的数量。对于零星订货市场的价格已知而需求不确定的简单情形，可以用公式来确定大宗合同的数量。令 c_B 为大宗订货市场的价格，c_S 为零星订货市场的价格，Q^* 为大宗购买的最优资产数量，p^* 为资产需求不超过 Q^* 的概率。在大宗订货市场额外购买一单位资产的边际成本为 c_B，没有在大宗订货市场额外购买一单位资产，而后在零星订货市场购买的预期边际成本是（$1-p^*$）c_S。如果在大宗订货市场上是以最优资产数量购买的，那么大宗订货市场采购的边际成本应等于零星订货市场采购的预期边际成本，即 $c_B=(1-p^*)c_S$。因此，得到最优值 p^*：

$$p^*=\frac{c_S-c_B}{c_S} \tag{16.9}$$

如果需求服从正态分布，均值为 μ，标准差为 σ，那么在大宗订货市场购买的最优资产数量为：

$$Q^*=F^{-1}(p^*,\mu,\sigma)=\text{NORMINV}(p^*,\mu,\sigma) \tag{16.10}$$

可以看到，如果零星订货市场的价格上涨或者大宗订货市场的价格降低，那么大宗购买的数量将增加。例 16－6 对大宗合同采购进行了分析（参见工作表 Example 16-6）。

例 16-6

长期大宗合同与零星订货市场

一家制造商从中国购买多种零部件，其每个月的运输需求服从正态分布，均值 $\mu=$ 1 000 万个，标准差 $\sigma=400$ 万个。制造商必须确定运输合同的组合方式。每月长期大宗合同的成本为 10 000 美元/百万个。零星订货市场上的运输能力的平均价格为 12 500 美元/百万个。该制造商应为多少运输能力签订长期大宗合同？

分析：

在此例中我们有：大宗合同成本 $c_B=10\,000$ 美元/百万个，零星市场合同 $c_S=12\,500$ 美元/百万个。

由式（16.9）可得：

$$p^*=\frac{c_S-c_B}{c_S}=\frac{12\,500-10\,000}{12\,500}=0.2$$

由式（16.10）可得使用长期大宗合同购买的最优资产数量为：

$$Q^*=\text{NORMINV}(p^*,\mu,\sigma)=\text{NORMINV}(0.2,10,4)=6.63(\text{百万个})$$

因此，制造商每个月应签订 663 万个零部件的长期大宗合同，如果运输需求超过这个值时，则在零星订货市场购买。

学习目标 5 小结

对于同时使用长期大宗合同和零星订货市场进行销售的企业来说，基本的收入管理决策是为零星订货市场预留多少资产。企业需要在通过大宗合同以低价得到一个确定的需求与在零星市场上可能获得更高的价格之间进行权衡。对于购买者来说，基本的决策是确定多少比例的预期需求以长期大宗合同的形式购买。购买者需要在以低价签订长期大宗合同但可能无法充分利用与以较高价格从零星订货市场上仅购买所需的数量之间进行权衡。

16.6 收入管理应用的实践挑战

本章所讨论的各种收入管理思想可以提高供应链利润，但使用不当的话，也会存在许多潜在的陷阱。2017 年 4 月，联合航空公司（United Airlines）的超额预订事件就是一个极端的例子。在一个超额预订的航班上，安全人员把一名拒绝放弃座位的乘客拖下了飞机。这一事件被许多乘客拍摄并传到互联网上，引发了对联合航空的负面评价。联合航空的首席执行官最终为这一事件道歉，并且航空公司将超额预订的赔偿金额增加至 1 万美元。这一事件表明，该航空公司未能在超额预订的情况下充分预测消费者的行为，也未能对这种情况做出适当的反应。因此，考虑消费者的看法，让销售人员和业务人员充分了解并接受培训，以合理应对实施收入管理可能带来的后果非常关键。

为了在实践中取得成功，企业在实施收入管理时，了解和告知顾客非常重要。

如果只是将收入管理作为一种获取最大收入的机制，而未给顾客增加任何价值，那么顾客将会对收入管理策略产生负面的感知。长期来看，这样的感知很可能会降低顾客忠诚度，让顾客试图与这一过程博弈。因此，企业所构建的收入管理计划应在提高收入的同时，改善那些支付高价的顾客所重视的维度的服务水平。正如本章前面所讨论的，适当地实施收入管理策略应当能够实现这两个目标。企业必须将这些信息传递给最有价值的顾客。记住，这类顾客的行为改变会破坏收入管理计划的任何潜在利益。

为了有效地实施收入管理，必须让销售部门和运作部门参与其中。销售人员必须了解企业现行的收入管理策略，以便能够相应调整自己的销售力度。如果企业提供非高峰折扣，而销售人员仍在努力让顾客在价格最高的时期购买，那么这个收入管理策略将毫无意义。销售人员必须将那些真正在高峰期需要供应链资产的顾客与那些可以将订单转移到非高峰期而受益的顾客区分开来。这种方法不仅将增加企业利润，同时可以让两个细分市场的顾客都满意。运作部门必须了解公司现行收入管理策略的可能结果，同时应被及时告知实际发生的结果。例如，使用超额预订的航空公司的运作部门必须做好将无法登机的顾客安排到其他航班并向他们提供适当补偿的准备。

最后，保持收入管理技术的简单至关重要。收入管理的大部分好处是通过多个维度的差异定价来实现的。过分复杂只会增加工作量，不一定会大幅增加价值。例如，航空公司可以通过使用几个票价等级来实现收入管理的大部分好处。进一步的复杂性只会使预测更加困难，不一定会带来收入的增加。复杂性还可能导致收入管理带来更多意想不到的负面结果。

学习目标 6 小结

在运用收入管理时未能预测消费者的行为和做出适当的反应，可能带来严重的负面后果。对于企业来说，重要的是确保收入管理技术不会降低顾客忠诚度和引起顾客的博弈行为。但是，只有当收入管理可以在有价值的顾客所看重的一些维度改善服务水平时，这才可能实现。应该将这些维度清晰传达给销售人员，当顾客面临收入管理带来的负面结果时运作部门必须准备好做出适当的反应。

讨论题

1. 诺德斯特龙这样的零售商可以如何利用收入管理机会？
2. 制造商有哪些可利用的收入管理机会？它该如何利用这些机会？
3. 汽车运输公司有哪些可利用的收入管理机会？它该如何利用这些机会？
4. 仓库所有者有哪些可利用的收入管理机会？它该如何利用这些机会？
5. 解释萨克斯第五大道等零售商在收入管理背景下是如何利用折扣店的。折扣店的存在为萨克斯第五大道提供了哪些帮助？它是如何帮助萨克斯第五大道的那些支付全价的有价值的顾客的？
6. 周末人们不上班时，对理发的需求要高得多。理发店可以使用哪些收入管理技术？
7. 高尔夫球场如何利用收入管理来提高财务绩效？

练习题

1. 毡垫制造商Felgas公司每天的产能是1 000单位。目前，Felgas公司以每单位5美元的价格出售产能。要想获得这个价格必须提前一周预订。有些顾客称，如果Felgas公司能在最后一天提供产能，他们愿意支付双倍的价格（10美元/单位）。提前10天左右，预计高价细分市场的需求服从正态分布，均值为250单位，标准差为100单位。Felgas公司应该为最后一天购买的顾客保留多少产能？

2. GoGo Bunny是今年圣诞节的热销玩具，制造商决定将供应量分配给所有零售商。一家大型零售连锁店有两个渠道——折扣渠道和高端服务渠道。零售商计划在折扣渠道以4美元的利润销售玩具，在高端服务渠道以8美元的利润销售玩具。送到折扣渠道的所有玩具都有可能售罄。制造商发送100 000个GoGo Bunny给零售商。零售商预测高端服务渠道对玩具的需求服从正态分布，均值为400 000个，标准差为150 000个。该零售商应该发送多少玩具给高端服务渠道？

3. 一家小仓库有100 000平方英尺的空间。仓库的管理者正在与顾客签订仓储合同。合同要求每个顾客先预付200美元/月的费用，然后再根据实际使用情况按每平方英尺3美元支付费用。仓库必须保证为顾客提供合同约定的仓储空间，即使这意味着仓库可能需要以6美元/平方英尺的费用租用额外的仓储空间。仓库管理者认为顾客不太可能在任何时候都会使用完合同所约定的所有空间。因此，他在考虑签订大于100 000平方英尺的合同。他预测未使用空间服从正态分布，均值为20 000平方英尺，标准差为10 000平方英尺。他总共应签订多少平方英尺的合同？如果预测未使用空间服从正态分布，均值为合同数量的15%，变异系数为0.6，他总共应该签订多少平方英尺的合同？

4. 某卡车运输公司现有运输能力200 000立方英尺。一家大型制造商愿意以0.10美元/（立方英尺·天）的价格购买整个运输能力。运输公司的管理者观察到，在零星订货市场，卡车运输能力的平均价格为0.13美元/（立方英尺·天）。然而，这个价格下的需求是不确定的。管理者预测零星订货市场每天的需求服从正态分布，均值为60 000立方英尺，标准差为20 000立方英尺。运输公司的管理者应该为零星订货市场预留多少运输能力？

5. 一家大型制造商的管理者正在计划来年的仓储需求。她预测仓储需求将服从正态分布，均值为500 000平方英尺，标准差为150 000平方英尺。管理者可以签订为期1年的租赁合同，价格为0.50美元/（平方英尺·月），也可以在零星订货市场以0.70美元/（平方英尺·月）的平均价格购买仓储空间。这个管理者应当签订多大的年合同？

6. 自行车制造商NatBike公司确认了两个顾客细分市场：一个细分市场偏好定制自行车，愿意支付较高的价格；另一个细分市场愿意购买标准自行车，但是对价格较敏感。假设生产两类自行车的生产成本都是200美元。定制细分市场的需求曲线为$d_1=20\,000-10p_1$，对价格敏感的标准自行车市场的需求曲线为$d_2=40\,000-30p_2$。如果没有产能限制，NatBike公司应如何为这两个细分市场定价？如果总可用产能为20 000辆，NatBike公司应该如何为这两个细分市场定价？两种情况下的总利润各是多少？

7. 回到第6题中的自行车制造商NatBike公司。现在假设定制自行车的生产成本为300美元，标准自行车的生产成本为200美元，其他数据与第6题一样。如果没有产能限制，NatBike公司应如何为这两个细分市场定价？如果总可用产能为20 000辆，NatBike公司应如何为这两个细分市场定价？两种情况下的总利润各是多少？

8. 再次回到第6题中的自行车制造商NatBike公司。现在假设工厂的产能为20 000辆自行车。如果能够以25美元/辆的成本增加产能，NatBike公司应如何为这两个细分市场定价，并且应该增加多少产能？与第6题相比，利润会受到什么影响？

9. 一家百货公司购买了 5 000 件泳衣，准备在夏季销售季销售。夏季销售季历时三个月，百货公司的管理者预测在季初购买的顾客对价格不太敏感，而在季末购买的顾客对价格比较敏感。预测这三个月的需求曲线分别为 $d_1 = 2\,000 - 10p_1$，$d_2 = 2\,000 - 20p_2$，$d_3 = 2\,000 - 30p_3$。如果百货公司准备在整个销售季采取一个固定价格，那么这个价格应是多少？由此产生的收入为多少？如果百货公司准备采用动态价格，那么这些价格分别应为多少？相对于固定价格，动态定价策略对利润有何影响？如果每件泳衣的成本为 40 美元，且百货公司计划制定动态价格，那么它应该在季初购买多少件泳衣？

参考文献

Bitran, G., and R. Caldentey."An Overview of Pricing Models and Revenue Management." *M&SOM* (2003): 203–229.

Cross, Robert G., Jon A. Higbie, and Zachary N. Cross."Milestones in the Application of Analytical Pricing and Revenue Management." *Journal of Revenue and Pricing Management* (2010): 1–11.

Elmaghraby, W., and P. Keskinocak."Dynamic Pricing in the Presence of Inventory Considerations." *Management Science* (2003): 1287–1309.

O'Connell, Vanessa, and Rachel Dodes. "Saks Upends Luxury Market with Strategy to Slash Prices." *The Wall Street Journal,* February 9, 2009.

Phillips, Robert. *Pricing and Revenue Optimization*. Stanford, CA: Stanford University Press, 2005.

Shen, Zuo-Jun Max, and X. Su. "Customer Behavior Modeling in Revenue Management and Auctions: A Review and New Research Opportunities." *Production and Operations Management* (2007): 713–728.

Talluri, Kalyan T., and Garrett J. Van Ryzin. *The Theory and Practice of Revenue Management*. Boston: Kluwer Academic, 2004.

Tayur, Sridhar, Ram Ganeshan, and Michael Magazine, eds. *Quantitative Models for Supply Chain Management*. Boston: Kluwer Academic, 1999.

Wells, Pete. "In Chicago, the Chef Grant Achatz Is Selling Tickets to His New Restaurant." *New York Times,* May 5, 2010.

案例分析

选择 Savored 还是高朋[①]

常先生（Mr. chang）是芝加哥一家高端亚洲餐馆 Enter the Dragon 的老板，他对团购网站高朋（Groupon）的销售代表给他的选择感到困惑。

他可以在高朋提供每日特惠（用 30 美元购买一张价值 60 美元的优惠券），芝加哥地区的数十万高朋用户将看到这一信息；或者他也可以在高朋旗下的餐厅预订网站 Savored 提供更有针对性的折扣。最近生意较少，尤其在工作日的晚上，常先生希望能够刺激需求。但是，他想确认他所做的是否能够真正提高利润。他估计工作日晚上的需求服从正态分布，均值为 60 位，标准差为 30 位。由于其接待能力为 100 位且每天晚上每张桌子只提供单人座位，很多晚上餐厅都有空桌。

高朋和每日特惠

高朋成立于 2008 年，在每日特惠业务的支撑下扩张迅速。每日特惠占到当地商家所提供的产品或服务折扣券的 50%～70%。高朋向其用户提供特惠信息，如果买家数量超过某个阈值，则特惠交易成交，高朋将大约一半的收入拿出来与当地商家分享，其余则作为佣金保留。因此，每 1 美元的零售价值，当地商家大约可收到 20～25 美分。使用每日特惠购买优惠券的顾客随后联系当地商家购买产品或服务。在像 Enter the Dragon 这样的餐馆里，高朋的买家往往在购买优惠券后就马上进行预订，通常比普通顾客的预订要提前很多。

每日特惠在用户中的普及使得高朋快速发展。在拒绝了谷歌提出的 60 亿美元的收购建议之后，该公司在 2011 年上市。但是之后它的股价经历了剧烈的震荡。以 25 美元开市后，股票在 2012 年年末触及 4 美元的最低点，之后在 2014 年年初恢复到 10 美元。价格下降的部分原因可能是营销成本

① 本案例由纽约大学斯特恩商学院（Stern School of Business）勒内・卡尔登泰（Rene Caldentey）教授和英国帝国理工大学商学院（Imperial College Business School）卡延・塔卢里（Kalyan Talluri）教授提供。

上升和一些使用每日特惠的零售商的负面宣传。一些商家抱怨每日特惠“对财务状况根本不起作用”①，还有一些商家把高朋称作“有史以来最糟糕的营销”。零售商抱怨说，虽然高朋带来了新顾客，但利润率非常糟糕。因为从高朋每日特惠中每1美元零售价值仅能收回20～25美分，这远远低于从新顾客所获得的收入。

杰伊·戈尔茨（Jay Goltz）发表在《纽约时报》网站上的一篇有名的博文②为零售商提供了一种评估每日特惠收益的方法。他建议零售商将高朋视作广告。使用每日特惠的零售商不是给广告公司开支票，而是选择在这次特价销售中有所损失。因此，唯一重要的是要计算从每日特惠中所获得每个新顾客的成本。该博文提出用以下8个关键指标来确定每日特惠是不是具有成本效益的广告：

1. 销售的增量成本；
2. 平均销售量；
3. 已使用的优惠券百分比；
4. 现有顾客购买优惠券的百分比；
5. 每位顾客购买的优惠券数量；
6. 新优惠券顾客成为老顾客的百分比；
7. 所有看到每日特惠的高朋用户的价值；
8. 通过广告获取新顾客的当前成本。

每日特惠的价值取决于这些数字。在博客上戈尔茨举了一家餐厅的例子，这家餐厅出售了3000张优惠券，顾客支付35美元可以购得面值75美元的优惠券（餐厅仅收到17.50美元，其余被高朋保留作为佣金）。他假设餐厅的增量成本为正常收入（非折扣收入）的40%；顾客平均消费85美元（比优惠券多10美元）；仅85%的优惠券被使用；40%的优惠券被现有顾客购买；每位顾客购买2张优惠券；大约10%的新顾客会再次光顾餐馆。

在这个例子中，餐馆从高朋收到52 500美元（3 000×17.50）的支票，以及额外25 500美元（3 000×0.85×10）的收入，因为来餐馆的顾客比优惠券的票面价值多消费了10美元。服务这些顾客的增量成本是86 700美元（3 000×0.85×85×0.40）。因此，餐馆在这次团购中损失了8 700美元。如果将其视为广告费用，则有必要评估这次团购带来的新的回头客的数量。2 550张（3 000×0.85）优惠券被使用，每位顾客购买了2张优惠券，这次团购共被1 275位顾客使用。因为他们当中有60%是新顾客，这次团购为餐厅带来了765位（1 275×0.6）新顾客。如果他们当中的10%会再次光顾，这次团购实际上带来了76个新的回头客。接下来，餐厅必须确定花费8 700美元吸引76名新的回头客是否比其他形式的广告更有效。

Savored 和餐馆折扣

高朋在2012年9月收购了餐馆预订网站Savored。只要顾客提前在网上预订，Savored就可在高档餐馆提供高达40%的折扣。餐馆可以根据一天的不同时段和一周的不同日子来改变所提供的折扣，在不那么受欢迎的时段折扣会更大。餐馆还可以改变提供折扣价格的桌数。Savored在研究餐馆的客流量后会对折扣时段给出建议。例如，为了吸引工作群体，位于华尔街的Capital Grille餐馆整个周六晚上都有折扣；而位于曼哈顿西街的Fatty Crab餐馆只提供周六晚上11点后的折扣。③ Savored帮助餐厅有效地管理它们的闲置产能。曼哈顿一家高档餐馆Le Cirque取消了更便宜的餐前菜单，因为Savored的预订填补了这些时段。

---

① Jay Goltz, "Doing the Math on a Groupon Deal." *New York Times*, November 23, 2010.

② Ibid.

③ Stephanie Clifford, "When It Comes to Reservations, Time Is Money." *New York Times*, September 4, 2012.

◆ **思考题**

使用电子数据表 Chapter 16-Groupon 辅助分析。

1. 假设每桌的可变成本是 10 美元，每桌平均消费 60 美元。使用每日特惠（用 30 美元购买价值 60 美元优惠券），高朋支付给常先生每桌 15 美元的收入。《纽约时报》博文提供的分析表明，通过每日特惠，常先生每桌可以赚取 5 美元（而不是付出广告费用）。你觉得这个分析已经包含所有应该考虑的方面了吗？常先生是否应该继续推出每日特惠，因为这样既可以做广告，每张优惠券又可以赚取一点利润？

2. 若使用 Savored，常先生可以限制用于折扣价格的桌数。假设使用 Savored 在每张折扣桌上获取的收入与使用每日特惠所获取的收入相同（15 美元），你认为限制折扣价格的桌数有什么好处吗？

3. 你更倾向于使用 Savored 还是每日特惠？为什么？

第 17 章

可持续性和供应链

Sustainability and the Supply Chain

学习目标

通过本章学习，你应当能够：

1. 理解可持续性在供应链中的重要性。
2. 讨论公地悲剧对可持续性的挑战。
3. 描述企业社会责任的关键支柱。
4. 确定利用各种供应链驱动因素提高可持续性的机会。
5. 了解激励和监管对提高可持续性的作用。

在 21 世纪，可持续性已成为供应链设计和运作中需要优先考虑的关键问题。对可持续性的关注使供应链能够更好地服务于更具环保意识的顾客，同时提高供应链的绩效。本章将探讨可持续性的重要性、设计和运作更具可持续性的供应链时面临的一些挑战，以及不同供应链驱动因素在提高可持续性方面的作用。

17.1 可持续性在供应链中的作用

本书的重点是设计和运作供应链，目标是增加供应链盈余。但是，每条供应链都只是其所在世界的一小部分。最终，每条供应链、每个个体的健康和生存都取决于周围世界的健康。因此，将供应链的目标从参与者的利益（也就是供应链盈余）扩展到其他可能受供应链决策影响的方方面面，这一点非常重要。正是在这一背景下，21 世纪越来越重视可持续性。联合国布伦特兰委员会（Brundtland Commission）将可持续发展（sustainable development）定义为“既满足当代人的需要又不损害后代人满足需要的能力的发展模式”[①]。2005 年联合国世界首脑会议提出了一个框架，确定经济、环境和社会的可持续性作为可持续发展的三大支柱。要实现可持续发展，这三个支柱必须协调一致。

随着巴西、中国和印度等国经济的增长，对可持续性的关注日益增加。一方面，这些新兴市场的发展以史无前例的方式提高了全球的生活水平；另一方面，这种增长也给资源和环境带来了前所未有的压力。越来越明显的是，如果供应链不能比过去更具可持续性，世界的资源和环境将无法维持这一水平的增长。

促使人们更加重视供应链可持续性的因素可分为三类：

1. 降低风险，提高供应链财务绩效。
2. 社区压力与政府激励及法令。

① Definition of Sustainable Development, Brundtland Report, in October 1987.

3. 吸引那些重视可持续性的顾客。

尽管对这三类驱动因素都有大量的讨论，但大多数具体的行动主要集中于降低供应链风险和改善财务绩效方面。21 世纪初，世界上一些地区的社区压力和政府的激励和法令不断增加。我们极少看到由于顾客要求或企业希望世界更具可持续性而关注可持续发展并取得成功的例子。值得注意的是，即使供应链仅注重降低风险和改善财务绩效，仍蕴藏着大量的机会。麦肯锡（McKinsey）的一份侧重于温室气体排放的报告（Creyts et al.，2007）称，“大约 40%的（温室气体）减排可以在边际成本为负的情况下实现，这意味着投资于这些方案将在其生命周期内产生积极的经济回报”。尽管提高可持续性存在经济上的可行性，但行动进展却很缓慢。这是因为许多提高可持续性的措施虽然长远来看会带来回报，但需要大量前期投资。例如，沃尔玛对发光二极管（LED）照明的投资。虽然安装 LED 灯需要前期投资，但安装 LED 灯大大降低了沃尔玛店铺中能源的消耗。虽然会带来长远的回报，但由于需要大量前期投资，因此很少有其他企业效仿沃尔玛的做法。

尽管仍有许多工作要做，但许多企业报告说，在提高可持续性方面取得了成功。消费品巨头联合利华在帮助巴西和印度等新兴经济体解决贫穷、水资源短缺和气候变化等问题上做出了巨大努力。在巴西，该公司帮助西红柿种植者利用滴灌法进行节水灌溉。该公司预计其近一半的销售额和大部分增长来自新兴经济体。联合利华购买了大约“世界上 10%的茶叶和 30%的菠菜”①。对可持续性的关注有助于联合利华改善未来可能为其带来大部分增长的市场的环境和经济健康，同时确保满足这一增长所需的产品供给。

沃尔玛最初开始关注可持续性仅仅是为了应对环境保护活动人士的批评而做出的防御性举措。但是，该公司渐渐发现，致力于可持续性使公司的利润得到了增长。在卖场中使用高效节能灯泡、增加天窗以利于自然采光帮助该公司极大减少了能源消耗。减少包装有助于减少材料成本和运输成本。另一个例子是沃尔玛和开市客联手重新设计了容量为 1 加仑的牛奶包装，以减少材料的使用，增加运输过程中的包装密度。尽管公众过了一段时间才接受这种新设计，但是“与老式牛奶包装相比，这一努力为每加仑牛奶节省了 10 到 20 美分”②。

星巴克是另一个出于重要的商业原因而关注可持续性的公司。在 20 世纪 90 年代末，该公司意识到，如果不帮助咖啡种植者以可持续的方式提高产量的话，那么该公司自身的增长计划也将难以持续。因此，星巴克提出了咖啡与种植者公平（C. A. F. E.）规范，从产品质量、经济责任、社会责任和环境领导四个维度评价咖啡的可持续生产。用星巴克的话来说，“前两个维度是参与该计划的前提条件，并确保了咖啡的基本质量、财务透明度、公平和咖啡供应链的商业可行性”。社会责任衡量工作环境的安全和人道主义程度。环境领导衡量供应商为“管理废弃物、保护水质、节约用水和能源、保持生物多样性和减少农用化学品使用”而采取的行动。根据这四个维度的得分，优秀申请者可被授予“优先供应商”身份。优先供应商可以获得每磅 0.05 美元的溢价和有利的合同条款。星巴克宣称，2013 年该公司

① “Beyond the Green Corporation.” *Business Week*, January 29, 2007.

② “Solution, or Mess? A Milk Jug for a Green Earth.” *New York Times*, June 30, 2008.

采购的咖啡95%源于经过C. A. F. E. 规范、公平贸易或其他外部审计系统进行第三方验证或认证的供应商。这些举措不仅有助于星巴克吸引那些关注可持续性的顾客，还帮助星巴克降低了供应风险，并保证了其业务所需的最关键的输入——高质量咖啡的持续供应。

当需要为可持续性投入一定的努力却无法得到明显的投资回报时，企业将面临更大的挑战。事实上，顾客并不总是会因为支持他们自己所说的可持续性的重要性，而愿意为可持续产品支付更多的费用或做出更多的努力。例如，星巴克为自带咖啡杯的顾客提供的饮料比例，仅从2009年的1.4%上升到2013年的1.8%。在该公司2013年的全球责任报告中报告的所有维度中，可以看到，在可持续性方面的改进是最小的。在一项调查中，行业领先企业普遍认为投资回报不足、顾客不愿意为绿色产品支付额外的费用、难以在产品生命周期内对可持续性进行评估，是可持续性得到进一步关注的主要障碍。① 当企业无法明确界定进一步致力于可持续性的商业合理性时，维持建立更具可持续性的供应链会更加困难。正如我们在下一节中将讨论的，构建可持续性供应链的最大挑战之一就是，在中短期，对可持续性的改进所带来收益是共享的，但成本却是由企业或个人单独承担的。而现状是，企业或个人获得了利益，成本却由全球共同承担。

学习目标1小结

随着供应链全球化和新兴市场的发展，越来越明显的是，除非供应链变得更具可持续性，否则世界的资源和环境将无法支持这种增长。除了可以使世界变得更具可持续性外，更多地关注可持续性还可以使供应链风险降低、效率更高，并吸引那些重视可持续性的顾客。

17.2 公地悲剧

在其极具影响力的文章中，哈丁（Hardin，1968）将公地悲剧（tragedy of the commons）描述为当个体利益与公共利益不完全一致时出现的两难现象。下面让我们来详细研究这篇文章中所举的例子。假设有一个牧场，所有牧民都可以在此放牧。在这块公共用地上每个牧民都会尽可能多地放牧，以期从这一公共财产中获得最大的利益。如果一个牧民的牛在牧场上放牧并长大，那么牧民将从中受益并且所有的收益都只属于他。然而，过度放牧的任何代价都由在这片牧场放牧的所有牧民共同承担。因此，任一牧民的过度放牧为其自身带来1单位的正效用，但由于代价由所有牧民共同承担，因此该牧民仅承担1单位代价中的中若干分之一。因此，每个理性的牧民都会不断增加放牧的数量，因为增加额外一头牲畜为其带来的正效用能超过过度放牧给他带来的负效用。正如哈丁所写："所以悲剧就发生了。每个人都被困于一个迫使他（在一个有限的世界中）无限制地增加其放牧数量的系统中。在一个信奉公地自由的社会里，每个追逐个人利益的人的行为最终会使全体

① "Gibbs & Soell Survey." accessed on May 1, 2011, at www.cnbc.com/id/42432191/.

走向毁灭。公地自由会毁掉一切。”①

接着，哈丁认为环境污染问题本质上就是公地悲剧。每个人和企业都以下水道污染物、化学物质、二氧化碳等形式向环境中排放废弃物和污染物。个人或企业将承担其减少废弃物的全部费用，而向环境中丢弃废弃物所产生的成本却由整个世界共同承担。因此，人人都可以免费获得的公共环境，这使每个企业都不愿意为减少废弃物做出努力，尽管这些废弃物会伤害到每一个人。

公地悲剧同样出现在国家层面上。自 1990 年以来，联合国政府间气候变化专门委员会（Intergovernmental Panel on Climate Change，IPCC）一直在评估全球气候变暖问题。该机构曾在报告中写道，尽管大气中集聚的大部分二氧化碳排自美国和西欧，但接近赤道的更贫穷的国家可能会付出最大的代价。全球变暖所导致的干旱、供水不足和冰盖融化造成的海平面上升等风险将主要发生在非洲、“河流三角洲密布的南亚、埃及以及其他一些小的岛国”②。在这种情况下，不管在企业层面还是在国家层面，由于联合行动带来的集体最优对个体而言并不是最优的，因此在某种行动上达成共识非常困难。因此，难以通过谈判来达成每个国家都愿意遵守的气候变化协议也就不足为奇了。其他一些公地悲剧的例子出现在鱼、水、森林等自然资源的过度使用上。例如，我们看到过很多关于俄罗斯鲟鱼被过度捕捞以及在被大坝截断的河流中鲑鱼绝迹的报道。

每个企业和供应链都面临着公地悲剧的挑战，因为它们都是在全球环境中运作。它们必须与那些并未出资维护公共环境或资源但从中获取利益的其他企业进行竞争。它们还必须在市场上竞争，在这个市场中，顾客往往看重低成本，而不愿意以更高的价格或减少消费来为更具可持续性的解决方案付费。除非所有消费者突然改变他们的思维模式，否则在没有任何干预的情况下，很难找到一种可持续的解决方案。虽然大家都同意干预的必要性，但对所需的干预形式存在相当大的分歧。

公地悲剧的一些解决方法

在哈丁的文章中，他关注的是公共物品被所有人免费使用而导致的问题。正如他所提到的，如果不限制参与者享受公共物品的自由，就不可能找到任何解决方案。关于美国国家公园，他写道：“我们可以将公园出售使之成为私人财产，我们也可以继续把它们作为公共财产，但分配进入公园的权利。可以基于财富，可以通过拍卖的方式，或者依据一些公认的标准来进行分配。也可以考虑通过抽奖的方式，或者根据先来先服务的原则，采用排队的方式解决。我认为这些做法都是令人反感的。但我们必须做出选择。否则就只能眼睁睁地看着国家公园不断遭受破坏。”③与其专注于哈丁的许多想法，重要的是理解他的观点：必须从未必所有人都自愿支持的方案中进行选择。

哈丁在文章中还提出了“彼此胁迫”的观点，即通过一些社会安排或机制来迫使所有参与者以有益于公共物品的方式行事。由于参与者不会自愿地以有益于公共

① Garrett Hardin, “The Tragedy of the Commons.” *Science*, 162 (1968): 1243-1248.

② Andrew C. Revkin, “Poor Nations to Bear Brunt as World Warms.” *New York Times*, April 1, 2007.

③ Garrett Hardin, “The Tragedy of the Commons.” *Science*, 162 (1968): 1243-1248.

物品的方式行事，因此适用于所有参与者的彼此胁迫机制可以鼓励参与者做出适当的行为。可以通过命令-控制方法或市场机制来尝试进行彼此胁迫。本节将介绍这些方法，本章第 5 节还将以回收和排放为例进行更详细的讨论。正如哈丁对国家公园的建议一样，所有命令-控制方法和市场机制都有一些“令人反感”的方面。尽管没有一个完美的解决方案，但做出选择非常重要。否则，公共环境将持续恶化。

在命令-控制方法中，由政府和监管者制定每个人都必须遵守的标准。美国为新车制定的一氧化碳排放标准就是一个例子。另一个例子是欧盟的《废弃电气电子设备指令》(WEEE)，该指令旨在在电子和电气设备行业进行适当的回收利用和避免废弃物填埋。第三个例子是汽车工业燃料效率标准的推行。该标准要求将燃油效率从 2012 年的每加仑 29 英里提高到 2025 年的每加仑 54.5 英里。命令-控制方法的挑战在于，这种方法往往缺乏柔性，而且并不总具有成本效益。美国环境保护署 (U. S. Environmental Protection Agency) 建议在新建的火力发电厂使用碳捕捉技术就是一个例子。除了增加总的电力成本，人们还担心，由于碳捕捉技术的高成本，这项建议不太可能有效。执行命令的高成本可能会使发电厂运营者放弃建立火电厂，从而使碳捕捉技术的研究放缓，进而影响这一领域未来的进一步改进。这样一项命令并不能改善碳捕捉方面的绩效，反而可能减缓未来在这一领域的创新。

下面再介绍一些有争议的、有关温室气体方面（截至 2017 年 10 月尚未在全美范围内实施）的市场机制。随着供应链越来越全球化，温室气体问题也越来越严重。这里环境是公共物品，缺乏“彼此胁迫”导致温室气体过度排放到大气中。建立一个能够可持续性地解决这一问题的机制备受期待。

第一种机制称为总量管制与交易 (cap-and-trade)，即通过建立限量的可交易的排放配额来限制污染物的总排放量。排放源必须按照其排放的比例获取和交出排放配额。如果排放源不能交出适当数量的排放配额，将会被课以巨额罚款。该机制下，首先由政府设定一个有限的排放总配额，分配给经济中的所有参与者。如果参与者产生的排放低于其所拥有的排放配额，则可以将其剩余的配额出售给那些排放超出其限制排放量而需要增加配额的参与者。该机制中，配额的“价格”取决于配额的供给和需求。在其他企业没有能够改善其排放的情况下，实现了减排的企业就可以对其拥有的剩余配额收取高价。这种机制为企业提供了减少排放的激励，因为通过将剩余配额出售给那些没有能力减排或没有实施减排的企业，为排放的改善获得了经济回报。这一机制是寄希望于企业会选择成本最低的方式来遵守排放限制——要么实施减排计划，要么在公开市场上购买排放配额。包括欧盟和美国加利福尼亚州在内的若干地区已经实施了这一机制。欧盟的实施经验也指出了实施总量管制与交易面临的一个挑战。2005 年，欧盟启动了排放交易体系 (ETS)，发放了免费许可或配额。交易开始后，在 2006 年 4 月，这些配额的价格上升到每吨 30 欧元的峰值，2013 年又暴跌至每吨不到 5 欧元，价格的下跌使企业失去了进一步改善排放的动机。

这里市场失灵的原因在于，分配了过多免费排放配额，并且企业通过改进很容易做到不超出上限。2017 年，欧洲议会投票赞成一项新的指令，将排放上限每年降低 2.2%，至少直到 2024 年。它们希望通过降低排放上限来激励各行业采用更清洁的技术。美国加利福尼亚州在 2013 年开始启动总量管制与交易，其发放了一小部分免费许可，其余则通过拍卖售出。加利福尼亚州还规定了拍卖期间这些许可的价格下限。采用底价拍卖的方式发放许可，有助于实现一种更好的平衡，不太可能出现暴跌的情况。欧盟也改变了计划，将排放配额分配的方法由免费分配转变为拍卖的形式。酸雨计划是美国环境保护署推出的另一项基于市场的举措，该计划成功地降低了大气中二氧化硫和氮氧化物的总体水平。

第二种控制排放的机制是征收排放税。每个排放温室气体的实体都要按排放量的大小征税。这在原则上类似于前面讨论过的用于管理交通堵塞的基于拥堵的收费(见第 14 章)。征收排放税将刺激企业使用各种边际成本低于税费的方法来减少排放。由于征收排放税，产生的温室气体总量将减少。排放税通常针对含碳的矿物燃料征收。例如，2010 年，印度在全国范围内实行每吨煤炭 50 卢比的碳税，2016 年增加到每吨 400 卢比。同样，日本对石油、天然气和煤炭征税，预计从 2016 年起，每年将使公用事业增加 800 亿日元的额外成本。[①] 征收碳税面临的一个主要问题是，碳税往往是递减税，从而对低收入群体的影响更大。

关于总量管制与交易和碳税的相对优势，专家存在较大争议。令人遗憾的是，争议使得这两种方法在全球范围内的实施放缓。由于世界上每个地区都会对环境造成影响，因此管理环境这一公共产品的挑战更大。要想行之有效，彼此胁迫应该和环境一样是全球性的。在实施任何彼此胁迫的机制时都需要全球范围内的协调，否则不可能有效。即使在欧盟的总量管制与交易中，协调的必要性也显而易见。在开始实施国家总量管制出现问题后，欧盟不得不转向整个欧盟范围的总量管制。由于邻近各州没有任何限制排污的机制，人们担心加利福尼亚州引入总量管制与交易可能会导致一些企业搬离该州。在缺乏全球协调的情况下，通过市场机制来有效控制排放将非常困难。尽管现有的排放主要来自发达国家，但未来排放中越来越多的份额可能来自仍在发展中的经济体，因此全球协调非常重要。仅仅在发达国家实施这些方法是不够的。

学习目标 2 小结

许多提高供应链可持续性的行动会产生局部的成本（由个人、企业、供应链或国家承担)，但提供的却是更全球化的共同利益。相反，无视可持续性可能会带来局部的利益，但成本却由全球共同承担。因此，在没有政府法令或经济激励等外部压力的情况下，倡导可持续性将非常困难。

17.3　企业社会责任的关键支柱

供应链中的企业社会责任（CSR）可以循着三个支柱来看待：环境、社会、治理。在过去的十年里，企业社会责任绩效对许多企业来说非常重要，传统的经济绩效也是如此。沃尔玛和星巴克等大多数全球企业，都会在其年度报告中报告经济绩

① Risa Maeda, "Japan's New Carbon Tax to Cost Utilities $1 Billion Annually." Reuters, October 10, 2012.

效，在其全球责任报告（也称企业社会责任报告）中报告社会、环境和治理绩效。正如前面所提及的，供应链中采取的许多行动可以同时改善企业社会责任和经济方面的绩效。例如，宜家利用模块化设计使产品部件在从生产地运往零售店时可以更紧实地包装。同时，模块化设计还有助于减少排放，降低运输成本。美国清洁产品和其他生活消费品生产商庄臣公司（SC Johnson）的报告中提到，1990—1999 年该公司使用具有生态效率的工作方法减少了超过 4.2 亿磅废弃物，节省了 1.25 亿美元。然而，大多数与可持续性有关的努力都需供应链为此付出成本，但带来了更为普遍的利益。在这种情况下，需要衡量经济绩效以及企业社会责任三大支柱的绩效，以评估供应链中与可持续性相关的努力的影响。

在衡量和报告企业社会责任支柱时，供应链存在两个基本挑战。第一个挑战涉及衡量类别的范围。让我们看一家仅报告本企业内部运作中的能源消耗的企业。如果它决定将一些生产外包给一家离岸供应商，那么这个企业自己的能源消耗将显示出下降，而整个供应链的能源消耗可能已经增加。如果企业决定将一些生产改为在国内自制，那么即使整个供应链的能源消耗已经减少，但其自身运作的能源消耗却增加了。因此，明确定义所有指标的衡量和报告范围非常重要。关于温室气体的排放，《温室气体议定书》[1]（GHG Protocol）界定了三个范围水平。范围 1 是指报告实体自身拥有或控制的温室气体排放源的排放量，通常也称为直接排放（direct emissions）。范围 2 是指包括来自电网供电和其他公用事业服务的间接排放，包括热、蒸汽和冷却。范围 3 是指包括来自所采购材料的生产、外包活动、承包商拥有的车辆、废弃物处理和员工出差等的其他一些间接排放。对于大多数企业，供应链中直接排放仅相当于间接排放的一小部分。例如，雅培制药厂（Abbott）的详细分析表明，其间接排放是直接排放的 6～14 倍。对于一个典型的零售商来说，只有大约 7%的环境影响是直接的，其余的 93%来自供应链的其他部分。因此，衡量整个供应链的社会、环境和经济影响至关重要。

衡量和报告方面的第二个挑战涉及绝对或相对绩效衡量指标的使用。绝对衡量指标报告的是能源消耗的总量，而相对指标报告的是单位产出的能源消耗。使用绝对衡量指标的优点是，它报告了在所衡量的类别上供应链的全部影响（假设使用范围 3）。供应链的销售和生产减少会使绝对衡量指标看起来变低，但可能实际上企业并没有任何改善。2012 年欧洲的情况就是如此。经济放缓导致排放减少，即使企业没有任何改善。相对衡量指标，例如每吨产出的排放量，能更有效地反映在该领域是否确实得到了改善。选用相对衡量指标进行衡量时需要面对的一个难点是基本单位的选择，因为每个类别都可以相对于各种单位来衡量，如销售额（美元）、产出量（千克）或每平方英尺空间等。一般来说，为了获得对企业绩效的真实评价，最好同时用相对衡量指标和绝对衡量指标进行衡量和报告。

对于一家企业来说，重要的是了解如何最好地将企业社会责任的成功与经济成功联系起来。班迪等人（Bandi et al.，2017）发现，环境改善对企业经济价值的影响在很大程度上取决于企业的社会绩效。他们还发现，企业的社会价值反过来又受到企业治理支柱中的愿景和战略绩效的影响。换句话说，企业可以通过改善愿景、

[1] Accessed May 2，2011，from www.ghgprotocol.org.

战略和社会绩效来增强其环境改善的经济影响。这些结论与波特和克莱默（Porter and Kramer，2006）提出的观点一致，他们认为企业可以通过将企业社会责任的努力纳入整体战略中来发展运作和竞争优势。如果被纳入企业的总体战略中，那么企业社会责任活动在长期内更有可能是经济上可持续的。

下面以沃尔玛和星巴克为例，详细阐述环境、社会和治理支柱的不同维度。

17.3.1 环境支柱

环境支柱衡量企业对环境的影响，包括空气、土地、水和生态系统。企业改善环境的活动可以分为几类：减少资源消耗、减少排放、产品创新。减少资源消耗活动使供应链能够更有效地利用自然资源。例如，星巴克在 2008—2013 年将直营门店的用水量减少了 21%就是减少资源消耗的一个例子。减排活动可以减少有害气体的排放（如温室气体）、废物、废水或企业对社区的环境影响。例如，沃尔玛在其 2005 年调整后的门店基数上将温室气体排放减少超过 20%就是减少排放的一个例子。产品创新反映了企业通过开发具有生态效益的产品或服务来降低环境成本和顾客负担的能力。例如，高效坐便器就是一种能使用户显著减少废水排放的产品创新。

企业所使用的资源包括物料、能源、水和土地。通过使用高效的固定装置和设备并对耗水量进行积极的监控，星巴克大大减少了其北美门店的用水量，从 2008 年的 24.35 加仑/（平方英尺·月·门店）降低为 2013 年的 19.22 加仑/（平方英尺·月·门店）。为了减少能源消耗，沃尔玛将重点放在暖通空调、制冷和照明上。继安装冷冻柜 LED 照明系统后，沃尔玛又推出销售区 LED 照明系统，从而大大降低了沃尔玛店铺的能源消耗。据其 2013 年全球责任报告，沃尔玛在 2012 年减少了燃油消耗，“多运送了 2.97 亿箱产品，但车辆行驶里程却减少了 1 100 万英里”。减少资源消耗的活动不仅有助于环保，而且可为企业节约成本。例如，沃尔玛宣称，由于燃油和运输效率的提高，“沃尔玛车队为公司和顾客节约了大约 1.3 亿美元”。

温室气体、二氧化碳、臭氧消耗物质、氮硫氧化物、废物和废水等都是企业排放的有害环境的物质。由于约 80%的直接温室气体排放来自为门店和设备供电的能源，因此星巴克一直专注于按照美国绿色建筑委员会（U. S. Green Building Council）的能源与环境设计先锋奖（LEED）认证标准来修建新的直营门店。在 2012 年和 2013 年，星巴克大约 65%的新建门店获得了 LEED 认证。一次性购物袋是一种重要的废物来源，零售商已经做出了一致的努力，尝试让顾客逐渐开始使用多用途袋。这一努力在世界上大部分已经实施的地区都相当成功。沃尔玛声称，在 2007 年至 2013 年期间，每家店铺的塑料购物袋浪费减少了 38%以上。由于通常需要前期投资，并且需要改变员工和顾客的行为，因此减排活动的实施可能更具挑战性。虽然我们观察到企业在节能减排上也做出了一些改进，但如果没有监管机构的激励或法令，是不太可能实现大幅减排的。本章后面将讨论这些问题。

虽然也有一些环境友好型产品创新的例子，但对大多数所谓的环保型产品创新均应持怀疑态度。由市场咨询公司 TerraChoice 领导的一项研究显示，“在美国的超市货架上，超过98%的所谓天然或环保产品可能做出的是虚假或误导性的宣传。另外，有22%的产品做出了没有任何内在意义的绿色宣传”[①]。刷绿（greenwashing）一词常被用来指那些看似绿色但根本目的旨在增加利润的产品和做法。

地方自立研究所（ILSR）曾质疑，沃尔玛关于环境责任的宣传是否完全合理。它指出了这样一个事实，即沃尔玛要求供应商降低价格，导致了消费品的质量和耐用性降低。这加速了“从工厂到垃圾填埋场的货物流动，大大增加了美国人购买和丢弃的物品的数量”[②]。它还指出，美国人“平均每人每年扔掉83磅纺织品，其中大部分是丢弃的服装”。ILSR提到的问题具有一定合理性，并且指出了对有关环境责任宣传进行评价的难度。沃尔玛应该对顾客丢弃的物品负责吗？或者顾客应当承担低价但不耐用产品的责任吗？ILSR还指出，评价某一行动的环境影响时，将分析范围扩展至整个供应链（从顾客到最上游的供应商）非常重要。

企业在开始其可持续性改进之旅时，最好首先将重点放在减少资源消耗的活动上。不管是减少包装材料、能源的使用还是减少运输，减少资源消耗的活动最有可能实现双赢的结果，既有益于环境，又可以增加企业的利润。这些活动的成功可为更具挑战性的可持续性活动提供动力。燃料和运输成本的上升也使得减少资源消耗更为迫切。随着运输成本不断上升，供应链网络可能会变得更具区域性，从而有助于减少运输中的排放。然而，从长远来看，当企业在制定供应链决策时就将社会和环境支柱考虑其中的话，可能会实现对社会的最大利益。社会和环境改善面临的最大挑战可能是，企业（或其供应链）需做出大量努力，但所获得的好处却被更广泛地共享。虽然一些企业一直宣称在可持续性方面取得了很大改进，但公地悲剧和在整个供应链范围内衡量变化的难度可能会使实际进展非常缓慢。

17.3.2　社会支柱

社会支柱衡量企业解决劳动力、顾客和社会相关重要问题的能力。劳动力相关因素包括就业质量、健康和安全、培训和发展、多样性和机会。顾客相关因素包括准确的产品信息和标签、产品对顾客健康和安全的影响。社会问题包括人权和对当地社区的影响。

沃尔玛和星巴克的全球责任报告，对每一个社会因素都进行了报告。沃尔玛和星巴克均从位于全球各地的第三方那里采购大量的产品，因此，它们在劳动力方面的表现必须包括它们的供应商。沃尔玛非常关注供应商的劳工安全、女性权利和反人口贩卖有关的问题。沃尔玛还制定了“供应商标准”，要求供应商消除强迫劳动或童工，提供符合当地法律的工资和劳动时间，关注工人的健康和安全。当涉及第三方企业时，仅仅制定标准是不够的，企业还必须进行可信的审计以确保标准确实被遵守。沃尔玛声称每6～24个月对每个工厂进行一次审计。其中一些审计由沃尔玛自己执行，但大多数审计是通过第三方组织进行的。沃尔玛声称，2012年其进

① Erica Orange, “From Eco-Friendly to Eco-Intelligent.” *The Futurist*, September-October 2010.

② “Top Ten Ways Walmart Fails on Sustainability.” Institute for Local Self-Reliance, April 2012.

行了 11 568 次审计，“有 214 个供应商工厂由于严重违规而被要求停止生产”①。同样，星巴克声称，2013 年该公司采购的咖啡 95%来自经过 C. A. F. E. 规范认证、公平贸易审计或其他外部审计的供应商。② 除了制定标准和进行审计，对于像沃尔玛和星巴克这样的大企业来说，当朝着更大的可持续性目标迈进的时候，向位于新兴经济体的供应商（通常是非常小的供应商）提供支持非常重要。如果供应商没有能力自行做出改变，那么仅仅设立审计标准可能是不够的。斯坦福大学（Stanford University）全球供应链管理论坛 2013 年的一项研究发现，“供应商合作和能力建设”似乎与“社会、环境责任绩效的改善和更低的运作成本”强相关。

供应商的审计和能力建设成本通常由一家企业承担，但所有使用该供应商的企业均可受益于供应商的改进。正如公地悲剧中所讨论的，由于有效的“彼此胁迫”机制缺失，大企业没有在供应商审计的能力建设上付出足够的努力。但即使怀有良好的初衷，也可能面临挑战。例如，西方零售商和服装品牌对 2013 年孟加拉国达卡附近的拉纳广场的工厂大楼倒塌引发的公愤做出了反应，开始大力推进建筑安全。然而，它们没有协调这一努力，而是组成了两个不同的团体。其中一个团体是孟加拉国消防和建筑安全协议组织（Bangladesh Accord for Fire and Building Safety），成员包括许多欧洲品牌，而另一个团体是孟加拉国工人安全联盟（Alliance for Bangladesh Worker Safety），成员包括来自加拿大和美国的 26 家企业。这两个团体经常发生冲突，从而影响了整个工作。“美国主导的联盟中，一些成员声称它们履行了更多的检查职能；而欧洲主导的协议组织中，一些成员则声称联盟的检查不够严格。”③ 显然，在孟加拉国，尽管涉及的企业可能有着良好的愿望，但由于缺乏协调一致的行动，并没有取得最好的结果。正如班迪等人（Bandi et al.，2017）所讨论的，虽然在提高企业的社会绩效方面取得了一些收获，但某种形式的激励或法令对于推动企业持续改进至关重要。

17.3.3　治理支柱

治理支柱的重点是企业的治理风格，以基于最佳管理实践和组织行为来执行其业务。治理支柱涉及董事会结构、薪酬政策、董事会职能、股东权利、愿景和战略。虽然治理支柱涉及的大多数方面都对企业的经济绩效有着直接影响，但如果要使环境和社会改善与经济绩效保持一致，愿景和战略最为重要。沃尔玛在其 2015 年全球责任报告中指出，该公司致力于“将社会和环境议程纳入日常业务活动中，包括领导实践、组织角色和结构、激励、工具和流程”④。但是说起来容易做起来难。如果企业想增加其环境或社会活动对经济的影响，成功实施至关重要。

---

① Walmart Global Responsibility Report 2013.

② Starbucks Global Responsibility Report 2013.

③ Steven Greenhouse and Elizabeth A. Harris，“Battling for a Safer Bangladesh.” *New York Times*，April 21，2014.

④ 2015 Global Responsibility Report. Walmart. Retrieved from https://cdn. corporate. walmart. com/c0/24/2383f0674d278 23dcf7083e6fbc6/2015-global-responsibility-report. pdf.

学习目标3小结

可以从环境、社会和治理这三大支柱来衡量企业社会责任绩效。环境支柱包括减少资源消耗、减少排放、产品责任。社会支柱包括与劳动力、顾客和社区相关的一些问题。治理支柱包括愿景和战略以及董事会结构和股东权利。改善愿景和战略以及社会绩效有助于企业提高其环境活动对经济的影响力。然而，扩大绩效衡量的范围以将整个供应链包括其中，以及监管机构的激励和法令，对推动企业将社会责任纳入其战略并持续提高环境和社会绩效至关重要。

17.4 可持续性与供应链驱动因素

在设计供应链战略时，我们可以利用前面所述的社会（劳动力、顾客、社会）和环境（减少资源消耗、减少排放、产品创新）支柱来识别提高供应链可持续性的机会。这有助于将环境和社会绩效与供应链中的所有驱动因素联系起来。我们的目标是让每一家企业衡量每一种驱动因素对社会和环境的影响。本节将讨论每一种驱动因素的一些可持续发展机会并举出实例。

17.4.1 设施

生产或服务设施往往需要消耗大量的能源、水，并排放大量的废弃物和温室气体，因此为可盈利性的改进提供了巨大的机会。如果企业从能源、用水、排放和废弃物这四个方面衡量每个设施的直接影响，那么应当将改进机会分为产生正现金流的机会和不产生现金流的机会。一些成功的企业往往首先识别并实施那些可带来盈利的项目。沃尔玛2011年的全球责任报告称，沃尔玛设计并启用了一家样板店。与2005年的基准相比，该样板店的能效提高了25%～30%，温室气体排放量减少了30%。使用更节能的灯泡和建造天窗以利用自然光大大降低了其现有店铺的能源消耗。沃尔玛还致力于将原本耗费成本的卖场废弃物管理转变为企业的利润源。沃尔玛的报告中还提到，2011年其店铺和配送中心产生的废弃物80%以上不再填埋。之所以能取得成功，主要是因为“通过与供应商合作，从一开始就保证材料不会成为废弃物或回收物”。

另一种可盈利性的改善方法是利用技术来平衡各个连锁便利店的能源峰值需求。通过适当地错开各个门店的空调和冰柜的运行时间，连锁店可以减少整个零售网络对能源的峰值需求，从而降低成本，减少对电网峰值负荷的需求。一些企业正在设计运作这种系统所需的硬件和软件。当公用事业存在峰值收费、奖励用户减少峰值消费时，减少峰值需求的举措可能是最成功的。

在生产设施中，其实存在很多利用生成的热能并减少工艺过程用水量的机会。可口可乐公司（Coca-Cola）一直努力在生产过程中重复使用锅炉所产生的热能，并减少生产过程中的总用水量。李（Lee，2010）在一篇文章中提到了韩国浦项制铁公司（Posco）的例子。该公司与其设备供应商西门子奥钢联集团（Siemens VAI）合作创造出一种新的生产工艺。利用这种工艺，可以利用低质量、低价格的本地铁矿石，在不损害产品质量的情况下降低成本和排放。采用这种新工艺使浦项制铁公司新工厂的成本减少了 6%～17%，运作成本减少了 15%，同时减少了温室气体和其他废弃物的排放。正如这些例子所示，通过创新，设施往往可以提供同时改善环境和财务绩效的最佳机会。

17.4.2　库存

大多数供应链关注的是原材料、在制品和产成品库存，这些库存被看作企业的资产，体现在企业的财务信息当中。但很少有企业关注垃圾填埋场里的库存。当一个企业的产品在使用后被丢弃至填埋场时，这种库存的成本将全部由社会来承担。尽管垃圾填埋场中的库存可能没有出现在企业的资产负债表中，但从可持续性的角度来看，它是最具破坏性的。这种破坏性可能是由于有害的物质，也可能是因为有价值的能源和材料被深埋地下。可以说，当把产品扔进填埋场时，供应链最大的浪费也就发生了，因为所有用于生产此产品的材料和能源都将永远丢弃并可能造成危害。每条供应链的目标都应该是跟踪其填埋场的库存，并把有害物质和仍有价值的物品区分开来。可以用生命周期评估（LCA）方法来评价某一产品从“摇篮”到“坟墓”（从原材料经生产、使用直至废弃）的整个过程对环境造成的影响。其目标应当是减少（或至少限制）有害库存，并在产品将被丢弃时解锁未使用的价值。在本章的后面部分，我们将讨论设计闭环供应链的挑战，通过有效的回收利用和再制造来减少填埋场库存。

麦克多诺和布劳恩加特（McDonough and Braungart，2002）讨论了当我们真正打算限制供应链产生的填埋场库存时，“从摇篮到摇篮”设计的重要性。他们建议设计这样的产品：“当产品使用寿命结束时，它不会成为无用的废物，而是可以被扔到地上并降解成动植物的养料或土壤的肥料，或者重新进入工业循环，为新的产品提供高质量的原材料。”例如，英国一家名为 Cyberpac 的包装公司开发了几种产品，试图用淀粉基资源和水降解塑料的可堆肥包装取代传统的塑料包装。由一些企业和世界自然基金会组成的生物塑料原料联盟（Bioplastic Feedstock Alliance）提倡从植物中提取塑料。

虽然在这方面有一些改进的例子，但如果没有适当的激励或法令来鼓励企业（和顾客）在制定决策时考虑填埋场库存的话，是不太可能发生重大变化的。

17.4.3　运输

运输是另一种企业能够发现若干可以通过减少资源消耗和排放来提高环境绩效并获得正现金流机会的驱动因素。任何降低运输成本的供应链设计创新往往也可以减少燃料消耗以及运输过程中产生的排放和废弃物。随着未来燃料成本的增加，企业可能会重组其产品和供应链，以降低运输成本。除了降低运输成本，这些变化（如近岸或在岸生产等）还有助于降低燃料使用和排放。沃尔玛在其 2011 年的全球责任报告中称，在美国，2005—2010 年，沃尔玛运送一箱产品所消耗的燃料减少了 65%。通过进一步的运输集中、更有效地装载运输车辆以及提高其燃油效率，沃尔玛在成本降低的同时也减少了对环境的影响。李（Lee，2010）提到了惠普、伊莱克斯（Electrolux）、索尼和博朗（Braun）这四家企业，它们成立了合资企业，即欧洲电子产品回收平台（European Recycling Platform），以提升回收利用中的规模经济。李报告称，在建有这种产品回收平台的国家，惠普回收一台数码相机的成本仅为1～2欧分，而在未建立产品回收平台的国家的回收成本为7欧分到1.24欧元。优鲜沛（Ocean Spray）和纯果乐（Tropicana）两家公司，分别位于马萨诸塞州和佛罗里达州，它们相互合作，利用彼此回程的空货车沿美国东海岸运输产品以节约燃料和资金。

产品设计还可以通过减少包装和提高运输过程中的装货密度，在降低运输成本和排放中发挥重要作用。宜家一直致力于设计各种能够进行平板运输的产品，以实现运输过程中的高容积密度和高质量密度。这样一来，宜家不仅降低了运输成本，还减少了排放和能源消耗。

17.4.4 采购

对大多数企业来说，大部分社会和环境影响都发生在企业自身以外的扩展供应链中。随着企业全球采购（尤其从低成本国家采购）的增加，这一影响也会越来越大。因此，为了真正地实现可持续性，强大的参与者必须关注整个扩展供应链，并与供应商合作提高绩效。正如前面提到的，星巴克的C. A. F. E. 规范通过提供价格溢价，鼓励供应商提高环境和社会责任得分。沃尔玛和宜家也为供应商设定了具有挑战性的目标，以提高整个供应链的可持续性。不能和供应商一起合作致力于可持续性，也应被视为可能对企业声誉和销售造成重大损害的潜在风险来源。例如，由于在一些最畅销的玩具中发现使用了含铅涂料，美泰公司不得不召回数十万件在2007年4—7月间售出的玩具。[①]

然而，核实、跟踪供应商在可持续性方面的绩效仍然是大多数企业面临的主要挑战。这一挑战至少部分是由于公地悲剧产生的。毕竟，改善供应商的社会和环境责任所带来的好处被广泛共享，而核实、跟踪供应商的工作却通常由企业独自完成。因此，企业在这方面很少会付出应有的努力。通常，需要致力于社会和环境改善的外部活动家和第三方来推动企业做出改变。耐克公司的经历就是一个很好的例子。劳工权利活动家杰夫·巴林杰（Jeff Ballinger）的揭露、巴塞罗那奥运会上的抗议、大学校园学生们的抗议，迫使耐克公司不再使用血汗工厂。由于存在公地悲剧，外部活动家以及激励和法令将始终推动企业在做出采购决策时，在考虑社会和环境支柱方面发挥重要作用。

17.4.5 信息

良好的信息仍然是改善供应链可持续性的最大挑战之一。缺乏衡量和报告标准，导致往往无法对企业所宣称的那些改进进行核实。短期内，这导致了企业标准的产生以及大量许可和认证机构的出现。各个企业都提及要制定一套共同的标准，但这种标准不太可能出现，因为不同企业的动机各不相同。在提高可持续性方面，企业内部和整个供应链中都存在这一问题。制定C. A. F. E. 规范并对供应商评级是星巴克鼓励供应商关注可持续性的举措。普兰贝克（Plambeck，2007）介绍了沃尔玛衡量并激励供应商和合作伙伴的一些举措。为了简化包装，沃尔玛实施了基于网

---

① Louise Story, "Lead Paint Prompts Mattel to Recall 967 000 Toys." *New York Times*, August 2, 2007.

络的计分卡，基于九大指标对每种产品的包装进行评估，如空间利用率和可回收成分比例等。这个计分卡被用来衡量和确认包装方面的改进。尽管可能不存在普遍适用的标准，但在供应链中使用一致的计分卡可以在很大程度上协调扩展供应链中所有成员的可持续性努力。

17.4.6　定价

正如第 16 章所讨论的，巧妙运用差异定价可以提高资产利用率，从而减少资源消耗。通过差异定价提高航班上座率，不仅可以增加航空公司的利润，还可以减少单位乘客的燃料消耗和排放。同样，也延迟了航空公司购买新飞机增加运输能力的需要。消费可视性和按负荷或按一天中的不同时间进行差异定价对消费者的能源使用量有着极大的影响。有研究显示，当人们能够看到自己用了多少电，以及关掉不同电器对用电量的影响后，他们的用电量将会减少 10%～15%。如果同时降低非高峰时段的电价，那么将会大大减少峰值需求。总之，差异定价有助于峰值的降低和资产利用率的提高，从而改善企业的环境和经济绩效。

改善供应链可持续性的最大挑战之一是改变顾客的意愿，让顾客愿意购买成本更高但更具可持续性的产品。市场调查公司 Mintel 对食品服务行业的一项调查表明，顾客仅愿意为可持续产品多支付 1%～5%的价格。企业在做出供应链选择时同样也不愿意多花钱。例如，即使像沃尔玛这样致力于可持续性的企业，在可再生能源的使用上也没能达到自己设定的目标。这主要是因为可再生能源的成本比其他能源要高很多。相较于 2012 年，2013 年沃尔玛可再生能源的使用有所下降，因为它“在合同即将到期需重新谈判时无法获得一个有竞争力的价格”。同样，星巴克在其 2013 年全球责任报告中将其可再生能源的使用列为一个“需要改进的领域”。短期来看，政府的激励可以鼓励顾客和企业做出更多可持续性的行为。但是长期来看，只有顾客更加重视可持续性，使供应链能够通过可持续性获得更多的供应链盈余(尽管成本可能会增加)，提高可持续性的努力才会进一步加速。

学习目标 4 小结

设施和运输驱动因素为企业提供了通过提高资源利用率来同时改善环境和经济绩效的最佳机会。差异定价可以帮助企业将需求从高峰期转移到非高峰期。利用差异定价还可以更好地均衡需求，从而提高资源利用率。但是，除非通过激励措施鼓励实施或通过法令强制执行，否则企业是不太可能增加回收利用从而减少垃圾填埋场库存的。这也是消费者行为需要改变的一个领域。虽然企业在制定采购决策时已经开始考虑环境和社会影响，但如果没有适当的激励和法令，在这一领域是不太可能出现重大改进的。如果能够重新构造其他供应链驱动因素以提高企业社会责任的绩效，那么改进与绩效有关的信息至关重要。

17.5　激励和监管对可持续性的作用

正如前面所讨论的，无论是顾客还是企业，只要专注于自身的经济绩效，就不会充分考虑环境和社会的可持续性。这种行为是公地悲剧的结果，因为顾客和企业行为的负面影响为全球所共担，而提高可持续性的相关成本却是由个人或单个企业来承担。要使企业和个人致力于可持续性，关键是必须将其各种行动的社会或环境成本的“货币价值”内部化。这使得企业自然会考虑各种影响成本的因素，并尽一切努力降低这些成本。例如，企业会基于其成本优化其用水量。然而，这一成本并不包括未来水资源短缺对企业和周围社区的影响。因此，如果企业不得不将未来短缺给社会带来的成本内部化，那么它们的用水量比其所想象的要更多。类似的低效率也存在于各种社会和环境因素中。因此，如果供应链要更加重视可持续性，激励和监管（通常来自政府部门）必须发挥重要作用。然而，设计适当的激励和法规也是一个巨大的挑战。下面将讨论其中的一些挑战，并说明适当的激励和监管对循环利用和减少排放的重要性。

17.5.1 循环利用和闭环供应链

正如前面所讨论的，当供应链的产出最终被作为垃圾填埋时通常会对环境造成严重的危害。对企业来说，提高可持续性的最好方法之一就是设计出使用更少资源，可再循环、再制造的产品。翻新轮胎是最常见的一种再制造产品。翻新轮胎被用于卡车、公共汽车、重型建筑和农业设备、飞机和客车。翻新轮胎生产成本低，而且轮胎可以多次翻新。尽管翻新轮胎具有这些优点，但在2009—2011年翻新轮胎仅占“美国轮胎企业总销售额的3%左右”[①]。2011年，美国轮胎翻新企业的生产受制于旧轮胎胎体的供给，因为旧轮胎没有得到有效回收。以上轮胎行业的例子引出了每个行业均会存在的两个重要问题：为什么我们没能见到更多再制造的例子？要促进废旧产品（如轮胎胎体）的回收应做些什么？

再循环和再制造的程度取决于以下因素：

- 对再循环和再制造的激励；
- 再循环和再制造的成本。

除非是被迫，一般企业不会尽全力去设计再循环/再制造产品。即使设计出可再循环/再制造的产品，由于缺乏顾客和制造商的努力，再循环率往往也非常低。我们也可以用公地悲剧来解释为什么很少有成功的再循环/再制造的例子。制造商担心再制造的产品可能会蚕食新产品的需求，而且顾客也没有尽力协助回收使用过的旧产品。最终进入填埋场的产品的成本由社会来承担（直到最近，对制造商来说仍是免费的），但可循环产品的额外成本是由每个制造商自己承担的。这降低了制造商关注再循环/再制造的动机。卡尔科特和沃尔斯（Calcott and Walls，2000）讨论了鼓励设计环保产品的激励设计理论模型。要倡导供应链的合理行为，让污染者支付其强加于社会的成本（称为污染者承担原则（polluter pays principle））非常重要。符合污染者承担原则的政策有产品回收指令、预先处置费、押金偿还计划等。WEEE指令是产品回收指令的一个例子。在欧洲，生产者对报废的电气电子废物承担责任。生产者对实现再循环或循环利用的目标负有经济和物质责任。预先处置费已应用于机油、防冻剂、轮胎和一些难以处理的溶剂等材料。加利福尼亚州对所有带有屏幕的产品征收电子废弃物回收费。押金偿还计划主要用于罐或瓶。顾客

---

① U. S. International Trade Commission, “Remanufactured Goods: An Overview of the U. S. and Global Industries, Markets, and Trade.” October 2012.

在购买苏打水或啤酒时需支付固定的押金，然后在顾客退回空罐或空瓶时再归还押金。在这里引用的每一个例子，目标都是希望合理运用成本付出和正向激励促使企业减少废弃物或提高回收利用率。

担心新产品的需求被蚕食，是再制造的主要障碍。制造商担心销售再制造产品会使新产品的需求减少，从而影响企业的盈利能力。对新产品需求的影响取决于产品存在的不同顾客细分市场。如果至少存在两个不同的顾客细分市场，那么再制造产品可用于低价顾客细分市场，而新产品则以高价顾客细分市场为目标（见第 16 章）。这种策略被轮胎制造商用于卡车轮胎，因为再制造允许强势品牌与低端品牌竞争，而不稀释新产品的价值。当存在两个顾客细分市场时，再制造有助于企业提高利润而不是有损企业利润。但是，当不存在细分市场的差异时，顾客很有可能策略性地以较低的价格购买再制造产品，从而导致新产品的需求被蚕食。

如果可以基于顾客给社会带来的精确成本而对顾客收取污染费用的话，那么顾客返回可循环产品的比例会比较高。然而，现在的问题是，大多数人每月都要为垃圾收集、清运、倾倒支付固定的费用。在这种情况下，人们对回收利用的动机比较低。一种“垃圾按量收费”（PAYT）模式，即所支付的垃圾处理费与扔出的垃圾量成正比，有可能提高回收利用的水平。大多数实行 PAYT 模式的社区要求顾客使用特制的垃圾袋，而这些垃圾袋是需要付费的。这种方法将顾客支付的垃圾费与垃圾袋的使用数量联系在一起，从而鼓励顾客将产品循环利用，而不是和垃圾一起倾倒。

即使采取了适当的激励措施，循环利用和再制造的实际成本也会对循环利用的程度产生重大影响。在这种情况下，多数成本是收集和运输的物流成本。消费电子产品就是一个典型的例子，收集和运输的高成本对循环利用和再制造产生了较大影响。美国大多数消费电子产品是在亚洲生产的，但大的消费市场主要在欧洲和北美。不仅从顾客那里回收旧电子产品的成本非常高，而且将回收的部件运回亚洲进行再制造的成本也非常高。这使得再制造的成本非常高，以致再制造的产品往往并不比新产品便宜。Brightstar 是电信行业最大的翻新服务提供商之一，它正在努力降低智能手机的再制造成本。由于智能手机硬件日益标准化且很少会有变化（大部分变化存在于软件部分），Brightstar 在北美建立了一个翻新中心，希望提供低成本的翻新手机。标准零部件的使用使再制造过程变得更便宜，在当地建立翻新中心则降低了运输成本，从而提高了成功再制造的可能性。

一次性相机是包含再制造的闭环供应链最成功的例子之一。由于激励合理且成本较低，一次性相机的再制造非常成功。顾客在冲印照片时自然会将一次性相机带到零售店，因此产品收集的成本很低，不需要另外的激励措施来鼓励顾客退回产品。由于制造商可以节约成本，并且再制造产品的价格与新产品的售价完全一样，因此制造商也愿意进行再制造。其他如此成功的例子还很少见。对制造商和顾客给予适当的激励以及发达的逆向供应链，是更多地利用再循环和再制造的必要条件。

17.5.2 排放定价

世界各地的决策者都非常重视减少温室气体的排放。正如公地悲剧中所讨论的，企业不会投入足够的努力来减少温室气体排放，除非它们“被迫”减少排放或被要求支付其排放的社会成本。建议采取的政策包括技术强制执行、绩效标准、排放定价。其中，排放定价理论的吸引力在于，它能以比其他方法更低的成本实现排放的减少。经济合作与发展组织（OECD）的一项研究发现，相较于补贴或法令，征收排放税在减少二氧化碳排放方面更具成本效益。①尽管对排放定价的必要性已达成了普遍共识，但找到合适的价格仍是一大挑战。

有两种排放定价的方法：碳税；总量管制与交易系统。这两种方法都是通过对排放物收费来促使企业减少每单位产出的排放量。然而，这两种方法的定价是不同的。在碳税下，排放的价格由监管当局直接设定的税率决定。因此，碳税确定了排放的价格，但排放的数量由排放者决定。在总量管制与交易系统下，总排放量由监管当局设定，而价格是间接设定的。监管当局通过提供排放配额，对排放量设定了一个总量限制。排放低于其配额的企业可以将多余额度出售给排放超过其配额的企业。然后，在这个配额市场就产生一个排放价格。总量管制与交易系统通过配额来限制排放量，但是排放的价格允许不断变化。马丁·魏茨曼（Martin Weitzman）在1974年撰写了一篇开创性论文，讨论了设定价格较之设定数量的相对优势。由于监管机构没有足够的信息说明减少排放对各个企业的成本或排放对社会的成本，因此这两种方法都会面临一些难题。在碳税方法中，由于信息缺乏，很难确定正确的税率。税率过低会导致企业减少排放的努力不够；税率过高会导致减少排放的成本过高，从而导致社会的整体损失。在总量管制与交易系统中，由于缺乏信息，难以确定排放限额。限额过高会导致排放价格过低；限额过低则会导致排放价格过高。

古尔德和施恩（Goulder and Schein，2013）对碳税和总量管制与交易系统进行了精彩的评论。在纯总量管制与交易系统中，所有情况下价格都是由市场决定的。古尔德和施恩则建议一种混合的总量管制与交易系统，也就是为交易的配额设定最低限价和最高限价。当市场价格达到最高限价时，通过增加额外的配额强制执行最高限价（监管机构以最高限价出售无限配额）。当市场价格下降至最低限价时，则通过减少一些配额强制执行最低限价（监管当局以最低限价购买市场中售卖的一些配额）。较之纯总量管制与交易系统，混合的总量管制与交易系统的主要优点在于，可以限制排放价格的波动，从而使企业更好地计划其环境活动。古尔德和施恩提出应从以下维度来评价排放定价机制。

- **管理成本**。管理排放定价的成本取决于需要监控的排放源的数量。由于涉及数百万个这样的实体，因此向最终排放者收费可能会非常麻烦。向上游供应商（如能源供应企业）收取费用可能成本更低，因为这些企业的产品最终会成为排放物，而且这些企业的数量较之最终排放者的数量要少很多。碳税和总量管制与交易系统均可应用于这些上游供应商。
- **价格波动**。企业希望排放的价格波动尽量小，因为这有助于企业计划其可持续性活动。碳税限定了排放的价格，而总量管制与交易系统呈现出价格波动。混合的总量管制与交易系统给出了最高限价和最低限价，从而限制了价格的波动。在总量管制与交易系统中，可以通过允许企业跨期使用额度来减少价格波动，即企业将未来的额度用于当前的排放，或将当前的额度储存起来用于未来的排放。

① "Climate and Carbon：Aligning Prices and Polices." OECD Environment Policy Paper No. 1，October 2013.

- **排放的不确定性**。总量管制与交易系统限制了总排放量（达到最高限价时除外）。但如果减少排放的成本大于税率，碳税有可能产生高排放。一些环境活动家反对使用碳税，因为碳税无法保证排放量一定下降。
- **新信息的不确定性**。当获得了有关减排成本和效益的新信息（如引进新技术）时，排放价格应相应进行调整。相较于碳税，可以跨期使用额度（可以借用未来额度或为未来储存额度）的混合的总量管制与交易系统能够更好地基于新信息对排放价格进行调整。
- **行业竞争**。在排放定价方面走得更远的国家或地区可能会影响其境内排放密集型企业的竞争力。从理论上讲，在边境征收进口货物税（基于原产地）和出口货物津贴（基于目的地）可以创造公平竞争的环境。但实践中，多数情况下这种方法管理起来相对复杂，因为需要根据进口来源地和出口目的地设定不同的税率。这种复杂性使得过境关税调整在实践中难以实施。
- **财富转移到能源出口国**。对于需要进口大部分能源的国家，总量管制与交易系统有可能导致其财富转移至能源出口国。对排放进行定价主要是为了倡导原油等燃料的低消耗。石油生产国的卡特尔可能会利用总量管制与交易系统，将原油供应减少到排放价格可能达到的水平以下。这将使总量管制和交易系统下的排放价格降至零，因为对配额的需求将小于供给。原油供应减少会导致原油价格上升，原油生产商从而可以从中获利。因此，地方政府并未从配额的拍卖中获得收益，而是原油生产商通过更高的原油价格受益。实施碳税不会出现财富的转移，在混合总量管制与交易系统下这种财富的转移也会受到限制。如果能源供应市场是竞争性的，通常也不会出现这样的结果，因为在竞争性市场中供给不可能被限制。
- **税收中立**。一些研究表明，如果政府将从中获取的所有收益（税收或排放配额拍卖的收入）返回给消费者（以降低销售税和既往收入边际费率的形式），排放定价政策的成本也会降至最低。

学术界普遍认为，在减少排放方面，对排放制定明确的价格比其他政策选择更具成本效益。在前面的分析中我们了解到，碳税易于管理并且设定了固定价格，但它不能保证排放一定会减少，并且监管当局很难确定最优的税率。总量管制与交易系统可用于限制排放，并且具有足够的柔性，可随时将获取的新信息考虑进来。但是总量管制与交易系统可能导致大幅的价格波动。为了限制价格波动，最好实施设定有价格上下限且允许排放额度跨期使用的混合总量管制与交易系统。

学习目标 5 小结

在没有某种外部压力的情况下，公地悲剧使企业和个人难以提高可持续性努力。为了减少资源消耗，提高循环利用和再制造水平，其中一种合适的方法是对生产者征税以鼓励减少资源消耗，并奖励回收利用者以提高循环利用的比例。排放定价是最具成本效益的减排方式。可以通过实施碳税或混合总量管制与交易系统来对排放定价。使用碳税的一个关键挑战是确定税率。在使用总量管制和交易系统时，一个关键的挑战是确定合适的总排放量。

讨论题

1. 改善供应链的可持续性有哪些好处？

2. 哪些挑战限制了供应链为提高可持续性所做的努力？

3. 在供应链可持续性的背景下描述公地悲剧。为了促进供应链可持续发展，可以实施哪些“彼此胁迫”的机制？

4. 如果企业基于一些不能反映整个扩展供应链情况的指标来报告其可持续性绩效，会出现哪些问题？

5. 研究几家公司的社会责任报告。基于供应链驱动因素，识别一些有助于改善其可持续性的活动。在哪些领域企业仍面临挑战？

6. 讨论我们很少看见产品循环利用和再制造的原因。

7. 欧盟排放交易体系在第一阶段出现了一些价格波动。许多学者指出，不允许配额从第一阶段跨期转移到第二阶段使用，导致出现较大价格波动。解释在总量管制与交易系统下为什么配额的跨期使用可以减少价格波动。

参考文献

Bandi, Chaithanya, Sunil Chopra, Kejia Hu, and Pei-Ju Wu. “Enhancing the Economic Impact of Environmental Performance.” Kellogg School of Management Working Paper (2017).

Calcott, Paul, and Margaret Walls. “Can Downstream Waste Disposal Policies Encourage Upstream Design for Environment?” *American Economic Review* (May 2000): 90, 233–237.

Creyts, Jon, Anton Derkach, Scott Nyquist, Ken Ostrowski, and Jack Stephenson. *Reducing U.S. Greenhouse Gas Emissions: How Much at What Cost?* McKinsey & Company, December 2007.

Ferguson, Mark E., and Gilvan C. Souza. *Closed-Loop Supply Chains*. Boca Raton, FL: CRC Press, 2010.

Goulder, Lawrence H., and Andrew R. Schein. “Carbon Taxes vs. Cap and Trade: A Critical Review.” *Climate Change Economics* (August 2013): Vol. 4, No. 3.

Guide, V. Daniel R., Jr., and Luk N. Van Wassenhove. “The Evolution of Closed Loop Supply Chains.” *Operations Research* (January–February 2009): 57, 10–18.

Hardin, Garrett. “The Tragedy of the Commons.” *Science* (1968): 162, 1243–1248.

Hawken, Paul, Amory Lovins, and L. Hunter Lovins. *Natural Capitalism*. New York: Little, Brown and Company, 1999.

Horne, Ralph, Tim Grant, and Karli Varghese. *Life Cycle Assessment: Principles, Practice and Prospects*. Collingwood, Australia: CSIRO Publishing, 2009.

Lee, Hau L. “Don’t Tweak Your Supply Chain—Rethink It End to End.” *Harvard Business Review* (October 2010): 61–69.

McDonough, William, and Michael Braungart. *Cradle to Cradle*. New York: North Point Press, 2002.

Plambeck, Erica. *Wal-Mart’s Sustainability Strategy*. Stanford Graduate School of Business Case OIT-71, 2007.

Porter, Michael E., and Mark R. Kramer. “Strategy and Society: The Link between Competitive Advantage and Corporate Social Responsibility.” *Harvard Business Review* (December 2006): 78–94.

Prokesch, Steven. “The Sustainable Supply Chain.” *Harvard Business Review* (October 2010): 70–72.

Weitzman, Martin, L. “Prices vs. Quantities.” *The Review of Economic Studies* (October 1974): 41, 477–491.

图书在版编目（CIP）数据

供应链管理：第 7 版/（美）苏尼尔·乔普拉著；杨依依译. --北京：中国人民大学出版社，2021.7

（工商管理经典译丛）

ISBN 978-7-300-29537-4

Ⅰ.①供… Ⅱ.①苏… ②杨… Ⅲ.①供应链管理-高等学校-教材 Ⅳ.①F252

中国版本图书馆 CIP 数据核字（2021）第 132443 号

工商管理经典译丛

供应链管理（第 7 版）

[美] 苏尼尔·乔普拉 著

杨依依 译

Gongyinglian Guanli

出版发行	中国人民大学出版社		
社　　址	北京中关村大街 31 号	**邮政编码**	100080
电　　话	010－62511242（总编室）		010－62511770（质管部）
	010－82501766（邮购部）		010－62514148（门市部）
	010－62515195（发行公司）		010－62515275（盗版举报）
网　　址	http://www.crup.com.cn		
经　　销	新华书店		
印　　刷	北京宏伟双华印刷有限公司		
开　　本	787 mm×1092 mm　1/16	**版　　次**	2021 年 7 月第 1 版
印　　张	34 插页 1	**印　　次**	2023 年 11 月第 6 次印刷
字　　数	753 000	**定　　价**	75.00 元

尊敬的老师：

您好！

为了确保您及时有效地申请培生整体教学资源，请您务必完整填写如下表格，加盖学院的公章后以电子扫描件等形式发我们，我们将会在2～3个工作日内为您处理。

请填写所需教辅的信息：

<table>
<tr><td>采用教材</td><td colspan="3"></td><td>□ 中文版 □ 英文版 □ 双语版</td></tr>
<tr><td>作　者</td><td colspan="2"></td><td>出版社</td><td></td></tr>
<tr><td>版　次</td><td colspan="2"></td><td>ISBN</td><td></td></tr>
<tr><td rowspan="2">课程时间</td><td colspan="2">始于　　年　月　日</td><td>学生人数</td><td></td></tr>
<tr><td colspan="2">止于　　年　月　日</td><td>学生年级</td><td>□ 专科　□ 本科1/2年级
□ 研究生　□ 本科3/4年级</td></tr>
</table>

请填写您的个人信息：

<table>
<tr><td>学　校</td><td colspan="3"></td></tr>
<tr><td>院系/专业</td><td colspan="3"></td></tr>
<tr><td>姓　名</td><td></td><td>职　称</td><td>□ 助教 □ 讲师 □ 副教授 □ 教授</td></tr>
<tr><td>通信地址/邮编</td><td colspan="3"></td></tr>
<tr><td>手　机</td><td></td><td>电　话</td><td></td></tr>
<tr><td>传　真</td><td colspan="3"></td></tr>
<tr><td>official email（必填）
（eg：×××@ruc. edu. cn）</td><td></td><td>email
（eg：×××@163. com）</td><td></td></tr>
<tr><td colspan="4">是否愿意接受我们定期的新书讯息通知：　□ 是　□ 否</td></tr>
</table>

系/院主任：＿＿＿＿＿＿＿＿（签字）

（系 / 院办公室章）

＿年＿月＿日

资源介绍：

——教材、常规教辅资源（PPT、教师手册、题库等）：请访问 www. pearsonhighered. com/educator。（免费）

——MyLabs/Mastering 系列在线平台：适合老师和学生共同使用；访问需要 Access Code。（付费）

地址：北京市东城区北三环东路36号环球贸易中心D座1208室（100013）

Please send this form to：copub. hed@pearson. com

Website：www. pearson. com

中国人民大学出版社　管理分社

教师教学服务说明

中国人民大学出版社管理分社以出版工商管理和公共管理类精品图书为宗旨。为更好地服务一线教师，我们着力建设了一批数字化、立体化的网络教学资源。教师可以通过以下方式获得免费下载教学资源的权限：

- 在中国人民大学出版社网站 www.crup.com.cn 进行注册，注册后进入“会员中心”，在左侧点击“我的教师认证”，填写相关信息，提交后等待审核。我们将在一个工作日内为您开通相关资源的下载权限。

- 如您急需教学资源或需要其他帮助，请加入教师 QQ 群或在工作时间与我们联络。

中国人民大学出版社　管理分社

教师 QQ 群：648333426(工商管理)　114970332(财会)　648117133(公共管理)
教师群仅限教师加入，入群请备注(学校＋姓名)

联系电话：010-62515735，62515987，62515782，82501048，62514760

电子邮箱：glcbfs@crup.com.cn

通讯地址：北京市海淀区中关村大街甲 59 号文化大厦 1501 室（100872）

管理书社

人大社财会

公共管理与政治学悦读坊